SONJA HEISS

Die Institutionalisierung
der deutschen Lebensversicherung

Schriften zur Rechtsgeschichte

Heft 130

Die Institutionalisierung
der deutschen Lebensversicherung

Von

Sonja Heiss

Duncker & Humblot · Berlin

Der Fachbereich Rechtswissenschaft der
Johann Wolfgang Goethe-Universität Frankfurt am Main
hat diese Arbeit im Wintersemester 2005 / 2006 als Dissertation angenommen.

Bibliografische Information Der Deutschen Bibliothek

Die Deutsche Bibliothek verzeichnet diese Publikation in
der Deutschen Nationalbibliografie; detaillierte bibliografische
Daten sind im Internet über <http://dnb.ddb.de> abrufbar.

D 30
Alle Rechte vorbehalten
© 2006 Duncker & Humblot GmbH, Berlin
Fremddatenübernahme: Klaus-Dieter Voigt, Berlin
Druck: Berliner Buchdruckerei Union GmbH, Berlin
Printed in Germany

ISSN 0720-7379
ISBN 3-428-12176-7
978-3-428-12176-2

Gedruckt auf alterungsbeständigem (säurefreiem) Papier
entsprechend ISO 9706 ♾

Internet: http://www.duncker-humblot.de

Meinen Eltern

Vorwort

Die Arbeit hat im Wintersemester 2005/06 unter dem Titel „Die Interessen der Versicherten und die rechtliche Institutionalisierung der Lebensversicherung in Deutschland in der ersten Hälfte des 19. Jahrhunderts" dem Fachbereich Rechtswissenschaft der Johann Wolfgang Goethe-Universität Frankfurt am Main vorgelegen.

Meinem Betreuer Herrn Prof. Dr. Joachim Rückert danke ich sehr für die Fachgespräche und inhaltlichen Anregungen. Herrn Prof. Dr. Manfred Wandt gilt mein Dank für die Mühen des Zweitgutachtens. Frau Prof. Dr. Marina Wellenhofer danke ich für den Vorsitz der Disputation.

Der Gesamtverband der Deutschen Versicherungswirtschaft e. V. hat die Arbeit durch ein Stipendium unterstützt. Großzügig hat der Verband auch die Kosten der Drucklegung übernommen. Ich danke dem GDV für diese Unterstützung. Herrn Dr. Karl-Otto Körber gilt mein besonderer Dank. Als Beauftragter für das Stipendienprogramm hat er die Untersuchung des Themas mit großem Engagement begleitet und gefördert. Stellvertretend für sämtliche aufgesuchten Archive danke ich dem Gothaer Haus der Versicherungsgeschichte und der Berlinischen Lebensversicherung Aktiengesellschaft, Wiesbaden, für die Möglichkeit der Nachforschung und die entgegengebrachte Hilfsbereitschaft.

Zu guter Letzt möchte ich meinen Dank aussprechen an diejenigen, die mich während der Dissertation begleitet haben und mir den Mut und die Kraft gaben, um den eingeschlagenen Weg zu gehen. Ich danke herzlich meiner Familie und meinen guten Freunden Tobias Beus und Jasmin Homberger und besonders meinem Lebensgefährten Dr. Michael Droege.

Frankfurt am Main, im April 2006   *Sonja Heiss*

Inhaltsübersicht

Einführung 19

1. Kapitel

Die Vorgeschichte der deutschen Lebensversicherung 29

A. Einführung 29
B. Vorsorgeeinrichtungen der mittelalterlichen Zünfte 30
C. Das Leibrentenwesen 31
D. Die Versorgungskassen des 17. und 18. Jahrhunderts 31
E. Die Lebensversicherung und die Kameralistik 32
F. Die strukturellen Voraussetzungen in Deutschland 36
G. Die Lücken im deutschen Versorgungswesen 37
H. Vorbereitung der versicherungstechnischen Grundlagen 39
I. England als Vorreiter 39
J. Ergebnis 40

2. Kapitel

Vor der eigentlichen Gründungsphase gescheiterte Unternehmen 42

A. Einführung 42
B. Lebens-Versicherungs-Societät zu Hamburg 43
C. Die projektierte „Vaterländische Feuer- und Lebens-Versicherungs-Gesellschaft in Elberfeld" 52
D. Ergebnis 56

3. Kapitel

Die ersten Unternehmen während der eigentlichen Gründungsphase 57

A. Einführung 57
B. Die dauerhaften Gründungen 59
C. Gescheiterte Unternehmen 90
D. Ergebnis und Ausblick 93

4. Kapitel
Die versicherungsrechtliche Ausgangssituation in Deutschland 100

A. Einführung 100
B. Allgemeines Landrecht für die Preußischen Staaten 101

5. Kapitel
Die Genehmigung der untersuchten Unternehmen 115

6. Kapitel
Die ersten Regelwerke 120

A. Einführung 120
B. Organisationsformen 121
C. Organe und laufende Beaufsichtigung der Unternehmen, insbesondere die Repräsentation der Versicherten 139
D. Kapitalausstattung und -anlage 162
E. Rechnungslegung 172
F. Versicherungsformen, Spartentrennung, versicherungsfremde Geschäfte 175
G. Rechtsänderungen 189
H. Territoriale Ausweitung des Geschäftsgebietes und Bestandsübertragungen .. 191
I. Liquidation und Insolvenz 192
J. Obrigkeitliche Beschwerdestelle und Gerichtsstand 193
K. Ergebnis 200

7. Kapitel
Gesetzgeberische Bestrebungen 202

A. Einführung 202
B. Kodifikationsvorhaben 203
C. Ergebnis 208

Zusammenfassung 211

Quellenanhang 212

Quellenverzeichnis 363

Literaturverzeichnis 365

Personen- und Sachregister 380

Inhaltsverzeichnis

Einführung 19

1. Kapitel

Die Vorgeschichte der deutschen Lebensversicherung   29

A. Einführung 29
B. Vorsorgeeinrichtungen der mittelalterlichen Zünfte 30
C. Das Leibrentenwesen 31
D. Die Versorgungskassen des 17. und 18. Jahrhunderts 31
E. Die Lebensversicherung und die Kameralistik 32
F. Die strukturellen Voraussetzungen in Deutschland 36
G. Die Lücken im deutschen Versorgungswesen 37
H. Vorbereitung der versicherungstechnischen Grundlagen 39
I. England als Vorreiter 39
J. Ergebnis 40

2. Kapitel

Vor der eigentlichen Gründungsphase gescheiterte Unternehmen   42

A. Einführung 42
B. Lebens-Versicherungs-Societät zu Hamburg 43
    I. Die versicherungswirtschaftliche Ausgangssituation 43
    II. Levin Anton Wilhelm Benecke und die Gründung der Lebens-Versicherungs-Societät zu Hamburg 45
    III. Das Scheitern der Sozietät 50
C. Die projektierte „Vaterländische Feuer- und Lebens-Versicherungs-Gesellschaft in Elberfeld" 52
    I. Peter Willemsen und die von ihm projektierte Lebensversicherungsabteilung 52
    II. Das Scheitern des Projekts 55
D. Ergebnis 56

3. Kapitel

Die ersten Unternehmen während der eigentlichen Gründungsphase 57

A. Einführung 57
B. Die dauerhaften Gründungen 59
    I. Die Lebensversicherungsbank für Deutschland zu Gotha 59
        1. Die politische und versicherungswirtschaftliche Ausgangssituation .. 59
        2. Ernst Wilhelm Arnoldi 60
        3. Die Gründung 62
    II. Die Deutsche Lebensversicherungs-Gesellschaft zu Lübeck 68
        1. Die politische und versicherungswirtschaftliche Ausgangssituation .. 68
        2. Carl Wilhelm Vermehren 68
        3. Die Gründung 69
    III. Die Lebensversicherungs-Gesellschaft zu Leipzig 71
        1. Die politische und versicherungswirtschaftliche Ausgangssituation .. 71
        2. Johann Friedrich August Olearius 72
        3. Die Gründung 72
    IV. Die Allgemeine Lebens-Versicherungs-Anstalt für das Königreich Hannover zu Hannover 74
        1. Die politische und versicherungswirtschaftliche Ausgangssituation .. 74
        2. August Ludwig Bruns 74
        3. Die Gründung 75
    V. Die Berlinische Lebens-Versicherungs-Gesellschaft zu Berlin 76
        1. Die politische und versicherungswirtschaftliche Ausgangssituation .. 76
        2. Heinrich Ludwig Lobeck 77
        3. Die Gründung 78
    VI. Die Lebensversicherungs-Anstalt der Bayerischen Hypotheken- und Wechselbank zu München 81
        1. Die politische und versicherungswirtschaftliche Ausgangssituation .. 81
        2. Josef Riezler 82
        3. Die Gründung 82
    VII. Die Braunschweigische Allgemeine Versicherungs-Anstalt zu Braunschweig 84
        1. Die politische und versicherungswirtschaftliche Ausgangssituation .. 84
        2. Johann Christian Ludwig Hellwig 85
        3. Die Gründung 85
    VIII. Die Frankfurter Lebens-Versicherungs-Gesellschaft zu Frankfurt am Main 87
        1. Die politische und versicherungswirtschaftliche Ausgangssituation .. 87
        2. Julius Löwengard 88
        3. Die Gründung 88

Inhaltsverzeichnis 13

C. Gescheiterte Unternehmen 90
  I. Die Mitteldeutsche Lebensversicherungs-Anstalt zu Gießen 90
  II. Die Lebens-Versicherungs-Societät „Hammonia" zu Hamburg 90
D. Ergebnis und Ausblick 93
  I. Ergebnis 93
  II. Ausblick 97
    1. Weitere Gründungen bis zum Jahre 1871 97
    2. Zur weiteren Entwicklung der untersuchten Unternehmen 98

4. Kapitel

Die versicherungsrechtliche Ausgangssituation in Deutschland 100

A. Einführung 100
B. Allgemeines Landrecht für die Preußischen Staaten 101
  I. Einführung 101
  II. Vertragsrechtliche Regelung der Lebensversicherung 102
  III. Fehlende aufsichtsrechtliche Regelung der Lebensversicherung 107
    1. Aufsichtsrechtliche Verordnungen 108
    2. Gründe für das Fehlen 109
    3. Forderungen der Polizeiwissenschaft 112

5. Kapitel

Die Genehmigung der untersuchten Unternehmen 115

6. Kapitel

Die ersten Regelwerke 120

A. Einführung 120
B. Organisationsformen 121
  I. Einführung 121
  II. Personenvereinigungen auf dem Grundsatz der Gegenseitigkeit 124
    1. Einführung 124
    2. Lebensversicherungsbank für Deutschland zu Gotha 125
    3. Lebensversicherungs-Gesellschaft zu Leipzig 127
    4. Allgemeine Lebens-Versicherungs-Anstalt für das Königreich Hannover 128
    5. Braunschweigische Allgemeine Versicherungs-Anstalt 130

Inhaltsverzeichnis

  III. Lebensversicherungs-Anstalt der Bayerischen Hypotheken- und Wechselbank als reine Aktiengesellschaft 132
  IV. Gemischte Gesellschaften 132
   1. Deutsche Lebensversicherungs-Gesellschaft zu Lübeck 132
   2. Berlinische Lebens-Versicherungs-Gesellschaft 133
   3. Frankfurter Lebens-Versicherungs-Gesellschaft 136
  V. Ergebnis 137
C. Organe und laufende Beaufsichtigung der Unternehmen, insbesondere die Repräsentation der Versicherten 139
  I. Organe der Unternehmen 140
   1. Lebensversicherungsbank für Deutschland zu Gotha 140
   2. Deutsche Lebensversicherungs-Gesellschaft zu Lübeck 142
   3. Lebensversicherungs-Gesellschaft zu Leipzig 143
   4. Allgemeine Lebens-Versicherungs-Anstalt für das Königreich Hannover 145
   5. Berlinische Lebens-Versicherungs-Gesellschaft 147
   6. Lebensversicherungs-Anstalt der Bayerischen Hypotheken- und Wechselbank 149
   7. Braunschweigische Allgemeine Versicherungs-Anstalt 150
   8. Frankfurter Lebens-Versicherungs-Gesellschaft 151
  II. Laufende Beaufsichtigung durch obrigkeitliche Organe 153
  III. Rechnungsverständige und Wirtschaftsprüfer 158
  IV. Agenten 159
  V. Ergebnis 161
D. Kapitalausstattung und -anlage 162
  I. Einführung 162
  II. Lebensversicherungsbank für Deutschland zu Gotha 163
  III. Deutsche Lebensversicherungs-Gesellschaft zu Lübeck 164
  IV. Lebensversicherungs-Gesellschaft zu Leipzig 165
  V. Allgemeine Lebens-Versicherungs-Anstalt für das Königreich Hannover 166
  VI. Berlinische Lebens-Versicherungs-Gesellschaft 168
  VII. Lebensversicherungs-Anstalt der Bayerischen Hypotheken- und Wechselbank 169
  VIII. Braunschweigische Allgemeine Versicherungs-Anstalt 170
  IX. Frankfurter Lebens-Versicherungs-Gesellschaft 171
  X. Ergebnis 171
E. Rechnungslegung 172
F. Versicherungsformen, Spartentrennung, versicherungsfremde Geschäfte 175
  I. Einführung 175
  II. Lebensversicherungsbank für Deutschland zu Gotha 177

	III.	Deutsche Lebensversicherungs-Gesellschaft zu Lübeck 179
	IV.	Lebensversicherungs-Gesellschaft zu Leipzig 181
	V.	Allgemeine Lebens-Versicherungs-Anstalt für das Königreich Hannover 182
	VI.	Berlinische Lebens-Versicherungs-Gesellschaft 183
	VII.	Lebensversicherungs-Anstalt der Bayerischen Hypotheken- und Wechselbank 184
	VIII.	Braunschweigische Allgemeine Versicherungs-Anstalt 185
	IX.	Frankfurter Lebens-Versicherungs-Gesellschaft 186
	X.	Ergebnis 187
G.	Rechtsänderungen 189	
H.	Territoriale Ausweitung des Geschäftsgebietes und Bestandsübertragungen .. 191	
I.	Liquidation und Insolvenz 192	
J.	Obrigkeitliche Beschwerdestelle und Gerichtsstand 193	
	I.	Einführung 193
	II.	Lebensversicherungsbank für Deutschland zu Gotha 194
	III.	Deutsche Lebensversicherungs-Gesellschaft zu Lübeck 196
	IV.	Lebensversicherungs-Gesellschaft zu Leipzig 196
	V.	Allgemeine Lebens-Versicherungs-Anstalt für das Königreich Hannover 197
	VI.	Berlinische Lebens-Versicherungs-Gesellschaft 197
	VII.	Lebensversicherungs-Anstalt der Bayerischen Hypotheken- und Wechselbank 198
	VIII.	Braunschweigische Allgemeine Versicherungs-Anstalt 198
	IX.	Frankfurter Lebens-Versicherungs-Gesellschaft 198
	X.	Ergebnis 199
K.	Ergebnis 200	

7. Kapitel

Gesetzgeberische Bestrebungen 202

A.	Einführung 202	
B.	Kodifikationsvorhaben 203	
	I.	Entwurf eines Handelsgesetzbuches für das Königreich Württemberg aus dem Jahre 1839 203
	II.	Entwurf eines Handelsgesetzbuchs für die Preussischen Staaten aus dem Jahre 1857 204
	III.	Handelsrechtliche Kodifikationen für Deutschland 205
		1. Entwurf eines allgemeinen Handelsgesetzbuches für Deutschland aus den Jahren 1848/1849 205
		2. Allgemeines deutsches Handelsgesetzbuch aus dem Jahre 1861 206

	IV. Entwurf eines bürgerlichen Gesetzbuches für das Königreich Bayern aus den Jahren 1861 bis 1864	207
	V. Dresdener Entwurf eines allgemeinen deutschen Gesetzes über Schuldverhältnisse aus dem Jahre 1866	208
C.	Ergebnis	208

Zusammenfassung ... 211

Quellenanhang ... 212

Quellenverzeichnis ... 363

Literaturverzeichnis ... 365

Personen- und Sachregister ... 380

Abkürzungsverzeichnis

a. A.	anderer Ansicht
Abs.	Absatz
ADB	Allgemeine Deutsche Biographie
AG/A.G.	Aktiengesellschaft
Allgemeiner Anzeiger	Allgemeiner Anzeiger der Deutschen. Der öffentlichen Unterhaltung über gemeinnützige Gegenstände aller Art gewidmet. Zugleich Allgemeines Intelligenz-Blatt zum Behuf der Justiz, der Polizey und der bürgerlichen Gewerbe
Anm.	Anmerkung
Anm. d. Verf.	Anmerkung der Verfasserin
Art./Artt.	Artikel
Aufl.	Auflage
Bd.	Band
Bearb.	Bearbeiter
betr.	betreffend
BGBl.	Bundesgesetzblatt
Bl.	Blatt
ders.	derselbe
etc.	et cetera
f., ff.	folgende, fortfolgende
fl.	Gulden
Fn.	Fußnote
H.	Heft
Hannoversches Magazin	Hannoversches Magazin, worin kleine Abhandlungen, einzelne Gedanken, Nachrichten, Vorschläge und Erfahrungen, welche die Verbesserung des Nahrungs-Standes, die Land- und Stadt-Wirthschaft, Handlung, Manufacturen und Künste, die Physik, die Sittenlehre und angenehmen Wissenschaften betreffen, gesammelt und aufbewahrt sind
Hg.	Herausgeber
HRG	Handwörterbuch zur deutschen Rechtsgeschichte
i. V. m.	in Verbindung mit
m. w. N.	mit weiteren Nachweisen
n. Chr.	nach Christi Geburt
NDB	Neue Deutsche Biographie
N. F.	Neue Folge

Novum Corpus Constitutionum	NOVUM CORPUS CONSTITUTIONUM PRUSSICO-BRANDENBURGENSIUM PRAECIPUE MARCHICARUM, Oder Neue Sammlung Königl. Preuß. und Churfürstl. Brandenburgischer, sonderlich in der Chur- und Marck-Brandenburg, publicirten und ergangenen Ordnungen, EDICTen, MANDATen, RESCRIPTen, &c. &c.
Nr.	Nummer
o. J.	ohne Jahr
o. O.	ohne Ort
Rdnr./Rdnrn.	Randnummer/Randnummern
RGBl.	Reichsgesetzblatt
Rthlr.	Reichstaler
Rundschau der Versicherungen	Rundschau der Versicherungen oder Sammlung von Rechnungsabschlüssen, Statuten, theoretischen und praktischen Fragen, Gesetzen, Verordnungen, Gutachten, Tarifen und allen das Versicherungswesen berührenden Gegenständen
S.	Seite
Sp.	Spalte/n
u. a.	und andere
VAG	Versicherungsaufsichtsgesetz
VersR	Versicherungsrecht. Juristische Rundschau für die Individualversicherung
vgl.	vergleiche
Vorbem.	Vorbemerkung
VP	Die Versicherungspraxis
VSWG	Vierteljahrschrift für Sozial- und Wirtschaftsgeschichte
VW	Versicherungswirtschaft
z. B.	zum Beispiel
ZfV	Zeitschrift für Versicherungswesen
ZVersWiss	Zeitschrift für die gesamte Versicherungswissenschaft

Einführung

„Das Versicherungsrecht hat sich rein aus den Bedürfnissen des lebendigen Verkehrs entwickelt, unbeirrt von juristischer Dogmatik und Systematik, unbeengt von polizeilichen und büreaukratischen Einflüssen [...] Denn eben darum, weil Gelehrte und Beamte nicht viel davon verstanden, haben sich die Gesetzgeber in diesem Zweige williger dem Einflusse der Geschäftsleute und Handelsgremien unterworfen, als sie es in anderen Fällen zu thun geneigt sind. [...] Wenn der Jurist die staunenswerthe Entwickelung überdenkt, die das Versicherungswesen in den letzten Jahrzehnten gemacht hat, so ist er überrascht zu bemerken, daß dies Alles ohne Recht und Gesetz vor sich gegangen ist, daß zahllose Milliarden von Vermögenswerthen Gegenstand von Verträgen geworden sind, die im positiven Rechte so gut wie keine Stütze fanden [...] Dank dieser freien, fast fesselosen Bewegung, die nur im preußischen Landrecht und im holländischen Handelsgesetzbuche durch Aufnahme einiger Bestimmungen über Feuer- und Lebensversicherungen zu stören versucht wurde, hat sich die thatsächliche Ausbildung des außerseerechtlichen Versicherungsvertrags nahezu vollendet [...]."[1]

So beurteilte Konrad Malß, Advokat und Rechtskonsulent der Versicherungsgesellschaft Providentia in Frankfurt am Main, im Jahre 1862 das Verhältnis von Versicherungswirtschaft und Versicherungsrecht.

Die deutsche Lebensversicherungswirtschaft hat sich in der ersten Hälfte des 19. Jahrhunderts frei von gesetzgeberischen Vorgaben entfaltet. Mit der Sanktionierung der Lebensversicherungsbank für Deutschland zu Gotha im Jahre 1827 hat die rechtliche Institutionalisierung der Lebensversicherung in Deutschland begonnen. Die ersten deutschen Lebensversicherungsunternehmen haben ihre Rechtsbeziehungen weitgehend autonom geregelt. Die sogenannten Regelwerke wurden ohne gesetzliche Einschränkungen von privaten Unternehmern erarbeitet. Sie mußten jedoch zur Genehmigung vorgelegt werden. Der von Großmann-Doerth im Jahre 1933 geprägte Begriff „Selbstgeschaffenes Recht der Wirtschaft"[2] scheint die ersten Regelwerke der Lebensversicherungswirtschaft treffend zu bezeichnen. Großmann-Doerth gab dem Begriff jedoch einen anderen Sinn. Er faßt unter den Begriff die Allgemeinen Geschäftsbedingungen des Wirtschaftsverkehrs, die im Gegensatz zum staatlichen Recht von Unternehmen und Unternehmensverbänden als lex contractus des Einzelvertrages aufgestellt wurden.[3] Er beschreibt das Gegeneinander der staatlichen und der wirtschaftli-

---

[1] *Konrad Malß*, Betrachtungen über einige Fragen des Versicherungs-Rechtes insbesondere der Feuer- und Lebens-Versicherung, Frankfurt am Main 1862, 3 f.

[2] *Hans Großmann-Doerth*, Selbstgeschaffenes Recht der Wirtschaft und staatliches Recht. Antrittsvorlesung, Freiburg im Breisgau 1933.

chen Rechtsordnung und greift Fälle auf, in denen das staatliche Recht durch das selbstgeschaffene Recht der Wirtschaft planmäßig ausgeschaltet werde.[4] Das selbstgeschaffene Recht der Lebensversicherungswirtschaft wurde in der ersten Hälfte des 19. Jahrhunderts nicht in Abkehr von staatlichem Recht geschaffen. Staatliche Regelungen für den neuen Wirtschaftszweig existierten nicht. Als Rechtsprodukt erlangt die Lebensversicherung erst durch den Versicherungsvertrag und die für ihn geltenden Regeln Gestalt.[5] Die Wirtschaft formte in ihren Regelwerken die grundlegenden Prinzipien aus. Die Arbeit befaßt sich mit dieser rechtlichen Formgebung der Lebensversicherung durch die Unternehmer und mit der staatlichen Anerkennung in der Anfangsphase der deutschen Lebensversicherung zwischen 1827 und 1866.

Lebensversicherungen waren und sind regelmäßig langfristige Vertragsverhältnisse. Bei Prämienleistung in der Gegenwart dienen sie nach wie vor der finanziellen Absicherung in der Zukunft. Lebensversicherungen bezweckten auch in der Frühzeit dieses Wirtschaftszweiges Altersvorsorge sowie Absicherung von Hinterbliebenen, Geschäftspartnern und Gläubigern.[6] Zu Beginn des Versicherungsverhältnisses wird grundsätzlich eine Leistung fest garantiert, die oft erst nach einer langen Vertragslaufzeit zu erbringen ist. Es muß gewährleistet sein, daß die Versicherten im Versicherungsfall die Leistungen erhalten, auf die sie durch Prämienleistung einen Anspruch begründet haben. Bereits im Jahre 1878 wurde bemerkt, „daß es fast auf dem gesammten Wirthschaftsgebiete keinen zweiten Geschäftszweig gibt, in welchem sich die Folgen einer unredlichen, oder unfähigen, oder leichtsinnigen Geschäftsgebahrung so leicht und auf so viele Jahre hinaus verschleiern und vertuschen ließen, als gerade in der Lebensversicherung."[7] Wegen dieser Risiken wird heute angesichts der volkswirtschaftlichen Bedeutung der Lebensversicherung als private Alters- und Hinterbliebenenvorsorge die Frage des „Verbraucherschutzes" diskutiert.

Heute werden die Belange der Versicherten als Schutzgut der staatlichen Beaufsichtigung gewertet.[8] Die hiermit betraute Bundesanstalt sieht ihre erste Auf-

---

[3] *Hans Großmann-Doerth*, 4 f.

[4] *Hans Großmann-Doerth*, 10.

[5] *Hans-Leo Weyers/Manfred Wandt*, Versicherungsvertragsrecht, 3. Aufl. München 2003, Rdnr. 8.

[6] Repräsentativ *Jul. Frdr. Wilh. v. Fenneberg (Hg.)*, Allgemeiner Prospectus für das gesammte Sparkassen- u. Versicherungswesen, insbesondere Zweck, Einrichtung und Benutzung aller in Deutschland bestehenden Lebensversicherungs- und Versorgungs-Anstalten. Zugleich mit einer größeren Sammlung practischer Beispiele über die Nutzbarkeit der Lebensversicherung, mit den Statuten anderweiter, höchst gemeinnütziger Institute und einer vergleichenden Uebersicht der Prämien-Tarife für alle Versicherungs-Arten der verschiedenen Lebensversicherungs-Anstalten auf sechs Tabellen, Weimar 1848, 135 ff., 161.

[7] *Ph. Geyer*, Die Lebensversicherung in Deutschland und ihre gesetzliche Regelung, Leipzig 1878, 10.

gabe und ihr erstes Ziel im Verbraucherschutz.[9] Der Schutz der Wirtschaftsfunktion Versicherung wird demgegenüber lediglich als Subziel angesehen. Die Funktionsfähigkeit der Wirtschaft soll im Interesse der Versicherten und nicht um der einzelnen Unternehmen willen gewährleistet werden.[10]

Büchner hat diese Zielsetzung – ohne jede Differenzierung – auf das 19. Jahrhundert übertragen. Die Gründe für die Aufsichtsmaßnahmen der deutschen Einzelstaaten im 19. Jahrhundert seien „der Schutz der Versicherungsnehmer vor unsoliden Versicherungsgründungen und vor einem nicht einwandfreien Geschäftsgebaren der zugelassenen Unternehmungen" gewesen.[11] Auch Burger sieht die Gründe für die staatlichen Kontrollen von Unternehmen und Agenten in der ersten Hälfte des 19. Jahrhunderts in dem „Schutz der Versicherungsnehmer vor unsoliden Gründungen und nicht einwandfreiem Geschäftsgebaren".[12] Nach Coing ist die Versicherungswirtschaft „im 19. Jahrhundert dem Einfluß der Staatsverwaltung unterworfen worden, um die Interessen der Versicherten zu schützen."[13] Es wird in dieser Untersuchung nicht der Versuch unternommen, den unklaren und zur Schlagwortpolitik geeigneten Begriff des Verbraucherschutzes auf die historischen Verhältnisse zu projizieren. Der moderne Verbraucherschutzbegriff ist nicht auf das 19. Jahrhundert übertragbar. Es kann

---

[8] *Dirk Ehlers,* Wirtschaftsaufsicht, in: Norbert Achterberg/Günter Püttner (Hg.), Besonderes Verwaltungsrecht. Ein Lehrbuch. Bd. I. Wirtschafts-, Bau-, Kultus-, Dienstrecht, Heidelberg 1990, 65–253 (148 f.); *Detlef Kaulbach (Bearb.),* Vorbem. § 1 VAG, Rdnr. 5, in: Ulrich Fahr/Detlef Kaulbach/Gunne W. Bähr, Versicherungsaufsichtsgesetz – VAG – mit Gesetz über die Errichtung eines Bundesaufsichtsamtes für das Versicherungswesen (BAG) und Finanzdienstleistungsaufsichtsgesetz (FinDAG). Kommentar, 3. Aufl. München 2003; a. A. *Hans-Leo Weyers/Manfred Wandt,* Rdnr. 57.

[9] *[Bundesanstalt für Finanzdienstleistungsaufsicht (Hg.),]* Aufgaben & Ziele, ULR: http://www.bafin.de/bafin/aufgabenundziele.htm (6.09.2004); ebenso der vormalige Präsident des Bundesaufsichtsamtes für das Versicherungswesen *August Angerer,* Probleme der Versicherungsaufsicht – Die Institution auf dem Prüfstand –, ZfV 23 (1987), 590–600 (590).

[10] *Dirk Ehlers,* 148 f.

[11] *Franz Büchner,* Die Entwicklung der deutschen Gesetzgebung über die Versicherungsaufsicht bis zum Bundesgesetz vom 31. Juli 1951, in: Walter Rohrbeck (Hg.), 50 Jahre materielle Versicherungsaufsicht nach dem Gesetz vom 12. Mai 1901. Bd. I. Allgemeine Fragen des Versicherungsrechts und der Versicherungswirtschaft, Berlin 1952, 1–48 (7); kritisch hierzu *Hans Christoph Atzpodien,* Die Entwicklung der preußischen Staatsaufsicht über das private Versicherungswesen im 19. Jahrhundert unter besonderer Berücksichtigung ihres Verhältnisses zum Wirtschaftsliberalismus, Bonn 1982, 2 f., 33 ff.

[12] *Dirk Burger,* Der Einfluss der wirtschaftlichen, sozialen und politischen Entwicklungen auf die Entfaltung der Versicherungsaufsicht im neunzehnten und zwanzigsten Jahrhundert. Eine Betrachtung für den Bereich der Individualversicherung, Köln 1988, 15.

[13] *Helmut Coing,* Europäisches Privatrecht. Bd. II. 19. Jahrhundert. Überblick über die Entwicklung des Privatrechts in den ehemals gemeinrechtlichen Ländern, München 1989, 563.

aber festgestellt werden, ob der Staat in der Anfangsphase der Lebensversicherung zum Schutze der Versicherungsnehmer, Versicherten und Bezugsberechtigten[14] intervenierte.

Koch sieht die vorrangige Aufgabe des Staates im 19. Jahrhundert darin, „einen Mißbrauch der Assekuranz durch Versicherte zu verhindern".[15] Der Staat hat danach vordergründig Interessen der Wirtschaft wahrgenommen. Daß hierdurch gleichzeitig die Interessen der Versicherten gewahrt werden können, steht außer Frage. Der Begriff „Interessen der Wirtschaft" ist ebenso unbestimmt wie derjenige des Verbraucherschutzes, es muß jedoch grundsätzlich unterschieden werden „zwischen einerseits dem Augenblicksinteresse des einzelnen Unternehmers an der Erlangung bequemerer oder günstigerer Rechtsstellung und andererseits der Interessenlage auf lange Sicht und vom Standpunkt der Gesamtwirtschaft aus betrachtet"[16]. Das staatliche Eingreifen zugunsten der Wirtschaft wird herausgestellt.

In der Untersuchung soll gezeigt werden, daß der vermeintliche Gegensatz von Versichertenschutz und Schutz der Wirtschaftsfunktion Lebensversicherung für die Anfangsphase nicht bezeichnend ist. Ziel der Unternehmer und des Staates war es vielmehr, die Lebensversicherung in eine feste und anerkannte Form zu bringen.

Untersuchungszeitraum ist im wesentlichen die erste Hälfte des 19. Jahrhunderts, wobei auch auf die Vorgeschichte der deutschen Lebensversicherung eingegangen wird. In einem Ausblick auf die folgenden Jahrzehnte wird die Fortentwicklung der untersuchten Unternehmen und der Lebensversicherungswirtschaft angedeutet.

Die ersten deutschen Lebensversicherungsunternehmen entstanden zu Beginn des 19. Jahrhunderts. Das Gründungsgeschehen erreichte seinen ersten Höhe-

---

[14] Die Benennung der Beteiligten war anfangs uneinheitlich. Die heute gebräuchliche Terminologie (nach *Hans-Leo Weyers*, Versicherungsvertragsrecht, 2. Aufl. Neuwied/Kriftel/Berlin 1995, Rdnrn. 41 ff.) wird im folgenden aufgezeigt, damit auf die modernen Begriffe im Bedarfsfall zur Klarstellung zurückgegriffen werden kann. Auf der einen Seite des Vertrages steht das Versicherungsunternehmen oder der Versicherer. Agenten repräsentieren den Außendienst. Vertragspartner ist der Versicherungsnehmer. Die Person, „auf deren Schicksal bei der Definition des Versicherungsfalls abgestellt wird", wird Versicherter bzw. versicherte Person genannt (*Hans-Leo Weyers*, Rdnr. 47). Anspruchsberechtigt ist der sogenannte Bezugsberechtigte. Ist im folgenden von den Belangen, dem Schutz oder Interesse der Versicherten die Rede, so sind regelmäßig auch die Versicherungsnehmer und Bezugsberechtigten gemeint. Der Begriff „Interesse der Versicherten" ist nicht zu verwechseln mit dem versicherungsvertragsrechtlichen Grundbegriff des „versicherten Interesses".

[15] *Peter Koch*, Zur theoretischen Grundlegung der Versicherungsaufsicht im 18. und 19. Jahrhundert, in: Franz Wilhelm Hopp/Georg Mehl (Hg.), Versicherungen in Europa heute und morgen. Geburtstags-Schrift für Georg Büchner, Karlsruhe 1991, 387–394 (389 f.).

[16] *Hans Großmann-Doerth*, 14.

punkt Ende der 20er Jahre, einen zweiten Mitte der 1830er und in den 1840er Jahren.[17] Der eigentlichen Gründungsphase waren zwei gescheiterte Projekte vorausgegangen, im Jahre 1806 die Gründung der Lebens-Versicherungs-Societät zu Hamburg und im Jahre 1823 die projektierte Abteilung Lebens-Versicherung der Vaterländischen Feuer- und Lebens-Versicherungs-Gesellschaft in Elberfeld. Die Arbeit befaßt sich mit acht Unternehmen, die zwischen 1827 und 1844 erfolgreich gegründet wurden, und zwei Geschäftsbetrieben, die nach kurzem Bestehen 1831 und 1857 scheiterten. Am 9. Juli 1827 wurde die Errichtung der Lebensversicherungsbank für Deutschland zu Gotha genehmigt. Das herzogliche Genehmigungsschreiben wird auch als „Beginn der deutschen Lebensversicherung" bezeichnet.[18] Die Gothaer Lebensversicherungsbank war das erste deutsche Lebensversicherungsunternehmen auf kaufmännischer Grundlage von dauerhaftem Bestand, das überregional angelegt und nicht mehr berufsständisch beschränkt, sondern grundsätzlich allgemein zugänglich war.[19] Beständige Gründungen in Lübeck, Leipzig, Hannover, Berlin, München, Braunschweig und Frankfurt am Main schlossen sich an. Gescheitert sind die Mitteldeutsche Lebensversicherungs-Anstalt zu Gießen (1831) und die Lebens-Versicherungs-Societät Hammonia zu Hamburg (1845/46–1857).

Die Untersuchung befaßt sich mit den Verhältnissen innerhalb der Grenzen der heutigen Bundesrepublik Deutschland. Es werden solche Unternehmen erforscht, deren Hauptdomizil sich bei ihrer Gründung innerhalb dieser Grenzen befand. Dies bedeutet nicht, daß die Unternehmen kein weiterreichendes Arbeitsfeld hatten oder ins Auge faßten. Mit einem Blick auf England werden die örtlichen Grenzen überschritten.

Die ersten Gründungen basierten nicht auf einer einheitlichen Gesetzesgrundlage, wie wir sie heute aufgrund des Versicherungsaufsichtsgesetzes[20] und des Gesetzes über den Versicherungsvertrag[21] kennen. In Deutschland war die Lebensversicherung nicht spezifisch normiert. Lediglich im preußischen Landrecht

---

[17] *Peter Koch*, Die Gründungsjahre der deutschen Versicherungsunternehmen, VW 24 (1969), 1029–1034 (1034).

[18] *Hans Erkenbrecher*, Ernst Wilhelm Arnoldi – ein hervorragender Vertreter des aufstrebenden Bürgertums, in: ders./Helmut Roob (Hg.), Die Residenzstadt Gotha in der Goethe-Zeit, Bucha bei Jena 1998, 109–126 (122).

[19] Zu den Charakteristika der modernen Unternehmen siehe *Peter Borscheid*, Mit Sicherheit leben. Die Geschichte der deutschen Lebensversicherungswirtschaft und der Provinzial-Lebensversicherungsanstalt von Westfalen. Bd. I. Von den Anfängen bis zur Währungsreform von 1948, Greven 1989, 9, der auch die Spezialisierung auf Geldleistungen, die Anwendung des Erwerbsstrebens auf die Organisation der Daseinsvorsorge, die Wiederanlage der Prämien, die Einbettung der neuen Institution in die Gesamtwirtschaft, die exakte Kalkulierbarkeit sowie die Leistungsgarantie als Kriterien nennt.

[20] Gesetz über die Beaufsichtigung der Versicherungsunternehmen (Versicherungsaufsichtsgesetz – VAG) in der Fassung der Bekanntmachung vom 17.12.1992, BGBl. I 1993, 2–37, vielfach geändert.

aus dem Jahre 1794 fanden sich vereinzelte Vorschriften zur Lebensversicherung. Die Versicherer schufen ihr Recht – abhängig von der staatlichen Genehmigung – selbst. Das Lebensversicherungsrecht war damit zunächst der Privatautonomie der Unternehmer überlassen.

Analysiert werden die ersten Regelwerke der beständigen Unternehmen. Hierzu zählen die „Verfassung der unter dem Schutze Sr. Herzogl. Durchlaucht des regierenden Herzogs von S. Coburg und Gotha errichteten Lebensversicherungsbank für Deutschland"[22], Gotha 1828, der „Plan der Deutschen Lebensversicherungs-Gesellschaft zu Lübeck"[23] aus dem Jahre 1828, die „Statuten der unter Allerhöchster Genehmigung in Leipzig errichteten Lebensversicherungs-Gesellschaft"[24] aus dem Jahre 1830 nebst „Erläuternde[n] Bemerkungen"[25] sowie der „Plan der mit allergnädigster landesherrlicher Bestätigung in hiesiger Königlichen Residenzstadt errichteten Allgemeinen Lebens-Versicherungs-Anstalt für das Königreich Hannover"[26], Hannover 1829. Diese Regelwerke enthalten Bestimmungen zur Unternehmensorganisation, die allgemeinen Vertragsbedingungen sowie Vorschriften versicherungstechnischer Natur, insbesondere Tariftabellen. Auch die „Verfassung der mit Genehmigung der Herzoglich Braunschweigischen Landesregierung errichteten Braunschweigischen Allgemeinen Versicherungs-Anstalt"[27] aus dem Jahre 1842 normiert die Materien nicht separat; anders die Unternehmen in Berlin, München und Frankfurt am Main. In Berlin erschienen 1836 die „Verfassungs-Artikel der Berlinischen Lebens-Versicherungs-Gesellschaft"[28] mit Vorschriften zur Unternehmensorganisation und daneben der „Geschäfts-Plan der Berlinischen Lebens-Versicherungs-Gesellschaft"[29] mit Bestimmungen zum Versicherungsverhältnis. In München wurden neben den „Statuten der bayerischen Hypotheken- und Wechselbank. Amtlicher Abdruck"[30], 1835, im Jahre 1836 die „Reglementäre[n] Grundbestimmun-

---

[21] Gesetz über den Versicherungsvertrag vom 30.05.1908 in bereinigter Fassung, BGBl. III, Gliederungsnummer 7632-1, vielfach geändert.

[22] *A. Emminghaus (Hg.)*, Geschichte der Lebensversicherungsbank für Deutschland zu Gotha. Zur Feier der fünfzigsten Wiederkehr des Tages der Begründung der Bank, Weimar 1877, 212–237.

[23] Archiv der Hansestadt Lübeck. Firmen- und Geschäftsarchiv. Lübeck-Schweriner Lebensversicherungs-A.G. Erwerb 6/34 1.

[24] Stadtarchiv Leipzig. Sammelakte „Gesellschafts- und Vereinsstatuten. 1818–1838". Signatur: Tit. LX B (Kap.) Nr. 18 Bd. 1, Bl. 196–209.

[25] Erläuternde Bemerkungen zu den Statuten der Lebensversicherungs-Gesellschaft zu Leipzig, 1830. Sächsische Landesbibliothek – Staats- und Universitätsbibliothek Dresden. Signatur: 31.8.5352.

[26] Stadtbibliothek Hannover. Signatur: H 6195.

[27] Stadtarchiv Braunschweig. Signatur: H VII: 42.

[28] Firmenarchiv der Berlinischen Lebensversicherung Aktiengesellschaft, Wiesbaden.

[29] Firmenarchiv der Berlinischen Lebensversicherung Aktiengesellschaft, Wiesbaden.

gen der bayerischen Hypotheken- und Wechselbank für die Lebensversicherungs-Anstalt"[31] herausgegeben. Die Statuten normieren die Rechtsverhältnisse der Bank. Die „Reglementäre[n] Grundbestimmungen" gehen näher auf die Lebensversicherungsabteilung ein. In Frankfurt am Main sahen die „Statuten der Frankfurter Lebens-Versicherungs-Gesellschaft" aus dem Jahre 1844[32] in § 30 vor, daß der Verwaltungsrat „die allgemeinen Bedingungen der Versicherungs-Contracte und die Prämien-Tarife" zu beschliessen habe. Diese Vertragsbedingungen und Prämientarife liegen nicht vor.

Erläutert werden die Genehmigungs- und Aufsichtspraxis während der ersten Gründungen. Die Organisationsform der Unternehmen, ihre Kapitalausstattung und Vermögensanlage sowie ihre Rechnungslegung werden anhand der Quellen dargestellt, außerdem die möglichen Versicherungsarten. Erörterung finden überdies die Problematik der Rechtsänderung während der Vertragslaufzeit, die Probleme der territorialen oder sachlichen Geschäftsausweitung sowie der Unternehmensauflösung. Schließlich wird der Frage nachgegangen, ob obrigkeitliche Beschwerdestellen bestanden und welcher Gerichtsstand begründet wurde.

Die Regelwerke werden anhand der genannten Topoi erschlossen, um im Ergebnis feststellen zu können, welche Interessen durch die unternehmerischen Normen wahrgenommen wurden und wie die Lebensversicherung institutionalisiert wurde. Die Untersuchung erstreckt sich auf drei Bereiche, auf den Bereich, den wir heute Versicherungsaufsichtsrecht nennen, auf das heute so genannte Versicherungsvertragsrecht und das Versicherungsunternehmensrecht. Die heutige Trennung bestand anfangs nicht. Das gesamte rechtliche System der deutschen Lebensversicherung wird analysiert. In der Analyse der historischen Quellen geht es nicht darum, den modernen und viel verwendeten Begriff des Verbraucherschutzes auf die historischen Verhältnisse zu übertragen. Es soll gezeigt werden, welche Interessen in der Frühphase der Lebensversicherungswirtschaft rechtlich geschützt wurden und in welche anerkannten rechtlichen Formen die Lebensversicherung gebracht wurde.

Zeitgleich mit den Gründungen und wenig später wurden in einigen deutschen Staaten handels- und zivilrechtliche Kodifikationsvorhaben betrieben. Daneben wurde das Handelsrecht für Deutschland kodifiziert. Die Gesetze und Entwürfe regelten auch die Lebensversicherung. Es wird untersucht, ob die Lebensversicherung normiert wurde, um die Versicherten oder die Wirtschaft zu

---

[30] *Franziska Jungmann-Stadler (Hg.)*, Die Anfänge der Bayerischen Hypotheken- und Wechsel-Bank aus den Protokollen der Administration. 1835–1850, München 1985, Beilage.

[31] Staatliche Bibliothek Regensburg. Signatur: 999/Bav. 2013.

[32] Niedersächsische Staats- und Universitätsbibliothek Göttingen. Signatur: H. Hass. Nass. 5978.

schützen. Der Einfluß der Gesetzgebung auf den Prozeß der Institutionalisierung der Lebensversicherung soll offengelegt werden.

Bislang ist die Institutionalisierung der deutschen Lebensversicherung im 19. Jahrhundert nicht rechtshistorisch erforscht worden. Braun hat im Jahre 1925 einen Gesamtüberblick über die Geschichte der Lebensversicherung gegeben.[33] Die Entstehungsgeschichte der einzelnen Unternehmen erschließt sich aus den zahlreichen Festschriften anläßlich der Firmenjubiläen. Dabei ist der „Jubelcharakter" dieser Publikationen zu berücksichtigen. Sofort nach Eröffnung der Lebensversicherungsbank zu Gotha begann die Herausgabe von Abhandlungen, die von Pohl als „Aufklärungsschriften"[34] bezeichnet wurden.[35] Die Beiträge dienten der Information über das neue Institut. Es handelte sich überwiegend um Werbeschriften mit einer Sammlung von Anwendungsbeispielen. Negative Kritik wurde nur vereinzelt und anonym geäußert.[36] Die Kritikpunkte werden

---

[33] *Heinrich Braun,* Geschichte der Lebensversicherung und der Lebensversicherungstechnik (zuerst 1925), 2. Aufl. Berlin 1963.

[34] *Kurt Pohl,* Die Anfänge des deutschen Lebensversicherungswesens, Leipzig 1913, 63–65 (63).

[35] *Carl Christian Kehr,* Erläuterung über das Wesen und Wirken der Lebensversicherungsbank zu Gotha und Einladung zur Theilnahme an den Vortheilen derselben, 3. Aufl. Gotha 1829; *F. H.-ff.,* Die Lebensversicherungsbank für Deutschland in Gotha, und die Lebensversicherungs-Gesellschaft zu Leipzig, neben einander gestellt und nach Grundsätzen und ihren eigenen Satzungen verglichen und beurtheilt, Braunschweig 1830; *G. F. Krause,* Ueber die Gemeinnützigkeit der Lebens-Versicherungs-Anstalten. Eine Beleuchtung aller ihrer Verhältnisse, worin zugleich arithmetisch bewiesen wird, daß sich solche ohne alle Actienfonds und ohne alle Theilnahme wucherischer Agenten durch eine Anzahl pünktlicher Mitglieder selbst bilden, mit Sicherheit fortbestehen und durch gute Verwaltung hinreichende Garantie gewähren können. Nebst einfacher Darstellung der Hauptgesichtspunkte, welche bei Errichtung von Sparkassen zu beobachten sind, Ilmenau 1830; Das Verhältniß der Lebensversicherungs-Anstalten zu Spar- und Versorgungskassen und die Grundsätze ihres Bestehens, Stuttgart 1830; Ideen über Lebens-Versicherungs-Anstalten und ihre Mängel. Worte des Trostes und der Beruhigung für die große Zahl derer, welche wegen zweifelhafter Gesundheit von der Theilnahme ausgeschlossen sind, so wie zur Beherzigungen für diejenigen, welche diesen Anstalten bereits beigetreten sind, oder beizutreten sich geneigt fühlen möchten, Braunschweig 1831; *L. K. Bleibtreu,* Zweck und Einrichtung der Lebensversicherungsanstalten. Für Jedermann faßlich dargestellt, Karlsruhe 1832; Wie kann die Lebensversicherungsbank zu Gotha am Beßten benutzt werden? Beantwortet durch eine kurze Schilderung ihres Wesens und durch Beispiele ihrer Nutzbarkeit in verschiedenen Lebensverhältnissen, Gotha 1832; *J. J. Littrow,* Ueber Lebensversicherungen und andere Versorgungsanstalten, Wien 1832; *August Heinemann,* Die Lebensversicherungsanstalten als die sichersten Sparkassen. Nebst mehreren Beispielen von der Nutzbarkeit der Lebensversicherungen, und einem Auszug aus dem Plan der Lebensversicherungsbank f. D. in Gotha, Gotha 1833; Vorschläge zur Benutzung der Lebensversicherungen bei deutschen Leichencassen, gerichtet an die Mitglieder derselben und an Diejenigen, welche Anstalten dieser Art eine feste Grundlage verschaffen möchten, Gotha 1837; *Carl Christian Kehr,* Die Lebens-Versicherungs-Bank für Deutschland zu Gotha. Einladung zu den Vortheilen dieses vaterländischen National-Institutes, Koblenz/Kreuznach 1839; *F. E. Feller,* Einige Worte über Lebensversicherungen, Leipzig 1839.

im Verlauf der Untersuchung aufgegriffen, wenn sie im sachlichen Zusammenhang wichtig werden. Bleibtreu hat den Zweck seiner Schrift wie folgt umschrieben:

„So war dann bisher der größere Theil des Publikums in Betreff der Belehrung über das Wesen der Lebensversicherung auf das beschränkt, was die Statuten und Plane [sic!] der seitherigen Versicherungsanstalten darüber enthalten; diese Belehrungen sind aber sowohl dem Inhalt als der Form nach [...] wenig dazu geeignet, der Sache den erwünschten Eingang zu verschaffen und allgemeines Zutrauen zu erwecken, und man darf sich daher in der That nicht wundern, daß so Viele nicht nur von derartigen Anstalten keine weitere Notiz nehmen, sondern selbst als entschiedene Gegner derselben sich erklären, ja selbst als solche öffentlich auftreten."[37]

Einen Überblick über sämtliche untersuchten Unternehmen geben Masius (1846)[38], Fenneberg (1848)[39], Hopf (1852)[40] und Pohl (1913)[41]. Erste juristische Monographien zur Lebensversicherung verfaßten Staudinger (1858)[42] und Rüdiger (1885)[43]. Jüngere versicherungsrechtshistorische Arbeiten befassen sich allgemein mit der Geschichte des Versicherungsaufsichtsrechts[44] oder des Versicherungsvertragsrechts[45]. Die Regelwerke der ersten deutschen Lebensversicherungsunternehmen sind bislang nicht rechtshistorisch analysiert worden. Die Institutionalisierung der Lebensversicherung ist bisher nicht erforscht.

Im Anhang finden sich die zugrunde gelegten ersten Regelwerke in vollem Wortlaut. Die Tarifwerke und Sterblichkeitsberechnungen werden nicht wieder-

---

[36] *H. F.*, Nähere Prüfung des Plans der allgemeinen Lebensversicherungs-Anstalt für das Königreich Hannover. Dem Publikum zur Beherzigung empfohlen, Göttingen 1830; Ideen über Lebens-Versicherungs-Anstalten und ihre Mängel.

[37] *L. K. Bleibtreu*, 65.

[38] *E. A. Masius*, Lehre der Versicherung und statistische Nachweisung aller Versicherungs-Anstalten in Deutschland; nebst Hinweisung auf den hohen Einfluß dieser Institute auf den Nationalwohlstand, und die Gesetze darüber in den verschiedenen Staaten, Leipzig 1846.

[39] *Jul. Frdr. Wilh. v. Fenneberg (Hg.)*, Prospectus.

[40] *G. Hopf*, Die Lebensversicherungsanstalten Deutschlands, ihre Einrichtung, ihr Zustand und ihre Hoffnungen, 1852.

[41] *Kurt Pohl*, Anfänge.

[42] *Julius Staudinger*, Die Rechtslehre vom Lebensversicherungsvertrag, Erlangen 1858.

[43] *Adolf Rüdiger*, Die Rechtslehre vom Lebensversicherungsvertrag aus den wirtschaftlichen Grundlagen des Geschäftes entwickelt und unter besonderer Berücksichtigung der Ergebnisse der Rechtsprechung bearbeitet, Berlin 1885.

[44] *Michael Tigges*, Geschichte und Entwicklung der Versicherungsaufsicht, Karlsruhe 1985.

[45] *Angela Duvinage*, Die Vorgeschichte und die Entstehung des Gesetzes über den Versicherungsvertrag, Karlsruhe 1987; *Ralph Neugebauer*, Versicherungsrecht vor dem Versicherungsvertragsgesetz. Zur Entwicklung des modernen Binnenversicherungsrechts im 19. Jahrhundert, Frankfurt am Main 1990.

gegeben. Die Materialien werden hier abgedruckt, da sie schwer zugänglich sind und bei der Textlektüre zur Verfügung stehen sollen. Aus denselben Gründen werden im Verlauf der Arbeit immer wieder längere Textpassagen vollständig wiedergegeben.

Die der Arbeit zugrunde gelegten Quellen und sonstigen Materialien weisen keine einheitliche Schreibung der Firmen auf, bisweilen gibt es unterschiedliche Schreibweisen innerhalb eines Dokumentes, die nicht als Umfirmierungen zu erklären sind. Auch in anderen Punkten, beispielsweise bei Personennamen, Ämterbezeichnungen etc., kommt es zu Abweichungen. Die Verfasserin hat sich um einheitliche Rechtschreibung bemüht, bei den Textzitaten ergeben sich jedoch bisweilen kleinere Ungereimtheiten, die nicht zu vermeiden waren.

1. Kapitel

Die Vorgeschichte der deutschen Lebensversicherung

A. Einführung

Braun beginnt seine Gesamtdarstellung der „Geschichte der Lebensversicherung und der Lebensversicherungstechnik" mit Ausführungen über die „Ansätze zum Lebensversicherungswesen in der römischen Kaiserzeit", er sieht die Anfänge der Lebensversicherung im Altertum (bis 375 n. Chr.), in den römischen Sterbekassen.[1] Die moderne Lebensversicherung ist jedoch keine weiterentwickelte römische Sterbekasse, vielmehr ist sie, um mit Borscheid zu sprechen, „eine in England entstandene, im aufklärerischen Geist und von wissenschaftlich-rationalen Motiven geprägte neue Schöpfung, die erstmals Risikoübernahme und Prämie in ein möglichst exakt berechenbares Verhältnis brachte".[2] Die neuzeitliche Lebensversicherung, wie sie zuerst im 18. Jahrhundert in England praktiziert wurde, ist als „Basisinnovation"[3] anzusehen. Zwar hat sie altbekannte Elemente der Daseinsvorsorge aufgegriffen, die Verbindung dieser Elemente war jedoch völlig neu und in dieser Weise noch nicht praktiziert worden. Das Produkt als Ganzes stellte eine grundlegende, revolutionäre Neuerung dar.[4] Die moderne Lebensversicherung stellte eine neue Kombination bekannter

---

[1] *Heinrich Braun*, 1–9; ebenso *Hermann Brämer/Karl Brämer*, Das Versicherungswesen, Leipzig 1894, 76; *Max Gebauer*, Die sogenannte Lebensversicherung. Wirtschaftliche Studie, Jena 1895, 36–46; *Loewy*, Art. „Lebensversicherung", in: Alfred Manes (Hg.), Versicherungslexikon, 2. Aufl. Berlin 1924, Sp. 842–854 (845 f.); neuerdings *Knut Höra/Ruth Müller-Stein*, § 24 Lebensversicherung, in: Michael Terbille (Hg.), Münchener AnwaltsHandbuch Versicherungsrecht, München 2004, 1805–1925 (1807); siehe auch *Albert Müller*, Ansätze zum Versicherungswesen in der römischen Kaiserzeit, ZVersWiss 6 (1906), 209–219.

[2] *Peter Borscheid*, Die Entstehung der deutschen Lebensversicherungswirtschaft im 19. Jahrhundert. Zum Durchsetzungsprozeß einer Basisinnovation, VSWG 70 (1983), 305–330 (307).

[3] *Peter Borscheid*, Entstehung, 307 f. Borscheid wählt den Begriff der Basisinnovation im Gegensatz zur bloßen „Verbesserungsinnovation", die allein Bestehendes fortsetze. Er will zum einen das revolutionär Neue mit dem Begriff bezeichnen; zum anderen möchte er zum Ausdruck bringen, „daß diese Neuerung nur in einem sozialwirtschaftlichen System gelingen konnte, das ‚strukturell bereit', das aufnahmefähig war" (307).

[4] *Peter Borscheid*, Sicherheit, 4.

Grundelemente dar, wobei die Verknüpfung „qualitativ weit mehr ist als nur die Summen der einzelnen Teilgrößen".[5] Alters- und Hinterbliebenenvorsorge wurde erstmalig von privatwirtschaftlichen Unternehmen organisiert, die überregional agierten und grundsätzlich allgemein zugänglich waren. Das Verhältnis von Risiko und Prämie war wissenschaftlich kalkuliert. Durch die Wiederanlage der Prämien war das Unternehmen in das gesamtwirtschaftliche System eingebettet. Der Versicherte erwarb einen durchsetzbaren Leistungsanspruch.

Zu den wichtigsten Bausteinen der Novität „Lebensversicherung" zählen die Vorsorgeeinrichtungen der mittelalterlichen Zünfte, das Leibrentenwesen sowie die mathematischen Methoden zur Erfassung der Sterblichkeit, insbesondere die Wahrscheinlichkeitsrechnung.[6]

B. Vorsorgeeinrichtungen der mittelalterlichen Zünfte

Erste genossenschaftliche Organisationen zur Vorsorge für Krankheit, Alter und Tod bildeten im Mittelalter die Zünfte der Handwerker.[7] Aus dem Vermögen dieser Solidargemeinschaften wurden in Notfällen das Mitglied selbst beziehungsweise in dessen Todesfall Witwe und Waisen unterstützt – namentlich wurden Beerdigungskosten übernommen, der hinterbliebenen Witwe und den Waisen eines verstorbenen Zunftbruders wurden kleine Unterstützungen gewährt, ebenso den Mitgliedern selbst, wenn diese hilfebedürftig wurden.[8] Die Alters- und Hinterbliebenenvorsorge hatte in den mittelalterlichen Zünften nur eine nebensächliche Bedeutung.[9] Die Vorsorge war eine Aufgabe unter vielen, erst später wurden Institute eigens zur Vorsorge geschaffen. Diese ersten Organisationen stellten noch keine „echten Versicherungseinrichtungen" dar, weil den Mitgliedern kein klagbarer Rechtsanspruch auf eine Versicherungsleistung verliehen wurde, vielmehr waren die Unterstützungen „nur der Reflex der eidlichen Hilfepflicht der Genossen".[10]

---

[5] *Peter Borscheid*, Entstehung, 308.

[6] *Peter Koch*, Pioniere des Versicherungsgedankens. 300 Jahre Versicherungsgeschichte in Lebensbildern. 1550–1850, Wiesbaden 1968, 41.

[7] *Wilhelm Hagena*, Die Ansichten der deutschen Kameralisten des 18. Jahrhunderts über das Versicherungswesen, Norden 1910, 8–11.

[8] *Richard Ehrenberg*, Studien zur Entwickelungsgeschichte der Versicherung. IV. Entstehung der Lebensversicherung, ZVersWiss 2 (1902), 123–130 (123).

[9] *Peter Borscheid*, Sicherheit, 21.

[10] *Wilhelm Ebel*, Glücksvertrag und Versicherung. Zur Geschichte der rechtstheoretischen Erfassung des Versicherungsverhältnisses, ZVersWiss 51 (1962), 53–76 (55); siehe auch *Peter Koch*, Zur Geschichte der versicherungsvertragsrechtlichen Kodifikationen in Deutschland und Österreich, in: Fritz Reichert-Facilides/Fritz Rittner/Jürgen Sasse (Hg.), Festschrift für Reimer Schmidt, Karlsruhe 1976, 299–323 (299).

C. Das Leibrentenwesen

Auch die Geschichte des Leibrentenwesens reicht bis ins Mittelalter zurück. Zur Altersvorsorge wurden schon im Mittelalter – allerdings zunächst meist noch in naturalwirtschaftlicher Form – Leibrentenkäufe getätigt.[11] Einen enormen Aufschwung erlebte dieses Institut seit dem Beginn des 14. Jahrhunderts, nachdem Städte, Landesherren und Klöster das Leibrentengeschäft als Mittel zur schnellen Kapitalbeschaffung erkannt hatten.[12] Mit dem Vordringen zinsbarer Darlehen verlor die Leibrente – abgesehen von den sogenannten Tontinen des 17. und 18. Jahrhunderts[13] – an Bedeutung.

D. Die Versorgungskassen des 17. und 18. Jahrhunderts

Seit Ende des 17. Jahrhunderts bildeten sich berufsständische Versorgungskassen, die nicht mehr nur wie die Einrichtungen der Zünfte eine einmalige Leistung zahlten, sondern auch Renten; so gab es Kassengründungen für die Absicherung von Beamten, Pfarrern, Lehrern oder Bergarbeitern.[14] Die Errichtung von Witwen-, Waisen-, Sterbe- und Heiratskassen, die allerorts und in großer Zahl besonders in der zweiten Hälfte des 18. Jahrhunderts entstanden, wurde vom Staat gutgeheißen – nicht so sehr im Interesse des einzelnen, als vielmehr zur Stärkung des Volkes. Der absolutistische Staat und die Kameralisten des 18. Jahrhunderts[15] beabsichtigten mit Hilfe dieser Kassen, den Ehe-

---

[11] *W. Ogris,* Art. „Leibrente", in: Adalbert Erler/Ekkehard Kaufmann (Hg.), HRG, Bd. II, Berlin 1978, Sp. 1800–1802 (1800).

[12] *W. Ogris,* Art. „Leibrente", Sp. 1800 f.

[13] Zur Biographie Tontis und zu den nach ihm benannten Tontinen Art. „Tonti", in: Alfred Manes (Hg.), Versicherungslexikon, 3. Aufl. Berlin 1930, Sp. 1571; *Riebesell,* Art. „Tontine", in: Alfred Manes (Hg.), Versicherungslexikon, 3. Aufl., Sp. 1571–1573; *Heinrich Braun,* 63 ff., 151 ff.; *Peter Koch,* Pioniere, 41–46; *Karl-Otto Körber,* Signore Tonti oder wer? Historische Anmerkungen zur Rentenversicherung, VW 50 (1995), 1102–1105; *W. Ogris,* Art. „Tonti, Tontine", in: Adalbert Erler/Ekkehard Kaufmann (Hg.), HRG, Bd. V, Berlin 1998, Sp. 276 f. Die sogenannten Tontinen wurden nach ihrem „geistigen Vater", dem Italiener Lorenzo Tonti, benannt. Tonti hatte Mitte des 17. Jahrhunderts dem französischen Kardinal Mazarin zur Hebung der Staatsfinanzen den Vorschlag unterbreitet, gegen Zusicherung von Leibrenten eine Staatsanleihe aufzunehmen. Die Anleihezeichner sollten nach ihrem Alter in Klassen eingeteilt und jeder Klasse sollte eine gleich hohe Rente zugewiesen werden. Die Gruppen sollten – so *Heinrich Braun,* 64 – „eine Art geschlossenen Vereins zu gegenseitiger Beerbung" bilden, „die Überlebenden erbten stets den Rentenanteil jedes in ihrer Gruppe Sterbenden, bis die ganze Gruppe durch Tod abgegangen war"; der Längstlebende sollte schließlich die der Gruppe zugewiesene Rente allein erhalten. Nach dem Tode des letzten Gruppenmitgliedes erloschen die Rentenzahlungen zugunsten des Staates; das eingezahlte Kapital verblieb beim Staat.

[14] *Peter Borscheid,* Sicherheit, 9.

stand und Familienzuwachs zu fördern, um durch den hierdurch bedingten Anstieg der Bevölkerungszahl die Staatsfinanzen zu mehren und der Armut entgegenzuwirken.[16]

E. Die Lebensversicherung und die Kameralistik

Während die Versorgungskassen einstimmig befürwortet wurden, traf der Gedanke der Lebensversicherung im 18. Jahrhundert in Deutschland nicht auf uneingeschränkte Zustimmung. Die Meinungen Magens und bedeutender Kameralwissenschaftler des 18. Jahrhunderts zur Lebensversicherung zeugen von dem Unverständnis, das selbst in gebildeten Kreisen vorherrschte. Die Stellungnahmen werden wiedergegeben, da diese geäußert wurden, während zeitgleich in England die moderne Lebensversicherung ihren Anfang nahm.[17] Sie werden auch deshalb zitiert, um zu verdeutlichen, welchen Fortschritt die autonom gestalteten Regelwerke der ersten Lebensversicherungsunternehmen bedeuteten.

Nicolaus Magens schreibt (noch) 1753 in seinem „Versuch über Assecuranzen, Havereyen und Bodmereyen insgemein", im 22. Kapitel: „Von Assecuranzen auf der Menschen Leben", über den Lebensversicherungsbetrieb:

„Auf der Menschen Leben wird versichert, wenn Leute Aemter oder Dienste kaufen, um von deren Einkünften zu leben, und zugleich daran so viel zu erübrigen, daß bey ihrer Lebens-Zeit das ausgelegte oder geborgte Capital wieder ergäntzet oder abgetragen werden könne. Aber dergleichen Assecuranzen wären entweder von der Person selbst, auf deren Leben sie geschehen, zu besorgen; oder, wenn jemand an einen andern, zur Erkaufung eines Amtes oder Dienstes, Geld geliehen hätte, und zu seiner Sicherheit dessen Leben versichern liesse, müste solches niemahls ohne dessen Vorwissen geschehen. An einigen Orten ist es durchaus verbothen, auf der Menschen Leben zu versichern, (1.) und an andern nimmt man davon aus das Leben solcher Personen, daran dem gemeinen Wesen besonders gelegen ist. (2.) In London, wo diese Assecuranzen mehr als anderswo im Gange sind, (3.) wird dabey hauptsächlich auf die äusserliche Beschaffenheit der Gesundheit, und die Lebens-Art der Person, gesehen, und ist dabey gemeiniglich das Regulativ der Prämie auf das Leben derer, die nicht kranck oder schwach scheinen, oder keinen unordentlichen Wandel führen, von 20 bis 50 Jahren zu 5 p.C., von 50 bis 60 Jahren zu 6 p.C. für ein Jahr. Man sollte aber dabey nach der Ursache solcher Assecuranzen sich mit befragen, damit man zu Mord und Todschlage indirecte keinen Anlaß oder

---

[15] Die Vertreter der Kameralistik beschäftigte in erster Linie die Staatsverwaltung (damals „Polizeiwissenschaft") unter besonderer Berücksichtigung des fürstlichen Haushalts. Ihr Hauptziel war die Erzielung hoher Staatseinkünfte durch eine planmäßige Wirtschaftsförderung.

[16] *Wilhelm Hagena,* 15 f.; *Heinrich Braun,* 169 ff.; *Peter Koch,* Geschichte der Versicherungswissenschaft in Deutschland, Karlsruhe 1998, 42 ff.

[17] Unten 1. Kapitel I.

E. Die Lebensversicherung und die Kameralistik

Gelegenheit gäbe, wie unlängst ein Apothecker zu London auf das Leben seiner Frauen versichern ließ, und selbige darauf ermordete, welcher Zufall jedoch denen Assecuradeurs, welche auf dieser Frauen Leben gezeichnet, nichts weiter gekostet, als den Todschläger gerichtlich zu verfolgen. Sonsten ist es eine sehr gewöhnliche und erlaubte Sache, daß Leute, welche zur Lösung der Sclaven Gelder vorschiessen, um solche nach deren Ankunft an der Christen-Seite wieder zu empfangen, auf deren Leben versichern lassen. (4.)"[18]

Der bedeutende Kameralist Johann Heinrich Gottlob von Justi (1705–1771)[19] lehnte die Lebensversicherung im ersten Band seines großangelegten Werkes „Die Grundveste zu der Glückseeligkeit der Staaten oder ausführliche Vorstellung der gesamten Policeywißenschaft" ohne Umschweife ab. Nach Erörterung der See- und Feuerversicherung führt von Justi aus:

„Es ist kein Zweifel, daß man nicht dergleichen Assecuranzanstalten in vielen andern Fällen einrichten könnte. In den meisten handelnden Staaten lassen die Seefahrer ihre Freyheit gegen die Sclaverey versichern; und in Engelland gehet man gar so weit, das Leben verassecuriren zu lassen. Allein, dieses letztere scheinet so wenig rathsam, als mit der Natur der Assecuranzen verträglich zu seyn. Es werden zwey Haupteigenschaften zu den Assecuranzen erfordert. Die Sache muß ihren bestimmten Werth haben, und der Gefahr ausgesetzt seyn. Beydes kann man aber von dem Leben nicht behaupten."[20]

Gegen das Argument, menschliches Leben könne nicht bewertet und deshalb nicht versichert werden, wendet sich der Kameralist Joseph von Sonnenfels (1733–1817) im Jahre 1769 in seinen „Sätze[n] aus der Polizey-Handlungs- und Finanzwissenschaft".[21]

„Weil die Gefahr der Frachtung der eigentliche Gegenstand der Assekuranzen ist, so haben verschiedene Schriftsteller behauptet: nur der wirkliche Werth der Waaren, nicht aber der Gewinn könne versichert werden. Auch das Leben der Menschen hat man in Frankreich für keinen Gegenstand der Assekuranz gehalten. In England (sagt der Verfasser der Anfangsgründe der Handlung) versichert man auch das Leben der Menschen; in Frankreich hat man die Freyheit zu versichern, weis-

---

[18] *[Nicolaus Magens,]* Versuch über Assecuranzen, Havereyen und Bodmereyen insgemein; und über verschiedene hiebeygefügte wirckliche Vorfälle und deren Berechnungen insbesondere nebst einer Sammlung der vornehmsten alten und neuen Verordnungen [...] von einem Kaufmanne in London, Hamburg 1753, 32–34.

[19] Zum Leben und zur Bedeutung von Justis für die Versicherungswissenschaft *Hans Schmitt-Lermann,* Der Versicherungsgedanke im deutschen Geistesleben des Barock und der Aufklärung, München 1954, 113–119; *Peter Koch,* Pioniere, 169; *ders.,* Versicherungswissenschaft, 54 f.

[20] *Johann Heinrich Gottlob von Justi (Hg.),* Die Grundveste zu der Glückseeligkeit der Staaten oder ausführliche Vorstellung der gesamten Policeywißenschaft, Bd. I, Königsberg/Leipzig [1760], 768 f.

[21] *Joseph von Sonnenfels,* Sätze aus der Polizey-Handlungs- und Finanzwissenschaft, Teil II, Wien 1769, 289 ff.; zur Bedeutung von Sonnenfels' für die Versicherungswissenschaft *Wilhelm Hagena,* 54; *Hans Schmitt-Lermann,* 119–123 (121 f.); *Peter Koch,* Versicherungswissenschaft, 55–57.

lich auf die Freyheit, und wirklichen Güter eingeschränkt: das menschliche Leben muß kein Gegenstand der Handlung seyn; es ist der Gesellschaft zu kostbar, und kann durch keinen Entgelt ersetzt werden."[22]

Von Sonnenfels kritisierte diese Ansicht wie folgt:

„Je kostbarer das Leben der Menschen (I) ist, desto mehr muß man seine Gefahr zu vermindern suchen. Eigentlich kömmt auch nicht das Leben des Menschen in die Schätzung, sondern dasjenige, was dieser Lebende zu erwerben fähig ist. Die Lebensassekuranzen wären alsosogar vom Staate zu leisten, wenn sich die Privatassekuranten nicht dazu verstehen sollten: sie vermehren die Entschlossenheit zum Seedienste, und die Ehen der Seeleute: entweder würde sich ein Verehlichter schwer auf die See wagen, weil er mit seinem Tode Weib und Kinder hülflos liesse: oder der Matrose würde aus eben dieser Betrachtung keine Familie haben wollen: die Lebensassekuranzen geben der zurückbleibenden Familie einen Ersatz, und das Bedenken ist gehoben; sie vertreten gewissermassen die Stelle einer Wittwen oder Waisenkasse für das Schiffvolk. Diese Niedlichkeit des französischen Schriftstellers wird jedermann desto sonderbarer scheinen, dem es beyfällt; daß man sich kein Bedenken macht, die Schiffe, worauf die Negers von den afrikanischen Küsten nach Amerika übergesetzet werden, versichern zu lassen: sind diese Negers keine Menschen?"[23]

In seinen Ausführungen beschränkt sich von Sonnenfels auf die Seeversicherung. Bevor Anfang des 18. Jahrhunderts die moderne Lebensversicherung in England aufkam, konnten für die Dauer einer Seereise Versicherungen auf das Leben einer Person abgeschlossen werden.[24] Gegen Prämie zahlten die Versicherer etwa das Lösegeld, wenn der versicherte Reisende in Gefangenschaft geriet. Später wurden auch Summen bei Versicherern „hinterlegt", die nur bei Erreichen des Reiseziels – dann jedoch doppelt oder dreifach – zurückgezahlt wurden. Seeversicherer übernahmen außerdem das Todesfallrisiko von Seereisenden derart, daß im Falle des Eintritts des natürlichen oder gewaltsamen Todes an Bord des Schiffes den Erben eine policenmäßig festgesetzte Summe ausgezahlt wurde.[25]

Im Gegensatz zu von Justi befürwortete auch der Kameralwissenschaftler Johann Georg Krünitz (1728–1796) im Jahre 1773 die Todesfallversicherung. Wie von Sonnenfels geht Krünitz davon aus, daß nicht das Leben selbst Gegenstand der Versicherung sei, zugrundegelegt werden müsse der Wert des Familieneinkommens bei Lebzeiten des Ernährers.[26] In seiner grundlegenden „Oeconomischen Encyclopädie" führte Krünitz aus:

---

[22] *Joseph von Sonnenfels,* 289 f.

[23] *Joseph von Sonnenfels,* 292 f.

[24] §§ 24, 138–144 Assecuranz- und Haverey-Ordnung für sämtliche Königl. Preuß. Staaten vom 18.02.1766, Novum Corpus Constitutionum 1766, Sp. 83–148.

[25] Aus der Geschichte der Lebensversicherung in Deutschland, Neumanns Zeitschrift für Versicherungswesen 59 (1936), 694–696 (694).

„An manchen Orten findet man auch Gelegenheit, eines Menschen Leben auf gewisse Jahre versichern zu laßen, welches manchem nicht anders, als sehr paradox fürkommen mus. Man wird denken: Was hilft es mir, wenn ich mein Leben auf 10 Jahre und länger versichern laßen könnte, und ich sterbe doch im ersten Jahre? kann ich als ein Todter meinen Regreß an den Assecuranten nehmen? was hilft also eine solche Versicherung? Allein, wir müssen nur die Fälle uns vorstellen, bei welchen eine solche Lebens-Versicherung von Nutzen ist, so fällt das Paradoxe ganz weg. Gesetzt, es hat jemand Gelegenheit, eine mit guten Revenüen verknüpfte Bedienung, durch eine gewisse zu erlegende Summe, und also gleichsam durch einen Kauf, zu erlangen, so fällt ihm ganz natürlich hierbey der Gedanke ein: Wenn ich wüßte, wie lange ich noch lebte, so würde ich so und so viel Geld daran wagen; allein, da ich die Länge meines Lebens nicht taxiren, und also vieleicht morgen sterben kann, so würde ich mein Vermögen verlieren, und meine Familie von den Mitteln ihres künftigen Unterhalts entblößen. Diese Ungewißheit seiner Lebenslänge macht also den Haupt-Vorwurf seiner Speculation aus, und hiervon hängt sein Entschluß ab; findet er nun Gelegenheit, seines Lebens Versicherung auf eine gewisse Zeit zu erlangen, so verstehet es sich von selbst, daß hiermit die Verbindungen und Beneficia, so ihn bey seinem Leben betreffen, eigentlich, und nicht selbst das natürliche Leben, versichert werden; denn der Versicherer hat nicht das Vermögen, oder eigentlicher zu sagen, die Schöpfers-Kraft, das verlohrne Leben eines Menschen herzustellen. Es wird also einem Menschen die Versicherung seines Lebens mit der Condition gegeben, daß der Versicherer seinen Nachgelaßenen die Revenüen, wofür er bei seinem Leben sein Capital angewandt, im Fall des Todes bezahle, und hierüber giebt er seine Versicherung gegen eine zwischen ihm und dem Assecurirten verglichene Provision, welches man bei andern Assecuranzen eine Prämie nennet. Hierdurch wird der, so durch einen Ankauf eines Beneficii oder öffentlichen Bedienung, die dafür zu erlegende Summe anwenden will, sicher gesetzet, daß wenn auch nicht er, doch seine nachgelaßene Familie in den Genuß der damit verknüpften Revenüen gesetzt, und also nicht sein Vermögen zu stark risquiret wird: der Versicherer aber ziehet dafür auf soviel Jahre, als er versichert hat, einen gewissen Antheil an der Einnahme des Versicherten, nach der Assecurations-Convention, die unter beiden Theilen contrahirt ist. Es folgt aus der Natur einer solchen contrahirten Versicherung von selbst, daß derjenige, so seinen lezten Athem nur noch durch Kunst des Arztes auf wenige Zeit aufhalten kann, oder dessen schwache Leibes-Constitution seinen nahen Tod verkündiget, keinen Assecuranten seines Lebens auf viele Jahre finden wird. Hierbei wird der Mensch bloß physice taxiret; er mus gesund seyn, und eine solche gute Leibes-Constitution haben, daß sich wenigstens ein so langes Leben, als ihm versichert wird, wahrscheinlich bei ihm vermuthen läßt; bei einer solchen Assecuranz aber gehen die Fälle derer Assecurirten, da sie durch schlechte Auffführung oder Malverfationes ihre gekaufte Charge verlieren, den Versicherer nichts an; er ist auch nicht gehalten, seine einmahl erhaltene Prämie zurückzugeben, weil nicht der Tod, oder ein anderer un-

---

[26] *Johann Georg Krünitz,* Art. „Assecuranz-Anstalten", in: *ders.,* Oeconomische Encyclopädie, oder allgemeines System der Land-Haus- und Staats-Wirthschaft, in alphabetischer Ordnung, Teil II, von An bis Auf, Berlin 1773, 571–599 (598 f.); siehe hierzu *Wilhelm Hagena,* 54 f.; *Hans Schmitt-Lermann,* 133; *Peter Koch,* Versicherungswissenschaft, 65 f.

glücklicher Zufall, sondern die eigene Schuld des Versicherten, ihn zum Genuß des mit seiner Charge verbundenen Beneficii unwürdig oder unfähig gemacht hat."[27]

Im Ergebnis hat die Kameralistik die Institutionalisierung der Lebensversicherung in Deutschland nicht entscheidend beeinflußt. Es waren Pioniere der Wirtschaft, die im 19. Jahrhundert die Lebensversicherung in Deutschland etabliert haben. Die Interessen der Versicherten oder der Wirtschaft haben den wissenschaftlichen Diskurs der Kameralisten nicht geprägt. Seit Anfang des 18. Jahrhunderts wurden Lebensversicherungen von englischen Unternehmen offeriert.[28] Das englische Beispiel machte in Deutschland jedoch zunächst nicht Schule. Während in England die Lebensversicherung praktiziert wurde, fand in Deutschland eine wissenschaftliche Auseinandersetzung über die Zulässigkeit dieser Versicherung statt. Magens weist auf die Gefahr hin, daß zu Mord und Totschlag Anlaß und Gelegenheit gegeben werde.[29] Während durch die sogenannten Aufklärungsschriften des 19. Jahrhunderts[30] das Publikum mit dem neuen Produkt vertraut gemacht werden sollte und in Anwendungsbeispielen die Möglichkeiten der Absicherung vorgestellt wurden, führt Magens das negative Beispiel an, daß ein Londoner Apotheker auf das Leben seiner Ehefrau eine Lebensversicherung abschloß, um dieselbe zu ermorden und die Versicherungssumme zu beziehen. Beschrieben werden die Gefahren, nicht der Nutzen der Lebensversicherung. Es werden nicht die denkbaren Versicherungsformen und Absicherungsmöglichkeiten diskutiert, sondern die grundsätzliche Zulässigkeit der Lebensversicherung. Die Kameralisten streiten darüber, ob es ratsam und mit der Natur der Assekuranzen verträglich sei, auf das Leben zu versichern. Die praktische Umsetzung der Idee wurde im 18. Jahrhundert noch nicht erörtert. Organisationsformen und -strukturen, Kapitalausstattung und -anlage sowie das Versicherungsangebot wurden erst in den Regelwerken des 19. Jahrhunderts ausgeformt.[31]

F. Die strukturellen Voraussetzungen in Deutschland

Mit der Aufklärung und Säkularisierung hatte die Zerstörung des mittelalterlichen Weltbildes begonnen, das christlich-religiös geprägt gewesen war. Schadenbringende Ereignisse waren bisher als Ausdruck göttlichen Willens angesehen worden. Wer die materiellen Einbußen dieser Ereignisse zu kompensieren suchte, frevelte. Im Zuge der Aufklärung konnte diese Denkweise überwunden

---

[27] *Johann Georg Krünitz*, 598 f.
[28] Unten 1. Kapitel I.
[29] Oben 1. Kapitel E.
[30] Oben Einführung.
[31] Unten 6. Kapitel.

werden. Mitte des 18. Jahrhunderts waren die „Zeiten, in denen der Mensch dem Tod mit hängenden Armen entgegentritt und sich ohne Widerstand mitnehmen läßt," endgültig vorbei.[32] Zwar waren die Menschen dem Tod mangels hinreichender medizinischer Fortschritte weiterhin machtlos ausgeliefert, sie begannen aber, nach Mitteln gegen Krankheiten und Seuchen zu suchen. Gleichzeitig setzte ein Bewußtseinswandel ein, durch den die geltenden negativen Altersbilder erschüttert wurden. Der alte Mensch galt nicht länger als ein „Paria der Gesellschaft"[33], das Alter wurde nicht wie vordem diskriminiert. Mit „An inquiry into the nature and causes of the wealth of nations" (1776) hatte Adam Smith in Abkehr vom Merkantilismus und Physiokratismus den Wirtschaftsliberalismus begründet. Die vermehrte Errichtung von Sparkassen gegen Ende des 18. Jahrhunderts ist Ergebnis eines neuen Spargedankens und Ausdruck des Geistes der neuen mathematischen Berechenbarkeit.[34] Politisch endete mit der Gründung des Rheinbundes unter napoleonischer Vorherrschaft die Geschichte des Heiligen Römischen Reiches Deutscher Nation. In den französischen Satellitenstaaten wurden die Adelsprivilegien abgebaut und die Bauern aus ihrer Abhängigkeit befreit. Der mittelalterliche Zunftzwang wurde beseitigt und die Gewerbefreiheit eingeführt. Preußen setzte mit den Stein-Hardenbergschen Reformen entsprechende Veränderungen durch. Wilhelm von Humboldt reformierte das Bildungswesen. Der Untertan sollte zum selbständig denkenden Bürger gemacht werden. Die Reformen ließen ein Nationalbewußtsein aufkommen, das die französische Herrschaft schon bald als Despotie empfinden ließ. Die französischen Armeen wurden militärisch geschlagen (1813). Auf dem Wiener Kongreß (1814/15) sollte Europa neu geordnet werden. Die deutsche Frage wurde mit der Gründung des Deutschen Bundes beantwortet, in dem 35 souveräne deutsche Einzelstaaten und vier Freie Städte zusammengefaßt wurden. Die deutschen Fürsten behielten ihre Macht. Das neue Bürgertum mußte erkennen, daß die Überwindung der Kleinstaaterei und die nationale Einheit nicht politisch, sondern allein wirtschaftlich durchzusetzen seien. Der Deutsche Zollverein trat 1834 ins Leben.

Der Beginn der deutschen Lebensversicherung fällt also in eine Stimmung von politischen, wirtschaftlichen und soziokulturellen Strukturveränderungen, in eine Zeit des nationalen und sozialen Aufbruchs.

G. Die Lücken im deutschen Versorgungswesen

Die Umwälzungen spiegeln sich im Versorgungswesen wider.[35] In der Ständegesellschaft war der Adel durch Familie und Eigentum auch im Alter ver-

---

[32] *Peter Borscheid,* Geschichte des Alters. 16.–18. Jahrhundert, Münster 1987, 134.
[33] *Peter Borscheid,* Geschichte des Alters, 134.
[34] *Peter Borscheid,* Geschichte des Alters, 277 f.

sorgt. Für den Hochadel änderte sich hieran im 19. Jahrhundert trotz des Verlustes an Feudaleinnahmen nichts. Infolge der Agrarreform hatte jedoch der Niederadel seine feudalrechtlichen Ansprüche eingebüßt. Er mußte sich neue Wege der Absicherung suchen. Die Vertreter dieser Bevölkerungsgruppe wurden teilweise als Unternehmer und Staatsdiener tätig und nahmen an der Altersversorgung dieser Kreise teil. Die bürgerliche Oberschicht, Patrizier, große Kaufleute etc., hatte sich wie der Adel über Familie und Eigentum im Alter versorgt. Teile dieser Schicht hatten sich im Alter in Bürgerspitäler begeben, wo sie versorgt wurden. An ihrer Versorgung änderte sich nichts. Jedoch verloren die Spitäler ihre Bedeutung. Es bildete sich eine neue städtische Oberschicht, die sich aus Unternehmern, akademisch hochgebildeten Beamten und selbständig tätigen Akademikern zusammensetzte. Sie mußten Vermögenswerte anhäufen, die sie im Alter versorgten. Anderenfalls tat sich eine Versorgungslücke auf. Zwar hatte der Staat begonnen, seine Beamten mit Pensionen im Alter zu versorgen, die Absicherung war aber nicht ausreichend. Kaufleute und Handwerker als Vertreter der städtischen Mittelschicht waren bis zur Einführung der Gewerbefreiheit im Zunftsystem abgesichert. Durch die Aufhebung des Zunftsystems war auch die Alters- und Hinterbliebenenversorgung dieser Einrichtungen entfallen. Lehrer und (evangelische) Pfarrer hatten sich um ihre Altersversorgung selber kümmern müssen. Üblich war es, die Ämter gegen Rentenleistung zu übertragen. Problematisch blieb die Witwen- und Waisenversorgung dieser Kreise. Um die Versorgungslücke zu schließen, hatten sich allenorts entsprechende Kassen gebildet, die allerdings auf fehlerhaften Berechnungsgrundlagen fußten. Die städtische Unterschicht war nicht in der Lage, eine Altersvorsorge zu treffen. Die Vorsorge der Bauern bestand in der Übertragung des Hofes gegen Unterhaltsgewährung und -leistung innerhalb der Familie. Die unterständische Schicht verbrachte ihr Lebensende in Armut und war auf Almosen angewiesen. Die aufgezeigten Versorgungslücken im Bürgertum wollte die deutsche Lebensversicherung im 19. Jahrhundert schließen. Privatpersonen, die kaufmännisch dachten, ergriffen im Wege der Selbsthilfe die Initiative. Die Lebensversicherung trat dazu an, den ständigen „Konflikt von Alter und Ökonomie"[36], der sich zu Beginn des 19. Jahrhunderts mit neuem Gesicht zeigte, zu lösen. Ein Zeitzeuge beurteilte die Verhältnisse:

> „Nur ein sehr kleiner Theil Männer ist durch seine amtliche Stellung berechtigt, auf eine Pension im hoher [sic!] Alter Anspruch zu machen. Der größte Theil unserer geachtetsten Mitbürger, sämmtliche Aerzte, Chirurgen, Advocaten, Notare, Künstler, Gelehrte, sowie der ganze Gewerbstand müssen, wenn sie nicht vom Glücke besonders begünstigt werden, rath- und hülflos ihrem Alter entgegen sehen, und

---

[35] *Peter Borscheid*, Geschichte des Alters; *Julia Friederike Bernreuther*, „Die Suche nach Sicherheit" – Der Beginn der deutschen Lebensversicherung am Anfang des 19. Jahrhunderts, Erlangen/Nürnberg 2004.
[36] *Frank Schirrmacher*, Das Methusalem-Komplott, München 2004, 55.

selbst die Pensionen, welche vom Staate oder von Corporationen zu gewähren sind, hängen von so vielen Zufälligkeiten, Dauer des Dienstes [...] ab, und sind in der Regel nicht von dem Belange, daß sie den dazu Berechtigten aller Sorge für die Zukunft überheben könnten."[37]

H. Vorbereitung der versicherungstechnischen Grundlagen

Das 17. und das 18. Jahrhundert haben für die Begründung der Lebensversicherung in Deutschland insofern Bedeutung, als in dieser Zeit die versicherungstechnischen Grundlagen vorbereitet und als in England Lebensversicherungsunternehmen gegründet wurden, die Filialen in Deutschland einrichteten und so den Lebensversicherungsgedanken nach Deutschland brachten. Die mittelalterlichen und neuzeitlichen Vorsorgeeinrichtungen hatten bei der Bestimmung von Beitrag und Leistung keine versicherungsmathematischen Grundsätze angewandt. Die moderne Lebensversicherung fußt demgegenüber auf mathematisch-statistischer Grundlage. Die Wissenschaft hatte aufgrund von Geburts- und Sterblichkeitsstatistiken, die zunächst noch unzureichend waren und verbessert werden mußten, das Problem der wahrscheinlichen menschlichen Lebensdauer zu bewältigen. Die mathematischen und statistischen Grundlagen der Lebensversicherung schufen Wissenschaftler verschiedener europäischer Länder im 17. und 18. Jahrhundert.[38] Dabei waren sie sich des Nutzens ihrer Erkenntnisse für die Lebensversicherung meistens nicht bewußt. Zur Weiterentwicklung der Wahrscheinlichkeitsrechnung, Sterblichkeitsforschung und Rentenberechnung haben – um nur einige Namen zu nennen – Blaise Pascal, Christian Huygens, Johannes Hudde, Jan de Witt, Caspar Neumann, Edmond Halley, Gottfried Wilhelm Leibniz, Jakob Bernoulli, Johann Peter Süßmilch und später Carl Friedrich Gauß beigetragen.[39]

I. England als Vorreiter

Die moderne Lebensversicherung kam zu Beginn des 18. Jahrhunderts in England auf.[40] Der Londoner Buchhändler John Hartley[41] hatte sich mit den Tontinen befaßt und sah in ihnen das Mittel, nicht nur vorübergehenden, sondern Todesfallschutz auf Lebenszeit („perpetual assurance") zu gewähren. Seit

---

[37] *Jul. Frdr. Wilh. v. Fenneberg (Hg.),* Prospectus, 121 f.

[38] *Peter Koch,* Versicherungswissenschaft, 25 ff., 58 ff.

[39] *Peter Koch,* Pioniere, 11, 47–51, 59–73, 93–108, 119–123, 135–139, 250–254; *ders.,* Versicherungswissenschaft, 27 ff., 58 ff., 85 ff.

[40] *Albert Rosin,* Lebensversicherung und ihre geistesgeschichtlichen Grundlagen. Eine kultursoziologische Studie zum englischen 18. Jahrhundert, Leipzig 1932.

[41] *Peter Koch,* Pioniere, 114–118.

dem Jahre 1705 betrieb Hartley die Gründung eines Lebensversicherungsunternehmens. „The Amicable Society for a Perpetual Assurance Office" wurde 1706 die königliche Genehmigung erteilt.[42] Im Jahre 1721 eröffneten die „Royal Exchange Assurance Annuity Company" und die „London Assurance" neben dem Seeversicherungs- den Lebensversicherungsbetrieb.[43] Seit Mitte der 1750er Jahre projektierte James Dodson[44] die Errichtung eines weiteren Unternehmens. Die „Society for Equitable Assurances on Lives and Survivorships" wurde im Jahre 1762 genehmigt.[45] Die Gesellschaft wurde weltweit das erste Unternehmen, das auf „technisch zutreffende[r] Prämienberechnung" beruhte.[46]

Diese und weitere englische Unternehmen errichteten in den folgenden Jahrzehnten auch Filialen in Deutschland, insbesondere in Hamburg, das mit England in vielfachen Handelsbeziehungen stand. Fortschrittliche Personen, die in Deutschland während des 18. Jahrhunderts eine Lebensversicherung abschließen wollten, mußten sich an englische Versicherer wenden. Die hohen Prämien dieser Unternehmen und die Unfähigkeit der Versicherten, im Streitfall zu ihrem Recht zu kommen – Verfahren wurden vor englischen Gerichten ausgetragen und waren mit enormen Kosten verbunden –, lösten in Deutschland das Bedürfnis nach nationalen Unternehmen aus.[47] Die ersten Prospekte und Regelwerke der deutschen Gründungen zeugen von der Loslösung und Abgrenzung von den englischen Unternehmen.

J. Ergebnis

Mit Borscheid ist im Ergebnis festzustellen, daß die Lebensversicherung, die gekennzeichnet ist durch regelmäßige Geldprämien und durch eine überlokale Organisation, während des Mittelalters und der Neuzeit gar nicht lebensfähig gewesen wäre. Die frühen Vorsorgeeinrichtungen der Zünfte und später die Vorsorgekassen „mit ihrer regionalen und oft auch beruflichen Begrenztheit, ihren

---

[42] A Short Account of the rise and Present State of the Amicable Society for a Perpetual Assurance Office, together with the Manner, Terms, and advantages of their Insurance on Lives (1736), in: David Jenkins/Takau Yoneyama (Hg.), History of Insurance. Bd. III. Life, London 2000, 351–360.

[43] *Francis E. Baily,* An Account of the Several Life-Assurance Companies Established in London. Containing a view of their respective merits and advantages (London: Richard Taylor and Co., 1810), in: David Jenkins/Takau Yoneyama (Hg.), History of Insurance. Bd. IV. Life, London 2000, 37–99 (55 f.).

[44] *Peter Koch,* Pioniere, 156–160.

[45] Society for Equitable Assurances. A Short Account of the Society for Equitable Assurances on Lives and Survivorships, established by Deed, Inrolled in his Majesty's Court of King's Bench (London, 1762), in: David Jenkins/Takau Yoneyama (Hg.), History of Insurance. Bd. III. Life, London 2000, 361–387.

[46] *Heinrich Braun,* 145 ff. (147).

[47] Aus der Geschichte, 695.

relativ geringen Beiträgen und Leistungen, ihren ganz einfachen technischen Verfahren und ihrer fehlenden Vermögensbildung und -anlage" entsprachen – so zutreffend Borscheid – den Möglichkeiten ihrer jeweiligen Zeit.[48] Die Lebensversicherung ist im Gegensatz zu früheren Vorsorgeeinrichtungen auf Geldleistungen spezialisiert. Die Prämien werden akkumuliert und zur Gewinnbringung angelegt. Die Lebensversicherungswirtschaft ist dadurch eingebunden in das gesamtwirtschaftliche System. Für die Lebensversicherung waren die strukturellen Voraussetzungen in Deutschland erst Mitte des 19. Jahrhunderts gegeben. Während von den Kameralwissenschaftlern im 18. Jahrhundert noch die theoretische Frage der Zulässigkeit diskutiert wurde, wurde in England die Idee der Lebensversicherung praktisch umgesetzt. In den anschließenden Kapiteln wird gezeigt, daß die Einführung der Lebensversicherung in Deutschland auf private Initiativen zurückgeht. Kaufleute mit Unternehmungsgeist haben damit begonnen, nach geeigneten Möglichkeiten der Alters- und Hinterbliebenenvorsorge zu suchen. Die Lebensversicherung war ein Mittel zur Selbsthilfe. Die Wirtschaftspioniere wollten als unmittelbar Betroffene den Mißständen im deutschen Versorgungssystem abhelfen. Die politischen, wirtschaftlichen und soziokulturellen Voraussetzungen für die Etablierung der Lebensversicherung waren erst Ende der 1820er Jahre in Deutschland gegeben. Dies belegen auch die zwei gescheiterten Gründungsversuche, die im folgenden Kapitel dargestellt werden. Die Regierungen haben den Prozeß der Intitutionalisierung befördert, indem sie die private Initiative nicht unterbunden haben.

---

[48] *Peter Borscheid*, Entstehung, 306; *ders.*, Sicherheit, 9.

2. Kapitel

Vor der eigentlichen Gründungsphase gescheiterte Unternehmen

A. Einführung

Im Jahre 1806 wurde in Hamburg das erste deutsche Lebensversicherungsunternehmen eröffnet, das jedoch nicht von dauerhaftem Bestand war. Die von Wilhelm Benecke 1806 gegründete Lebens-Versicherungs-Societät zu Hamburg mußte infolge der Kriegswirren im Jahre 1814 in Liquidation gehen. Die im Jahre 1823 projektierte Lebensversicherungsabteilung der Vaterländischen Feuer- und Lebens-Versicherungs-Gesellschaft in Elberfeld gelangte nicht, beziehungsweise erst im Jahre 1872, zur Ausführung. Die Entscheidungsträger stimmten gegen den Betrieb der Lebensversicherung.

Die gescheiterten Versuche sind das Bindeglied zwischen der „vorbereitenden Phase" und den ersten erfolgreichen Unternehmen. Die strukturellen Voraussetzungen für die Institutionalisierung der Lebensversicherung waren während der ersten Gründungsversuche in Hamburg und Elberfeld noch nicht gegeben. Das Bedürfnis nach Lebensversicherungsschutz wurde bereits verspürt. Krieg und Widerstand in den eigenen Reihen verhinderten die Umsetzung der Idee. In diesem Übergangsstadium wurde nicht mehr die Zulässigkeit der Lebensversicherung diskutiert, sondern die Realisierbarkeit der Vorhaben. Die Projekte in Hamburg und Elberfeld waren die ersten Versuche der Institutionalisierung der deutschen Lebensversicherung. Anfang des 19. Jahrhunderts war die kameralwissenschaftliche Rückständigkeit überwunden. Mit der Normierung der Lebensversicherung im Allgemeinen Landrecht für die Preußischen Staaten von 1794 war die Lebensversicherung grundsätzlich für zulässig erklärt worden.[1]

Die Regelwerke des Hamburger und Elberfelder Unternehmens liegen nicht vor. Deshalb kann nicht aus Quellen erschlossen werden, in welche rechtliche Form die Lebensversicherung gebracht werden sollte. Stattdessen werden die Gründungsvorgänge selbst, die Protagonisten und das Scheitern der Projekte ausführlich beschrieben, um die Schritte zur Umsetzung der Idee und den Einfluß des Staates aufzuzeigen. Es wird untersucht, ob in dieser Frühphase die Versichertenbelange oder der Schutz der Wirtschaft eine Rolle gespielt haben.

---

[1] Unten 4. Kapitel B. II.

B. Lebens-Versicherungs-Societät zu Hamburg

I. Die versicherungswirtschaftliche Ausgangssituation

Fürsorgeeinrichtungen für Krankheit, Alter und Tod bildeten sich in Hamburg als Gemeinschaftseinrichtungen der Handwerker und Zünfte bereits seit der Mitte des 15. Jahrhunderts.[2] Schon Ende des 16. Jahrhunderts war von Kaufleuten in der Hansestadt die Seeversicherung betrieben worden. Ab der zweiten Hälfte des 16. Jahrhunderts schlossen sich genossenschaftlich organisierte Hauseigentümer zu gegenseitiger Unterstützung bei Brandschäden an Gebäuden zu sogenannten Feuerkontrakten zusammen.[3] Hieraus ging im Jahre 1676 die Hamburger General-Feuer-Cassa hervor.[4] Die Kasse war eine öffentlich-rechtliche Einrichtung. Die bisher bestehenden genossenschaftlichen Institute wurden abgeschafft beziehungsweise in die „Cassa" überführt. Gegen Ende des 17. Jahrhunderts und während des 18. Jahrhunderts bildeten sich in Hamburg Witwen-, Waisen- und Heiratskassen, die aber mangels hinreichender versicherungstechnischer Grundlagen meist nicht von langer Dauer waren. Eine Ausnahme hiervon bildete die Hamburgische allgemeine Versorgungsanstalt von 1778.[5] Der Hamburger Mathematiker und Handlungswissenschaftler Johann Georg Büsch hatte die mathematischen Unterlagen dieses Instituts mitgeschaffen.[6] Bereits in der zweiten Hälfte des 18. Jahrhunderts und zu Beginn des 19. Jahrhunderts gab es in Hamburg eine Anzahl privater Versicherungsunternehmen auf kaufmänni-

---

[2] Zur Versicherungsgeschichte Hamburgs *Hans Ipsen,* Zur Entwicklung der Versicherungsaufsicht in Hamburg, Hanseatische Rechts- und Gerichts-Zeitschrift 22 (1939), Sp. 89–118; *Walther Heyn,* Das schaffende Hamburg. Hamburg als Versicherungsstadt in Vergangenheit und Gegenwart, Hamburg 1939; *ders.,* Die Geschichte des hamburgischen Versicherungswesens, in: Hamburgische Versicherungswirtschaft (Hg.), Hamburg als Versicherungsstadt, Hamburg 1950, 10–21; *Harald Sieg,* Die Versicherungsaufsicht in Hamburg, in: Hamburgische Versicherungswirtschaft (Hg.), Hamburg als Versicherungsstadt, Hamburg 1950, 69–71; *Franz Büchner,* Hamburgs geschichtliche Bedeutung für das deutsche Versicherungswesen, VW 20 (1965), 220–224 = VW 36 (1981), 298–306; *ders.,* Hamburgs Beitrag zur Fortentwicklung des Versicherungswesens, des Versicherungsrechts und der Versicherungswissenschaft, VW 21 (1966), 790–799; *Peter Koch,* Versicherungsplätze in Deutschland. Geschichte als Gegenwart, Wiesbaden 1986, 99–114; *ders.,* Der hamburgische Beitrag zur Entwicklung des Versicherungswesens in Deutschland, VW 49 (1994), 274–287.

[3] *Georg Helmer,* Entstehung und Entwicklung der öffentlich-rechtlichen Brandversicherungsanstalten in Deutschland, Jena 1936, 32 ff.

[4] *Georg Helmer,* Brandversicherungsanstalten, 43 ff.

[5] Die Feyer der funfzigjährigen Dauer der Hamburgischen allgemeinen Versorgungsanstalt am 2. August 1828, Hamburg 1828; Chronik der Hamburgischen allgemeinen Versorgungsanstalt von 1778 bis zur HANSA Lebensversicherung auf Gegenseitigkeit 1953, Hamburg [1953].

[6] *Peter Koch,* Versicherungswissenschaft, 69–72 (71). Siehe auch 3. Kapitel B. I. 2., 4. Kapitel B. I.

scher Grundlage. Diese sind jedoch vor allem infolge der damaligen Kriegswirren untergegangen. Eines dieser Unternehmen war die 1806 von Wilhelm Benecke gegründete Sozietät.

Aufgrund von Klagen über unlauteres Geschäftsgebaren von Sterbekassen wurde in Hamburg zu Beginn des 19. Jahrhunderts eine Versicherungsaufsicht eingeführt, die – so Sieg – „den ausgesprochenen Zweck hatte, dem Schutz der Versicherten zu dienen."[7] Der Hamburger Bürgermeister Abendroth hatte am 7. Oktober 1812 in den „Hamburgischen wöchentlichen Nachrichten (Affiches, Annonces et Avis de Hambourg)" eine Aufforderung zur Anmeldung der Sterbekassen und Totenladen veröffentlicht:

„Die Vorsteher der Alten und Bothen der Brüderschaften, Sterbe-Cassen und Todtenladen werden hiermit aufgefordert, innerhalb 8 Tagen, also spätestens bis zum 10ten October, in dem Certifikat-Bureau der Mairie, sowohl ihre Artikel, als eine Copie der letzten Rechnung und des letzten Namen-Registers, einzuliefern. Da keine Vereinigungen, deren Mitglieder der Staat nicht kennt, geduldet werden dürfen: so wird eine Vernachläßigung dieser Anzeige die Aufhebung dieser Vereinigung unmittelbar zur Folge haben. Es wird zur Legitimation, daß die Anzeige gemacht worden, ein Schein über die Einlieferung der Artikel, etc. gegeben werden. Übrigens ist der Zweck dieses Aufrufes, den Klagen und Mißbräuchen abzuhelfen, die sich bey diesen Gesellschaften finden werden."[8]

Daraufhin erging im April 1813 die „Verordnung wegen der Todtenladen und Sterbecassen". Die Verordnung umfaßte 25 Ziffern. Unter Ziffer 1 wurde bestimmt:

„Wir Bürgermeister und Rath der Stadt Hamburg, haben, in Betracht daß es nothwendig sey, die Todtenladen und Sterbecassen provisorisch unter policeyliche Aufsicht zu stellen, um den zeither dabey eingerissenen Misbräuchen zu steuern, verordnet wie folgt:

1) Alle Todtenladen und Sterbecassen werden unter unmittelbare Aufsicht der zu ernennenden Commission gestellt."[9]

In Versicherungsangelegenheiten hatte bisher der Senat selbst die Entscheidungen getroffen. Nun wurden die genannten Einrichtungen unter die Aufsicht einer neugebildeten Senatskommission gestellt, die aus einem Senator als Präses und anfänglich drei weiteren Mitgliedern der Bürgerschaft bestand.[10] Zweck dieser Aufsicht war es, „im Interesse einer gesunden Versicherungswirtschaft

---

[7] *Harald Sieg*, 69.
[8] Zitiert nach *Walther Heyn*, Das schaffende Hamburg, 7.
[9] Zitiert nach *Walther Heyn*, Das schaffende Hamburg, 7.
[10] Zur Verwaltungsgeschichte Hamburgs siehe *Rainer Postel*, § 12 Hansestädte, in: Kurt G. A. Jeserich/Hans Pohl/Georg-Christoph von Unruh (Hg.), Deutsche Verwaltungsgeschichte. Bd. II. Vom Reichsdeputationshauptschluß bis zur Auflösung des Deutschen Bundes, Stuttgart 1983, 784–811; zu der gebildeten Kommission *Hans Ipsen*, Sp. 110 ff.; *Walther Heyn*, Das schaffende Hamburg, 7 f.

sowohl die Versicherungsnehmer als auch die Versicherer vor Benachteiligungen zu schützen"[11]. Mittel der Aufsicht waren die Genehmigungspflichtigkeit der Zulassung, laufende Überwachung des Betriebes sowie laufende finanzwirtschaftliche und versicherungstechnische Prüfungen durch die Behörde.[12] Die Lebensversicherung wurde von dieser Aufsicht nicht berührt. Insbesondere die Hamburgische Lebens-Versicherungs-Societät rief keine Aufsichtsmaßnahmen des hamburgischen Senats hervor.[13]

II. Levin Anton Wilhelm Benecke und die Gründung der Lebens-Versicherungs-Societät zu Hamburg

Gründungsinitiator der Hamburgischen Lebens-Versicherungs-Societät war Levin Anton Wilhelm Benecke, ein Kaufmann und Fachschriftsteller.[14] Wilhelm Benecke wurde am 17. August 1776 in Hannover geboren. Er wuchs in gut-bürgerlichen Verhältnissen auf. Sein Vater besaß in Hannover einen Ausschnittladen und eine Wachstuchfabrik. Mit 14 Jahren ging er in Lüneburg zu einem Kaufmann in die Lehre und wurde vier Jahre lang zum Leinwandhändler ausgebildet. Während dieser Zeit betrieb Benecke, der eigentlich „Handlungswissenschaften" studieren wollte, Sprach- und Mathematikstudien. Nach seiner Lehrzeit kehrte er zunächst in seine Geburtsstadt Hannover zurück, wurde dann jedoch Handlungsreisender und siedelte schließlich einundzwanzigjährig nach Hamburg über. Nach geschäftlichen Mißerfolgen mit selbständigen Unternehmungen, ging Benecke bei einem Comptoir in Stellung. Ihn beschäftigte die Ausbildung junger Kaufleute, so errichtete er ein Handelsinstitut und führte in diesem das Versicherungswesen als Lehrgegenstand ein. Hierbei hatte er festgestellt, „daß es noch gar kein zusammenhängendes Lehrbuch über Assecuranz und Bodmereiwesen gäbe".[15] In den folgenden Jahren verfaßte er daraufhin sein fünfbändiges „System des Assekuranz- und Bodmereiwesens"[16]. Benecke

---

[11] *Harald Sieg*, 69.
[12] *Harald Sieg*, 69.
[13] *Walther Heyn*, Das schaffende Hamburg, 10; ders., Geschichte, 18.
[14] Zur Biographie Beneckes *[Wilhelm Benecke,]* Wilhelm Benecke's Lebensskizze und Briefe, Teile I, II, Dresden 1850; Art. „Benecke", in: Alfred Manes (Hg.), Versicherungslexikon, 2. Aufl., Sp. 299; *Gertrud-Hedwig Fechner,* Vor hundert Jahre starb Wilhelm Benecke, Deutsche Versicherungs-Presse 1937, 579 f.; *Oswald Erdmann-Müller*, Die Hamburgische Lebensversicherungs-Societät und ihr Begründer. Ein Beitrag zur Geschichte der deutschen Lebensversicherung, Neumanns Zeitschrift für Versicherungswesen 61 (1938), 420 f., 443 f.; *ders.,* Wilhelm Benecke und die Hamburgische Lebensversicherungs-Societät, Deutscher Versicherungs-Dienst 52 (1941), 19 f.; *Peter Koch,* Pioniere, 217–221; ders., Versicherungswissenschaft, 76 ff.
[15] *[Wilhelm Benecke,]* Lebensskizze, Teil I, 23.
[16] *Wilhelm Benecke,* System des Assekuranz- und Bodmereiwesens, aus den Gesetzen und Gebräuchen Hamburgs und der vorzüglichsten handelnden Nationen Euro-

studierte hierzu das gesamte einschlägige Schrifttum des In- und Auslandes. Einen Entwurf zu seinem Werk legte er Sachverständigen vor, die diesen mit großer Begeisterung aufnahmen. Die Lebensversicherung behandelte Benecke im vierten Band des Werks.[17] Er definiert hier zunächst Lebensversicherung als einen

> „Contract, durch welchen der Versicherer, gegen Empfang einer Prämie, die ihm entweder für eine gewisse Zeit auf einmal, oder jährlich bezahlt wird, demjenigen, zu dessen Besten die Versicherung gereichen soll, eine bestimmte Summe zu bezahlen oder eine andre Geldverpflichtung zu leisten verspricht, falls der Versicherte in der Zeit stirbt, für welche die Versicherung genommen worden."[18]

Im Anschluß betont der Verfasser den Nutzen der Lebensversicherung. Sie verdiene es ohne Zweifel zu den „wohlthätigsten Erfindungen der neuern Zeit gerechnet zu werden".[19] Sodann werden die verschiedenen Versicherungsarten dargelegt.

Seine wissenschaftlichen Arbeiten machten Benecke mit dem englischen Lebensversicherungswesen vertraut. Englische Unternehmen unterhielten zu jener Zeit Niederlassungen in Hamburg und anderen Küstenstädten Norddeutschlands. Es „entstand in ihm der Wunsch, eine so vortheilhafte Einrichtung auch auf deutschen Boden zu verpflanzen".[20] Er wollte verhindern, daß Prämien weiterhin ins Ausland flossen. Er entwarf einen Gründungsprospekt, legte denselben den ersten Hamburger Geschäftsmännern vor, und brachte bald, durch diese unterstützt, so viele Aktien unter, daß zu Beginn des Jahres 1806 die Hamburgische Lebens-Versicherungs-Societät errichtet werden konnte. Die Direktion ernannte Benecke zu ihrem (besoldeten) Bevollmächtigten. Aus dem Plan der Gesellschaft ergibt sich, daß beinahe sämtliche heute gebräuchlichen Versicherungsarten bereits damals angeboten wurden:

> „Gegenstände der Versicherung.
>
> § 1. Der vorzüglichste und wesentliche Zweck dieser Gesellschaft ist: Verhinderung der üblen Folgen, welche durch Todesfälle, in pecuniärer Hinsicht, auf irgend eine Art entstehen können: jede Versicherung ohne Ausnahme, welche zu diesem Zwecke führt, ist ein Gegenstand ihres Geschäfts. – Es folgt aus dieser Erklärung, daß Wetten oder Versicherungen auf das Leben eines Dritten, bei denen ein eigentlicher Gewinn beabsichtigt wird, völlig außer dem Plane der Gesellschaft liegen.
>
> Der Nutzen der Lebensversicherung ist so groß und so mannigfaltig, daß es unmöglich wird, alle Fälle im voraus zu bestimmen, bei denen sie mit Vortheil angewandt

---

pens, so wie aus der Natur des Gegenstandes entwickelt. Für Versicherer, Kaufleute und Rechtsgelehrte, Bd. I–V, Hamburg 1805–1821.

[17] *Wilhelm Benecke,* System, Bd. IV, 537–551.
[18] *Wilhelm Benecke,* System, Bd. IV, 537.
[19] *Wilhelm Benecke,* System, Bd. IV, 537.
[20] *[Wilhelm Benecke,]* Lebensskizze, Teil I, 24.

werden können. Die wichtigsten Arten und die Veranlassungen dazu, sind kürzlich folgende:

§ 2. I. Versicherungen auf Summen, welche unbedingt beim Tode des Versicherten dem rechtmäßigen Inhaber der Police bezahlt werden. (Tabelle I.) Sie können, je nachdem der Zweck der Versicherung er [sic!] erfordert, auf ein Jahr, auf eine beliebige Anzahl Jahre oder auf das ganze Leben genommen werden. – Durch eine solche Versicherung kann ein jeder, vermittels einer jährlich zu bezahlenden Prämie, welche mit seinem Alter in Verhältniß steht, seinen Erben oder Angehörigen eine Summe der Versicherung es erfordert, auf ein Jahr, auf eine beliebige hinterlassen, um ihnen die Mittel zu ihrem bessern Fortkommen, zu bequemerer Fortsetzung des Geschäfts, welches vielleicht auf dem Credit und den guten Dispositionen des Versicherten besonders beruhte, oder auch zur Tilgung von Schulden, welche bei seinem Tode bezahlt werden müssen, zu verschaffen. Bemittelte Käufer von Bedienungen können dadurch ihre Familien vor dem Verluste der Kauf-Summe sichern, der bei ihrem frühen Tode unvermeidlich erfolgen würde, und solche, die kein eigenes Vermögen besitzen, werden in der Versicherung ihres Lebens ein Mittel finden, sich das zum Ankauf nöthige Kapital zu verschaffen, da ihre Gläubiger für den Fall ihres Todes durch die Police gedeckt sind. Personen, welche sichere Einkünfte durch Bedienungen, Annuitäten usw. genießen oder auf andere Weise im Stande sind, ihre Verbindlichkeiten so lange sie leben zu erfüllen, können durch Versicherung ihres Lebens ihren Gläubigern vollkommne Sicherheit für den Fall ihres Todes geben, und so sich die Gelder, deren sie für eine Zeit benöthigt sind, verschaffen. Gläubiger können durch Versicherung solcher Creditoren, deren Zahlfähigkeit von ihrem Leben abhängt, unsichere Forderungen in sichere verwandeln. Eigenthümer von Grundstücken auf lebenslänglichen Besitz, können ihren Erben den Werth derselben vergewissern oder sie beim Ankauf derselben sicher stellen. Männer, welche ein erheirathetes Vermögen in ihren Geschäften anlegen, können durch Versicherung ihrer Frauen den Verlegenheiten vorbeugen, worin sie durch Zurückgabe des Heirathsguts beim Tode ihrer Frauen gesetzt werden könnten.

§ 3. II. Versicherungen auf Summen, einer genannten Person zahlbar, im Falle sie den Versicherten überlebt. (Tab. II.) Sie sind anwendbar, wenn jemand einer gewissen Person, und nicht etwa auch den Erben derselben, eine Summe bei seinem Tode zusichern will, als ein Mann seiner Frau, seinem Freunde oder Bedienten, eine Frau ihrem Manne usw. Sie sind ferner besonders nützlich für Personen, denen vermöge Erb- oder Lehnsrechts Erbschaften, Güter, Präbenden oder Bedienungen zufallen, wenn sie die jetzigen Besitzer überleben. Diese können durch dergleichen Versicherungen ihren Familien den Besitz eines Theils solcher Erbschaften oder Einkünfte zusichern, die bei ihrem frühen Tode ganz für sie verlohren gehen würden, auch ihren eignen Credit ansehnlich vermehren.

§ 4. Oft können auch Versicherungen auf Summen, beim Tode der zuerst sterbenden von zwei genannten Personen an die überlebende zahlbar, von großem Nutzen seyn, als wenn zwei Handlungsgesellschafter sich vor dem Nachtheil verwahren wollen, den die Zurückzahlung des Capitals des zuerst sterbenden Compagnons für die Geschäfte des Überlebenden haben würde, oder wenn Eheleute sich gegenseitig den Besitz des Heirathsguts sichern würde. – Dann ist die Prämie aus der Prämie für das Überleben des erstern über den zweiten, und der für das Überleben des zweiten über den ersten zusammengesetzt.

§ 5. III. Versicherungen auf Leibrenten, von dem Tode des Versicherten an, einer genannten Person jährlich bis zu ihrem Tode zahlbar. (Tab. III.) Durch diese Versicherungen kann ein Mann seiner Frau, seinem Bruder, seinem Freunde oder irgend jemand, der durch seinen Tod des Unterhalts beraubt werden würde, lebenslängliche Pension verschaffen. Leute, welche Pensionen oder ein Einkommen zu beziehen haben, welches auf dem Leben einer gewissen Person beruhet, können dadurch sich ihr Einkommen, auch nach dem Tode dieser Personen sichern. Diese Versicherungen geschehen entweder durch Bezahlung einer Summe, oder durch lebenslängliche gleichbleibende Prämien.

§ 6. Weil es aber oft statt finden kann, daß ein Versicherer sich nicht zur Bezahlung der Prämie für seine ganze Lebenszeit anheischig machen will, etwa weil er hoffen darf, nach einiger Zeit eine anderweitige Versorgung für seine Witwe zu erlangen, oder weil ihm die für das ganze Leben berechnete Prämie noch zu kostbar ist, so kann er die Versicherung auf eine anfangs wohlfeilere Art schließen, wenn er sein Leben auf 1 Jahr nach Tabelle I zum Besten einer genannten Person für die Summe versichern läßt, welche die Tab. IV bei dem Alter derselben angiebt.

§ 7. IV. Versicherungen auf Jahrrenten, welche vom Tode des Versicherten bis zum vollendeten 21ten oder 25ten Jahre einer genannten Person bezahlt werden. (Tab. V.) – Der Zweck dieser Versicherungen ist offenbar: Versorgung der Minderjährigen bis zu dem Alter, wo sie sich selbst ernähren können.

§ 8. V. Versicherungen auf Aussteuern, welche genannten Personen bei zurückgelegtem 21ten Jahre bezahlt werden. (Tabelle IV.) Vermittels dieser Versicherungen können Eltern, Verwandte oder Freunde durch Bezahlung einer Summe oder durch jährliche Beiträge den Töchtern eine Aussteuer bei ihrer Verheirathung und den Söhnen ein Capital zur Erleichterung ihres Eintritts in das bürgerliche Leben verschaffen.

§ 9. Außer diesen Versicherungsarten wird die Gesellschaft jede andere Lebensversicherung, welche die besondern Verhältnisse des Versicherung suchenden nöthig machen möchten, gegen angemessene Prämie übernehmen.

§ 10. Sie leistet auch Versicherung auf das Leben zur See reisender Personen, wobei die Prämien nicht im Voraus bestimmt werden können, sondern nach den jedesmal obwaltenden Umständen ausgemacht werden müssen.

§ 11. Die Gesellschaft nimmt ferner Gelder auf Leibrenten.

1. für einzelne Personen

a) von der Einkaufung an zahlbar, wodurch dem Rentenierer für eine bestimmte baar zu bezahlende Summe ein lebenslängliches Einkommen gesichert wird (Tab. VII);

b) von gewissen Jahren an zahlbar, so daß der Rentenierer entweder anfangs bestimmt, nach wie vielen Jahren er die erste Rente haben will, oder daß dies seiner Willkür überlassen bleibt. Durch diese Renten kann man sich oder andern eine Versorgung im Alter verschaffen; auch können Personen, welche ihrer schwächlichen Gesundheit oder ihrer gefahrvollen Beschäftigungen wegen keine Versicherung auf ihr Leben erhalten können, dadurch für ihre Angehörigen nach ihrem Tode sorgen (Tab. VIII);

c) Tontinenartige Leibrenten, welche mit jedem Jahre steigen, so daß der Rentenierer im ersten Jahre z.B. 100 Bco. m&, im zweiten 110 Bco. m&, im dritten 120 Bco. m&, eilsten 200 Bco. m& usw. bekommt. (Tab. IX.) – Diese Rentenklasse ist besonders zweckmäßig für Personen, welche in früheren Jahren sich eine Zulage zu ihrem Verdienst, im Alter aber eine vollkommene Versorgung sichern wollen;

2. für verbundene Personen, so daß ihnen für eine baar zu bezahlende Summe eine jährliche Rente, von der Zeit der Einkaufung an, bis zum Tode des längstlebenden, zugesichert wird. (Tab. X.) Auch in Rücksicht der Renten kann der Käufer jede beliebige Bedingung vorschlagen, und den Preis erfahren, für welchen die Gesellschaft eine solche Rente überläßt.

§ 12. Die Gesellschaft übernimmt Versicherungen auf das Leben einer Person auf Summen nicht unter 200 und nicht über 25.000 Bco. m&, auf Leibrenten und Jahrrenten nicht unter 50 und nicht über 3.000 Bco. m& jährlicher Rente, auf Aussteuern von 500 bis 6.000 Bco. m&.

Sie nimmt Capitalien auf Leibrenten für die jährliche Rente von 50 bis 5.000 Bco. m&, auf tontinenartige Leibrenten für 25 bis 3.000 Bco. m& Hebung des ersten Jahrs."[21]

Wie in den späteren „Aufklärungsschriften"[22] werden die Versicherungsformen nicht nur abstrakt beschrieben, sondern anhand konkreter Beispiele vorgestellt. Das neue Institut mußte dem Publikum verständlich gemacht werden. Im Gegensatz zu den späteren Gründungen, insbesondere zur Lebensversicherungsbank für Deutschland zu Gotha,[23] hatte die Lebens-Versicherungs-Societät zu Hamburg ein sehr großes Angebot an Versicherungsformen. Gemäß § 9 konnte „die Gesellschaft jede andere Lebensversicherung, welche die besondern Verhältnisse des Versicherung suchenden nöthig machen möchten, gegen angemessene Prämie übernehmen." Eine entsprechende Klausel enthielt später auch der Plan der Deutschen Lebensversicherungs-Gesellschaft zu Lübeck.[24] Arnoldi hat später den Produktkatalog der Gothaer Lebensversicherungsbank beschränkt, um klare Übersicht und Einfachheit der Einrichtung zu erzielen.[25] Benecke verfolgte demgegenüber das Ziel, jede Versicherungsform zu offerieren.

Benecke schreibt in seinem „System des Assecuranz- und Bodmereiwesens" (1810) zur Bedeutung der Lebensversicherung folgendes:

„Am meisten sind bis jetzt die Lebens-Versicherungen, zum großen Vortheil aller Stände, in England benutzt worden. Es bestehn dort mehrere sehr ansehnliche Gesellschaften, welche dieses Geschäft, großen Theils in Verbindung mit andern Versicherungszweigen betreiben. In Deutschland sind schon seit geraumer Zeit Gesellschaften zur Versorgung der Witwen errichtet worden, von denen aber einige, weil

---

[21] Zitiert nach Aus der Geschichte, 695 f.
[22] Oben Einführung.
[23] Unten 6. Kapitel F. II.
[24] Unten 6. Kapitel F. III.
[25] Unten 6. Kapitel F. II.

sie auf unrichtigen Grundlagen erbauet waren, der von ihnen gefaßten Erwartung nicht entsprochen haben. In den solidesten Einrichtungen dieser Art gehört die in Hamburg seit dem Jahre 1778 bestehende allgemeine Versorgungs-Anstalt. Eigentliche Lebens-Versicherungs-Gesellschaften waren auf dem festen Lande nicht, bis im Jahre 1806 eine solche in Hamburg, auf meinen Vorschlag, durch die Unterstützung vieler der angesehensten Handlungshäuser zu Stande kam. Ihr Plan ist der ausgedehnteste den eine Gesellschaft dieser Art haben kann, und ihr humaner Zweck, so wie ihr bedeutender Fonds und feste innere Einrichtung lassen erwarten, daß ihre Geschäfte sich fortdauernd erweitern werden, je mehr man sich auf dem festen Lande von der großen Nutzbarkeit eines solchen Instituts überzeugen wird."[26]

III. Das Scheitern der Sozietät

Die Zeitumstände der Gründung waren außerordentlich ungünstig für eine positive Geschäftsentwicklung. Unter General Mortier rückten französische Truppen am 19. November 1806 in Hamburg ein. Die Stadt wurde 1810 dem französischen Reich einverleibt. Nachdem im März 1813 der russische General Tettenborn in Hamburg mit Truppen eingezogen war, marschierten Ende Mai 1813 die Franzosen wieder in die Stadt ein. Der Stadt wurde eine schwere Kontribution auferlegt, Kassen und Geldvorräte der Bank wurden konfisziert. In „Benecke's Lebensskizze" wird diese Zeit mit den Worten kommentiert: „Wo sollte man bei so drohenden politischen Ereignissen Muth hernehmen zu Privatunternehmungen der Art; da ein Wort des allmächtigen Kaisers hinreichend war, ihm alle Kassen zu öffnen?"[27] Benecke sah sich zur Flucht veranlaßt. Er besprach sich mit den Direktoren der Sozietät und „hielt es für ihren und seinen Vortheil am gerathensten nach England zu gehen, um dort Rückversicherungen zu bewirken".[28] Vor seiner Flucht nach London wendete sich Benecke an den mitverwaltenden Sozietätsdirektor Droop und entwarf ihm gegenüber einen „Plan zur gänzlichen Abschließung der Geschäfte". In einem Brief vom 7. Januar 1814 an seinen Bruder Friedrich schreibt Wilhelm Benecke rückblickend auf diese Ereignisse, „daß damals die Lage der Franzosen in Deutschland noch sehr gut war, und eine baldige Befreiung mehr gewünscht als gehofft werden konnte. Auf diesen Zustand gründete sich meine Ansicht, und auf die Verarmung Deutschlands und besonders unserer Gegend, bei der unser Institut sich kein Fortkommen versprechen konnte. Auf anderer Leute Kosten fortdauernd zu leben, war mir unerträglich. Droop antwortete mir", so schreibt Benecke in dem Brief weiter, „er billige meinen Plan sehr, glaube daß er in dieser Zeit willig werde angenommen werden, und daß man nach seiner Ansicht mir 30–40.000 Mark zugestehen werde."[29] Benecke hatte von den in seinen Händen

---

[26] *Wilhelm Benecke,* System, Bd. IV, 540.
[27] *[Wilhelm Benecke,]* Lebensskizze, Teil I, 50.
[28] *[Wilhelm Benecke,]* Lebensskizze, Teil I, 60.
[29] *[Wilhelm Benecke,]* Lebensskizze, Teil I, 67–76 (70 f.).

befindlichen 50.000 Mark aus dem Sozietätsvermögen nur 30.000 Mark zu Händen des Unternehmens zurückgeschickt, was er damit rechtfertigte, daß „bei der langen Bekanntschaft und besonders bei dem Umstande, daß er [Droop, Anm. d. Verf.] selbst eine Vergütung einer beinahe doppelt so großen Summe mir zugestehe, meine Reise nach England für das Beste der Compagnie und meine Maßregeln dabei aus keinem falschen Gesichtspunkte werden betrachtet werden".[30] Entgegen dieser Einschätzung mißbilligte die Direktion Beneckes Eigenmacht. In den folgenden Jahren errichtete Benecke in Deptford bei London eine Fabrik zur Erzeugung von Grünspan. Im Sommer 1814 kehrte er nach Hamburg zurück und trat in Verhandlungen mit den Direktoren der Sozietät, um von ihnen zu erfahren, „ob sie geneigt wären, das durch die Zeitumstände gestörte Unternehmen wieder aufzunehmen, und ihm als Bevollmächtigten wieder ihr Vertrauen schenken wollten? – Muthlos gemacht durch Verluste, welche aus den politischen Ereignissen hervorgegangen waren, verweigerte die Mehrzahl ihre Theilnahme; man bewilligte Benecke eine Entschädigung".[31] Am 29. Oktober 1814 wurde auf einer Generalversammlung der Teilnehmer der Sozietät die Aufhebung und Liquidation des durch die Kriegswirren geschädigten Unternehmens beschlossen.[32] Im letzten Band seines „System[s] des Assecuranz- und Bodmereiwesens" (1821) schreibt Benecke über das Scheitern „seines" Unternehmens: „Seit der Entstehung jener Gesellschaft bis zum Jahre 1814 waren die Zeitumstände dem Fortgange einer solchen Unternehmung so wenig günstig, daß man in dem letztgenannten Jahre den Entschluß faßte, keine neuen Versicherungen anzunehmen sondern die Gesellschaft nur bis zum Ablauf der bis dahin geschlossenen bestehen zu lassen".[33]

Im Jahre 1825 verhandelte Benecke mit dem Hamburger Senator Westphalen darüber, eine Stellung als Bearbeiter für Versicherungsfragen in Hamburg zu erhalten. In einem Brief an den Senator vom 4. Januar 1825 schreibt Benecke, „daß mein Dortsein eine glückliche Erneuung oder doch eine vortheilhafte Beendigung der Lebens-Versicherungs-Societät wohl zur Folge haben könnte. Zu Beiden ist der Plan bereits entworfen, und ich würde zu einem oder dem andern, wie Sie es vorziehen würden, ohne den geringsten Anspruch auf weitere Belohnung eifrig mitwirken."[34] Es konnte jedoch keine Einigung über die Besoldung Beneckes und über die Konditionen erzielt werden, weswegen er vorerst wieder nach England zurückkehrte. Nach seiner späteren Rückkehr aus England (1828) beabsichtigte Benecke, in Hamburg, Frankfurt am Main oder „einer andern großen Handelsstadt Deutschlands" erneut ein Lebensversiche-

---

[30] *[Wilhelm Benecke,]* Lebensskizze, Teil I, 72.
[31] *[Wilhelm Benecke,]* Lebensskizze, Teil I, 97 f.
[32] *[Wilhelm Benecke,]* Lebensskizze, Teil I, 100–104; *Peter Koch,* Der hamburgische Beitrag, 278.
[33] *Wilhelm Benecke,* System, Bd. V, 219.
[34] *[Wilhelm Benecke,]* Lebensskizze, Teil I, 265–268 (267).

2. Kap.: Vor der eigentlichen Gründungsphase gescheiterte Unternehmen

rungsunternehmen zu errichten.[35] Als er jedoch von der Gründung der Lebensversicherungsbank für Deutschland in Gotha durch Arnoldi erfuhr, gab er sein Vorhaben auf. Benecke verlegte seinen Wohnsitz nach Heidelberg, wo er in seinen letzten Lebensjahren philosophische und theologische Studien betrieb. Levin Anton Wilhelm Benecke verstarb in Heidelberg am 8. März 1837.

C. Die projektierte „Vaterländische Feuer- und Lebens-Versicherungs-Gesellschaft in Elberfeld"

I. Peter Willemsen und die von ihm projektierte Lebensversicherungsabteilung

Der Landrat des Elberfelder Kreises, Graf von Seyßel, lud zum 14. März 1822 Persönlichkeiten aus den Städten Elberfeld und Barmen – heute beide zum Stadtgebiet Wuppertals gehörend – zu einer Versammlung ein, um diese als Förderer der Errichtung eines Feuer- und Lebensversicherungsunternehmens auf Aktienbasis zu gewinnen.[36] In Wuppertal hatten sich seit der zweiten Hälfte des 18. Jahrhunderts Sterbekassen gebildet, die überwiegend von Motiven christlicher Nächstenliebe getragen waren und keine überregionale Bedeutung erlangt hatten.[37] Das Elberfelder Unternehmen beruhte demgegenüber auf kaufmännischer Initiative und sollte überregional tätig werden. Initiator des Gründungsvorhabens war der Kaufmann Peter Willemsen, der sich mit seinen Gründungsplänen an den Landrat gewendet hatte. Peter Willemsen wurde am 6. September 1784 in Moers am Niederrhein geboren.[38] Nach dem Besuch des Gymnasiums wollte er in Berlin Bauwesen studieren, wovon ihn jedoch die kriegerischen Zeitumstände abhielten. Er machte statt dessen seit dem Jahre 1801 in Elberfeld eine kaufmännische Ausbildung. Neben seiner Tätigkeit als Kaufmann war Willemsen mehrere Jahre Vertreter eines englischen Versicherers. Er hatte sich anhand der damals spärlich vorhandenen Fachlektüre theoretische Kenntnisse im Bereich des Versicherungswesens erworben. Seit dem Jahre 1821 beschäftigte sich Willemsen mit der Errichtung einer Feuer-, Lebens- und Rentenversicherungsgesellschaft auf Aktienbasis. Als er seine Pläne und Berechnungen für ausgereift hielt, wandte er sich an den Landrat von Seyßel, der daraufhin besagte Notabelnversammlung einberief. Während dieser Zu-

---

[35] *[Wilhelm Benecke,]* Lebensskizze, Teil I, 313.

[36] Denkschrift zur Feier der 75jährigen Thätigkeit der Vaterländischen Feuer-Versicherungs-Actien-Gesellschaft in Elberfeld, Elberfeld 1898, 3 f.; 1822–1922. Festschrift zum 100jährigen Bestehen der „Vaterländische" und „Rhenania" Vereinigte Versicherungs-Gesellschaften Akt.-Ges. in Elberfeld-Köln, Elberfeld [1922], 2.

[37] *Peter Koch,* Versicherungsplätze, 160 f. (160).

[38] [Biographie Peter Willemsens,] Rundschau der Versicherungen 2 (1852), 96–99; [Nachruf,] ebenda 9 (1859), 58.

C. „Vaterländische Feuer- und Lebens-Versicherungs-Gesellschaft" 53

sammenkunft versuchte Willemsen, die Anwesenden von den Vorteilen eines solchen Versicherungsunternehmens für den Einzelnen und für das Gemeinwohl zu überzeugen. Die Versammelten stimmten seinen Ausführungen zwar grundsätzlich zu, beschlossen jedoch zunächst nur eine Feuerversicherungs- und erst später die Lebensversicherungsabteilung zu eröffnen. Daraufhin wurde ein Komitee zur Beratung der Statuten eingesetzt. Da die Vorarbeiten Willemsens ausgereift waren und vom Komitee gutgeheißen wurden, konnte bereits unter dem 26. März 1822 ein Entwurf vorgelegt werden, der genehmigt wurde. Das Unternehmen sollte die Firma „Vaterländische Feuer- und Lebens-Versicherungs-Gesellschaft in Elberfeld" tragen. Mit einem Prospekt wurde das Projekt einer breiteren Öffentlichkeit bekannt gemacht:

> „Unter den Anstalten, welche auf das allgemeine Wohl einen bedeutenden Einfluß haben, verdienen die Vereine zur Sicherstellung vor Verlust durch Feuer-Schaden und zur Sicherung eines Kapitals nach dem Tode eines Versicherten, oder einer Leibrente, gewiß eine der ersten Stellen.
>
> Oeffentliche Anstalten dieser Art giebt es; indessen können diese, ihrer Natur nach, selten so umfassend sein, daß sie ohne Beschränkung allgemeine Anwendung gestatten. [...]
>
> Einen wenigstens ebenso reichlichen Ueberschuß gewährt eine Lebens-Versicherungs-Gesellschaft, welche gegen jährlich zu entrichtende Prämien den Erben des Versicherten bei dessen Tode eine festgestellte Summe auszahlt oder auch, gegen verhältnismäßige Einlage, Leibrenten sichert.
>
> Nach den Grundsätzen einer solchen Compagnie kann dabei versichert werden:
>
> die Auszahlung einer Kapital-Summe, nach dem Ende des eigenen Lebens oder des Lebens eines Anderen;
>
> sowie auch zwei mit einander verbundene Personen, zu Gunsten des Ueberlebenden, eine Summe versichern lassen können.
>
> Sie übernimmt ferner die Verpflichtung zur Auszahlung von jährlichen Leibrenten gegen eine feste Einlage. [...]
>
> Welche große Beruhigung eine Lebens-Versicherung gewährt, spricht sich in vielfacher Beziehung aus. Wie sehr sie in unseren Zeiten, wo in vielen Verhältnissen die Erhaltung der Familie alle Mittel in Anspruch nimmt, welche das Haupt derselben herbeizuführen vermag, Bedürfniß ist, wird ein jeder Umsichtiger leicht beurtheilen.
>
> Wird der Familien-Vater in seiner Lebensblüthe dahingerafft, so geht er, der daher wohl nur wenig noch für die Zukunft der Seinigen zu thun vermochte, gewiß ruhiger hinüber, wenn er sie gesichert weiß; gesichert durch einen Beitrag der Prämien, von vielleicht nur wenigen Jahren.
>
> Erreicht einer das gewöhnliche Lebensalter und selbst ein solches, daß sich die Berechnung der jährlichen Einlage mit der Auszahlungssumme gleichstellt (was sehr selten der Fall sein wird), so ist ihm die Anstalt doch eine sichere Sparkasse gewesen, in welcher er in guter Zeit für die Seinigen einlegte. [...]
>
> Der Wunsch: beide erwähnte Anstalten, die der Deutsche bisher fast nur gewohnt war, auf fremdem Boden entstehen und gedeihen zu sehen, und wofür daher seit

Jahren so bedeutende Summen in's Ausland gingen, immer mehr einheimisch zu machen, veranlaßte schon vor einem Jahre Sachkundige, darüber Berechnungen aufzustellen, und diese durch Erfahrungs-Sätze, welche, wie gesagt, ein Jahrhundert darboten, zu belegen."[39]

Nach behördlichem Einlenken wurden die Statuten dahin abgeändert, daß das Garantiekapital von einer Million Reichstaler zu drei Vierteln der Feuerversicherungsabteilung zustehen sollte, das verbleibende Viertel der Lebensversicherungsabteilung. Die dementsprechend geänderten Statuten und Policebedingungen wurden beim preußischen Innenministerium eingereicht. Die Sanktionierung erfolgte unter dem 28. Februar 1823. Die „Allerhöchste Bestätigung" durch den preußischen König Friedrich Wilhelm III. hatte folgenden Wortlaut:

„Gegen den Inhalt der Mir mit Ihren Berichten vom 16ten dieses Monats eingereichten Neun und Siebenzig Verfassungs-Artikel und gegen die damit verbundenen Grundsätze zu den Police-Bedingungen, für die zu Elberfeld und Barmen auf Actien zu bildende Feuer- und Lebens-Versicherungs-Gesellschaft, finde Ich nichts zu erinnern, und will daher den Zusammentritt dieser Societät unter der gewählten Benennung:

Vaterländische Feuer- und Lebens-Versicherungs-Gesellschaft zu Elberfeld

als auch die dadurch bestimmte Verfassung derselben hiermit genehmigen. Ich fordere Sie jedoch auf, genau darauf zu sehen, daß die Operationen der Feuer-Versicherungs-Gesellschaft unter steter polizeilicher Kontrole gehalten werden, um gemeinschädlichen Spekulationen vorzubeugen, oder doch ihren Erfolg zu verhindern; und namentlich muß zu dem Abschnitte unter C Lit. h der hierbei zurückerfolgenden Verfassungs-Urkunde der Assekuranz-Compagnie die bestimmte Verpflichtung auferlegt werden, bei den Annahmen von Versicherungen über solche Gebäude, welche bereits bei einem inländischen Feuer-Sozietäts-Verein assekurirt sind, der Direction der letztern davon Mittheilung zu machen, damit die Letztere etwa beabsichtigte Ueberversicherungen verhindern könne."[40]

Daraufhin wurde mit der Aktienzeichnung begonnen. Daß erst nach der Bestätigung mit der Entgegennahme von Aktienzeichnungen begonnen wurde, war ungewöhnlich, da die Regierung regelmäßig den Nachweis einer gewissen Zahl von Zeichnern forderte.[41] Die Organe des Unternehmens wurden in ihr Amt berufen. Nach den Statuten waren dies: die Generalversammlung, ein fünfköpfiger Direktorialrat sowie eine Direktion. Die Generalversammlung wählte den Direktorialrat auf fünf Jahre. Die Direktion bestand aus dem Generalagenten als leitendem Direktor nebst fünf weiteren Direktoren, deren Amtszeit ebenfalls fünf Jahre betrugen und die auch von der Generalversammlung gewählt wurden.[42]

---

[39] Zitiert nach Denkschrift zur Feier der 75jährigen Thätigkeit, 150–152.
[40] Zitiert nach Denkschrift zur Feier der 75jährigen Thätigkeit, 153.
[41] *Kurt Bösselmann*, Die Entwicklung des deutschen Aktienwesens im 19. Jahrhundert. Ein Beitrag zur Frage der Finanzierung gemeinwirtschaftlicher Unternehmungen und zu den Reformen des Aktienrechts, Berlin 1939, 99.

II. Das Scheitern des Projekts

Parallel zur Eröffnung der Feuerversicherungsabteilung wurde zunächst die Einrichtung der Abteilung Lebensversicherung und Renten betrieben. In der ersten Direktionssitzung am 30. September 1824 propagierte Willemsen den Vertrieb folgender Lebensversicherungsarten: Versicherung auf die ganze Lebensdauer sowie auf bestimmte Jahre, Versicherung „auf ein Leben gegen ein Anderes" sowie auf zwei verbundene Leben. Zudem erläuterte er seine Vorstellung der zu vertreibenden Rentenversicherungen. In der Folgezeit wurden Versicherungsanträge an die Gesellschaft gerichtet, woraufhin im Februar 1825 die Eröffnung der Lebensversicherungsabteilung beschlossen wurde. Dann stellten sich bei Teilen der Direktion jedoch Bedenken ein. Es wurde vorgebracht, die Institute der Lebens- und Rentenversicherung hätten nur in größeren Städten Aussicht auf Erfolg, nicht hingegen in Elberfeld, zum einen wegen der unterschiedlichen Anzahl der Versicherungsinteressenten, zum anderen wegen der unterschiedlichen Möglichkeiten der Geldanlage. Bei einer Zusammenkunft der Direktoren wurde daraufhin am 18. Februar 1825 beschlossen, die Sparte der Lebensversicherung vorläufig nicht aufzunehmen:

„Der Geschäftsgang des Zweiges Feuer-Versicherung läßt voraussetzen, es werde die allgemeine Theilnahme das Versicherungs-Kapital schnell zu einem solchen Verhältnisse steigern, daß ein Actien-Kapital von einer Million Thaler, ausschließlich für diesen Zweig, angemessen erscheint. Eine solche Vergrößerung wäre respectabel, würde natürlich auf die öffentliche Meinung sehr vortheilhaft wirken und noch mehr zu Ansprüchen auf Begünstigung des Vaterländischen Instituts berechtigen.

Nach § 4 des Statuts ist die Direction befugt, das Actien-Kapital zu vergrößern, sei es für die beiden Zweige nach vorgeschriebener Eintheilung der Verbindlichkeit jeder Actie: zu ³/₄ für den Zweig Feuer- und ¹/₄ für den Zweig Lebens-Versicherung; oder für einen der beiden Zweige besonders. Die Direction findet es indessen geeigneter, anstatt von dieser Befugniß jetzt Gebrauch zu machen, in Folge der bestehenden Verhältnisse und der ihr nach der General-Versammlung dieserwegen bekannt gewordenen Wünsche vorzuschlagen:

Die bisher für beide Zweige nach § 4 des Statuts in Tausend Nominal-Actien gezeichnete Eine Million Thaler Preußisch Courant allein für den Zweig ‚Feuer-Versicherung' zu bestimmen; ein für den Zweig ‚Lebens-Versicherung' angemessenes Actien-Kapital aber durch ganz für sich bestehende neu auszugebende Actien mit den darauf nach Statut ruhenden Rechten und Verbindlichkeiten zu stellen, sobald die Wahrnehmung eines allgemeinen Interesses für die Sache dazu auffordern sollte.

Durch einen besonderen Anhang zu den bis jetzt ausgegebenen Tausend Nominal-Actien wären diese sodann ‚nur für den Zweig Feuer-Versicherung geltend' zu erklären."[43]

---

[42] „Vaterländische" und „Rhenania", 3.

Willemsen war mit seinem Projekt gescheitert. Die Geschäftseröffnung der Lebensversicherungsabteilung wurde auf unbestimmte Zeit verschoben. Das Unternehmen führte fortan den Namen „Vaterländische Feuer-Versicherungs-Gesellschaft in Elberfeld". Willemsen schied am 31. Dezember 1851 aus gesundheitlichen Gründen aus dem Unternehmen aus. Er verstarb am 13. Dezember 1858. Die von ihm mit Eifer verfochtene Lebensversicherungsabteilung wurde von dem Elberfelder Unternehmen erst im Jahre 1872 eingerichtet.

D. Ergebnis

Die Projekte in Hamburg und Elberfeld waren die ersten Versuche, eine deutsche Lebensversicherungswirtschaft zu begründen. Die Vorhaben wurden von Männern betrieben, die ihren Pioniergeist unter Beweis stellten. Benecke hatte sich als Fachschriftsteller einen Namen erworben, Willemsen hatte sich im Eigenstudium die erforderlichen Kenntnisse angeeignet und für ein englisches Versicherungsunternehmen gearbeitet. Das Hamburger Projekt konnte den kriegerischen Zeitumständen nicht trotzen. In Elberfeld fehlte letztlich das Zutrauen der Entscheidungsträger, gegen die Willemsen sich nicht durchzusetzen vermochte. Auch die preußische Regierung, die die Kapitalgewichtung zugunsten der Feuerversicherung vornahm, förderte die Umsetzung der Idee nicht sonderlich. Im Blickpunkt der preußischen Regierung war die Feuerversicherung. Allein „die Operationen der Feuer-Versicherungs-Gesellschaft [sollten, Anm. d. Verf.] unter steter polizeilicher Kontrole gehalten werden, um gemeinschädlichen Spekulationen vorzubeugen, oder doch ihren Erfolg zu verhindern", die polizeiliche Kontrolle der Lebensversicherung wurde in der Bestätigung durch König Friedrich Wilhelm III. nicht gefordert.[44] Die Interessen der Versicherten in der Lebensversicherung spielten keine ausschlaggebende Rolle. Auch der Schutz der Lebensversicherungsunternehmen wurde nicht angestrengt. Im Vordergrund der Überlegungen stand die Umsetzung der Idee „Lebensversicherung". Wie der Plan der Lebens-Versicherungs-Societät zu Hamburg zeigt, ging es zunächst darum, das Publikum mit dem Nutzen der Lebensversicherung und ihren verschiedenen Anwendungsmöglichkeiten vertraut zu machen. Die Lebensversicherung sollte die Lücken im deutschen System der Alters- und Hinterbliebenenvorsorge füllen. Ein neues Institut sollte auf den Markt gebracht werden. Die für den Beginn der deutschen Lebensversicherungswirtschaft erforderlichen strukturellen Voraussetzungen waren jedoch erst Ende der 1820er Jahre in Gotha und Lübeck gegeben.

---

[43] Zitiert nach Denkschrift zur Feier der 75jährigen Thätigkeit, 22.
[44] Oben 2. Kapitel C. I.

3. Kapitel

Die ersten Unternehmen während der eigentlichen Gründungsphase

A. Einführung

Nach dem Scheitern der Unternehmen in Hamburg und Elberfeld wurde am 9. Juli 1827 die Errichtung der Lebensversicherungsbank für Deutschland zu Gotha genehmigt. Die Gothaer Lebensversicherungsbank nahm ihren Geschäftsbetrieb am 1. Januar 1829 auf. Zuvor hatte die Deutsche Lebensversicherungs-Gesellschaft zu Lübeck am 1. Dezember 1828 ihren Geschäftsbetrieb eröffnet. Es folgten beständige Unternehmen in Leipzig (Betriebsaufnahme im Jahre 1831), Hannover (1831), Berlin (1836), München (1836), Braunschweig (1842) und Frankfurt am Main (1845).

Die Gründungsvorgänge dieser erfolgreichen Unternehmen werden im folgenden dargestellt. Die Unternehmensgründungen werden ausführlich beschrieben, da es sich hier nicht allein um die Geschichte der Anfänge einzelner deutscher Unternehmen handelt, „sondern um die Geschichte der Anfänge und eines guten Theiles der Entwickelung der deutschen Lebensversicherung überhaupt".[1] Das Lebensversicherungsrecht hat sich – um Malß in Erinnerung zu rufen – „rein aus den Bedürfnissen des lebendigen Verkehrs entwickelt, unbeirrt von juristischer Dogmatik und Systematik, unbeengt von polizeilichen und büreaukratischen Einflüssen"[2]. Die rechtliche Institutionalisierung der Lebensversicherung kann nicht losgelöst von der politischen und versicherungswirtschaftlichen Ausgangssituation, von der Person des Gründers oder vom Gründungsverlauf betrachtet werden. Deshalb ist die Beschreibung der Gründungen sehr detailreich. Die genaue Beschreibung erfolgt aber auch zur Vorbereitung für die spätere Untersuchung der Aufsichtspraxis in Deutschland. Die Vielzahl der deutschen Länder und Staatsformen brachte es mit sich, daß die Wirtschaftsaufsicht uneinheitlich war. Verfahrensrechtliche Vorgaben für die Genehmigungserteilung existierten nicht, das Prozedere der Sanktionierung wird deshalb genau beschrieben. Versicherungsgeschichte ist immer durch regionale Besonderheiten geprägt. Die politische und versicherungswirtschaftliche Ausgangssituation am Unterneh-

---

[1] *A. Emminghaus (Hg.)*, Geschichte, VI.
[2] *Konrad Malß*, Betrachtungen, 3 f.

menssitz werden jeweils zur Lagebestimmung vorausgeschickt. Außerdem werden die Protagonisten vorgestellt. Anhand der Biographien sollen die fachliche und die persönliche Eignung der Gründer beurteilt werden.

„Wie bei allen finanziellen Instituten ist es vor allen Dingen gerathen, sich über den Character [sic!] derjenigen Männer zu erkundigen, denen die Leitung derselben übertragen ist, bei Lebensversicherungen ganz besonders über den Charakter [sic!] und die Fähigkeiten des Vorstandes, von dessen Rechtlichkeit und Erfahrung die Solidität des Institutes im hohen Grade abhängt."[3]

Auch das heutige Versicherungsaufsichtssystem sieht die Kontrolle der Befähigung der Geschäftsleitung vor. Die Erlaubnis zum Geschäftsbetrieb ist zu versagen, wenn die Geschäftsleitung nicht die verlangte Qualifikation vorweist, § 8 Abs. 1 Satz 1 Nr. 1 in Verbindung mit § 7a Abs. 1 VAG. Angerer sieht hierin ein Mittel, die Belange der Versicherten zu schützen.[4]

Im Ergebnis sollen die Fragen beantwortet werden, von wem, in welchem Kontext und mit welcher Zielsetzung die ersten Unternehmen gegründet und vom Staat genehmigt wurden.

Ein anonymer Kritiker der Lebensversicherung hat im Jahre 1831 die Frage aufgeworfen:

„Was wird bei Errichtung der Lebensversicherungen von den Unternehmern beabsichtigt? Haben sie wirklich einzig und allein das Wohl der Mit- und Nachwelt vor Augen? – Ist es reiner Patriotismus, zu bezwecken, daß große Summen dem Vaterlande erhalten werden?"[5]

In diesem Sinne soll hinterfragt werden, ob Motiv der Gründer die Verwirklichung der Versichertenbelange gewesen ist oder ob die Interessen der Unternehmen und der Wirtschaft primäres Ziel waren.

In den folgenden Ausführungen wird auf die Literatur nicht jedesmal ausdrücklich Bezug genommen. Die verarbeitete Literatur wird vielmehr jeweils zu Beginn des Abschnitts aufgeführt.

---

[3] *Moritz Meyer,* Lebens-Versicherungs-Gesellschaften und deren Nutzen für alle Stände, New-York 1856, 8.
[4] *August Angerer,* Probleme, 596.
[5] Ideen über Lebens-Versicherungs-Anstalten und ihre Mängel, 6.

B. Die dauerhaften Gründungen

I. Die Lebensversicherungsbank für Deutschland zu Gotha

1. Die politische und versicherungswirtschaftliche Ausgangssituation

Die Stadt Gotha gehörte seit 1640 zum Herzogtum Sachsen-Gotha-Altenburg und wurde schon bald Residenzstadt des thüringischen Kleinstaates.[6] In der Zeit von 1804 bis 1822 regierte Herzog Emil-Leopold-August das Herzogtum. Wegen dessen Verehrung gegenüber Napoleon hatte die Bevölkerung unter der französischen Besatzung weniger zu leiden, als dies andernorts in Deutschland der Fall war. In der Regierung folgte ihm im Jahre 1822 Herzog Friedrich IV. Mit dessen Tode (1825) starb das Herrscherhaus Sachsen-Gotha aus. Aufgrund von Erbstreitigkeiten mußte ein Interregnum eingesetzt werden, welches bis zum November 1826 andauerte. Im daraufhin geschlossenen Teilungsvertrag fiel Gotha gegen Abtretung des Fürstentums Saalfeld an Herzog Ernst von Sachsen-Coburg-Saalfeld, der sich seitdem Herzog Ernst I. von Sachsen-Coburg-Gotha nannte und bis zum Jahre 1844 regierte. In seine Regierungszeit fällt die Gründung der Gothaer Lebensversicherungsbank. Trotz Personalunion der Herzogtümer bestand in Coburg die konstitutionelle Monarchie, während Gotha noch als absolutistischer Fürstenstaat regiert wurde.

1645 hatte Herzog Ernst I. der Fromme von Sachsen-Gotha-Altenburg eine Witwenkasse für Geistliche gegründet, im Jahre 1662 eine solche für Lehrer. Beide Kassen gingen 1775 in die allgemeine Witwenkasse für die Staatsbeamten des Herzogtums über.[7] Im Jahre 1776 entstand in Gotha außerdem die erste deutsche Pensions- und Sterbekasse für Schauspieler. Im ersten Drittel des 19. Jahrhunderts wurde in Gotha die Gegenseitigkeitsversicherung auf eine „neue Grundlage" gestellt. Dies geschah zunächst durch die Gründung der Gothaer Feuerversicherungsbank, wenig später durch die Lebensversicherungsbank. Am 1. Januar 1821 eröffnete die Gothaer „Feuerversicherungsbank für den deutschen Handelsstand" als kaufmännische Versicherungseinrichtung ihren Geschäftsbetrieb.[8] Die Feuerversicherungsbank hat der Lebensversicherungsbank

---

[6] Zur (Verwaltungs-)Geschichte Gothas *A. Emminghaus (Hg.),* Geschichte, 9–15; *Karlheinz Blaschke,* § 7 Königreich Sachsen und thüringische Staaten, in: Kurt G. A. Jeserich/Hans Pohl/Georg-Christoph von Unruh (Hg.), Deutsche Verwaltungsgeschichte, Bd. II, 608–645 (638–645); *Hans Erkenbrecher,* Ernst Wilhelm Arnoldi. 1778–1841. Gründer der Gothaer Versicherungsbanken. Eine Biographie, Karlsruhe 1995, 9–14.
[7] Zur Versicherungsgeschichte Gothas *Peter Koch,* Thüringens historische Bedeutung für die Versicherungswirtschaft, VW 49 (1994), 232–238.
[8] *A. Emminghaus (Hg.),* Geschichte, 16–23; *ders.,* Ernst Wilhelm Arnoldi. Leben und Schöpfungen eines deutschen Kaufmanns, Weimar 1878, 175–261; *Julius Hopf (Hg.),* Ernst Wilhelm Arnoldi und seine Schöpfung die Feuerversicherungsbank für

in Gotha „in vieler Beziehung die Wege geebnet" und ist „in manchen Stücken vorbildlich für sie geworden", urteilte 1877 Emminghaus.[9] Bereits im Jahre 1817 hatte ihr späterer Begründer und erster Direktor Ernst Wilhelm Arnoldi im „Allgemeinen Anzeiger der Deutschen" in seinem „Vorschlag zu einem Bunde unter den deutschen Fabriken" die Gründung einer Feuerversicherungsanstalt angeregt:

> „Wenn durch die Vereinigung aller deutschen Fabriken und Manufacturen für gemeinschaftliche Zwecke eine Versicherungs-Anstalt gegen Feuergefahr zu Stande käme, so würde der Ueberschuß der Prämie dem gemeinsamen Vaterlande und den Fabriken unter sich durch diese Anstalt erhalten seyn. Wie die Sachen gegenwärtig stehen, bleibt dieser Ueberschuß der Phönix-Assecuranz Societät in London. Daß dieser Gedanke kein Hirngespinst sey, beweisen schon die allgemeinen Witwen-Anstalten, z.B. die berliner, welche in Deutschland gedeihen."[10]

Die Landesregierung genehmigte die eingereichte Verfassung im Oktober 1820, woraufhin sie veröffentlicht wurde. Die Bank erweiterte später den Mitgliederkreis über den Handelsstand hinaus auf alle Stände und nannte sich „Feuerversicherungsbank für Deutschland".

2. Ernst Wilhelm Arnoldi

Ernst Wilhelm Arnoldi, der Schöpfer der Gothaer Feuerversicherungsbank und Begründer der Lebensversicherungsbank, wird auch „Vater des deutschen Versicherungswesens" genannt; will man sich diesem Urteil nicht anschließen, so war Arnoldi jedenfalls einer der Pioniere der deutschen Lebensversicherung und ein bedeutender Versicherungsunternehmer.[11]

Ernst Wilhelm Arnoldi wurde am 21. Mai 1778 als Sohn des Kaufmanns Ernst Friedrich Arnoldi in Gotha geboren.[12] Der Vater betrieb in Gotha ein

---

Deutschland, Gotha 1878; *Karl Hax,* 150 Jahre Gothaer Feuer. 1820–1970, Frankfurt am Main 1970, 44–54.

[9] *A. Emminghaus (Hg.),* Geschichte, 16.

[10] *[Ernst Wilhelm Arnoldi,]* Vorschlag zu einem Bunde unter den deutschen Fabriken, Allgemeiner Anzeiger der Deutschen 53 (1817), Sp. 869–881, 885–891 (888 (Fn.)).

[11] *Franz Otto,* Ernst Wilhelm Arnoldi der „Vater des deutschen Versicherungswesens". Lebensbild eines deutschen Kaufmanns und Patrioten aus der ersten Hälfte des neunzehnten Jahrhunderts. Festgabe zum fünfzigjährigen Jubiläum der Innungshalle und deren Handelsschule zu Gotha. Zugleich ein Beitrag zur Geschichte des deutschen Versicherungswesens, Leipzig 1868; *A. Beck,* Art. „Arnoldi", in: Historische Commission bei der Königl. Akademie der Wissenschaften (Hg.), ADB, Bd. I (zuerst 1875), Neudruck Berlin 1967, 589–591 (589); *Hans Erkenbrecher,* Biographie, 53, 96; *ders.,* Vertreter, 119; einschränkend *Ludwig Arps,* Deutsche Versicherungsunternehmer (I): Ernst Wilhelm Arnoldi, VW 22 (1967), 935–942 = *ders.,* Deutsche Versicherungsunternehmer, Karlsruhe 1968, 15–33; *Peter Koch,* Ernst Wilhelm Arnoldi. Zur Erinnerung an einen bedeutenden Versicherungsunternehmer, VW 58 (2003), 734–740 (734).

B. Die dauerhaften Gründungen

"Colonial-, Farbe- und Victualiengeschäft". Seine praktische kaufmännische Ausbildung erhielt der Sohn in der Zeit von 1794 bis 1799 in Hamburg – vornehmlich bei einem renommierten Großhandelskaufhaus. Arnoldi besuchte während seiner Zeit in Hamburg Vorlesungen des Mathematikers und Handlungswissenschaftlers Johann Georg Büsch' (1728–1800).[13] Im Jahre 1799 kehrte Arnoldi in seine Heimatstadt Gotha zurück und arbeitete in der Folgezeit im väterlichen Geschäft. 1803 wurde er Teilhaber, dann (1812/13) Seniorchef. Zu

---

[12] Zur Biographie Arnoldis *Ernst Wilhelm Arnoldi*, Autobiographie (unvollendet), in: Museen der Stadt Gotha (Hg.), Gothaer Persönlichkeiten. Ernst Wilhelm Arnoldi, Gotha 1991, 5–26; *Franz Otto*, 25 ff.; *A. Beck*, 589–591; *A. Emminghaus*, Arnoldi; *Julius Hopf (Hg.)*, Arnoldi; Art. „Arnoldi", in: Alfred Manes (Hg.), Versicherungslexikon, 2. Aufl., Sp. 204–206; *Friedrich Rowedder*, Ernst Wilhelm Arnoldi. Seine Tätigkeit für die deutsche Wirtschaft, Dingelstädt 1939; *Erich Angermann*, Art. „Arnoldi", in: Historische Kommission bei der Bayerischen Akademie der Wissenschaften (Hg.), NDB, Bd. I, Berlin 1953, 389; *M. Koch*, Ernst Wilhelm Arnoldi und die deutsche Volkswirtschaft. Ein Beitrag zu seinem 175. Geburtstag am 21.5.1953, VW 8 (1953), 214; *Eckart Weinreich*, Ernst Wilhelm Arnoldi. Die wirtschaftsgeschichtliche Bedeutung des Gründers der Gothaer Versicherungsanstalten. Eine Gedenkrede aus Anlaß seines 175. Geburtstages, Göttingen 1953; *Peter Koch*, Pioniere, 228–232; *Ludwig Arps*, Deutsche Versicherungsunternehmer (I), 935–942; *Karl Hax*, 31 ff.; *Hans Erkenbrecher*, Biographie; *ders.*, Vertreter, 109–126; *Sven Ballenthin*, Ein Gothaer Unternehmer zwischen privaten Geschäften, städtischem Engagement und nationalen Reformversuchen. Ernst Wilhelm Arnoldi, in: Hans-Werner Hahn/Werner Greiling/Klaus Ries (Hg.), Bürgertum in Thüringen. Lebenswelt und Lebenswege im frühen 19. Jahrhundert, Rudolstadt/Jena 2001, 231–252; *Günther Gottschalk*, Zum 225. Geburtstag von Ernst Wilhelm Arnoldi, in: Museum für Regionalgeschichte und Volkskunde (Hg.), Gothaisches Museums-Jahrbuch 2003, Rudolstadt/Jena 2002, 107–113; *Peter Koch*, Arnoldi, 734–740.

[13] Art. „Büsch", in: Alfred Manes (Hg.), Versicherungslexikon, 2. Aufl., Sp. 415 f.; *Peter Koch*, Pioniere, 176–181; *Götz Landwehr*, Johann Georg Büsch und die Entwicklung des Handelsrechts im 18. Jahrhundert, in: Hans-Dieter Loose (Hg.), Gelehrte in Hamburg im 18. und 19. Jahrhundert, Hamburg 1976, 57–105 (69 ff.) m.w.N.; *Peter Koch*, Versicherungswissenschaft, 69–72. Mit der Lebensversicherung befaßt sich Büsch in seiner Allgemeine[n] Uebersicht des Assekuranz-Wesens, als Grundlage zu einer unbefangenen Beurtheilung von G. C. Biebers Plan zur Errichtung einer für Hamburg möglichst vortheilhaften Versicherungs-Compagnie gegen Feuers-Gefahr, in: Johann Georg Büsch's, ehemaligen Professors zu Hamburg, sämmtliche Schriften, Bd. V, Wien 1813, 323 ff. (326 f.); hier heißt es: „Gilt ohnen auch gegen den Tod selbst keine Assekuranz, so hat man doch den nachtheiligen Folgen desselben für den Wohlstand der Nachbleibenden durch allerlei Institute vorzubeugen gesucht, und es nunmehr zu einem hohen Grade der Wahrscheinlichkeit gebracht, wie es zu bewirken sei, daß auch in dem früh oder spät zu erwartenden Falle, da eine Familie ihres Versorgers beraubt wird, Viele Einzelnen unfehlbar helfen können. Eine solche Beruhigung über die Folgen der Unfälle des Lebens läßt sich ein jeder gerne etwas kosten, wenn er gleich weiß, daß es ihm in die Länge um so viel mehr kosten werde, je länger er selbst von dem gefürchteten Unfall frei bleibt. Ein jeder Vorschlag zu einer Assekuranz, von welcher Art sie auch sei, gewinnt anfangs lauten Beifall, wenn gleich mancher bei näherer Ueberlegung für unausführbar erkannt wird. Die Furcht, durch Vorfälle dieser oder jener Art einmal unglücklich zu werden, oder Unglückliche zu machen, macht uns oft leichtgläubig über die Unwahrscheinlichkeit einer vollkommenen Sicherung gegen das gefürchtete Unglück hinwegsehen."

dieser Zeit hatte Arnoldi bereits in Remstedt bei Gotha eine Farbwarenfabrik mit Farbholzmühle errichtet. Der Vater hatte das Geschäft erweitert, indem er in Elgersburg bei Ilmenau eine Steingutfabrik gegründet hatte. Die Getreideteuerung infolge von Mißernten in den Jahren 1816/17 und die dadurch bedingte Hungersnot bekämpfte Ernst Wilhelm Arnoldi durch die Einführung russischen Getreides. Dieser Einsatz und die Neuordnung des Brauwesens in Gotha führten zu seiner Wahl zum Kramermeister als Vorstand der Gothaer Innung. Zur Förderung des Handelsstandes gründete Arnoldi im Jahre 1817 den „Verein der kaufmännischen Innungshalle", „eine Art von Handelskammer – eine Vereinigung der Kaufleute der Stadt zur Wahrnehmung der eigenen gewerblichen Interessen und zur Förderung gemeinnütziger Unternehmungen."[14] Wenig später (1818) schuf er eine der ersten deutschen Handelsschulen für kaufmännische Lehrlinge. Am 1. Januar 1821 trat – wie ausgeführt – die Feuerversicherungsbank ins Leben. Arnoldi fungierte anfangs als ihr Direktor. Von diesem Amt trat er schon 1822 zurück, dem „Gothaer Ausschuß" des Unternehmens gehörte er indes weiterhin an. Die Entwicklung der Feuerversicherungsbank festigte seinen Plan, für Deutschland ein Lebensversicherungsunternehmen zu gründen. Dieser Plan war endgültig umgesetzt, als am 1. Januar 1829 die Lebensversicherungsbank für Deutschland ihren Geschäftsbetrieb aufnahm. Arnoldi blieb bis zu seinem Tode Bankdirektor. Seine Besoldung war „mäßig genug, um Neid und Anklagen fern zu halten, und doch reichlich genug, um einen Mann, der sein Privatgeschäft daneben zu leiten hatte, für die diesen Pflichten entzogene Zeit und Kraft einigermaßen zu entschädigen."[15] Darüber hinaus hatte Arnoldi sich neben Friedrich List (1789–1846) viele Jahre mit Eifer in der deutschen Zollvereinsbewegung engagiert. In seinen letzten Lebensjahren war er zudem in der Rübenzuckerindustrie tätig. Außerdem war Arnoldi von 1832 bis 1835 und von 1838 bis zu seinem Tode Mitglied der Stadtverordnetenversammlung Gothas. Durch Herzog Ernst I. war Arnoldi zum „Rath" und kurz vor seinem Tode zum „Finanzrath" ernannt worden. Ernst Wilhelm Arnoldi starb am 27. Mai 1841 in Gotha.

3. Die Gründung

Nachdem Arnoldi die Feuerversicherungsbank erfolgreich ins Leben geführt hatte, entstand in ihm das Vorhaben, eine Lebensversicherungsbank ebenfalls auf dem Grundsatz der Gegenseitigkeit bei festgesetzten Prämien zu errichten.[16]

---

[14] A. *Emminghaus*, Zur fünfzigjährigen Jubelfeier der Lebensversicherungsbank für Deutschland zu Gotha. Ein Gedenkblatt, den Genossen und Freunden der Bank gewidmet, [1877], 6.

[15] A. *Emminghaus*, Arnoldi, 305.

[16] Zur Gründung der Gothaer Lebensversicherungsbank A. *Emminghaus*, Jubelfeier; *ders.*, Geschichte; *ders.*, Arnoldi, 264 ff.; Karl Samwer (Hg.), Hundert Jahre Gothaer

B. Die dauerhaften Gründungen

Bereits im September 1823 hatte Arnoldi in einer Denkschrift das Bedürfnis einer solchen Einrichtung für Deutschland dargelegt:

„Das Bedürfniss, die ihres Hauptes beraubte Familie gegen Mangel zu sichern, das eigene Gemüth aber von der Qual zu befreien, welche der Gedanke an einen frühzeitigen Tod bei unerzogenen Kindern, und der Vermögensunzulänglichkeit der Wittwe mit sich führt; dieses Bedürfniss ist so gross, so allgemein, und mehr oder weniger lebhaft gefühlt, dass es nur einer Anregung bedarf, um einer Lebensversicherungsbank, bei welcher jeder Versicherte als Actionär anzusehen ist, einen unglaublich grossen Wirkungskreis zu verschaffen, zumal, wenn diese Anstalt von Gotha ausgehen sollte, wo die Versicherungsbank des deutschen Handelsstandes in ihren Agenten das Mittel zur allgemeinsten Verbreitung der Sache über ganz Deutschland darbietet. [...] Es würde eine Nationalbank für Deutschland vorhanden sein, die auch einen moralischen Zweck hätte. Gestehen wir uns, dass unser gesammter Volkshaushalt sich durch eine solche Anstalt verbessern würde, denn der Einfluss derselben auf das Familienleben kann nur bessernd sein. Die rechte Nationalwirthschaft treibt am gedeihlichsten in den Hütten und Häusern ihr Wesen. Man fördere Ehefrieden, Erwerbslust, Ordnung und Sparsamkeit bei den Einzelnen, und das Ganze wird von Wohlsein und Reichthum zeugen. Es ist das Loos der Deutschen, in ihrer Häuslichkeit ihr Glück zu suchen und der Versuch wird zeigen, dass hier nicht der betretenste aber der sicherste Weg dazu eingeschlagen wird; denn man wird sich, um diese neugebrochene Bahn zu verfolgen, genöthigt sehen, ausgetretene Wege zu meiden; man wird das Lotteriespiel aufgeben, um durch den Tod das grosse Loos gewinnen zu lassen, oder auf ein langes Leben denen eine Steuer zu zahlen, die ihre Erhalter zu früh verloren; dem Wohlhabenden werden Tausende zur Vervollständigung seines Familienwohls fehlen, wenn er an die Theilung seiner Verlassenschaft denkt; dem Aermeren Hunderte für denselben Zweck; mit beruhigtem Blick auf's Grab werden beide länger und getroster leben, und in diesem Falle ihre Freudigkeit in dem Glück ihrer Angehörigen dieser Lebensversicherungsbank zu verdanken haben."[17]

Ein Freund Arnoldis, der damalige Buchhalter der Feuerversicherungsbank Carl Abraham Scheibner[18], wies ihn auf Bedenken gegenüber der Gründung eines solchen Unternehmens hin, und Arnoldi gab das Projekt – wohl in erster Linie mangels hinreichender technischer Grundlagen – zunächst auf.

Ein Streit mit englischen Lebensversicherungsunternehmen, welche 1825 die Versicherungsleistung beim Tode Herzog Friedrichs IV. von Sachsen-Gotha-Altenburg verweigerten, ließ Arnoldi sein Vorhaben wieder aufgreifen.[19] Bei der

---

Lebensversicherungsbank auf Gegenseitigkeit. 1827–1927. Eine Festschrift, Gotha 1927.

[17] Zitiert nach *A. Emminghaus (Hg.), Geschichte*, 24–32 (27, 29).

[18] Zu dessen Biographie *A. Emminghaus (Hg.), Geschichte*, 383–385.

[19] Zu dem Streit siehe insbesondere *Franz Otto*, 42–46; *A. Emminghaus (Hg.), Geschichte*, 36–41; *Rudolf Stammler*, Deutsches Rechtsleben in alter und neuer Zeit. Bd. II. Deutsches Rechtsleben während des 19. Jahrhunderts, München 1932, 171–178; Wie es zur Gründung der ersten deutschen Lebensversicherung kam, Deutscher Versicherungs-Dienst 52 (1941), 6–8.

3. Kap.: Die ersten Unternehmen während der Gründungsphase

Regierungsübernahme hatte Herzog Friedrich IV. erhebliche Verbindlichkeiten seines Bruders und Vorgängers übernommen. Um das Land vor dem finanziellen Ruin zu bewahren, wurde mit den Gläubigern ein Abkommen getroffen, wonach die geschuldete Summe in fünf Jahresraten getilgt werden sollte. Da die Gläubiger einen vorzeitigen Tod Friedrichs befürchteten, sollte das Leben des Herzogs zur Absicherung der Schuld bei fünf englischen Unternehmen versichert werden. Nachdem der Herzog vor Ablauf des ersten Versicherungsjahres (1825) vorzeitig verstorben war, verweigerten drei der fünf Versicherer wegen angeblichen „Bruches der Bedingungen" die Zahlung. Die Gläubiger erhoben in England Klage, verklagten aber zunächst nur eines der drei Unternehmen. Der Prozeß wurde ausgesprochen langwierig und für die Kläger kostenintensiv. Die eingeklagte Summe wurde nicht zugesprochen, die Klage wurde zurückgenommen und gegen die übrigen Unternehmen erst gar nicht angestrengt. Arnoldi hatte in diesem Verfahren seinen Schwiegervater vertreten, der zu den klagenden Gläubigern des Herzogs zählte, und war zugleich Mitglied einer Kommission, welche eigens zur Vertretung der Gläubiger eingesetzt worden war.

Unter dem 31. Dezember 1827 wurde daraufhin im „Allgemeinen Anzeiger der Deutschen", Nummer 355, folgende Kritik an den englischen Lebensversicherungsgesellschaften geäußert:

„Man braucht bloß eingesehen zu haben, daß nur mit Hülfe einer solchen Anstalt mancher Verlegenheit, wogegen es kein anderes wirksames Mittel gibt, abgeholfen werden kann, um es höchst wünschenswerth zu finden, daß Deutschland nicht länger, auch in dieser Hinsicht, von England abhängig bleibe. Wem aber zugleich bekannt ist, daß die jährlichen Abgaben derjenigen, die ein Capital versichert haben (die Prämien) 30–40–50 vom Hundert, je nach der Art der Versicherungen, im Durchschnitt mehr betragen, als zur Auszahlung der Capitale nach dem Ableben der Versicherten erforderlich ist; – muß der nicht wünschen, daß solcher Beutelschneiderey überhaupt ein Ende gemacht, daß für Deutschland eine Anstalt gegründet werde, die, statt der englischen Lockspeise, Millionen genannt, Gegenseitigkeit, Gesetzlichkeit und Öffentlichkeit der Verwaltung, als höchste Sicherstellung der Theilnehmer, darbietet; eine Anstalt, welche diesen erhält, was bisher in die Taschen jener floß, für eine Garantie dahin floß, deren Entbehrlichkeit der wahre Zweck der Unternehmungen verräth, er heißt: Bereicherung der Versicherer auf Kosten der Versicherten.

Aber noch eine andere, in dieser Angelegenheit gewiß nicht minder wichtige Betrachtung dringt sich Jedem auf, dem das Verfahren mancher englischen Anstalten in Fällen bekannt ist, wo es gilt, Verbindlichkeiten zu erfüllen, die der Chicane noch einen Stützpunct übrig lassen. In solchen Fällen sind die in Deutschland wohnenden Erben eines, mit Tode abgegangenen Versicherten sehr übel daran. Die Versicherungsgesellschaft pflegt sich dann wegen der Forderung so lange unwissend zu stellen, und das hartnäckigste Stillschweigen zu beobachten, bis die Partey, für welche versichert worden, bey einem englischen Gerichtshofe die Klage eingeleitet, und für diesen Zweck einen Vorschuß nach englischem Maßstabe geleistet hat. Nun ist die Sache englischen Anwälten, englischem Gerichtsverfahren preis gegeben.

B. Die dauerhaften Gründungen

Der deutsche Staat kann sich hier seiner bedrängten Unterthanen nicht annehmen; er muß gestatten, daß in dem Wohnorte der versicherten Partey nach englischen Gesetzen verfahren, daß englische Kundschafter daselbst in Thätigkeit gesetzt, daß alle ersinnliche Mittel angewendet werden, um der versichernden Gesellschaft einen vollständigen Sieg zu erringen, nämlich zum Verlust des auf Treu und Glauben versicherten Capitals auch noch die Proceßkosten der versicherten Partey aufzubürden; die Proceßkosten, die weit über die kühnste Vorstellung eines Deutschen hinaus gehen, die mehr als hinreichen, um das Vermögen eines unglücklicherweise Versicherten vollends zu zerrütten.

Auch dieser Gefahr wird durch die deutsche, alle Gewinnsucht und Willkühr entfernende Anstalt vorgebeugt werden, die in strittigen Fällen schiedsrichterliche Entscheidung gestattet, und zuläßt, daß die durch diese Entscheidung nicht befriedigte Partey Recurs an die s.g. Landesregierung nehme, welche dann in letzter Instanz nach den Bankgesetzen entscheidet, jedem Versicherten genau bekannt, weil ein Jeder Miteigenthümer der Anstalt, im ganzen Sinne des Wortes, seyn wird."[20]

Mitursächlich für die Wiederaufnahme der Gründungspläne war die Veröffentlichung der im Jahre 1827 herausgegebenen und Arnoldi gewidmeten deutschen Übersetzung von Charles Babbage „A comparative view of the various Institutions for the assurance of lives", die Arnoldi von ihrem Übersetzer Obermedizinalrat Ludwig Friedrich von Froriep[21] erhielt.[22] Die deutsche Übersetzung war Arnoldi gewidmet worden:

„Dem, durch Errichtung der großen wechselseitigen Feuer-Versicherungs-Anstalt, in Deutschland hochverdienten Herrn Wilhelm Ernst Arnoldi zu Gotha, hochachtungsvoll gewidmet; mit dem Wunsche, daß Derselbe sich auch für Einführung einer Lebens-Assecuranz-Gesellschaft, auf den Grundsatz der Wechselseitigkeit, in Deutschland mit Erfolg interessiren möge."

Arnoldi griff das fallengelassene Projekt wieder auf. Er arbeitete zusammen mit dem jungen Kaufmann Carl August Becker[23], der während eines mehrjährigen Aufenthalts in England das Lebensversicherungsgeschäft kennengelernt hatte, einen Plan zur Errichtung einer Lebensversicherungsbank für Deutschland aus. Die (spätere) Firma „Lebensversicherungsbank für Deutschland" war hinsichtlich der gebietlichen Ausweitung von Anfang an Programm, wobei Arnoldi unter Deutschland nicht allein das politische Gebiet des Deutschen Bundes ver-

---

[20] *[Ernst Wilhelm Arnoldi,]* Nützliche Anstalten und Vorschläge. Etwas über die Dringlichkeit für die deutschen Staaten, eine gemeinschaftliche Lebensversicherungsbank zu errichten, wie es von Gotha aus beabsichtigt wird, Allgemeiner Anzeiger der Deutschen 74 (1827), Sp. 4101–4103.

[21] Zu dessen Biographie *A. Emminghaus (Hg.)*, Geschichte, 348 f.; *Wiebke von Häfen*, Zwischen Fürstendienst und bürgerlicher Selbständigkeit. Der Mediziner und Verleger Ludwig Friedrich von Froriep, in: Hans-Werner Hahn/Werner Greiling/Klaus Ries (Hg.): Bürgertum in Thüringen, 53–80.

[22] *Charles Babbage*, A comparative view of the various Institutions for the assurance of lives, London 1826; ders., Charles Babbage's vergleichende Darstellung der verschiedenen Lebens-Assecuranz-Gesellschaften, Weimar 1827.

[23] Zu dessen Biographie *A. Emminghaus (Hg.)*, Geschichte, 319 f.

stand, sondern auch nicht zum Deutschen Bund gehörende Landesteile wie die preußischen Provinzen oder die deutschsprechenden Gebiete der Schweiz.[24] Arnoldi, der ein begeisterter Verfechter der Zollvereinsidee war, versuchte so, wirtschaftlich zu vollziehen, was politisch erst später durchgesetzt wurde. Den Plan legte er von Froriep und dem Erfurter Chemiker und Pharmazeuten Johann Bartholomaeus Trommsdorff[25] zur Stellungnahme und Kritik vor. Am 1. Juli 1827 wurde der geänderte Plan Herzog Ernst I. überreicht und die Genehmigung der Veröffentlichung erbeten.[26] Mit Handschreiben vom 9. Juli 1827 genehmigte der Herzog die Bekanntmachung. In dem „An den Rath Arnoldi" gerichteten Schreiben heißt es:

„Der Plan zu Errichtung einer Lebensversicherungsbank für Deutschland, welcher Mir vom Rath Arnoldi unterm 1. d.M. überreicht worden, hat Mich ungemein interessirt. Eine solche Anstalt ist gewiß in jeder Hinsicht Bedürfnis, und sie kann nicht verfehlen ausgebreitete Theilnahme zu finden. –

Um so entsprechender ist der gegenwärtige Plan, je mehr er, von Eigennutz fremd, nach dem Vorbild der hiesigen Feuerversicherungsbank, allen Theilhabern, außer der Versicherung selbst, noch mannigfaltige Vortheile zu gewähren die Hoffnung giebt.

Mit Vergnügen genehmige Ich daher die öffentliche Bekanntmachung dieses Plans und zu seiner Zeit die Errichtung der Lebensversicherungsbank selbst, und Ich werde ihr gern den kräftigsten Schutz angedeihen lassen. Ueberdies bin Ich bereit, durch Zeichnung einer Anzahl Actien Meine Theilnahme noch besonders zu bethätigen.

Der achtbare Gründer dieser gemeinnützigen Anstalt darf Meiner besondern Werthschätzung sich versichert halten."[27]

Der derart genehmigte Plan wurde durch ein Vorwort eingeleitet, worin der Mangel an Lebensversicherungsanstalten in Deutschland und das englische Monopol kritisiert wurden.[28] Die Bankverfassung selbst umfaßte nach dem ersten Plan noch 37 Paragraphen. Hierin wurden die Gesellschaftssatzung und die Versicherungsbedingungen auseinandergesetzt. Außerdem umfaßte der Plan Auszüge aus „Charles Babbage's vergleichende[r] Darstellung" und eine erläuterte Prämien-Tabelle sowie eine erläuterte Wahrscheinlichkeitsberechnung. Der Herzog hatte den Plan vor Ausspruch der Genehmigung durch den Kartographen

---

[24] *A. Emminghaus (Hg.), Geschichte*, 120 ff.
[25] Zu dessen Biographie *A. Emminghaus (Hg.), Geschichte*, 391 f. m.w.N.
[26] Thüringisches Staatsarchiv Gotha, Geheime Kanzlei JJJ 1 Nr. 1 Bd. 1, Bl. 1 f.
[27] Thüringisches Staatsarchiv Gotha, Geheime Kanzlei JJJ 1 Nr. 1 Bd. 1, Bl. 14; zitiert auch von *A. Emminghaus (Hg.), Geschichte*, 191.
[28] Manuscript des ersten Planes. Die Lebensversicherungsbank für Deutschland, auf Gegenseitigkeit und Oeffentlichkeit gegründet. Als Manuscript für Freunde in Thüringen zur weiteren Berathung abgedruckt, Gotha 1827, zitiert als Anlage I in *A. Emminghaus (Hg.), Geschichte*, 191–211.

und Juristen Legationsrat Adolph Stieler[29] begutachten lassen.[30] In der Folgezeit unterstützte Stieler Arnoldi bei der fortwährenden Verbesserung des Plans, ebenso wie der schon oben genannte Scheibner. Der Hauptmangel des ersten Plans bestand darin, daß er die Versicherten in Gesellschaften und Unterklassen gruppierte und „dass er, ähnlich den Tontinen, dem einen Theile der Versicherten Vortheil verschaffte, lediglich in Folge des Absterbens des andern Theiles und dass er die Lebensversicherung zu einer Art von Glücksspiel machte."[31] Trotz der fortwährenden Verbesserung wurde der genehmigte Entwurf der Bankverfassung bereits publik gemacht. Agenten wurden gewonnen, für die Zeichnung von Anteilsscheinen des Gründungsstocks wurde geworben. Arnoldi konnte neben Stieler sechs weitere angesehene Bürger für die Mitwirkung im Gründungsausschuß als vorläufigem obersten Organ gewinnen.[32] Gegen Mitte November 1827 fanden die Beratungen des neuen Verfassungsentwurfs ihr Ende. Der überarbeitete Entwurf wurde am 16. Dezember dem Herzog mit einer Immediateingabe überreicht.[33] Die herzoglich sächsische Landesregierung genehmigte per Dekret vom 8. Januar 1828[34] die Eingabe. Die Betriebseröffnung erfolgte nicht unmittelbar nach der Genehmigung. In der Folgezeit wurde zunächst Propaganda betrieben und um Versicherungswillige geworben. Nachdem sich genügend Interessenten (813 Personen) zum Abschluß einer Lebensversicherung bereit erklärt hatten, erfolgte am 1. Januar 1829 die Geschäftseröffnung. Zum 1. Januar 1829 konnten 846 Policen, welche auf das Leben von 813 Personen und über eine Gesamtversicherungssumme von 1.452.100 Taler lautete, in die Bücher der Bank eingetragen werden.[35] Das Geschäftsjahr 1829 endete mit einem Bestand von 1.273 Personen und einer Versicherungssumme von 2.364.100 Taler.[36] Damit einher ging aber noch nicht die Einsetzung der endgültigen Organe. Der provisorische Ausschuß legte sein Amt erst unter dem 31. Dezember 1829 nieder, gleichzeitig übernahmen die gewählten und ernannten Organe ihr Amt.

---

[29] Zu dessen Biographie A. *Emminghaus (Hg.)*, Geschichte, 387–390.
[30] Thüringisches Staatsarchiv Gotha, Geheime Kanzlei JJJ 1 Nr. 1 Bd. 1, Bl. 3–13.
[31] A. *Emminghaus (Hg.)*, Geschichte, 62 f.
[32] Dem Ausschuß gehörten neben Stieler Kammerrat Braun, Medizinalrat Dr. Buddeus, Oberkonsistoriumssekretär Rat Freytag, Professor Dr. Rost, Kammerkonsulent Thienemann und Landschuleninspektor Waitz an.
[33] Thüringisches Staatsarchiv Gotha, Geheime Kanzlei JJJ 1 Nr. 1 Bd. 1, Bl. 20 f.
[34] Höchste Genehmigung der Statuten der Lebensversicherungsbank in Gotha, mit Erläuterung über das Rechtsverfahren in Beziehung auf §. 67 der Statuten zitiert in A. *Emminghaus (Hg.)*, Geschichte, 213–215.
[35] A. *Emminghaus (Hg.)*, Geschichte, 101.
[36] E. A. *Masius*, Lehre, 513; A. *Emminghaus (Hg.)*, Geschichte, 144 f.

II. Die Deutsche Lebensversicherungs-Gesellschaft zu Lübeck

Bevor die Gothaer Lebensversicherungsbank am 1. Januar 1829 ihren Geschäftsbetrieb eröffnete, hatte in Lübeck einen Monat zuvor die Deutsche Lebensversicherungs-Gesellschaft ihren Betrieb aufgenommen.

1. Die politische und versicherungswirtschaftliche Ausgangssituation

Lübeck, das seit 1226 Reichsstadt war, entging im Jahre 1803 der Meditatisierung durch den Reichsdeputationshauptschluß.[37] Nach der Auflösung des Reiches blieb die Hansestadt freie Stadt. Im November 1806 wurde Lübeck von französischen Truppen besetzt und (1810/11) durch das französische Kaiserreich annektiert. Die Besatzung endete mit der Befreiung der Stadt im Jahre 1813. Lübeck wurde 1815 als souveräner Staat Mitglied des Deutschen Bundes und nahm den Titel „freie und Hansestadt" an, der auch nach dem Beitritt zum Norddeutschen Bund (1867) beibehalten wurde. Die Verwaltung war während der Besatzung nach französischem Vorbild umorganisiert worden. Nach der Befreiung trat die alte Rats- bzw. Senatsverfassung wieder in Kraft.

Als Hansestadt kam Lübeck frühzeitig mit der Seeversicherung in Kontakt. Im Bereich der Versicherung gegen Feuergefahr bestand seit dem Jahre 1765 eine öffentlich-rechtliche Gebäudeversicherung. 1776 wurde eine Witwenversorgungskasse für Lübeck und Oldenburg gegründet.[38] 1826 gründeten sich die Lübeckische Versicherungsgesellschaft gegen Feuergefahr, eine Aktiengesellschaft, die die Mobiliarversicherung betrieb, und der auf das landwirtschaftliche Geschäft spezialisierte Lübecker Feuerversicherungsverein.[39] Zeitgleich mit diesen Gründungen wurde in Lübeck eine Schrift mit dem Titel „Ueber eine in Lübeck zu errichtende Deutsche Lebensversicherungsgesellschaft" veröffentlicht[40], woraufhin die Deutsche Lebensversicherungs-Gesellschaft zu Lübeck gegründet wurde.

2. Carl Wilhelm Vermehren

Der Lübecker Kaufmann Carl Wilhelm Vermehren wurde am 26. April 1785 als Sohn eines Auktionators geboren.[41] „Der mit dem Assecuranzwesen und,

---

[37] Zur Verwaltungsgeschichte Lübecks *Rainer Postel*, § 12 Hansestädte, 784–811.
[38] *Heinrich Braun*, 173.
[39] *Peter Koch*, Versicherungsplätze, 225 f.
[40] Ueber eine in Lübeck zu errichtende Deutsche Lebensversicherungsgesellschaft, Lübeck 1826.
[41] Schriftliche Auskunft des Archivs der Hansestadt Lübeck vom 12.11.2003.

besonders mit den günstigen Erfolgen der englischen Lebensversicherungs-Gesellschaften, vertraute Kaufmann" Carl Wilhelm Vermehren war Initiator und erster Generalagent der Deutschen Lebensversicherungs-Gesellschaft zu Lübeck.[42] Er starb in dieser Funktion am 18. Mai 1842, sein Nachfolger wurde sein im Jahre 1814 geborener Sohn Julius Vermehren.

3. Die Gründung

Die Deutsche Lebensversicherungs-Gesellschaft zu Lübeck hat – unter gleichzeitiger Aufnahme der Leibrentenversicherung – am 1. Dezember 1828 ihre Geschäfte aufgenommen. In der genannten Broschüre aus dem Jahre 1826 war die Notwendigkeit aufgezeigt worden, den in Deutschland agierenden englischen Unternehmen eine Konkurrenz zu bieten, und die Gründung eines „Nationalinstituts dieser Art für Deutschland" propagiert worden.[43] Die Gesellschaft sollte als „Nebenbuhlerinn der Englischen Institute dieser Art auf dem Continent" auftreten, wörtlich heißt es weiter in der Broschüre:

> „Die Erfolge, deren Lebensversicherungsgesellschaften in England sich erfreuen, sind bekannt und glänzend. Zwei und Dreissig solcher Institute bestehen in London und sind für die Theilnehmer eine reiche Quelle sicheren Gewinns geworden. Der Erörterung bedarf es demnach nicht erst, auf wie zuverlässiger Basis dies Geschäft beruht, denn die Erfahrung hat die damit verknüpften Vortheile ausser Zweifel gesetzt, und aus den Grundsätzen, welche bei der Annahme von Versicherten angewandt werden, folgt von selbst schon, dass die Sterblichkeit unter den Versicherten der Lebensversicherungs-Societäten weit geringer seyn müsse, wie die Mortalitätslisten der allgemeinen Volksklasse angeben, die zur Grundlage der Prämienberechnungen dienen.

> Bei der regen Thätigkeit, mit welcher die Britten Gewinnversprechende Unternehmungen verfolgen, war zu erwarten, dass sie auch in dieser Beziehung den Continent sich tributair machen würden und nur zu sehr ist es ihnen gelungen. Generalbevollmächtigte Englischer Societäten haben sich namentlich in Deutschland in nicht geringer Zahl angesiedelt und ihrer, so wie ihrer untergeordneten Agenten, Betriebsamkeit gelingt es, für die Gesellschaften, deren Interesse sie wahrnehmen, die nützlichsten Erfolge herbeizuführen. Zwar wird durch die bei Todesfällen der Versicherten gezahlten Summen ein Theil der Prämien dem Lande wieder zugeführt, woher sie genommen waren, dass aber die Bilanz günstiger für England steht, lehrt schon das eifrige Bemühen, sich auf Deutschem Boden fester zu siedeln und mehr und mehr sich zu verbreiten. Die Gründung eines Nationalinstituts dieser Art für Deutschland kann demnach nur wünschenswerth seyn. Sie wird dazu beitragen, ein Geschäft bekannter zu machen, welches bei dem jetzigen Zustande der menschlichen Gesellschaft Familien-Glück und Wohlfahrt erzeugt, befestigt und be-

---

[42] *E. A. Masius,* Geschichte und Entwickelung der Versicherung in Deutschland. II. Die Lebensversicherung und damit verwandte Branchen, Rundschau der Versicherungen 8 (1858), 129–140 (131).

[43] Ueber eine in Lübeck zu errichtende Deutsche Lebensversicherungsgesellschaft, 3.

fördert und wobei der Vortheil der Actionaire mit dem Vortheile der Versicherten, wenn auch auf verschiedenen Wegen, zusammentrifft. Es wird auch dies Geschäft dem Vaterlande grosse Summen erhalten und den einheimischen Theilnehmern der neu zu begründenden Societät einen Gewinn zuwenden, mit welchem bis dahin unternehmendere Ausländer sich bereicherten. Millionen von Feuerversicherungs-Prämien mussten nach England wandern, ehe Deutschland sich ermannte und durch Gründung ähnlicher Institute das Geld im Lande zu halten sich mühte. Und Millionen von Lebensversicherungs-Prämien werden ferner dahin gezogen werden, wenn nicht auch in dieser Beziehung eine kräftige Maassregel ergriffen wird.

Wie gewiss es seyn mag, dass ein Institut dieser Art im Anfange mit Schwierigkeiten zu kämpfen haben wird, so unbezweifelt ist auch, dass es dieselben überwinden wird, wenn es, solide begründet, auf allgemeines Vertrauen Anspruch machen darf, wenn die Namen in der merkantilischen Welt geachteter Männer umsichtige Leitung der Direction verbürgen, wenn die Prämien eben so billig oder billiger gestellt werden, wie die der meisten Englischen Compagnien und wenn mit gleicher Loyalität und Pünktlichkeit verfahren wird, wie dies in England geschieht. Wie bei den ersten und angesehensten Societäten dort, so auch hier, wird den Versicherten auf Lebenszeit Theilnahme am Gewinne zugestanden werden müssen, und jeder Vortheil, welcher dem bei einer Brittischen Gesellschaft Versicherten bewilligt wird, wird auch dem hier Assecurirten zugestanden werden müssen. Wie nun die minder kostspielige Verwaltung des Geschäfts in Deutschland den Theilnehmern höhere Dividenden sichert, so auch wird dem im Vaterlande Versicherten günstig: dass er dem Schwanken des Courses in minderem Grade unterworfen ist, dass die Police bei Eincassirung keiner mit Assecuranz verknüpften Einsendung über Meer bedarf und dass die Abgaben, welche bei der Erhebung dort Statt finden, hier durchaus wegfallen."[44]

Außerdem beinhaltete die Werbeschrift den „Plan" des projektierten Instituts in Grundzügen und Prämientafeln. Seine endgültige Fassung erhielt der Plan erst im Jahre 1828. Das Unternehmen beruhte – wie aus der Werbung ersichtlich – auf Aktienbasis, jedoch war eine Beteiligung der Versicherten an den Überschüssen vorgesehen. Das Kapital der Gesellschaft betrug anfänglich 1.200.000 Mark Courant, geteilt in 400 Aktien. Das Gründungskapital wurde bald um weitere 75.000 Mark Courant (25 Aktien) aufgestockt.[45] Das Kapital mußte in Höhe von 10% bar eingezahlt werden, während die restlichen 90% in hypothekarischen Wechseln, die zwei Monate nach Kündigung zahlbar waren, hinterlegt werden mußten. Weil die Beschaffung des Aktienkapitals wegen der Unbekanntheit der Lebensversicherung zunächst auf große Schwierigkeiten stieß, bedurfte es einer zweijährigen Vorbereitungszeit, bis die Gesellschaft am 1. Dezember 1828 ihren Betrieb aufnehmen konnte.[46] Die Leitung der Gesellschaft lag in den Händen Lübecker Honoratioren, die namentlich im ersten Plan

---

[44] Ueber eine in Lübeck zu errichtende Deutsche Lebensversicherungsgesellschaft, 3 f.
[45] Plan/Lübeck, 7; *Kurt Pohl,* Anfänge, 23.
[46] 1828–1928. Hundert Jahre Lebensversicherung in Lübeck, Lübeck [1928], 5 f.

aufgeführt waren.⁴⁷ Carl Wilhelm Vermehren war erster „General-Agent". Das erste Geschäftsjahr brachte einen Bestand von 177 Policen, der Zugang verlangsamte sich indes bald sehr.⁴⁸

III. Die Lebensversicherungs-Gesellschaft zu Leipzig

1. Die politische und versicherungswirtschaftliche Ausgangssituation

Leipzig gehörte zum Kurfürstentum Sachsen. Mit dem Ende des Heiligen Römischen Reiches (1806) war das Amt des Kurfürsten gegenstandslos geworden. Der Kurfürst von Sachsen Friedrich August III. (1750–1827) nahm daraufhin den Titel „König von Sachsen" an, und Sachsen wurde Königreich.⁴⁹ In der Regentschaft folgte König Anton (1755–1836), der in der Zeit von 1827 bis 1836 das Land regierte. In seine Regierungszeit fällt die Gründung der Leipziger Lebensversicherungs-Gesellschaft.

Als eine Folge der Reformation bildeten sich in Leipzig sogenannte Kastenordnungen.⁵⁰ Diese sollten berufsständisch beschränkt die Hinterbliebenen der protestantischen Geistlichen und Lehrer absichern. So entstanden im Jahre 1583 der Witwenkasten der Landpriester der Leipziger Diocese, im Jahre 1618 die Leipziger Stadt-Priester-Witwen-Kassen-Ordnung und 1688 der Leipziger Pfarr-Witwen-Kasten. Hieraus entstanden im Verlauf des 18. Jahrhunderts eine allgemeine Sterbekasse (1724) sowie eine allgemeine Leipziger Witwenkasse (1748). Im Jahre 1797 wurde der Begräbnisverein Atropos in Leipzig errichtet. Während des 19. Jahrhunderts kam es zur Gründung weiterer Sterbekassen auf berufsständischer Grundlage. Bis zur Gründung der Lebensversicherungs-Gesellschaft zu Leipzig (1830) hatte es in Leipzig und Umgebung im Bereich der Personenversicherung demnach nur „nach dem Umlageverfahren arbeitende Kassen ohne mathematisch-statistische Grundlagen gegeben, die ihren Tätigkeitsbereich regional eingegrenzt sahen."⁵¹ Im Bereich des Feuerversicherungswesens war 1718 von der Ritterschaft des Leipziger Kreises der „Feuerversicherungsverein" gegründet worden, der letztlich daran scheiterte, daß er nur

---

⁴⁷ Carl Müller vom Hause Gebrüder Müller, Senator Platzmann vom Hause Conrad Platzmann Söhne, Geo. Heinr. Nölting vom Hause G. F. Nölting & Söhne, Geheimer Hofrat und Ritter Dr. Buchholz, J. N. Stolterfoht jun. vom Hause J. N. Stolterfoht, Senator Plitt vom Hause D. Jacobj & Co., alle Lübeck.

⁴⁸ Hundert Jahre Lebensversicherung in Lübeck, 6.

⁴⁹ Zur Verwaltungsgeschichte des Königreichs *Karlheinz Blaschke*, § 7 Königreich Sachsen und thüringische Staaten, 608–638.

⁵⁰ Zur Versicherungsgeschichte Leipzigs *Peter Koch*, Leipzig und Halle als traditioneller Versicherungsstandort, VW 50 (1995), 174–183.

⁵¹ *Peter Koch*, Leipzig, 174.

3. Kap.: Die ersten Unternehmen während der Gründungsphase

Teilentschädigungen und keinen vollumfänglichen Versicherungsschutz bot. Im Jahre 1819 wurde mit der Gründung der „Leipziger Feuer-Versicherungs-Anstalt" durch den Berliner Kaufmann Carl Friedrich Ernst Weiße ein kaufmännisches Unternehmen auf Aktienbasis geschaffen.[52] Als zeitlich nächste Gründung folgte eine Gesellschaft zu gegenseitiger Hagelschädenvergütung in Leipzig.

2. Johann Friedrich August Olearius

Johann Friedrich August Olearius, der Gründungsinitiator der Lebensversicherungs-Gesellschaft zu Leipzig, wurde am 28. Februar 1789 in Magdeburg als Sohn eines Unterbeamten in der Militärverwaltung geboren.[53] Seine Ausbildung zum Kaufmann erhielt Olearius in Leipzig im Geschäft eines Onkels, im Hause Schömberg, Weber & Co., und in Bordeaux bei einem großen Handelshaus. Nach Leipzig zurückgekehrt übernahm er die Leitung des Unternehmens Schömberg, Weber & Co., welches auch einen englischen Lebensversicherer vertrat. Nachdem Olearius das Unternehmen verlassen hatte, faßte er das Vorhaben, selbst ein Lebensversicherungsunternehmen zu gründen. Der Geschäftsbetrieb der von Olearius ins Leben gerufenen Lebensversicherungs-Gesellschaft zu Leipzig wurde am 1. Januar 1831 eröffnet. Olearius übernahm als „fungirender Director" mit sechs weiteren Direktoren die Unternehmensleitung. Er erhielt hierfür ein Jahresgehalt von 1.600 Taler. Diese Funktion innehabend verstarb Johann Friedrich August Olearius am 2. Dezember 1861.

3. Die Gründung

Durch die erfolgreiche Errichtung der Leipziger Feuerversicherungs-Anstalt war der erste Anstoß zur Gründung eines Lebensversicherungsunternehmens in Leipzig gegeben.[54] Unterstützt wurde Olearius in seinem Vorhaben von Männern aus dem Handelsstand, Juristen und Gelehrten.[55] Olearius schloß sich mit diesen zur Ausarbeitung der Statuten zusammen und bildete mit ihnen den

---

[52] *Volker Weiß*, Leipziger Feuer-Versicherungs-Anstalt mit allergnädigster Concession Sr. Majestät des Königs von Sachsen. Ein historischer Bogen von 1819 bis 1994, in: Die Vergangenheit bewahren – die Zukunft gewinnen. 1819–1994. Festschrift der Alten Leipziger Versicherung Aktiengesellschaft zum 175jährigen Jubiläum, [1994], 11–104.

[53] Zur Biographie Olearius' Die Lebensversicherungs-Gesellschaft zu Leipzig. 1830–1880. Die Begründung und fünfzigjährige Wirksamkeit der Lebensversicherungs-Gesellschaft zu Leipzig, Leipzig [1880], 8 ff.; Leipziger Lebensversicherung. 1830–1930. Denkschrift zur Jahrhundertfeier, Leipzig [1930], 10 ff.; *Peter Koch*, Pioniere, 245–249.

[54] Zur Gründung des Leipziger Unternehmens Die Lebensversicherungs-Gesellschaft zu Leipzig. 1830–1880; Denkschrift zur Jahrhundertfeier; Alte Leipziger. Lebensversicherungsgesellschaft auf Gegenseitigkeit. 125 Jahre, Frankfurt am Main 1955.

B. Die dauerhaften Gründungen

Gründungsausschuß und später das erste statutengemäße Direktorium des Unternehmens. Die „Gesellschaft" sollte wie die Gothaer Lebensversicherungsbank auf Gegenseitigkeit und auf der Basis fester Prämiensätze beruhen. Unter dem 26. Februar 1830 erteilte die Landesregierung in Dresden durch Reskript die Genehmigung des Vorhabens:

> „Liebe getreue. Wir haben Uns vortragen lassen, was ihr in Betreff der von dem Regierungsrath D. Johann Ludwig Wilhelm Beck und Genossen beabsichtigten Errichtung einer Lebensversicherungsanstalt zu Leipzig, um deren Genehmigung auch bey Unserer Landesregierung die Unternehmer, besage der abschriftlichen Beyfüge vom 8. dieses Monats selbst eingekommen sind, mittelst Berichts vom 12. dieses Monats gehorsamst angezeigt habt.
>
> Wir finden keine Bedenken, die Errichtung einer Lebensversicherungsanstalt zu Leipzig nach den entworfenen Statuten zu gestatten, und habt ihr solches den Supplicanten zu eröffnen.
>
> Möchtens auch bey Remission von 6 Beylagen nicht bergen, und geschiehet daran Unsere Meinung."[56]

Nach erfolgter Genehmigung trat das Direktorium am 26. März 1830 zusammen. In dieser Sitzung wurden die öffentliche Bekanntmachung und Einsetzung von Agenten beschlossen. Olearius wurde zum „fungirenden Director" ernannt. Die Statuten wurden veröffentlicht, gleichzeitig erschienen „Erläuternde Bemerkungen zu den Statuten". In der Folgezeit wurde das Unternehmen aufgebaut und Anmeldungen für Versicherungen wurden entgegengenommen. Der Geschäftsbetrieb begann am 1. Januar 1831. 184 Personen mit einem Versicherungsbetrag von 256.900 Taler wurden zu Geschäftsbeginn aufgenommen. Das erste Geschäftsjahr schloß mit einem Bestand von 454 Personen, versichert mit 668.500 Taler.[57]

---

[55] Dr. Johann Ludwig Wilhelm Beck, Großherzogl. Sachsen-Weimar. Wirkl. Regierungsrat, Senior des Königl. Sächs. Schöppenstuhls, Christian Gottlob Frege auf Abtnaundorf, Königl. Sächs. Kammerrat, Mitglied des Magistrats, Firma Frege & Co., Carl Lebrecht Hammer, Kramermeister, Firma Hammer & Schmidt, Johann Ludwig Hartz, Mitglied des Magistrats, Wilhelm Seyfferth auf Altenhayn, Handlungs-Deputierter, Firma Vetter & Co., Dr. Christian Wilhelm Wiesand, Oberhofgerichts- und Konsistorial-Advokat.

[56] Faksimile der Genehmigungsurkunde, abgedruckt in Denkschrift zur Jahrhundertfeier, eingefügt nach 12.

[57] E. A. Masius, Lehre, 518.

74   3. Kap.: Die ersten Unternehmen während der Gründungsphase

IV. Die Allgemeine Lebens-Versicherungs-Anstalt für das Königreich Hannover zu Hannover

1. Die politische und versicherungswirtschaftliche Ausgangssituation

Sitz der Allgemeinen Lebens-Versicherungs-Anstalt für das Königreich Hannover war die königliche Residenzstadt Hannover. Das alte Kurfürstentum Hannover war nach preußischen und französischen Besetzungen zu Beginn des 19. Jahrhunderts im Jahre 1814 auf dem Wiener Kongreß zum Königreich erhoben worden. Gleichzeitig war die Stadt Hannover zur königlichen Residenzstadt erklärt worden.[58] Von 1820 bis 1830 regierte König Georg IV. das Königreich. In seinem Namen wurde die „Allerhöchste Bestätigung" zur Errichtung der Allgemeinen Lebens-Versicherungs-Anstalt für das Königreich Hannover ausgesprochen.

Seit Beginn des 18. Jahrhunderts hatten sich zahlreiche stadthannoversche Sterbe-, Begräbnis- und Witwenkassen gebildet, die zumeist berufsgebunden waren.[59] 1750 trat in Hannover eine der ersten öffentlich-rechtlichen Gebäudebrandversicherungsanstalten Deutschlands ins Leben, die „Calenberg-Grubenhagensche Brand-Assecurations-Societät". Der Allgemeinen Lebens-Versicherungs-Anstalt als landhannoverscher Einrichtung waren die Schiffahrts-Assecuranz-Anstalt von 1822 und die Hannoversche Feuerversicherungsanstalt von 1829 vorangegangen. Es folgte die Gründung der Hagelschäden-Versicherungs-Gesellschaft (1833).

2. August Ludwig Bruns

August Ludwig Bruns, der Gründer der Allgemeinen Lebens-Versicherungs-Anstalt wurde am 3. März 1790 in Neustadt am Rübenberge – heute eine Stadt im Kreis Hannover – geboren.[60] Bruns besuchte eine gewöhnliche Landschule, bevor er von 1806 bis 1811 in Hannover eine kaufmännische Ausbildung absolvierte. Anschließend war er für ein Kolonialwarengeschäft als Buchhalter und

---

[58] Zur Verwaltungsgeschichte Hannovers *Thomas Klein*, § 9 Königreich Hannover, in: Kurt G. A. Jeserich/Hans Pohl/Georg-Christoph von Unruh (Hg.), Deutsche Verwaltungsgeschichte, Bd. II, 678–715.

[59] Zur Versicherungsgeschichte Hannovers *Friedrich-Edmund Horstmann*, Versicherungseinrichtungen in der Stadt Hannover in der Zeit von 1728 bis 1885. Eine rechtshistorische Studie, Göttingen 1965; *Peter Koch*, Praxis und Lehre der Versicherung in Hannover, VW 39 (1984), 282–290 (284–286); *ders.*, Versicherungsplätze, 146 ff. (149–152).

[60] Zur Biographie Bruns' August Ludwig Bruns, Senator in Hannover, geb. zu Neustadt am Rübenberge, den 3. März 1790, Rundschau der Versicherungen 2 (1852), 206–208; [Nachruf,] ebenda 8 (1858), 261.

Reisender tätig und war bei der „Königl. Landes-Lotterie-Direction" mit der Buchhaltung und Kassenführung betraut. Mit seinem Freund Ernst J. Maier gründete Bruns 1819 eine Tabakfabrik unter der Firma „Bruns und Maier". Diese übernahm Mitte der zwanziger Jahre die Hauptagentur der Aachener Feuer-Versicherungs-Gesellschaft. Bruns begann, sich ausgiebig in das Versicherungswesen einzuarbeiten. 1828 trennte er sich von der Tabakfabrik und beschäftigte sich fortan ausschließlich mit der Hauptagentur. Nach der Gründung der Gothaer Lebensversicherungsbank für Deutschland war es Bruns' Plan, eine entsprechende Anstalt für das Königreich Hannover zu errichten. Den Plan setzte er mit der Gründung der „Allgemeinen Lebens-Versicherungs-Anstalt für das Königreich Hannover" in die Tat um. Bruns trat an die Spitze dieser Anstalt und wurde ihr Direktor. Im Jahre 1843 beendete August Ludwig Bruns die Zusammenarbeit mit der (nunmehr) Münchener und Aachener Feuer-Versicherungs-Gesellschaft und übernahm die Generalagentur des Leipziger Feuerversicherungsunternehmens. Bruns war längere Zeit Vertreter im „Bürger-Vorstehercollegium", als er 1847 zum Senator gewählt wurde. In diesem Amt verwaltete er die Finanzen der Stadt Hannover. Daneben nahm Bruns weitere Ehrenämter wahr; so war er als Handelsvorsteher, als Präsident des Handelsvorstandes und als Vorsteher der Handelsinnung tätig. Neben diesen Tätigkeiten verwaltete er viele Jahre das Diakonat an der Ägidienkirche und war zweimal Abgeordneter zur zweiten Kammer der allgemeinen Städteversammlung. August Ludwig Bruns starb am 6. Juli 1858.

3. Die Gründung

Der Plan der Allgemeinen Lebens-Versicherungs-Anstalt für das Königreich Hannover war durch König Georg IV. am 28. September 1829 mit „Allerhöchster Bestätigung" genehmigt worden:

„Der nachstehende, von dem in hiesiger Residenzstadt zu Errichtung einer allgemeinen auf Gegenseitigkeit der Interessenten begründeten Lebens-Versicherungs-Anstalt für das Königreich Hannover sich gebildeten Vereine eingereichte, die Verfassungs-Artikel gedachter Anstalt enthaltende Plan wird, unter Vorbehalt der Bestimmungen, welche, wegen der Lebens-Versicherungs-Anstalten, allgemein zu erlassen von Ober-Landes-Polizei wegen für nöthig erachtet werden möchten, hiemit bestätigt."[61]

Bruns hatte bereits im Jahre 1828 in Gemeinschaft mit gleichgesinnten Freunden – dem Weinhändler und Bürgervorsteher Carl Ahles, dem Kaufmann Franz Krohne sowie dem Lehrer Friedrich Krancke – den „Verein zur Errichtung einer allgemeinen, auf Gegenseitigkeit der Interessenten begründeten Lebensversicherungsanstalt für das Königreich Hannover" ins Leben gerufen.[62]

---

[61] Plan/Hannover, V f.

76   3. Kap.: Die ersten Unternehmen während der Gründungsphase

Die Anstalt sollte nach dem Plan ihrer Gründer nicht wie die vorausgegangenen deutschen Gegenseitigkeitsanstalten auf den Grundsätzen festgesetzter Prämien errichtet werden, sondern auf strenger Gegenseitigkeit ihrer Teilnehmer beruhen. Den Vereinsmitgliedern war gleichzeitig mit der Genehmigung des Plans die Pflicht auferlegt worden, „ermeldeten Plan und demnächst die von solcher Anstalt angestellten Special-Directoren und Receptoren durch die öffentlichen Blätter in hiesigem Königreiche bekannt zu machen."[63] Anfangs zeigte sich jedoch nicht die erwartete Beteiligung des Publikums. Die Eröffnung des Geschäftsbetriebes erfolgte deshalb erst anderthalb Jahre später unter dem 1. Juni 1831. Im Zeitpunkt der Eröffnung lagen ungefähr 300 Anmeldungen vor. Am Ende des ersten Geschäftsjahres wies der Bestand 711 Policen mit einer Versicherungssumme von 351.400 Taler auf.[64]

V. Die Berlinische Lebens-Versicherungs-Gesellschaft zu Berlin

1. Die politische und versicherungswirtschaftliche Ausgangssituation

Preußen war 1701 Königreich geworden. Berlin war seither seine Hauptstadt. In Preußen regierte in der Zeit von 1797 bis 1840 König Friedrich Wilhelm III.[65] Dieser genehmigte und förderte die Errichtung der Berlinischen Lebens-Versicherungs-Gesellschaft, die als Aktienverein mit gleichzeitiger Gewinnbeteiligung organisiert war.

Nach gescheiterten staatlichen Versuchen, die öffentlich-rechtliche Brandversicherung in Preußen dauerhaft einzuführen, war es 1718 dem preußischen „Soldatenkönig" Friedrich Wilhelm I. (regiert von 1713 bis 1740) gelungen, für Berlin die Gründung der Berliner Feuersozietät mit Beitrittszwang für die Gebäudeversicherung einzurichten.[66] Auf staatlicher Initiative beruhte auch die im Jahre 1775 in Berlin errichtete „Königliche Preußische allgemeine Wittwen-Verpflegungs-Anstalt", die (zunächst) allgemein zugänglich war.[67] König Friedrich II. der Große (regiert von 1740 bis 1786) hatte an dem Gründungsvor-

---

[62] *Kurt Pohl,* Anfänge, 21.
[63] Plan/Hannover, III f.
[64] *E. A. Masius,* Lehre, 525.
[65] Zur Verwaltungsgeschichte Preußens *Georg-Christoph von Unruh/Wolfgang Rüfner,* § 3 Preussen, in: Kurt G. A. Jeserich/Hans Pohl/Georg-Christoph von Unruh (Hg.), Deutsche Verwaltungsgeschichte, Bd. II, 399–503.
[66] *Georg Helmer,* Brandversicherungsanstalten, 57 ff.; *Peter Koch,* Berlin und die Versicherung, VW 16 (1961), 667–670, 700–704 (667); *ders.,* 750 Jahre Berlin – Ein Stadtjubiläum im Spiegel der Assekuranz, VW 42 (1987), 1482–1492 (1482–1484); *ders.,* Berlins Bedeutung für die Versicherungswirtschaft, VW 46 (1991), 236–250 (238).

gang persönlich Anteil genommen.[68] Am Beispiel der Witwen-Verpflegungs-Anstalt zeigt sich, daß das Versicherungswesen „auf eine dreifache Wurzel zurückzuführen" ist; neben den genossenschaftlichen Zusammenschlüssen und den kaufmännischen Unternehmen gab es staatlich initiierte Gründungen.[69] Auch die Förderung der privaten Versicherungswirtschaft wurde zu einer wichtigen Zielsetzung Preußens. So erhielt die 1812 von dem Hamburger Kaufmann Georg Friedrich Averdieck gegründete Berlinische Feuer-Versicherungs-Anstalt in Preußen ein fünfzehnjähriges Privileg auf dem Gebiet der Mobiliarversicherung.[70] Ein entsprechendes Privileg erhielt später auch die Berlinische Lebens-Versicherungs-Gesellschaft. Es folgten Gründungen privater Kranken- und Sterbekassen und von Hagelversicherungsunternehmen.[71] Kaufmännische Gründungen hatte es in Berlin demnach schon gegeben, als die Berlinische Lebens-Versicherungs-Gesellschaft im Jahre 1836 gegründet wurde. Aber auch die Versicherungssparte der Lebensversicherung war für die Stadt kein vollkommen unbekanntes Phänomen. Bereits Beneckes Lebens-Versicherungs-Societät zu Hamburg hatte während ihres Bestehens eine Zweigniederlassung in Berlin betrieben. Auch die früher gegründeten deutschen Unternehmen, vor allem aber die englischen Versicherer boten in Berlin Lebensversicherungsschutz an.[72] Mitbestimmend für die Gründung der Berlinischen Lebens-Versicherungs-Gesellschaft war unter anderem der Umstand, daß die Wittwen-Verpflegungs-Anstalt durch Kabinettsorder vom 27. Februar 1831 den Kreis der Versicherten auf pensionsberechtigte unmittelbare Staatsbeamte beschränkte.[73]

2. Heinrich Ludwig Lobeck

Die Chronik zum hundertjährigen Bestehen der Berlinischen beginnt mit der Überschrift „Die Gründung der Berlinischen Lebens-Versicherungs-Gesellschaft im Jahre 1836 war vornehmlich die Tat eines Mannes, Heinrich Ludwig Lobeck."[74] Heinrich Ludwig Lobeck wurde am 25. März 1787 im pommernschen

---

[67] Patent und Reglement für die Königliche Preußische allgemeine Wittwen-Verpflegungs-Anstallt vom 28.12.1775, Novum Corpus Constitutionum 1775, Sp. 381–440; *Peter Koch*, Preußische Elemente der deutschen Versicherungsgeschichte, VW 37 (1982), 12–21 (15); *ders.*, Friedrich der Große und Ludwig I. als Förderer des Versicherungswesens. Königliche Gedanken über die Assekuranz, VW 41 (1986), 1012–1018 (1014).

[68] Ein königlicher Förderer der Versicherungsidee, Deutscher Versicherungs-Dienst 52 (1941), 33.

[69] *Peter Koch*, Pioniere, 87.

[70] *Peter Koch*, Berlin, 667.

[71] *Peter Koch*, Berlin, 667.

[72] Aus der Gründungszeit der „Alten Berlinischen", Berlinische Nachrichten 11 (1936), 18.

[73] Aus der Gründungszeit der „Alten Berlinischen", 18.

Demmin an der Peene als Sohn eines angesehenen hanseatischen Kaufmanns geboren.[75] Lobeck ging 1801 an die Magdeburger Handelsschule, anschließend, in den Jahren 1805 bis 1807, wurde er in einem Stettiner Handelshaus sowie für das väterliche Geschäft in Demmin tätig. Während Lobecks Stettiner Aufenthalt erließ Napoleon die sogenannte Kontinentalsperre. Hierdurch wurden die Seehandelshäuser an ihrem Handel mit dem Westen gehindert. Lobeck ging – hierdurch in seinem Schaffensdrang gehindert – im Verlauf des Jahres 1809 nach England, wo er 1811 in London ein eigenes Handelshaus gründete, das jedoch nicht dauerhaft florierte. In England lernte Lobeck die Lebensversicherung kennen und machte sich mit deren technischen, medizinischen und wirtschaftlichen Grundlagen vertraut. Mit diesem Wissen und mit dem Plan, ein Lebensversicherungsunternehmen in Preußen zu gründen, kehrte Lobeck 1834 nach Deutschland zurück und nahm in Berlin seinen Wohnsitz. Lobeck übernahm in dem in der Folgezeit gegründeten Unternehmen die leitende Funktion des General-Agenten. Über die Bedingungen seiner Anstellung, insbesondere „über die ihm zu bewilligenden Vortheile u.s.w." bestand ein Abkommen, welches die Urversammlung der Aktionäre mit ihm getroffen hatte, Art. 17 Verfassung/Berlin. Heinrich Ludwig Lobeck verstarb am 30. Dezember 1855.

3. Die Gründung

Lobeck konnte nach seiner Rückkehr in Berlin in kurzer Zeit die maßgebenden Behörden und führende Männer der Wissenschaft und Wirtschaft Berlins für sein Gründungsvorhaben gewinnen.[76] Er hatte in einer Denkschrift vom 28. Oktober 1834 die Notwendigkeit der Errichtung eines Lebensversicherungsunternehmens begründet:

> Die Geschäftstätigkeit der englischen Lebensversicherungsunternehmen „hat sich indessen hauptsächlich nur auf die Küstenländer der Nord- und Ostsee beschränkt, in das Innere von Deutschland und namentlich in die Preußischen Staaten, in welchen bisher die allgemeine Wittwen-Verpflegungs-Anstalt ein, wenngleich nur dürftiges Surrogat, gewährte, ist sie wenig eingedrungen. Dagegen aber hat sie wenigstens die Nacheiferung der Deutschen geweckt. Zuerst bildete sich nämlich die bekannte Lebens-Versicherungs-Bank in Gotha und fast gleichzeitig mit ihr, nämlich am Schlusse des Jahres 1828, die Lebens-Versicherungs-Gesellschaft in Lübeck, hier-

---

[74] *[Max Lehmann,]* Hundert Jahre Berlinische Lebensversicherungs-Gesellschaft. Aktiengesellschaft. 1836–1936, Berlin 1836, 9.

[75] Zur Biographie Lobecks *[Max Lehmann,]* Berlinische, 9 ff.; Chronik. Berlinische Lebensversicherung. Aktiengesellschaft. Wiesbaden. 1836–1961, (unveröffentlichte Intern-Chronik) Wiesbaden 1960, 12 ff.; *Gert von Klass,* 125 Jahre Berlinische Lebensversicherung. Aktiengesellschaft, Berlin/Wiesbaden [1961], 9 ff.; *Peter Koch,* Pioniere, 280–284.

[76] Zur Gründung der Berlinischen Gesellschaft *[Max Lehmann,]* Berlinische; Chronik. Berlinische; *Gert von Klass,* Berlinische; *Berlinische Leben (Hg.),* 150 Jahre Berlinische Leben, Wiesbaden [1986].

B. Die dauerhaften Gründungen

nächst im Jahre 1830 eine gleiche Gesellschaft in Leipzig. Preußen ist bisher mit einer ähnlichen Einrichtung zurückgeblieben, seine Einwohner müssen daher in dieser Beziehung noch immer zum Auslande ihre Zuflucht nehmen und empfinden dies umso schmerzlicher, da das oben erwähnte frühere Surrogat, die allgemeine Wittwen-Verpflegungs-Anstalt, durch ihre Beschränkung auf Pensionsversicherungen für Wittwen Königlicher Beamten, für das große Publikum jetzt fortfällt. Dagegen wächst das Bedürfnis einer solchen Einrichtung durch die Richtung, welche die gewerbliche Thätigkeit in neuerer Zeit genommen hat von Tage zu Tage."[77]

Diese Denkschrift war von Lobeck vermutlich an maßgebende Persönlichkeiten der Wirtschaft und staatlichen Verwaltung geleitet worden. Am 19. Januar 1835 trat daraufhin in Berlin zum ersten Mal ein Gründungsausschuß zusammen.[78] Die von Lobeck entworfenen Verfassungsartikel und der Geschäftsplan fanden im wesentlichen die Zustimmung des Ausschusses. Bald darauf konstituierte sich das erste Direktorium. Geschäftsführender Direktor, sogenannter General-Agent (später „vollziehender Direktor"), wurde Lobeck. Am 28. April 1835 wurde das Genehmigungsgesuch zur Gründung der Berlinischen Lebens-Versicherungs-Gesellschaft bei König Friedrich Wilhelm III. eingereicht. Das Gesuch war begründet worden:

„Wir halten die Gründung einer solchen Anstalt, welche nur durch die Vereinigung von Privatpersonen ausführbar erscheint, nicht nur für zeitgemäß und den gegenwärtigen Vermögensverhältnissen, sowie der dermaligen Bildungsstufe, namentlich der Bewohner der Preußischen Staaten für angemessen, sondern auch für letztere jetzt, nachdem die Beschränkung der allgemeinen Wittwen-Kasse auf die Aufnahme von Staats-Beamten die Nothwendigkeit eines Surrogats herbeigeführt hat, einem wahren Bedürfnisse entsprechend, da gegenwärtig, bei dem gänzlichen Mangel einer solchen Anstalt in den Preußischen Staaten, dessen Bewohner genöthigt sind, das durch Benutzung solcher Anstalten ihren Hinterbliebenen zu sichernde Vermögen fremden, nicht unter der Ober-Aufsicht der Preußischen Staatsbehörden stehenden Gesellschaften anzuvertrauen."[79]

Die Eingabe wurde an die zuständigen Ministerien weitergeleitet. Der Justiz- und der Innenminister hießen das Vorhaben grundsätzlich gut, wünschten jedoch noch einige Änderungen der Verfassungsartikel, über die mit dem Gründungsausschuß verhandelt wurde. Schließlich gelangte die Sache zur Beratung vor das „Geheime Staatsministerium", in dem sämtliche Ressortministerien vertreten waren. Eine Neufassung der Artikel wurde im März 1836 zur endgültigen Genehmigung eingereicht. Durch königliche Kabinettsorder vom 11. Juni 1836

---

[77] *[Max Lehmann,]* Berlinische, 13–16 (13 f.).

[78] Der Ausschuß setzte sich aus Christian Wilhelm Brose, Bankier und Chef der Handlung H. F. Fetschow & Sohn, Carl Gustav Brüstlein, Direktor des Bankhauses Gebr. Schickler, Dr. Clemens August Karl Klenze, Ordentlicher Professor der Rechte an der Universität Berlin, Gustav Eduard Ferdinand von Lamprecht, Excellenz, Königlicher Geheimer Ober-Regierungsrat und dem Kgl. Justizrat Carl Heinrich Bode zusammen.

[79] *[Max Lehmann,]* Berlinische, 17–19 (18).

wurden daraufhin die Verfassungsartikel sowie der Geschäftsplan der Berlinischen Lebens-Versicherungs-Gesellschaft genehmigt. Die Order Friedrich Wilhelms lautete:

„Auf Ihren Bericht vom 28sten v. Mts. will Ich die anbei zurückerfolgenden Statuten des unter der Benennung ‚Berlin. Lebens-Versicherungs-Gesellschaft' zusammengetretenen Actien-Vereins, so wie den denselben angehängten Geschäfts-Plan hierdurch genehmigen, der Gesellschaft die Rechte einer moralischen Person verleihen, und in Ansehung der im §. 43. der Statuten, so wie der im §. 32. des Geschäfts-Plans gedachten Streitfälle bestimmen, daß die Entscheidung derselben dem Ober-Appellations-Senate des Kammergerichts, und zwar, wenn es eines schriftlichen Verfahrens bedarf, auf den Grund der beim Instructions-Senate des gedachten Gerichtshofes zu führenden Instructions-Verhandlungen, zuständig sein soll, auch der Gesellschaft für die Dauer der ersten funfzehn Jahre ihres Bestehens ein, die Errichtung anderer Lebens-Versicherungs-Gesellschaften innerhalb Meiner Staaten ausschließendes Privilegium unter der Bedingung ertheilen, daß während der Dauer dieses Privilegiums ein besonderer vom Ministerio des Innern und der Polizei zu ernennender Commissarius, durch Theilnahme an den General-Versammlungen und durch anderweite, nach den Umständen zu erlangende Kenntniß von dem speciellen Geschäftsbetriebe, der Behörde die Ueberzeugung verschaffe, daß überall bei Verwaltung des Instituts nach grundgesetzlichen Bestimmungen verfahren werde. Ich beauftrage Sie, den Minister des Innern und der Polizei, den Mitgliedern des Vereins diesem gemäß die nöthigen Eröffnungen zu machen, und Sie, den Justizminister, das Kammergericht von der in Ansehung des Gerichtsstandes der Gesellschaft getroffenen Festsetzung zu benachrichtigen."[80]

Für die ersten 15 Jahre wurde der Gesellschaft demnach ein Privilegium dahingehend erteilt, daß weitere Unternehmen während dieser Zeit in Preußen nicht gegründet werden konnten. Das Privilegium verhinderte nur die Gründung neuer Unternehmen, der Betrieb der bereits bestehenden wurde dadurch nicht behindert. Unter dem 8. Juli 1836 ernannte Innenminister von Rochow den Geheimen Regierungsrat Dr. Seiffart zum Königlichen Kommissar, der am 31. August feststellte, daß die Voraussetzungen zur Geschäftseröffnung erfüllt seien. Die Einzahlungen der Aktionäre waren fristgemäß erfolgt. Das erste Aktionärsverzeichnis enthielt bekannte Namen aus der Wirtschaft und Wissenschaft Berlins, namentlich den berühmten Juristen der Berliner Universität Friedrich Carl von Savigny sowie den preußischen Generalpostmeister von Nagler.[81] Das Kapital der Gesellschaft betrug anfänglich eine Million Taler Preußisch Courant, geteilt in 1.000 Aktien, jede über 1.000 Taler lautend. Nur 20% der Aktien hatten die Aktionäre bar einzuzahlen, der Restbetrag konnte in Solawechseln hinterlegt werden. Am 1. September 1836 wurde der Geschäftsbetrieb eröffnet. Das Agenturennetz war an dasjenige der 1824/25 von David Hansemann[82] ge-

---

[80] Verfassung/Berlin, I f.
[81] *[Max Lehmann,]* Berlinische, eingefügt nach 22.
[82] *Peter Koch,* Pioniere, 233–239.

gründeten „Aachener und Münchener Feuer-Versicherungs-Gesellschaft" angelehnt. Lobeck hatte mit dieser Gesellschaft ein Abkommen dahingehend geschlossen, daß die Agenten der Gesellschaft, soweit sie willens und geeignet waren, auch die Berlinische Gesellschaft vertreten konnten. In einer an die königlichen Regierungen der preußischen Monarchie gerichteten Verordnung vom 16. April 1837 war bestimmt worden, daß die Tarifprospekte der „Berlinischen" allen Amtsblättern beigelegt werden dürften. Ende des Jahres 1837 lag der Versicherungsbestand bei 1.191 oder 1.192 Versicherungen mit einer Versicherungssumme von 1.489.900 Taler.[83]

VI. Die Lebensversicherungs-Anstalt der Bayerischen Hypotheken- und Wechselbank zu München

1. Die politische und versicherungswirtschaftliche Ausgangssituation

Im Jahre 1806 wurde das Kurfürstentum Bayern im Zuge der Neuordnung Europas durch Napoleon um Franken und Schwaben erweitert und zum Königreich unter König Max I. Joseph ernannt.[84] München wurde königliche Haupt- und Residenzstadt. Die Gründung der Bayerischen Hypotheken- und Wechselbank zu München und ihrer Versicherungsabteilungen fällt in die Regierungszeit König Ludwig I. (regiert von 1825 bis 1848). König Ludwig I. gilt als ein „Förderer des Versicherungswesens".[85]

Die Versicherungsgeschichte Münchens reicht ins frühe Mittelalter zurück.[86] Bereits während dieser Zeit sorgten die Handwerkszünfte für Witwen und Waisen sowie für Kranke und in Not Geratene; mit dem Beginn der Neuzeit entstanden dann selbständige berufsständische Versorgungseinrichtungen. Im Jahre 1799 wurde in München eine öffentlich-rechtliche Brandversicherungsanstalt gegründet, wobei gleichzeitig alle öffentlichen Gebäude dem Versicherungszwang unterstellt wurden. Kaufmännisch arbeitende Versicherungsunternehmen wurden in München wie im übrigen Bayern erst verhältnismäßig spät gegründet. Handel und Verkehr hatten das Versicherungsbedürfnis nicht so früh wie andernorts entstehen lassen. Erste private Gründung in der Stadt München war

---

[83] *E. A. Masius,* Lehre, 544; *[Max Lehmann,]* Berlinische, 34.

[84] Zur Verwaltungsgeschichte Bayerns *Wilhelm Volkert,* § 4 Bayern, in: Kurt G. A. Jeserich/Hans Pohl/Georg-Christoph von Unruh (Hg.), Deutsche Verwaltungsgeschichte, Bd. II, 503–550.

[85] *Peter Koch,* Friedrich der Große, 1012–1018.

[86] Zur Versicherungsgeschichte Münchens *Peter Koch,* München als Versicherungsstadt, VW 13 (1958), 289–292; ders., Aspekte der bayerischen Versicherungsgeschichte, VW 34 (1979), 481–490; ders., München im Spiegel der Versicherung, VW 47 (1992), 280–290.

ein im Jahre 1833 entstandener Hagel-Assekuranz-Verein. Die versicherungswirtschaftliche Situation Bayerns empfand die Staatsregierung gegen Ende des ersten Drittels des 19. Jahrhunderts als unbefriedigend. Aus diesem Grunde verlieh sie 1834 der Aachener Feuer-Versicherungs-Gesellschaft die Stellung eines inländischen Unternehmens für Bayern.[87] Ebenso wurde die Einrichtung der Versicherungsanstalten der im Jahre 1835 eröffneten Bayerischen Hypotheken- und Wechsel-Bank von der Regierung nachhaltig unterstützt. König Ludwig I. hat maßgebenden Einfluß auf die Gründungen genommen.

2. Josef Riezler

Die Lebensversicherungsabteilung der Bayerischen Hypotheken- und Wechselbank zu München wurde von dem Kaufmann, Bankier und Wechsel- und Merkantilgerichtsassessor Josef Riezler aufgebaut. Josef Riezler wurde am 5. September oder Oktober 1790 in München geboren.[88] Sein Vater Martin Riezler war ein Makler und Handelsmann, der durch Vermittlung zahlreicher Geschäfte mit französischen Emigranten ein Vermögen erworben und die Erbin des Bankhauses Ruedorffer geheiratet hatte. Nach dem Tode des Vaters ging das Handelsgeschäft auf den älteren Bruder Franz Xaver (1788–1854) über, der es zusammen mit Josef Riezler leitete und der dem Geschäft eine große Spezereiwarenhandlung angliederte. Die Familie Riezler gehörte während dieser Zeit zu den reichsten Bürgerfamilien Münchens. Die Riezler Brüder beteiligten sich an der Zeichnung der Aktien der im Entstehen begriffenen Bayerischen Hypotheken- und Wechselbank. Sie wurden daraufhin in den vorbereitenden Ausschuß gewählt. Die Reglementären Grundbestimmungen der Lebensversicherungsabteilung wurden von Josef Riezler ausgearbeitet. Er war in der Zeit von 1835 bis 1850 Administrator der Lebensversicherungs-, Leibrenten- und Rentenanstalt der Bank. Die Administratoren bekleideten ihre Stellen als Ehrenämter unentgeltlich. Jedoch konnte ihnen eine billige Entschädigung für ihre Zeitversäumniß u.s.w. bewilligt werden. Josef Riezler starb am 29. April 1873.

3. Die Gründung

Die Lebensversicherungs-Anstalt der Bayerischen Hypotheken- und Wechselbank zu München eröffnete im Juni 1836 ihren Geschäftsbetrieb.[89] Die Bank war gemäß „Gesetz, die Errichtung einer bayerischen Hypotheken- und Wech-

---

[87] Dies geschah unter der Auflage, daß die Gesellschaft innerhalb Bayerns unter „Münchener und Aachener Mobiliar-Feuer-Versicherungs-Gesellschaft" – sonst „Aachener und Münchener Feuer-Versicherungs-Gesellschaft" – firmierte.

[88] Zur Biographie Josef Riezlers Hundert Jahre Bayerische Versicherungsbank. 1835–1935, München [1936], 19 f.; *Peter Koch,* Pioniere, 285–289; *Franziska Jungmann-Stadler (Hg.),* 28*.

selbank betr." errichtet worden.[90] König Ludwig I. hatte das Gesetz am 1. Juli 1834 erlassen. In § 7 Satz 3 des Bankgesetzes war bestimmt worden: „Die Bank kann Leibrenten-Verträge schließen, und eine Lebensversicherungs-Anstalt errichten." Anfang Juni 1835 war ein Entwurf der Bankstatuten ausgearbeitet und konnte der königlichen Staatsregierung zur Genehmigung vorgelegt werden. Nach einem ausführlichen Vortrag Josef Riezlers war derweil am 13. Mai 1835 ein Beschluß des Inhalts zustande gekommen,

„1. daß eine Lebensversicherungs- und Leibrenten-Anstalt von der Bank errichtet wird,

2. daß diese nicht auf Gegenseitigkeit beruht, sondern sich auf Prämiensätze stützen soll,

3. daß, nachdem die reglementären Bestimmungen einer ausführlichen Beratung bedürfen und diese in der kurzen Zeit, in welcher die Bankstatuten vorgelegt werden sollen, nicht mehr gepflogen werden kann, der Entwurf dieser reglementären Grundbestimmungen der Bankadministration überlassen bleiben soll. Das Institut selbst hat aber erst dann ins Leben zu treten, wenn jene reglementären Grundbestimmungen von der kgl. Staatsregierung genehmigt sein werden;

4. daß Herr Josef Riezler die Gefälligkeit haben soll, seine Aufmerksamkeit diesem wichtigen Gegenstand ferner zu schenken, um später seine Arbeit und das Resultat seiner in dieser Sache angestellter Forschungen der Bankadministration auf Ersuchen vorlegen zu können,

5. daß in den Bankstatuten folgender Paragraph aufgenommen werden soll:

‚– die Bank errichtet eine auf Prämiensätze gegründete Lebensversicherungs- und Leibrentenanstalt und legt deren reglementären Grundbestimmungen der kgl. Staatsregierung zur Genehmigung vor –'."[91]

In den Statuten der Bank vom 17. Juni 1835 war dementsprechend in § 46 Nr. 6) Statuten/München bestimmt worden: „Die Bank umfaßt folgende Geschäftszweige: [...] 6) die Lebensversicherungs-, Leibrenten- und andere dergleichen Geschäfte". Die königliche „Allerhöchste Genehmigung" der Bankstatuten erfolgte unter dem 18. Juni 1835. Gemäß den Statuten war die Bank sowohl eine Hypotheken- als auch eine Wechselbank mit der Berechtigung zur

---

[89] Zur Gründung der Lebensversicherungs-Anstalt der Bayerischen Hypotheken- und Wechselbank Die Bayer. Hypotheken- und Wechsel-Bank. Fest-Schrift zur Feier ihres fünfzigjährigen Bestehens, München 1885; Hundert Jahre Bayerische Versicherungsbank; Hundert Jahre Bayerische Hypotheken- und Wechsel-Bank. 1835–1935. München [1935]; *Ludwig Arps,* Bayerische Versicherungsbank AG. 1835–1960. Vom Preysing-Palais zur Ludwigstraße, München [1960]; *Joseph Maria Lutz/Heinrich Stummer,* Hundertfünfundzwanzig Jahre Bayerische Hypotheken- und Wechsel-Bank, München 1960; *Franziska Jungmann-Stadler (Hg.),* 2* f.; *Vorstand der Bayerischen Versicherungsbank (Hg.),* Eine Chronik der Sicherheit. 150 Jahre BVB (1835–1985), München [1985], 28–34.

[90] Gesetz, die Errichtung einer bayerischen Hypotheken- und Wechselbank betr., vom 1.07.1834, Gesetzblatt für das Königreich Bayern 1834, Sp. 81–86.

[91] Hundert Jahre Bayerische Versicherungsbank, 20.

Notenausgabe. Nach Genehmigung der Statuten wurde der Bankausschuß einberufen; dieser setzte sich aus vierzig höher beteiligten Aktionären zusammen. Der Ausschuß wählte aus seinen Reihen zur Leitung der Bankgeschäfte sieben (unbesoldete) Administratoren, die ihrerseits den ersten und zweiten Direktor wählten. Die Geschäftseröffnung der Bank erfolgte am 15. Oktober 1835. Die Oberaufsicht über die Bank übte die Staatsregierung durch einen „königl. Komissär" aus. Mit der Einrichtung der Lebensversicherungs-Anstalt wurde der Administrator Josef Riezler betraut. Die reglementären Grundbestimmungen der Lebensversicherungs-Anstalt wurden in einer Sitzung der Administration am 29. März 1836 angenommen.[92] Kurz darauf erhielten die Grundbestimmungen die „Allerhöchste Genehmigung" und wurden veröffentlicht. Ende des ersten Geschäftsjahres (Juni bis Dezember 1836) waren 119 bewilligte Lebensversicherungsverträge mit einer Gesamtversicherungssumme von 256.700 fl. im Hauptbuch der Lebensversicherungs-Anstalt verzeichnet.[93]

VII. Die Braunschweigische Allgemeine Versicherungs-Anstalt zu Braunschweig

1. Die politische und versicherungswirtschaftliche Ausgangssituation

Die Stadt Braunschweig war herzogliche Residenz im Herzogtum Braunschweig.[94] Das Herzogtum wurde 1806 von Franzosen besetzt und im Jahre 1807 dem Königreich Westfalen einverleibt. Während dieser Zeit wurde das Land von Herzog Carl Wilhelm Ferdinand (1780 bis 1806) und dessen Sohn Friedrich Wilhelm (1806 bis 1815) angeführt. Es folgte ihnen Herzog Carl II., der im Jahre 1830 abgesetzt wurde. Die Braunschweigische Allgemeine Versicherungs-Anstalt wurde während der Regierungszeit Herzog Wilhelms (regiert von 1830 bis 1884) errichtet.

Im Jahre 1754 war in Braunschweig-Wolfenbüttel durch Herzog Carl I. die Braunschweigische Landes-Brandversicherungsanstalt als Pflichtversicherung gegründet worden.[95] Im Februar 1806 eröffnete die Allgemeine Prediger- und Schulcollegen-Wittwen-Casse in Braunschweig ihren Geschäftsbetrieb, aus ihr ging schließlich die Braunschweigische Allgemeine Versicherungs-Anstalt hervor.

---

[92] Protokoll der Administration Nr. 35 – 1836, März 29, in *Franziska Jungmann-Stadler (Hg.)*, 22.

[93] Hundert Jahre Bayerische Versicherungsbank, 27, 32.

[94] *Thomas Klein*, § 10 Mecklenburg und kleinere norddeutsche Staaten, in: Kurt G. A. Jeserich/Hans Pohl/Georg-Christoph von Unruh (Hg.), Deutsche Verwaltungsgeschichte, Bd. II, 715–762 (743–753).

[95] *Peter Koch*, Versicherungsplätze, 142 f.

2. Johann Christian Ludwig Hellwig

Johann Christian Ludwig Hellwig gilt als der „geistige Vater" der Braunschweigischen Allgemeinen Versicherungs-Anstalt.[96] Er wurde am 8. November 1743 geboren, studierte an der Universität in Frankfurt an der Oder Rechtswissenschaft und wohl auch Mathematik und Naturwissenschaften.[97] Im Jahre 1766 wurde er Begleiter des Prinzen Wilhelm Adolf von Braunschweig auf dessen Studienreisen. Nach dem Tode des Prinzen im Jahre 1770 wurde Hellwig als „Hofmathematikus und Lehrer am Herzoglichen Pagen-Institut" nach Braunschweig bestellt und wurde dort später Lehrer der Mathematik und Naturwissenschaften am Gymnasium Martino-Katharineum. Hellwig promovierte sich an der Universität Helmstedt. Im Jahre 1802 wurde ihm die Titulatur eines Hofrates zuerkannt und ein Ordinariat für Mathematik und Naturwissenschaften am Collegium Carolinum – dem Vorläufer der Technischen Universität Braunschweig – übertragen. Dort zählte auch der bekannte Mathematiker und Astronom Carl Friedrich Gauß (1777–1855) zu seinen Schülern. Neben seinen mathematischen und naturwissenschaftlichen Studien widmete sich Hellwig der Mineralogie und Entomologie. Hellwig ist einer der Wegbereiter der modernen Lebensversicherung. Er bekämpfte gegen Ende des 18. Jahrhunderts die Mißstände des Sterbekassenwesens, indem er das angewendete Umlageverfahren kritisierte. Er erkannte die Notwendigkeit, die Beiträge individuell aufgrund von Sterbetafeln nach dem jeweiligen Eintrittsalter zu errechnen. In der Versicherungspraxis lieferte Hellwig die Berechnungsgrundlagen für eine von Pastor Lungershausen und Rektor Scheffler initiierte Sterbekasse für Prediger und Schullehrer. Hellwig wurde vom Herzog zum Regierungskommissar dieser im ersten Jahrzehnt des 19. Jahrhunderts errichteten Kasse ernannt. Um die Kasse für einen größeren Personenkreis zu öffnen, gestaltete Hellwig 1823/24 sie durch Neugründung einer allgemeinen Witwenversorgungsanstalt um. Johann Christian Ludwig Hellwig verstarb am 10. September 1831 in Braunschweig. Die erneute Neustrukturierung der Versorgungsanstalt in die Braunschweigische Allgemeine Versicherungs-Anstalt erlebte er nicht mehr.

3. Die Gründung

Die Braunschweigische Allgemeine Versicherungs-Anstalt, die ihren Betrieb am 1. Januar 1842 aufnahm, ging aus der Allgemeinen Prediger- und Schulcol-

---

[96] 150 Jahre Braunschweigische Lebensversicherung. 1806–1956, Braunschweig [1956], 14.

[97] Zur Biographie Hellwigs 150 Jahre Braunschweigische, 4 ff.; Hofrat Professor Johann Christian Ludwig Hellwig, VW 16 (1961), 521; *Peter Koch*, Pioniere, 197–201; *ders.*, Art. „Hellwig, Johann Christian Ludwig", in: Historische Kommission bei der Bayerischen Akademie der Wissenschaften (Hg.), NDB, Bd. VIII, Berlin 1969, 489 f.

legen-Wittwen-Casse hervor.[98] Am 6. Dezember 1802 war die Bekanntmachung des Gründungsvorhabens einer Sterbekasse durch Herzog Carl Wilhelm Ferdinand landesherrlich genehmigt worden.[99] Nach einer entsprechenden Veröffentlichung meldeten sich jedoch nur wenige Interessenten. Durch herzoglichen Erlaß vom 12. September 1805 wurde dann der Plan der Kasse genehmigt.[100] Die Kasse war territorial auf das Land Braunschweig beschränkt und nur für Prediger und Schullehrer zugänglich. Der Kasse traten – wohl auch wegen der kriegerischen Zeitumstände – nur 38 Ehepaare mit einer Versicherungssumme von 726 Taler bei. Zur Erweiterung des Kundenkreises wurde die Kasse – von Hellwig veranlaßt und gemäß „Höchstem Rescript" Herzog Carls II. vom 19. Dezember 1823 – in die Allgemeine Wittwen-Versorgungs-Anstalt umgestaltet. Am Schluß des ersten Geschäftsjahres (also Ende 1824) gehörten der Anstalt 170 versicherte Ehepaare mit 12 870 Taler Witwenpensionen an. In die Anstalt wurden die vormals versicherten Prediger und Lehrer überführt. Gegen Ende 1841 waren bei der Anstalt 671 Ehepaare versichert, 121 Witwen bezogen von ihr Pensionen.[101] Zu dieser Zeit wurde erneut die Auflösung der Anstalt beschlossen und gleichzeitig die Errichtung eines Lebensversicherungsunternehmens auf Gegenseitigkeit beschlossen. Die Genehmigung dieser Neustrukturierung durch Herzog Wilhelm erfolgte unter dem 6. Dezember 1841:

„Nachdem das Deputirten-Collegium der hiesigen Allgemeinen Wittwen-Versorgungs-Anstalt bei Uns darauf angetragen hat, zu gestatten, daß diese Anstalt in ihrer jetzigen Form zwar geschlossen, jedoch zugleich in Verbindung mit derselben eine neue erweiterte ähnliche Einrichtung unter der Benennung einer Allgemeinen Braunschweigischen Versicherungs-Anstalt getroffen werde, Uns auch zu dem Ende die Verfassung dieser neu zu errichtenden Anstalt vorgelegt ist, Wir nun aber nicht nur die Errichtung einer neuen Anstalt der gedachten Art für zeitgemäß und wohlthätig halten, sondern auch die Uns vorgelegte Verfassung derselben von Uns ihrem Zwecke entsprechend gefunden ist, so haben Wir nicht nur die Errichtung einer

Braunschweigischen Allgemeinen Versicherungs-Anstalt

genehmigt und deren Verfassung landesfürstlich bestätigt, sondern wollen, indem Wir dies hiedurch zur allgemeinen Kenntniß bringen, zugleich verordnen, daß dieser neu errichteten Anstalt ganz dieselben Rechte und Vorzüge zusammen sollen, welche durch die Verordnung vom 19. December 1824 der Allgemeinen Wittwen-Versorgungs-Anstalt beigelegt sind."[102]

Die sogenannte Braunschweigische Allgemeine Versicherungs-Anstalt übernahm den Versicherungsbestand und das Vermögen der Versorgungskasse. Die Tätigkeit der Anstalt beschränkte sich nicht auf das Lebensversicherungsge-

---

[98] Zur Gründungsgeschichte der Versicherungs-Anstalt 150 Jahre Braunschweigische, 11 ff.
[99] 150 Jahre Braunschweigische, 15.
[100] 150 Jahre Braunschweigische, 17.
[101] Verfassung/Braunschweig, III.
[102] Verfassung/Braunschweig, VIII.

schäft, es wurden auch Versicherungen von Witwenpensionen, sowie Überlebens-, Leib- und Altersrenten offeriert. In regionaler Hinsicht beschränkte das Unternehmen sich trotz anders lautender Verfassungsbestimmung weiterhin auf das Herzogtum Braunschweig sowie einen Teil des Königreichs Hannover.[103]

VIII. Die Frankfurter Lebens-Versicherungs-Gesellschaft zu Frankfurt am Main

1. Die politische und versicherungswirtschaftliche Ausgangssituation

Frankfurts Geschichte als Freie Reichsstadt, die im Jahre 1372 mit dem Erwerb des vom Kaiser verpfändeten Schultheißenamtes begonnen hatte, endete im Jahre 1806 mit der französischen Besetzung der Stadt; Frankfurt wurde mit Aschaffenburg, Regensburg und Wetzlar zum „Primatialstaat" vereinigt.[104] Nachdem das Territorium zwischenzeitlich zum Großherzogtum Frankfurt erklärt worden war, wurde Frankfurt 1815 in der Wiener Kongreßakte die Selbständigkeit als Freie Stadt zuerkannt.[105] In einer Ergänzungsakte wurde im Jahre 1816 die reichsstädtische Verfassung in modifizierter Form übernommen.[106] Die Verfassung sah einen ständigen Bürgerausschuß, eine gesetzgebende Versammlung sowie den Senat mit 42 Mitgliedern als der „eigentlichen Regierung" vor, Art. 8 der Konstitutionsergänzungsakte. Als „obrigkeitlichem, die ganze Stadt repräsentirenden, Collegio" war der Senat „executive Gewalt", ihm waren die „Stadt- und Justiz-Verwaltung im Allgemeinen" überantwortet, Art. 25 der Konstitutionsergänzungsakte.

Im Bereich des Versicherungswesens hatten sich in Frankfurt am Main zuerst berufsspezifische Kassen gebildet, bevor im 19. Jahrhundert erste allgemeine Kranken-, Sterbe-, Witwen- und Waisenkassen aufkamen.[107] Im Bereich des Feuerversicherungswesens war im Jahre 1771 eine städtische Sozietät ins Leben gerufen worden.[108] Der Gründung der Frankfurter Lebens-Versicherungs-Gesell-

---

[103] *A. Emminghaus (Hg.)*, Geschichte, 252.

[104] *Wolfgang Schmeidel*, Die Entwicklung der Stadtverfassung von Frankfurt am Main seit 1372, (unveröffentlicht) Erbach/Bergstraße 1967, 2, 33.

[105] *Wolfgang Schmeidel*, 35 ff.

[106] Constitutions-Ergänzungs-Acte zu der alten Stadt-Verfassung der freien Stadt Frankfurt angenommen durch die Bürgerschaft den 17. u. 18. Juli 1816, publicirt vom Senat den 19. Juli 1816, und wechselseitig vom Senat und der Bürgerschaft beschworen den 18. Oktober 1816, Gesetz- und Statuten-Sammlung der freien Stadt Frankfurt, Bd. I, Jahrgang 1816–1817, Frankfurt 1817, 1–70.

[107] *Ernst Vesper*, Aus der Frühzeit der Sterbegeldversicherung. Die alten Sterbekassen in Frankfurt a.M. und Umgegend, Neumanns Zeitschrift für Versicherungswesen 60 (1937), 306–308, 337 f., 357–359, 475–477.

[108] *Peter Koch*, Versicherungsplätze, 121 f.

schaft ging die Errichtung der Frankfurter Versicherungs-Gesellschaft als kaufmännische Gründung auf Aktienbasis voraus. Die Errichtung der Frankfurter Versicherungs-Gesellschaft war durch Beschlüsse vom 5. April 1842 und vom 13. April 1843 genehmigt worden.[109] Ihren Geschäftsbetrieb hatte die Gesellschaft am 1. Juli 1843 eröffnet.[110] Zweck dieses Unternehmens war es, „Versicherung gegen Feuer-Schaden auf alle der Feuers-Gefahr unterworfene unbewegliche und bewegliche Gegenstände, mit Ausnahme von Pulver-Mühlen, Dokumenten aller Art, Edelsteinen, Geld, Gold- und Silberbarren" zu gewähren, § 3 der Statuten.

2. Julius Löwengard

Die Leitung der Frankfurter Lebens-Versicherungs-Gesellschaft übernahm Julius Löwengard. Über Löwengard war lediglich in Erfahrung zu bringen, daß dieser am 1. Januar 1815 geboren wurde. Er war sowohl Direktor der Frankfurter Versicherungs-Gesellschaft als auch Direktor der Frankfurter Lebens-Versicherungs-Gesellschaft.[111]

3. Die Gründung

Ein Entwurf der Statuten wurde dem Hohen Senat am 25. Juni 1844 eingegeben. Der Senat der Stadt Frankfurt erteilte daraufhin unter dem 9. Juli 1844 die Erlaubnis zur Errichtung einer Lebensversicherungsgesellschaft auf Aktienbasis und genehmigte die vorgelegten Statuten. Es wurde den Bittstellern „die Gründung einer anonymen Gesellschaft, als juristische Person, unter der Benennung ‚Frankfurter Lebens-Versicherungs-Gesellschaft' verstattet". Das Senatsprotokoll lautete wie folgt:

„Auf Bittschrift mehrerer hiesigen Handlungen und Handelsleute, Erlaubniß zur Errichtung einer Lebens-Versicherungs-Gesellschaft und die Genehmigung ihrer Statuten betreffend.

I. Es wird den Bittstellern, vorbehaltlich künftiger gesetzlicher Bestimmungen über das Assecuranz-Wesen, die Gründung einer anonymen Gesellschaft, als juristische Person, unter der Benennung ‚Frankfurter Lebens-Versicherungs-Gesellschaft' verstattet, auch den vorgelegten Statuten die obrigkeitliche Genehmigung ertheilt.

II. Wird die Stadt-Canzlei beauftragt, den Bittstellern eine beglaubigte, mit der Bestätigungs-Note versehene Abschrift der Statuten zu ertheilen."[112]

---

[109] Statuten der Frankfurter Versicherungs-Gesellschaft, bestätigt durch Beschluß Hohen Senats der freien Stadt Frankfurt vom 5. April 1842, Frankfurt am Main 1842, IIIf.; Statuten der Frankfurter Versicherungs-Gesellschaft, bestätigt durch Beschlüsse Hohen Senats der freien Stadt Frankfurt vom 5. April 1842 und 13. April 1843, Frankfurt am Main 1843, IIIf.
[110] *Kurt Pohl,* Anfänge, 24.
[111] *Kurt Pohl,* Anfänge, 24.

B. Die dauerhaften Gründungen

Obwohl die Frankfurter Lebens-Versicherungs-Gesellschaft bei ihrer Eröffnung am 1. März 1845 zusammen mit der Feuerversicherungsgesellschaft unter die Leitung von Julius Löwengard gestellt wurde, hatte sie trotz der Personalunion eine von dem Schwesterunternehmen völlig getrennte eigene Verwaltung.[113] Im Prospectus des Unternehmens aus dem Jahre 1845 wird hierzu ausgeführt: „Jede dieser beiden Gesellschaften besteht für sich kraft besonderer Statuten und besitzt ihren vollkommen getrennten Sicherheitsfonds, ihre Operationen sind ganz verschieden und von einander durchaus unabhängig, und es ist zwischen beiden Gesellschaften keine solidarische Gemeinschaft vorhanden."[114] Zur Bedeutung der Lebensversicherung wird in diesem Prospekt einleitend ausgeführt:

> „Die Vortheile, welche Lebensversicherungen gewähren, können nur um so allgemeiner gefühlt und anerkannt werden, je mehr man in das Wesen dieser Anstalten eindringt, ihre Entwickelung und Verbreitung in den aufgeklärtesten Ländern Europa's beobachtet, und den Ruf in Erwägung zieht, welchen sie durch die anschaulichsten und wohlthätigsten Erfolge sich erworben haben.
>
> Eine solche auf Vorsicht gegründete Anstalt weckt den Geist der Ordnung und Sparsamkeit, schützt den Menschen vor den traurigsten Wechselfällen, bewahret Familien vor Noth und Elend, sichert dem Reichen seinen Wohlstand, verbessert die Lage des Minderbegüterten und selbst des Armen, und kommt der Menschheit in den betrübtesten Verhältnissen tröstend zu Hülfe.
>
> Die Leistungen, zu denen solche Versicherungs-Anstalten sich verpflichten, treten aus dem Kreise gewöhnlicher Zinsenberechnungen heraus, übersteigen bei weitem die Revenuen, welche durch verzinsliche Anlegung von Capitalien erzielt werden können, und übertreffen demnach in ihren wohlthätigen Wirkungen selbst die beharrlichste Sparsamkeit, die doch immer nur langsam und unsicher zu sammeln vermag.
>
> Die Errichtung von Lebensversicherungs-Anstalten in England datirt vom Jahr 1706. Gegenwärtig zählt man in diesem Lande mehr als Hundert dieser Gesellschaften; die achtbarsten Männer, durch ihr Vermögen und ihren Charakter gleich ausgezeichnet, stehen an der Spitze der Verwaltungen dieser Anstalten, und es gibt daselbst wenige Personen, welche im Stande sind, einige Ersparnisse zu machen, die sich nicht einer Lebensversicherung angeschlossen hätten.
>
> In Frankreich finden diese wohlthätigen Anstalten immermehr Anklang, und auch in Deutschland fängt man an, die Wichtigkeit der Lebensversicherungs-Gesellschaften zu erkennen und ihrem Wirken die gebührende Aufmerksamkeit zuzuwenden."[115]

---

[112] Statuten/Frankfurt, 3.
[113] *Kurt Pohl*, Anfänge, 24.
[114] Frankfurter Lebensversicherungs-Gesellschaft. Prospectus, Frankfurt am Main 1845, 23.
[115] Frankfurter Lebensversicherungs-Gesellschaft. Prospectus, 3 f.

Das Grundkapital der Gesellschaft betrug drei Millionen Gulden, geteilt in 6.000 Aktien, hiervon waren 10% bar einzuzahlen, 90% in Solawechseln zu decken.

C. Gescheiterte Unternehmen

Zum Vergleich mit den erfolgreichen Unternehmen soll im folgenden auf zwei Vorhaben eingegangen werden, die während der eigentlichen Gründungsphase scheiterten, ein Unternehmen in Gießen (1831) und eines in Hamburg (1845/46–1857).[116]

I. Die Mitteldeutsche Lebensversicherungs-Anstalt zu Gießen

Im Frühjahr des Jahres 1831 wurde in Gießen die Mitteldeutsche Lebensversicherungs-Anstalt gegründet. Sie löste sich jedoch nach wenigen Monaten wieder auf, indem sie sich der Gothaer Lebensversicherungsbank anschloß und an diese die bei ihr eingegangenen Versicherungsanträge überwies.[117] Als Ursache des Scheiterns wird die in jener Zeit in Deutschland grassierende Cholera vermutet.[118]

II. Die Lebens-Versicherungs-Societät „Hammonia" zu Hamburg

In den Jahren 1845/46 wurde in Hamburg – zunächst auf Gegenseitigkeit beruhend – die Lebens-Versicherungs-Societät „Hammonia" errichtet und ihr Geschäftsbetrieb aufgenommen. Gründer war der bei Errichtung des Unternehmens bereits über 70 Jahre alte H. C. Harder (gestorben am 29. Oktober 1859), dem es „an der nötigen Umsicht und Tatkraft" gefehlt und dessen Leichtsinn „beinahe an Gewissenlosigkeit" gegrenzt haben soll.[119] Harder hatte die Gründung schon im Jahre 1842 geplant. In seinem „Plan der Lebens-Versicherungs-Societät: Hammonia" aus dem Jahre 1843 hatte er hinsichtlich seiner Motivation ausgeführt:

„Der Unterzeichnete [Harder, Anm. d. Verf.] hat sowohl in der Aufforderung geschätzter Mitbürger und Freunde, in Hamburg eine Lebens-Versicherungs-Gesell-

---

[116] Aufgrund der Kurzfristigkeit ihres jeweiligen Bestehens und des daraus resultierenden Mangels an verfügbaren Informationen ist die Darstellung hier weniger ausführlich.
[117] *A. Emminghaus (Hg.)*, Geschichte, 146.
[118] *Kurt Pohl*, Anfänge, 21.
[119] *Kurt Pohl*, Anfänge, 22; siehe auch *A. Emminghaus (Hg.)*, Geschichte, 253 ff.

C. Gescheiterte Unternehmen

schaft auf das Princip der Gegenseitigkeit zu gründen, wie dergleichen nicht blos in England und Frankreich, sondern auch in mehreren Städten Deutschlands, namentlich in Gotha, Leipzig und Hannover bereits mit glänzenden Erfolgen bestehen, als in einer seit Jahren gehegten Lieblingsidee eine Veranlassung gefunden, den nachstehenden Plan bekannt zu machen, um zunächst seinen Mitbürgern, dann aber auch allen Familienvätern sonst, denen die Sache am Herzen liegt, eine Gelegenheit darzubieten, hier in Hamburg eine solche Societät zu gründen, und dadurch theils die Vortheile derselben unserer Stadt zuzuwenden, der sie bisher nothwendig durch die Thatsache entzogen werden mussten, dass hier kein Institut der Art weder auf Actien, noch auf dem Grundsatz der Gegenseitigkeit bestand, theils aber auch den Mitgliedern eine Sicherheit zu gewähren, welche sowohl die glückliche Lage unserer Stadt, ihre soliden innern Verhältnisse, als auch die hohe Unwahrscheinlichkeit, hier durch Coursschwankungen, Kriegsläufte und andere Ereignisse der Art, Verlüste zu erleiden, darbietet. [...]"[120]

Dem Vorwort Harders folgte der eigentliche Plan, in dem in 18 Artikeln das Projekt aufgezeigt wurde. Nachdem in der Folgezeit um aufnahmewillige Interessenten geworben worden war, konstituierte sich die „Hammonia" am 1. Juli 1845 aufgrund eines Eröffnungsbeschlusses der „General-Versammlung", zu der jedoch nur 16 Personen erschienen waren. Harder hatte im Vorfeld angekündigt, daß das Unternehmen erst den Betrieb aufnehme, wenn zirka 800 aufnahmefähige Interessenten die Versicherungsnahme erklärt hätten; diese Ankündigung setzte er dann jedoch nicht um.[121] Angeblich sollten sich im Zeitpunkt der Konstituierung 391 Personen zur Versicherungsnahme angemeldet haben, die Zahl der Interessenten war „in Wirklichkeit aber jedenfalls noch viel geringer und übrigens auch schon um deswillen ohne Gewähr [...], weil die Aufnahmefähigkeit dieser Angemeldeten noch in keiner Weise der nothwendigen Prüfung unterlegen hatte. So stellte sich später heraus, dass die Anstalt, welche schon am 1. Juli 1845: 391 Theilnehmer mit ca. 500.000 Mark Banco Versicherungssumme besitzen sollte, Ende 1846, also 1½ Jahre später, erst 195 Versicherte mit 224.700 Mark Banco Versicherungssumme zählte."[122] Die Gesellschaft wurde von Harder als „Bevollmächtigtem" geleitet und verwaltet. Der Zugang blieb in den folgenden Jahren gering, „während mehrfache bedeutende Uebersterblichkeit unter ihren Versicherten [...] dazu führte, dass die laufenden Einnahmen kaum zur Bestreitung der laufenden Ausgaben ausreichten, keineswegs aber auch die Mittel zur Tilgung der Gründungskosten und zur Zurückstellung der nöthigen Reserven, geschweige zur Vertheilung der versprochenen Dividenden gewährten."[123] Hieran änderte auch die Umstrukturierung des Unternehmens in eine Aktiengesellschaft nichts. Entsprechend § 1 des Statut[s] der Le-

---

[120] Staatsarchiv/Bibliothek der Hansestadt Hamburg. Signatur: A 902 233 Kapsel 1, 3.
[121] *A. Emminghaus (Hg.)*, Geschichte, 254.
[122] *A. Emminghaus (Hg.)*, Geschichte, 254.
[123] *A. Emminghaus (Hg.)*, Geschichte, 254 f. (255).

3. Kap.: Die ersten Unternehmen während der Gründungsphase

bens- und Renten-Versicherungs-Societät Hammonia in Hamburg (1851)[124] war beschlossen worden, die Hammonia „mit Anfang des Jahres 1851 bei gründlicher Reorganisation ihrer gesammten Einrichtungen, behuf Gewähr größerer Garantieen für die Versicherten und zur Belebung eines größeren Geschäfts unter Zustimmung ihrer bisherigen Mitglieder in eine Actien-Gesellschaft" umzuwandeln.

In der am 29. Dezember 1857 abgehaltenen Generalversammlung der Aktionäre mußte aufgrund des schlechten Geschäftsstandes statutengemäß beschlossen werden:

„a. Die ‚Hammonia' tritt mit dem 1. Januar 1858 in Liquidation, und werden keine weitere Versicherungs-Contracte von derselben abgeschlossen.

b. Die gegenwärtige Direction wird ersucht, die laufenden Geschäfte bis auf Weiteres fortzuführen, die für die beschlossene Liquidation erforderlichen Maaßregeln in Berathung zu nehmen, und darüber in einer demnächst zu berufenden weiteren General-Versammlung Vorlage zu machen. Die Direction erklärt sich einverstanden."[125]

Masius, der noch im Jahre 1846 „der jungen Anstalt das beste Gedeihen" gewünscht hatte,[126] kommentierte das Scheitern dieses Unternehmens zwölf Jahre später wie folgt:

„Wenn es überhaupt ein Verdienst ist, Nachbildungen zu machen, so besteht dasselbe darin, dass Herr H. die Tarife und selbst die Statuten der Gothaer Bank abschrieb und der Hammonia zu Grunde legte. Dass aber mehr dazu gehört, hat das weitere Schicksal dieses todtgeborenen Kindes zur Genüge bewiesen. Nicht der Hemmschuh Preussens allein war es, was der Gesellschaft die Lebensfähigkeit abschnitt, sondern hauptsächlich, weil man nicht rechnete und die Activa von der Passiva von vornherein nicht zu trennen wusste; mit andern Worten den Werth nicht kannte, der zur Ausgleichung der Alter auf lebenslängliche Versicherungen zurück zu stellen war. Mit dem unausbleiblichen mehrern Eintritte der Sterbefälle kam die Gesellschaft von einem Jahr zum andern mehr zurück und selbst das im Jahre 1851 angewandte Mittel, die gegenseitige in eine Actiengesellschaft umzuwandeln, hatte weiter keinen Erfolg, als das Leben derselben noch um einige Jahre länger zu fristen."[127]

---

[124] Staatsarchiv/Bibliothek der Hansestadt Hamburg. Signatur: A 902 233 Kapsel 1.
[125] Rechenschafts-Bericht der Lebens- und Renten-Versicherungs-Societät HAMMONIA in Hamburg für das Geschäftsjahr 1856.
[126] *E. A. Masius*, Lehre, 534 f. (535).
[127] *E. A. Masius*, Geschichte, 133 f.

D. Ergebnis und Ausblick

I. Ergebnis

Hummel wollte im Jahre 1883 den „Versicherungs-Schwindel" insbesondere im Bereich der Lebensversicherung aufdecken, indem er unter anderem darauf hinwies,

> „daß manche Gesellschaft blos dazu da ist, damit der Herr Direktor eben Direktor ist, und damit dessen Sohn auch zugleich Direktions-Oberinspektor ist, daß ferner gleich ganze Familien an der Spitze der Geschäfte stehen und ein riesiges Geld ohne viel Arbeit einstecken, daß Leute, die mit großen Summen Bankerott gemacht, Wechselreiterei in großem Stile getrieben haben [...] die lucrativsten Stellungen haben, die ein charaktervoller Mann, der etwas gelernt hat, niemals erhalten kann."[128]

Wiegand hatte im Jahre 1856 folgenden ähnlich klingenden fiktiven Einwand aufgegriffen:

> „Ich muß gestehen, daß meine Vorstellungen von allgemeiner Nächstenliebe nicht so weit gehen, daß ich mir denken könnte, jene Unternehmer in London, Hamburg, Cöln, Halle oder wo es sonst ist, hätten keinen andern Zweck, als ihre Mitwelt zu beglücken. Nimmermehr werden Sie mir das einreden. Wenn zwei ein Geschäft mit einander machen, so werden selten beide dabei verdienen, da aber jene Unternehmer dabei verdienen wollen, – und daß sie das erreichen, werden sie sich wohl ausgerechnet haben, – so bin ich derjenige, aus dessen Tasche der Gewinn jener Herren fließt. Ein guter Hausvater verwaltet sein Vermögen selbst und dankt für die Mithülfe jener speculirenden Herren."[129]

Wiegand hat auf den Einwand wie folgt erwidert:

> „Wollen Sie aber auch diesen Männern das Motiv unterschieben, daß sie bei all' ihrem Streben nur die Bereicherung ihres Seckels im Auge gehabt? Großes kann nur durch Aufopferung erzielt werden, nimmermehr aber durch Eigennutz. Wo kann auch beispielsweise bei Gegenseitigkeits-Instituten, wo all' und jeder Gewinn ausschließlich den Versicherten zufließt, von Eigennutz die Rede sein? Wollen Sie etwa die Gehälter der Beamten in diesem Sinne Verdienst nennen, so muß ich bemerken, daß die unbedeutendste Sterbekasse im Verhältniß viel mehr Kosten macht, als die größte Lebensversicherungs-Anstalt. – Ihre Theorie wäre aber noch in andrer Beziehung eine Schmach, wenn sie eben zutreffend wäre. Es lehrt nämlich die Erfahrung, daß die Lebensversicherungs-Gesellschaften ihre Interessenten gerade in dem intelligentesten Theile der Bevölkerung haben, ja es ist Thatsache, daß die

---

[128] *Carl Hummel*, Der moderne Versicherungs-Schwindel hier besonders die Lebensversicherung nicht wie sie von den Schönfärbern bis jetzt immer dargestellt wurde, sondern was sie ist und wie sie betrieben wird. Mittheilungen aus praktischen Erfahrungen, von höchster Wichtigkeit für Versicherte und solche, die es werden sollen, München 1883, 6.

[129] *August Wiegand*, Lebensversicherungs-Katechismus. Gespräche aus dem Leben (zuerst 1856), Neuauflage 1954, 21.

hochgestelltesten Staatsbeamten, daß selbst fürstliche Personen Lebensversicherungen abgeschlossen haben [...]; meinen Sie nun, daß alle diese Personen bis auf den heutigen Tag das von Ihnen zuerst erkannte unselige Wuchertreiben der Lebensversicherungs-Unternehmer noch nicht zu durchschauen vermocht, und es erst Ihnen aufgespart geblieben, der Welt ein Licht aufzustecken? Dieser Thatsache gegenüber dürfte schon ein geringes Maaß von Bescheidenheit Sie dahin führen, zu erkennen, daß Ihre Argumente nicht zutreffen, es wäre denn, daß Sie blos Sich als Autorität anerkennten. – Der Gedanke, welcher die Lebensversicherungs-Gesellschaften ins Leben gerufen, ist ein großer und hehrer und himmelweit entfernt von dem niedrigen Motive, was Sie ihm unterschieben, es ist der Gedanke, daß die Vereinigung stark macht. Ich frage Sie, wer wird wohl Ihren Kindern bei Ihrem Tode 100 Thaler dafür garantiren, daß Sie ihm täglich zwei Pfennige versprechen? Ihr bester Freund wird's nicht thun und wird's nicht können; die Lebensversicherungs-Institute aber können's und zwar um jener Vereinigung willen. Wenn Sie sich heute mit 1.000 Thaler versichern und in 8 Tagen macht ein Schlagfluß Ihrem Leben ein Ende, ich frage Sie, was können dann die Unternehmer einer Lebensversicherungs-Gesellschaft bei Ihrer Versicherung verdienen? Warum machen sie sich nicht Eisenbahnen auf eigene Hand, ja warum machen Sie sich Ihre Beinkleider und Stiefeln nicht selbst, da ja nach Ihrer Theorie die ganze Zunft der Schneider und Schuhmacher nur auf Ihren Geldbeutel speculirt? Weil Sie's nicht können; ebensowenig können Sie sich aber allein eine Lebensversicherung schaffen. Könnte ich Ihnen in Ihrer Sterbestunde in das brechende Auge blicken, so würde ich sicher darin die Reue lesen, daß Sie bei gesunden Tagen in leichtsinniger Vermessenheit die Wohltat der Lebensversicherung verkannt und Ihre Segnungen Sich muthwillig verscherzt haben."[130]

So wie Wiegand sich dagegen verwehrt, den Lebensversicherern insgesamt niedrige Motive zu unterstellen, sieht Weinreich im Jahre 1953 in Arnoldi einen ‚echten deutschen Idealisten', der aus menschenfreundlicher Gesinnung heraus gehandelt habe und dessen idealistische Grundhaltung es gewesen sei, „daß mit dem Tod eines Mitmenschen kein Geschäft gemacht werden sollte, daß die Hilfeleistung, die der eine dem anderen in der Gefahrengemeinschaft der Lebensversicherten bietet, nicht zu Gewinnen von kapitalistischen Unternehmern führen solle, sondern daß Versicherung als ein Akt der Nächstenliebe, als ein gemeinschaftliches Hilfswerk jedes für jeden angesehen und gestaltet werden müsse."[131]

Erdmann-Müller verallgemeinert wiederum die These in seinem 1941 veröffentlichten Aufsatz „Deutscher Idealismus als Triebkraft". Man tue den „Vätern der Versicherungswirtschaft" bitter unrecht, wenn man behaupte, diese hätten in erster Linie das Ziel verfolgt, im Interesse der Aktionäre möglichst hohe Gewinne zu erzielen, und wenn man in der Gewährung von Versicherungsschutz nur ein Mittel zum Verdienen sehe.[132]

---

[130] *August Wiegand*, 22–24.
[131] *Eckart Weinreich*, 9.

Das Aufblühen der Wirtschaft im 19. Jahrhundert ließ den Wunsch nach einer deutschen Versicherungswirtschaft aufkommen.[133] Neben dem Idealismus der Pioniere war das aus den Befreiungskriegen hervorgegangene deutsche Nationalbewußtsein im nachnapoleonischen Deutschland mitursächlich für den Erfolg der ersten Unternehmen.[134] Insbesondere bei der Gründung der Unternehmen in Gotha und Lübeck waren bewußt nationale Töne angeschlagen worden, was schon aus der Namensgebung „Lebensversicherungsbank für Deutschland zu Gotha" und „Deutsche Lebensversicherungs-Gesellschaft zu Lübeck" hervorgeht.[135] Die Firmen klangen „damals neumodisch und programmatisch und eilten der politischen Einigung weit voraus".[136] Bereits nach der Denkschrift Arnoldis aus dem Jahre 1823 sollte eine „Nationalbank für Deutschland"[137] gegründet werden. In Lübeck wurde 1826 die Gründung eines „Nationalinstituts dieser Art für Deutschland"[138] projektiert. In diesem Sinne wurde bei den ersten Gründungen stark die Emanzipation von England betont. Die ersten Gründungen waren geprägt von einem starken Nationalbewußtsein, das resultierte aus der Abwehrhaltung gegenüber den französischen Besatzern zu Beginn des Jahrhunderts und – etwa im Falle Arnoldis – aus dem Wunsch nach Vereinheitlichung im Rahmen der deutschen Zollvereinigungsbewegung. Das Zurückdrängen des Partikularismus in Deutschland ließ den Gedanken nach einer deutschen Versicherungswirtschaft aufkommen.[139] Mitbestimmend war daneben das Emanzipationsverlangen gegenüber England, das den deutschen Lebensversicherungsmarkt unbefriedigend bediente. Die ersten Gründungen zeichnete darüber hinaus ein ausgeprägter Schaffens- und Schöpferdrang der oft unermüdlichen Wirtschaftspioniere aus. Zudem hallte die Kameralistik nach, wenn Arnoldi im Jahre 1823 auf die Verbesserung des Volkshaushaltes abstellte: „Gestehen wir uns, dass unser gesammter Volkshaushalt sich durch eine solche Anstalt verbessern würde, denn der Einfluss derselben auf das Familienleben kann nur bessernd sein. Die rechte Nationalwirthschaft treibt am gedeihlichsten in den Hütten und Häusern ihr Wesen. Man fördere Ehefrieden, Erwerbslust, Ordnung und Sparsamkeit bei den Einzelnen, und das Ganze wird von Wohlsein und Reich-

---

[132] *Osw. Erdmann-Müller,* Deutscher Idealismus als Triebkraft, Deutscher Versicherungs-Dienst 52 (1941), 50 f. (50).

[133] *Peter Koch,* Die historische Entwicklung des Versicherungsvereins auf Gegenseitigkeit, in: Wolfgang Peiner (Hg.), Grundlagen des Versicherungsvereins auf Gegenseitigkeit. Verfaßt und veröffentlicht aus Anlaß des 175-jährigen Bestehens der Gothaer Versicherungsbank VVaG, Köln, am 2. Juli 1995, Karlsruhe 1995, 13–26 (23).

[134] *Peter Koch,* Gedanken zu dem Thema „Versicherung und Französische Revolution", VW 44 (1989), 888–897 (896); ders., Gegenseitigkeit, 23.

[135] Chronik. Berlinische, 25 f.

[136] Chronik. Berlinische, 25 f. (26).

[137] Oben 3. Kapitel B. I. 3.

[138] Oben 3. Kapitel B. II. 3.

[139] *Peter Koch,* Gegenseitigkeit, 23.

thum zeugen."[140] Die Anregungen zur Gründung der Lebensversicherungsunternehmen kamen von Privatpersonen. Die Unternehmen gründeten sich nicht auf staatlichem Engagement. Anders als im Feuerversicherungswesen trat der Staat nicht als Initiator auf, er behinderte aber auch nicht die private Initiative. Aktiv wurden Privatpersonen, die über wirtschaftlichen Weitblick verfügten, den sie teilweise im Ausland erworben hatten. Einige Versicherungsgründer hatten Erfahrungen mit der englischen Lebensversicherung gemacht, als sie ihre Vorhaben umsetzten – Arnoldi in der streitigen Auseinandersetzung, Vermehren, Arnoldis Helfer Becker und Lobeck während ihres Aufenthaltes in London. Aufgrund ihrer im Ausland erworbenen Kenntnisse und ihrer beruflichen Erfahrung sahen sie den weiteren Verlauf der deutschen Wirtschaftsentwicklung voraus und betrieben die Einführung des neuen Instituts. Mit ihren Gründungen eiferten sie den englischen Unternehmen nach. Nachdem die ersten deutschen Unternehmen ihren Geschäftsbetrieb aufgenommen hatten, dienten diese als Vorbild.

Bei den Gründern handelte es sich überwiegend um ehrbare Kaufleute mit Großhandelserfahrungen und Erfahrung im Versicherungsgewerbe. Bevor Arnoldi die Lebensversicherungsbank für Deutschland gründete, hatte er seinen Gründergeist schon auf vielen anderen Gebieten bewiesen. Er stand der Kramerinnung vor und war Stadtverordneter. Bruns bekleidete das Amt eines Senators. Riezler war Abkömmling einer der reichsten Bürgerfamilien Münchens. Arnoldi hatte die Feuerversicherungsbank für Deutschland mitbegründet. Vermehren war mit dem Assekuranzwesen vertraut. Olearius hatte für englische Unternehmen Lebensversicherungen vertreten. Bruns arbeitete in der Hauptagentur der Aachener Feuer-Versicherungs-Gesellschaft. Löwengard war bereits Direktor der Frankfurter Versicherungs-Gesellschaft, als er die Leitung der Frankfurter Lebens-Versicherungs-Gesellschaft übernahm. Die Personen, von denen die Gründungen ausgingen und die die Vorarbeiten geleistet hatten, übernahmen im Unternehmen regelmäßig eine Führungsfunktion und blieben mit dem Unternehmen – soweit bekannt – auf viele Jahre verbunden. Arnoldi blieb bis zu seinem Tode Bankdirektor, Vermehren starb in der Funktion des Generalagenten, Olearius war ‚fungirender Director‘, als er verstarb. Riezler bekleidete fünfzehn Jahre das Amt des Administrators der Lebensversicherungs-Anstalt. Die Erwartung, daß das Unternehmen große Gewinne abwerfen werde, stand bei den Unternehmern nicht im Vordergrund. Dies gilt nicht nur für die Personenvereinigungen auf Gegenseitigkeit, sondern auch für die Aktiengesellschaften.[141] In erster Linie verfolgten die Pioniere den Zweck, ein seriöses neues Vorsorgeinstrument zu schaffen.

---

[140] Oben 3. Kapitel B. I. 3.
[141] *Kurt Bösselmann*, 101.

II. Ausblick

1. Weitere Gründungen bis zum Jahre 1871

Im folgenden sollen diejenigen weiteren Lebensversicherungsunternehmen aufgeführt werden, die sich bis zur Reichsgründung im Jahre 1871 bildeten.[142] Im Jahre 1847 wurde in Hamburg nach der „Hammonia" eine zweite Lebensversicherungsgesellschaft, die Lebens- und Pensionsversicherungsgesellschaft „Janus" gegründet, die 1848 ihren Geschäftsbetrieb aufnahm. Nach Ablauf des preußischen Privilegiums, betreffend die Berlinische Lebens-Versicherungs-Gesellschaft, im Jahre 1851 nahm die Zahl der Gründungen zu. Im Jahre 1852 gründeten sich in Weimar die Lebens-, Renten-, Aussteuer- und Begräbniss-Versicherungsbank „Vorsicht" und in Leipzig die Allgemeine Renten-, Capital- und Lebensversicherungsbank „Teutonia". Die Weimarer „Vorsicht" wurde bereits 1857 wieder aufgelöst, ihr Versicherungsbestand ging auf die damals neugegründete Stettiner Lebensversicherungs-Actien-Gesellschaft „Germania" über. Im Jahre 1853 wurde die Mecklenburgische Lebens-Versicherungs- und Sparbank in Schwerin gegründet, die sich 1920 mit der Deutschen Lebensversicherungs-Gesellschaft zu Lübeck vereinigen sollte; und in Köln die „Concordia". Das darauffolgende Jahr war das Gründungsjahr der Lebensversicherungs- und Ersparnissbank in Stuttgart a.G. und der „Iduna" in Halle an der Saale. 1855 entstand in Darmstadt die Lebens- und Leibrentenversicherungsanstalt auf Gegenseitigkeit. Es schloß sich (1856) die Errichtung der Magdeburger Lebensversicherungsgesellschaft in Magdeburg an, in demselben Jahr erweiterte die Eisenbahn- und Rückversicherungsgesellschaft „Thuringia" in Erfurt ihr Geschäft um die Branche der Lebensversicherung. Neben der bereits genannten Stettiner „Germania" wurde im Jahre 1857 die „Providentia" in Frankfurt am Main gegründet. Bis zum Jahr 1865 ereigneten sich dann keine weiteren „Neugründungen", es gab jedoch bereits bestehende Unternehmen, die ihr Geschäftsfeld um die Lebensversicherungsbranche erweiterten, so die Allgemeine Eisenbahn-Versicherungs-Gesellschaft in Berlin (später „Viktoria") sowie die Allgemeine Rentenanstalt in Stuttgart (beide 1861) und die Allgemeine Versorgungsanstalt im Grossherzogtum Baden zu Carlsruhe (1864). In der Zeit von 1865 bis 1868 gab es sechs Neugründungen auf dem Gebiet der Lebensversicherung, vier allein in Berlin, nämlich 1865 die Preussische Lebens-Versicherungs-Actien-Gesellschaft, 1866 die Preussische Lebens- und Garantie-Versicherungs-Actien-Gesellschaft „Friedrich Wilhelm", 1867 der „Nordstern", Versicherungs-Actiengesellschaft, und 1868 die Norddeutsche Lebensversicherungsbank auf Gegenseitigkeit in Berlin. Außerdem wurde die Bremer Lebensversicherungsbank zu Bremen (1867) und 1868 die Deutsche Lebens-, Pensions- und Renten-Versicherungs-Gesellschaft auf Gegenseitigkeit in Potsdam gegründet. In den Jahren 1869 und

---

[142] *A. Emminghaus (Hg.),* Geschichte, 256 ff.; *Heinrich Braun,* 216, 266–270.

1870 gab es keine weiteren Gründungen im Bereich der deutschen Lebensversicherungswirtschaft. Im Jahre 1871 entstanden schließlich zwei weitere neue Unternehmen, der „Prometheus" und die Anstalt für „Armee und Marine", beide in Berlin.

2. Zur weiteren Entwicklung der untersuchten Unternehmen

Arnoldis Gründung, die Lebensversicherungsbank für Deutschland zu Gotha, besteht heute als Gothaer Lebensversicherung AG Göttingen in der Gothaer Versicherungsbank VVaG mit Sitz in Köln fort. Die Deutsche Lebensversicherungs-Gesellschaft zu Lübeck ist aufgegangen im Allianzkonzern. Im Jahre 1920 hatte die Deutsche Lebensversicherungs-Gesellschaft im Wege einer Fusion die Mecklenburgische Lebensversicherungsbank a.G. in Schwerin übernommen und firmierte seither unter Lübeck-Schweriner Lebensversicherungs-Aktien-Gesellschaft in Lübeck.[143] Das Unternehmen trat jedoch bald darauf infolge der Währungsinflation in Liquidation und wurde von dem Lebensversicherungsunternehmen des Allgemeinen Deutschen Versicherungsvereins a.G. in Stuttgart, der Allgemeinen Deutschen Lebensversicherungs a.G., übernommen.[144] Hieraus ging die Stuttgart-Lübeck Lebensversicherung hervor, die schließlich im Jahre 1927 mit der „Allianz" verschmolz.[145] Die dritte Gründung, die Lebensversicherungs-Gesellschaft zu Leipzig, besteht fort in dem Verbund „Alte Leipziger – Hallesche" und firmiert unter „Alte Leipziger Lebensversicherung auf Gegenseitigkeit" mit Sitz in Oberursel (Taunus). Die Allgemeine Lebens-Versicherungs-Anstalt für das Königreich Hannover (später unter der Firma Hannoversche Lebensversicherungs-Anstalt in Hannover) wurde im Jahre 1910 von der Bremer Lebensversicherungsbank übernommen und firmierte seither unter Bremen-Hannoversche Lebensversicherungsbank-AG (seit 1913 Freia, Bremen-Hannoversche Lebensversicherungsbank-AG). Diese Aktiengesellschaft wurde im Jahre 1923 vom Allianzkonzern aufgekauft.[146] Die Berlinische Lebens-Versicherungs-Gesellschaft besteht heute fort in der Berlinischen Lebensversicherung AG mit Sitz in Wiesbaden. Die Gesellschaft ist Tochter der Delta Lloyd Deutschland AG. Mit der Fusionswelle der zwanziger Jahre des vorigen Jahrhunderts ist die Lebensversicherungs-Anstalt der Bayerischen Hypotheken- und Wechselbank ebenfalls zur „Allianz" gekommen. Zum 1. Januar 1906 war die Verbindung zwischen dem Bank- und dem Versicherungsgeschäft aufgehoben worden, das Versicherungsgeschäft war durch ein

---

[143] Hundert Jahre Lebensversicherung in Lübeck, 6 f.

[144] Hundert Jahre Lebensversicherung in Lübeck, 7.

[145] Hundert Jahre Lebensversicherung in Lübeck, 7 f.; *Wilhelm Kisch,* Fünfzig Jahre Allianz. Ein Beitrag zur Geschichte der Deutschen Privatversicherung, Berlin [1940], 52.

[146] *Wilhelm Kisch,* 37 f.

D. Ergebnis und Ausblick

selbständiges Unternehmen, die „Bayerische Versicherungsbank, vormals Versicherungsanstalten der Bayerischen Hypotheken- und Wechselbank" mit Sitz in München weiterbetrieben worden.[147] Seit dem Jahre 1922 betrieb die Bayerische Lebens- und Unfallversicherungs-AG als Tochtergesellschaft der Bayerischen Versicherungsbank das Lebensversicherungsgeschäft. Die Allianz Versicherungs-AG in Berlin und die Münchener Rückversicherungs-Gesellschaft in München kauften 1923 das gesamte Aktienkapital der Bayerischen Versicherungsbank AG.[148] Die Braunschweigische Allgemeine Versicherungs-Anstalt wurde später in eine Aktiengesellschaft umgewandelt und ist im Jahre 1983 als Braunschweigische Lebensversicherung AG mit der HanseMerkur Lebensversicherung AG in Hamburg verschmolzen.[149] Auch die Frankfurter Lebens-Versicherungs-Gesellschaft ist in der „Allianz" aufgegangen. Im Jahre 1911 wollte die Frankfurter Transport-, Unfall- und Glasversicherungs-AG ihr Geschäftsfeld um die Lebensversicherungsbranche erweitern. Hierzu gründete das Unternehmen eine Tochtergesellschaft, die dann mit der alten Frankfurter Lebens-Versicherungs-Gesellschaft fusionierte und unter der Firma Frankfurter Lebensversicherungs-AG agierte; alle Aktien wurden von der jetzt sogenannten Frankfurter Allgemeinen übernommen.[150] Im August des Jahres 1929 wurde der finanzielle Zusammenbruch der Frankfurter Allgemeinen publik. Versicherungsfremde Finanzierungsgeschäfte, Spekulationen, kurzfristige Kreditaufnahmen und langfristige Darlehenshergaben hatten die Gesellschaft illiquid werden lassen. Im Rahmen der Liquidation des Frankfurter Konzerns hat die Allianz und Stuttgarter Lebensversicherungs-AG in einer aufsehenerregenden Rettungsaktion die Aktien der Frankfurter Lebensversicherungs-AG aufgekauft, um dann mit ihr zu fusionieren.[151]

---

[147] *Wilhelm Kisch*, 40.
[148] Hundert Jahre Bayerische Hypotheken- und Wechsel-Bank, 87.
[149] *Peter Koch*, Versicherungsplätze, 143.
[150] *Wilhelm Kisch*, 65 f.
[151] *Wilhelm Kisch*, 66 ff.

4. Kapitel

Die versicherungsrechtliche Ausgangssituation in Deutschland

A. Einführung

Bevor die selbstgeschaffenen Regelwerke der ersten deutschen Lebensversicherer untersucht werden, soll die versicherungsrechtliche Ausgangssituation in Deutschland dargestellt werden. Die in der Einleitung zitierten Worte Konrad Malß' werden an dieser Stelle nochmals aufgegriffen, da sie das Verhältnis von Versicherungswirtschaft und -recht und die rechtliche Ausgangssituation prägnant beschreiben:

> „Das Versicherungsrecht hat sich rein aus den Bedürfnissen des lebendigen Verkehrs entwickelt, unbeirrt von juristischer Dogmatik und Systematik, unbeengt von polizeilichen und büreaukratischen Einflüssen [...] Denn eben darum, weil Gelehrte und Beamte nicht viel davon verstanden, haben sich die Gesetzgeber in diesem Zweige williger dem Einflusse der Geschäftsleute und Handelsgremien unterworfen, als sie es in anderen Fällen zu thun geneigt sind. [...] Wenn der Jurist die staunenswerthe Entwickelung überdenkt, die das Versicherungswesen in den letzten Jahrzehnten gemacht hat, so ist er überrascht zu bemerken, daß dies Alles ohne Recht und Gesetz vor sich gegangen ist, daß zahllose Milliarden von Vermögenswerthen Gegenstand von Verträgen geworden sind, die im positiven Rechte so gut wie keine Stütze fanden [...] Dank dieser freien, fast fessellosen Bewegung, die nur im preußischen Landrecht und im holländischen Handelsgesetzbuche durch Aufnahme einiger Bestimmungen über Feuer- und Lebensversicherungen zu stören versucht wurde, hat sich die thatsächliche Ausbildung des außerseerechtlichen Versicherungsvertrags nahezu vollendet [...]."[1]

Zur Zeit der Unternehmensgründungen war die Lebensversicherung allein im Geltungsbereich des Allgemeinen Landrechts für die Preußischen Staaten aus dem Jahre 1794 gesetzlich erfaßt. Spezifische rechtssatzmäßige Regelungen der Lebensversicherung existierten in der Gründungsphase der untersuchten Unternehmen ansonsten nicht.[2] Das preußische Landrecht enthielt die erste gesetz-

---

[1] *Konrad Malß,* Betrachtungen, 3 f.

[2] *E. A. Masius,* Geschichte, 139; *Julius Staudinger,* 38; *Conrad Malß,* Studien über Versicherungsrecht insbesondere über Feuer- und Lebensversicherung, Zeitschrift für das gesammte Handelsrecht 6 (1863), 361–387 (361–365); *William Lewis,* Lehrbuch des Versicherungsrechts, Stuttgart 1889, 7 ff.

liche Gesamtregelung des Privatversicherungsrechts in Deutschland überhaupt.[3] Das Gesetz ging in unzusammenhängenden Vorschriften auf die Lebensversicherung ein. Der französische Code Civil aus dem Jahre 1804, der in Teilen Deutschlands galt, ordnete den Versicherungsvertrag den aleatorischen Verträgen zu (Art. 1964), enthielt darüber hinaus aber keine versicherungsrechtlichen Vorschriften.[4] Im Code de Commerce von 1807 wurde die Lebensversicherung nicht geregelt.[5] Im übrigen sind im wesentlichen partikulargesetzliche Regelungen öffentlich-rechtlichen Charakters in Deutschland ergangen. Diese betrafen jedoch nicht die Lebensversicherung, häufig handelte es sich um gefahrenabwehrrechtliche Bestimmungen im Bereich des Feuerversicherungswesens.[6] Während der Gründungsphase gab es insbesondere keine aufsichtsrechtlichen Bestimmungen betreffend den Lebensversicherungsvertrieb.[7] Dies bedeutete aber nicht, daß die Gründungen und der Betrieb der Unternehmen von staatlicher Einflußnahme gänzlich freiblieben, vielmehr war auch hier den Regierungen die Möglichkeit einer Kontrolle gegeben.[8]

B. Allgemeines Landrecht für die Preußischen Staaten

I. Einführung

Obwohl das erste inländische Lebensversicherungsunternehmen in Preußen, die Berlinische Lebens-Versicherungs-Gesellschaft, erst Jahrzehnte später errichtet werden sollte, wurde die Lebensversicherung im Allgemeinen Landrecht für die Preußischen Staaten von 1794[9] gesetzlich geregelt. Die die Lebensversicherung betreffenden Bestimmungen des preußischen Landrechts bezogen sich wohl in erster Linie auf die englischen Unternehmen in Deutschland.[10] Das Allgemeine Landrecht war im wesentlichen von dem schlesischen Justizminister

---

[3] *Peter Koch*, Kodifikationen, 303.
[4] *Wilhelm Ebel*, 58 f.
[5] *Ralph Neugebauer*, 41 f.
[6] *William Lewis*, 7 ff.; *Angela Duvinage*, 10 f.
[7] *J. J. Kummer*, Die Gesetzgebung der europäischen Staaten betreffend die Staatsaufsicht über die privaten Versicherungsanstalten, Bern 1883, 48 ff.
[8] So auch *Michael Tigges*, 38.
[9] Allgemeines Landrecht für die Preußischen Staaten von 1794. Mit einer Einführung von Hans Hattenhauer und einer Bibliographie von Günther Bernert, 2. Aufl. Neuwied/Kriftel/Berlin 1994; *H. Thieme*, Art. „Allgemeines Landrecht", in: Adalbert Erler/Ekkehard Kaufmann (Hg.), HRG, Bd. I, Berlin 1971, Sp. 99–108; *Peter Koch*, Die Behandlung des Versicherungsvertrages im preußischen Allgemeinen Landrecht – Gedanken zum 200jährigen Jubiläum des Allgemeinen Landrechts –, VersR 45 (1994), 629–633.
[10] *Max Gebauer*, 90.

102   4. Kap.: Die versicherungsrechtliche Ausgangssituation in Deutschland

Johann Heinrich Casimir Graf von Carmer[11] und dem Oberamtsregierungsrat Carl Gottlieb Svarez[12] ausgearbeitet worden. An der Abfassung der versicherungsrechtlichen Bestimmungen war Johann Georg Büsch, zu dessen Schülern Arnoldi gezählt hatte,[13] beteiligt.[14] Das Allgemeine Landrecht für die Preußischen Staaten war am 1. Juni 1794 in Kraft getreten und hat trotz zahlreicher Aufhebungen und Abänderungen über ein Jahrhundert formell gegolten. Seine versicherungsrechtlichen Bestimmungen unterscheiden sich von den zeitlich vorangegangenen Rechtsregeln im Bereich der Seeversicherung und von den landesrechtlichen Statuten der öffentlich-rechtlichen Versicherung dadurch, „daß in dieser echten Kodifikation erstmals der Versuch einer Regelung des gesamten Rechtsgebietes nach einem durchdachten System unternommen wurde."[15] Das Versicherungsrecht wird im Allgemeinen Landrecht sowohl aus dem Blickwinkel der Gefahrenabwehr als auch aus der vertrags- beziehungsweise handelsrechtlichen Perspektive normiert.[16]

II. Vertragsrechtliche Regelung der Lebensversicherung

Der Versicherungsvertrag taucht im 1. Teil, 11. Titel, 6. Abschnitt, unter der Überschrift „Von gewagten Geschäften und ungewissen Erwartungen" in § 546 auf. Hierin wird auf das Kaufmannsrecht – somit auf das Handelsrecht – verwiesen:

„1) Von Versicherungsverträgen.

§. 546. Von Versicherungsverträgen, als gewagten Geschäften, wird im Kaufmannsrechte gehandelt. (Th. II. Tit. VIII. Sect. XIII.)"

Der Versicherungsvertrag wurde neben der Lotterie, der Verlosung, dem Spiel, der Wette, dem Verkauf künftiger Sachen, der Leibrente und anderen zu den „gewagten Geschäften und ungewissen Erwartungen" gerechnet. Was das Gesetz unter dem Begriff „gewagte Verträge" verstand, wurde in § 527 legaldefiniert, nämlich solche

„Verabredungen, nach welchen eine gewisse Sache, oder ein bestimmter Preis, gegen die Hoffnung eines künftigen noch ungewissen Vortheils, oder gegen Ueberlassung künftiger Vortheile, die nach dem natürlichen und gewöhnlichen Laufe der

---

[11] *H. Winterberg*, Art. „Carmer, Johann Heinrich Casimir von", in: Adalbert Erler/ Ekkehard Kaufmann (Hg.), HRG, Bd. I, Berlin 1971, Sp. 590–592 m.w.N.
[12] *H. Thieme*, Art. „Svarez, Carl Gottlieb", in: Adalbert Erler/Ekkehard Kaufmann (Hg.), HRG, Bd. V, Berlin 1998, Sp. 97–100 m.w.N.
[13] Oben 3. Kapitel B. I. 2.
[14] *Götz Landwehr*, Büsch, 96 ff.; *Peter Koch*, Versicherungswissenschaft, 69–72 (71).
[15] *Peter Koch*, Kodifikationen, 304.
[16] *Peter Koch*, Landrecht, 630.

Dinge zwar zu erwarten, aber an sich noch unbestimmt sind, versprochen oder gegeben wird".

Der Versicherungsvertrag wurde also zu den aleatorischen Verträgen gezählt. Heute wird aus § 546 preußisches Landrecht, die Zuweisung des Versicherungsvertrages zum „bürgerlichen Schuldrecht" abgeleitet.[17] Die Fragestellung, ob der Versicherungsvertrag im preußischen Landrecht dem Handelsrecht oder dem „bürgerlichen Schuldrecht" zugewiesen wurde, ist aber ebenso anachronistisch wie die Übertragung des modernen Verbraucherschutzbegriffes auf die versicherungsrechtlichen Verhältnisse im 19. Jahrhundert.

Die systematische Einordnung des Versicherungsvertrages wurde von der Rechtswissenschaft im 19. Jahrhundert kontrovers diskutiert.[18] Windscheid hielt noch im Jahre 1869 an der Zuordnung zu den aleatorischen Verträgen fest. Er spricht von „Glücksverträgen", die eine „besondere Art der Verträge" bildeten.[19] Eine Differenzierung hinsichtlich der einzelnen Versicherungsarten findet bei Windscheid nicht statt. Glücksverträge seien diejenigen Verträge, „in welchen die Parteien es von einem Zufall abhängig machen, für welche von ihnen der Vertrag einen Vortheil, für welche er einen Nachtheil zu Wege bringen soll". Windscheid unterscheidet zwischen erlaubten und unerlaubten Glücksverträgen. Unerlaubt seien diejenigen Verträge, bei welchen beide Parteien die Gefahr eines Verlustes übernehmen, um einen Gewinn zu machen. Erlaubt seien diejenigen Verträge, bei denen wenigstens eine Partei ein berechtigtes Lebensinteresse verfolge, was beim Versicherungsvertrag der Fall sei. Hier wolle die eine Partei zwar auch gewinnen, die andere suche jedoch Schutz gegen einen Schaden.[20]

Weil der Versicherungsvertrag zu den aleatorischen Verträgen gezählt wurde, wurde – worauf Malß schon 1862 hinweist – die falsche Schlußfolgerung gezogen, daß Lebensversicherungen keine Versicherungsverträge sein könnten, da der Todeseintritt gewiß und nur die Lebensdauer ungewiß sei.[21] So beschränkte sich der württembergische Entwurf eines Handelsgesetzbuches aus dem Jahre 1839 auf bedingte Todesfallversicherungen.[22]

Die eigentliche Regelung des Versicherungsvertrages im Allgemeinen Landrecht findet sich im Handelsrecht. Dort wird das gesamte Versicherungsver-

---

[17] Die Zuordnung zum Schuldrecht bejahend *Wilhelm Ebel,* 58; ebenso *Hermann Eichler,* Vom Zivilrecht zum Versicherungsrecht, in: Reimer Schmidt/Karl Sieg (Hg.), Grundprobleme des Versicherungsrechts. Festgabe für Hans Möller zum 65. Geburtstag, Karlsruhe 1972, 177–200 (177 f.); a.A. *Ralph Neugebauer,* 29 f.
[18] Einen Überblick über die Kontroverse verschaffen *Wilhelm Ebel,* 67 ff. m.w.N.; *Peter Koch,* Versicherungswissenschaft, 96 ff.
[19] *Bernhard Windscheid,* Lehrbuch des Pandektenrechts, Bd. II, 2. Aufl. Düsseldorf 1869, 213.
[20] *Bernhard Windscheid,* 213.
[21] *Konrad Malß,* Betrachtungen, 5–7.
[22] Unten 7. Kapitel B. I.

tragsrecht unter der Überschrift „Von Versicherungen" im 2. Teil, 8. Titel, 13. Abschnitt, in den §§ 1934 bis 2358 abgehandelt. Inhaltlich regeln diese Vorschriften unter anderem die „Gegenstände der Versicherungen", den Versicherungsumfang, die Pflichten der Kontrahenten vor und bei Vertragsschluß und die Form des Vertrages. In zahlreichen Einzeltatbeständen wird der Rechtsstoff kasuistisch aufgearbeitet. Die Normen orientieren sich im wesentlichen an der Seeversicherung, auf der das Schwergewicht der Regelung liegt und die als Prototyp diente. Den Gesetzesberatungen lag die preußische Assecuranz- und Haverey-Ordnung von 1766 zugrunde.[23] Nach der Definition in § 1934 übernimmt der Versicherer bei einer Versicherung oder Assekuranz

"gegen Erhaltung einer gewissen Abgabe oder Prämie, die Vergütung des aus einer bestimmten Gefahr die versicherte Sache treffenden Schadens."

Versicherung wird ausschließlich in der Schadenversicherung gesehen. Auch die Lebensversicherung wird unzweckmäßig als Schadenversicherung klassifiziert.[24] Auf ihre Besonderheiten als Summenversicherung wird nicht eingegangen. Entsprechend der Definition beschränkt sich das Gesetz auf die Prämienversicherung. Versicherung auf Gegenseitigkeit wird nicht geregelt. Bei jeder Kritik der Vorschriften ist jedoch zu berücksichtigen, daß die Lebensversicherung erstmalig gesetzlich geregelt wurde und daß sie sich erst in ihren Anfängen befand. Angesichts der aufgezeigten kameralwissenschaftlichen Diskussion und angesichts des Umstandes, daß bis dahin allein englische Versicherer Lebensversicherungen offerierten und deshalb die praktischen Erfahrungen gering waren, stellt die Erfassung der Lebensversicherung an sich einen Fortschritt dar und ist von Bedeutung. Mit der Normierung wurde die Lebensversicherung grundsätzlich für zulässig erklärt.[25] Es wurde eine Basis geschaffen, auf der spätere Regelungen aufbauen konnten.

Das Wesen des Lebensversicherungsvertrages war dann im 19. Jahrhundert heftig umstritten.[26] Staudinger hielt noch im Jahre 1858 daran fest, daß die Lebensversicherung Schaden- und nicht Summenversicherung sei, wobei der Tod des Versicherten von ihm als Gefahr angesehen wurde. Den Schaden zöge daraus nicht der Versicherte selbst, sondern bestimmte Hinterbliebene.[27] Endemann provozierte demgegenüber mit der These, daß die Sach- wie die Personenversicherungen als Summenversicherung anzusehen seien. Der Versicherte in der

---

[23] Assecuranz- und Haverey-Ordnung für sämtliche Königl. Preuß. Staaten vom 18.02.1766, Novum Corpus Constitutionum 1766, Sp. 83–148.
[24] Eine Lebensversicherung ist ausnahmsweise nicht Summenversicherung, wenn im Rahmen der Sterbegeldversicherung die entstandenen Beerdigungskosten übernommen werden.
[25] *Helmut Coing,* Europäisches Privatrecht. Bd. I. Älteres Gemeines Recht (1500 bis 1800), München 1985, 533; *Ralph Neugebauer,* 32.
[26] *Wilhelm Ebel,* 71 ff. m.w.N.; *Peter Koch,* Versicherungswissenschaft, 102–104.
[27] *Julius Staudinger,* 85 ff.

Sachversicherung wolle bei Eintritt eines gewissen Ereignisses eine feste Summe zu erwarten haben, wenn die Personenversicherungen auf Durchschnittsberechnungen hin die feste Summe kalkulieren könnten, so gelte dies auch für die Sachversicherungen.[28]

Ohne besondere Hervorhebung beginnt im Allgemeinen Landrecht mit § 1968 die spezielle Regelung der Lebensversicherung:

§. 1968. Jedermann kann sein eignes Leben versichern lassen.

§. 1969. Auf einen durch Verbrechen verwirkten Verlust des Lebens kann jedoch eine solche Versicherung weder gegeben, noch gedeutet werden.

Bei der Regelung in § 1969 wurde sowohl an die Verhängung der Todesstrafe als auch an den Todeseintritt während der Ausübung einer Straftat gedacht.[29] Neben den Versicherungen auf eigenes Leben sollten auch Lebensfremdversicherungen möglich sein:

§. 1970. Hat aber jemand das Leben eines Dritten versichern lassen: so haftet der Versicherer für jeden auch von dem Dritten selbst verschuldeten Verlust des Lebens; wenn nicht das Gegentheil festgesetzt worden.

§. 1971. Aeltern, Kinder, Ehegatten, oder Verlobte, können für eigne Rechnung das Leben ihrer Kinder, Aeltern, des andern Ehegatten oder Verlobten, versichern lassen.

§. 1972. Unter Kindern werden eheliche Descendenten in absteigender Linie überhaupt verstanden. (Th. I. Tit. I. §. 40. 41.)

§. 1973. Außer diesen kann niemand, zu seinem eignen Vortheile, auf das Leben eines Dritten, ohne dessen gerichtliche Einwilligung, Versicherung nehmen.

§. 1974. Ist dies dennoch geschehen: so muß jeder, sowohl der Versicherer, als der Versicherte, die gezeichnete Summe, zum Besten der Armen, als Strafe erlegen.[30]

Überdies mußten Verträge „bey Strafe der Ungültigkeit schriftlich abgefaßt werden" (§ 2064).

Das Einwilligungserfordernis gemäß §§ 1973 f. wurde mit der Gefährlichkeit einer solchen Versicherung für den versicherten Dritten begründet. Lebensfremdversicherungen sollten nur in den Fällen abgeschlossen werden können, in denen regelmäßig davon auszugehen war, daß der Versicherungsnehmer am Leben des Versicherten mehr interessiert war als an der Erlangung der Versicherungssumme bei dessen Tode.[31] Später genügte statt der gerichtlichen Einwilli-

---

[28] *Wilhelm Endemann*, Das Deutsche Handelsrecht. Systematisch dargestellt, 2. Aufl. Heidelberg 1868, 839 f., Fn. 24.

[29] *Peter Koch*, Kodifikationen, 305.

[30] Das Allgemeine Landrecht nennt die vertragschließenden Parteien Versicherer und Versicherte, hier ist also mit „der Versicherte" der vertragschließende Versicherungsnehmer gemeint.

[31] *A. Dalcke*, Anm. 13) zu § 1973 (2. Teil, 8. Titel, 13. Abschnitt), in: C. F. Koch (Hg.), Allgemeines Landrecht für die Preußischen Staaten. Unter Andeutung der obsoleten oder aufgehobenen Vorschriften und Einschaltung der jüngeren noch geltenden

gung die bloße Schriftform.[32] Unter Bezugnahme auf §§ 1973 f. Allgemeines Landrecht hat die Berlinische Lebens-Versicherungs-Gesellschaft als Einziges der untersuchten Unternehmen keine Lebensfremdversicherungen angeboten.[33]

Gemäß §§ 1975 ff. konnte die „Freyheit eines Menschen [...] gegen See- und Türkengefahr, barbarische Seeräubereyen, feindliche Aufbringung, oder Gefangenschaft" (§ 1975) versichert werden. Die Leistung konnte etwa in einer Lösegeldzahlung (§ 1979) bestehen.[34]

Im Allgemeinen Landrecht wird noch keine deutliche Trennung zwischen allgemeinen und besonderen Vorschriften zu den einzelnen Versicherungssparten vorgenommen. Die spezifische Regelung der Lebensversicherung besteht in zusammenhanglosen Einzelregelungen. So mußten bei „Versicherungen über das Leben eines Menschen" gemäß § 2050 „vorzüglich" dessen Alter, Gesundheitszustand und Gewerbe angezeigt werden. Nach § 2026 verfiel die Prämie, wenn der Versicherungsnehmer solche Umstände verschwiegen hatte, die nach dem vernünftigen Ermessen Sachkundiger auf den Entschluß des Versicherers zum Vertragschluß Einfluß hätten haben können. § 2050 konkretisierte den Grundsatz für die Lebensversicherung.[35] § 2085 regelte das Erfordernis eindeutiger Kennzeichnung des versicherten Dritten in der Police. Nach § 2089 mußte im Vertrag genau festgesetzt sein, was der Versicherer zu leisten habe. Anderenfalls sollte der Vertrag ungültig sein. In den §§ 2152–2154 war geregelt, welche Folgen es hatte, wenn sich der Versicherte ohne die Einwilligung des Versicherers außerhalb Europas begab, in den Krieg zog, zur See ging „oder sonst eine für sein Leben gefährliche Lebensart" ergriff. In den §§ 2293–2297 waren spezielle Regelungen hinsichtlich der Auszahlung der Versicherungssumme getroffen worden. Gemäß § 2293 mußte die „gezeichnete Summe binnen Zwey Monathen, nach dem Tage, da die von seinem Absterben eingegangene glaubhafte Nachricht dem Versicherer angedeutet worden, bezahlt werden". War „der zur Dauer der Versicherung bestimmte Zeitpunkt verflossen, ohne daß von dem Leben oder Tode der versicherten Person Nachricht eingegangen wäre", so sollte der Versicherer von jeder Leistung frei sein, „bis das Absterben während der Versicherungszeit erwiesen" war, § 2294. §§ 2295 ff. regelten die Zahlung der Versicherungssumme, wenn die Versicherung im Hinblick auf eine bevorstehende Gefahr eingegangen worden war.

Bestimmungen, herausgegeben mit Kommentar in Anmerkungen, Bd. III, 6. Ausgabe Berlin 1879.

[32] *A. Dalcke,* Anm. 12) zu § 1973 (2. Teil, 8. Titel, 13. Abschnitt), in: C. F. Koch (Hg.), Landrecht.

[33] Unten 6. Kapitel F. VI., X.

[34] Siehe auch § 2051, § 2155 i.V.m. §§ 2152–2154, § 2287, § 2288 i.V.m. § 2282, §§ 2289–2292.

[35] So auch *Ralph Neugebauer,* 33 f. (33).

Regelungen über das Wesen und den Geschäftsbetrieb der Unternehmen fehlen im Allgemeinen Landrecht. Der Gesichtspunkt der Assoziation zum Zwecke des Versicherungsbetriebes blieb unberücksichtigt.[36] Eine Regelung der Rechtsverhältnisse der Aktiengesellschaft im allgemeinen fehlt ebenfalls, es finden sich lediglich verstreute Vorschriften über Aktien.[37]

Daß mit diesen Vorschriften ein Schutz der Versicherten erreicht werden sollte, ist nicht ersichtlich.[38] Zwingende Schutzvorschriften finden sich nicht. Die Aufnahme der Lebensversicherung in das Allgemeine Landrecht geschah vermutlich in erster Linie aus „Gründen der systematischen Vollständigkeit"[39]. War der Schutz der Versicherten nicht Motiv, finden sich umgekehrt Vorschriften, die den Schutz der Versicherer beziehungsweise Unternehmen bezweckten. So wurde in §§ 1983 f. ein Bereicherungsverbot ausgesprochen. Die Versicherung durfte nur bis zum gemeinen Wert der Sache genommen werden. Das Bereicherungsverbot war nicht allein als „Seriösitätsindiz der Abgrenzung des Versicherungsvertrages von Spiel und Wette"[40] gedacht. Mit dem Verbot wollte der Gesetzgeber „gefährlichen Betrügereien" vorbeugen, „welche, wenn Versicherungen über den wahren Werth erlaubt sein sollten, von dem Versicherten zu leicht verübt, und von dem Versicherer zu schwer entdeckt werden könnten".[41] Das Allgemeine Landrecht war bestrebt, „den Versicherer vor der Gewinnsucht des Versicherten zu schützen und den Mißbrauch des Versicherungsgeschäftes zu verhüten."[42]

III. Fehlende aufsichtsrechtliche Regelung der Lebensversicherung

Das preußische Landrecht normiert keine allgemeine Versicherungsaufsicht. Allein hinsichtlich der Witwen-, Sterbe- und Aussteuerkassen wurde im 1. Teil, 11. Titel, 6. Abschnitt, unter § 651 bestimmt, daß diese Kassen „ohne Landesherrliche Genehmigung nicht errichtet werden" dürfen. Die Rechte und Pflichten der Interessenten waren nach dem vom Staate bestätigten Plan zu beurteilen, § 652.

---

[36] Siehe auch *C. Doehl*, Das Versicherungs-Wesen des Preußischen Staates. Nach amtlichen Quellen systematisch bearbeitet und dargestellt, Berlin 1865, IV.

[37] *Theodor Baums (Hg.)*, Gesetz über die Aktiengesellschaften für die Königlich Preussischen Staaten vom 9. November 1843. Text und Materialien, Aalen 1981, 15; *Götz Landwehr*, Die Verfassung der Aktiengesellschaften. Rechtsverhältnisse in Preußen vom Anfang des 19. Jahrhunderts bis zum Jahre 1870, Zeitschrift der Savigny-Stiftung für Rechtsgeschichte. Germanistische Abteilung 99 (1982), 1–112 (4–7).

[38] Siehe auch *Angela Duvinage*, 8.

[39] *Ralph Neugebauer*, 44.

[40] *Ralph Neugebauer*, 32.

[41] *A. Dalcke*, Anm. 14) zu § 1983 (2. Teil, 8. Titel, 13. Abschnitt), in: C. F. Koch (Hg.), Landrecht.

[42] *Angela Duvinage*, 8.

1. Aufsichtsrechtliche Verordnungen

Der landrechtlichen Regelung vorausgegangen war in Preußen eine königliche Verordnung vom 13. März 1781.[43] Danach waren Aussteuer- und Begräbniskassen sowie andere Gesellschaften, die Gelder einsammelten, genehmigungspflichtig. Die Verordnung stellte keine ausführlichen Zulassungsbedingungen auf, die Genehmigung stand in jedem einzelnen Fall im Ermessen der Behörde.[44] Per Dekret vom 1. Juni 1786 verbot der Rat der Stadt Nürnberg wegen aufgetretener Mißstände die Gründung neuer Leichen-, Hochzeits- und Professionskassen, soweit deren Statuten nicht vom Rat genehmigt waren.[45] Die bestehenden Kassen mußten zur Prüfung angemeldet werden. Unter Strafandrohung wurde den Bürgern und Kassenvorstehern eine mehrfache Kassenzugehörigkeit untersagt. Da das Verbot die Mißstände nicht beseitigte, wurden mit Dekret vom 17. April 1787 sämtliche Hochzeits- und Professionskassen aufgehoben.[46] Der Rat der Stadt Bremen unterstellte im März 1789 die Sterbekassen einer obrigkeitlichen Inspektion.[47] Der Ratserlaß wurde wie folgt begründet:

„Es ist allgemein bekannt, welchergestalt bei den immer sich häufenden Errichtungen von sogenannten Todten-Cassen, Sterbe-DenkThaler-, und TrauerPfennigsGesellschaften, der eigentliche Endzweck, um unvermögenden Personen die Verpflegung auf dem SterbeLager, und bei ihrem Ableben die BeerdigungsKosten, damit zu verschaffen, aus den Augen gesetzt, im Gegenteil durch den Zusammenschuß Teilnehmender Interessenten ein Gewinn gesucht, und ein ordentlicher Speculations-Handel getrieben wird; wenn nicht blos auf seine eigene Person, sondern auch auf den Namen anderer angeworbener, der Absicht entsprechender Leute, in so viel Cassen als möglich, Actien bezeichnet, und bei deren Absterben große Capitalien eingezogen werden. – Die vielfältige, zugleich eingerissene Mißbräuche, und ausgeübte schändliche Kunstgriffe, durch Erschleichung, Zerstümmelung, und Verfälschung der Geburts-, Gesundheits-, Receptions-, und TodtenScheine, sind nicht weniger bekannt.

Billig sollten dieselbe längst einem jeden Unwissenden und Leichtgläubigen von selbst zur Belerung gereichet haben, um für dergleichen Gesellschaften sich zu hüten, und das gute Geld nicht zu verschleudern, in der ungewissen Erwartung, durch den SterbeThaler künftig sich wieder zu erholen; welche Hoffnung, bei ermangelnder Bürgschaft einer ewigen Fortdauer solcher Cassen, ohnehin sehr mißlich ist. Obgleich nun ein jeder, der die bessere Überlegung versäumet, die Schuld sich alleine beizumessen hat, wenn er der offenbaren Gefar und Verlust sein eigentümli-

---

[43] Wiederholtes Verboth aller und jeder Collecten, wozu keine Königl. Approbation ertheilet ist, vom 13.03.1781, Novum Corpus Constitutionum 1781, Sp. 181–186.

[44] *Georg Heinrich Maurer*, Über die historische Entwicklung der Versicherungs-Aufsicht in Deutschland, Strassburg i.E. 1911, 49.

[45] *Walter Fiedler*, Die Geschichte des Versicherungswesens der Reichsstadt Nürnberg, Erlangen 1958, 28.

[46] *Walter Fiedler*, 29 f.

[47] *Carl Neumann*, Die Sterbegeldversicherung im Schrifttum des 18. Jahrhunderts, Neumanns Zeitschrift für Versicherungswesen 60 (1937), 87–89.

ches Vermögen blos stellet, oder von sogenannten KnochenHändlern sich verleiten läßt, gegen eine Kleinigkeit den Gebrauch seines Namens herzugeben, und Gewinnsüchtigen das GlücksSpiel damit zu erlauben: so kan dennoch Ein HochEdler Hochweiser Rat dieser Stadt Bremen keinen Anstand nemen, eines Teils eine nähere Bestimmung einem jeden treuväterlich zur Erinnerung zu bringen".[48]

Die rechtssatzmäßige Regelung der Aufsicht über die Totenladen und Sterbekassen in Hamburg aus dem Jahre 1813 wurde bereits erörtert.[49]

Die Aufsichtsmaßnahmen wurden getroffen, nachdem sich erhebliche Mißstände eingestellt hatten und es zu Zusammenbrüchen von Kassen gekommen war. Die moderne Lebensversicherung war von den Maßnahmen nicht betroffen. Entsprechende Rechtssätze existierten nicht. Die negativen Erfahrungen mit den Versorgungskassen wurden nicht auf die Lebensversicherung übertragen. Sie führten nicht zu einem vorbeugenden Aktionismus des Gesetzgebers. Während der Anfangsphase der Lebensversicherung gab es in Deutschland – abgesehen von der Lebens-Versicherungs-Societät zu Hamburg – bis zum Scheitern der Gießener Mitteldeutschen Lebensversicherungs-Anstalt und der Hamburger „Hammonia" keine Zusammenbrüche deutscher Unternehmen.

2. *Gründe für das Fehlen*

Das Fehlen weiterer aufsichtsrechtlicher Regelungen im preußischen Landrecht erklärt sich daraus, daß für eine Normierung kein Anlaß bestanden hatte. Das private Versicherungswesen hatte während der Beratungen zum Landrecht „noch keine nennenswerte praktische Bedeutung erlangt."[50] Die damals schon verbreitete Gebäudefeuerversicherung wurde von öffentlich-rechtlichen Anstalten betrieben.[51] Als Teil der öffentlichen Verwaltung unterstanden diese automatisch der Staatsaufsicht, die Vorschriften über Staatsbehörden und Verwaltungsbeamte fanden Anwendung; einer speziellen Aufsicht bedurfte es nicht.[52] Den Versicherungsbetrieb beschränkende Regelungen waren nicht von „weittragender praktischer Wichtigkeit".[53] Arps beurteilte das Allgemeine Landrecht im Hinblick auf das Versicherungsgewerbe als „ungemein liberal".[54] Nach § 1943 stand es einem jeden „frey, Versicherungen da zu nemen, wo er es am rathsamsten findet". Nach § 1952 konnten über „alles, was der Gegenstand

---

[48] Zitiert nach *Carl Neumann*, Sterbegeldversicherung, 88.
[49] Oben 2. Kapitel B. I.
[50] *Michael Tigges*, 17.
[51] *Georg Helmer*, Brandversicherungsanstalten.
[52] *Georg Helmer*, Brandversicherungsanstalten, 73; *Georg Heinrich Maurer*, 13 f.
[53] *L. Jacobi*, Beiträge zur Gesetzgebung über das Versicherungswesen im Allgemeinen und über das Feuer-Versicherungswesen insbesondere, Berlin 1869, 12.
[54] *Ludwig Arps*, Auf sicheren Pfeilern. Deutsche Versicherungswirtschaft vor 1914, Göttingen 1965, 39 f.

eines rechtsgültigen Vertrags seyn kann, [...] Versicherungen geschlossen werden". Dem Betrieb des Versicherungsgeschäftes standen die preußischen Staaten aber keineswegs „ungemein liberal" gegenüber, das Landrecht ermöglichte nicht ein freies Kräftespiel.[55] Die Gesetzgeber des Allgemeinen Landrechts setzten das damals praktizierte Octroi-Verfahren als bestehend voraus.[56] Darunter wird ein Rechtssystem verstanden, in welchem wirtschaftliche Einrichtungen zur Aufnahme des Geschäftsbetriebes der landesherrlichen Ermächtigung bedürfen.[57] Es besteht in diesem System keine „generelle Ordnung, sondern für jede Gesellschaft wird ein nur für sie geltendes Gesetz erlassen, das formell als Privileg zum Betrieb einer Gesellschaft ausgestaltet ist."[58] Ein „freie[s] Spiel der Kräfte im liberalistischen Sinne" ließ dieses System nicht zu.[59] Tigges und Duvinage stellen über § 1944 des preußischen Landrechts einen Bezug zum Octroi-System her.[60] „Die Rechte einer zu Versicherungen besonders privilegirten Gesellschaft" waren gemäß § 1944 „aus dem ihr ertheilten Privilegio zu beurtheilen." Privilegien verliehen besondere Rechte, gleichzeitig sollte der Schutz dieser Rechte verbürgt sein.[61] Der Staat übte auf die wirtschaftliche Tätigkeit der octroiierten Gesellschaften und auf ihre innere Verfassung einen enormen Einfluß aus.[62] Das Octroi-Verfahren galt grundsätzlich auch für Versicherungsunternehmen, welche die Lebensversicherung nach dem Grundsatze der Gegenseitigkeit betreiben wollten, und für Unternehmen in der Organisationsform der Aktiengesellschaft.[63] Es wurde im 19. Jahrhundert durch das Konzessionssystem abgelöst. Konzessionierung bedeutet „die Verleihung des Korporationsrechts nach administrativem Ermessen".[64] Das Konzessionssystem war bis zur zweiten Hälfte des 19. Jahrhunderts nach den gesellschafts- und vereinsrechtli-

---

[55] So auch *L. Jacobi,* 12; *Hans Christoph Atzpodien,* 41 ff.; *Michael Tigges,* 17–19.

[56] *Michael Tigges,* 17–19; *Angela Duvinage,* 8.

[57] *Max von Heckel,* Art. „Octroi", in: J. Conrad u.a. (Hg.), Handwörterbuch der Staatswissenschaften, Bd. V, Jena 1893, 50–54 (50); *Wolfgang Wagner,* Gesellschaftsrecht, in: Helmut Coing (Hg.), Handbuch der Quellen und Literatur der neueren europäischen Privatrechtsgeschichte. Bd. III. Das 19. Jahrhundert. Teilbd. III. Gesetzgebung zu den privatrechtlichen Sondergebieten, München 1986, 2969–3041 (2982 f.).

[58] *Siegbert Lammel,* Die Gesetzgebung des Handelsrechts, in: Helmut Coing (Hg.), Handbuch der Quellen und Literatur der neueren europäischen Privatrechtsgeschichte. Bd. II. Neuere Zeit (1500–1800). Das Zeitalter des gemeinen Rechts. Teilbd. II. Gesetzgebung und Rechtsprechung, München 1976, 571–1083 (602).

[59] *Hans Christoph Atzpodien,* 41.

[60] *Michael Tigges,* 17–19 (18); *Angela Duvinage,* 8.

[61] *H. Mohnhaupt,* Art. „Privileg, neuzeitlich", in: Adalbert Erler/Ekkehard Kaufmann (Hg.), HRG, Bd. III, Berlin 1984, Sp. 2005–2011.

[62] *Wolfgang Wagner,* 2983.

[63] *Peter Koch,* Der Weg zur einheitlichen Staatsaufsicht über Versicherungsunternehmen in Deutschland, in: Helmut Müller u.a. (Hg.), 100 Jahre materielle Versicherungsaufsicht in Deutschland. 1901–2001, Bd. I, 2001, 5–24 (12).

[64] *Stephan Buchholz,* Einzelgesetzgebung, in: Helmut Coing (Hg.), Handbuch der Quellen und Literatur der neueren europäischen Privatrechtsgeschichte. Bd. III. Das

chen Bestimmungen der Kodifikationen und der territorialen Rechtspraxis allgemein herrschend.[65] Es baute auf dem Grundsatz auf, „daß die wirtschaftspolitischen Interessen des Staates hinter der privaten Initiative zurückzutreten hätten, und beschränkte demzufolge die staatliche Aufsicht grundsätzlich auf die Genehmigung des Gesellschaftsstatuts."[66] Im Verlauf des 19. Jahrhunderts erließen nahezu alle deutschen Staaten spezielle Regelungen versicherungsaufsichtsrechtlichen Inhalts und führten die Konzessionspflichtigkeit ein.[67] Hierzu zählt als eines der ältesten Gesetze das preußische Gesetz über das Mobiliar-Feuer-Versicherungswesen vom 8. Mai 1837, das eine Konzessionspflichtigkeit für nichtpreußische Feuerversicherungsunternehmen einführte.[68] Entsprechende Gesetzesvorschriften fehlten noch, als sich die untersuchten Unternehmen gründeten. Die rechtlichen Grundsätze für die Lebensversicherung ergaben sich demnach nicht aus Gesetzen, sondern aus obrigkeitlichen Anordnungen während der Gründung.

Mit der Genehmigung des Geschäftsbetriebes war nicht zwangsläufig das Erlangen der Rechtspersönlichkeit verbunden.[69] Damit die Gegenseitigkeitsvereinigungen im Verkehr „als anerkanntes Einheitswesen" auftreten konnten, bedurfte es der speziellen staatlichen Verleihung, und der Staat konnte an die Verleihung und Belassung der Rechtspersönlichkeit Bedingungen knüpfen.[70] Unternehmen, die auf Gegenseitigkeit basierten, erlangten als Korporation Rechtspersönlichkeit und unterstanden dadurch der fortgesetzten Aufsicht des Staates.[71] Entsprechendes galt für Aktiengesellschaften im Bereich des Allgemeinen Landrechts. Die privilegierten Aktiengesellschaften konnten als moralische Person auftreten, besaßen damit aber noch keine Rechtspersönlichkeit.[72] Als Korporation anerkannt wurde die Versicherungsgesellschaft grundsätzlich dann, wenn sie „einen im allgemeinen staatswirtschaftlichen Interesse wurzelnden gemeinnützigen Zweck verfolgte".[73]

---

19. Jahrhundert. Teilbd. II. Gesetzgebung zum allgemeinen Privatrecht und zum Verfahrensrecht, München 1982, 1626–1774 (1758).
[65] *Stephan Buchholz*, 1758 f.
[66] *Wolfgang Wagner*, 2983.
[67] *Peter Koch*, Staatsaufsicht, 12 f.
[68] Gesetz über das Mobiliar-Feuer-Versicherungswesen vom 8.05.1837, Gesetz-Sammlung für die Königlichen Preußischen Staaten 1837, 102–108; *Hans Christoph Atzpodien*, 24 ff.
[69] *Paul Hager*, Die öffentlich-rechtliche Regelung des Privatversicherungswesens in Deutschland unter Berücksichtigung des deutschen „Entwurfes eines Gesetzes über die privaten Versicherungs-Unternehmungen", Berlin 1900, 7–9.
[70] *Otto Gierke*, Das deutsche Genossenschaftsrecht. Bd. I. Rechtsgeschichte der deutschen Genossenschaft, Berlin 1868, 1101 f.
[71] *Paul Bütow*, Die Versicherung auf Gegenseitigkeit, Berlin 1883, 17 ff. (21–23); *Helga Schneider*, Die Verfassungsentwicklung der Versicherungsvereine auf Gegenseitigkeit im 19. Jahrhundert, Göttingen 1963, 18 f.
[72] *Theodor Baums (Hg.)*, Gesetz, 20 ff.

4. Kap.: Die versicherungsrechtliche Ausgangssituation in Deutschland

Durch Octroiierung, Konzessionierung und Verleihung der juristischen Persönlichkeit wurden Aufsichtsmaßnahmen nur indirekt erzwungen, nämlich durch Aufnahme entsprechender Vorschriften in die Statuten.[74] Es mußte gewährleistet werden, daß diese Vorschriften ohne obrigkeitliche Genehmigung nicht abgeändert werden konnten.

3. Forderungen der Polizeiwissenschaft

Eine rechtssatzmäßige Regelung der Aufsicht über Lebensversicherungsunternehmen existierte nicht. Im folgenden wird untersucht, ob entsprechende Vorschriften von den bekannten Polizeiwissenschaftlern von Berg und von Mohl gefordert wurden. Es soll festgestellt werden, ob die Wissenschaftler im Interesse der Versicherten oder der Wirtschaft eine Beaufsichtigung dieses Wirtschaftszweiges verlangten.

Bereits im Jahre 1800 hatte Günther Heinrich von Berg die Einführung einer direkten staatlichen Beaufsichtigung privater Versicherungseinrichtungen gefordert, wobei er sich auf „Erndte- und Herbstassecuranz-Anstalten" bezog:

> „Da aber die Einrichtung solcher Anstalten für die Landeswohlfarth von höchster Wichtigkeit ist; so kann der Landespolicey die Oberaufsicht über dieselbe nicht bestritten werden, und wenn sie selbst die Einrichtung betreibt; so gebührt ihr auch die Leitung des Ganzen. Die besondere Aufsicht und Geschäftsleitung kann theils eigenen Commissarien, theils gewählten Gliedern der Assecuranzgesellschaft übertragen werden. Die Gesetze derselben bedürfen der Bestätigung des Landesherrn oder müssen doch demselben zur Einsicht und Prüfung vorgelegt werden.
>
> Hierbey muß besonders darauf gesehen werden, daß es dem Plane nicht an Bestimmtheit, Klarheit und Vollständigkeit fehle. Gleichheit und Gerechtigkeit in der Festsetzung der gegenseitigen Rechte und Verbindlichkeiten muß das Hauptaugenmerk seyn. Die Gegenstände der Versicherung müssen genau angegeben, die Fälle, wenn die gesellschaftliche Pflicht eintreten soll, und die Ausnahmen, welche durch besondere Umstände gerechtfertigt werden können, aufs deutlichste bestimmt, die Mittel der Entschädigung, und die Art und Weise, sie zu leisten, nach den örtlichen Verhältnissen mit gröster Sorgfalt ausgewählt und festgesetzt werden."[75]

Robert von Mohl[76] äußerte sich im Jahre 1844 entsprechend hinsichtlich des Feuerversicherungswesens.[77] Die Wichtigkeit der Sache und die Möglichkeit

---

[73] *Theodor Baums (Hg.)*, Gesetz, 27 f. (28).

[74] Siehe hierzu auch *Victor Ehrenberg*, Versicherungsrecht. Bd. I, Leipzig 1893, 153, 165 f.

[75] *Günther Heinrich von Berg*, Handbuch des Teutschen Policeyrechts, Teil III, Hannover 1800, 299–301 (301).

[76] *M. Stolleis*, Art. „Mohl, Robert von", in Adalbert Erler/Ekkehard Kaufmann (Hg.), HRG, Bd. III, Berlin 1984, Sp. 617–621; *ders.*, Geschichte des öffentlichen Rechts in Deutschland. Bd. II. Staatsrechtslehre und Verwaltungswissenschaft. 1800–1914, München 1992, 172–176, 258–261.

schweren Mißbrauches rechtfertige eine strenge staatliche Aufsicht, „damit nicht durch ungeschickte Bestimmungen, schlaffe Verwaltung oder schlechte Absichten zu Brandstiftungen Anlaß gegeben, Betrug an den Theilnehmern geübt, oder endlich der Zweck der ganzen Anstalt zum Schaden der sich täuschenden Betheiligten verfehlt werde." Deshalb sei die Regierung berechtigt und verpflichtet, die Satzungen jedes Unternehmens, welches im Staatsgebiet tätig werden wolle, zu prüfen. Nur denjenigen Unternehmen dürfe die Betriebserlaubnis erteilt werden, „welche sich den für nöthig erachteten Beaufsichtigungs-Maaßregeln zu unterwerfen bereit" seien. Die Regierung müsse durch ihre Polizeibeamten fortwährende Aufmerksamkeit auf die „Einhaltung der Satzungen und überhaupt auf die Wirkungen der Anstalten üben lassen." Hauptaufgabe der staatlichen Aufsicht sei es, „allzuhohe Einschätzungen der versicherten Gegenstände" zu verhindern und zu garantieren, daß die den Versicherten versprochenen Reservefonds tatsächlich vorhanden seien. Mit diesen Ausführungen bezog sich von Mohl auf die Feuerversicherung. Hinsichtlich der Lebensversicherung führte er aus:

> „Besondere Forderungen an den Staat zur Begünstigung der Gründung und Verwaltung der Lebensversicherungen sind wenige zu stellen. Die zur Theilnahme an diesen Anstalten Geeigneten gehören bei Weitem zum größten Theile den gebildeten Klassen an, und sind somit fähig zur eigenen Einsicht in die Vortheile und Nachtheile der ihnen gemachten Vorschläge. Die bedeutenden Summen aber, von welchen es sich bei jeder lebensfähigen Gesellschaft dieser Art handelt, machen die Einrichtung einer genügenden Verwaltung möglich. Somit wird insbesondere vom Staate nur zu verlangen seyn, daß er absichtliche Täuschungen über den Gesundheitszustand eines Aufnahmesuchenden als Betrugsversuch bestrafe und amtlich verfolgen lasse; sodann daß er die Cautionssumme, welche ein Gewinnunternehmer zur Sicherung der Versicherten übergeben mag, in öffentliche Verwaltung nehme und nur zu statutenmäßiger Verwendung verabfolge."[78]

Von Mohl will die Lebensversicherungsunternehmen nicht unter staatliche Aufsicht stellen, weil die Interessenten selbst in der Lage seien, die Vor- und Nachteile des Instituts zu beurteilen.

Bernreuther hat den Versicherungsbestand der Lebensversicherungsbank für Deutschland zu Gotha für den Zeitraum von 1829 bis 1878 untersucht.[79] Für die Zeitspanne von 1829 bis 1838 kommt Bernreuther zu dem Ergebnis, daß die Gruppe der Beamten, Lehrer und Pfarrer mit 52% den größten Anteil des Versichertenbestandes ausmachten, es folgten Handwerk und Handel mit 22%[80] und mit 11% die Selbständigen[81]. Das Militär war mit 4% vertreten, Bauern

---

[77] *Robert von Mohl,* Die Polizei-Wissenschaft nach den Grundsätzen des Rechtsstaates, Bd. II, 2. Aufl. Tübingen 1844, (149–151) 150 f.
[78] *Robert von Mohl,* 94.
[79] *Julia Friederike Bernreuther,* 196 ff.
[80] 34% Handwerk, 66% Handel (*Julia Friederike Bernreuther,* 207 f.).

mit 3%. Bei 8% des Bestandes konnte kein Beruf angegeben werden.[82] Das Bürgertum war die überwiegend vertretene Bevölkerungsschicht.

Die Notwendigkeit, die Lebensversicherungswirtschaft durch Rechtssätze einer staatlichen Aufsicht zu unterstellen, wurde von den Wissenschaftlern nicht gesehen. Als von Berg im Jahre 1800 die Forderungen hinsichtlich der „Erndte- und Herbstassecuranz-Anstalten" aufstellte, wurden Lebensversicherungen nur von englischen Versicherern angeboten. Von Mohl forderte 1844 eine strenge staatliche Beaufsichtigung des Feuerversicherungswesens, nicht jedoch der Lebensversicherungswirtschaft. Eine Interessengefährdung seitens der Versicherten befürchtete der Staatsrechtswissenschaftler nicht.

---

[81] 52% Ärzte, 18% Künstler, 14% Transport, 12% persönliche Dienste Leistende, 3% Ingenieure, 1% Privatgelehrte (*Julia Friederike Bernreuther*, 208 f.).
[82] *Julia Friederike Bernreuther*, 205.

5. Kapitel

Die Genehmigung der untersuchten Unternehmen

Die Landesherren unterstützten die ersten Unternehmensgründungen im Bereich der deutschen Lebensversicherung.[1] So genehmigte Herzog Ernst I. in Gotha die Errichtung der Lebensversicherungsbank, da eine solche Anstalt „gewiß in jeder Hinsicht Bedürfnis" sei; er erklärte sich bereit, durch Zeichnung einer Anzahl von Aktien seine „Theilnahme noch besonders zu bethätigen".[2] Die Unternehmen erlebten die Genehmigungspraxis der inländischen Behörden nicht als Schachern oder Feilschen um die Konzession. Obwohl die prüfenden Behörden wegen ihrer Unerfahrenheit mit dem neuen Institut nicht mit Sicherheit das Vorhandensein einer Gefahrenquelle ausschließen konnten und aus diesem Grunde eine Unsicherheit vorhanden war, kam es nicht zu unnötigen Verzögerungen auf Seiten der Behörden.

Arnoldi ersuchte am 1. Juli 1827 um die Genehmigung der Veröffentlichung seines Vorhabens. Bereits unter dem 9. Juli desselben Jahres erging die herzogliche Erlaubnis. In der Folgezeit wurde der Plan überarbeitet. Gleichzeitig wurden Interessenten gewonnen, bis am 1. Januar 1829 die Eröffnung des Geschäftsbetriebes stattfand.

Die erste Broschüre der Deutschen Lebensversicherungs-Gesellschaft zu Lübeck war im Jahre 1826 veröffentlicht worden. Daß das Unternehmen erst zum 1. Dezember 1828 seinen Geschäftsbetrieb eröffnete, erklärt sich nicht mit einer Behördenintervention, sondern aus der Schwierigkeit, Aktionäre für das Projekt zu gewinnen.

In Leipzig war die königliche Genehmigung unter dem 26. Februar 1830 erteilt worden. Die Zeit bis zur Geschäftseröffnung am 1. Januar 1831 verstrich mit dem Unternehmensaufbau und der Kundenwerbung.

In Hannover hatte Bruns den Plan, ein Lebensversicherungsunternehmen zu gründen, gefaßt, nachdem Arnoldi die Lebensversicherungsbank gegründet hatte. Die königliche Bestätigung war am 28. September 1829 ausgesprochen worden. Daß die Geschäftseröffnung erst am 1. Juni 1831 erfolgte, ist auf mangelndes Interesse beim Publikum zurückzuführen.

---

[1] So auch *Michael Tigges*, 42.
[2] Oben 3. Kapitel B. I. 3.

In Berlin fanden zwischen dem ersten Genehmigungsgesuch vom 28. April 1835 und der Geschäftsaufnahme am 1. September 1836 Verhandlungen mit den Ministerien des Innern und der Justiz statt, die Änderungsforderungen stellten. Außerdem hatte der eingesetzte Kommissar sich davon zu überzeugen, daß die Voraussetzungen für die Geschäftseröffnung erfüllt seien. Erst hiernach konnte das Geschäft eröffnet werden.

Die Geschäftseröffnung der Bayerischen Hypotheken- und Wechselbank zu München war am 15. Oktober 1835 erfolgt, die Lebensversicherungs-Anstalt nahm Mitte des Folgejahres ihren Betrieb auf.

Das Unternehmen in Braunschweig ist aus einer Umstrukturierung hervorgegangen.

Daß der Frankfurter Senat die Gründung der Frankfurter Gesellschaft erschwert hätte, ist ebenfalls nicht ersichtlich. Die Gründungen inländischer Unternehmen wurden demnach nicht durch die Behörden unnötig erschwert.

Der Berlinischen Lebens-Versicherungs-Gesellschaft wurde von der Regierung ein privilegium exclusivum auf 15 Jahre zuerkannt. Gleichzeitig erhielt die Gesellschaft die Erlaubnis, ihren Tarifprospekt allen Amtsblättern der 25 königlichen Regierungsbezirke beizulegen.[3] Ob darin allerdings, wie Tigges behauptet,[4] eine tatkräftige oder besondere Unterstützung zu sehen ist, ist fraglich. Die Veröffentlichung der Statuten der Aktiengesellschaften war gesetzlich nicht normiert, als die Berlinische Lebens-Versicherungs-Gesellschaft, eine Gesellschaft auf Aktien, von der Regierung bestätigt wurde. Die preußische Regierung nutzte während dieser Zeit jedoch die Gesetz-Sammlung und die Amtsblätter der Regierungsbezirke als Publikationsorgan.[5] Anders als in der Feuerversicherung gab es für die privaten Lebensversicherungsunternehmen keine öffentlichen Konkurrenzanstalten, die es seitens der Regierung zu protegieren gegolten hätte.[6] Die ausländischen Lebensversicherer waren unbeliebt in Deutschland, hier sollte inländischer Ersatz geschaffen werden.[7] Daß die Regierungen die Gründungen in irgendeiner Weise besonders erschwert hätten, ist nicht ersichtlich. Eine andere Frage ist die Genehmigungserteilung gegenüber den ausländischen Versicherungsvertretungen. Hier trafen die Unternehmen nicht immer auf offene Türen.[8] Die einzelnen deutschen Partikularstaaten betrachteten sich untereinander jeweils als Ausland. Überregionale Unternehmen mußten in jedem anderen ausländischen Staat den Geschäftsbetrieb durch Ver-

---

[3] *[Max Lehmann,]* Berlinische, 33; *Gert von Klass,* Berlinische, 17 f.
[4] *Michael Tigges,* 42 (Fn. 177).
[5] *Kurt Bösselmann,* 74 f.
[6] So auch *Michael Tigges,* 42.
[7] So auch *Michael Tigges,* 42.
[8] *A. Emminghaus (Hg.),* Geschichte, 120 ff.

tretungen staatlich genehmigen lassen.⁹ Auf diesem Wege konnten die Staaten die inländischen Unternehmen vor ausländischer Konkurrenz schützen.¹⁰ Heute ist der Schutz der inländischen Versicherungswirtschaft vor ausländischer Konkurrenz nicht Ziel der Versicherungsaufsicht, Wirtschaftslenkung soll vermieden werden.¹¹ Im Gegensatz zu den Regierungen fürchtete Bruns, der Gründer der Allgemeinen Lebens-Versicherungs-Anstalt für das Königreich Hannover, die Konkurrenz durch andere Lebensversicherungsunternehmen nicht:

„Zuversichtlich und fest, dabei aber in ruhiger Erwartung des günstigen Erfolgs, ist der Verein mit seinem einzig und allein auf Wohlfahrt und Gemeinnützigkeit im Vaterlande abzweckenden Werke aufgetreten; weder Neid, noch Habsucht, weder Tadel noch Eifersucht beseelt die Mitglieder desselben. Nie wird dieser Verein die Verdienste und Ansichten Anderer, die gleichartige Anstalten bereits errichtet haben, oder zu errichten gedenken, verkennen oder ihren Bemühungen, etwa der Concurrenz wegen, lieblos entgegen wirken, vielmehr wird er mit Freuden wahrnehmen, wenn selbst in allen größeren Staaten Deutschlands Vereine sich bilden, um gleichartige Anstalten zu errichten, damit nicht allein die Neigung zur Cultur des Wissens im Bereich solcher Unternehmungen immer reger, sondern auch die Benutzung solcher, zur Beförderung der Glückseligkeit in der menschlichen Gesellschaft gereichenden, Anstalten immer allgemeiner werden möge."¹²

Bei den Genehmigungsverfahren der untersuchten Unternehmen handelte es sich vermutlich nicht um spezielle versicherungswirtschaftliche Verfahren. Die Erteilung der Genehmigung wurde wohl nicht von der Erfüllung versicherungsspezifischer Voraussetzungen abhängig gemacht.¹³ Es mangelte an erfahrenen und sachkundigen Personen, die entsprechende Prüfungen hätten vornehmen können. Die prüfenden Regierungsstellen verfügten noch nicht über die erforderlichen versicherungswirtschaftlichen Kenntnisse und Erfahrungen.

Die Landesregierung in Gotha hatte den eingegebenen ersten Plan der Lebensversicherungsbank vor der Sanktionierung durch Legationsrat Stieler begutachten lassen.¹⁴ Der Plan wurde gebilligt. Stieler hat daraufhin – ohne staatlichen Auftrag – Arnoldi bei der Überarbeitung des ersten Plans unterstützt. Zwischen Arnoldi und Stieler fanden kontroverse Diskussionen über die Gesellschaftsbildung und Gewinnverteilung statt, die im Ergebnis zu tiefgreifenden Veränderungen des Plans führten.¹⁵ Angesichts dieser Veränderungen räumte

---

[9] *Dirk Burger*, 22 ff.

[10] *Dirk Burger*, 24 Fn. 4).

[11] *Detlef Kaulbach (Bearb.)*, Vorbem. § 1 VAG, Rdnr. 5, in: Ulrich Fahr/Detlef Kaulbach/Gunne W. Bähr, VAG.

[12] *A. L. Bruns*, Fernere Aufschlüsse behuf richtiger Auffassung und Würdigung des Plans zur allgemeinen Lebensversicherungs-Anstalt für das Königreich Hannover, Hannoversches Magazin 1830, 577–596 (577 f.).

[13] So auch *Michael Tigges*, 43.

[14] Oben 3. Kapitel B. I. 3.

[15] *A. Emminghaus (Hg.)*, Geschichte, 55 ff.

Stieler, der den ersten Plan gebilligt hatte, in einem späteren Bericht gegenüber Minister von Carlowitz ein:

„Ew. Excellenz bin ich Aufklärung darüber, wie sich die Sache so schön und einfach gestaltet hat, zu geben verpflichtet, sei es auch nur, um mich gewissermaasen zu entschuldigen oder zu rechtfertigen, dass mein Urtheil über den ersten Plan so günstig ausgefallen war. Jetzt muss ich allerdings das Bekenntniss ablegen, dass ich damals das eigentliche Wesen der Lebensversicherungen, die Grundlage der Prämienberechnung etc. zu wenig kannte, um jenen Plan in dieser Beziehung gründlich zu prüfen.

Auch blieb mir damals nur eben Zeit genug, um mich in die etwas verwickelte, nicht deutlich genug abgefasste Gesellschaftseinrichtung etc. hinein zu denken, um sie klar auseinander setzen zu können. Für die gute Sache ist aber in der That dabei nichts verloren, vielmehr hat sie durch langsameren Uebergang vom Irrthum zur Wahrheit, wie ich glaube, gewonnen. Zu meiner Entschuldigung dürfte aber wohl gereichen, dass ohne Rücksicht auf die eigentlich mehr formelle, als zum Wesen der Sache gehörende, Gesellschaftseinrichtung die Basis des Instituts: Offenheit und Uneigennützigkeit, mithin ihre erfreuliche Tendenz, unzweifelhaft vorlag; dass ich auch voraussetzen durfte, die Unternehmer seien mit dem Gegenstande nach seinem inneren Wesen hinlänglich vertraut, um nicht Unhaltbares aufzustellen, und es sei durch jahrelange Prüfung schon entschieden, dass für die Ausmittelung der sogenannten Dividende und die Bestimmung gewisser Termine der Vertheilung ein einfacherer Weg sich nicht finden lasse, – endlich aber – da vorerst nur ein vorläufiger Plan gegeben war, der Jedermann zur Beurtheilung vor Augen lag und noch besonders näher geprüft werden sollte: – so sah und fand ich nur das Gute darin, ohne das Fehlerhafte zu erkennen.

Dazu gesellte sich aber, mir fast unbewusst, die Hoffnung, es werde mir zu seiner Zeit gelingen, heller in der Sache zu sehen. Dies geschah denn auch."[16]

Das Gesuch um Genehmigung der Berlinischen Lebens-Versicherungs-Gesellschaft war den zuständigen Ministerien zugeleitet worden.[17] Das Votum des Justizministers Mühler lautete:

„Nach näherer Prüfung finde ich folgendes über die Gründung der Berlinischen Lebensversicherung zu bemerken: Daß der Zweck des projektierten Instituts ein nicht bloß zu billigender, sondern in der Tat ein gemeinnütziger sei und durch die Errichtung des Instituts einem wirklichen Bedürfnis abgeholfen werden würde, läßt sich meines Erachtens nicht in Abrede stellen. Mit Rücksicht hierauf bin ich daher auch der Ansicht, daß allgemein der Staat ein Interesse dabei habe, die Ausführungen des vorliegenden Planes zu befördern."[18]

Ein anschließender gemeinsamer Bericht des Justiz- und des Innenministers an König Friedrich Wilhelm III. vom 18. August 1835 lautete:

---

[16] Zitiert nach *A. Emminghaus (Hg.)*, Geschichte, 74–78 (75 f.).
[17] Oben 3. Kapitel B. V. 3.
[18] Zitiert nach *[Max Lehmann,]* Berlinische, 20.

5. Kap.: Die Genehmigung der untersuchten Unternehmen

„Die Möglichkeit einer Lebensversicherung möchten wir im allgemeinen für wünschenswert halten. Sie gewährt der großen Anzahl derjenigen, die ihrem Fleiße eine auslängliche Subsistenz verdanken, ohne auf die Möglichkeit erheblicher Ersparnisse rechnen zu können, eine bequeme Gelegenheit, durch mäßige Aufopferungen das Schicksal ihrer Angehörigen nach ihrem Tode sicherzustellen. Sie wirkt darin besser oder wenigstens sicherer als Sparkassen und diesen ähnliche Institute, weil der einmal erfolgte Einkauf zu fortgesetzten Ersparnissen verpflichtet. Sie hat den Vorzug vor Rentenkäufen, daß sie in den Besitz eines Kapitals setzt."[19]

Die Voten betonten den Nutzen der Lebensversicherung im allgemeinen. Eine konkrete Stellungnahme zur Berlinischen Lebens-Versicherungs-Gesellschaft enthielten sie indes nicht. Den Erklärungen folgten jedoch ausführliche Verhandlungen zwischen den Ministerien und dem Gründungsausschuß über die Abänderung einzelner Punkte der Verfassungsartikel und des Geschäftsplans.[20] Hierüber liegen keine näheren Informationen vor. Schließlich gelangte die Angelegenheit vor das Geheime Staatsministerium, in dem alle Ressortministerien vertreten waren. Hier wurde man sich über die Abänderungen einig.[21] Einzelheiten über die Beratungen sind nicht bekannt. Die Neufassungen des Geschäftsplans und der Verfassungsartikel wurden am 19. März 1836 zur Genehmigung eingereicht, das erste Genehmigungsgesuch war am 28. April 1835 eingereicht worden.

---

[19] Zitiert nach *[Max Lehmann,]* Berlinische, 20.
[20] *[Max Lehmann,]* Berlinische, 20.
[21] *[Max Lehmann,]* Berlinische, 20.

6. Kapitel

Die ersten Regelwerke

A. Einführung

Mangels einschlägiger Gesetze ist das Lebensversicherungsrecht im 19. Jahrhundert in erster Linie aus den autonom gesetzten Bestimmungen der ersten Unternehmen hervorgegangen. Die Rechtsverhältnisse wurden eigengesetzlich gestaltet. Nicht vergessen werden darf jedoch, daß jeweils eine behördliche Sanktion stattgefunden hat. Der inhaltliche Einfluß auf die Ausgestaltung der Regelwerke ist nicht mehr feststellbar. Das Lebensversicherungsrecht hat sich frei „von juristischer Dogmatik und Systematik, unbeengt von polizeilichen und büreaukratischen Einflüssen"[1] entwickelt. Das Nichtvorhandensein von Normen hatte zwangsläufig zur Folge, daß sich das Recht der Lebensversicherungswirtschaft allein aus den Bedürfnissen der Praxis entwickelt hat.

Die Rechtsgrundlagen unterscheiden sich nach äußerer Form, Struktur und Inhalt. Die Abgrenzung von organisations- und vertragsrechtlichen Vorschriften wurde unterschiedlich und nicht immer konsequent vorgenommen. Die Regelungsintensität ist ebenfalls unterschiedlich. Sie reicht von spärlichen Regelungen wie bei dem Plan der Deutschen Lebensversicherungs-Gesellschaft zu Lübeck hin zu sehr strukturierten und umfassenden Regelwerken, wie zum Beispiel Verfassung und Geschäftsplan der Berlinischen Lebens-Versicherungs-Gesellschaft. Die jüngeren Unternehmen haben nicht immer die ausgefeilteren Normen. Die Münchener Lebensversicherungs-Anstalt zählt zu diesen jüngeren Unternehmen. Die Lebensversicherungs-Anstalt war bei der Bayerischen Hypotheken- und Wechselbank ein Geschäftszweig neben anderen. Das Haupttätigkeitsfeld der Bank war die Darlehnsvergabe gegen hypothekarische Sicherheit. Diese Gewichtung spiegelt sich in der mangelnden Regelungsdichte der Reglementären Grundbestimmungen der Lebensversicherungs-Anstalt wider. Wie die Strukturierung der Materie vorgenommen wurde, vermittelt bereits eine oberflächige Durchsicht des Anhangs zu dieser Untersuchung. Insofern wird auf die Anlage verwiesen.

Die Arbeit befaßt sich mit der Institutionalisierung der Lebensversicherung. Das analytische Thema dieser Untersuchung ist die Interessenwahrnehmung in

---

[1] *Konrad Malß*, Betrachtungen, 3 f.

den Regelwerken. Der moderne Verbraucherschutzgedanke wird heute auf die historischen Verhältnisse übertragen.[2] Andere stellen auf den Schutz vor „Mißbrauch der Assekuranz durch Versicherte" ab.[3] Daß die Lebensversicherungsunternehmen „tief in das Interesse vieler Personen eingreifen" können, war den Wirtschaftspionieren bewußt.[4] Ob sie angesichts der Erkenntnis die Konsequenz gezogen haben, die Versicherten besonders zu schützen, und den Schutz der Versicherten ausdrücklich zum Motiv erklärt haben, soll geklärt werden.

Als dafür wesentlich werden die Organisationsform, die Organe und laufende Beaufsichtigung der Unternehmen, die Kapitalausstattung und -anlage sowie die Rechnungslegung angesehen. Die Versicherungsformen werden aufgezeigt, außerdem die Möglichkeit von Rechtsänderungen sowie von territorialen und sachlichen Veränderungen. Auch das Vorhandensein von obrigkeitlichen Beschwerdestellen und der Gerichtsstand werden behandelt. Damit sind nicht alle Punkte problematisiert, die heute diskutiert werden, wenn die Frage des Verbraucherschutzes in der Lebensversicherung gestellt wird.[5]

B. Organisationsformen

I. Einführung

Die ersten Lebensversicherer standen vor der Aufgabe, Organisationsformen für die Unternehmen zu schaffen. Die möglichen Unternehmensformen erfüllen die Anforderungen an den dauerhaften Bestand und an die Kapitalsicherheit jeweils anders. Dementsprechend werden auch die Interessen der Versicherten und der Wirtschaft unterschiedlich wahrgenommen. Aus diesem Grunde wird festgestellt, wie die Wirtschaftspioniere die ersten Unternehmen organisierten.

Gewähr für dauerhaften Bestand ist nach geltendem Recht, § 7 Abs. 1 VAG, allein bei Aktiengesellschaften, Versicherungsvereinen auf Gegenseitigkeit sowie Körperschaften und Anstalten des öffentlichen Rechts gegeben. Intention dieser Einschränkung ist, „die Erfüllung der Verpflichtungen der Versicherungsunternehmen gegenüber den Versicherungsnehmern auf die bestmögliche Weise sicherzustellen".[6] Die Einschränkung gilt insbesondere für die

---

[2] Oben Einführung.

[3] Oben Einführung.

[4] *Friedrich Krancke,* Erläuternde Bemerkungen über den Plan der allgemeinen Lebensversicherungs-Anstalt für das Königreich Hannover, Hannoversches Magazin 1829, 745–768 (753).

[5] *E. Fritz,* Schutz der Versicherungsnehmer als Aufgabe der Versicherungsaufsichtsbehörde, VP 51 (1961), 191–200; *August Angerer,* Probleme.

[6] *E. Frey,* Organisationsformen der Versicherungsunternehmen, in: Walter Grosse/ Heinz Leo Müller-Lutz/Reimer Schmidt (Hg.), Die Versicherung. Bd. I. Allgemeine Grundlagen, Wiesbaden 1962–1964, 629–654 (637).

„Lebensversicherung in ihren verschiedenartigsten Gestaltungen, also von der Kapital- wie von der Rentenversicherung, der Versicherung auf den Todesfall wie den Erlebensfall, von der Invaliditäts-, Alters-, Wittwen- und Waisen-, Aussteuer-, Militärdienstversicherung und dergleichen. Bei den genannten Versicherungszweigen müssen im Hinblick auf ihre hohe volkswirthschaftliche Bedeutung, ihre allgemeine Verbreitung und die Höhe der regelmäßig auf dem Spiele stehenden Interessen, zum Theil auch wegen der in Frage stehenden langfristigen Risiken von den Versicherten besondere Anforderungen an den dauerhaften Bestand und die Kapitalsicherheit einer Unternehmung gestellt werden. Diesen Anforderungen kann von Einzelunternehmern nicht genügt werden; auf dem Gebiete der Gesellschaftsorganisationen entspricht ihnen die Form der Aktiengesellschaft am vollkommensten, weil deren Bestand am wenigsten von dem Schicksal oder dem Willen einzelner Gesellschafter abhängt und daher die größte Sicherheit besteht, daß die dem Versicherungszwecke dienenden Kapitalien dauernd diesem Zwecke gewidmet bleiben."[7]

Die Rechtsformen des § 7 Abs. 1 VAG wurden gewählt, weil bei diesen Organisationsformen das Vermögen des Unternehmens rechtlich getrennt ist vom Vermögen der Anteilseigner, Mitglieder oder Träger und weil eine erweiterte Publizitätspflicht besteht.[8]

Zu Beginn der deutschen Lebensversicherung bildeten sich drei Gesellschaftstypen heraus: 1. Personenvereinigungen auf dem Grundsatz der Gegenseitigkeit, 2. reine Aktiengesellschaften und 3. sogenannte gemischte Gesellschaften.[9] Spezielle Gesetze, die allein die Gegenseitigkeitsvereinigungen oder die Aktiengesellschaften der Versicherungswirtschaft betrafen, hat es nicht gegeben. Die genannten Organisationsformen waren in der Gründungsphase aber auch im allgemeinen nicht gesetzlich normiert. Der Gesetzgeber stellte den Unternehmern keine speziellen Unternehmensformen zur Verfügung. Es bestand kein gesetzlicher Typenzwang wie nach heutigem Recht.

Die Personenvereinigungen, die die Versicherung ihrer Mitglieder nach dem Gegenseitigkeitsgrundsatz betreiben wollten, erhielten erst Anfang des 20. Jahrhunderts mit den §§ 15–53 des Gesetzes über die privaten Versicherungsunternehmungen[10] eine umfassende Regelung.[11] Ausdrückliche Erwähnung hatten die auf Gegenseitigkeit beruhenden Versicherungsunternehmen zuvor allein in dem sächsischen Gesetz, die juristischen Personen betreffend, vom 15. Juni

---

[7] Bundesaufsichtsamt für das Versicherungs- und Bausparwesen (Hg.), Motive zum Versicherungsaufsichtsgesetz (Nachdruck der Motive zum Gesetz über die privaten Versicherungsunternehmungen vom 12. Mai 1901 ...), Berlin 1963, 33 f.

[8] *August Angerer*, Probleme, 596.

[9] *E. A. Masius*, Lehre, 500 f.; *ders.*, Systematische Darstellung des gesammten Versicherungswesens. Handbuch für höhere Unterrichtsanstalten, Handels- und Realschulen und angehende Versicherungsbeamte, Leipzig 1857, 51.

[10] Gesetz über die privaten Versicherungsunternehmungen vom 12.05.1901, RGBl. 1901, 139–173.

[11] *Wolfgang Wagner*, 3032 ff. (3033).

1868[12] gefunden. Das Gesetz regelte die Gegenseitigkeitsversicherung insbesondere in den §§ 56 ff. Nach § 59 konnten Versicherungsunternehmen auf Gegenseitigkeit „nur dann die Rechte einer juristischen Person erlangen, wenn die durch Sachverständige nach den Grundsätzen der Wahrscheinlichkeitsrechnung, soweit möglich, vorzunehmende Prüfung des Statuts kein erhebliches Bedenken dagegen ergiebt, daß die Genossenschaft die gegen ihre Mitglieder übernommenen Verpflichtungen werde erfüllen können." Das Gesetz bezog sich auf Korporationen und Personenvereine aller Art und stellte aufgrund dieses weiten Anwendungsbereiches dehnbare Bestimmungen auf.[13]

Eine generelle Normierung des Aktienwesens erfolgte erstmals im französischen Code de Commerce von 1807, im 1. Buch, 3. Titel, Artt. 19, 29–37, 40, 45.[14] Hiervon abgesehen gab es im ersten Drittel des 19. Jahrhunderts in Deutschland keine allgemeinen aktienrechtlichen Vorschriften. 1836/37 wurde in Sachsen ein „Gesetz-Entwurf, die Actienvereine betreffend" ausgearbeitet.[15] Der Entwurf wurde nicht Gesetz. Das erste deutsche Aktiengesetz bildet das preußische Gesetz über die Aktiengesellschaften vom 9. November 1843[16]. Das Gesetz enthielt die erste Gesamtregelung des Aktienrechts.[17]

Da es während der ersten Gründungen an einer gesetzlichen Regelung mangelte, war die Frage der Unternehmensform von großem Interesse. Es hätte nahegelegen, die deutschen Unternehmen entsprechend den englischen Vorbildern zu errichten. Daß die Unternehmen dies nicht taten, erklärt sich aus der Abwehrhaltung gegenüber der englischen Lebensversicherungswirtschaft.[18] Die Gründer standen vor der Aufgabe, ihre Organisation selbst zu gestalten. Es setzte ein Wettbewerb um die beste Unternehmensform ein.

Masius hat die Unternehmensformen im Jahre 1846 charakterisiert. Bei der Gründung von Personenvereinigungen auf Gegenseitigkeit werde

„kein gesellschaftlicher Fond als Dotationscapital eingelegt, sondern die Mitglieder garantiren einander selbst die Auszahlung der Renten oder Capitalien. Sowie sie hierdurch die Gefahr der Unzulänglichkeit der Rechnungen oder ungünstiger äußerer Einflüsse übernehmen und also in den Fall von Zuschußleistungen kommen können, so erwerben sie auch unbestritten das Recht, die sich ergebenden Capital-

---

[12] Gesetz, die juristischen Personen betreffend, vom 15. Juni 1868, Gesetz- und Verordnungsblatt für das Königreich Sachsen 1868, 315–330.
[13] *Helga Schneider,* 24.
[14] *Kurt Bösselmann,* 61 ff.; *Götz Landwehr,* Aktiengesellschaften, 7 f.
[15] *Brigitte Baums-Stammberger,* Der Versuch einer Aktiengesetzgebung in Sachsen 1836/37, Hagen 1980.
[16] Gesetz über die Aktiengesellschaften vom 9. November 1843, Gesetz-Sammlung für die Königlichen Preußischen Staaten 1843, 341–346; *Götz Landwehr,* Aktiengesellschaften, 8–11.
[17] *Kurt Bösselmann,* 70 ff.
[18] *Peter Borscheid,* Sicherheit, 21.

überschüsse, nach Maaßgabe des Interesses, das jedes einzelne Mitglied an die Anstalt bindet, unter einander zu vertheilen."[19]

Dem Prinzip der Gegenseitigkeit schliesse sich gewöhnlich das Prinzip der unbedingten Öffentlichkeit an.[20] In der Form der Gegenseitigkeitsvereinigung organisierten sich die Unternehmen in Gotha, Leipzig, Hannover und Braunschweig.

Bei den reinen Aktiengesellschaften legten demgegenüber – so Masius – mehrere Personen ein „namhaftes Capital" zusammen,

> „um mittelst dessen alle etwaigen ungünstigen Abweichungen gegen die Grundlagen oder gegen Verluste, welche die Gesellschaft treffen können, auszugleichen und ihren Mitgliedern die Erfüllung der übernommenen Verbindlichkeiten um so mehr zu sichern. In der Regel wird [...] von einem solchen Capitale nur ein Theil baar eingelegt und für den andern bleiben die Unternehmer (Actionärs) der Gesellschaft verhaftet. Die Actionärs erwerben dadurch, daß sie alles Risico tragen was die Anstalt trifft, das Recht, den aus den Geschäften hervorgehenden Gesammtnutzen unter einander vertheilen zu können."[21]

Als reine Aktiengesellschaft war die Lebensversicherungs-Anstalt der Bayerischen Hypotheken- und Wechselbank organisiert.

Bei den sogenannten gemischten Unternehmen wurden die beiden soeben charakterisierten Formen derart kombiniert, daß zwar

> „ein Actiencapital existirt [...] die Actionärs aber einen Theil ihres Rechtes opfern und den Mitgliedern eine bestimmte Gewinnrate überlassen."[22]

In dieser Form organisierten sich die Unternehmen in Lübeck, Berlin und Frankfurt am Main.

II. Personenvereinigungen auf dem Grundsatz der Gegenseitigkeit

1. Einführung

In den Unternehmen auf Gegenseitigkeit „lebte die alte Genossenschaftsidee in moderner Form wieder auf".[23] Die Gegenseitigkeitsversicherung wurzelt in den Vorsorgebestrebungen der mittelalterlichen Gilden und Zünfte.[24] Im Gegensatz zu den vorangegangenen Instituten entsprangen die Einrichtungen des

---

[19] E. A. *Masius*, Lehre, 500.
[20] E. A. *Masius*, Lehre, 500.
[21] E. A. *Masius*, Lehre, 500.
[22] E. A. *Masius*, Lehre, 500.
[23] Peter *Borscheid*, Sicherheit, 21.
[24] Peter *Koch*, Gegenseitigkeit, 16 ff.

19. Jahrhunderts „dem modernen individualistischen Geist der Selbsthilfe und der Vorsorge zum eigenen, persönlichen Nutzen".[25] Die neuen Institute basierten auf dem „puren Selbstinteresse", sich selbst und die Angehörigen vor materieller Not zu schützen.[26] Die modernen Unternehmen, selbst diejenigen auf Gegenseitigkeit, waren „reine Interessengemeinschaften, denen das religiöse Grundgefühl des Mittelalters vollständig" fehlte.[27] Die Verwirklichung des privaten Interesses wurde über kapitalistische Unternehmen erstrebt. Die Unternehmen wurden allein zur Verwirklichung des individuellen Versorgungswunsches geschaffen. Die moderne Vorsorge war nicht bloß von nebensächlicher Bedeutung, wie es die Vorsorge in den mittelalterlichen Zünften gewesen war.[28] In den mittelalterlichen Einrichtungen hatte jeder nach Kräften des anderen Last zu tragen, Ansprüche in festgesetzter Höhe wurden nicht begründet. Die moderne Lebensversicherung kennzeichnet demgegenüber die Anspruchsberechtigung entsprechend individueller Einzahlung.[29] Daß neben der eigenverantwortlichen Vorsorge auch Kapital im eigenen Land akkumuliert wurde, war erwünschter Nebeneffekt, jedoch nicht Primärziel.[30]

2. Lebensversicherungsbank für Deutschland zu Gotha

Die Gothaer Lebensversicherungsbank wurde auf dem Prinzip der Gegenseitigkeit errichtet. Es galten feste, überschüssige Beitragssätze, gleichzeitig wurden Nachschußverbindlichkeit und Überschußberechtigung begründet. Arnoldi entschied sich gegen die Unternehmensform der Aktiengesellschaft. Ein „rein gemeinnütziges Nationalinstitut, unter der Aufsicht ihres Publicums stehend" habe „nichts gemein [...] mit den Fundgruben der Actieninhaber, die sich zu den Versicherten" verhielten, „wie an dem Farotisch die Bankhalter zu den Pointeurs: jene nehmen für sich, was diese an den Goldhaufen verloren, den sie gewinnen wollten".[31] Die Lebensversicherungsbank für Deutschland wollte ohne Gewinnsucht und Willkür Lebensversicherungen offerieren. Arnoldis Entscheidung für das Gegenseitigkeitsprinzip war eine „Reaktion auf die Dividendenpolitik der englischen Aktiengesellschaften" gegenüber den Versicherten, deren Gewinnanteile im Vergleich zu den Aktionärsdividenden sehr gering aus-

---

[25] *Peter Borscheid*, Sicherheit, 21.
[26] *Albert Rosin*, 87.
[27] *Albert Rosin*, 87.
[28] *Peter Borscheid*, Sicherheit, 21.
[29] *Albert Rosin*, 87.
[30] *Peter Borscheid*, Sicherheit, 21.
[31] Manuscript des ersten Planes. Die Lebensversicherungsbank für Deutschland, auf Gegenseitigkeit und Oeffentlichkeit gegründet. Als Manuscript für Freunde in Thüringen zur weiteren Berathung abgedruckt, Gotha 1827, zitiert als Anlage I in *A. Emminghaus (Hg.)*, Geschichte, 191–211 (193).

fielen.[32] Im Vorwort zur ersten Verfassung wird der Zweck der Lebensversicherungsbank beschrieben:

„Alle bekannten Lebens-Versicherungsanstalten haben fortwährend nicht unbedeutende Ueberschüsse, die den Versicherten entweder gar nicht, oder nur zum Theil wieder zu Gute kommen. Bei vielen werden sie unter die Unternehmer (Actionairs) als Gewinn vertheilt, bei andern sogenannten gegenseitigen Gesellschaften aber immer nur zum kleinern Theil und nach willkürlichen Bestimmungen den Interessenten wieder gewährt.

Wie sehr die Sache dadurch Denen vertheuert wird, die sich versichern, d.h. ein nach dem Tode zahlbares Kapital erkaufen wollen, ist einleuchtend. Es verdient aber Deutschland eine Anstalt zu besitzen, bei welcher die Lebensversicherungen durch Entfernung aller Gewinnsucht und Willkür möglichst erleichtert sind. [...]

Wenn auch die Sicherheit der Anstalt erfordert, die Ueberschüsse eine Zeitlang zu sammeln und verzinslich zu benutzen, so geschieht diess doch allein für Rechnung der Interessenten, d.h. Aller Lebensversicherten, denen sie, sobald es thunlich ist, sammt den gewonnenen Zinsen zurückerstattet werden.

Desshalb aber ist der Anstalt der Name einer Bank gegeben, weil sie für Alle verwaltet was Allen gehört."[33]

Das Prinzip der Gegenseitigkeit wurde gemäß § 1 Verfassung/Gotha dadurch verwirklicht, daß alle wirklichen Bankmitglieder Miteigentümer der Bank wurden. Wirkliche Mitglieder waren nur die auf Lebensdauer Versicherten.[34] Allein die wirklichen Mitglieder garantierten sich gegenseitig die Auszahlungen der Versicherungssummen und hatten Anspruch auf Gewinnbeteiligung, § 5 Verfassung/Gotha. Bei den kurzen Versicherungen entfiel beides. Die Lebensversicherungsbank beschränkte sich nicht darauf, von den Versicherten die tatsächlich ausgezahlten Summen als Beitrag zu fordern, sondern verlangte überschüssige Prämien, die feststanden, § 8 Verfassung/Gotha. Entsprechend dem Gegenseitigkeitsgrundsatz sollten die Überschüsse restlos an die Versicherten zurückvergütet werden. Die Prämien sollten nichts anderes als Vorschüsse darstellen, die erstattet wurden, wenn sie zu hoch erhoben worden waren.[35] Die erzielten Überschüsse wurden jedoch nicht direkt zurückerstattet. Sie wurden zunächst verzinslich benutzt und in Fonds verwaltet. Die Lebensversicherungsbank sah sich gemäß § 15 Verfassung/Gotha dazu verpflichtet,

„für angemessenen Sicherheitsfonds zu sorgen, vorzüglich in den ersten Jahren, bis die Anstalt hinlänglich gekannt und das Vertrauen zu derselben so befestigt ist, dass die Besorgniss wegen Zubusse wegfällt" und zu „verhüten, dass nicht einer-

---

[32] *Peter Borscheid*, Sicherheit, 21.
[33] Verfassung/Gotha, 215.
[34] Neben diesen wirklichen Mitgliedern gab es Versicherungsnehmer, die sogenannte kurze Versicherungen auf bestimmte Zeit, nämlich auf ein oder mehrere Jahre, abschlossen, § 3 Verfassung/Gotha.
[35] *Karl Samwer (Hg.)*, 20.

seits durch zweckloses Ansammeln das Eigenthum der Interessenten über die Gebühr zurückgehalten und die richtige Abmessung der Antheile zu schwierig gemacht, anderseits aber bei übermässig angehäuften Summen die Bewachung und verzinsliche Benutzung der Fonds erschwert und gefährdet werde."

Die Überschüsse blieben für die Dauer von fünf Jahren unverteilt. Die Bank betrachtete sich selbst „nur als treue Verwalterin aller bei ihr deponirten Gelder", die „dem lebenslänglich Versicherten schon bei seiner Lebzeit das Entbehrliche wieder" zurückgibt.[36] Der reine Überschuß gehörte allein den wirklichen Mitgliedern der Bank. Erwirtschaftete die Bank ein Defizit, wurde dieses zunächst durch die unverteilten Überschüsse aus den Vorjahren ausgeglichen. Reichten die Überschüsse zur Deckung nicht aus, waren die wirklichen Mitglieder entsprechend dem Grundsatz der Gegenseitigkeit zu verhältnismäßigen Nachschüssen verpflichtet, § 14 Verfassung/Gotha. Gerade in den ersten Geschäftsjahren sollte jedoch „der Fall einer Unzulänglichkeit der Einnahme fast undenkbar" sein, § 15 Verfassung/Gotha.

3. Lebensversicherungs-Gesellschaft zu Leipzig

Obwohl sich das Leipziger Unternehmen „Gesellschaft" nennt, handelt es sich nicht um eine Aktiengesellschaft, sondern wie bei der Lebensversicherungsbank um eine Personenvereinigung auf Gegenseitigkeit. Die Gothaer Lebensversicherungsbank und das Leipziger Unternehmen sind hauptsächlich in der Form ihrer Verwaltung und Kontrolle verschieden.[37] Hinsichtlich der Unternehmensform – Gegenseitigkeit auf der Grundlage fixierter Beiträge mit Nachschußverbindlichkeit und Dividendenberechtigung – ergeben sich nur unwesentliche Abweichungen. Gemäß § 2 Statuten/Leipzig basierte das Unternehmen auf „völlige[r] Gegenseitigkeit", die Mitglieder garantierten sich untereinander die Lebensversicherung. Die Gegenseitigkeit sollte die „Solidität der Anstalt" verbürgen, „indem sie den Einzelnen zum Theilhaber der gleichen Vortheile und Gewährleistungen macht, und daher jeden Verdacht eines besondern Interesse[s] entfernt".[38] Die Versicherung beruhte auf festen, jährlich gleichbleibenden Prämien, „weil einerseits der Versicherte unstreitig es vortheilhafter finden wird, den Umfang der an ihn zu machenden Ansprüche schon im voraus übersehen und berechnen zu können, andererseits durch ungewisse Ansätze der Bestand der Gesellschaft selbst gefährdet wird".[39] Die erzielten jährlichen Überschüsse wurden auch hier zunächst fünf Jahre von dem Unternehmen einbehalten, § 20 Statuten/Leipzig. „Damit indessen dieselben [die Überschüsse, Anm. d. Verf.] nicht lästig werden, und denen, durch deren Beiträge sie entstanden sind, wie-

---

[36] *Carl Christian Kehr*, Lebens-Versicherungs-Bank, 12.
[37] So auch *E. A. Masius*, Lehre, 515.
[38] Erläuternde Bemerkungen/Leipzig, 6.
[39] Erläuternde Bemerkungen/Leipzig, 6.

der zu Gute kommen, wird nach 5 Jahren erwogen werden, in wie weit der Ueberschuß des ersten Jahres entbehrlich sey und den Mitgliedern erstattet werden könne, und eine gleiche Erörterung wird in jedem folgenden Falle in Betreff der Ueberschüsse des fünften Jahres rückwärts angestellt werden."[40] Gemäß § 22 Statuten/Leipzig waren die lebenslänglich Versicherten im Falle eines Defizites zu Nachschüssen verpflichtet.

4. Allgemeine Lebens-Versicherungs-Anstalt für das Königreich Hannover

Die Allgemeine Lebens-Versicherungs-Anstalt für das Königreich Hannover war gemäß § 5 Plan/Hannover auf dem Prinzip „strenge[r] Gegenseitigkeit aller ihrer Theilnehmer" errichtet worden. Im Gegensatz zu den anderen Gegenseitigkeitsvereinigungen baute das Unternehmen nicht auf festen Prämiensätzen auf. Am Ende eines jeden Jahres mußte von den Versicherungsnehmern anteilig das Kapital aufgebracht werden, das im zurückliegenden Jahr an Versicherungssummen ausgezahlt worden war. Dies wurde von Krancke wie folgt begründet:

„Zuerst steht als unumstößliches Axiom fest, daß gegenseitige Anstalten auf feste oder unveränderliche Beiträge oder Prämien nicht möglich sind. [...]

Auch eine Lebensversicherungs-Anstalt kann, wenn sie eine gegenseitige seyn will, keine unveränderlichen Beiträge fordern. Würden diese freilich richtig nach den Erfahrungen über Mortalität für jedes Alter des Eintretenden berechnet, so müßte allerdings die Casse weder zu kurz kommen, noch Ueberschuß haben, wenn in jedem Jahre genau so viele stürben, als jene Sterblichkeitsgesetze ergeben. Allein wie sicher auch diese, aus vieljährigen Erfahrungen abgeleiteten, Gesetze im Durchschnitt [...] zutreffen, so kann doch nicht erwartet werden, daß in jedem einzelnen Jahre gerade nur so viele sterben werden, als nach jenen Gesetzen sterben sollten. Eine Anstalt, auf diese Weise eingerichtet, würde nothwendig in manchen Jahren in Verlegenheit kommen. Wollte man aber, um bei möglicher größerer Sterblichkeit sicher zu seyn, die Beiträge gleich anfangs beträchtlich höher setzen, als sie der Rechnung nach seyn sollten, so würde sich freilich bald ein Fonds bilden, der die Gesellschaft sicher stellte, aber wem gehörte dann dieser Fonds? und bis zu welcher Höhe sollte derselbe anwachsen? Ohne Ende doch wohl nicht; es würden also die Interessenten mit der Zeit weniger bezahlen wollen, als die früheren. Wo bliebe dann die Gegenseitigkeit, wenn spätere Jahre ärnteten, was frühere gesäet hätten? Es bleibt ausgemacht, daß Lebensversicherungs-Anstalten nur dann gegenseitig seyn können, wenn sie keine festen Prämien nehmen, sondern immer nur das fordern, was wirklich verausgabt ist. [...]

Wonach sollen denn nun aber die jährlichen Beiträge bestimmt werden? Offenbar am sichersten und gerechtesten nach der wirklichen jedesjährigen Ausgabe. War die Sterblichkeit in einem Jahre überhaupt geringe, so war auch für mich, den einzelnen Interessenten, die Gefahr zu sterben geringer, und es ist billig, daß ich diese

---

[40] Erläuternde Bemerkungen/Leipzig, 7.

geringere Gefahr auch durch geringere Beiträge bezahle; war dagegen die Sterblichkeit größer, so war auch meine Gefahr größer und ich kann es nicht unbillig finden, wenn ich mehr bezahlen muß. Es muß also am Ende jedes Jahrs von den Interessenten aufgebracht werden, was in demselben Jahre an die Erben der Verstorbenen ausbezahlt ist. Bei dieser Einrichtung fällt denn auch alle Schwierigkeit bei der Ausmittelung dessen, was wirklich als Ueberschuß anzusehen ist, so wie bei der Repartition dieses Ueberschusses, weg."[41]

Hierauf erwiderte ein anonymer Kritiker:

„[...] aber gerade dadurch [durch fixe Beiträge, Anm. d. Verf.] würde man diesen [den Versicherten, Anm. d. Verf.] die wesentlichste Wohlthat erwiesen haben, da einem guten Haushälter, der auf alle Bedürfnisse seine Einnahme mit Vorsicht vertheilt, nichts lästiger und unbequemer fällt, als die Ungewißheit, ob er am Ende des Jahrs eine Beisteuer von 100 statt 50 Thaler werde zahlen müssen [...] Die Maaßregel der Gothaer L.-V.-Anstalt, durch feste und muthmaßliche genügende Prämien, deren Plus oder Minus nach einigen Jahren ausgeglichen wird, diesem großen Uebelstande zu begegnen, ist so zweckmäßig und umsichtig, daß sie – statt angefochten zu werden – hätte zur Nachahmung dienen sollen, da es nicht auf die Bequemlichkeit der Verwaltenden, sondern auf die der Bezahlenden ankommt."[42]

Bei der Beitragsbemessung sollten die verschiedenen Altersstufen und Versicherungssummen Berücksichtigung finden, „nach genauer und richtiger Ausgleichung der Todesgefahr, welche sich nach den Gesetzen der Sterblichkeit mit jedem Tage erhöht", § 5 Plan/Hannover. In § 6 Plan/Hannover war festgelegt, daß die Prämien nicht gleichblieben, sondern mit zunehmendem Alter entsprechend der steigenden Todeswahrscheinlichkeit anstiegen. Den Versicherungsnehmern wurde angeraten, „selbst eine Sparcasse" anzulegen.[43] Der Vorschlag wurde kritisiert:

„Wer aber neben den Mitteln auch die Willenskraft hat, jährlich eine bestimmte Summe zurückzulegen, ohne sich durch den wohlthätigen Zwang einer L.-V.-Anstalt dazu zu nöthigen, der wird jene Ersparnisse mit viel größerem Vortheil verzinslich anlegen und dazu auch wohl eine sichere Gelegenheit ausmitteln können. Wenigstens muß ein Jeder, der ein mäßiges Einkommen hat, aus eigener Erfahrung wissen, wie wenig auf das Bestehen einer Sparcasse zu rechnen ist, die man in seinem Schranke verwahrt. Unter Zehn wird nicht einer den Vorschlag ausführen, weshalb man denselben keineswegs als eine wahre Abhülfe des gerügten Mangels der Anstalt betrachten darf."[44]

Dem Prinzip der strengen Gegenseitigkeit gehorchend sollten also die Versicherungsnehmer außer den planmäßigen Kosten nicht mehr aufbringen, als im Rechnungsjahr aufgrund der Sterbefälle zu zahlen war. Erst nach Ablauf eines jeden Rechnungsjahres sollte der Beitrag ermittelt werden, § 7 Plan/Hannover.

---

[41] *Friedrich Krancke*, 755–757.
[42] *H. F.*, 10.
[43] *Friedrich Krancke*, 752.
[44] *H. F.*, 9.

Um sicher zu gehen, daß die erst am Ende eines Rechnungsjahres zu bestimmenden Beiträge auch wirklich geleistet wurden, sollten diese einen einjährigen Beitrag als sogenannten Cassen-Vorschuß (§ 10 Plan/Hannover) und ein festes Eintrittsgeld (§ 12 Plan/Hannover) entrichten. Schließlich sollten die auf Lebenszeit Versichernden gemäß § 11 Plan/Hannover in den ersten zehn Jahren der Versicherung einen geringen Nachschuß zahlen, um den Beitragsanstieg geringer zu halten. Zur Vermeidung von Beitragsschwankungen wurden die Versicherten nach der Höhe ihrer Versicherungssumme in Klassen eingeteilt, § 15 Plan/Hannover. Die Größe der Beiträge bestimmte sich allein nach den in der jeweiligen Klasse vorgekommenen Sterbefällen. Hierzu heißt es in den „Erläuternde[n] Bemerkungen" von Krancke:

> „Was endlich noch die Größe der Beiträge, welche unsere Anstalt fordert, betrifft, so wird diese gewiß jeder für die früheren Lebensjahre sehr gering finden, wollen ihm aber die Beiträge für die höheren Lebensjahre zu hoch erscheinen, so bedenke er, daß wirklich jährlich nur das, was in dem Jahre an die Erben der Verstorbenen ausbezahlt werden mußte, von den Interessenten aufgebracht wird, daß also die Beiträge in keiner Anstalt niedriger seyn können".[45]

5. Braunschweigische Allgemeine Versicherungs-Anstalt

Das Unternehmen gründete sich gemäß § 6 Verfassung/Braunschweig auf dem Grundsatz der Gegenseitigkeit. Die Beiträge waren tariflich bestimmt, daneben bestanden Überschußberechtigung und Nachschußverpflichtung. Die Braunschweigische Allgemeine Versicherungs-Anstalt bot neben Lebensversicherungen auch Versicherungen über Witwenpensionen und Überlebensrenten sowie über Leib- und Altersrenten an. Gemäß § 5 Verfassung/Braunschweig gliederte sich das Unternehmen dementsprechend in drei Abteilungen, die sich an die ‚alte' Braunschweigische Allgemeine Wittwen-Versorgungs-Anstalt als vierter Abteilung anschlossen.[46] Trotz grundsätzlich getrennter Vermögensbestände der einzelnen Abteilungen leisteten sämtliche Versicherungsnehmer „einander gegenseitig Bürgschaft".[47] Hierzu heißt es in § 181 Verfassung/Braunschweig:

> „Alle Abtheilungen der Anstalt leisten einander für den höchst unwahrscheinlichen Fall, daß die Mittel der einen zur Erfüllung der übernommenen Verpflichtungen nicht ausreichen, dadurch Gewähr, daß in solchem Falle zur Deckung des Ausfal-

---

[45] *Friedrich Krancke*, 751.

[46] Die Allgemeine Wittwen-Versorgungs-Anstalt ist durch die Genehmigung der Verfassung der Braunschweigischen Allgemeinen Versicherungs-Anstalt für abgeschlossen erklärt worden, die erworbenen Rechte und die Pflichten ihrer Mitglieder bestanden fort. Sie hatte bereits nach dem 1. Januar 1840 keine neuen Mitglieder mehr aufgenommen. Siehe §§ 178 f. Verfassung/Braunschweig.

[47] Prospectus der Braunschweigischen Allgemeinen Versicherungs-Anstalt, o.O. o.J., 5.

B. Organisationsformen

les in dem Vermögen der einen Abtheilung die zur Zeit nicht mit zur Vertheilung kommenden Drittel von den Ueberschüssen der anderen Abtheilungen sollen verwandt werden können."

Der Zuschuß war verzinst zurückzuerstatten, § 183 Verfassung/Braunschweig.[48] Zur Frage der Nachschußverbindlichkeit bestimmte § 87 Verfassung/Braunschweig:

„Die Berechnung der Beiträge und Capitale, welche für Versicherungen aller Art an die Anstalt zu entrichten sind, ist auf solche Annahmen gegründet, daß der Fall, wo die Anstalt die übernommenen Verbindlichkeiten nicht sollte erfüllen können, fast unmöglich ist, so lange der wirkliche Zinsfuß nicht unter den bei jener Berechnung angenommenen von 3 pro Cent sinkt. Daß ein solcher Fall auch nicht in der Zeit des ersten Entstehens der Anstalt eintreten könne, dafür bürgt außer dem Umstande, daß derselbe bei nur einigermaßen zahlreichem Beitritt gerade in dieser Zeit überhaupt am allerwenigsten wahrscheinlich ist, auch das Verhältniß, in welches die neue Anstalt nach §. 178 u. ff. dieser Verfassung zu der bereits bestehenden ‚Braunschweigischen Allgemeinen Wittwen-Versorgungs-Anstalt'*) treten wird. So lange daher der wirkliche Zinsfuß nicht niedriger als 3 pro Cent wird, sollen die für Versicherungen zu leistenden regelmäßigen Beiträge und Capitale überall nicht, wenn dieser Fall eintreten sollte, nur mit verfassungsmäßiger [...] Zustimmung der Gesellschaft erhöht, und nur mit solcher Zustimmung auch außergewöhnliche Zuschüsse erhoben werden können."

*) die gegenwärtig bereits ein Capital von mehr als 150,000 Thalern besitzt.

Weiter heißt es zur Frage der Überschußberechtigung in § 87 Verfassung/Braunschweig:

„Dagegen ist es theils nach den, der Berechnung zum Grunde gelegten Sterblichkeits-Verhältnissen [...], theils weil die zu erhebenden Gelder wenigstens fürerst noch zu einem höheren Zinsfuße als dem angenommenen von 3 pro Cent benutzt werden können, im höchsten Grade wahrscheinlich, daß die Anstalt mehr Vermögen sammeln wird, als der eigentliche Bedarf ist. Die so entstehenden Ueberschüsse nun sollen den Gesellschaftsmitgliedern [...] wieder zu Gute kommen."[49]

Die Überschüsse wurden grundsätzlich gesondert für die einzelnen Abteilungen ermittelt. An der Überschußverteilung nahmen nur die auf Lebenszeit Versicherten teil, die zur Zeit der Überschußverteilung wenigstens schon fünf Jahre lang bei der Anstalt versichert waren, § 141 Verfassung/Braunschweig. Die Überschußverteilung sollte alle fünf Jahre, zum ersten Mal am 1. Januar 1850,

---

[48] In der Anfangsphase der drei neuen Abteilungen sollten Defizite „vorschußweise", als zu verzinsendes Darlehen aus dem Vermögensbestand der Allgemeinen Wittwen-Versorgungs-Anstalt ausgeglichen werden, § 184 Verfassung/Braunschweig.

[49] Die Vorschrift des § 87 Verfassung/Braunschweig findet sich in dem Abschnitt über die Versicherungen von Witwenpensionen und Überlebensrenten. Eine ausdrückliche Verweisung in dem Abschnitt über die Überschußverteilung in der Lebensversicherung (§§ 141–149 Verfassung/Braunschweig) findet sich nicht, obwohl von der Verweisungstechnik an sich Gebrauch gemacht wird; siehe hierzu §§ 142 f., die auf §§ 88, 89 Verfassung/Braunschweig verweisen.

erfolgen, §§ 142, 88 Verfassung/Braunschweig. Von den sich ergebenden Überschüssen sollten „allemal ungefähr zwei Drittel – etwas mehr oder weniger nach dem Ermessen der Administration, um die zu vergütenden Summen abzurunden – zur Vertheilung kommen, das übrige Drittel aber als Sicherheitsfonds zurückgesetzt werden, so daß es in jeder nächsten Berechnung behuf der Ermittelung des Ueberschusses unter dem Vermögen der Anstalt wieder mit begriffen wird", §§ 143, 89 Verfassung/Braunschweig. Die Verteilung der Überschüsse geschah im Verhältnis zu den bereits erworbenen Ansprüchen, § 145 Verfassung/Braunschweig. Der Überschußanteil wurde gemäß §§ 146 f. Verfassung/Braunschweig nur auf ausdrückliches Verlangen sofort bar ausgezahlt, grundsätzlich wurde er gutgeschrieben.

III. Lebensversicherungs-Anstalt der Bayerischen Hypotheken- und Wechselbank als reine Aktiengesellschaft

Die Lebensversicherungs-Anstalt der Bayerischen Hypotheken- und Wechselbank war von den untersuchten Unternehmen die einzige sogenannte reine Aktiengesellschaft, bei der also nur die Aktionäre als dividendenberechtigt galten. Die Bank war in erster Linie eine Hypotheken- und Wechselbank mit der Berechtigung zur Notenausgabe, §§ 2, 13 Statuten/München. Unter ihrer Haftung bildete die Lebensversicherungs-Anstalt einen eigenen Geschäftszweig derselben, § 1 Grundbestimmungen/München. Das Bankvermögen haftete allgemein. Die Versicherten sollten „in dem Vermögen der Bank ihre Sicherheit finden", § 2 Grundbestimmungen/München. Ein Dividendenfonds zugunsten der Versicherten war der Gesellschaftsform zufolge überflüssig.[50] Die Aktionäre sollten „ihre Beruhigung durch Zurücklegung eines Reserve- und Sicherheitsfonds, deren Beträge jährlich nach den Grundsätzen der Prämien-Berechnungen ausgemittelt" werden sollten, finden, § 2 Grundbestimmungen/München.

IV. Gemischte Gesellschaften

1. Deutsche Lebensversicherungs-Gesellschaft zu Lübeck

Die Lübecker Gesellschaft konstituierte sich als Aktiengesellschaft bei gleichzeitiger Gewinnbeteiligung der Versicherten. Die auf Lebenszeit Versichernden sollten nach dem Plan alle sieben Jahre den auf ihren Anteil entfallenden Gewinn, den sogenannten Bonus, „durch Hinzufügung zur Police" erhalten, Plan/Lübeck 8. Hierzu heißt es im Vorwort des Plans:

„Die Administrationskosten dieser Gesellschaft, an deren Spitze unbesoldete Directoren stehn, sind verhältnissmässig so geringfügig, dass den Theilnehmern höhere

---

[50] *Kurt Pohl*, Anfänge, 25.

Dividenden gesichert sind, an welchen bey Policen, die für die ganze Lebensdauer gemacht werden, auch die Versicherten Antheil erhalten, ohne den Verlüsten, welche die Societät treffen möchten, ausgesetzt zu seyn."[51]

Die Gewinnquote der Versicherten ist aus dem Plan nicht ersichtlich. Erst beim Tode des Versicherten sollte der Gewinn dem rechtmäßigen Inhaber der Police mit der Versicherungssumme ausgezahlt werden. Die Beschaffung des angestrebten Aktienkapitals stieß wegen der Unbekanntheit des neuen Geschäftszweiges anfänglich auf Schwierigkeiten, so daß es zunächst einer zweijährigen Vorbereitungszeit bedurfte, bis die Gesellschaft am 1. Dezember 1828 ihren Geschäftsbetrieb aufnehmen konnte.[52] Auf die Deutsche Lebensversicherungs-Gesellschaft zu Lübeck trifft die Behauptung, daß die Aktiengesellschaften im Gegensatz zu den Unternehmen auf Gegenseitigkeit die Geldmittel schneller zusammenbringen konnten,[53] deshalb nicht zu.

2. Berlinische Lebens-Versicherungs-Gesellschaft

In dem Bestreben, die Vorzüge der Organisationsform der Aktiengesellschaft und der Vereinigung auf Gegenseitigkeit zu vereinigen, hatte Lobeck der Berlinischen Lebens-Versicherungs-Gesellschaft die Form eines Unternehmens auf Aktien bei gleichzeitiger Gewinnbeteiligung der Versicherten gegeben. In einer Instruktion an die Agenten der Gesellschaft wurden als Nachteile der auf Gegenseitigkeit beruhenden Unternehmen folgende Punkte angeführt:

„1. daß, wenn sich ein Verlust ergibt, derselbe von den lebenslänglich Versicherten mittelst Nachschusses getragen werden muß, dieser aber schwerlich je vollständig einzutreiben sein dürfte, wenigstens nie von Allen Versicherten und nicht ohne vielseitige Prozesse und Zeitverluste.

Ueberdies tragen die lebenslänglich Versicherten noch die Gefahr kurzer oder nur auf gewisse Jahre ausgedehnter Versicherungen, wobei unter allen Umständen die angerühmte Gegenseitigkeit ausscheidet.

2. daß den lebenslänglich Versicherten nicht der ganze Nutzen der Gesellschaft ausgekehrt wird, da außer dem, für die Deckung künftiger Zahlungen bei Sterbefällen zurückzulegenden Betrage, (Reservefonds) wohl bedächtig noch ein Sicherheitsfonds, der gegen Nachschuß schützen soll, gebildet wird. Ist, wie behauptet wird, ein Verlust fast undenkbar und die Sicherheit der Gegenseitigkeit so unbedingt gewiß, weshalb wird der Sicherheitsfonds überhaupt gebildet und warum begnügt man sich nicht, den Nachschuß so wie sich das Bedürfniß dafür zeigt, von den lebenslänglich Versicherten einzufordern? – Jedoch der Besitz eines Sicherheitsfonds ist gewiß, wenn die Zuflucht zu Nachschüssen ungewiß bleiben muß. Daher entsteht

---

[51] Plan/Lübeck, 5.
[52] Hundert Jahre Lebensversicherung in Lübeck, 5 f.
[53] So aber *Gert von Klass*, Berlinische, 18.

denn die Nothwendigkeit eines fortlaufenden Sicherheitsfonds, der unvertheilbar ist, und nie an diejenigen, welche ihn zusammengeschossen, zurückgehen kann;

3. daß für die Versicherten über die als Reserve- und Sicherheits-Fonds aufgesammelten Prämien-Gelder hinaus keine Sicherheit weiter vorhanden ist, als die Redlichkeit und Tüchtigkeit der Vorsteher und Beamten."[54]

Die Berlinische Lebens-Versicherungs-Gesellschaft wollte die Nachteile des Gegenseitigkeitsprinzips vermeiden,

„1. [...] indem sie, auch im Falle von Verlusten, nie einen Nachschuß von den Versicherten verlangt;

2. sie gewährt den lebenslänglich Versicherten 2/3 des gesammten Gewinnes und reservirt nur 1/3 desselben den Actionairs. [...]

3. sie garantirt die Gefahr des Unternehmens und die Verantwortlichkeit ihrer Beamten, welche wohl in gleichem Maaße als die Beamten der gegenseitigen Gesellschaften auf die Eigenschaften der Redlichkeit und Tüchtigkeit Anspruch zu machen berechtigt sein dürften, durch ein Gesellschafts-Vermögen von Einer Million Thaler, eine Summe welche den Betrag der gesammelten Prämien vieler Jahre bei allen deutschen Gesellschaften bedeutend übersteigt."[55]

Lobeck hatte in einer Denkschrift vom 28. Oktober 1834 zur Unternehmensform ausgeführt:

„Sämtliche jetzt bestehende Anstalten [...] zerfallen nach ihrer organischen Einrichtung in 2 Hauptgattungen.

Die I^{ste} derselben umfaßt diejenigen Gesellschaften, welche – wenigstens in Beziehung auf die für die Lebenszeit Versicherten – auf volle Gegenseitigkeit gegründet sind,

Die II^{te} die sogenannten Actien-Gesellschaften.

Keine Species dieser beiden Gattungen stellt jedoch das ihnen zu Grunde liegende Princip rein dar.

Bei den auf Gegenseitigkeit gegründeten werden auch Versicherungen auf einzelne Jahre zugelassen und die solchergestalt Versicherten nehmen weder an dem Gewinn der Gesellschaft theil, noch haben sie außer den ein für allemahl festgesetzten Prämien, zu dem Verluste derselben beizutragen.

Die durch Zusammentreten von Actionairs gestifteten Gesellschaften dagegen, haben sich ihrerseits wieder dem Princip der Gegenseitigkeit dadurch zu nähern gesucht, daß sie den auf Lebenszeit Versichernden eine Theilnahme an dem Gewinn durch Gutschreiben auf das versicherte Kapital [...] verheißen.

Die Gesellschaften der ersten Gattung behalten aber immer das Hauptunterscheidungszeichen, daß ihre eigentlichen Mitglieder [...] außer der Verbindlichkeit zur

---

[54] Instruktion für die Agenten der Berlinischen Lebens-Versicherungs-Gesellschaft, zitiert nach *Gert von Klass,* Berlinische, eingefügt nach 28 (2).

[55] Instruktion für die Agenten der Berlinischen Lebens-Versicherungs-Gesellschaft, zitiert nach *Gert von Klass,* Berlinische, eingefügt nach 28 (3).

Zahlung der vorläufig bestimmten Prämien auch die Verpflichtung zu den etwaigen Nachzahlungen übernehmen müssen, wohingegen bei der zweiten die Versicherten zwar einer solchen Gefahr nie ausgesetzt sind, mithin niemals mehr, als die ein für allemahl festgesetzten Prämien zu entrichten, dagegen aber auch immer nur einen höchst unbedeutenden, in der Regel nicht einmal auf bestimmte Quote festgesetzten, Gewinn zu erwarten haben. Die aus diesem Haupt-Unterschiede für jede dieser Klassen von Gesellschaften entstehenden besonderen Vortheile und Nachtheile springen in die Augen. Die Aufgabe wäre also: die Anstalt dergestalt zu organisieren, daß die Vortheile einer jeden der beiden Gattungen von Gesellschaften möglichst vereinigt, die eigenthümlichen Nachtheile einer jeden von ihnen aber möglichst beseitigt werden. Wir haben versucht, in einem Entwurfe zu den

Verfassungs-Artickeln einer Lebensversicherungs-Gesellschaft für Berlin

diese Aufgabe zu lösen. Nach diesem Project wird

1) eine Gesellschaft durch Zusammentreten von Actionairs gebildet, welche alle Gefahr übernehmen,

2) Die Versicherungs-Prämien sind nicht höher gestellt, als es nach den bewährtesten bisherigen Erfahrungen nothwendig ist, um selbst für außerordentliche Fälle die Gesellschaft gegen Verlust, ihr dagegen in gewöhnlichen Zeiten einen mäßigen Gewinn zu sichern.

3) Die auf Lebenszeit Versicherten [...] erhalten den bei Weitem größten Antheil an dem muthmaßlich zu erwartenden Gewinn [...]. Sie genießen daher, ungeachtet sie nach 1) und 2) allen Nachtheilen der Gegenseitigkeit entgehen, doch den größten Theil des aus diesem Principe fließenden Vortheils.

Endlich wird ihnen

4) die gewissenhafteste Erwerbung und Verabfolgung dieses Gewinn-Antheils durch unbedingte Öffentlichkeit und das eigene Interesse der Actionairs gesichert."[56]

Die Aktionäre bezogen ab der Einzahlung fünf Prozent Zinsen ihres Bareinschusses. Zudem erhielten sie „einen, nach Verhältniß zu der Zahl sämmtlicher ausgegebenen Actien zu bestimmenden, Antheil an dem Fonds der Gesellschaft und an der nach Artikel 39. auf die Actionairs fallenden Gewinn-Rate", Art. 7 Verfassung/Berlin. Von dem reinen Gewinn der Gesellschaft, welcher jedes fünfte Jahr zur Verteilung kam, erhielten die Aktionäre ein Drittel und die auf Lebenszeit Versicherten zwei Drittel, Art. 39 Verfassung/Berlin, § 29 Geschäftsplan/Berlin. Die Auszahlung der Zinsen und Gewinnanteile an die Aktionäre erfolgte nach Art. 41 Verfassung/Berlin. Hinsichtlich der Gewinnauszahlung an die Versicherten verwies Art. 41 Verfassung/Berlin auf § 29 Geschäftsplan/Berlin. Die Dividende wurde nicht erst im Todesfall ausgezahlt, sondern durch Anrechnung auf die nächste Prämienzahlung geleistet. Ergab sich vor der Verteilung eines Jahresgewinns, daß die nächstfolgenden vier Jahre oder eines derselben mit einem Verlust abschließen beziehungsweise abschließt, so sollte dieser auf den Gewinn aller fünf Jahre pro rata verteilt werden. Für den Fall, daß der

---

[56] Zitiert nach *[Max Lehmann,]* Berlinische, 13–16 (14–16).

Verlust durch diese Verteilung nicht gedeckt sein sollte, wurde er von den Aktionären allein getragen, Art. 40 Verfassung/Berlin. Diese hafteten für die Gesellschaftsverpflichtungen jedoch nur bis zum Betrage ihrer Aktien, nicht mit ihrem übrigen Vermögen, auch nicht mit den von den Aktien bereits erzielten Zinsen und Dividenden.

3. Frankfurter Lebens-Versicherungs-Gesellschaft

Die Frankfurter Lebens-Versicherungs-Gesellschaft war als Aktiengesellschaft mit Gewinnbeteiligung der Versicherten konzipiert. Im Prospectus der Gesellschaft wurde die Wahl der Unternehmensform 1845 wie folgt begründet:

„Es ist hier nicht die Rede von einer Gesellschaft, welche auf Gegenseitigkeit begründet wäre, in welcher die Versicherten keine Gewißheit haben, die Vortheile zu erlangen, welche man ihnen in Aussicht stellt. In dem System der Frankfurter Lebens-Versicherungs-Gesellschaft ist Alles positiv ermittelt, beruht Alles auf unwandelbaren Grundlagen. Der Betrag einer jeden Versicherung wird im Voraus festgesetzt und fest garantirt. Außerdem bewilligt die Gesellschaft den Versicherten auf Lebenszeit einen Antheil am Gewinn, dessen Zweck ist, die Versicherungs-Summe fortschreitend zu erhöhen, oder die Versicherungs-Beiträge stufenweise zu vermindern."[57]

Vor Ablauf der ersten fünf Jahre sollte keine Gewinnverteilung stattfinden. Am Schluß des fünften Jahres sollte der Gewinn des ersten Geschäftsjahres ausgeschüttet werden, am Schluß des sechsten Jahres der Gewinn des zweiten Geschäftsjahres und so weiter, § 46 Statuten/Frankfurt. Die Versicherungsnehmer von Versicherungen auf Lebenszeit sollten gemäß §§ 7–9 Statuten/Frankfurt einen Anteil am Reingewinn erhalten, der nach § 46 Statuten/Frankfurt vor der Verteilung der Aktionärsdividende vom Gewinn in Abzug gebracht werden sollte. Das Grundkapital der Gesellschaft bestand in drei Millionen Gulden des in Frankfurt gangbaren 24 Guldenfußes. Von dem Grundkapital wurden zehn Prozent bar gegen einen dreiprozentigen Jahreszins von den Aktionären eingezahlt, §§ 14 ff. Statuten/Frankfurt. Ein Viertel des jährlichen Reingewinns sollte zur Bildung eines Reservefonds verwendet werden. Die verbleibenden drei Viertel standen den Aktionären zu, § 47 Statuten/Frankfurt. Die Verteilung des Gewinnanteils der Versicherten sollte nach Verhältnis der versicherten Summe und der Dauer der Versicherung geschehen, § 7 Statuten/Frankfurt. Die Versicherung mußte im Zeitpunkt der Verteilung wenigstens zwei Jahre bestanden haben. Zur Feststellung der Höhe der Dividende bestimmte § 9 Statuten/Frankfurt:

„Nach Ablauf der ersten fünf Jahre, die von der Wirksamkeit der Gesellschaft an verstrichen sein werden, wird jedes Jahr der Betrag des Gewinn-Antheils, welcher

---

[57] Frankfurter Lebensversicherungs-Gesellschaft. Prospectus, 4.

den am Gewinne betheiligten Versicherten gutkommt, nach §. 7 auf jede einzelne Versicherung ausgerechnet, und in Gemäßheit des §. 8 dem einzelnen Versicherten zu Gute gebracht.

Die Versicherten sind nicht berechtigt, eine Rechnungsablegung oder eine sonstige Nachweisung von der Gesellschaft zu fordern."

Wie hoch der Anteil der auf Lebenszeit Versichernden am jährlichen Gewinn sein sollte, wurde in den Statuten nicht festgelegt. Gemäß § 46 Statuten/Frankfurt war es der Verwaltungsrat, der nach Abschluß der Jahresrechnung darüber entschied, ob und in welchem Umfang eine Gewinnbeteiligung stattfinden sollte. Masius hat diese Praxis kritisiert.[58] Die Statuten gäben der Vermutung Raum, als wolle man mit jedem Teilnehmer vorher über den Gewinnanteil verhandeln, während doch nötig erscheine, daß hierbei ganz gleichmäßig und nach einem festen Maßstabe verfahren werde. Die Gewinnbeteiligung konnte von den Versicherten dazu verwendet werden, die Versicherungssumme zu erhöhen oder die Prämie zu vermindern, § 8 Statuten/Frankfurt. Außerdem konnte der Versicherungsnehmer gegen Ermäßigung seiner Prämie im voraus ganz auf seinen Gewinnanteil verzichten. Im Prospectus wurde zur Gewinnbeteiligung weiter ausgeführt:

„Diese Gewinn-Betheiligung ist um so wichtiger für die Versicherten, da sie nie von den Verlusten, die die Gesellschaft möglicherweise erleiden kann, betroffen werden können, indem dieselbe ihnen eine unveränderliche Summe, wofür sie mit dem ganzen Gesellschafts-Vermögen haftet, zusichert, und daher der Gewinn-Antheil den Versicherten durchaus nichts kostet.

Es ist hierbei wohl zu bemerken, daß keine aus dieser Cathegorie herrührende Gewinn-Vertheilung an die Actionäre Statt finden kann, ohne daß die Versicherten mit davon profitiren."[59]

Nachschüsse wurden dementsprechend gemäß § 10 Statuten/Frankfurt ausgeschlossen. Die Versicherten könnten „niemals, wie groß auch die Verluste der Gesellschaft sein" mochten, „zu irgend einem Zuschusse oder einer Nachzahlung verbindlich gemacht werden."

V. Ergebnis

Auch ohne gesetzlichen Typenzwang formierten sich die ersten Lebensversicherungsunternehmen als Gegenseitigkeitsvereinigungen sowie als reine und gemischte Aktiengesellschaften. Die Allgemeine Lebens-Versicherungs-Anstalt für das Königreich Hannover nimmt aufgrund ihrer nachträglichen Beitragsbestimmung eine Sonderstellung ein. Andere Typen wurden nicht erwogen oder diskutiert. Gegen die Form der Aktiengesellschaft wurde im wesentlichen vorge-

---

[58] *E. A. Masius*, Lehre, 547.
[59] Frankfurter Lebensversicherungs-Gesellschaft. Prospectus, 15 f.

bracht, daß derart organisierte Unternehmen allein der Bereicherung der Aktionäre dienten. Durch die Beteiligung von Aktionären werde die Lebensversicherung unnötig verteuert. Gegenseitigkeitsvereinigungen seien demgegenüber Unternehmen ohne Gewinnsucht und Willkür. Ein Befürworter der Idee der strengen Gegenseitigkeit brachte folgendes gegen die Unternehmensform der Aktiengesellschaft vor:

„Allein einer Seits ist dabei zu bemerken, daß der Fonds, welchen solche Anstalten angeben, größtentheils nominell ist, indem in der Regel nur ein Theil des unterzeichneten Capitals baar zur Disposition der Administration gestellt, der andere der Anstalt nur durch Promessen zugesichert wird, mithin nur in sofern als Sicherheitsfonds angesehen werden kann, als die Unterzeichner in ihrer Zahlungsfähigkeit beharren. [...] Nun kommt aber auf der andern Seite in Betracht, daß nur ein Thor einen beträchtlichen Theil seines Vermögens zum Pfande setzt, wenn er nicht einen Gewinn davon hofft, welcher der Gefahr angemessen ist. Deshalb sind die eigentlichen Unternehmer, Directoren oder wie sie sich sonst nennen mögen, genöthigt, zu den Prämien, welche sie nach den Erfahrungen über die Sterblichkeit der Menschen sich eigentlich müßten zahlen lassen, einen beträchtlichen Gewinn zu setzen. [...] Die bisherigen Anstalten setzen aber im Durchschnitt die Prämien mehr als 30 Procent höher, als sie sollten, und sind daher den Actionairen eine höchst gewinnreiche Speculation, den eigentlichen Unternehmern aber hinreichendes Subsistenzmittel, ja ein Mittel, reich zu werden. Die Sicherheit wird also von den Interessenten höchst theuer erkauft, [...]*)."[60]

*) Der Umstand, daß einige Anstalten von ihrem Gewinn einen Theil den Interessenten gut schreiben, kommt hier wenig in Betracht, da dieses immer nur ein kleiner Theil ist und da die meisten Anstalten ihre Interessenten nicht einmal über die Quote des ganzen Gewinns, welche sie gut schreiben, in Kenntniß setzen.

Gegen das Prinzip der Gegenseitigkeit wurde die Nachschußverbindlichkeit ins Feld geführt. Von den Vereinigungen auf Gegenseitigkeit selbst wurde die Notwendigkeit eines Nachschusses für „fast undenkbar"[61] sowie „nach den Gesetzen der Wahrscheinlichkeit und den vielfachen Erfahrungen ähnlicher Institute fast undenkbar [...]"[62] oder höchst unwahrscheinlich[63] bzw. „fast unmöglich"[64] erklärt.

Die Aktiengesellschaften begegneten der gegen sie vorgebrachten Kritik, indem sie die Quoten der Versicherten- und Aktionärsdividenden mitteilten und indem sie auf das Aktienkapital als Haftungsmasse hinwiesen.

In der Diskussion wurden aber nicht die Interessen oder Belange der Versicherten als Maßstab verwendet. Ihre Entscheidung für das Gegenseitigkeitsprin-

---

[60] *Friedrich Krancke,* 754 f.
[61] § 15 Verfassung/Gotha i. V. m. § 14 Verfassung/Gotha.
[62] § 22 Statuten/Leipzig.
[63] § 181 Verfassung/Braunschweig.
[64] § 87 Verfassung/Braunschweig.

zip hat die Gothaer Lebensversicherungsbank für Deutschland wie folgt begründet: „Es verdient aber Deutschland eine Anstalt zu besitzen, bei welcher die Lebensversicherungen durch Entfernung aller Gewinnsucht und Willkür möglichst erleichtert sind."[65] Nicht der einzelne Versicherte verdiente also ein funktionierendes Unternehmen, sondern Deutschland. Die Idee der Lebensversicherung wurde in die Tat umgesetzt. Erst in zweiter Linie ging es um die Bereitstellung des Produkts Lebensversicherung für den Einzelnen. Entscheidend war es, dem Markt ein funktionsfähiges Instrument zur Verfügung zu stellen. Den Einzelnen vor negativen Folgen zu schützen, war nicht Leitmotiv. Im Vordergrund stand die Institutionalisierung der Lebensversicherung. Feste Formen existierten noch nicht, deshalb mußten die denkbaren Formen ausprobiert und diskutiert werden.

C. Organe und laufende Beaufsichtigung der Unternehmen, insbesondere die Repräsentation der Versicherten

Bereits im Jahre 1832 wurde kritisch hinterfragt, wie das Zusammenspiel der Gesellschaftsorgane geregelt sein müsse, um das „Wohl der Gesellschaften" nicht zu vernachlässigen:

„Sehr gern will ich zugeben, daß die Personen, welche den anfangenden Instituten vorstehen, dies weitläuftige Geschäft vollkommen kennen, und zugleich die rechtschaffensten, klügsten und umsichtigsten Männer sind, allein, wenn bekanntlich die Gouvernements, versehen mit aller Machtvollkommenheit, die größte Mühe haben, überall stete Ordnung aufrecht zu erhalten, was sicher bei jenen von den Regierungen blos erlaubten, und nicht unter Aufsicht des Staats stehenden Privat-Unternehmungen, daß die Wahlen stets glücklich ausfallen werden, und nicht Männer sich einschleichen, welche die großen Fonds der Institute in ihrem Nutzen gebrauchen, oder die Ausleihung der Capitalien nachlässig und schädlich betreiben, gar Cassen-Defecte veranlassen, und das Wohl der Gesellschaften überhaupt vernachlässigen."[66]

Im folgenden sollen zunächst die Organe der einzelnen Unternehmen und ihr Zusammenspiel sowie die staatliche Beaufsichtigung beschrieben werden. Weiter unten[67] werden die Maßnahmen der Unternehmen zur Sicherung der gesammelten Kapitalien dargelegt.

---

[65] Oben 6. Kapitel B. II. 2.
[66] Ideen über Lebens-Versicherungs-Anstalten und ihre Mängel, 23 f.
[67] Unten 6. Kapitel D.

I. Organe der Unternehmen

1. Lebensversicherungsbank für Deutschland zu Gotha

Die Leitung und Verwaltung der Bankangelegenheiten übernahmen in Gotha zunächst provisorische Organe – ein provisorischer Ausschuß sowie ein provisorischer Bankdirektor nebst provisorischen Bankbeamten, § 18 Verfassung/Gotha. Der Ausschuß blieb so lange im Amt, bis sich die endgültigen Institute gebildet hatten. Bankdirektor und -beamte bekleideten ihre Ämter vorerst ein Jahr lang, dann konnten sie in ihrem Amt bestätigt oder aber ersetzt werden. Provisorischer Bankdirektor war der Gründer der Bank Ernst Wilhelm Arnoldi.

Gemäß § 20 Verfassung/Gotha bildeten sich drei Bankausschüsse. Den Ausschüssen oblag die Beratung und Entscheidung über Verfassungs- und Verwaltungsangelegenheiten. Sie hatten in Gotha und in zwei anderen thüringischen Orten (Erfurt und Weimar) ihren Sitz, wo sie unabhängig voneinander berieten und Beschlüsse faßten. Jeder Ausschuß bestand aus sieben, ausnahmsweise aus fünf, gewählten Mitgliedern. Wahlfähig und wahlberechtigt waren alle auf Lebenszeit Versicherten, die volljährig und männlich waren und die innerhalb Thüringens[68] wohnten, § 19 Verfassung/Gotha. Die Ausschußmitglieder waren die „eigentlichen Vertreter" der Versicherten, § 20 Verfassung/Gotha. Jeder der Ausschüsse wählte aus seiner Mitte einen Vorsteher. Der Vorsteher wurde in den Vorstand der Lebensversicherungsbank entsandt. Im Bankvorstand repräsentierte der Vorsteher seinen Ausschuß, § 23 Verfassung/Gotha, und entschied in dessen Namen. Die drei Vorsteher wählten einen sogenannten Vorstandsdirigenten. Dieser mußte selbst nicht Versicherter sein. Er besorgte die Leitung der Vorstandsgeschäfte ohne Stimmrecht, § 23 Verfassung/Gotha. Der Vorstand leitete die Verwaltung des Unternehmens. Hierzu berieten sich die Vorstandsmitglieder regelmäßig alle sechs Monate, außerdem konnten außerordentliche Versammlungen einberufen werden. Vor Ablauf des ersten Geschäftsjahres ernannte der Bankvorstand einen Bankdirektor sowie drei oder vier Bankbeamte, einen Banksekretär, einen -kassierer sowie einen oder zwei -buchhalter. Die Bankbeamten hatten „angemessene Kauzion" zu leisten, § 27 Verfassung/Gotha. Bankdirektor und -beamte bildeten das „Bureau" der Lebensversicherungsbank und besorgten die „Bureau-Geschäfte", § 27 Verfassung/Gotha.

Der Direktor und die ihm unterstellten Bankbeamten erledigten die laufenden Bankgeschäfte. Sie bildeten die eigentliche Verwaltungsbehörde. Der Bankdirektor mußte gemäß § 26 Verfassung/Gotha in Gotha wohnen. Er mußte „ein

---

[68] Das Gebiet wurde in einer Anm. zu § 19 Verfassung/Gotha näher definiert: „Unter Thüringen wird hier der Länderbezirk zwischen der Saale, dem Thüringerwald, der Werra, und einer von Wanfried über Mühlhausen, Sondershausen, Frankenhausen, zur Unstrut gezogenen Linie verstanden, so dass die genannten Orte noch zu Thüringen gehören."

C. Organe und laufende Beaufsichtigung der Unternehmen

möglichst unabhängiger, in Geschäftsführung geübter, nicht durch Staatsdienst gebundener zuverlässiger Mann seyn, und darf keine Verpflichtungen haben oder übernehmen, die mit denen bei der Bank, zum Nachtheil derselben, in Kollision kommen könnten." Der Bankdirektor hatte Aufsichtsfunktion, indem er die Aufrechterhaltung der Gesetze und die Ausführung der Vorstandsbeschlüsse zu überwachen hatte. Erster Bankdirektor wurde Arnoldi. Gemäß § 25 Verfassung/Gotha ernannte der Vorstand jährlich eine aus der Versichertengemeinschaft rekrutierte Revisionskommission und einen Spezialrevisor. Die Kommission wachte darüber, daß die Verfassung eingehalten wurde, insbesondere kontrollierte sie die Buchführung, die Jahresabrechnung, die Ein- und Auszahlungen der Gelder, die Deponierung der Obligationen etc., § 28 Verfassung/ Gotha. Der Spezialrevisor mußte in Gotha wohnen und gemäß § 28 Verfassung/ Gotha ein „anerkannter Rechnungsverständiger, und dabei in Geschäften geübt, umsichtig und gewandt, überdiess mit der Bankverfassung und dem Administrazionswesen völlig vertraut seyn"; seine Aufgabe bestand darin, „die Rechnung und alles détail der Bankverwaltung, unabhängig von den Bankbeamten, fortwährend speziell zu revidiren und zu prüfen." Die gesellschaftsinternen Aufsichtsorgane der Bank waren somit der Bankdirektor, die Revisionskommission und der Spezialrevisor. Gegenüber den Interessenten und Versicherten wurde die Bank durch ihre Agenten vertreten. Ohne Vermittlung eines Agenten konnte kein Versicherungsvertrag zustande kommen, §§ 30, 42 Verfassung/Gotha. An die Bank direkt konnten sich die Interessenten nicht wenden. Eine andere Aufgabe der Agenten bestand darin, bei der Vermögensanlage förderlich mitzuwirken. „Da die sichere und verzinsliche Unterbringung der Gelder ein Hauptgegenstand der Sorgfalt der Bank ist, und da man zugleich die Absicht hat, so viel thunlich, alle Länder und Provinzen, wo Versicherte sind, daran Theil nehmen zu lassen", wurden Agentur-Ausschüsse gebildet, § 36 Verfassung/Gotha. Das Bankgebiet wurde hierzu in Bezirke eingeteilt und für jeden solchen Bezirk wurde ein Ausschuß mit wenigstens fünf wahlfähigen Personen durch die Wahlberechtigten gewählt, § 37 in Verbindung mit § 19 Verfassung/Gotha. Die Agentur-Ausschüsse berieten die angetragenen Ausleihgeschäfte. Die letzte Entscheidung über das betreffende Geschäft oblag der Bank und dem Vorstand, § 38 Verfassung/Gotha. Bei schwierigen oder besonders wichtigen Geldoperationen wurden „zwei der angesehensten Wechselhäuser in Leipzig und Frankfurt a.M. um ihr Gutachten ersucht", § 39 Verfassung/Gotha. „Bei etwa erforderlichen rechtlichen Gutachten" wollte die Bank sich „an Rechtsgelehrte wenden, die selbst bei der Bank interessirt sind", § 39 Verfassung/Gotha. Hinsichtlich der Verwaltungskosten bestimmte § 40 Verfassung/Gotha:

> „Die bei der Bank angestellten oder Verpflichtungen und Funkzionen übernehmenden Personen werden theils salarirt, theils für Zeitaufwand, Reisekosten etc. entschädiget. Alles nach Billigkeit, nichts übertrieben.
> Die Bestimmungen darüber können nach Zeit und Umständen einer Abänderung unterliegen, doch nur nach gemeinsamer Berathung der Bank-Ausschüsse.

Durch die Instrukzionen wird alles Nöthige darüber festgestellt.

Diese Salarien und Entschädigungen nebst Porto und anderm Neben-Aufwand machen die Verwaltungskosten aus."

Die Leitung der Unternehmensverwaltung oblag also dem Bankvorstand. Die laufenden Geschäfte erledigten der Direktor und die ihm unterstellten Bankbeamten. Sie bildeten das eigentliche Verwaltungsorgan. Die Unternehmensaufsicht übten der Bankdirektor sowie die Revisionskommission und der Spezialrevisor aus. Die lebenslänglich Versicherten, die innerhalb Thüringens wohnten, männlich und volljährig waren, wählten aus ihrer Mitte die Mitglieder der Bankausschüsse und entsandten Repräsentanten in den Vorstand. Daneben bildeten wahlfähige Versicherte die Revisionskommission.

2. Deutsche Lebensversicherungs-Gesellschaft zu Lübeck

Der erste Plan der Lübecker Gesellschaft regelte die Gesellschaftsorganisation nicht. In der vorausgegangenen Abhandlung „Ueber eine in Lübeck zu errichtende Deutsche Lebensversicherungsgesellschaft" war hinsichtlich des Gesellschaftsaufbaus angekündigt worden:

„Die Geschäfte der Societät werden von Sechs unbesoldeten Directoren und einem besoldeten Bevollmächtigten besorgt.

Auch auswärtige Actionaire können, unter näher zu bestimmenden Bedingungen, durch Bevollmächtigte, Directoren seyn.

Von den Directoren haben immer zwei die speciellere Verwaltung mit dem Bevollmächtigten, wozu besonders die Entscheidung über die Annahme der sich zur Versicherung meldenden Personen und die Unterzeichnung der Policen, Rentenbriefe u.s.w. gehört, durch welche sie jedoch, wie es sich von selbst versteht, nur die Gesellschaft und nicht sich selbst persönlich verbindlich machen.

Die Verwaltung wechselt jährlich unter den Directoren. Wird Einer derselben durch Krankheit oder andere Umstände von der Verwaltung abgehalten, so tritt der in der Reihe folgende Director an seine Stelle.

Bei Erledigung der Stelle eines Directors wird von der bleibenden Direction ein anderer aus den Actionairen erwählt.

Sollte der Bevollmächtigte durch Krankheit oder Alter ausser Stande gesetzt werden, seinen Geschäften vorzustehen, so schlägt er einen interimistischen Geschäftsführer vor und unterhält diesen, wenn er von der Direction angenommen und bestätigt ist, auf eigene Kosten. Wird der Bevollmächtigte nur temporair und zwar auf kurze Zeit an Theilnahme bei der Verwaltung verhindert, so wird derselbe durch den dritten Director oder einen der folgenden vertreten, der auch an des Bevollmächtigten Stelle unterzeichnet.

Bei erfolgendem Tode des Bevollmächtigten bleibt die Wahl eines neuen Bevollmächtigten der Direction vorbehalten.

Das nöthige Comptoir-Personale wird von der Direction und dem Bevollmächtigten gewählt und verabschiedet.

In den allgemeinen Versammlungen der Actionaire giebt der Besitz einer Actie das Recht zu einer Stimme; der Besitzer von 4 Actien hat zwei Stimmen, der Besitzer von 8 Actien hat drei Stimmen, der Besitzer von 10 Actien und darüber hat vier Stimmen.

Wichtige Veränderungen, die man in Zukunft vorzunehmen rathsam finden möchte, müssen in einer allgemeinen Versammlung vorgelegt und durch Mehrheit der Stimmen bewilligt werden, ehe sie zur Ausführung gebracht werden können.

Der Abschluss der Bücher und die Darlegung der Bilanz und des Zustandes der Gesellschaft geschieht alljährlich."[69]

Der Plan beschränkte sich darauf, die Personen namentlich aufzuführen, die die Ämter bekleideten. Es werden sechs „Fungirende Directoren" aufgeführt, daneben drei „Berathende Mit-Directoren" und ein „General-Agent", namentlich Carl Wilhelm Vermehren.[70]

Die Kompetenzen der Aktionärsversammlung, der fungierenden und beratenden Direktoren sowie des Generalagenten lassen sich nach dem ersten Plan nicht eindeutig abgrenzen. Eine interne Aufsicht wird nicht bestimmt. Die Versicherten sind an der Gesellschaftsorganisation nach dem Plan nicht beteiligt.

3. Lebensversicherungs-Gesellschaft zu Leipzig

Die Organe der Lebensversicherungs-Gesellschaft zu Leipzig werden in § 7 Statuten/Leipzig aufgezählt:

„Bei der Verwaltung und Aufsicht in Betreff der Geschäfte und Angelegenheiten der Gesellschaft concurriren:

1) ein Directorium,

2) ein Ausschuß derjenigen Mitglieder, welche auf Lebenszeit versichert haben,

3) der Magistrat zu Leipzig durch einen Deputirten."

Das Direktorium bestand gemäß § 8 Statuten/Leipzig aus sieben Mitgliedern des Gelehrten- und Kaufmannsstandes. Ihm oblag gemäß § 9 Statuten/Leipzig die oberste Leitung der Geschäfte. Es war seine Aufgabe,

„für das Interesse sämmtlicher Theilhaber des Vereins, für die Verwaltung aller Angelegenheiten der Gesellschaft, nach Maasgabe dieser Statuten, zu sorgen, über die Versicherungsgesuche unter Zuziehung eines anerkannt rechtlichen, tüchtigen und unpartheiischen Arztes zu entscheiden, solche zuzulassen oder bei eintretenden Bedenken [...] zurückzuweisen, die Aufnahmegesuche und die denselben beigefügten

---

[69] Ueber eine in Lübeck zu errichtende Deutsche Lebensversicherungsgesellschaft, 5 f.

[70] Plan/Lübeck, 3.

Beglaubigungen zu verwahren, die eingehenden Gelder aufzubewahren und unterzubringen, die Rechnungen sorgfältig zu führen und alljährlich öffentlich abzulegen, die Auszahlung der versicherten Summen nach genauer, nöthigenfalls unter Mitwirkung eines Arztes, vorzunehmender Erörterung aller einschlagenden Umstände zu besorgen, wegen eingetretener Differenzen das erforderliche Verfahren einzuleiten und anzuordnen, die für die Angelegenheiten der Gesellschaft nothwendigen Unterbeamten und Mittelspersonen zu ernennen, auch über deren Vermehrung oder Verminderung zu verfügen."

Die Statuten sahen in § 8 Statuten/Leipzig die Möglichkeit vor, einen Direktor „bei gegründeten Besorgnissen von Nachtheilen aus dessen Geschäftsführung" abzusetzen. In § 12 Statuten/Leipzig war geregelt, daß ein Direktorialmitglied, das „durch eigenmächtige, statutenwidrige Handlungen oder grobe Verschuldung einen Schaden veranlassen sollte", gegenüber der Gesellschaft zum Ersatz verpflichtet war. Ein zeitgenössischer, anonymer Kritiker sah in der vorgesehenen Absetzungsmöglichkeit und Ersatzpflicht Mißtrauen erregende Umstände. Es werde offenbar zugestanden,

„daß die Directorial-Mitglieder in einer solchen Stellung sind, in welcher sie statutenwidrige Handlungen begehen, grobe Verschuldungen auf sich laden und die Gesellschaft in Schaden bringen können. Allerdings sollen sie den Schaden, den sie veranlaßt haben, ersetzen. Aber gesetzt, der Mann, dem diese Verbindlichkeit aufgelegt wird, ist außer Stande, derselben zu genügen? Sind in einem solchen Falle die übrigen sechs Directoren solidarisch verpflichtet, für ihren Collegen zu stehen, oder muß die Kasse den Schaden tragen? – In Gotha scheint man an solche Fälle gar nicht gedacht zu haben, weil sie unmöglich vorkommen können."[71]

Die Ausführung der Direktorialbeschlüsse und die Erledigung der laufenden Geschäfte war dem „fungirenden Director" überantwortet, § 11 Statuten/Leipzig. Die Kontrolle der Verwaltung besorgte ein Gesellschaftsausschuß. Dieser hatte sieben Mitglieder, welche im ersten Geschäftsjahr vom Magistrat der Stadt Leipzig aus der Gruppe der lebenslänglich mit wenigstens 1.000 Rthlr. Versicherten aus Leipzig und Umgebung ernannt wurden. Im Folgejahr wurden die Ausschußmitglieder gewählt, § 13 Statuten/Leipzig. Der Ausschuß repräsentierte die Gesamtheit der Versicherten. Er kontrollierte die Einhaltung der Statuten und die regelmäßige Geschäftsführung durch das Direktorium, § 14 Statuten/Leipzig. Der Ausschuß versammelte sich unter Hinzuziehung des Direktoriums jährlich. Zur Erleichterung seiner Kontrollfunktion war dem Ausschuß ein permanenter Revisor beigegeben, § 15 Statuten/Leipzig. Außerdem wurde für die Gesellschaft ein Kassierer tätig. Er hatte „nach einer besondern Instruction die vorfallenden Expeditionsgeschäfte unter Aufsicht und Anweisung des fungirenden Directors zu besorgen, auch eine Caution von wenigstens 2.000 Rthl. zu bestellen, und wird auf die Constitution vom anvertrauten Gute verpflichtet", § 17 Statuten/Leipzig. Die Agenten des Unternehmens waren zur „Annahme

---

[71] *F. H.-ff.*, 47.

der Versicherungsanmeldungen, deren Einsendung an das Directorium, Aushändigung der von dem Directorium ihnen zugesendeten Versicherungsscheine an den Versichernden, Empfangnahme von Geldern und deren Einrechnung an das Directorium, Anstellung der Erörterungen, welche ihnen theils zu Folge ihrer allgemeinen Instruction obliegen, theils speciell von dem Directorium in einzelnen Fällen aufgegeben werden, bestimmt", § 17 Statuten/Leipzig. In den „Erläuternde[n] Bemerkungen" wurde die Unternehmensorganisation wie folgt beschrieben:

> „Die Einfachheit des Verwaltungsprincips wird dem aufmerksamen Leser der Statuten sofort einleuchten. Die Leichtigkeit, mit welcher sämmtliche Mitglieder des Directorium in jedem vorkommenden Falle zu gemeinsamer Berathung versammelt werden können, die unmittelbare Besorgung der täglichen Geschäfte durch einen fungirenden, und einen zweiten der Reihe nach beizugebenden Director erschien wünschenswerth für den Geschäftsbetrieb, geeignet zu Ersparnissen mancherlei Art. Und daß diese Geschäftsführung durch einzelne Directoren und deren Gesammtheit nie in irgend eine schädliche Willkühr ausarten könne, dafür ist durch das Verbot irgend einer in Verfassungssachen allein vorzunehmenden Berathung und Verfügung, durch eine doppelte Controle, des Magistratsdeputirten, der den Versammlungen des Directorium beiwohnt, und jeden Beschluß desselben durch Verweigerung seiner Zustimmung hindern kann, sodann des Ausschußpersonals, welches die Verwaltung, zugleich unter Beigabe eines verpflichteten Revisor, zu prüfen hat, so überflüssig gesorgt, daß nicht einmahl die entfernteste Besorgniß irgend einer fahrlässigen Verabsäumung der gesellschaftlichen Interessen je Platz ergreifen kann."[72]

Oberstes Organ war demnach das siebenköpfige Direktorium, das mit Vertretern des Gelehrten- und Kaufmannsstandes besetzt war. Ausführungsorgan war der fungierende Direktor. Internes Aufsichtsorgan war der Ausschuß mit lebenslänglich Versicherten, den ein permanenter Revisor unterstützte. Der Ausschuß kontrollierte die Einhaltung der Verfassung und den Geschäftsgang. Die sieben Ausschußmitglieder wurden im ersten Jahr vom Magistrat zu Leipzig ernannt, in den Folgejahren wurden sie durch die wahlfähigen Versicherten aus deren Mitte gewählt. Die Versicherten waren somit im Ausschuß repräsentiert.

4. Allgemeine Lebens-Versicherungs-Anstalt für das Königreich Hannover

Gemäß §§ 15, 20 Plan/Hannover wurden die Versicherten zur Verhinderung von Beitragsschwankungen entsprechend der versicherten Summe in fünf Klassen eingeteilt. Die Klassen unterstanden einer einheitlichen Verwaltung. Die erste Einrichtung der Anstalt betrieb ein hierzu gegründeter Verein, § 21 Plan/Hannover. In § 21 Plan/Hannover wurden außerdem die endgültigen Organe aufgeführt:

---

[72] Erläuternde Bemerkungen/Leipzig, 8 f.

„Sobald aber die Anstalt ins Leben tritt, wird die Leitung und Administration derselben in die Hände dreier Behörden gelegt; diese bestehen:

1) aus einem Directorial-Rath von zwölf Personen, der die Gesammtheit der Mitglieder aller fünf Classen repräsentirt;

2) aus einer General-Direction, der die obere Leitung der ganzen Anstalt obliegt.

Der Directorial-Rath und die General-Direction befinden sich in der Residenzstadt Hannover.

3) Aus mindestens sechs Special-Directionen, die in den größeren Städten des Königreichs errichtet und deren Geschäftskreise wo möglich nach Maßgabe der bestehenden Landes-Eintheilung bestimmt werden sollen. Einer jeden dieser Special-Directionen wird wiederum eine zweckmäßige Anzahl Recepturen, in kleineren Städten errichtet, untergeordnet."

Die Generaldirektion ging aus dem Gründungsverein hervor. Die Direktion hatte die Unternehmensleitung inne, § 30 Plan/Hannover. Der Direktorialrat repräsentierte die Versicherten und vertrat deren Interessen. Gemäß § 24 Plan/Hannover war der „Directorial-Rath [...] der Stellvertreter der Gesammtheit der Mitglieder" der Anstalt; ihm oblag es, „darüber zu wachen, daß das Interesse derselben auf keine Weise beeinträchtiget, vielmehr so viel als möglich befördert werde". Dem Rat stand die Aufsicht über die Geschäftsführung der Generaldirektion zu, §§ 24 f. Plan/Hannover. Die Ratsmitglieder wurden auf einer Generalversammlung von Versicherten aus deren Mitte auf fünf Jahre gewählt, § 22 Plan/Hannover. Die Mitglieder des Rates sollten nach § 28 Plan/Hannover „nur anerkannt rechtliche und gebildete Männer" sein, „insonderheit solche, deren Beruf oder sonstige Stellung als Staatsbürger gestattet, zum Wohl der Anstalt thätig mitwirken zu können." Der Rat bestimmte einen Vorsitzenden und Protokollführer, § 23 Plan/Hannover. Die Generaldirektion bestand gemäß § 29 Plan/Hannover aus einem ersten und einem zweiten Direktor sowie aus einem ersten und zweiten Inspektor. Der erste Direktor war zuständig für die Verwaltung und zinsbare Unterbringung der Gelder, § 33 Plan/Hannover. Der zweite Direktor korrespondierte mit den Spezialdirektionen, § 34 Plan/Hannover. Der erste Inspektor betrieb die Buchführung, § 35 Plan/Hannover. Der zweite Inspektor war der Revisor der Anstalt, § 36 Plan/Hannover. Die Mitglieder der Direktion blieben lebenslänglich in ihren Ämtern, „sofern nicht ihr eigener Wille oder dem Interesse der Anstalt zuwider laufende Umstände es nöthig machen, eine andere Wahl zu treffen", § 29 Plan/Hannover. In größeren Städten des Geschäftsgebietes wurden Spezialdirektionen eingerichtet, außerdem sogenannte Rezepturen. Die Spezialdirektionen wurden vom Direktorialrat auf Vorschlag der Generaldirektion ernannt, § 37 Plan/Hannover. In den Spezialdirektionen wurde über die Aufnahme neuer Mitglieder entschieden.

Oberstes Organ war die Generaldirektion. Diese wurde beaufsichtigt durch den zwölfköpfigen Direktorialrat. Die Ratsmitglieder wurden auf Generalversammlungen aus der Mitte der Versicherten und von den Versicherten gewählt.

5. Berlinische Lebens-Versicherungs-Gesellschaft

Die Geschäftsleitung wurde von einer Direktion wahrgenommen, Art. 12 Verfassung/Berlin. Diese repräsentierte die Aktiengesellschaft, Art. 1 Verfassung/Berlin. Die Direktion setzte sich aus vier Direktoren und einem Generalagenten zusammen. Sie waren Hauptaktionäre. Ihre Amtszeit betrug grundsätzlich vier Jahre, Art. 15 Verfassung/Berlin. Die „Rechte und Pflichten der gesammten Direction" bestimmte Art. 20 Verfassung/Berlin:

> „Die gesammte Direktion leitet die Angelegenheiten der Gesellschaft im Allgemeinen nach dem Inhalt dieser Verfassungs-Artikel und des angehängten Geschäfts-Plans und nach den Beschlüssen der [...] General-Versammlungen, entscheidet über die fernere Aufnahme der Actionairs und die Zahl der einem jeden von ihnen zuzutheilenden Actien, vollzieht die auszufertigenden Actien, beschließt über die bedingte oder unbedingte Annahme oder Zurückweisung der Versicherungen, über den Betrag der in einzelnen Fällen zu bestimmenden Zusatz-Prämien, über etwa zu veranlassende Rückversicherungen, über die Benutzung der Fonds, prüft und vollzieht die jährlichen Abschlüsse und Bilanzen, beschließt über die, Namens der Gesellschaft einzugehenden, Verträge jeder Art, über die Anstellung und Entlassung der Beamten und Provinzial-Agenten der Gesellschaft und deren Gehalte und Remunerationen, controlirt die stattgefundenen Geschäfte, den Kassenbestand und das Portefeuille, ertheilt die erforderlichen Geschäfts-Instructionen und beschließt über die, den verwaltenden Direktions-Mitgliedern zu gebenden, Vorschriften, so wie über alle Gegenstände, über welche diese Verfassungs-Artikel und der Geschäfts-Plan keine specielle Anweisung enthalten [...]. Sie versammelt sich regelmäßig im Geschäfts-Lokale der Anstalt alle acht Tage zu einer, ein für allemal festzusetzenden, Zeit und sonst, so oft ein Direktions-Mitglied auf ihre Zusammenberufung anträgt."

Die vier Direktoren verfügten über die Befugnisse von Aufsichtsrat und Vorstand.[73] Der Generalagent erledigte, unter Mitwirkung eines Direktors, die laufenden Geschäfte der Gesellschaft, Artt. 24, 26 Verfassung/Berlin. „Im Allgemeinen ist er für das Interesse und die Sicherheit der Gesellschaft im weitesten Umfange zu wachen verpflichtet", Art. 26 Verfassung/Berlin. Erster Generalagent der Gesellschaft wurde ihr Gründer Heinrich Ludwig Lobeck. Er hatte die Stellung des Generalagenten nach der Verfassung so ausgestaltet, daß dieser nicht als Vorsteher des Unternehmens, sondern als „fachmännische[s] Ausführungsorgan"[74] erschien. Lobeck hatte das Amt des Generalagenten in der Verfassung derart beschränkt, weil er jeden Anschein vermeiden wollte, „daß die Berlinische, die er selbst ins Leben gerufen hatte, als ‚sein Unternehmen' angesehen werden konnte."[75] Die Gesellschaft stellte einen rechtsverständigen Syndikus (Art. 22 Verfassung/Berlin) und einen Arzt (Art. 23 Verfassung/Berlin) an. Die Agenten der Gesellschaft waren nach Art. 29 Verfassung/Berlin dazu

---

[73] So auch *Gert von Klass,* Berlinische, 20.
[74] *Gert von Klass,* Berlinische, 20.
[75] *Gert von Klass,* Berlinische, 21.

bestimmt, „Versicherungs-Anmeldungen anzunehmen, an die Direktion zu befördern, die von dieser ihnen zugehenden Versicherungsscheine den Versicherten zuzustellen, die von den letztern zu zahlenden Beiträge zu erheben und der Direktion zu übermachen, die nach ihrer Instruktion ihnen obliegenden, oder speciell von der Direktion aufzutragenden Recherchen anzustellen und überhaupt in dem ihnen angewiesenen Geschäftsbezirk das Interesse der Gesellschaft wahrzunehmen." Jährlich fand eine Generalversammlung der Aktionäre statt, auf der über die Geschäfte des vergangenen Jahres und die Geschäftsergebnisse Bericht erstattet wurde. Zur Revision und Abnahme der Jahresrechnung erwählten die Aktionäre aus ihrer Mitte vier Revisoren, die auf Kosten der Gesellschaft einen im öffentlichen Amte stehenden Rechnungsverständigen hinzuzogen, Art. 32 Verfassung/Berlin. Beschlußfassung durch die Generalversammlung war gemäß Art. 34 Verfassung/Berlin erforderlich:

„a) zur Wahl eines Direktors und des General-Agenten, desgleichen zur Entscheidung über deren Ausschließung (Artikel 18. und 19.);

b) zur Aufkündigung der Nachschüsse auf die von den Actionairs gezeichneten Wechsel (Artikel 9.);

c) zur Ausdehnung der Geschäfte der Gesellschaft auf andere Geschäftszweige; desgleichen zur Ausdehnung oder Beschränkung der in dem gegenwärtigen Geschäfts-Plan der Gesellschaft bezeichneten Versicherungsarten;

d) zur Abänderung der Verfassungs-Artikel und des Geschäfts-Plans, wodurch jedoch – wie sich von selbst versteht – die, den bereits Versicherten durch diese Verfassungs-Artikel und den beigefügten Geschäfts-Plan zugesicherten Vortheile niemals geschmälert werden dürfen;

e) zur Bestimmung der bei ausbrechendem Kriege von versicherten Militairpersonen zu entrichtenden Zusatz-Prämien (cfr. Geschäfts-Plan §. 22.);

f) zur Vermehrung des im Artikel 3. bestimmten Fonds der Gesellschaft gegen Ausreichung neuer Actien;

g) zur Auflösung der Gesellschaft und Einstellung der Versicherungen;

h) zur Aufhebung von Beschlüssen einer frühern General-Versammlung."

Die Versicherten waren weder zu „irgend eine[r] Theilnahme an den Berathungen und Beschlüssen der Gesellschaft" berechtigt noch konnten sie „irgend eine Rechnungslegung oder sonstige Nachweisung von derselben oder deren Vertretern" fordern, § 30 Geschäftsplan/Berlin.

Oberstes Organ war also die fünfköpfige Direktion, die Verwaltungs- und Aufsichtsorgan in einem war. Sie rekrutierte sich aus den Hauptaktionären. Interne Aufsichtsorgane waren zudem die auf der Aktionärsversammlung gewählten vier Aktionäre, die als Revisoren agierten, und der ihnen beigeordnete Rechnungsverständige. Die Versicherten waren nicht in die Organisation des Unternehmens eingebunden.

6. Lebensversicherungs-Anstalt der Bayerischen Hypotheken- und Wechselbank

Die Lebensversicherungs-Anstalt bildete einen eigenen Geschäftszweig der Bayerischen Hypotheken- und Wechselbank, § 1 Grundbestimmungen/München. Die Bank betrieb 1. Darlehen auf hypothekarische Sicherheit, 2. das Escomptogeschäft, 3. das Leihgeschäft auf Papiere, Gold und Silber, 4. das Girogeschäft, 5. das Depositengeschäft, 6. neben Lebensversicherungen das „Leibrenten- und andere dergleichen Geschäfte" und schließlich 7. die Übernahme von Geldern sowohl vom Staat als auch von Privaten gegen mäßige Zinsvergütung, § 46 Statuten/München. Jeder dieser Geschäftszweige unterstand der besonderen Aufsicht eines Administrators der Bank, § 33 Statuten/München. Die sieben Vorsteher bildeten die Administration. Diese bestimmte den Geschäftsgang der Bank. Die Administratoren wählten aus ihrer Mitte einen ersten und zweiten Direktor, § 26 Statuten/München. Sie berieten sich wöchentlich, ordneten den Geschäftsgang, entwarfen die Reglements der einzelnen Geschäftszweige, ernannten Personal und bestimmten dessen Besoldung, §§ 33 f. Statuten/München. Die Administratoren wurden im Bankausschuß gewählt, §§ 26, 28 Statuten/München. Dem Ausschuß gehörten vierzig Großaktionäre der Bank an, § 25 Statuten/München. Der Ausschuß wurde regelmäßig jährlich einberufen, § 37 Statuten/München. Auf den Ausschußsitzungen hatte die Administration über die Verhältnisse der Bank zu berichten und die Rechnungsabschlüsse vorzustellen. Nach § 27 Statuten/München wählte die Administration „jährlich die ihr nöthig scheinende Anzahl von Censoren aus den in München wohnenden sachverständigen Geschäftsleuten," welche darauf zu sehen hatten, „daß nur als solid anerkannte Handelsfirmen zum Discontiren zugelassen werden". Gemäß § 10 Grundbestimmungen/München sollten in den größeren Städten und Märkten im Bereich des Geschäftsgebietes der Anstalt Agenten bestellt werden. Der Agent sollte als „Commissionär der Bank und des Publikums" handeln, ebenda. Ohne Vermittlung eines Agenten konnte keine Lebensversicherung abgeschlossen werden. Die Agenten waren jedoch nicht befugt, Versicherungen abzuschließen oder Prämien festzusetzen, § 24 Grundbestimmungen/München. „Die Bank" unterzog die Antragsformulare den erforderlichen Prüfungen und verfügte über den Abschluß bzw. Nichtabschluß einer Versicherung, § 24 Grundbestimmungen/München.

Verwaltungsorgan war also die Administration, die im Bankausschuß jährlich den Geschäftsbericht bekannt zu geben hatte. Jedem Geschäftszweig stand ein Administrator vor. In der Administration und im Bankausschuß waren ausschließlich Großaktionäre vertreten. Die Aufsicht nahm ein königlicher Kommissar wahr.[76] Die Versicherten waren nicht in die Gesellschaftsorganisation eingebunden.

---

[76] Unten 6. Kapitel C. II.

7. Braunschweigische Allgemeine Versicherungs-Anstalt

Die Braunschweigische Anstalt vertrieb 1) Witwenpensionen und Überlebensrenten, 2) Lebensversicherungen und 3) Versicherungen von Leib- und Altersrenten, § 1 Verfassung/Braunschweig. Diese Zweige bildeten drei Abteilungen der Anstalt, welche sich der bereits bestehenden Braunschweigischen Allgemeinen Wittwen-Versorgungs-Anstalt als vierter Abteilung anschlossen, § 5 Verfassung/Braunschweig. Die vier Abteilungen unterstanden einer gemeinsamen Verwaltung, § 5 in Verbindung mit §§ 178–187 Verfassung/Braunschweig. Die „Verwaltung des Vermögens und aller Angelegenheiten der Anstalt" besorgte das „Deputirten-Collegium", § 7 Verfassung/Braunschweig. Das Kollegium vertrat „die Anstalt als deren beständiges bevollmächtigtes Organ", das alljährlich über die Verwaltung und den Zustand der Anstalt öffentlich Rechenschaft abzulegen hatte, § 7 Verfassung/Braunschweig. Gemäß § 189 Verfassung/Braunschweig übernahm das bereits bestehende Deputiertenkollegium der Allgemeinen Wittwen-Versorgungs-Anstalt die Verwaltungsgeschäfte auch für die sich neu anschließenden Abteilungen. Dieses Kollegium bestand aus acht Mitgliedern. Die Mitgliederzahl sollte bei Anstieg der Neuversichertenzahl bis auf zehn Personen erhöht werden, § 190 Verfassung/Braunschweig. Sobald die Zahl aller bei der Anstalt Versicherten auf über 1.000 Personen angestiegen war, sollte für jedes weitere Hundert von Versicherten ein sogenannter Repräsentant – unabhängig von der Versicherungsabteilung – gewählt werden, § 192 Verfassung/Braunschweig. Aus diesen Vertretern sollte sich das Deputiertenkollegium bei Ausscheiden eines Mitgliedes durch freie Wahl ergänzen, §§ 192 f. Verfassung/Braunschweig. Die Vertreter sollten nach §§ 238–240 Verfassung/Braunschweig in allen Angelegenheiten von allgemeinem Interesse, welche nicht bloß einen Einzelfall betrafen, zu Rate gezogen werden, und hierüber gemeinschaftlich mit dem Kollegium abstimmen. Jedenfalls sollten sie zur jährlichen Rechnungsabnahme hinzugezogen werden.

Zum Deputierten bzw. Repräsentanten wählbar waren grundsätzlich alle bei der Anstalt lebenslänglich versicherten Männer, welche älter als fünfundzwanzig Jahre und in der Stadt Braunschweig wohnhaft waren, § 195 Verfassung/Braunschweig. Wahlberechtigt waren alle lebenslänglich Versicherten, welche in der Stadt Braunschweig wohnhaft waren, § 194 Verfassung/Braunschweig. Ihr Amt behielten die Gewählten nach § 199 Verfassung/Braunschweig auf unbestimmte Zeit, so lange sie bei der Anstalt versichert und in Braunschweig wohnhaft blieben. Vor Ablauf von drei Jahren konnte kein Deputierter oder Repräsentant sein Amt niederlegen, es sei denn, es lagen dringendste Gründe vor. Die Aufgabe des Deputiertenkollegii bestand nach § 203 Verfassung/Braunschweig darin, „für die genaue Befolgung der Verfassung der Anstalt [...] und überhaupt für das Wohl der Anstalt gewissenhaft und nach Kräften zu sorgen". Insbesondere hatte das Kollegium für die möglichst sichere und vorteilhafte Unterbringung und Benutzung des Anstaltsvermögens zu sorgen, es hatte die Form der Geschäfts- und Rechnungsführung zu bestimmen, schließlich konnte es das Anstaltspersonal bestellen, § 204 Verfassung/Braunschweig.

Zum Personal zählten ein Rechnungsführer, Berater in rechtlichen und medizinischen Fragen, auswärtige Agenten und Büropersonal. Das Deputiertenkollegium wählte alle drei Jahre aus seiner Mitte einen Vorsitzenden, den sogenannten „Präses", §§ 205-208 Verfassung/Braunschweig. Dieser war der beständige Geschäftsführer der Anstalt und hatte im Namen des Deputiertenkollegii alle Verhandlungen zwischen der Anstalt und den Behörden oder Privaten zu leiten, § 209 Verfassung/Braunschweig. Der Präses hatte unter anderem die Rechnungsführung zu beaufsichtigen und die Revision der Kasse vorzunehmen, § 213 Verfassung/Braunschweig. Für besondere Verwaltungszweige, zum Beispiel für die Verhandlungen über Neuabschlüsse, die Kapitalbelegung und so weiter, konnte das Kollegium besondere Kommissionen aus seiner Mitte einsetzen, §§ 215 f. Verfassung/Braunschweig. Diese Spezialausschüsse mußten sich aus mindestens fünf Mitgliedern und immer auch aus dem Präses zusammensetzen. Die Mitglieder des Deputiertenkollegii und die Repräsentanten vertraten die Gesamtheit der Mitglieder der Anstalt, § 241 Verfassung/Braunschweig. Am Ende jeden Jahres wurde die Rechnung abgeschlossen und zwei beeidigten Revisoren übergeben. Nach erfolgter Revision wurde die Rechnung in einer Konferenz der Deputierten und Vertreter in Anwesenheit des Regierungskommissars dem Rechnungsführer abgenommen, und ein summarischer Bericht wurde veröffentlicht, §§ 224 f. Verfassung/Braunschweig. Die Administration setzte in Ortschaften außerhalb Braunschweigs Agenten ein. Ihre Aufgabe war die Vermittlung von Versicherungsabschlüssen, die Inempfangnahme der Gelder sowie die Auszahlungen an die Versicherten, § 226 Verfassung/Braunschweig. Der Präses und die übrigen Deputierten, der Rechnungsführer und der Regierungskommissar erhielten für ihre Tätigkeit Renumerationen, die von dem Kollegium unter Zustimmung des Regierungskommissars festgesetzt wurden, §§ 232 ff. Verfassung/Braunschweig.

Verwaltungsorgan war das Deputiertenkollegium, das mit Versicherten besetzt war. Eine begrenzte Aufsichtsfunktion hatte der Präses. Zwei beeidigte Revisoren nahmen die Jahresrechnung ab.

8. Frankfurter Lebens-Versicherungs-Gesellschaft

Die oberste Leitung der Frankfurter Lebens-Versicherungs-Gesellschaft war einem aus neun Mitgliedern bestehenden Verwaltungsrat übertragen worden, § 24 Statuten/Frankfurt. Um in den Verwaltungsrat gewählt werden zu können, mußte der Betreffende mindestens zwanzig Aktien der Gesellschaft besitzen, § 25 Statuten/Frankfurt. Die Mitglieder des Verwaltungsrates wurden von der Generalversammlung der Aktionäre auf drei Jahre gewählt, § 26 Statuten/

Frankfurt. Die ersten Verwaltungsratsmitglieder waren Gründer der Gesellschaft und in den Gründerkreis gewählt worden. Jedes Jahr traten drei Mitglieder entsprechend ihrem Amtsalter aus, die austretenden Mitglieder waren sogleich wieder wählbar. Der Verwaltungsrat erwählte gemäß § 27 Statuten/Frankfurt aus seiner Mitte einen Präsidenten und einen Vizepräsidenten. Beide wurden auf ein Jahr gewählt, konnten aber nach Ablauf dieser Zeit sofort wieder gewählt werden. Der Vorsitzende hatte wenigstens einmal pro Monat den Verwaltungsrat zu einer Sitzung einzuladen. Aufgabe des Verwaltungsrates war es, alle Geschäfte und Angelegenheiten der Gesellschaft zu überwachen beziehungsweise überwachen zu lassen, § 30 Statuten/Frankfurt. Der Verwaltungsrat ernannte den Direktor der Gesellschaft (§ 31 Statuten/Frankfurt) und auf dessen Vorschlag die Agenten und Angestellten der Gesellschaft. Jede dieser Ernennung konnte der Rat jederzeit widerrufen. Der Verwaltungsrat setzte das Direktorengehalt und die Gehälter der Agenten und Angestellten fest. Die Instruktionen des Direktors, der übrigen Angestellten und Agenten sowie die allgemeinen Versicherungsbedingungen und Prämientarife wurden vom Verwaltungsrat beschlossen und festgesetzt. Der Verwaltungsrat bestimmte weiter die Anlegung der disponiblen Fonds und die allgemeinen und besonderen Verwaltungsausgaben. Der Direktor wohnte den Versammlungen des Verwaltungsrates bei und besorgte die Geschäfte der Gesellschaft nach den Beschlüssen, Instruktionen und Anordnungen des Verwaltungsrates. Er leitete die Büroarbeiten, legte dem Verwaltungsrat die Regulierung der von der Gesellschaft zu leistenden Zahlungen vor und lieferte am Monatsende eine Übersicht über den Geschäftsstand, § 31 Statuten/Frankfurt. Die Ernennung des Direktors konnte nach § 34 Statuten/Frankfurt durch Beschluß des Verwaltungsrates mit einer Mehrheit von sechs Stimmen jederzeit widerrufen werden. Die Gesamtheit der Aktionäre wurde gemäß § 35 Statuten/Frankfurt durch deren Generalversammlung vertreten. Jährlich wurde die Versammlung einberufen, daneben bestand die Möglichkeit von außerordentlichen Versammlungen. Die Generalversammlung beschäftigte sich gemäß § 41 Statuten/Frankfurt mit der Anhörung und Prüfung des Berichts des Verwaltungsrates sowie der letzten Jahresrechnung. Auf jeder Generalversammlung wurden drei Aktionäre, die nicht dem Verwaltungsrat angehören durften, in einen Ausschuß gewählt. Die gewählten Aktionäre sollten im Verlauf des neuen Geschäftsjahres die Bilanz- und Rechnungsprüfung vornehmen und hierüber auf der nächsten Generalversammlung Bericht erstatten. Schließlich wurden Vorschläge des Verwaltungsrates diskutiert und hierüber Beschluß gefaßt.

Oberstes Verwaltungsorgan war also der Verwaltungsrat, dem neun Aktionäre angehörten. Ausführendes Verwaltungsorgan war der Direktor, dieser besorgte die Geschäfte. Kontrollfunktion hatte der Aktionärsausschuß mit drei Personen zur Bilanz- und Rechnungsprüfung. Die Versicherten hatten keinen Einfluß auf die Verwaltung.

II. Laufende Beaufsichtigung durch obrigkeitliche Organe

Die staatliche Beaufsichtigung der Lebensversicherungsunternehmen erfolgte nicht einheitlich.[77] Im folgenden wird die laufende Beaufsichtigung der Unternehmen dargestellt, wie sie sich aus den Rechtsgrundlagen erschließt.

Die Verfassung der Lebensversicherungsbank zu Gotha räumte keine staatliche Kontrollinstanz ein. Die gesellschaftsinterne Unternehmensaufsicht übten der Bankdirektor sowie Revisionskommission und Spezialrevisor aus. Über die „Aufrechthaltung der Gesetze und Ausführung der Beschlüsse des Vorstandes" wachten allein der Bankdirektor, § 26 Verfassung/Gotha und die Revisionsorgane, § 28 Verfassung/Gotha. Das Gothaer Unternehmen war gedacht als „rein gemeinnütziges Nationalinstitut, unter der Aufsicht ihres Publicums stehend".[78] Die lebenslänglich Versicherten, die innerhalb Thüringens wohnten, volljährig und männlich waren, waren wahlberechtigt und in den Bankausschüssen, im Vorstand und in der Revisionskommission vertreten.

Der Plan der Deutschen Lebensversicherungs-Gesellschaft zu Lübeck sah keine staatlichen Eingriffsbefugnisse vor.

In den Statuten der Lebensversicherungs-Gesellschaft zu Leipzig wurde erstmalig ein obrigkeitliches Organ in die Lage versetzt, laufend Einfluß auf die inneren Verhältnisse des Unternehmens zu nehmen. Die Eingriffsmöglichkeiten in die Geschäftstätigkeit waren recht massiv.[79] In § 1 Statuten/Leipzig unterstellte sich das Unternehmen der „Aufsicht des Leipziger Magistrats und Controle eines Ausschusses der Gesellschaftsmitglieder". Der Magistrat der Stadt Leipzig wurde im Unternehmen durch einen „Deputirten" vertreten, § 7 Nr. 3 Statuten/Leipzig. Nach § 16 Statuten/Leipzig sollte der Magistratsdeputierte den „Zusammenkünften und Berathungen der Directoren beiwohnen, von der Verwaltung und dem Geschäftsgange Kenntniß nehmen, und darauf sehen, daß den Statuten gemäß verfahren werde". Der Deputierte konnte Beschlüssen, die im Direktorium gefaßt worden waren, seine Zustimmung versagen. Der Gegenstand mußte sodann unter Zuziehung der Ausschußpersonen beraten werden. Bei Neubesetzungen im Direktorium und im Gesellschaftsausschuß war der Deputierte hinzuzuziehen, §§ 8, 13 Statuten/Leipzig. Bei Beratungen im Direktorium entschied bei Stimmengleichheit die Stimme des Magistratsdeputierten, § 10 Statuten/Leipzig. Dem Gesellschaftsausschuß war zur Erleichterung der Kontrolle des Kassen- und Rechnungswesens ein beständiger Revisor zugewie-

---

[77] So auch *Michael Tigges*, 42.

[78] Manuscript des ersten Planes. Die Lebensversicherungsbank für Deutschland, auf Gegenseitigkeit und Oeffentlichkeit gegründet. Als Manuscript für Freunde in Thüringen zur weiteren Berathung abgedruckt, Gotha 1827, zitiert als Anlage I in *A. Emminghaus (Hg.)*, Geschichte, 191–211 (193).

[79] So auch *Michael Tigges*, 43 Fn. 180.

sen. Dieser wurde vom Leipziger Magistrat ernannt, § 15 Statuten/Leipzig. Beschlüsse in Verfassungsangelegenheiten konnten gemäß § 10 Statuten/Leipzig nur in Versammlungen aller Direktorialmitglieder, unter Teilnahme des Magistratsdeputierten und sämtlicher Ausschußpersonen mit Stimmenmehrheit gefaßt werden.

„Und daß diese Geschäftsführung durch einzelne Directoren und deren Gesammtheit nie in irgend eine schädliche Willkühr ausarten könne, dafür ist durch das Verbot irgend einer in Verfassungssachen allein vorzunehmenden Berathung und Verfügung, durch eine doppelte Controle, des Magistratsdeputirten, der den Versammlungen des Directorium beiwohnt, und jeden Beschluß desselben durch Verweigerung seiner Zustimmung hindern kann, sodann des Ausschußpersonals, welches die Verwaltung, zugleich unter Beigabe eines verpflichteten Revisor, zu prüfen hat, so überflüssig gesorgt, daß nicht einmahl die entfernteste Besorgniß irgend einer fahrlässigen Verabsäumung der gesellschaftlichen Interessen je Platz ergreifen kann."[80]

Wie die Gothaer Verfassung sah der Plan der Allgemeinen Lebens-Versicherungs-Anstalt für das Königreich Hannover keine Kontrolle durch staatliche Vertreter vor. In § 30 Plan/Hannover ist von erforderlichen Berichten an das hohe königliche Kabinettsministerium durch die Generaldirektion die Rede, weitere Ausführungen finden sich hierzu jedoch nicht.

Bei der Berlinischen Lebens-Versicherungs-Gesellschaft war durch die königliche Order vom 11. Juni 1836 die Einsetzung eines königlichen „Commissarius" bestimmt worden, den das Ministerium des Innern und der Polizei ernennen sollte.[81] Die Einsetzung dieses Kommissars war Bedingung für die Erteilung des Privilegii. Der Kommissar sollte sich „durch Theilnahme an den General-Versammlungen und durch anderweite, nach den Umständen zu erlangende Kenntniß von dem speciellen Geschäftsbetriebe, der Behörde die Ueberzeugung verschaffe[n], daß überall bei Verwaltung des Instituts nach grundgesetzlichen Bestimmungen verfahren werde."[82] Der Innenminister wurde angewiesen, das Weitere zu veranlassen. Unter dem 18. Juni 1836 traf Innenminister von Rochow gegenüber der Gesellschaft die entsprechende Anordnung. Mit Erlaß vom 8. Juli 1836 wurde der Geheime Regierungsrat Seiffart zum Kommissar ernannt. Die Direktoren der Gesellschaft wurden ersucht, „den von dem gedachten Commissarius zu treffenden Anordnungen zur Herstellung der für die Dauer des Privilegii vorbehaltenen speciellen Aufsicht auf die Geschäfts-Verwaltung der Gesellschaft mit wünschenswerther Bereitwilligkeit entgegen zu kommen".[83] Seiffarts Aufgabe bestand darin, die Geschäftsführung der Gesellschaft im Auftrage des Innenministeriums zu überwachen. Am 31. August 1836 hatte Seiffart in den Geschäftsräumen der Gesellschaft eine Prüfung vorgenom-

---

[80] Erläuternde Bemerkungen/Leipzig, 9.
[81] Oben 3. Kapitel B. V. 3.
[82] Oben 3. Kapitel B. V. 3.
[83] Verfassung/Berlin, II.

men und festgestellt, daß die Voraussetzungen zur Eröffnung erfüllt wären.[84] Am darauffolgenden Tag wurde der Geschäftsbetrieb aufgenommen.

§ 1 Statuten/München unterstellte die Bank „dem Schutze und der fortwährenden Oberaufsicht der Staatsregierung". Dem Verhältnis der Bank zur Regierung war in den §§ 21-24 Statuten/München ein eigener Abschnitt gewidmet. Danach wurde die fortwährende Oberaufsicht über die Bank durch einen „königl. Kommissär" ausgeübt, der unter anderem den Wahlen, Ausschußversammlungen und Sitzungen der Administration beiwohnen und der die Kassenbestände und Bücher der Bank jederzeit kontrollieren konnte. Gewann der Kommissar den Eindruck, daß der Ausschuß oder die Bankadministration ihre Kompetenzen überschritt, hatte sich derselbe, wenn seine Beanstandung keine Beachtung fand, gemäß § 22 Statuten/München augenblicklich an die Staatsregierung zu wenden. Die Bank konnte sich mit ihren Angelegenheiten unmittelbar an die königlichen Ministerien richten.

Auch die Verfassung der Braunschweigischen Allgemeinen Versicherungs-Anstalt sah zur beständigen Regierungsaufsicht die Einsetzung eines „Regierungs-Commissarius" vor, § 7 Verfassung/Braunschweig. In dieser Vorschrift war außerdem geregelt, daß das Unternehmen alljährlich über die Verwaltung und den Zustand der Anstalt öffentlich Rechenschaft abzulegen hatte. Die Rechnung war jährlich abzuschließen und zwei beeidigten Revisoren zur Revision zu übergeben, die Rechnung wurde anschließend auch von dem Regierungskommissar abgenommen, § 224 Verfassung/Braunschweig. Den jährlichen Rechenschaftsbericht hatte der Kommissar mitzuunterzeichnen, § 225 Verfassung/Braunschweig. Der Kommissar wurde „auf Vorschlag des Deputirten-Collegii" von der herzoglichen Landesregierung ernannt, § 244 Verfassung/Braunschweig. Mit dem Amt des Kommissars sollte ein sachkundiger Mann, vorzugsweise ein Staatsdiener, betraut werden, § 7 Verfassung/Braunschweig. Der Kommissar hatte „die Oberaufsicht über die Administration der Anstalt zu führen und darüber zu wachen, daß dabei die Vorschriften der Verfassung genau befolgt werden", § 245 Verfassung/Braunschweig. Zudem hatte er die Verhandlungen zwischen der höchsten Staatsbehörde und der Administration der Anstalt zu vermitteln, § 246 Verfassung/Braunschweig. Außerdem hatte er jede von der Administration der Anstalt auszufertigende Versicherungsurkunde sowie alle öffentlichen Bekanntmachungen mitzuunterzeichnen, § 247 Verfassung/Braunschweig. Der landesherrliche Kommissar sollte die beständige Oberaufsicht über die Verwaltungstätigkeit des Deputiertenkollegiums innehaben, § 188 Verfassung/Braunschweig. Der Regierungskommissar war verpflichtet, den Plenarversammlungen des Deputiertenkollegiums sowie den wegen der jährlichen Rechnungsabnahme abgehaltenen Konferenzen beizuwohnen, § 248 Verfassung/Braunschweig. Schließlich hatte der Kommissar die Berechnungen zur Ermitt-

---

[84] *[Max Lehmann,]* Berlinische, 22.

lung und Verteilung der zu erwartenden Überschüsse zu leiten und zu kontrollieren, § 249 Verfassung/Braunschweig. Für seine „Mühewaltung" bezog der Kommissar eine Renumeration, §§ 232 Nr. 4, 234 Verfassung/Braunschweig.

Die Statuten der Frankfurter Gesellschaft regelten die Frage einer obrigkeitlichen Aufsicht nicht.

Nach den Unternehmensbestimmungen gestaltete sich die laufende Beaufsichtigung durch die Regierung unterschiedlich. Nur in einigen Unternehmen wurden staatliche Deputierte bzw. Kommissare eingesetzt. Die Befugnisse waren verschieden ausgestaltet. Die Frage, inwieweit die Einsetzung staatlicher Vertreter auf Forderungen der genehmigenden Behörden zurückgingen, kann nur für die Berlinische Lebens-Versicherungs-Gesellschaft beantwortet werden. Hier war die Einsetzung des Kommissars zur Voraussetzung gemacht worden. Möglicherweise wurden die Zugeständnisse durch die Unternehmen auch deshalb gemacht, um die staatliche Genehmigung schneller zu erhalten. Das Tätigwerden staatlicher Organe knüpfte nicht an die Organisationsform der Unternehmen an. Sowohl bei den Gegenseitigkeitsvereinigungen, als auch bei den Aktiengesellschaften und gemischten Gesellschaften wurden staatliche Organe tätig. Das erste Unternehmen, das einen staatlichen Vertreter ernannte, war die Lebensversicherungs-Gesellschaft zu Leipzig. Die folgenden Unternehmen eiferten dem Leipziger Beispiel nicht alle nach, es gab später gegründete Unternehmen die von einer Einsetzung absahen; von den untersuchten Unternehmen zuletzt die Frankfurter Lebens-Versicherungs-Gesellschaft. Mangels entsprechender Unterlagen kann heute nicht mehr beurteilt werden, ob und wie die Regierungsvertreter ihre Befugnisse wahrnahmen. Ob durch die Tätigkeit der staatlichen Repräsentanten in den Unternehmen die Interessen der Versicherten in irgendeiner Weise besonders gewahrt wurden, läßt sich heute nicht mehr feststellen. Diese Zielsetzung wurde aber auch nicht ausdrücklich benannt. Vielmehr heißt es in den Erläuternden Bemerkungen zu den Statuten der Lebensversicherungs-Gesellschaft zu Leipzig, daß durch die Kontrolle des Magistratsdeputierten und des Ausschusses der Gesellschaftsmitglieder „nicht einmahl die entfernteste Besorgniß irgend einer fahrlässigen Verabsäumung der gesellschaftlichen Interessen je Platz ergreifen kann."[85] Geschützt werden mußten demnach die gesellschaftlichen Interessen, nicht die Interessen des einzelnen Versicherten oder der Versichertengemeinschaft.

Die Einschaltung staatlicher Repräsentanten wurde von den Unternehmen anscheinend nicht als lästig, sondern vielmehr als eine „Art offizieller Garantie" empfunden.[86] So verweist § 6 Plan/Hannover ausdrücklich darauf, daß die Grundberechnungen der Anstalt dem königlichen Kabinettsministerium vorgele-

---

[85] Erläuternde Bemerkungen/Leipzig, 9.
[86] *Michael Tigges*, 43 Fn. 180.

gen hätten. Krancke, ein Mitbegründer des Unternehmens,[87] sagt es in seinen „Erläuternde[n] Bemerkungen" deutlicher:

> „Die jetzt errichtete allgemeine Lebensversicherungs-Anstalt für das Königreich Hannover hat in der allerhöchsten landesherrlichen Billigung und Bestätigung ein so sicheres und höchst ehrenvolles Zeugniß für sich, daß der Verein zur Errichtung dieser Anstalt darauf seine Hoffnung der Theilnahme, zumal in unserm Lande, unbedenklich gründen könnte. Allein eben dieses höchst dankbar zu verehrende Vertrauen der höchsten Landesbehörde verpflichtet den Verein, an seiner Seite nichts zu versäumen, wodurch der Anstalt völliges Vertrauen und somit eine möglichst allgemeine Theilnahme erwirkt werden könnte."[88]

Die Gründer erhofften sich – so zutreffend Maurer – ein „zugkräftiges Reklamemittel"; sie setzten darauf, „daß das Zutrauen des Publikums größer sei, wenn der Staat durch Erteilung seiner Genehmigung gewissermaßen anerkannt hätte, daß das betreffende Unternehmen auf solider Grundlage beruhe, und daß durch die staatliche Überwachung ein reeller Geschäftsbetrieb und ein guter Schutz der Interessenten gewährleistet würde."[89] Dieses Phänomen wurde bereits 1832 von Littrow kritisiert:

> „Hieher gehören auch die sogenannten Sanctionen der Statuten dieser Gesellschaften. Das Publicum setzt darauf einen viel größern Werth, als es sollte. Es setzt voraus, daß eine Anstalt, weil sie die Billigung der Regierung erhalten hat, auch sofort eine gute Anstalt seyn müsse, da sich doch jene Billigung nicht auf die innere Einrichtung des Instituts, sondern nur auf ihre Verhältnisse zu den bürgerlichen Gesetzen bezieht. Man sollte daher die Mitglieder über den eigentlichen Gehalt dieser Dinge aufklären, damit es in seiner Unwissenheit nicht zu Schaden komme. Sie leben in dem Wahne, daß es nun, weil ein so großer Herr an der Spitze steht oder weil die Obrigkeit ihre Billigung ertheilt hat, auch schon mit der Gesellschaft selbst sehr gut stehen müsse, und daß, wenn es etwa einmal schief gehen sollte, jene Herren sich der Sache annehmen, oder wohl gar für sie einstehen werden und was dergleichen mehr ist, wodurch gar Viele sammt ihrem festen Glauben in den Abgrund stürzen, in welchem sie ohne Rettung verloren gehen. Uebrigens sollte, wie mich däucht, der Staat selbst diese Versorgungsanstalten nicht, wie bisher im Auslande öfter schon geschehen ist, als bloße Privatangelegenheiten betrachten, in welche er sich nicht weiter mischen mag. Sie sind zu wichtig und sie haben auf den Staat selbst, auf die Bevölkerung, auf die Erziehung und auf die Moralität des Volkes einen zu großen Einfluß, als daß sie wie eine bloße unbedeutende Privatsache behandelt werden können."[90]

Wie die staatliche Einmischung auszusehen hätte, wurde von Littrow nicht dargelegt.

---

[87] Oben 3. Kapitel V. 3.
[88] *Friedrich Krancke*, 746.
[89] *Georg Heinrich Maurer*, 46.
[90] *J. J. Littrow*, 30 f.

Daß der Schutz der Versicherten erklärtes Ziel war, läßt sich anhand der untersuchten Unternehmensbestimmungen nicht bestätigen.

III. Rechnungsverständige und Wirtschaftsprüfer

Die rechtlichen Interessen der Versicherten können durch den Einsatz von Abschlußprüfern, zum Beispiel Rechnungsverständige und Wirtschaftsprüfer, gewahrt werden. Im folgenden werden die Rechtsgrundlagen daraufhin untersucht, wobei die Rechnungslegung insgesamt weiter unten[91] dargestellt wird.

Die Lebensversicherungsbank für Deutschland zu Gotha betraute gemäß §§ 25, 28 Verfassung/Gotha einen Spezialrevisor mit der fortwährenden Revision und Prüfung der „Rechnung und alles détail der Bankverwaltung". Der Revisor mußte „ein anerkannter Rechnungsverständiger, und dabei in Geschäften geübt, umsichtig und gewandt, überdiess mit der Bankverfassung und dem Administrazionswesen völlig vertaut seyn", § 28 Verfassung/Gotha. Bei schwierigen und besonders wichtigen Geldoperationen wurden „zwei der angesehensten Wechselhäuser in Leipzig und Frankfurt a. M." um ihr Gutachten ersucht, § 39 Verfassung/Gotha. Den Wechselhäusern wurde auch die jährliche Abschlußrechnung zur Prüfung in letzter Instanz vorgelegt. Der Plan der Deutschen Lebensversicherungs-Gesellschaft zu Lübeck erwähnt weder Rechnungsverständige noch Wirtschaftsprüfer. Auch in Leipzig wurden neben dem beständigen Revisor, § 15 Statuten/Leipzig, keine Wirtschaftsprüfer eingesetzt. In Hannover revidierte ein auf Kosten der Anstalt zu ernennender Revisor die Jahresrechnung, § 25 Plan/Hannover. Andere Wirtschaftsprüfer werden im Plan nicht genannt. Bei der Gesellschaft zu Berlin konnten die Revisoren einen im öffentlichen Amte stehenden Rechnungsverständigen auf Kosten der Gesellschaft hinzuziehen, Art. 32 Verfassung/Berlin. Private Wirtschaftsprüfer wurden nicht durch die Verfassung berufen. Spezielle Rechnungsverständige und Wirtschaftsprüfer wurden von der Lebensversicherungs-Anstalt der Bayerischen Hypotheken- und Wechselbank nicht eingesetzt. In Braunschweig wurde der Jahresabschluß zwei beeidigten Revisoren zur Prüfung vorgelegt, § 224 Verfassung/Braunschweig. Bei der Frankfurter Lebens-Versicherungs-Gesellschaft wurden gewählte Aktionäre mit der Rechnungsprüfung betraut, spezielle Rechnungsverständige oder Wirtschaftsprüfer wurden nach den Statuten nicht eingesetzt.

---

[91] Unten 6. Kapitel E.

IV. Agenten

Rechtlicher Schutz kann in der Kontrolle des Versicherungsaußendienstes bestehen.[92] Die Vermittler stehen in unmittelbarem Kontakt mit den Versicherungsinteressenten. Sie klären über Produkte und Preise auf. Falsche Informationen können für den Interessenten und Versicherten schwerwiegend nachteilig sein. Es liegt im Interesse der Versicherungsinteressenten und Versicherten, wenn unseriöse Vermittlungsmethoden verhindert werden.[93] Eine Möglichkeit, die Belange der Interessenten und Versicherten zu schützen, kann darin gesehen werden, das Vermittlungspersonal einer staatlichen Aufsicht zu unterstellen.

Sämtliche untersuchten Unternehmen setzten zur Vermittlung der Lebensversicherungen Außendienstmitarbeiter ein. Bei der Gothaer Lebensversicherungsbank konnte ohne die Vermittlung eines Agenten kein Versicherungsvertrag geschlossen werden. Die Agenten wurden von der Bankverwaltung ernannt und vom Vorstand bestätigt. Sie erhielten ausführliche Instruktionen. Die Stellung des Agenten im Unternehmen wurde in allen Regelwerken nur kurz umrissen. Ausführliche Regelungen enthielten die Instruktionen für die Agenten, die unternehmensintern erlassen wurden. Die Lebensversicherungsbank rechnete auf die Rechtlichkeit, den Eifer und die Genauigkeit ihrer Agenten, § 30 Verfassung/Gotha. Jeder Agent war „nach Befinden" zur Kautionsleistung verpflichtet. Die Bank haftete für alle Verbindlichkeiten, welche der Agent in Gemäßheit seiner Instruktion oder besonderen Auftrags einging, § 31 Verfassung/Gotha. Die Aufgaben der Agenten bestanden hauptsächlich in der Entgegennahme der Anträge und Prämiengelder sowie in der Beförderung der Geldanlage, § 32 Verfassung/Gotha. Ohne spezielle Vollmacht konnten die Agenten eigenständig keine Verträge abschließen, Interimsscheine ausstellen oder Prämien festsetzen, § 52 Verfassung/Gotha. Der Plan der Deutschen Lebensversicherungs-Gesellschaft zu Lübeck ging auf die Agenten der Gesellschaft nur am Rande ein. Die Agenten wurden beiläufig in dem Zusammenhang erwähnt, daß ein Interessent bei Vertragsabschluß nicht persönlich vorstellig wurde (Plan/Lübeck, 14). Außerdem war von den Agenten die Rede bei der Regelung der „auswärtigen Assecuranzen" (Plan/Lübeck, 15). Ansonsten war die Stellung der Agenten nach dem Plan unklar. Bei der Lebensversicherungs-Gesellschaft zu Leipzig ernannte das Direktorium die Agenten. Ihre Aufgabe war unter anderem die Entgegennahme der Versicherungsanmeldungen und deren Weiterleitung, das Kassieren von Geldern, § 17 Statuten/Leipzig. In der „Instruction für die Agenten" war die Frage der Haftung geregelt:

---

[92] *E. Fritz,* 194; *August Angerer,* Probleme, 592 f.
[93] *August Angerer,* Probleme, 593.

"Alle aus Vernachlässigung ihrer Obliegenheiten der Gesellschaft oder Einzelnen erwachsenen Nachtheile und Schäden haben die Agenten sowohl gegen das Directorium, als ohne dessen Zuthun gegen die Betheiligten zu vertreten."[94]

Bei der Allgemeinen Lebens-Versicherungs-Anstalt für das Königreich Hannover hatte das ‚Vermittlungspersonal' sehr viel weiterreichende Befugnisse als bei den übrigen Unternehmen. Die Außendienstmitarbeiter nannten sich hier nicht Agenten sondern Spezialdirektoren und Rezeptoren. Spezialdirektionen sollten in den größeren Städten des Königreichs errichtet werden. Die Rezepturen waren ihnen unterstellt, sie sollten in kleineren Städten tätig werden. Die Spezialdirektoren wurden vom Direktorialrat auf Vorschlag der Generaldirektion ernannt, § 37 Plan/Hannover. Grundsätzlich blieben sie lebenslänglich im Amt, § 40 Plan/Hannover. Die Direktoren wurden auf die Befolgung des Plans und der Dienstinstruktionen verpflichtet und hatten Kaution zu leisten, § 38 Plan/Hannover. In den Spezialdirektionen wurde über den Abschluß des Vertrages entschieden, § 39 Plan/Hannover. Insofern waren die Kompetenzen der Spezialdirektoren gegenüber den Agenten anderer Unternehmen sehr viel weitreichender. Daneben waren die Direktionen für die Ein- und Auszahlungen zuständig, § 43 Plan/Hannover. Die Rezepturen hatten den Spezialdirektionen zuzuarbeiten. Bei der Berlinischen Lebens-Versicherungs-Gesellschaft beschränkten sich die Kompetenzen wieder auf reine Vermittlungstätigkeiten. Die Agenten sollten „überhaupt in dem ihnen angewiesenen Geschäftsbezirk das Interesse der Gesellschaft" wahrnehmen, Art. 29 Verfassung/Berlin. Der Geschäftsbetrieb der Agenten wurde in einer „Instruktion für die Agenten der Berlinischen Lebens-Versicherungs-Gesellschaft"[95] allgemein wie folgt beschrieben:

„§. 1.

Sämmtliche Agenten der Gesellschaft werden von der Direction angestellt und können, ohne Angabe der Gründe, von ihr entlassen werden. Sie stehen zur Gesellschaft in dem Verhältnisse eines Kassen-Beamten zu seiner Behörde und haben über das Versicherungs-Geschäft, abgesondert von ihren sonstigen Geschäften, besondere Bücher und Kasse zu führen. Sie dürfen, während der Dauer ihrer Agentur desgleichen innerhalb zweier Jahre nach ihrem Ausscheiden aus derselben, weder eine andere in- oder ausländische Lebens-Versicherungs-Gesellschaft als Agenten vertreten noch für eine solche irgend eine Lebens-Versicherungs-Angelegenheit betreiben, bei Vermeidung der unten zu bestimmenden Conventionalstrafe. [...]

§. 3.

Jedem Agenten wird ein besonderer Geschäfts-Bezirk angewiesen und nur von den innerhalb desselben wohnenden Personen darf er Versicherungs-Anträge annehmen. Dies gilt jedoch nur von den darin belegenen Städten, nicht aber von den Dörfen

---

[94] Statuten/Leipzig, 22.
[95] Instruktion für die Agenten der Berlinischen Lebens-Versicherungs-Gesellschaft, zitiert nach *Gert von Klass,* Berlinische, eingefügt nach 28 (1–14).

und ländlichen Besitzungen, hinsichtlich welcher eine genaue Abgrenzung nicht ausführbar ist. [...]

§. 4.

Der Agent muß für das Versicherungs-Geschäft mindestens folgende Bücher halten:

a) ein Policen-Buch, nach beiliegendem Formular,

b) ein Conto-Corrente- oder Hauptbuch,

c) ein Kassen-Buch,

d) ein Kopier-Buch,

und die Buchführung in der Art einrichten, daß durch Einsicht der Bücher jederzeit sofort eine vollständige Uebersicht sämmtlicher durch ihn geschlossenen Versicherungen, [...] desgleichen des Kassen-Bestandes gewonnen werden kann. Für die Gesellschaft selbst hat er ein besonderes Conto anzulegen [...]

§. 6.

Sämmtliche Agenten müssen sich zu allen Zeiten einer von der Direction etwa zu veranlassenden Revision ihrer Geschäftsführung unterwerfen."[96]

Bei der Lebensversicherungs-Anstalt der Bayerischen Hypotheken- und Wechselbank war der Agent „Commissionär der Bank und des Publikums", § 10 Grundbestimmungen/München. Er wurde von der Bankadministration ernannt. Die Agenten hatten eine reine Vermittlerfunktion, § 11 Grundbestimmungen/München. Auch bei der Braunschweigischen Allgemeinen Versicherungs-Anstalt hatten die Agenten diese Funktion, § 226 Verfassung/Braunschweig. In den Statuten der Frankfurter Lebens-Versicherungs-Gesellschaft war allein die Frage der Einsetzung der Agenten geregelt, § 30 Statuten/Frankfurt. Die verbleibenden Fragen sollten in Instruktionen geregelt werden, die nicht vorliegen.

Welchen Einfluß die Landesherren auf die Agenturbetriebe haben sollten, geht aus den Regelwerken nicht hervor. Auf die Schwierigkeiten bei der Niederlassung ausländischer Agenturen wurde bereits hingewiesen.[97] Zum Schutz der inländischen Versicherungswirtschaft wurde Niederlassungsfreiheit nicht gewährt.

V. Ergebnis

„Corporate Governance" lautet ein Schlagwort der Wirtschaft unserer Tage. Durch ein effizientes System von „checks and balances" soll über „Corporate Governance" in den modernen Aktiengesellschaften ein Ausgleich der Kräfte hergestellt werden. Im Innenverhältnis werden ausgewogene Beziehungen der

---

[96] Instruktion für die Agenten der Berlinischen Lebens-Versicherungs-Gesellschaft, zitiert nach *Gert von Klass,* Berlinische, eingefügt nach 28 (9 f.)

[97] Oben 5. Kapitel.

Organe zueinander angestrebt, im Außenverhältnis soll ein Ausgleich zwischen den Interessen des Kapitalmarktes, des Unternehmens, der Aktionäre und weiterer Betroffener erreicht werden. Um die Herstellung eines effizienten Systems von „checks and balances" ging es auch in den Anfängen der deutschen Lebensversicherungswirtschaft. Vorgegebene Formen für die Unternehmensorganisation existierten ebenso wenig wie eine spezielle Aufsichtsbehörde. Die Kompetenzen waren mangels gesetzlicher Vorgaben nicht von vornherein klar verteilt. Die Unternehmen selbst hatten ein ausgewogenes System herzustellen. Entscheidungs-, Handlungs- und Kontrollkompetenzen wurden in den Unternehmen unterschiedlich eingeräumt. Die Organe waren personell unterschiedlich stark besetzt. Die Besetzung der Unternehmensorgane richtete sich nach verschiedenen Voraussetzungen, zum Beispiel Versicherteneigenschaft, Mitgliedschaft des Gelehrten- und Kaufmannsstandes oder Aktieninhaberschaft. Dem Staat wurde unabhängig von der Organisationsform Einfluß gewährt oder nicht. In Gotha, wo der Einfluß der Versicherten im Vorstand und bei der Revision weitreichend war, wurde nach der Verfassung kein behördlicher Vertreter mit Befugnissen betraut. In Leipzig unterstellte sich das Unternehmen der „Aufsicht des Leipziger Magistrats und [der, Anm. d. Verf.] Controle eines Ausschusses der Gesellschaftsglieder", § 1 Statuten/Leipzig. Die Aufsichtsbefugnisse waren weitreichend. Regelmäßigkeiten lassen sich nicht feststellen. Vielmehr hat die Untersuchung der Organisationsstrukturen und der laufenden Beaufsichtigung ergeben, daß verschiedene Systeme nebeneinander ausprobiert wurden. Die Kompetenzen wurden jeweils anders verteilt. Da keine festen Formen vorgegeben waren, wurden im Prozeß der Institutionalisierung auf der Suche nach einem effizienten System verschiedene Möglichkeiten ausprobiert.

D. Kapitalausstattung und -anlage

I. Einführung

Eine Gewähr für die finanzielle Leistungsfähigkeit der Unternehmen und damit der Schutz der finanziellen Interessen der Versicherten sind nur gegeben, wenn den Versicherungsunternehmen ein dauerhaft ausreichendes Kapital zur Verfügung steht.[98] Die dauernde Erfüllbarkeit der sich aus den Lebensversicherungsverträgen ergebenden Verpflichtungen muß jederzeit gewährleistet sein. Um die Zulassung zum Geschäftsbetrieb zu erlangen, müssen die Unternehmen deshalb heute eine bestimmte Mindestkapitalausstattung nachweisen. Es muß ein Organisationsfonds bestehen. Die Einzahlung der Gelder muß nachgewiesen sein. Erfolgt keine Volleinzahlung, kann im Interesse der Versicherten die Solvabilität der Kapitalgeber geprüft werden, damit das nicht voll eingezahlte Ka-

---

[98] *August Angerer,* Probleme, 594 f.

pital im Bedarfsfall vorhanden ist.[99] Auch in der Folgezeit muß ausreichendes Kapital zur Verfügung stehen. Insofern können von der Aufsichtsbehörde Planbilanzen verlangt werden. Gemäß § 11 Abs. 1 VAG muß der Lebensversicherer ausreichende Deckungsrückstellungen für die einzelnen Verträge bilden. Nach § 66 VAG ist die Deckungsrückstellung Teil des Deckungsstocks. Dieser ist als Sondervermögen gemäß § 77 VAG gegen gefährdende Maßnahmen des Versicherers oder dessen Gläubiger besonders geschützt.[100] Nach § 70 VAG überwacht ein Treuhänder oder dessen Stellvertreter den Deckungsstock. Außerdem können die Inhaber bedeutender Beteiligungen von der Aufsichtsbehörde kontrolliert werden. Es wird im folgenden untersucht, auf welcher Kapitalbasis sich die ersten Unternehmen gründeten und wie dieses Vermögen verwaltet wurde.

Die Anlage des Kapitals stellt das Mittel dar, welches es dem Versicherungsunternehmen ermöglicht, den vertraglichen Verpflichtungen gegenüber den Versicherten nachkommen zu können.[101] Nach Angerer kommen nur „in hohem Maße sichere Werte" als Kapitalanlageformen in Betracht.[102] Der Gesetzgeber läßt aus demselben Grunde nur bestimmte Anlagearten zu. Diese sind in einem Katalog des Gesetzes aufgelistet. Bestimmte Vermögensanlagen können im Interesse der Versicherten von einer behördlichen Genehmigung abhängig gemacht werden.[103] Bei den Kapitalanlagen sind eine möglichst große Sicherheit und Rentabilität bei jederzeitiger Liquidität des Versicherungsunternehmens nach dem Gesetz oberstes Gebot. Durch die Anlagevorgaben wird die unternehmerische Entscheidungsfreiheit eingeschränkt. Es wird untersucht, ob sich die Unternehmen in ihren autonom gesetzten Regelwerken selbst auf bestimmte Anlageformen beschränkten und welche Anlageformen gewählt wurden.

II. Lebensversicherungsbank für Deutschland zu Gotha

Im Vorwort der Verfassung wurde das Prinzip der Kapitalverwaltung grundsätzlich bestimmt:

„Wenn auch die Sicherheit der Anstalt erfordert, die Ueberschüsse eine Zeitlang zu sammeln und verzinslich zu benutzen, so geschieht diess doch allein für Rechnung der Interessenten, d.h. Aller Lebensversicherten, denen sie, sobald es thunlich ist, sammt den gewonnenen Zinsen zurückerstattet werden.

Desshalb aber ist der Anstalt der Name einer Bank gegeben, weil sie für Alle verwaltet was Allen gehört."[104]

---

[99] *E. Fritz*, 192.
[100] *Hans-Leo Weyers/Manfred Wandt*, Rdnr. 794.
[101] *August Angerer*, Probleme, 595.
[102] *August Angerer*, Probleme, 595.
[103] *E. Fritz*, 194.

Die Einnahmen der Bank bestanden in Prämien und Antrittsgeldern, § 10 Verfassung/Gotha. Die Prämien richteten sich nach der Art der Versicherung und nach dem Alter des Versicherten. Sie waren so berechnet, daß sie „nach aller Wahrscheinlichkeit Ueberschuss" ergaben, § 8 Verfassung/Gotha. Der anfangs festgesetzte Prämiensatz blieb bei den unbedingten Todesfallversicherungen zeitlebens unverändert, bei den abgekürzten Todesfallversicherungen konnte die Prämie nach fünf Jahren entsprechend dem vorgerückten Alter erhöht werden. Das Antrittsgeld war nur bei lebenslänglichen Versicherungen zu erbringen. Es bestand in einem Viertel der ersten Prämie und wurde „zu seiner Zeit" zurückerstattet, § 9 Verfassung/Gotha. Die Ausgaben der Bank bestanden in den auszuzahlenden Versicherungssummen und den Verwaltungskosten[105]. Der verbleibende Rest wurde verzinslich in einem Fonds verwaltet. Ein Teil dessen diente als sogenannte Reserve zur vollständigen Deckung künftiger Sterbefälle, der andere Teil diente als sogenannter Sicherheitsfonds. Die Reserve bestand „in dem, was von den Prämiengeldern zurückgelegt werden muss, weil alle für das ganze Leben oder auf mehrere Jahre Versicherte, in so weit ihre Prämiensätze sich gleich bleiben, in den ersten Jahren mehr, in den spätern Jahren aber weniger zahlen, als das Sterblichkeitsgesetz für jedes Jahr mit sich bringt", § 12 Verfassung/Gotha. Das Mehr der früheren Jahre sollte zur Deckung des Weniger in den späteren Jahren dienen. Den Sicherheitsfonds bildeten die angesammelten reinen Überschüsse, § 13 Verfassung/Gotha. Reine Überschüsse waren die Jahreseinnahmen abzüglich der Ausgaben und der Reserveanteile. Der reine Überschuß gehörte den Versicherungsnehmern von unbedingten Todesfallversicherungen. Nachschußverbindlichkeit und Gewinnbeteiligung wurden oben bereits erörtert.[106] Die „entbehrlichen Gelder der Bank" wurden zum Teil an „sichere Institute gegen kurze Kündigungsfrist, zum Theil gegen sichere gerichtliche Hypotheken auf längere Fristen und einjährige Aufkündigung, zum Theil auf sicheres Unterpfand von Privat- und Staatsobligazionen, so viel als möglich nach einerlei Norm, ausgeliehen", § 33 Verfassung/Gotha. In allen Ländern, in denen die Lebensversicherungsbank Versicherungen abgeschlossen hatte, sollten die Gelder angelegt werden. Zur Beratung über die Geldanlage bildeten sich, wie bereits ausgeführt, Ausschüsse, in denen Versicherte vertreten waren.[107]

III. Deutsche Lebensversicherungs-Gesellschaft zu Lübeck

Der Fonds der Deutschen Lebensversicherungs-Gesellschaft zu Lübeck bestand in 1,2 Million Mark Courant, Plan/Lübeck, 7. Weitere Angaben zur Kapi-

---

[104] Zitiert nach *A. Emminghaus (Hg.)*, Geschichte, 215.

[105] Verwaltungskosten waren nach § 40 Verfassung/Gotha Personalkosten, Portokosten und anderer „Neben-Aufwand".

[106] Oben 6. Kapitel B. II. 2.

[107] Oben 6. Kapitel B. I. 1.

talausstattung und -anlage macht der vorliegende Plan nicht. Der Prospekt von 1826 sagt hierzu folgendes:

„Der Plan der zu errichtenden Deutschen Lebensversicherungsgesellschaft, so weit er vorläufig die Theilnehmer durch Actien angeht, dürfte in folgenden Grundzügen auszusprechen seyn.

Sie wird auf Actien [...] [zu 3.000 Mark Courant, Anm. d. Verf.] gegründet und hofft ihre Theilnehmer in den bedeutendsten Städten Deutschlands, so wie in den angesehensten Ostseehäfen zu finden.

Würden nur Vierhundert Actien gezeichnet, so zahlen die Actionaire einen Einschuss von Zehn Procent vom Belauf der Actie und geben für die übrigen Neunzig Procent ihren hypothecarischen, an die Ordre der Direction der Deutschen Lebensversicherungsgesellschaft gestellten Wechsel.

Würden Siebenhundert Actien gezeichnet, so zahlen die Actionaire einen Einschuss von Sieben ein halb Procent und geben für die übrigen Zwei und Neunzig ein halb Procent ihre Wechsel.

Wenn aber [...] die Zahl der Actien bis auf Tausend sich ersteigen wird, so zahlen die Actionaire einen Einschuss von Fünf Procent und geben für die übrigen Fünf und Neunzig Procent ihr Obligo. [...]

Der Einschuss wird den Actionairen mit 3 pCt. verzinset und in den ersten Zwanzig Jahren nicht zurückgezahlt.

Den Versicherten auf Lebenszeit wird nach dem Beispiele der angesehensten Englischen Societäten Antheil am Gewinne des Geschäfts und zwar dergestalt bewilligt, dass der reine Gewinn alle Sieben Jahre zur Hälfte den Actionairen, zur Hälfte den Versicherten, Letzteren durch einen Bonus zur Police, zugetheilt wird.

Die Actionaire sind nur bis zum vollen Betrage ihrer Actien, jedoch nicht für die bereits empfangenen Zinsen und Dividenden verantwortlich und dürfen ihre Actien, ohne Einwilligung der Direction, nicht auf andere Individuen übertragen."[108]

IV. Lebensversicherungs-Gesellschaft zu Leipzig

In Leipzig flossen sämtliche der Gesellschaft zugehenden und zugehörigen Gelder zunächst in eine kleinere Kasse, welche der Kassierer unter besonderem Beschlusse hatte, § 18 Statuten/Leipzig. Der Kasseninhalt durfte die vom Kassierer zu leistende Kaution nicht übersteigen. Der Überschuß wurde in der sogenannten Hauptkasse verwaltet. Aus der Hauptkasse wurden die Versicherungssummen und die Verwaltungskosten bestritten, § 19 Statuten/Leipzig. Überschüsse wurden während der ersten fünf Jahre angesammelt, „um einen Fonds für Fälle zu gewinnen, welche außer dem Kreise menschlicher Berechnung liegen."[109] Mit Anfang des sechsten Jahres sollte „alljährlich der Theil dieses

---

[108] Ueber eine in Lübeck zu errichtende Deutsche Lebensversicherungsgesellschaft, 4 f.
[109] Erläuternde Bemerkungen/Leipzig, 7.

Ueberschusses, welcher für entbehrlich erachtet werden wird, als Ersparniß der Gesellschaft angesehen, und unter diejenigen Mitglieder, welche lebenslänglich versichert, zu dem zu vertheilenden Ueberschusse selbst beigetragen, und den Eintritt des Vertheilungs-Termins erlebt haben, nach Verhältniß der jährlichen Beiträge vertheilt werden", § 20 Statuten/Leipzig. Alle entbehrlichen Kassenvorräte sollten bald möglichst gegen Hypotheken, Faustpfänder, Staatspapiere und auf ähnliche Weise verzinslich untergebracht werden, § 23 Statuten/Leipzig. Über das Unterbringen der Gelder beriet und entschied das Direktorium, nötigenfalls unter Zuziehung der Ausschußpersonen. Hierzu war bemerkt worden:

„Daß das Directorium der sichern interimistischen Anlegung der Versicherungsbeträge die höchste Aufmerksamkeit, wie sie die Wichtigkeit der Sache und das Interesse der Theilnehmer fordert, widmen, daher nur nach der sorgfältigsten Prüfung der dargebotenen Gelegenheiten Ausleihungen vornehmen werde, versteht sich von selbst. Eine besondere Erleichterung werden dabei die Lage und die vielfachen Verbindungen verschaffen, in welchen Leipzig mit ganz Deutschland steht."[110]

V. Allgemeine Lebens-Versicherungs-Anstalt für das Königreich Hannover

Die Allgemeine Lebens-Versicherungs-Anstalt für das Königreich Hannover beruhte auf dem Grundsatz strenger Gegenseitigkeit und hatte keine festen Prämiensätze. Aus diesem Grunde verwaltete sie lediglich „ein geringes Eintritts-Capital, niemals aber Fonds; denn die Theilnehmer selbst gewähren in ihrer Gesammtheit die höchste Sicherheit zur Erfüllung aller ihrer gegenseitigen Verpflichtungen; wogegen alle bis jetzt bekannte Anstalten, nach den Grundsätzen festbestimmter Prämien errichtet, stets eine große Beunruhigung in Rücksicht der Erhaltung und sachgemäßen zinslichen Vermehrung der gesammelt werdenden Fonds veranlassen."[111] Daß keine Fonds gebildet wurden und keine Kapitalanlage stattfand, wurde bald kritisiert:

„Es ist wahr, daß die Englischen L.-V.-Institute [...] sich ansehnliche Procente des Gewinns anrechnen, also mit dem Zwecke der Lebensversicherung den der eigenen Bereicherung verbinden, was dem Plane der Hannov. Anstalt durchaus fremd ist. Aber die Theilnehmer können gegen den Antheil des Gewinns, der aus der merkantilischen Benutzung der Beiträge für die Unternehmer sich ergibt, nichts einzuwenden haben, so wie man es dem neuen Institute nicht als Verdienst anrechnen darf, daß es durch seine Einrichtung auf Vermehrung der Gelder durch geschickte Benutzung auf Zinseszinsen gänzlich verzichtet, weil ja eine solche Enthaltsamkeit nur auf Kosten der Interessenten Statt findet, deren Beiträge hätten vortheilhafter zum Anwachsen der Casse benutzt werden können. Freilich mußte man dann auch das

---

[110] Erläuternde Bemerkungen/Leipzig, 8.
[111] Plan/Hannover, IX f.

Princip der Gegenseitigkeit in der Aufbringung der eventuellen jährl. Bedürfnisse fallen lassen und [...] fixe Beiträge von den Theilnehmern fordern".[112]

Die Versicherungsnehmer hatten einen Jahresbeitrag als „Cassen-Vorschuß" zu entrichten, §§ 9 f. Plan/Hannover. Dieser diente dazu, „die im Laufe des Rechnungsjahrs fällig werdenden Entschädigungs-Summen sofort planmäßig bezahlen zu können", § 10 Plan/Hannover. Bei Abschluß unbedingter Todesfallversicherungen mußte in den ersten Jahren der Versicherung ein geringer Nachschuß erbracht werden. Dadurch sollten die Versicherungsnehmer den Vorteil haben, „daß sich ihre Beiträge im Alter über siebzig Jahre hinaus nach richtiger Berechnung nicht ferner progressiv steigend ergeben", § 11 Plan/Hannover. Schließlich mußten alle Versicherungsnehmer ein festes Eintrittsgeld zahlen, §§ 9, 12 Plan/Hannover. Die Frage der Verwaltung und Benutzung dieser Eintrittsgelder war umständlich in § 12 Plan/Hannover geregelt:

„Die Verwaltung und Benutzung dieser Eintrittsgelder zerfällt in zwei Abtheilungen:

1) Die erste Abtheilung bilden diejenigen Eintrittsgelder, welche von solchen Theilnehmern, die auf Lebenszeit versichern, herrühren. Diese Eintrittsgelder haben außer dem Zweck der Sicherstellung des Eingangs der jährlichen Beiträge, noch den besondern, mit Hülfe der, nach §. 11. zu zahlenden Nachschüsse, den Interessenten, welche das siebzigste Jahr überleben, ihre jährlichen Beiträge in der Art zu erleichtern, daß jene Nachschüsse und Eintrittsgelder mit drei Procent Zinsen und Zinseszinsen vermehrt werden, und daß aus dem auf diese Weise sich bildenden Eintrittsgelds-Fonds ein Theil der, von diesen Interessenten naturgerecht zu zahlenden Beiträge bestritten wird. Nach der Tabelle Anlage B. sollten nämlich die muthmaßlichen Beiträge auch über das Alter von siebzig Jahren hinaus beständig und in dem Maße steigen, wie es die Rubrik 2. angibt; da sich aber hienach im höheren Alter bedeutend hohe Beiträge ergeben würden, so soll zwar, um die jüngern Interessenten auf keine Weise zu beeinträchtigen, bei der jährlichen Repartition nach den Zahlen in der Rubrik 2. der Beitrag eines jeden Interessenten berechnet, von den Interessenten über das siebzigste Lebensjahr hinaus aber nur dasjenige wirklich gezahlt werden, was sie nach Maßgabe der Zahlen in der Rubrik 3. zu erlegen hätten, und das, alsdann an ihrem eigentlich zu leistenden Beitrage Fehlende aus dem Eintritts-Gelds-Fonds ergänzt werden. – Hieraus ergiebt sich von selbst, daß das Eintrittsgeld beim Tode des auf Lebenszeit Versicherten nicht zurückgezahlt werden kann.

2) Die zweite Abtheilung bilden diejenigen Eintrittsgelder, welche von Theilnehmern herrühren, die nur auf bestimmte Jahre versicherten. Diese Eintritts-Gelder dienen lediglich zur Sicherheit der Anstalt, wegen der zu zahlenden jährlichen Beiträge, und es werden daher diese Gelder beim Ablaufe der Versicherungszeit an den Versicherten, oder, im Fall er während der Zeit stirbt, an die Erben oder sonst rechtmäßigen Eigener des Receptionsscheins baar mit zwei und ein halb Procent Zinsen, jedoch mit der einzigen Kürzung zurückbezahlt, daß für das erste Jahr nach dem Eintritt keine Zinsen vergütet werden.

---

[112] *H. F.*, 9 f.

Über das, was durch höhere zinsliche Benutzung, als in diesem §. ad 1. und 2. angenommen ist, erworben wird, bestimmt der §. 54. das Nähere."

Die Versicherten waren in Klassen eingeteilt. Jede dieser Klassen bildete im Hinblick auf die Eintrittsgelder und Prämieneinnahmen eine für sich bestehende Gesellschaft, § 15 Plan/Hannover. Hierdurch sollten Beitragsschwankungen vermieden werden. Für Verwaltungskosten brachte die Anstalt fünf Prozent von den Beiträgen in Ansatz, § 50 Plan/Hannover. Zudem wurden für einzelne Tätigkeiten Gebühren festgesetzt.

VI. Berlinische Lebens-Versicherungs-Gesellschaft

Der Fonds des Berliner Unternehmens bestand in einem Aktienkapital von einer Million Taler Preußisch Courant, Art. 3 Verfassung/Berlin. Hiervon wurde ein Fünftel bar eingeschossen, der Rest wurde in Solawechseln an die Direktion oder deren Order erbracht. Der Fonds der Gesellschaft konnte während der Dauer des Unternehmens nicht zurückgenommen werden. Jeder Aktionär bezog vom Tage der Einzahlung ab fünf Prozent Zinsen seines baren Einschusses und hatte einen „nach Verhältniß zu der Zahl sämmtlicher ausgegebenen Actien zu bestimmenden [...] Antheil an dem Fonds der Gesellschaft und an der nach Artikel 39. auf die Actionairs fallenden Gewinn-Rate", Art. 7 Verfassung/Berlin. Der Fonds der Gesellschaft wurde in der sogenannten Hauptkasse verwaltet, Art. 30 Verfassung/Berlin. Alle eingehenden Gelder flossen zunächst in die Tageskasse. Die für die Abwicklung laufender Geschäfte nicht erforderlichen Gelder wurden sodann in die Hauptkasse überwiesen. Der Gesellschaftsfonds und alle entbehrlichen Kassenvorräte wurden gemäß Art. 31 Verfassung/Berlin „baldmöglichst durch Darlehne auf sofort realisirbares Unterpfand oder auf Policen der Gesellschaft selbst, oder zu deren Rückkauf, so wie durch Unterbringung auf sichere Hypotheken benutzt." Ein Diskontieren von Wechseln durfte nur insofern stattfinden, als die Wechsel durch dreifache wechselmäßige Verpflichtung eine besondere Sicherheit gewährten. Beleihung und Ankauf ausländischer Staatspapiere waren der Gesellschaft gänzlich untersagt.

Die Einnahmen der Gesellschaft bestanden „in den eingezahlten Prämien, Strafgeldern und sonstigen Vortheilen, desgleichen in dem Ertrage der verzinslich benutzten Kapitalien der Gesellschaft", die Ausgaben „in den Verwaltungskosten, in den Zinsen des Einlage-Kapitals der Actionairs und in den ausgezahlten Versicherungs-Kapitalien", Art. 37 Verfassung/Berlin. Von den überschießenden Einnahmen wurde ein Quantum zur vollständigen Deckung der Ausgaben für die anzunehmenden künftigen Sterbefälle in Abzug gebracht. Vom verbleibenden Überschuß wurden die Gewinnantiemen der Vertreter und Beamten der Gesellschaft abgezogen. Der verbleibende Betrag stellte den reinen Gewinn dar. Der reine Gewinn wurde zunächst bis zum Ablauf des Jahres 1841 angesammelt und verzinslich benutzt. Erst anschließend erfolgte die erste

Gewinnverteilung, Art. 39 Verfassung/Berlin. Vom Reingewinn erhielten die Aktionäre ein Drittel, die auf Lebenszeit Versicherten zwei Drittel. Sollte sich vor der Gewinnverteilung eines Jahres ergeben, daß die nächstfolgenden vier Jahre, oder eines derselben, mit einem Verlust abschließen, so sollte dieser auf den Gewinn aller fünf Jahre pro rata verteilt werden. Sollten die Verluste größer sein, wurden sie von den Aktionären allein getragen. Diese hafteten für die Verpflichtungen der Gesellschaft, jedoch nur bis zum Betrage ihrer Aktien, nicht mit ihrem übrigen Vermögen, auch nicht mit den von den Aktien bereits erhobenen Zinsen und Dividenden, Art. 40 Verfassung/Berlin. War das bare Einlagekapital der Aktionäre durch Verluste vermindert worden, so wurden die Dividenden zur Wiederherstellung des Fonds verwendet und erst nach Wiederherstellung des Fonds ausgezahlt, Art. 41 Verfassung/Berlin.

VII. Lebensversicherungs-Anstalt der Bayerischen Hypotheken- und Wechselbank

Die Bayerische Hypotheken- und Wechselbank zu München besaß ein allen Geschäftszweigen gemeinsames Aktienkapital. Der Kapitalstock bestand anfangs in zehn Millionen Gulden und konnte auf zwanzig Millionen Gulden ausgedehnt werden, § 5 Statuten/München. Von dem Kapitalstock der Bank wurden drei Fünftel zu Anleihen auf Grund und Boden gegen hypothekarische Sicherheit, die verbleibenden zwei Fünftel für die übrigen Geschäftszweige der Bank und damit auch für den Lebensversicherungszweig verwendet, § 43 Statuten/München. Die Einlagen wurden in Bargeld an die Bankadministration gemacht, § 7 Statuten/München. Während der Dauer der Bank fand keine andere Verteilung als diejenige der Dividende und Superdividende (auszumittelnder Gewinnanteil) statt, § 8 in Verbindung mit §§ 39 ff. Statuten/München. Einer jeden Aktie wurden zunächst auf zehn Jahre halbjährig zahlbare Dividendencoupons beigelegt. Der jährliche Zinsbetrag war auf drei Prozent des Nominalkapitals einer Aktie festgesetzt, § 10 Statuten/München. Von dem übrigen Reingewinn wurden nach Abzug aller Unkosten, Verluste und zweifelhaften Forderungen drei Viertel ebenfalls gleichmäßig auf jede Aktie als Superdividende ausgeworfen, § 40 Statuten/München. Von dem verbleibenden Reingewinn wurde ein Reservefonds bis zur Höhe von einem Zehntel des Kapitalstocks der Bank gebildet, § 41 Statuten/München. Derselbe mußte stets in dieser Höhe erhalten bleiben. Der von der Bank in eigener Rechnung zu verwaltende Reservefonds mußte von der Bankadministration in „Staatspapieren, Privat-Urkunden oder, nach eigenem Ermessen, auf andere Weise fruchtbringend angelegt" werden, § 42 Statuten/München. Mit Erträgnissen aus diesen Vornahmen wurde die Superdividende verstärkt. Die Bank durfte niemals Spekulationsgeschäfte überhaupt, insbesondere aber keine Depot-Geschäfte in ausländischen Staatspapieren für eigene Rechnung machen, § 45 Statuten/München. Spezielle Regelungen zur Kapitalausstattung der Lebensversicherungs-Anstalt enthalten die Statuten nicht. In den Grundbestimmungen heißt es zur Kapitalausstattung in § 2 nur:

> „So wie die Versicherten in dem Vermögen der Bank ihre Sicherheit finden, ebenso finden die Aktionärs derselben ihre Beruhigung durch Zurücklegung eines Reserve- und Sicherheitsfonds, deren Beträge jährlich nach den Grundsätzen der Prämien-Berechnungen ausgemittelt werden."

VIII. Braunschweigische Allgemeine Versicherungs-Anstalt

Gemäß § 6 Verfassung/Braunschweig war das durch Kapitaleinschüsse, Prämien, Zinsen etc. sich ansammelnde Vermögen Eigentum der Anstalt oder der Gesamtheit ihrer Mitglieder. Für jede Abteilung der Anstalt wurde gesondert Rechnung geführt, § 180 Verfassung/Braunschweig. Bei Defiziten leisteten sich die Abteilungen gegenseitig auf Darlehnsbasis Unterstützung, §§ 181 ff. Verfassung/Braunschweig. Die Administrationskosten wurden von den verschiedenen Abteilungen der Anstalt nach Verhältnis der jährlichen Einnahmen bestritten, § 237 Verfassung/Braunschweig. Eine Überschußverteilung sollte alle fünf Jahre stattfinden. Zu der Frage, was als Überschuß zu bewerten war, heißt es in § 87 Verfassung/Braunschweig:

> „Dagegen ist es theils nach den, der Berechnung zum Grunde gelegten Sterblichkeits-Verhältnissen (vergl. den Vorbericht), theils weil die zu erhebenden Gelder wenigstens fürerst noch zu einem höheren Zinsfuße als dem angenommenen von 3 pro Cent benutzt werden können, im höchsten Grade wahrscheinlich, daß die Anstalt mehr Vermögen sammeln wird, als der eigentliche Bedarf ist. Die so entstehenden Ueberschüsse nun sollen den Gesellschaftsmitgliedern auf folgende Weise wieder zu Gute kommen."

Ob die Kapitalien zur Deckung des eigentlichen Bedarfs gesondert verwaltet wurden, bleibt unklar. Von den Überschüssen sollten „allemal ungefähr zwei Drittel – etwas mehr oder weniger nach dem Ermessen der Administration, um die zu vergütenden Summen abzurunden – zur Vertheilung kommen, das übrige Drittel" sollte als Sicherheitsfonds zurückgesetzt werden, §§ 143, 89 Verfassung/Braunschweig. Die Überschußverteilung sollte alle fünf Jahre stattfinden, §§ 142, 88 Verfassung/Braunschweig. Der Sicherheitsfonds sollte so zurückgestellt werden, daß er „in jeder nächsten Berechnung behuf der Ermittelung des Ueberschusses unter dem Vermögen der Anstalt wieder mit begriffen" wurde, §§ 143, 89 Verfassung/Braunschweig. Die Funktion des Sicherheitsfonds wird nicht erklärt. Das Kapital sollte vorzugsweise auf Hypotheken mit pupillarischer Sicherheit ausgeliehen oder in braunschweigischen Landesobligationen oder in preußischen Staatsschuldscheinen zinsbar belegt werden, § 227 Verfassung/Braunschweig. Ausnahmsweise konnten „nach vorgängigem Beschlusse des Deputirten-Collegii einzelne, zur Zeit disponible und nicht vortheilhaft auf die eben angegebene Art unterzubringende Summen auf andere, für hinreichend sicher gehaltene Weise zinsbar angelegt werden", § 228 Verfassung/Braunschweig. Kleinere, für die Bedürfnisse des Unternehmens disponibel zu haltende Summen konnten gegen Verzinsung an Bankiers übergeben werden, wenn diese dafür Obligationen von mindestens gleichem Wert bei der Administration als Bürgschaft hinterlegten, § 229 Verfassung/Braunschweig.

IX. Frankfurter Lebens-Versicherungs-Gesellschaft

Das Grundkapital der Frankfurter Gesellschaft bestand in drei Millionen Gulden des in Frankfurt gangbaren 24 Guldenfußes, § 14 Statuten/Frankfurt. Die Aktionäre hatten gemäß § 15 Statuten/Frankfurt die Verpflichtung, den vollen Betrag ihrer Aktien einzuzahlen. Sie waren nur bis zum Betrag ihrer Aktien für die Verbindlichkeiten der Gesellschaft verhaftet. Die Aktionäre hatten für jede Aktie zehn Prozent des Aktienbetrages und einen von ihnen, nach Sicht zahlbaren, an die Ordre der Gesellschaft ausgestellten Solawechsel über den Restbetrag an die Gesellschaftskasse abzuliefern, § 16 Statuten/Frankfurt. Die Aktieninhaber waren auch befugt, anstelle des Solawechsels den Betrag mittelst eines Depots von Obligationen deutscher Bundesstaaten, welches der Verwaltungsrat zu genehmigen hatte, zu sichern. Das bar eingeschossene Kapital wurde mit drei Prozent jährlich verzinst, § 17 Statuten/Frankfurt. Der Verwaltungsrat war ermächtigt, bei sich ergebendem Bedarf und unter öffentlicher Bekanntmachung von den Aktionären zehn Prozent des Aktienbetrages gegen Abschreibung auf dem Solawechsel oder gegen Zurückgabe eines verhältnismäßigen Depotanteils einzufordern, § 21 Statuten/Frankfurt. Der Verwaltungsrat bestimmte die Anlegung der disponiblen Fonds und die allgemeinen und besonderen Verwaltungsausgaben, § 30 Statuten/Frankfurt. In den ersten fünf Geschäftsjahren fand keine Gewinnverteilung statt, § 46 Statuten/Frankfurt. Bei der Gewinnverteilung erhielten zunächst die Versicherten gemäß §§ 7–9 Statuten/Frankfurt ihren Anteil. Der verbleibende reine Gewinn abzüglich Zinsen wurde zu drei Vierteln als Dividende an die Aktionäre ausgeschüttet, das letzte Viertel floß in einen Reservefonds. Dieser konnte bis auf 300.000 Gulden anwachsen. Alle Entschädigungen und Verluste wurden zunächst aus dem Prämienfonds gedeckt, § 48 Statuten/Frankfurt. Der Prämienfonds war nicht weiter geregelt. Deckte der Prämienfonds die Entschädigungen und Verluste nicht, wurden diese aus dem Reservefonds gedeckt. Erst nach Erschöpfung des Reservefonds durfte auf das Grundkapital zurückgegriffen werden.

X. Ergebnis

Die Unternehmen in Gotha, Leipzig, Berlin, München und Braunschweig legten sich hinsichtlich der Anlageformen fest. Bei den Regelungen gab es Entsprechungen. Das Kapital konnte regelmäßig gegen hypothekarische Sicherheit dargeliehen werden. Daneben war die Vermögensanlage in Staatspapieren möglich. Das Leipziger und das braunschweigische Unternehmen hielten sich neben den explizit aufgeführten Anlageformen weitere Möglichkeiten offen. Die Lübecker Gesellschaft regelte die Vermögensanlage grundlos nicht. In Hannover wurde lediglich das Eintrittskapital verwaltet, keine weiteren Fonds. Aus diesem Grunde wurden auch keine Anlagemöglichkeiten genannt. Die Frankfurter Lebens-Versicherungs-Gesellschaft überantwortete die Vermögensanlage dem Verwaltungsrat. Vorgaben finden sich in den Statuten/Frankfurt nicht.

E. Rechnungslegung

Laufende Aufsicht zum Schutz der rechtlichen Interessen der Versicherten kann in der Prüfung der Rechnungsabschlüsse bestehen.[113] Dies setzt die Offenlegung der Rechnungslegung durch das Unternehmen voraus. Versicherer können grundsätzlich gegenüber der Öffentlichkeit extern oder gegenüber einer Aufsichtsbehörde intern Rechnung ablegen.

Unter Bezugnahme auf die englischen Verhältnisse sah Littrow in der externen Öffentlichkeit die einzige „Gewähr gegen Mißbräuche und Irrthümer jeder Art".[114]

> „Nur sie [die externe Öffentlichkeit, Anm. d. Verf.] gewährt jene Sicherheit und jenes gränzenlose Vertrauen, welches eine Privatunternehmung [sic!] dieser Art bis zu jener Höhe fördern kann, auf der wir sie in jenem, unter dieser Beziehung, ohne Zweifel einzigen und glücklichen Lande erblicken. Nach einem Grundgesetze der Gesellschaft Palladium, müssen alle Rechnungen der Casse und alle Beschlüsse des Ausschusses umständlich und mit allen ihren Belegen jährlich vor jedem Mitgliede offen auf den Tisch der Anstalt gelegt werden. [...] Dadurch wird also jedes Mitglied in den Stand gesetzt, selbst zu untersuchen, wie man mit seinem Gelde umgegangen ist, und was man zum Besten der Gesellschaft in jedem Jahre gethan hat. Das Publicum lernt seine Leute kennen, lernt den Geschickten und Thätigen von dem Trägen und Unfähigen unterscheiden, und bleibt immer in der vollen Kenntniß seiner Unternehmung. Veruntreuungen, falsche Berichte, Fehler jeder Art, und die daraus nur zu häufig entspringenden Bemühungen, sie zu bedecken und zu bemänteln – alle diese und tausend andere kleinere und größere Uebel, die andere Institute zu Grunde richten, können dort gar nicht aufkommen, da sie sogleich in ihrem Beginnen entdeckt und, wenn alle anderen Mittel fehlschlagen, durch die dazu geeigneten Mittel verfolgt werden können. Durch diese, und nur durch diese Einrichtung konnten sich diese Institute jenes ungemessene Vertrauen und jenen glänzenden Fortgang erwerben [...]. Nur diese Oeffentlichkeit kann eine vollkommene Gewähr gegen Mißbräuche und Irrthümer jeder Art geben, die sich in solche Institute so gern einschleichen und die auf keine andere Weise mit Sicherheit davon zu entfernen sind."[115]

---

[113] *E. Fritz,* 194; *August Angerer,* Probleme, 594.
[114] *J. J. Littrow,* 22.

Es wird jeweils zu klären sein, wie die Abschlüsse erfolgten und wer diese einsehen konnte.

Die Gothaer Lebensversicherungsbank beruhte gemäß § 1 Verfassung/Gotha auf dem Grundsatz der Öffentlichkeit. Jährlich sollte ohne Rückhalt öffentlich Rechenschaft abgelegt werden. Die Führung der Bücher, die Ablegung der Jahresrechnung und die Ein- und Auszahlungen wurden von der Revisionskommission überwacht, §§ 25, 28 Verfassung/Gotha. Der Spezialrevisor hatte die Rechnung unabhängig von den Bankbeamten fortwährend speziell zu revidieren und zu prüfen, §§ 25, 28 Verfassung/Gotha. Revisor und Kommission hafteten für die Richtigkeit der Abschlüsse. Der Bankdirektor hatte dieselben zu kontrollieren, der Vorstand hatte die Richtigkeit der Abschlüsse anzuerkennen, § 41 Verfassung/Gotha. Zur Prüfung in letzter Instanz wurde die jährliche Abschlußrechnung „zwei der angesehensten Wechselhäuser in Leipzig und Frankfurt a. M." zur Prüfung vorgelegt, §§ 41, 39 Verfassung/Gotha. Nach § 41 Verfassung/Gotha sollte die Abschlußrechnung „im Auszuge durch den allgemeinen Anzeiger der Deutschen bekannt gemacht" werden.

Im Plan der Deutschen Lebensversicherungs-Gesellschaft zu Lübeck war die Rechnungslegung nicht geregelt.

In Leipzig war der Gesellschaftsausschuß für die „Prüfung, Monirung und Justification der jährlichen Rechnungsabschlüsse" zuständig, § 14 Statuten/ Leipzig. Ihm war zur Erleichterung der Kontrolle des Kassen- und Rechnungswesens ein beständiger Revisor zugewiesen, der vom Leipziger Magistrat ernannt wurde, § 15 Statuten/Leipzig. Das Unternehmen unterstellte sich dem Grundsatz der Öffentlichkeit, denn „die Oeffentlichkeit ist es, welche die Theilnahme gegen jede Willkühr sichert".[116] Gemäß § 2 Statuten/Leipzig sollte der Grundsatz der Öffentlichkeit dadurch verwirklicht werden, daß genaue Rechnungen über die Geschäfte und deren Verwaltung abgelegt und die jährlichen Rechnungsabschlüsse jedem Mitglied mitgeteilt werden sollten. „In Folge jener Oeffentlichkeit ist es angemessen gefunden worden, jedem Theilhaber den jährlichen Abschluß besonders zuzusenden, um die demselben wünschenswerthe Kenntniß der Lage und Verwaltung der Gesellschaft nicht von der zufälligen Einsicht eines Zeitungsblattes abhängig zu machen."[117]

Die Allgemeine Lebens-Versicherungs-Anstalt für das Königreich Hannover beruhte gemäß § 5 Plan/Hannover auf dem Grundsatz strenger Gegenseitigkeit aller ihrer Teilnehmer. Feste Prämiensätze bestanden nicht. Der Grundsatz der Öffentlichkeit wurde nicht ausdrücklich im Plan genannt. Die Generaldirektion hatte gegen Ende des Rechnungsjahres gegenüber dem Direktorialrat jährlich

---

[115] *J. J. Littrow*, 21 f.
[116] Erläuternde Bemerkungen/Leipzig, 6.
[117] Erläuternde Bemerkungen/Leipzig, 6.

Rechnung abzulegen, § 25 Plan/Hannover. In der Generaldirektion übernahm der zweite Inspektor die Stellung des Revisors, § 36 Plan/Hannover. Nachdem der Jahresabschluß gegenüber dem Direktorialrat erklärt worden war, revidierte der Rat selbst die Rechnung oder ließ sie durch einen auf Kosten der Anstalt zu ernennenden Revisor revidieren, § 25 Plan/Hannover. Der Direktorialrat konnte die Kasse der Generaldirektion „von Zeit zu Zeit durch zwei, besonders dazu zu committirende Mitglieder untersuchen" lassen, § 25 Plan/Hannover. Eine Generalübersicht des Bestandes der Anstalt wurde jährlich „den Interessenten" öffentlich mitgeteilt, § 25 Plan/Hannover. Das Ergebnis der jährlichen Beitragsberechnungen sollte durch die Intelligenz-Blätter des Königreichs publik gemacht werden, § 7 Plan/Hannover.

Bei der Berlinischen Lebens-Versicherungs-Gesellschaft erstattete die Direktion in der ordentlichen Generalversammlung der Aktionäre gemäß Art. 32 Verfassung/Berlin „Bericht über die Geschäfte des verflossenen Jahres und deren Resultate und legt[e] eine vollständige Bilanz des Vermögens-Zustandes der Gesellschaft [...] nebst der Gewinn- und Verlustberechnung vor". Zur Revision und Abnahme der Rechnungen erwählten die Aktionäre aus ihrer Mitte vier Personen. Diese konnten Einsicht nehmen in die Bücher und die Kassenbestände prüfen. Die Revisoren konnten eine außerordentliche Generalversammlung einleiten, Art. 35 Nr. 2 Verfassung/Berlin. Den Revisoren wurde auf Gesellschaftskosten ein im öffentlichen Amte stehender Rechnungsverständiger zugewiesen, Art. 32 Verfassung/Berlin.

Die Bankadministration der Bayerischen Hypotheken- und Wechselbank zu München hatte die Bücher der Bank jährlich zweimal abzuschließen, Ende Juni und Ende Dezember, §§ 39 ff. Statuten/München. Die Resultate der halbjährigen Bankabschlüsse wurden öffentlich bekannt gemacht, § 40 Statuten/München. Bei der im Januar jeden Jahres stattfindenden Versammlung des Bankausschusses waren die jährlichen Rechnungsabschlüsse vorzulegen und die ausgewiesenen Erträgnisse der Bank der Prüfung zu unterlegen, § 38 Statuten/München.

Das Braunschweigische Unternehmen beruhte gemäß § 7 Verfassung/Braunschweig auf dem Grundsatz der Öffentlichkeit. Das Deputiertenkollegium hatte gemäß §§ 7, 222 ff. Verfassung/Braunschweig alljährlich über die Verwaltung und den Zustand der Anstalt öffentlich Rechenschaft abzulegen. Das Kollegium bestellte einen Rechnungs- und Kassenführer (§ 222 Verfassung/Braunschweig). Dieser erhielt genaue Instruktion über seine Geschäftsführung und wurde vereidigt. Gemäß § 223 Verfassung/Braunschweig hatte er Kaution zu leisten. Zum Ende jeden Kalenderjahres wurde die Rechnung abgeschlossen und zwei vereidigten Revisoren zur Prüfung übergeben, § 224 Verfassung/Braunschweig. Die Rechnung wurde in einer Konferenz der Deputierten, Vertreter und des Regierungskommissars abgenommen.

Gemäß § 41 Nr. 3 Statuten/Frankfurt wurde bei der Frankfurter Lebens-Versicherungs-Gesellschaft in der Aktionärsversammlung jährlich ein dreiköpfiger Ausschuß gewählt, der die Rechnungslegung im kommenden Geschäftsjahr durchzuführen hatte. Die Ausschußmitglieder waren Aktionäre, durften aber nicht dem Verwaltungsrat angehören. Spätestens vierzehn Tage vor der nächsten Generalversammlung hatte der Ausschuß die Bilanz und die Rechnungsabschlüsse mit den Büchern zu vergleichen und darüber in der Versammlung Bericht zu erstatten. Die Generalversammlung hatte die Jahresrechnung daraufhin zu prüfen und zu genehmigen, § 41 Nr. 2 Statuten/Frankfurt.

Die Rechnungslegung erfolgte in den Anfängen der deutschen Lebensversicherungswirtschaft uneinheitlich. Sie erfolgte regelmäßig jährlich, ausnahmsweise auch halbjährlich. An der Rechnungslegung waren ständige Gesellschaftsorgane, vor allem aber Revisionskommissionen oder einzelne Revisoren beteiligt. In Gotha setzte sich die Revisionskommission aus Versicherten zusammen. Auch in Leipzig prüfte der Gesellschaftsausschuß aus Versicherten die Rechnungslegung. Bei den Aktiengesellschaften in Berlin und München kontrollierten Aktionäre die Rechnungslegung. Wurden ‚Laien' mit der Kontrolle betraut, wurde diesen regelmäßig ein Rechnungsverständiger zur Unterstützung ihrer Tätigkeit zugewiesen. In Leipzig wurde der Revisor vom Magistrat ernannt. In Braunschweig nahm der Regierungskommissar die Rechnung ab. Die Rechnungsabschlüsse wurden in Zeitungen publiziert, den Mitgliedern ausgehändigt oder den Aktionären in der Generalversammlung vorgelegt.

F. Versicherungsformen, Spartentrennung, versicherungsfremde Geschäfte

I. Einführung

Versicherungsunternehmen haben sich heute auf das Versicherungsgeschäft zu beschränken, § 7 Abs. 2 VAG. Die Interessen der Versicherten sollen vor Risiken geschützt werden, die sich aus der Ausübung versicherungsfremder Tätigkeiten für die Solvabilität der Unternehmen ergeben können.[118] Auch von der Erstreckung des Tätigkeitsfeldes auf weitere Versicherungszweige können Gefahren für die Versicherten ausgehen.[119] Gemäß § 8 Abs. 1a VAG ist deshalb der Betrieb der Lebensversicherung zusammen mit anderen Versicherungssparten verboten, sogenannter Grundsatz der Spartentrennung. Durch das Verbot sollen Binnentransfers und Quersubventionierungen zu Lasten der Lebensversicherten verhindert werden.

---

[118] *Gunne W. Bähr (Bearb.)*, § 7 VAG Rdnr. 8, in: Ulrich Fahr/Detlef Kaulbach/ Gunne W. Bähr, VAG.

[119] *E. Fritz*, 194.

Vor der Analyse der historischen Quellen sollen die heute im Bereich der Lebensversicherung gebräuchlichen Versicherungsarten und Unterarten[120] begrifflich bestimmt werden. Die Aufstellung erhebt keinen Anspruch auf Vollständigkeit. Die Festlegung soll die Erschließung der begrifflich differierenden Quellen erleichtern. Nach Art der vertraglichen Leistung werden heute Kapital- und Rentenversicherungen unterschieden. Bei den Kapitalversicherungen wird im Versicherungsfall einmalig ein Kapital gezahlt, bei den Rentenversicherungen werden regelmäßig wiederkehrende Zahlungen getätigt. Unterschieden werden allgemein Todes- und Erlebensfallversicherungen sowie Kombinationen aus beiden Formen. Bei den reinen Todesfallversicherungen wird die Versicherungsleistung nur bei Ableben des Versicherten fällig. Sie können bedingt oder unbedingt sein. Bei den bedingten Todesfallversicherungen ist der Eintritt des Versicherungsfalls ungewiß. So tritt der Versicherungsfall bei der Risikolebensversicherung (auch abgekürzte Todesfallversicherung genannt) nur ein, wenn der Versicherte während der Versicherungsdauer stirbt. Bei den Kreditlebens- oder auch Restschuldversicherungen tritt die Leistungspflicht nur ein, wenn bei Ableben des Versicherten gegenüber dem Versicherungsnehmer (zum Beispiel einem Darlehens- oder Kreditgeber) noch eine Restschuld des Versicherten besteht. Die Versicherungssumme ist nicht gleichbleibend, sondern fallend entsprechend der Tilgung der Schuld. Bei den unbedingten Todesfallversicherungen ist der Versicherer im Todesfall stets zur Leistung verpflichtet. Bei der Sterbegeldversicherung etwa zur Deckung der Beerdigungskosten. Die reinen Erlebensfallversicherungen (zum Beispiel Aussteuer- oder Studiengeldversicherungen) begründen eine Leistungspflicht des Versicherers nur, wenn der Versicherte einen bestimmten Zeitpunkt erlebt. Demgegenüber wird bei den gemischten Todes- und Erlebensfallversicherungen die Leistung nicht allein bei Ableben des Versicherten fällig, sondern auch bei Ablauf der vereinbarten Versicherungsdauer. Die Versicherung auf verbundene Leben als Unterfall der gemischten Versicherung ist regelmäßig eine Versicherung auf zwei Leben, wobei jeder Beteiligte gleichzeitig Versicherungsnehmer und Versicherter ist. Die Leistung wird entweder im Todesfall des zuerst Versterbenden an den anderen Beteiligten erbracht oder im Erlebensfall an beide gemeinsam. Gebräuchlich ist diese Form als Ehegatten- oder als Teilhaberversicherung für kleinere Betriebe. Die sogenannten Termfixversicherungen, insbesondere Ausbildungsversicherungen,

---

[120] *Jörg Heidemann,* Formen der Lebensversicherung, VP 1994, 57–61, 73–77; *Helmut Kollhosser (Bearb.),* Vorbem. §§ 159–178 VVG, Rdnrn. 5 ff., in: Prölss/Martin, Versicherungsvertragsgesetz. Kommentar zu VVG und EGVVG sowie Kommentierung wichtiger Versicherungsbedingungen – unter Berücksichtigung des ÖVVG und österreichischer Rechtsprechung –, 27. Aufl. München 2004; *H.-P. Schwintowski (Bearb.),* Vorbem. §§ 159–178, in: Heinrich Honsell (Hg.), Berliner Kommentar zum Versicherungsvertragsgesetz. Kommentar zum deutschen und österreichischen VVG, Berlin u. a. 1999; *Johannes Teslau,* § 13 Lebensversicherung, Rdnrn. 4 ff., in: Hubert W. van Bühren (Hg.), Handbuch Versicherungsrecht, 2. Aufl. Bonn 2003; *Knut Höra/Ruth Müller-Stein,* Rdnrn. 3–20.

sehen einen fest vereinbarten Auszahlungstermin vor. Während bei den vorgenannten Formen bestimmte Summen oder Renten geschuldet werden, gewähren die fondsgebundenen Lebensversicherungen Versicherungsschutz unter unmittelbarer Beteiligung an der Wertentwicklung eines Anlagestocks. Bei der dynamischen Lebensversicherung (auch Zuwachsversicherung genannt) wird bereits bei Vertragsschluß festgelegt, daß sich Beiträge und Leistungen (ohne erneute Gesundheitsprüfung) erhöhen. Regelmäßig sind Tod bzw. Erleben die Risikokomponenten. Bei den sogenannten Dread-Disease-Versicherungen ist zusätzlicher Risikofaktor die Diagnose einer schweren Erkrankung oder der krankheitsbedingte Eintritt der Erwerbsunfähigkeit. Durch Zusatzversicherungen werden die Risiken des Unfalltodes, der Berufs- bzw. Erwerbsunfähigkeit und der Pflegebedürftigkeit abgedeckt. Schließlich wird zwischen privaten Einzel- und (betrieblichen) Gruppenversicherungen unterschieden.

Lebensversicherungen können auf das eigene und auf fremdes Leben abgeschlossen werden (Lebensfremdversicherungen), § 159 Abs. 1 2. Alt. VVG. Zur Gültigkeit des Vertrages ist heute die schriftliche Einwilligung des Versicherten erforderlich, § 159 Abs. 2 Satz 1 VVG.

Spätere Revisionen der Regelwerke und damit auch Erweiterungen des Versicherungsangebots in den Jahren nach der Geschäftseröffnung bleiben unberücksichtigt.

II. Lebensversicherungsbank für Deutschland zu Gotha

Was die Gothaer Lebensversicherungsbank unter „Lebensversicherung" verstand, definierte sie in § 2 Verfassung/Gotha:

„Unter Lebensversicherung überhaupt wird hier ein Vertrag verstanden, welchen Jemand mit der Bank dahin abschliesst, dass ihm gegen gewisse jährliche Leistungen eine bestimmte, nach dem Erlöschen des eigenen oder eines andern versicherten Lebens zahlbare Kapitalsumme zugesichert wird."

Die Lebensversicherungsbank vertrieb danach „nur" Kapitalversicherungen auf den Todesfall auf eigenes oder fremdes Leben. Sie unterschied zwischen unbedingter und abgekürzter Todesfallversicherung, indem sie gemäß § 3 Verfassung/Gotha Versicherungen für die ganze Lebensdauer, sogenannte „Lebenslängliche Versicherungen", und „Versicherungen auf bestimmte Zeit, nemlich auf ein Jahr oder auf eine namhafte Reihe von Jahren (sogenannte kurze Versicherungen.)" unterschied. Derjenige, der auf fremdes Leben versichern wollte, mußte nach § 57 Verfassung/Gotha ein „wirkliches Interesse" an dessen Lebensdauer haben. Dies wurde beispielsweise angenommen bei naher Verwandtschaft, Schuldforderung oder Bürgschaft. Gemäß § 46 Verfassung/Gotha mußte die Versicherungssumme mindestens 500 Taler betragen. Wer das neunzigste Lebensjahr erreicht hatte, war von seiner Beitragspflicht befreit, § 51 Verfassung/Gotha. Die Versicherungssumme wurde aber erst nach dem Tode des Versicherten ausgezahlt.

Im „Allgemeinen Anzeiger der Deutschen" vom 2. März 1828 nannte Arnoldi die „Muthmaßliche[n] Gründe, warum die Lebensversicherungsbank für Deutschland in Gotha nicht, wie andere ähnliche Anstalten, auch Verträge auf Leibrenten abschließt":

> „Wol unterliegt es keinem Zweifel, daß noch immer im Allgemeinen mehr Menschen geneigt sind, ihr Vermögen in Renten zu verwandeln, sofern solche groß genug sind, um behaglich davon ihre übrigen Tage verleben zu können, als durch Abzüge vom so genannten Lebensgenuß, durch Mäßigkeit, Sparsamkeit und Ordnung, das Loos der Witwe, der Kinder, der Anverwandten, zu verbessern, deren Stellung in der bürgerlichen Gesellschaft zu befestigen, oder die Verbindlichkeiten, die man im Leben nicht zu erfüllen vermochte, nach dem Tode zu erfüllen.
>
> Die Leibrenten sind sonach in der Regel für Hagestolze, einzeln in der Welt stehende, oder von den Ihrigen entfremdete Personen, und für Egoisten so willkommen, wie es für wohlwollende Menschen und für das rechte Familienleben die Lebensversicherungsanstalten sind. Diese sind für die Menschenliebe, für das Glück der Nachkommen, jene für die Selbstsucht, für die Genußmenschen vorhanden. Die Leibrenten sind in den meisten Fällen mit dem Geiste der Liebe unverträglich, während die Lebensversicherung fast immer ein Werk der Liebe oder eine Maßregel ist, welche Pflicht und Gewissen gebieten. Der nicht veredelte Mensch will selbst genießen, der zur Humanität entwickelte will Glückliche machen.
>
> Die eigentlichen Lebensversicherungsanstalten sind daher den schönsten Blüthen der Humanität des vorigen Jahrhunderts beyzuzählen. Italien ist das Land der Leibrenten, der Klöster und des dolce far niente; nächst England ist dagegen das gebildete Deutschland dasjenige Land, in welchem vielleicht mehr, als in irgend einem andern Theile Europens, der rechte Sinn für Witwenversorgungs- und Lebensversicherungsanstalten gefunden wird. Die Tugend ist, nach Lichtenberg, in den kleinen Städten dieses Landes mehr als sonst wo zu finden, und unter Tugend versteht er Familienliebe, Einfachheit der Sitten, Mäßigkeit, Sparsamkeit, Treue. Daß der Sinn für solche Anstalten in Deutschland nur theilweise, nur in Beziehung auf Witwen und Waisencassen, in Ansehung der Lebensversicherung aber bey weitem sich noch nicht so allgemein ausgebildet hat, wie in England, wo solcher Anstalt 44 sich befinden [...], liegt lediglich an dem gänzlichen Mangel einer dem Einkommen der Mittelclasse angemessenen Anstalt, für den Zweck: den Seinen, oder denen, welche wir Verpflichtungen haben, auch für den Fall, daß wir zu früh sterben sollten, ein nahmhaftes bares Capital zu hinterlassen.
>
> Nun stehen zwar die englischen, französischen, niederländischen Lebensversicherungsanstalten den Deutschen hierzu zu Gebot, und werden auch von den Reichern hie und da benutzt; aber dem Einkommen des deutschen Hausvaters, welcher zu einer solchen Anstalt seine Zuflucht nehmen muß, um durch jährliche Ersparnisse seinen Hinterbliebenen ein Capital zu sichern, – dem Einkommen eines solchen deutschen Hausvaters entsprechen die englischen und andere auswärtige kaufmännische Anstalten deswegen nicht, weil dieselben 30 und mehr pro Cent zu viel kosten

F. Versicherungsformen, Spartentrennung, versicherungsfremde Geschäfte   179

und nehmen. Diese Anstalten wuchern, und ihre goldnen Früchte werden hauptsächlich Englands Eigenthum. Deutschland bedarf einer Lebensversicherungsanstalt, die nicht nur den deutschen Staaten das erhält, was an auswärtige Anstalten für diesen Zweck zu viel bezahlt, also vergeudet, und dadurch dem Nationalvermögen entzogen wird; es bedarf einer Anstalt, die zugleich einem jeden ihrer Theilhaber dasjenige ausspart, was für denselben selbst auch dann verloren seyn würde, wenn wirklich eine Anstalt vorhanden wäre, wie nicht einmahl eine da ist, die das zu viel Gezahlte als Gewinn ihrer Eigenthümer betrachten dürfte; Deutschland bedarf einer Lebensversicherungsbank, die für Alle verwaltet, was Allen gehört, die das ungeschmälerte Eigenthum ihrer Versicherten ist.

Wollte man aber bey der Begründung einer solchen Anstalt dem Beyspiele der Engländer, Franzosen und Niederländer folgen, und auch auf diejenigen Rücksicht nehmen, denen es nicht um die Sicherstellung der Ihrigen, nach ihrem Tode, sondern nur um ein behagliches, sorgenfreyes Leben, durch Abtretung eines Capitals gegen Renten, zu thun ist; wollte man die Leibrenten damit vermengen, so würde die Hauptbedingung einer klaren Übersicht, einer reinen jährlichen Abrechnung, die Einfachheit der Einrichtung verloren gehen und der sittliche Zweck der Anstalt verschwinden.

Diese Betrachtung mag den Begründern der Lebensversicherungsbank für Deutschland in Gotha als Bestimmungsgrund gedient haben, die Leibrenten auszuschließen, so wie Alles, was einer klaren Übersicht im Wege stehen oder auf den reinen Zweck dieses großartigen Unternehmens einen Schatten werfen konnte. Wuchergeist und Willkühr haben, als unreine Geister, keinen Theil an dieser, auf reiner Gegenseitigkeit und unumwundener Oeffentlichkeit beruhenden Nationalanstalt, die folglich im ganzen Sinne des Wortes ist, was dem deutschen Hausvater noth that, um, mit den möglicherweise geringsten Aufwande, bey seinem Tode ein namhaftes Capital zu hinterlassen, zu dessen eigener Sammlung er sich entweder nicht Lebensdauer, oder auch nicht Geschick und Glück genug zutraut."[121]

III. Deutsche Lebensversicherungs-Gesellschaft zu Lübeck

Die Deutsche Lebensversicherungs-Gesellschaft zu Lübeck übernahm wie das Gothaer Unternehmen abgekürzte Todesfallversicherungen auf ein oder mehrere Jahre sowie unbedingte Versicherungen auf Lebenszeit. Im Todesfall sollte eine einmalige Kapitalsumme ausgezahlt werden, die Summe durfte anfangs nicht unter 300 und nicht über 30.000 Mark Courant liegen.

„Durch eine solche Versicherung kann ein Jeder, vermittelst einer jährlich zu bezahlenden Prämie, die mit seinem Alter im Verhältniss steht, seinen Erben oder Angehörigen eine Summe hinterlassen, um ihnen die Mittel zum bessern Fortkommen, zur bequemern Fortsetzung ihrer Geschäfte, oder auch zur Tilgung von Schulden, die bey seinem Tode bezahlt werden müssen, zu verschaffen.

---

[121] *[Ernst Wilhelm Arnoldi,]* Muthmaßliche Gründe, warum die Lebensversicherungsbank für Deutschland in Gotha nicht, wie andere ähnliche Anstalten, auch Verträge auf Leibrenten abschließt, u.s.w., Allgemeiner Anzeiger der Deutschen 75 (1828), Sp. 625–629 (625–628).

Personen, welche sichere Einkünfte durch Bedienungen, Annuitäten u.s.w. geniessen, oder auf andere Weise im Stande sind so lange sie leben, ihre Verbindlichkeiten zu erfüllen, können durch Versicherung ihres Lebens ihren Gläubigern Sicherheit für den Fall ihres Todes geben, und so sich die Gelder verschaffen, deren sie für eine Zeit benöthigt sind.

Gläubiger können durch Versicherung solcher Debitoren deren Zahlfähigkeit von ihrem Leben abhängt, unsichere Forderungen in sichere verwandeln.

Eigenthümer von Grundstücken auf lebenslänglichen Besitz können ihren Erben den Werth derselben vergewissern, oder sie beym Ankaufe sicher stellen.

Männer, welche ein erheirathetes Vermögen in ihren Geschäften anlegen, können durch Versicherung ihrer Frauen den Verlegenheiten vorbeugen, worin sie durch Zurückgabe des Heirathsguts beym Tode ihrer Frauen gesetzt werden können."[122]

Es konnten Kapitalversicherungen abgeschlossen werden, bei denen die Versicherungssumme an eine zu benennende Person ausgezahlt wurde, wenn diese den Versicherten überlebt.

„Dieselben sind anwendbar, wenn jemand einer gewissen Person eine Summe bei seinem Tode zusichern will, als ein Mann seiner Frau, seinem Freunde oder Diener, eine Frau ihrem Mann u.s.w."[123]

Außerdem waren Versicherungen auf zwei verbundene Leben möglich. Das Kapital wurde im Todesfall an den Überlebenden ausgezahlt. Überdies waren Aussteuerversicherungen nach dem Plan vorgesehen, welche bei zurückgelegtem 21stem Lebensjahr bezahlt wurden und deren Versicherungssumme zwischen 500 und 10.000 Mark Courant liegen konnte.

„Vermöge dieser Versicherungen können Aeltern, Verwandte oder Freunde durch Bezahlung einer Summe, oder durch jährliche Beyträge, den Töchtern eine Aussteuer bey ihrer Verheirathung, den Söhnen ein Capital zur Erleichterung ihres Eintritts in das bürgerliche Leben verschaffen."[124]

Die Gesellschaft hielt es sich offen, weitere Versicherungsformen anzubieten:

„Ausser den genannten Arten der Versicherung wird die Deutsche Lebensversicherungs-Gesellschaft jede andere Lebensversicherung, welche die besondern Verhältnisse des zu Versichernden nöthig machen, gegen angemessene Prämien übernehmen."[125]

Im Gegensatz zum Gothaer Unternehmen übernahm die Deutsche Lebensversicherungs-Gesellschaft Leibrentenversicherungen und zwar zunächst für eine jährliche Rente von 50 bis 3.000 Mark Courant.

Wer auf fremdes Leben versichern wollte, mußte, „wenn er Bezahlung fordert[e], beweisen können, dass er daran ein Interesse hatte, welches der versi-

---

[122] Plan/Lübeck, 8 f.
[123] Plan/Lübeck, 9.
[124] Plan/Lübeck, 9.
[125] Plan/Lübeck, 9.

F. Versicherungsformen, Spartentrennung, versicherungsfremde Geschäfte 181

cherten Summe gleich kommt".[126] Ohne diesen Beweis verlor er sämtliche Ansprüche gegen die Gesellschaft, sowohl hinsichtlich der Versicherungssumme wie hinsichtlich der geleisteten Prämien.

IV. Lebensversicherungs-Gesellschaft zu Leipzig

Gemäß § 1 Statuten/Leipzig konnten bei der Lebensversicherungs-Gesellschaft Todesfallversicherungen auf Kapitalbasis abgeschlossen werden. Die möglichen Versicherungsarten werden in den Statuten nicht ausdrücklich genannt. Sie erschließen sich aus den Prämientabellen. Dort wird unterschieden zwischen Versicherungen auf Lebenszeit, auf fünf Jahre und auf ein Jahr. Außerdem findet sich eine Tabelle mit Beiträgen, die jährlich aufgebracht werden müssen, um 100 Taler zu erhalten, „wann von zwei benannten Personen eine mit Tode abgeht". Gemäß § 3 Statuten/Leipzig konnte die Versicherung auf eigenes oder fremdes Leben erfolgen:

„Die Versicherung kann sowohl das eigne, als das Leben eines Dritten, an welchem der Versichernde ein Interesse hat, zum Gegenstande haben, dergestalt, daß die bestimmte Summe nach dem eignen oder dem Ableben der dritten Person an irgend Jemanden ausgezahlt werden soll."

Bei der Versicherung des Lebens einer dritten Person wurde „die strengere Bescheinigung eines Intereße nicht verlangt", um „jede sonstige Erleichterung und jeden Vortheil darbieten zu können".[127] Gemäß § 6 Statuten/Leipzig endete die Beitragspflicht bei Versicherungen auf Lebenszeit mit „erfülltem 85ten Lebensjahre". Nach § 30 Statuten/Leipzig mußte die ursprüngliche Versicherungssumme wenigstens 300 Rthlr., eine spätere Erhöhung derselben durfte nicht unter Summen von 100 Rthlr. betragen.

Die Verwendungszwecke der Versicherungen bestimmten die „Erläuternde[n] Bemerkungen":

„In wie vielfacher Hinsicht diese Gesellschaft auf die Familien- und sonstigen Verhältniße wohlthätig einwirken kann, leuchtet von selbst ein. Wenn ein Ehemann seiner Ehefrau ein Capital sichern will, welches ihr eine unabhängige Stellung nach seinem Ableben gewährt, wenn ein Vater seine Kinder aus verschiedenen Ehen, welche in Ansehung des mütterlichen Vermögens nicht in gleichen Verhältnissen stehen, gleich stellen, wenn Jemand irgend einer Person nach seinem Tode ohne Vorwissen und Theilnahme seiner Erben eine Summe zuwenden, wenn der Besitzer von Majorats-Mannlehn-Fideicommißgütern denjenigen seiner Descendenten oder sonstigen Verwandten, welche bei seinem Ableben einige Ansprüche auf dieses Vermögen nicht haben würden, gewiße Vortheile sichern will, so bedarf es nur eines verhältnißmäßig geringen jährlichen Aufwandes, um vollständig den beabsichtigten Zweck zu erreichen, und für den Todesfall die Gewißheit der Auszahlung

---

[126] Plan/Lübeck, 11.
[127] Erläuternde Bemerkungen/Leipzig, 5.

eines bedeutenden Capitals zu gewinnen. In gleichem Maaße wird der Gläubiger sich sicher stellen können, wenn er das Leben seines Schuldners, von deßen längerer oder kürzerer Dauer seine Befriedigung abhängt, versichert, wenn der Legatar, dessen Erwerb von dem Eintritte einer Bedingung oder Zeitbestimmung abhängt, sein eignes Leben versichert, wenn der ärmere Handlungsgesellschafter das Leben eines Associés versichert, um nicht durch dessen frühen Tod die Vortheile der längern Dauer des Geschäfts zu verlieren, wenn zwei Handlungsgesellschafter gegenseitig ihr Leben versichern, damit der Ueberlebende desto leichter in den Stand gesetzt werde, die Erben des früher Verstorbenen zu befriedigen, wenn der Unternehmer eines Geschäfts, das erst in späterer Zeit Vortheile zu gewähren geeignet ist, sein Leben versichert, um seine Erben gegen den Verlust zu decken, den sein früher erfolgter Tod wahrscheinlich nach sich ziehen würde."[128]

Die Beschränkung des Angebots wurde mit der „Sicherheit der Lebensversicherungen" erklärt:

„Einen verschiedentlich geäußerten Wunsch, den Zweck der Gesellschaft auch auf Aussteuern, Renten und ähnliche Geschäfte auszudehnen, haben sie [die Begründer der Gesellschaft, Anm. d. Verf.] nicht berücksichtigen zu dürfen geglaubt, weil die völlig verschiedene Richtung ihnen mit der Sicherheit der Lebensversicherungen unvereinbar schien."[129]

V. Allgemeine Lebens-Versicherungs-Anstalt für das Königreich Hannover

Der Plan der Allgemeinen Lebens-Versicherungs-Anstalt für das Königreich Hannover definierte den Begriff der Lebensversicherung in § 1 Plan/Hannover:

„Unter Lebensversicherung wird ein Vertrag verstanden, den Jemand mit der Anstalt dahin abschließt, daß ihm gegen jährliche planmäße Beiträge eine bestimmte, nach dem Erlöschen des eigenen oder eines andern versicherten Lebens zahlbare Capital-Summe zugesichert wird."

Abgeschlossen werden konnten somit Todesfallversicherungen auf Kapitalbasis auf eigenes oder fremdes Leben. Es wurden Versicherungen auf Lebenszeit und Versicherungen auf bestimmte Zeit unterschieden, § 4 Plan/Hannover. Die Laufzeit der Versicherungen auf bestimmte Zeit betrug mindestens ein Jahr. Der Allgemeinen Lebens-Versicherungs-Anstalt wurde von einem anonymen Kritiker vorgeworfen, daß sie auf Kapital- und nicht auf Rentenbasis versichere:

„Nur das mag hier sogleich bemerkt werden, daß für die Versorgung einer hinterlassenen Wittwe eine weit sichere Bestimmung getroffen werden konnte, wenn die Anstalt auf Renten, als wenn sie auf ein bestimmtes Capital berechnet wurde. – Denn ist hier das Capital nicht bedeutend genug angenommen, um durch seine Zinsen die Wittwe ernähren zu können, so ist sie gegen die Sorgen späterer Jahre noch

---

[128] Erläuternde Bemerkungen/Leipzig, 3 f.
[129] Erläuternde Bemerkungen/Leipzig, 5.

keineswegs dadurch gesichert, was doch in dem Wunsche des Mannes und dem Zwecke der Anstalt lag."[130]

Ein lebenslänglich Versicherter, der das neunzigste Lebensjahr vollendet hatte, wurde von der Beitragszahlung freigestellt und erhielt das Kapital ausbezahlt, § 11 Plan/Hannover. Hinsichtlich der Lebensfremdversicherung forderte § 16 Plan/Hannover, daß der Versicherungsnehmer an dem Leben des Dritten „durch Familienverhältnisse, Schuldforderung, Bürgschaft oder dergleichen ein wirkliches Interesse" hatte. Dieses mußte „auf eine genügende Weise" dargetan werden. Verstarb der Dritte, mußte dokumentiert werden, „in wiefern dieses Interesse noch Statt findet, indem zwar das ganze Versicherungs-Capital von der Anstalt bezahlt wird, aber davon dem Versicherer nur so viel zu Theil werden kann, als seine erweisliche Forderung beträgt, das Übrige aber den wirklichen Erben des versichert gewesenen Individuums zufällt." Weder der Versicherungsnehmer noch das Unternehmen sollten aus der Versicherung einen Gewinn ziehen.[131]

VI. Berlinische Lebens-Versicherungs-Gesellschaft

Der Begriff der Lebensversicherung wurde in § 1 Geschäftsplan/Berlin bestimmt:

„Die Berlinische Lebens-Versicherungs-Gesellschaft übernimmt [...] gegen Entrichtung bestimmter Einschüsse (Prämien) die Verpflichtung, beim Ableben einer benannten Person oder einer von zweien benannten Personen ein im Voraus festgesetztes Kapital auszuzahlen (Lebens-Versicherungen)."

Wie die vorangegangenen Unternehmen beschränkte sich die Berliner Gesellschaft auf die Gewährung von Todesfallversicherungen auf Kapitalbasis. Die möglichen Versicherungsarten der Gesellschaft wurden in § 2 Geschäftsplan/ Berlin festgestellt; sie nahm Versicherungen an:

„I. von einer einzelnen Person, zahlbar nach deren Tode, entweder:

1. Im Allgemeinen an den künftigen legitimirten Inhaber des Versicherungs-Scheins (der Police) [...];

oder:

2. an eine bestimmte, in der Police genannte, Person, Falls diese den Versicherten überlebt [...];

II. von zwei verbundenen Personen, zahlbar entweder:

1. bei dem Tode des zuerst von ihnen Sterbenden an den Ueberlebenden [...];

oder:

---

[130] *H. F.*, 7.
[131] *Friedrich Krancke*, 767.

184   6. Kap.: Die ersten Regelwerke

2. nach dem Tode des zuletzt von ihnen Sterbenden an den künftigen legitimirten Inhaber der Police [...];

Die Versicherungen ad I. N° 1. können auf eine beliebige Anzahl von Jahren, von einem bis zu zwanzig, oder auf die Lebensdauer des Versicherten genommen werden.

Die Gesellschaft behält sich vor, die zu ertheilenden Versicherungen künftig auf noch mehrere Fälle auszudehnen."

Die Versicherungssumme konnte maximal 10.000 Taler betragen, die Mindestsumme war auf 100 Taler festgesetzt, § 4 Geschäftsplan/Berlin. Mit dieser Mindestsumme unterschritt die Gesellschaft die untere Grenze der älteren Konkurrenzunternehmen. Sie wollte damit breiteren Bevölkerungsschichten die Teilnahme ermöglichen.[132] Gemäß § 15 Geschäftsplan/Berlin endete die Beitragspflicht bei Versicherung auf Lebenszeit mit dem 85sten Lebensjahr; die Auszahlung erfolgte erst nach dem Tode.

In einer „Instruktion für die Agenten der Berlinischen Lebens-Versicherungs-Gesellschaft" wird erläutert, warum die Gesellschaft keine Versicherungen auf fremdes Leben zuließ:

„(Andere Versicherungs-Anstalten lassen es zwar auch zu, das Leben eines Dritten zu versichern, wenn der Versichernde ein Interesse bei demselben nachweiset. – Die Preußischen Gesetze (Allgemeines Landrecht Thl. II. Tit. 8. §. 1973. und 1974.) erfordern jedoch aus sehr triftigen Gründen zu einer solchen Versicherung ausdrücklich die gerichtliche Einwilligung des Dritten. Unsere Gesellschaft hat diese Art der Versicherung nicht aufgenommen, da jeder der bei dem Leben eines Dritten interessirt, z.B. ein Gläubiger bei dem Leben seines Schuldners, und über dessen Versicherung mit ihm einverstanden ist, ihn auch dazu bestimmen kann, die Versicherung selbst zu nehmen und die Rechte aus der Police ihm abzutreten)."[133]

Zur Ausdehnung der Geschäfte der Gesellschaft auf andere Geschäftszweige war Beschlußfassung der Aktionäre während einer Generalversammlung notwendig, Art. 34 d) Verfassung/Berlin.

VII. Lebensversicherungs-Anstalt der Bayerischen Hypotheken- und Wechselbank

Die Lebensversicherungs-Anstalt war einer von insgesamt sieben Geschäftszweigen der Hypotheken- und Wechselbank. Das Urteil über die Allianz von Versicherungs- und Bankgeschäft in den Jubiläumsschriften fällt unterschiedlich aus. Die Festschriften zum 50- und zum 100jährigen Bestehen der Bank betonten die Gefahren für das Bankgewerbe und sahen umgekehrt keine Gefährdung

---

[132] *Gert von Klass,* Berlinische, 22.
[133] Instruktion für die Agenten der Berlinischen Lebens-Versicherungs-Gesellschaft, zitiert nach *Gert von Klass,* Berlinische, eingefügt nach 28 (3).

F. Versicherungsformen, Spartentrennung, versicherungsfremde Geschäfte 185

der Interessen der Versicherten.[134] Entsprechend hatte § 2 Grundbestimmungen/ München erklärt: „So wie die Versicherten in dem Vermögen der Bank ihre Sicherheit finden, ebenso finden die Aktionärs derselben ihre Beruhigung durch Zurücklegung eines Reserve- und Sicherheitsfonds". Die Jubiläumsschrift der Bayerischen Versicherungsbank zum 100-jährigen Bestehen äußert sich wie folgt zu der Verbindung:

„Wie anfechtbar auch heute die Vereinigung so verschiedenartiger Geschäftszweige in ein und demselben Unternehmen erscheinen mag, so sehr entsprach dies doch den damaligen Bedürfnissen, und eben durch diese Zusammenfassung verschiedener Geschäftszweige war die Anstalt befähigt, den Anforderungen der heimischen Wirtschaft sowohl, wie den Erwartungen, die der Staat auf ihre Tätigkeit setzte, angemessen und gewachsen zu sein. [...] Nach der Rolle, die der so zustandegekommene Gesamtplan der Bank den Versicherungsanstalten zuwies, waren sie mehr Mittel als Zweck und sollten, wie die Wechselabteilung, mit ihren Erträgnissen zur Förderung und Erleichterung des Realkreditunternehmens dienen."[135]

Gemäß § 4 Grundbestimmungen/München war der Abschluß von Todesfallversicherungen auf Kapitalbasis möglich. Es konnten abgekürzte und unbedingte Versicherungen abgeschlossen werden (§ 5 Grundbestimmungen/München). Gemäß § 4 Grundbestimmungen/München war Versicherungsfall das „Erlöschen des eigenen oder eines andern versicherten Lebens", damit war auch die Lebensfremdversicherung möglich. Hierzu mußte die Einwilligung des Versicherten beigebracht werden, oder es mußte „ein wirkliches Interesse an der Dauer des Lebens dieser dritten Person, z.B. durch nahe Verwandtschaft, Schuldforderung oder Bürgschaft u.d.gl. nachgewiesen" sein, § 29 Grundbestimmungen/München. Die Versicherung blieb bestehen, wenn sich das Interesse veränderte. Die Versicherungssumme durfte nicht unter fl. 300 und nicht über fl. 25.000 liegen, § 20 Grundbestimmungen/München.

Gemäß § 46 Nr. 6 Statuten/München sollte die Hypotheken- und Wechselbank neben dem Lebensversicherungs- auch das Leibrentengeschäft betreiben. Die Grundbestimmungen für die Leibrentenversicherung wurden erst im Dezember 1846 genehmigt.[136]

VIII. Braunschweigische Allgemeine Versicherungs-Anstalt

Das Unternehmen schloß sich an die Braunschweigische Allgemeine Wittwen-Versorgungs-Anstalt an. Das Unternehmen vertrieb gemäß § 1 Verfassung/

---

[134] Fest-Schrift zur Feier ihres fünfzigjährigen Bestehens, 21; Hundert Jahre Bayerische Hypotheken- und Wechsel-Bank, 26.

[135] Hundert Jahre Bayerische Versicherungsbank, 17 f.

[136] Grundbestimmungen für die Leibrenten-Versicherungen der Bayerischen Hypotheken- und Wechselbank (nach Maßgabe der Allerhöchsten Genehmigung vom Dezember 1846), zitiert in Hundert Jahre Bayerische Versicherungsbank, 184–187.

Braunschweig neben Lebensversicherungen auch Witwenpensionen und Überlebensrenten (§ 2 Verfassung/Braunschweig) sowie Leib- und Altersrenten (§ 4 Verfassung/Braunschweig). Gemäß § 3 bot die Anstalt lebenslängliche und kurze Lebensversicherungen an. „Lebensversicherung" wird definiert als

> „Vertrag, nach welchem die Anstalt entweder für ein sofort an sie zu entrichtendes Capital, oder für gewisse, während des Lebens der versicherten Person in Terminen an sie zu zahlende Beiträge (Prämien) die Verpflichtung übernimmt, beim Ableben der versicherten Person eine bestimmte Capitalsumme auszuzahlen."

Lebensversicherung bedeutete danach Todesfallversicherung auf eigenes oder fremdes Leben. Bei Abschluß einer Lebensfremdversicherung mußte der Versicherungsnehmer gemäß § 104 Nr. 6 Verfassung/Braunschweig den Grund angeben, der ihn zu der Versicherungsnahme veranlaßte. Die Versicherung konnte unbedingt oder abgekürzt sein. Die Versicherungssumme betrug gemäß § 101 Verfassung/Braunschweig mindestens 100, maximal 5.000 Taler.

IX. Frankfurter Lebens-Versicherungs-Gesellschaft

Die Frankfurter Lebens-Versicherungs-Gesellschaft wurde zusammen mit der Frankfurter Versicherungs-Gesellschaft als Feuerversicherer unter die Leitung Löwengards gestellt. Zwar basierten die Unternehmen auf verschiedenen Verfassungen, hatten eigenständige Fonds und Verwaltungen, dennoch bestand die Personalunion in der Person Löwengards.[137]

Die von der Frankfurter Lebens-Versicherungs-Gesellschaft offerierten Versicherungen waren in § 3 Statuten/Frankfurt aufgeführt. Danach verpflichtete sich die Gesellschaft (Nr. 1),

> „gegen Zahlung eines jährlichen oder eines einmal für immer zu entrichtenden Betrags, nach dem Ableben einer oder mehrerer Personen ein Capital oder eine Rente an eine bezeichnete Person oder an die künftigen Inhaber der Police zu bezahlen; ferner, bei Versicherungen auf zwei verbundene Leben, an den Ueberlebenden, oder an eine bestimmte Person, falls diese eine oder mehrere bezeichnete Personen überlebt, ein Capital oder eine Rente zu bezahlen."

Neben Kapital- waren somit auch Rentenversicherungen möglich. Außerdem verpflichtete sich die Gesellschaft gemäß § 3 Nr. 2 Statuten/Frankfurt,

> „dem Versicherten, dessen Erben oder dem Inhaber der Police, in einem vorausbestimmten Zeitpunkte ein Capital zu bezahlen, wogegen der Versicherte, so lange er lebt, eine jährliche Prämie zu entrichten hat; – wenn der Versicherte vor der im Vertrage festgesetzten Zeit stirbt, so ist für die Zukunft keine Prämie mehr zu bezahlen, die Gesellschaft aber ist zur Zahlung des versicherten Capitals, zu der in der Police bestimmten Zeit, verpflichtet."

---

[137] Oben 3. Kapitel B. VIII.

F. Versicherungsformen, Spartentrennung, versicherungsfremde Geschäfte

Gedacht waren diese Termfixversicherungen insbesondere für „einen Vater, welcher mehrere Kinder hat, [...] er verschafft sich dadurch die Sicherheit, seine Kinder zur Zeit ihrer Verheirathung oder Etablirung ausstatten, oder ihnen, im Fall er alsdann nicht mehr leben würde, die Capitalien hinterlassen zu können, mit welchen er sie ausstatten wollte."[138] Zudem sollten diese Versicherungen der Absicherung im Kreditverkehr dienen.[139] Weiterhin übernahm die Gesellschaft die Verbindlichkeit,

> „gegen eine jährliche oder gegen eine einzige, ein für allemal zu entrichtende Prämie, dem Versicherten oder jeder anderen bezeichneten Person, ein Capital oder eine Leibrente zu bezahlen, wenn die Person, zu deren Gunsten die Versicherung lautet, nach einer im Voraus bestimmten Zeit am Leben ist.
>
> Stirbt die bezeichnete Person vor der in der Police bestimmten Zeit, so hat die Gesellschaft nichts zu bezahlen." (§ 3 Nr. 3 Statuten/Frankfurt)

Neben Todesfallversicherungen waren somit Erlebensfallversicherungen möglich. Außerdem sahen die Statuten folgende Versicherungsarten in § 3 Nrn. 4, 5 Statuten/Frankfurt vor:

> „4) Die Gesellschaft übernimmt die Verbindlichkeit, gegen eine jährliche, oder gegen eine einzige Gesammtprämie, ein Capital zu bezahlen, wenn das Ableben einer oder mehrerer Personen in einer bestimmten Zeit stattfindet.
>
> Wenn die bezeichneten Personen nach der festgesetzten Zeit noch am Leben sind, so hat die Gesellschaft nichts zu bezahlen. [...]
>
> 5) Die Gesellschaft verpflichtet sich, gegen Empfang einer einzigen Rentenkaufsumme eine jährliche Leibrente an eine oder an mehrere Personen zu verabfolgen, mit theilweisem oder ganzem Rückfalle zu Gunsten des Ueberlebenden."

Versicherungen auf das Leben eines Dritten waren möglich, wurden jedoch nur abgeschlossen, wenn der Dritte mittels glaubhafter Urkunden eingewilligt hatte. Diese Versicherungsart sollte nach dem Prospectus der Gesellschaft dazu dienen, Schuldforderungen, Darlehen, Kapitalanlagen, Erbschaften und so weiter zu sichern.[140]

X. Ergebnis

Das Angebot an Versicherungsarten und Unterarten variierte. Sämtliche Unternehmen boten Todesfallschutz auf Kapitalbasis an. Rentenversicherungen waren nicht immer möglich. Versicherungen auf Leibrenten wurden von der Lebensversicherungsbank für Deutschland zu Gotha ausdrücklich verneint. Erlebensfallversicherungen konnten bei der Frankfurter Lebens-Versicherungs-Ge-

---

[138] Frankfurter Lebensversicherungs-Gesellschaft. Prospectus, 11.
[139] Frankfurter Lebensversicherungs-Gesellschaft. Prospectus, 11.
[140] Frankfurter Lebensversicherungs-Gesellschaft. Prospectus, 9.

sellschaft abgeschlossen werden. Die Todesfallversicherungen konnten bedingt oder unbedingt sein. Bei den Gegenseitigkeitsvereinigungen hatten die Versicherungsnehmer von lebenslänglichen Versicherungen im Gegensatz zu denjenigen bedingter Versicherungen Rechte im Unternehmen, zum Beispiel Wahlberechtigung und -fähigkeit (§ 19 Verfassung/Gotha) oder Gewinnbeteiligung (§ 5 Verfassung/Gotha). Die Versicherungsformen wurden in den Regelwerken nicht immer abstrakt beschrieben. Die Deutsche Lebensversicherungs-Gesellschaft zu Lübeck brachte wie Beneckes Lebens-Versicherungs-Societät zu Hamburg in ihrem Plan konkrete Anwendungsbeispiele für die jeweiligen Versicherungsformen. Auch die „Erläuternde[n] Bemerkungen" der Lebensversicherungs-Gesellschaft zu Leipzig nannten Beispiele, um den Interessenten die Verwendungszwecke nahe zu bringen. Entsprechendes gilt für den „Prospectus" der Frankfurter Lebens-Versicherungs-Gesellschaft.

Lebensfremdversicherungen waren nur bei der Berlinischen Lebens-Versicherungs-Gesellschaft nicht möglich. Anhand der Regelungen der Lebensfremdversicherung zeigt sich besonders deutlich die Unterschiedlichkeit der Regelwerke.

Bei der Lebensversicherungsbank für Deutschland zu Gotha mußte derjenige, der auf fremdes Leben versichern wollte, nach § 57 Verfassung/Gotha ein „wirkliches Interesse" an der Lebensdauer des Versicherten haben. Dies wurde beispielsweise angenommen bei naher Verwandtschaft, Schuldforderung oder Bürgschaft. Wer bei der Deutschen Lebensversicherungs-Gesellschaft zu Lübeck auf fremdes Leben versichern wollte, mußte, „wenn er Bezahlung fordert[e], beweisen können, dass er daran ein Interesse hatte, welches der versicherten Summe gleich kommt".[141] Ohne diesen Beweis verlor er sämtliche Ansprüche gegen die Gesellschaft, sowohl hinsichtlich der Versicherungssumme wie hinsichtlich der geleisteten Prämien. Die Lebensversicherungs-Gesellschaft zu Leipzig verlangte „die strengere Bescheinigung eines Intereße nicht", um „jede sonstige Erleichterung und jeden Vortheil darbieten zu können".[142] Die Allgemeine Lebens-Versicherungs-Anstalt für das Königreich Hannover forderte, daß der Versicherungsnehmer an dem Leben des Dritten „durch Familienverhältnisse, Schuldforderung, Bürgschaft oder dergleichen ein wirkliches Interesse" hatte, § 16 Plan/Hannover. Das Interesse mußte „auf eine genügende Weise" dargetan werden. Verstarb der Dritte, mußte dokumentiert werden, „in wiefern dieses Interesse noch Statt findet, indem zwar das ganze Versicherungs-Capital von der Anstalt bezahlt wird, aber davon dem Versicherer nur so viel zu Theil werden kann, als seine erweisliche Forderung beträgt, das Übrige aber den wirklichen Erben des versichert gewesenen Individuums zufällt", ebenda. Die Berlinische Lebens-Versicherungs-Gesellschaft lehnte unter Bezugnahme auf §§ 1973 f. Allgemeines Landrecht Lebensfremdversicherungen ab. Bei der

---

[141] Plan/Lübeck, 11.
[142] Erläuternde Bemerkungen/Leipzig, 5.

Lebensversicherungs-Anstalt der Bayerischen Hypotheken- und Wechselbank zu München mußte die Einwilligung des Versicherten beigebracht werden, oder es mußte „ein wirkliches Interesse an der Dauer des Lebens dieser dritten Person, z. B. durch nahe Verwandtschaft, Schuldforderung oder Bürgschaft u. d. gl. nachgewiesen" sein, § 29 Grundbestimmungen/München. Die Versicherung blieb bestehen, wenn sich das Interesse veränderte. Die Braunschweigische Allgemeine Versicherungs-Anstalt verlangte bei Abschluß einer Lebensfremdversicherung nur die Angabe des Grundes, der den Versicherungsnehmer zu der Versicherungsnahme veranlaßte, § 104 Nr. 6 Verfassung/Braunschweig. Bei der Frankfurter Lebens-Versicherungs-Gesellschaft wurden Versicherungen auf das Leben eines Dritten nur abgeschlossen, wenn der Dritte seine Einwilligung hierzu mittels glaubhafter Urkunden erteilt hatte.

Das Problem des Seriositätsindizes in der Lebensfremdversicherung wurde also von jedem Unternehmen anders gelöst. Während heute die Entscheidung ausschließlich dem Selbstbestimmungsrecht des Versicherten überlassen ist (§ 159 Abs. 2 Satz 1 VVG), wurden in den ersten Regelwerken auch objektive Schutzkriterien aufgestellt. Rechtliche Vorgaben existierten mit Ausnahme der §§ 1973 f. Allgemeines Landrecht nicht. Die Möglichkeit, denkbare Alternativen zu erproben, wurde von den Unternehmen genutzt.

Die Gesellschaften in Lübeck und Berlin behielten es sich in ihren Regelwerken vor, ihr Angebot an Versicherungsformen zu erweitern. Mehrere Versicherungssparten wurden von keinem Unternehmen gleichzeitig betrieben. Lediglich bei der Frankfurter Lebens-Versicherungs-Gesellschaft bestand Personalunion in der Person Löwengards, der auch das Feuerversicherungsunternehmen Frankfurter Versicherungs-Gesellschaft leitete. Die Frankfurter Unternehmen basierten auf verschiedenen Verfassungen und hatten eigenständige Fonds und Verwaltungen. Die Bayerische Hypotheken- und Wechselbank betrieb sowohl das Banken- als auch das Versicherungsgewerbe. Die Gefahr von Binnentransfers zu Lasten der Lebensversicherten wurde nicht gesehen.

Der Schutz der Versicherten oder der Versicherungswirtschaft beschäftigte die Verfasser der Regelwerke nicht. Im Prozeß der Institutionalisierung ging es allein darum, geeignete und praktikable Versicherungsformen für die Lebensversicherung zu finden und diese auf den Markt zu bringen.

G. Rechtsänderungen

Oben wurde auf das Problem hingewiesen, daß Unternehmen sich der Aufsicht entziehen können, wenn sie nach Genehmigung der Rechtsgrundlagen diese selbständig verändern können.[143] Nach geltendem Recht unterliegt nicht

---

[143] Oben 4. Kapitel B. III. 2.

allein die Aufnahme des Geschäftsbetriebes der aufsichtsbehördlichen Erlaubnis (§§ 5 ff. VAG), der Aufsicht unterliegen auch spätere Geschäftsplanänderungen. Jede Änderung des Geschäftsplans darf grundsätzlich erst in Kraft gesetzt werden, wenn sie von der Aufsichtsbehörde genehmigt worden ist, § 13 Abs. 1 Satz 1 VAG. Es wurde als Verbraucherschutzmaßnahme bewertet, daß der Staat im Interesse der Versichertengemeinschaft Änderungen der rechtlichen Grundlagen und der Tarifwerke fordern kann.[144] Im folgenden werden die historischen Regelungsmechanismen zur Frage der Rechtsänderung untersucht, wobei die Untersuchung aus dem Blickwinkel der Interessenwahrnehmung zugunsten der Versicherten erfolgt.

Bei der Gothaer Lebensversicherungsbank konnten gemäß den §§ 24, 68 Verfassung/Gotha nur in beschränktem Maße Rechtsänderungen vorgenommen werden. Die „eigentlichen Grundgesetze der Bank, in so weit die Rechte, Ansprüche und die Verbindlichkeiten der Theilhaber davon abhängen" sollten gemäß § 24 Verfassung/Gotha unverändert bleiben, über „weniger wesentliche Bestimmungen" konnte der Bankvorstand entscheiden. Die Beschlüsse mußten einstimmig gefaßt werden. Keine Änderung konnte früher in Wirksamkeit treten als ein volles Jahr nach Bekanntgabe gegenüber den lebenslänglich Versicherten, § 68 Verfassung/Gotha. Die Gesamtheit der versicherten Mitglieder war demnach nicht zur Abänderung der Rechtsgrundlagen in direkter Wahl befugt.

In Lübeck wurde die Abänderung der Grundlagen nicht im Plan geregelt.

Bei der Lebensversicherungs-Gesellschaft zu Leipzig konnten Beschlüsse in Verfassungsangelegenheiten nur in Versammlungen aller Direktorialmitglieder unter Teilnahme des Magistratsdeputierten und sämtlicher Ausschußpersonen mit Stimmeneinheit gefaßt werden, § 10 Statuten/Leipzig. Abändernde Beschlüsse banden die bereits Versicherten erst nach Jahresfrist. Beitragserhöhungen oder eine Verminderung des versicherten Kapitals konnten nicht beschlossen werden.

Gemäß § 26 Plan/Hannover konnten Abänderungen des Plans von Direktorialrat und Generaldirektion nur im Zusammenwirken beschlossen werden. Griffen Abänderungen „wesentlich in das Ganze" ein, war vor der Beschlußfassung das Gutachten der Spezialdirektionen einzuholen, § 26 Plan/Hannover. Die Beschlüsse und Bestimmungen durften „in keinem Falle die Rechte der bereits aufgenommenen Interessenten beeinträchtigen". Abänderungen des Plans bedurften zudem der „Bestätigung des hiesigen hohen Königlichen Cabinets-Ministerii", § 26 Plan/Hannover.

In Berlin war zur Abänderung der Verfassungsartikel oder des Geschäftsplans ein Beschluß der Generalversammlung der Aktionäre erforderlich, Art. 34 d)

---

[144] *E. Fritz,* 193 f.

Verfassung/Berlin. Durch Änderungen durften „jedoch – wie sich von selbst versteht – die, den bereits Versicherten durch diese Verfassungs-Artikel und den beigefügten Geschäfts-Plan zugesicherten Vortheile niemals geschmälert werden".

Gemäß § 82 Statuten/München konnten die Statuten der Bank ohne Zustimmung der Staatsregierung nicht abgeändert werden. Die Regelung entsprach § 3 des Gesetzes, die Errichtung einer bayerischen Hypotheken- und Wechselbank betr., vom 1. Juli 1834. Gemäß § 38 Statuten/München hatte die Bankadministration in der Jahresversammlung des Ausschusses die für nötig erachteten Statuten- oder Reglementsänderungen vorzuschlagen und zur Entscheidung zu stellen. Ausschlaggebend war Stimmenmehrheit. Hatte eines der Ausschußmitglieder die Änderung gefordert, wurde die Änderung der Regierung nur dann zur Bestätigung vorgelegt, wenn eine Dreiviertelmehrheit ihr zugestimmt hatte. In § 39 Grundbestimmungen/München behielt die „Bank" es sich vor, Änderungen in den Bestimmungen zu treffen, die jedoch keine rückwirkende Kraft genießen sollten.

Nach § 252 Verfassung/Braunschweig konnten Anträge auf Verfassungsänderungen nur von wenigstens zwei Dritteln der Mitglieder des Deputiertenkollegiums und der Vertreter beschlossen werden. Die Abänderungen konnten nur mit Genehmigung der herzoglichen Landesregierung in Kraft treten.

In Frankfurt am Main konnte eine Abänderung der Statuten in der Generalversammlung der Aktionäre mit Dreiviertelmehrheit beschlossen werden, § 45 Statuten/Frankfurt.

H. Territoriale Ausweitung des Geschäftsgebietes und Bestandsübertragungen

Von einer örtlichen Ausdehnung des Geschäftsgebietes können Gefahren für die rechtlichen Interessen der Versicherten ausgehen.[145] Die territoriale Ausweitung wird von einigen Unternehmen in Aussicht gestellt, die Abwicklung wird jedoch nicht geregelt. Bei der Lebensversicherungsbank für Deutschland zu Gotha konnten sich nur „im Bereiche deutscher Länder und Staaten (ganz Preussen und die deutsche Schweiz inbegriffen) lebende Personen" versichern, § 6 Verfassung/Gotha. Das Unternehmen verstand sich als „Nationalbank für Deutschland".[146] Bei der Deutschen Lebensversicherungs-Gesellschaft zu Lübeck konnte jeder „ohne Unterschied der Nation, des Geschlechts und des Wohnorts, wenn dieser nur in Europa, in einer der Pest und dem gelben Fieber bisher nicht ausgesetzt gewesenen Gegend liegt," Versicherung nehmen.[147] Die Allgemeine

---
[145] *E. Fritz*, 194.
[146] Oben 3. Kapitel B. I. 3.

Lebens-Versicherungs-Anstalt für das Königreich Hannover beschränkte ihr Territorium zunächst auf das Königreich Hannover (§ 18 Plan/Hannover), kündigte jedoch die Erstreckung auf die angrenzenden Länder in § 2 Plan/Hannover an. Bei der Berlinischen Lebens-Versicherungs-Gesellschaft konnten sich Personen versichern, die in Deutschland oder den angrenzenden Ländern wohnen, § 3 Geschäftsplan/Berlin. Im Gegensatz zur sachlichen Ausweitung (Art. 34 c) Verfassung/Berlin) war die territoriale Erweiterung des Geschäftsbetriebs nicht geregelt. Gemäß § 3 Grundbestimmungen/München beschränkte die Bank „vor der Hand ihre Lebensversicherungen auf das Gebieth des Königreiches Bayern", doch behielt sie sich vor, „nach Thunlichkeit selbe auf das Ausland auszudehnen". Der Beitritt zur Braunschweigischen Allgemeinen Versicherungs-Anstalt war grundsätzlich „allen Einwohnern deutscher Staaten, mit Inbegriff von ganz Preußen, ohne Unterschied der Religion, des Standes und Geschlechts gestattet", § 8 Verfassung/Braunschweig. Einwohner benachbarter Staaten – genannt werden Dänemark, Holland, die Schweiz – konnten ausnahmsweise in die Anstalt aufgenommen werden. Ihre Aufnahme sollte in jedem Falle von dem Ermessen der Administration und der Genehmigung des Regierungskommissars abhängen, Anmerkung zu § 8 Verfassung/Braunschweig. Nach § 11 Statuten/Frankfurt konnte die Wirksamkeit der Gesellschaft auf sämtliche europäische Staaten ausgedehnt werden.

Auch Bestandsübertragungen können die Belange der Versicherten beeinträchtigen.[148] Nach geltendem Recht bedarf jeder Vertrag, durch den der Versicherungsbestand eines Unternehmens ganz oder teilweise auf ein anderes Unternehmen übertragen werden soll, der Genehmigung der zuständigen Aufsichtsbehörde, § 14 Abs. 1 Satz 1 VAG. Die Rechte und Pflichten des übertragenden Unternehmens aus den Versicherungsverträgen gehen mit der Bestandsübertragung auch im Verhältnis zu den Versicherungsnehmern auf das Unternehmen über, § 14 Abs. 1 Satz 4 VAG. Im Jahre 1831 löste sich die Mitteldeutsche Lebensversicherungs-Anstalt in Gießen nach kurzem Bestehen wieder auf, indem sie sich der Gothaer Lebensversicherungsbank anschloß und an diese die bei ihr eingegangenen Versicherungsanträge überwies. Bestandsübertragungen wurden demnach praktiziert, entsprechende Regelungen in den Rechtsgrundlagen finden sich nicht.

I. Liquidation und Insolvenz

Die rechtlichen Interessen der Versicherten können gefährdet sein, wenn bestehende Unternehmen ihre Auflösung beliebig und unkontrolliert beschließen

---

[147] Plan/Lübeck, 11.
[148] *E. Fritz*, 194.

und durchführen können.[149] Daneben können die Belange der Versicherten in der Unternehmensinsolvenz gefährdet sein.

Unternehmensauflösung und Insolvenz wurden in den Regelwerken der Unternehmen in Gotha, Lübeck, Leipzig, Hannover und Braunschweig nicht normiert. Die Unternehmen in München und Frankfurt waren für eine befristete Dauer gegründet worden; daneben wurde die vorzeitige Auflösung geregelt. Die Dauer der Bayerischen Hypotheken- und Wechselbank wurde in den Statuten, in § 11 Statuten/München, auf 99 Jahre festgesetzt. Eine frühere Auflösung der Bank konnte von den Aktionären beschlossen werden. Hierzu mußten drei Viertel der Aktionäre, die Besitzer von wenigstens drei Vierteln der Bankaktien sein mußten, die Auflösung der Bank verlangen, § 81 Statuten/München. In diesem Fall sollten zehn gewählte Mitglieder des Bankausschusses gemeinsam mit der Administration die Liquidation vornehmen und „die vollständige Erfüllung der Verbindlichkeiten des Etablissements" beraten und ausführen. Die Dauer der Frankfurter Lebens-Versicherungs-Gesellschaft war gemäß § 2 Statuten/Frankfurt auf 50 Jahre festgelegt. Eine frühere Auflösung der Gesellschaft war nach §§ 49 ff. Statuten/Frankfurt möglich. Die Liquidation mußte betrieben werden, wenn Verluste eingetreten waren, die ein Drittel des Grundkapitals erschöpften oder wenn die Auflösung von Aktionären mit wenigstens drei Vierteln des Aktienkapitals gefordert wurde. In beiden Fällen mußte eine außerordentliche Generalversammlung einberufen werden, auf der drei Liquidationskommissare ernannt werden sollten. Die Gesellschaft haftete gemäß § 51 Statuten/Frankfurt für die abgeschlossenen Versicherungen bis zu deren Ablauf und für die Erfüllung der sonstigen Verbindlichkeiten. Die Dauer der Berlinischen Lebens-Versicherungs-Gesellschaft war abhängig von dem Beschluß der Aktionäre, Art. 6 Verfassung/Berlin. Die Auflösung konnte gemäß Artt. 34 g), 42 Verfassung/Berlin von der Generalversammlung der Aktionäre beschlossen werden. Mit dem Beschlußtage sollte die Annahme neuer Versicherungen eingestellt werden. Rückzahlungen an die Aktionäre konnten erst erfolgen, wenn der Betrag zur Deckung der Verbindlichkeiten der Gesellschaft, insbesondere auszuzahlende Versicherungssummen, ermittelt und sichergestellt war. Die weitere Abwicklung blieb dem Beschluß der Generalversammlung vorbehalten.

J. Obrigkeitliche Beschwerdestelle und Gerichtsstand

I. Einführung

Der Staat kann im Interesse der Versicherten eine spezielle Beschwerdeinstanz schaffen.[150] Heute besteht die Möglichkeit der Beschwerde gegenüber

---
[149] *E. Fritz*, 195 f.
[150] *E. Fritz*, 198 f.

der Aufsichtsbehörde. Die Beschwerde ist kostenfrei. Der Beschwerdeführer hat einen Anspruch darauf, daß sich die Behörde mit der Beschwerde befaßt und schriftlich über deren Behandlung informiert.[151] Die Behörde leitet die Beschwerde regelmäßig dem Unternehmen zur Stellungnahme zu. Hilft das Unternehmen der Beschwerde nicht ab, ist die Behörde zur Streitentscheidung nicht befugt; sie wird gegebenenfalls auf den Rechtsweg verweisen.[152] Daneben besteht zur Förderung der außergerichtlichen Streitbeilegung der Verein Versicherungsombudsmann e.V. mit Sitz in Berlin.[153] Mitglieder des Vereins können der Gesamtverband der Deutschen Versicherungswirtschaft[154] und dessen Mitglieder werden. Das außergerichtliche Verfahren ist zulässig bei einem Beschwerdegegenstand bis 50.000 EUR. Der Ombudsmann entscheidet verbindlich über Beschwerden bis 5.000 EUR, ansonsten spricht er unverbindliche Empfehlungen aus. Das Verfahren ist für den Beschwerdeführer kostenfrei. Im folgenden wird untersucht, welche Möglichkeiten der Rechtsverfolgung den Versicherten zu Beginn der deutschen Lebensversicherung zur Seite standen.

II. Lebensversicherungsbank für Deutschland zu Gotha

Gemäß § 67 Verfassung/Gotha konnten sich die Betroffenen im Streitfall an die Landesregierung in Gotha „als der ordentlichen Behörde der Bank" wenden:

„Wenn jemand sich durch Maassregeln der Bank verletzt glaubt, so steht ihm frei, bei der Herzogl. Landesregierung in Gotha, als der ordentlichen Behörde der Bank, Recht zu suchen. In Fällen aber, wo es hauptsächlich auf Ermittelung der Lage der Sache und auf ärztliches Gutachten ankommt, soll, wenn eine gütliche Vereinigung nicht gewonnen wird, schiedsrichterliche Entscheidung eintreten.

Jede Partei wählt hierzu einen Arzt, und die beiden gewählten Aerzte vereinigen sich über einen Rechtsgelehrten. Alle drei müssen als unparteiisch gelten.

Sobald die eine Partei den Arzt gewählt hat, giebt sie der andern Nachricht davon, und diese darf alsdann ihrerseits die Wahl nicht über 14 Tage hinausschieben, bei Verlust des Wahlrechts, welches in solchem Falle der ersten Partei zuwächst.

Sollten die beiden Aerzte sich über die Wahl des Rechtsgelehrten nicht vereinigen, so ist die Obrigkeit des Orts, wohin die Sache vorzugsweise gehört, um dessen Ernennung zu ersuchen.

Wenn sich ein Versicherter oder dessen Hinterbliebene bei der schiedsrichterlichen Entscheidung nicht beruhigen, so bleibt ihnen der Recurs an die Herzogl. Landesregierung in Gotha vorbehalten."

---

[151] *Hans-Leo Weyers/Manfred Wandt*, Rdnr. 78.
[152] *Hans-Leo Weyers/Manfred Wandt*, Rdnr. 79.
[153] ULR: www.versicherungsombudsmann.de (6.09.2004); *Hans-Leo Weyers/Manfred Wandt*, Rdnrn. 80–82.
[154] ULR: www.gdv.de (6.09.2004).

J. Obrigkeitliche Beschwerdestelle und Gerichtsstand

Das Verfahren nach § 67 Verfassung/Gotha hatte die Landesregierung unter dem 8. Januar 1828 in der „Höchste[n] Genehmigung der Statuten" näher bestimmt:

„Von Sr. Herzoglichen Durchlaucht [...] ist der Herzoglichen Regierung [...] eröffnet worden, wie Höchstdieselben auf den von der letztern erstatteten Bericht Sich bewogen gefunden haben, dem [...] Unternehmen einer Lebens-Versicherungs-Bank für Deutschland, nach dem [...] eingereichten [...] Plane, höchst Ihro Genehmigung zu ertheilen, [...] nicht weniger, den diessfalls angebrachten Wunsch der Unternehmer gewährend, die Herzogliche Regierung allhier, als oberste Landes-Justizbehörde, zu dem eigentlichen und ordentlichen Gerichtsstande der Lebens-Versicherungs-Bank für Deutschland zu bestimmen, so lange als dieselbe ihren Sitz in dem hiesigen Lande behalten werde, jedoch mit Zulassung einer ersten schiedsrichterlichen Instanz für gewisse Fälle, nach dem Inhalt des §. 67 der, höchsten Orts im Entwurfe vorgelegten Statuten der gedachten Bank.

Um jedoch für das in diesem Artikel der Statuten nur im Allgemeinen angegebene Rechts-Verfahren bestimmte Formen festzusetzen, welche die Herzogliche Regierung in vorkommenden Fällen zu beobachten haben werde, ist von des Herrn Herzogs Durchlaucht in dieser Hinsicht und zu Ergänzung und Erläuterung des erwähnten Artikels der Statuten folgendes verordnet worden:

Wenn Jemand sich durch die Maassregeln der Bank verletzt, oder irgend einen Anspruch aus dem Versicherungs-Contract an dieselbe zu haben glaubt, so bleibt vorerst jeder der beiden Parteien vorbehalten, auf schiedsrichterliche Entscheidung anzutragen.

Insbesondere wird, wenn es dabei zu Ermittelung der Lage der Sache auf ärztliches Gutachten ankommt, in solchen Fällen auf solche Weise verfahren.

Jede Partei wählt hierzu einen Arzt, und die beiden gewählten Aerzte vereinigen sich über einen Rechtsgelehrten. Alle drei müssen als unparteiisch gelten. Sobald die eine Partei einen Arzt gewählt hat, gibt sie der anderen davon Nachricht, und diese darf alsdann ihre Wahl nicht über vierzehn Tage hinausschieben, bei Verlust des Wahlrechts, welches in solchem Falle der ersten Partei zuwächst.

Sollten die beiden Aerzte sich über die Wahl des Rechtsgelehrten nicht vereinigen, so ist die competente Justizbehörde um dessen Ernennung zu ersuchen.

In denjenigen Fällen, in welchen es auf ein ärztliches Gutachten nicht ankommt, ist die Wahl eines Rechtsgelehrten als Schiedsrichter von den beiden Parteien unmittelbar zu treffen, und findet in Ansehung dieser Wahl dasselbe Verfahren statt, welches im vorhergehenden in Hinsicht auf die Wahl der Aerzte und auf den Fall der Nichtvereinigung unter den Parteien festgesetzt worden ist.

Sollten die Gutachten der beiden Aerzte in wesentlichen Punkten von einander abweichen, so steht dem zum Schiedsrichter erwählten Rechtsgelehrten die Befugniss zu, einen dritten unparteiischen Arzt zuzuziehen.

Will ein Versicherter oder dessen Hinterbliebene sich bei der schiedsrichterlichen Entscheidung nicht beruhigen, so bleibt ihnen der Rekurs an die Herzogliche Regierung zu Gotha, durch Anstellung einer förmlichen Klage, vorbehalten. Gegen den Ausspruch dieser Gerichtsbehörde findet aber kein anderes Rechtsmittel statt, als die Nullitäts-Klage, welche jedoch nur in den beiden Fällen Platz greift, wenn

1) absolut wesentliche Bestandtheile des Prozesses verlezt worden sind, oder wenn

2) gegen den klaren Buchstaben spezieller Landes-Gesetze oder der die Lebens-Versicherungsbank selbst betreffenden Gesetze gesprochen worden ist.

In beiden Fällen aber muss die Nullitätsklage binnen doppelter sächsischer Frist (Neunzig Tagen) vom Tage der Publikation des Erkenntnisses an gerechnet, bei Herzoglicher Landes-Regierung zu Gotha eingereicht werden, und es ist alsdann, in Betreff der Ausfertigung auf dieselbe, des weitern Verfahrens und der einzuwendenden Rechts-Mittel, ganz den bestehenden Prozessgesetzen nachzugehen.

Da, wo keine schiedsrichterliche Instanz vorausgeht, erkennt die Herzogliche Regierung zu Gotha, welche überhaupt den ordentlichen Gerichtsstand für die Bank bildet, in erster und letzter Instanz, und es findet auch in diesem Falle gegen deren Erkenntniss ein anderes Rechtsmittel nicht statt, als die Nullitätsklage, und zwar unter den in Ansehung des ersten Falles vorgeschriebenen Bedingungen und Einschränkungen."[155]

III. Deutsche Lebensversicherungs-Gesellschaft zu Lübeck

Der Plan des Lübecker Unternehmens regelte die Frage des Rechtsschutzes wie folgt:

„Die Societät sagt Allen denen welchen sie aus ihren obligatorischen Acten Leistungen schuldig wird, prompte Erfüllung derselben, und Allen denen, mit welchen sie in Differenzen gerathen möchte, wenn der Fall sich nur irgend dazu qualificirt, loyale Abmachung zu. Sollte in einem solchen Falle Gütliche Ausgleichung nicht statt finden können, so soll zuvörderst das Gutachten der berathenden Mitdirectoren gefordert werden, und dann erst, wenn auch diese dafür halten, dass man der Anforderung zu zahlen, unter den vorwaltenden Umständen, nicht entsprechen dürfe, soll Gerichtliche Entscheidung eintreten, welche, damit ein weitläuftiger und kostspieliger Rechtsgang möglichst vermieden werde, bey einem der Oberappellationsgerichte Deutschlands, als compromissarisch zu constituirender Behörde, nachgesucht werden soll."[156]

Eine Beschwerdeinstanz wird nicht im Plan benannt.

IV. Lebensversicherungs-Gesellschaft zu Leipzig

In Leipzig sollten gemäß § 40 Statuten/Leipzig vorfallende Differenzen durch Schiedsrichterspruch beigelegt werden:

„Vorfallende Differenzen, welche durch gütliche Verhandlung nicht zu vermitteln sind, sollen ohne processualische Weiterungen durch schiedsrichterlichen Ausspruch

---

[155] Höchste Genehmigung der Statuten der Lebensversicherungsbank in Gotha, mit Erläuterung über das Rechtsverfahren in Beziehung auf §. 67 der Statuten, zitiert in *A. Emminghaus (Hg.), Geschichte*, 213–215.

[156] Plan/Lübeck, 14.

zur Entscheidung gebracht werden. Zu Schiedsrichtern sind, wenn es sich von solchen Streitigkeiten handelt, welche medicinische Kenntnisse erfordern, Aerzte, bei Rechnungssachen Kaufleute, außerdem Rechtsgelehrte von anerkanntem Rufe und unpartheiischer Stellung zu wählen. Das Directorium soll den seinerseits gewählten sogleich bei Anordnung des schiedsrichterlichen Verfahrens dem Gegentheile bekannt machen, dieser hierauf sich binnen 14 Tagen bei Verlust seines Wahlrechts, welches sodann dem Directorium zufällt, einen Schiedsrichter ernennen und dem Directorium anzeigen. Sind beide Theile über die Personen der Schiedsrichter einverstanden, so haben diese gemeinschaftlich einen Obmann zu bestimmen, der für den Fall, wo sie sich in ihren Ansichten nicht vereinigen können, die entscheidende Stimme hat. Der erfolgte schiedsrichterliche Ausspruch giebt die Entscheidungsnorm für die Streitfrage an die Hand, und kann durch kein Rechtsmittel angefochten werden."

V. Allgemeine Lebens-Versicherungs-Anstalt für das Königreich Hannover

Bei Auftreten von Streitigkeiten sollten die Betroffenen ihre Beschwerde gemäß § 69 Plan/Hannover zunächst bei der nächsthöheren Instanz im Unternehmen vorbringen; für den Fall, daß einer Rezeptur Fehlverhalten vorgeworfen wurde, an die Spezialdirektion, betraf der Streit eine Spezialdirektion, sollte sich der Betroffene an die Generaldirektion wenden. In der höheren Instanz sollte über die Beschwerde entschieden werden. Wurde der Plan beanstandet oder erforderte die Streitigkeit ein ärztliches Gutachten, sollte die Streitigkeit gemäß § 70 Plan/Hannover schiedsrichterlich entschieden werden:

„Jede Parthei wählt hiezu einen Arzt, und die beiden gewählten Ärzte vereinigen sich hinwiederum über die Wahl eines Rechtsgelehrten. Alle drei müssen die Qualität der Partheilosigkeit besitzen.

Sobald die eine Parthei den Arzt gewählt hat, giebt sie der andern Nachricht davon, und diese darf alsdann ihrerseits die Wahl nicht über 14 Tage hinausschieben, bei Verlust des Wahlrechts, welches in solchem Falle der ersten Parthei zuwächst.

Sollten die beiden Ärzte sich über die Wahl des Rechts-Gelehrten binnen einer gleichen Frist von 14 Tagen nicht vereinigen, so ist die Obrigkeit des Orts, wo die betreffende Special-Direction sich befindet, um dessen Ernennung zu ersuchen.

Der Ausspruch dieser Schiedsrichter ist entscheidend, und der unterliegende Theil hat die Kosten dieser Verhandlung zu tragen."

VI. Berlinische Lebens-Versicherungs-Gesellschaft

In Art. 43 Verfassung/Berlin waren organschaftliche Streitigkeiten geregelt. § 32 Geschäftsplan/Berlin regelte die Entscheidung von Streitfällen, die Versicherte betrafen:

„Alle etwanigen Streitigkeiten zwischen der Gesellschaft und einem Versicherten oder dessen Nachfolgern sollen, insofern nicht etwa die streitenden Theile selbst besondere Schiedsrichter wählen, von demjenigen hiesigen Gerichtshofe, welcher als das ordentliche Forum der Gesellschaft Allerhöchst bestimmt wird, compromissorisch dergestalt entschieden werden, daß gegen die Entscheidung keine Appellation statt findet."

Es war angeordnet worden, daß die Entscheidung in Streitfällen „dem Ober-Appellations-Senate des Kammergerichts, und zwar, wenn es eines schriftlichen Verfahrens bedarf, auf den Grund der beim Instructions-Senate des gedachten Gerichtshofes zu führenden Instructions-Verhandlungen," überantwortet sein sollte.[157]

VII. Lebensversicherungs-Anstalt der Bayerischen Hypotheken- und Wechselbank

Wie bei auftretenden Streitigkeiten mit Versicherten verfahren wurde, war weder in den Statuten noch in den reglementären Grundbestimmungen geregelt.

VIII. Braunschweigische Allgemeine Versicherungs-Anstalt

In Streitsachen zwischen Unternehmen und Versicherten sollte als zuständige richterliche Behörde das Herzogliche Gericht der Stadt Braunschweig oder dasjenige Obergericht, in dessen Kompetenz die Sache fiel, zuständig sein, § 250 Verfassung/Braunschweig. Einigten sich die streitenden Parteien auf schiedsgerichtliche Entscheidung, war „von jeder Seite ein bei der fraglichen Angelegenheit nicht betheiligter urtheilsfähiger Mann, und von diesen beiden nach Uebereinkunft ein drittes Mitglied für das Schiedsgericht" zu wählen, § 251 Verfassung/Braunschweig. Die Parteien hatten zu erklären, daß sie sich dem schiedsgerichtlichen Spruch völlig unterwerfen und nachher auf jede weitere gerichtliche Verfolgung verzichten würden.

IX. Frankfurter Lebens-Versicherungs-Gesellschaft

Den Gerichtsstand bestimmte das Frankfurter Unternehmen in § 12 Statuten/Frankfurt. Danach hatte die Gesellschaft ihr Domizil in Frankfurt und sollte lediglich den Gerichten der freien Stadt unterworfen sein. Wer mit der Gesellschaft kontrahierte, hatte darauf zu verzichten, die Gesellschaft, ihre Direktion oder Agenten wegen gesellschaftlicher Verpflichtungen in einem anderen Gerichtsstand zu belangen. Durch besondere Vereinbarung zwischen der Gesellschaft und ihren Kontrahenten oder durch spezielle Bestimmung in der Police konnte schiedsrichterliche Streitentscheidung vorbehalten werden. Masius hat

---

[157] Verfassung/Berlin, I f.

kritisiert, „daß man nicht an Stelle des nur in Aussicht gestellten Schiedsgerichts die feste Bestimmung getroffen hat: alle und jede Streitigkeiten zwischen der Gesellschaft und den Versicherten, mit Ausschluß alles gerichtlichen Verfahrens, durch ein auf unparteiische Art zusammengesetztes Schiedsgericht am Orte der Agentur, wo die Differenz schwebt, erledigen zu lassen."[158]

X. Ergebnis

Die Wege, die Versicherte bestreiten mußten beziehungsweise konnten, um im Streitfall zu ihrem Recht zu kommen, waren verschieden. Mit Ausnahme der Lebensversicherungs-Anstalt der Bayerischen Hypotheken- und Wechselbank zu München haben sämtliche Unternehmen die Möglichkeiten der Streitbeilegung in ihren Regelwerken aufgezeigt. Behördliche Beschwerdestellen existierten nicht, gerichtliche Zuständigkeiten mußten erst noch begründet werden. Diese Lücken wurden von den Unternehmen auf unterschiedliche Weise gefüllt. In Gotha sollten Streitigkeiten zunächst schiedsrichterlich entschieden werden. Das Schiedsrichtergremium bestand aus zwei gewählten Ärzten und einem Rechtsgelehrten. Der Rekurs gegenüber der herzoglichen Landesregierung als ordentlicher Behörde war möglich. In Lübeck war zunächst die Stellungnahme der „berathenden Mitdirectoren" einzuholen. Entschieden diese nicht im Sinne des Beschwerdeführers, konnte der Betroffene sich an ein deutsches Oberappellationsgericht wenden. In Leipzig konnten Streitigkeiten nur durch Schiedsrichterspruch entschieden werden. Der schiedsrichterliche Ausspruch war bindend und nicht anfechtbar. In Hannover sollte die Streitigkeit erst an die nächsthöhere Instanz im Unternehmen weitergeleitet werden. Wurde der Plan der Allgemeinen Lebens-Versicherungs-Anstalt beanstandet oder bedurfte die Entscheidung einer ärztlichen Stellungnahme, so wurde schiedsrichterlich entschieden. Das Gremium bestand aus zwei Ärzten und einem Rechtsgelehrten. In Berlin hat ein Oberappellationssenat am Kammergericht anfallende Streitigkeiten entschieden, die Streitparteien konnten die Sache aber auch schiedsrichterlich entscheiden lassen. In Braunschweig wurden Streitigkeiten ebenfalls gerichtlich entschieden. Die Parteien konnten sich aber auch hier auf eine schiedsrichterliche Entscheidung verständigen. Entschieden sich die Parteien für ein Schiedsgericht, war dessen Entscheidung bindend. Die Frankfurter Lebens-Versicherungs-Gesellschaft konnte nur vor den Frankfurter Gerichten verklagt werden. Nur durch besondere Vereinbarung konnte schiedsgerichtliche Entscheidung vorbehalten werden. Die Streitigkeiten wurden demnach überwiegend von Schiedsgerichten entschieden. Da die Exekutive und die Judikative auf das neue Institut der Lebensversicherung noch nicht eingestellt waren, haben die Unternehmen in einer Art der Selbsthilfe eigene Streitbeilegungsmechanismen eingesetzt. Ärzte,

---

[158] *E. A. Masius*, Lehre, 547.

Rechtsgelehrte und Kaufleute wurden als Schiedsrichter mit der Streitentscheidung betraut, Berufsgruppen also, denen man den Sachverstand am ehesten zutrauen konnte. Schiedsgerichte, die mit Privatpersonen besetzt waren, übernahmen anfangs die Aufgabe, die später Aufsichtsbehörden und Gerichte wahrnehmen sollten. Auch bei der Frage der Streitbeilegung zeigt sich in den Regelwerken die Vielfalt der Lösungsmöglichkeiten. Auch hier bestätigen sich erneut die Worte von Malß:

> „Das Versicherungsrecht hat sich rein aus den Bedürfnissen des lebendigen Verkehrs entwickelt, unbeirrt von juristischer Dogmatik und Systematik, unbeengt von polizeilichen und büreaukratischen Einflüssen [...] Denn eben darum, weil Gelehrte und Beamte nicht viel davon verstanden, haben sich die Gesetzgeber in diesem Zweige williger dem Einflusse der Geschäftsleute und Handelsgremien unterworfen, als sie es in anderen Fällen zu thun geneigt sind."[159]

K. Ergebnis

Die Analyse der Quellen hat ergeben, daß der Schutz der Versicherten oder der Lebensversicherungswirtschaft nicht leitendes Motiv in den ersten Regelwerken waren. Der Schutz irgendwelcher Interessen wurde nicht intendiert. Ziel der Unternehmer war die Etablierung der deutschen Lebensversicherung. Rechtliche Vorgaben gab es nicht. Es bestand kein wirtschaftliches oder rechtliches System der Lebensversicherung, in welches sich die Unternehmen eingliedern mußten. Eine Ordnung mußte von den Unternehmen erst geschaffen werden.

Der Vorgang der Institutionalisierung zeigt sich insbesondere in den Diskussionen um die Organisationsform, in den unterschiedlichen Unternehmensstrukturen, in der Wahl und Kritik der Versicherungsformen sowie in der Einrichtung von Systemen zur Streitbeilegung. Die Kapitalanlage war abhängig vom gesamtwirtschaftlichen System, in welches sich der neue Wirtschaftszweig einordnen mußte. Dies waren die einzigen vorgegebenen Strukturen. Spezielle Exekutiv- oder Judikativorgane existierten nicht.

Wenn sich heute ein Lebensversicherungsunternehmen gründet, muß es sich am Markt positionieren. Es bestehen ein festes gesamtwirtschaftliches und rechtliches Gefüge und der Lebensversicherungsmarkt als ein Teil dieses Gesamtgefüges. Die ersten Gründer standen demgegenüber vor der Aufgabe, den Markt zu erschließen. Mit Ausnahme der englischen und der gescheiterten deutschen Unternehmen in Hamburg und Lübeck existierten keine Vorbilder. Die Pioniere der deutschen Lebensversicherung eroberten Neuland. Die Grenzziehungen konnten sie selbst vornehmen. Einschränkungen konnten sich lediglich aus der staatlichen Sanktionierung ergeben.

---

[159] *Konrad Malß,* Betrachtungen, 3 f.

K. Ergebnis

Zu Beginn der deutschen Lebensversicherungswirtschaft waren die Versichertenbelange oder der Schutz der Wirtschaft nicht maßgebend. Die Wirtschaftspioniere mußten funktionsfähige Formen finden. Erprobte Strukturen für die Ausgestaltung des Innenverhältnisses und der Außenbeziehungen der Unternehmen existierten nicht. Die Vergabe der Entscheidungs-, Handlungs- und Kontrollkompetenzen im Innenverhältnis wurde von jedem Unternehmen unterschiedlich vorgenommen. Die Außenverhältnisse zum Staat, zu den Versicherten und zu den Aktionären wurden jeweils verschieden geregelt. Die Verschiedenartigkeit der Regelungen erklärt sich aus der jeweiligen politischen und wirtschaftlichen Ausgangssituation. Sie ist aber auch Ausfluß der Freiheit der Pioniere. Die Unternehmer wollten ein effizientes System zum Vertrieb der Lebensversicherung schaffen. Die Strukturen, durch die sie dies erreichen wollten, gestalteten sie jeweils anders. Die Lebensversicherung mußte in Deutschland etabliert werden, dies war das erste Ziel der Unternehmen. Erst nach erfolgreicher Etablierung stellte sich die Frage der Interessenwahrnehmung.

7. Kapitel

Gesetzgeberische Bestrebungen

A. Einführung

Bis schließlich das Gesetz über die privaten Versicherungsunternehmungen vom 12. Mai 1901[1] und das Gesetz über den Versicherungsvertrag vom 30. Mai 1908[2] in Kraft traten, ist verschiedentlich erfolglos versucht worden, die Lebensversicherung rechtlich zu verankern. Es handelte sich um Vorhaben, bei denen das Versicherungsrecht umfassend geregelt werden sollte. Die Projekte scheiterten, weil die Entwürfe nicht umgesetzt wurden oder weil sich die Verfasser letztlich gegen die Aufnahme des Versicherungsrechts entschieden. Es soll hier nicht darum gehen, die versicherungsrechtlichen Vorschriften der Entwürfe insgesamt zu erörtern, vielmehr sollen die spezifischen Normen zur Lebensversicherung betrachtet werden. Auf die allgemein-versicherungsrechtlichen Vorschriften wird Bezug genommen, wenn dies im Rahmen der Fragestellung erforderlich ist. Die projektierten Normen sollen daraufhin untersucht werden, ob die rechtlichen Interessen der Lebensversicherten oder der Schutz der Wirtschaft im Vordergrund standen.

Die Entwürfe und Gesetze wurden überwiegend zeitlich nach den Unternehmensgründungen verfaßt. Sie betrafen zum Teil Partikularstaaten, in denen keines der untersuchten Unternehmen sein Hauptdomizil hatte. Dies steht einer Analyse nicht entgegen. Es geht darum aufzuspüren, ob ein Regelungsbedürfnis empfunden wurde, weil rechtliche Interessen der Versicherten als gefährdet angesehen wurden. Als Quelle praktischer Erfahrungen hatten den Verfassern im wesentlichen die hier untersuchten Regelwerke zur Verfügung gestanden. Es wird geklärt, ob eine Bezugnahme und Auseinandersetzung mit den Unternehmensbestimmungen stattfanden. Die einzelnen Gesetzgebungsbestrebungen werden zunächst getrennt dargestellt, bevor zusammenfassend die Frage nach den Motiven beantwortet wird. Bloß allgemeine Gesetze und Verordnungen wie das Preußische Gesetz über die Aktiengesellschaften von 1843[3] oder gewerberecht-

---

[1] Gesetz über die privaten Versicherungsunternehmungen vom 12.05.1901, RGBl. 1901, 139–173.

[2] Gesetz über den Versicherungsvertrag vom 30.05.1908, RGBl. 1908, 263–305.

[3] Gesetz über die Aktiengesellschaften vom 9. November 1843, Gesetz-Sammlung für die Königlichen Preußischen Staaten 1843, 341–346.

liche Vorschriften, die die Lebensversicherung nicht insbesondere betrafen, bleiben unberücksichtigt.

B. Kodifikationsvorhaben

I. Entwurf eines Handelsgesetzbuches für das Königreich Württemberg aus dem Jahre 1839

Der württembergische Entwurf[4] behandelte den Lebensversicherungsvertrag speziell im 2. Buch, 11. Titel, Artt. 496 bis 504. Im Unterschied zum preußischen Landrecht differenzierte der Entwurf zwischen allgemeinen und besonderen Vorschriften zu den einzelnen Versicherungszweigen. Im allgemeinen Teil wurde der Versicherungsvertrag definiert als „Vertrag, durch welchen sich der Versicherer gegen Empfang einer Prämie verbindlich macht, dem Versicherten den Schaden oder Gewinnverlust zu ersetzen, welcher diesen aus einer bestimmten Gefahr treffen kann", Art. 428 HGB-Entwurf/Württemberg. Es wurde erkannt, daß Lebensversicherungen hierunter nicht zu fassen sind.[5] Die richtige Konsequenz, nämlich die Lebensversicherungen als Summen- von den Schadenversicherungen abzugrenzen, wurde nicht gezogen.[6] Unterschieden wurden vielmehr Lebensversicherungen im eigentlichen Sinne und uneigentliche Lebensversicherungen. Eigentliche Lebensversicherungen waren allein die „für einen bestimmten Zeitraum" eingegangenen Lebensversicherungen, Art. 496 HGB-Entwurf/Württemberg. Unbedingte Todesfallversicherungen wurden „nicht unter den Versicherungen im gesetzlichen Sinne begriffen", auf sie sollten nur bestimmte Vorschriften anwendbar sein, Art. 503 HGB-Entwurf/Württemberg. Nur bei den Risikolebensversicherungen habe der Versicherer eine Gefahr übernommen. Bei den unbedingten Todesfallversicherungen handele es sich – so die Motive – um eine Art Wette. Der Versicherer setze darauf, daß der Versicherte spät versterbe, der Versicherungsnehmer rechne aber auf einen früheren Tod.[7]

---

[4] *Werner Schubert (Hg.)*, Entwurf eines Handelsgesetzbuches für das Königreich Württemberg mit Motiven (1839/40). I. Teil: Entwurf (zuerst 1839), Nachdruck Frankfurt am Main 1986; *ders.*, Entwurf eines Handelsgesetzbuches für das Königreich Württemberg mit Motiven (1839/40). II. Teil: Motive (zuerst 1840), Nachdruck Frankfurt am Main 1986; *Christoph Bergfeld,* Der Entwurf eines Handelsgesetzbuchs für das Königreich Württemberg von 1839, IUS COMMUNE 7 (1978), 226–249; *ders.,* Handelsrecht, in: Helmut Coing (Hg.), Handbuch der Quellen und Literatur der neueren europäischen Privatrechtsgeschichte. Bd. III. Das 19. Jahrhundert. Teilbd. III. Gesetzgebung zu den privatrechtlichen Sondergebieten, München 1986, 2853–2968 (2864–2877).
[5] *Werner Schubert (Hg.),* Motive, 376.
[6] *Ralph Neugebauer,* 50.
[7] *Werner Schubert (Hg.),* Motive, 417 f.

Lebensfremdversicherungen waren gemäß Art. 497 HGB-Entwurf/Württemberg möglich. Der württembergische Entwurf forderte im Gegensatz zum preußischen Landrecht keine gerichtliche Einwilligung des Dritten.[8] Die Versicherungsnahme konnte ohne Vorwissen und Zustimmung des Dritten geschehen. Der Versicherungsnehmer, der zugleich bezugsberechtigt war, mußte „bei dem Leben des Dritten betheiligt seyn", Art. 497 HGB-Entwurf/Württemberg. Beteiligung bedeutete ein Interessiertsein am Leben des Versicherten in pekuniärer Hinsicht.[9] Das Andauern der Beteiligung wurde nicht verlangt. Die Gefahr von „Lebensnachstellungen" wurde verneint. „Jemand, der für sich schon bei dem Leben eines Menschen interesirt ist, um sich Geld zu verschaffen", würde selten den Umweg wählen, „daß er erst dessen Leben versichern läßt, und ihn dann aus dem Wege schafft."[10] In Art. 498 HGB-Entwurf/Württemberg wurde der Inhalt der Police geregelt. Nach Art. 499 HGB-Entwurf/Württemberg war Mehrfachversicherung zulässig. Insofern wurde der Charakter der Lebensversicherung als Summenversicherung nicht verkannt.[11] Außerdem bestimmte Art. 499 HGB-Entwurf/Württemberg, daß die Festlegung der Versicherungssumme und der sonstigen Versicherungsbedingungen „ganz in dem Belieben der Parteien" stehen sollte. Unabhängig von der Kenntnis des Versicherungsnehmers war die Versicherung gemäß Art. 500 HGB-Entwurf/Württemberg „ungültig", wenn der Versicherte bei Vertragsschluß bereits verstorben war. Leistungsfreiheit des Versicherers war außerdem bei der Versicherung auf eigenes Leben im Falle des Suizids, des Todes durch Verhängung der Todesstrafe oder infolge eines Zweikampfes oder eines sonstigen Verbrechens gegeben, Art. 501 HGB-Entwurf/Württemberg. Schließlich war der Versicherer leistungsfrei, wenn der Bezugsberechtigte den Tod des Versicherten durch strafbare Verschuldung herbeigeführt hatte, Art. 502 HGB-Entwurf/Württemberg.

II. Entwurf eines Handelsgesetzbuchs für die Preussischen Staaten aus dem Jahre 1857

Der preußische Entwurf[12] behandelte den Lebensversicherungsvertrag speziell im 3. Buch „Von den Handelsgeschäften", 6. Titel „Von der Versicherung", Artt. 379 bis 384. Die Lebensversicherung wird als Schadensversicherung klassifiziert, „insofern der Nachtheil, welcher durch den Tod desjenigen, dessen Le-

---

[8] Oben 4. Kapitel B. II.
[9] *Werner Schubert (Hg.),* Motive, 419.
[10] *Werner Schubert (Hg.),* Motive, 419.
[11] So auch *Ralph Neugebauer,* 55.
[12] *Werner Schubert (Hg.),* Entwurf eines Handelsgesetzbuchs für die Preussischen Staaten. Nebst Motiven (1857) (zuerst 1857), Nachdruck Frankfurt am Main 1986; *Christoph Bergfeld,* Handelsrecht, 2880–2893.

ben versichert ist, seinen Rechtsnachfolgern oder der etwa versicherten dritten Person erwächst".[13] Im Unterschied zum württembergischen Entwurf war jede Todesfallversicherung, bedingt oder unbedingt, zulässig, Art. 379 HGB-Entwurf/Preußen. Es erscheine „für ein Gesetzbuch nicht angemessen, wenn dasselbe wegen einer rein theoretischen, aus dem Begriffe der Gefahr hergenommenen Verschiedenheit zwei besondere Arten von Lebensversicherungen, etwa, wie im Württemberger Entwurfe, eine eigentliche und eine uneigentliche Lebensversicherung, einander gegenüber stellen wollte."[14] Erlebensfallversicherungen werden auch hier nicht geregelt. Wie das Allgemeine Landrecht sah der preußische Entwurf bei der Lebensfremdversicherung eine personelle Beschränkung vor. Nur „Eltern, Kinder, Ehegatten oder Verlobte können das Leben ihrer Kinder, Eltern des andern Ehegatten oder Verlobten versichern lassen", Art. 380 Entwurf/Preußen. Außerdem normierte der preußische Entwurf im Gegensatz zum württembergischen ein Einwilligungserfordernis, da „beliebige Versicherungen auf das Leben eines Dritten ohne Wissen und Willen desselben für diesen im höchsten Grade gefährlich sind, da die mit seinem Tode verknüpften Vortheile für den Versicherungsnehmer ein Anreiz zu Verbrechen gegen das Leben des Dritten werden können."[15] Der Versicherungsvertrag mußte gemäß Art. 381 Entwurf/Preußen bestimmte Angaben enthalten. Das Festlegen der Versicherungssumme und der -bedingungen war den Parteien überlassen. Mehrfachversicherung war nach dem Entwurf möglich, Art. 382 Entwurf/Preußen. Der Versicherer war leistungsfrei, wenn derjenige, der sein eigenes Leben versichert hatte, sich selbst das Leben nahm, mit dem Tode bestraft wurde oder durch Zweikampf den Tod fand, Art. 383 Entwurf/Preußen. Gemäß Art. 384 Entwurf/Preußen bestand auch für den Fall Leistungsfreiheit, daß der Bezugsberechtigte den Tod des Versicherten absichtlich verursacht hatte.

III. Handelsrechtliche Kodifikationen für Deutschland

1. Entwurf eines allgemeinen Handelsgesetzbuches für Deutschland aus den Jahren 1848/1849

Der Entwurf eines allgemeinen Handelsgesetzbuches für Deutschland aus den Jahren 1848/49[16] enthielt keine geschlossene Regelung des Versicherungsrechts.

---

[13] *Werner Schubert (Hg.)*, Entwurf eines Handelsgesetzbuchs für die Preussischen Staaten, [Motive] 180.

[14] *Werner Schubert (Hg.)*, Entwurf eines Handelsgesetzbuchs für die Preussischen Staaten, [Motive] 210.

[15] *Werner Schubert (Hg.)*, Entwurf eines Handelsgesetzbuchs für die Preussischen Staaten, [Motive] 211.

[16] *Theodor Baums (Hg.)*, Entwurf eines allgemeinen Handelsgesetzbuches für Deutschland (1848/49). Text und Materialien, Heidelberg 1982; *Christoph Bergfeld*, Handelsrecht, 2928–2939.

Im 1. Titel des Entwurfs, Art. 1 Nr. 7), wurde aber derjenige zum Kaufmann erklärt, der gewerbsmäßig Versicherungen gegen Prämie übernahm. Bei der großen Bedeutung der Versicherungen für den Handel, der durch die Versicherungen sicherer und umfangreicher betrieben werde, könne es keinem Bedenken unterliegen, das Versicherungsgewerbe den Handelsgewerben beizuzählen.[17] Weitergehende Unterscheidungen zwischen den Versicherern, namentlich nach der Art des Unglücksfalles oder des versicherten Gegenstandes zu machen, sei jedoch „nicht passend" erschienen, „und daher ist die Fassung so allgemein gehalten, daß auch solche Assecuranzen, welche dem Kaufmann als solchem fremd sind, mitbegriffen sind, wie namentlich Lebensversicherungen".[18] Die Beschränkung auf die Prämienversicherung wurde als notwendig empfunden, „weil den gegenseitigen Versicherungen, da sie nur bezwecken, den Verlust des Einen auf mehrere Andere zu vertheilen, nicht die Absicht des Gewinnes unterliegt und sie daher gar nicht geeignet sind, gewerbsmäßig betrieben zu werden".[19] Art. 7 HGB-Entwurf von 1848/49 benannte solche Geschäfte, die selbst dann, wenn sie von einem Nichtkaufmann geschlossen wurden, als Handelsgeschäfte gelten sollten. Nach Art. 7 Nr. 4 HGB-Entwurf von 1848/49 zählten hierzu auch die Versicherungen gegen Prämie. Dies wurde damit begründet, daß die Beurteilung der Prämienversicherung „am geeignetsten den Handelsgerichten zugewiesen" sei, „da dieses für die dem Versicherungsgewerbe angehörenden Geschäfte das competente Gericht" sei.[20]

2. Allgemeines deutsches Handelsgesetzbuch aus dem Jahre 1861

Im allgemeinen deutschen Handelsgesetzbuch von 1861[21] wurde das Binnenversicherungsrecht nicht normiert, allein die „Versicherung gegen die Gefahren der Seeschifffahrt" hat im 5. Buch, 11. Titel eine Regelung gefunden. Die Nichtaufnahme der Binnenversicherungen wurde damit begründet, daß die Versicherungen, insbesondere die Lebensversicherung, regelmäßig keine Handelsgeschäfte darstellten, nur durch die Beteiligten oder durch die versicherten Objekte könnten sie dazu gemacht werden.[22] Außerdem wurde als Begründung angeführt, daß man fürchte, „das Aufkommen ganz neuer Institutionen vielleicht

---

[17] *Theodor Baums (Hg.)*, Entwurf, 74.
[18] *Theodor Baums (Hg.)*, Entwurf, 74.
[19] *Theodor Baums (Hg.)*, Entwurf, 74.
[20] *Theodor Baums (Hg.)*, Entwurf, 81.
[21] Allgemeines deutsches Handelsgesetzbuch von 1861. Allgemeine deutsche Wechselordnung von 1848. In den Ausgaben für das Grossherzogtum Baden (zuerst 1862), Neudruck Aalen 1973; *Christoph Bergfeld*, Handelsrecht, 2948–2959.
[22] *Werner Schubert (Hg.)*, Protokolle der Commission zur Berathung eines allgemeinen deutschen Handelsgesetz-Buches, Bd. II (zuerst 1857), Nachdruck Frankfurt am Main 1984, 862.

gar [zu, Anm. d. Verf.] hemmen".[23] Wo „Gesetze fehlten, da reichten die Statuten der Gesellschaften regelmäßig aus, und diese würden in den meisten Staaten vor der Zulassung der betreffenden Gesellschaft von der Staatsbehörde geprüft, so daß auch das Publikum dadurch sicher gestellt sei, die Behörde aber dennoch nicht gehindert werde, nach den Umständen, den gemachten Erfahrungen und den Zeitbedürfnissen zu verfahren."[24]

IV. Entwurf eines bürgerlichen Gesetzbuches für das Königreich Bayern aus den Jahren 1861 bis 1864

Der Entwurf eines bürgerlichen Gesetzbuches für das Königreich Bayern aus den Jahren 1860 bis 1864[25] behandelte den Versicherungsvertrag im zweiten Teil, im 21. Hauptstück des 2. Buches. Differenziert wurde zwischen Versicherung gegen Prämie und Versicherung auf Gegenseitigkeit. Die Vorschriften über die Prämienversicherung unterschieden Schadenversicherung von der Lebensversicherung, die in Art. 827 BGB-Entwurf/Bayern geregelt war. Der Entwurf gliederte sich nicht in allgemeine und besondere Vorschriften. Lebensversicherung wurde im bayerischen Entwurf definiert als „Uebereinkunft, wodurch auf den Todesfall einer Person eine Leistung gegen Entrichtung einer Prämie zugesichert wird." Die Allgemeinheit der Formulierung wurde mit „der großen Verschiedenheit der Zwecke, welche bei Eingehung dieser Versicherung verfolgt werden," erklärt.[26] Die Erlebensfallversicherung wurde bewußt nicht geregelt.[27] Weiterhin bestimmte Art. 827 BGB-Entwurf/Bayern, daß die Versicherung auf den Todesfall eines Dritten zum Vorteile des Versicherungsnehmers nur mit Einwilligung des Dritten zulässig sein sollte. Das Einwilligungserfordernis wurde erneut damit begründet, daß „die Erlangung der Versicherungssumme [...] oft den Anreiz zu Verbrechen gegen das Leben der Person, auf welche die Versicherung gestellt ist, für die Versicherungsnehmer abgeben kann und erfahrungsgemäß selbst gegen Personen abgegeben hat, welche zu dem letzteren in verwandtschaftlichem oder ehelichem Verhältnisse standen".[28] Nur der Dritte sei in der Lage, „die Loyalität des Zweckes der Versicherung zu erkennen, namentlich auch zu ermessen, inwieweit diesem Zwecke die Versicherungssumme

---

[23] *Werner Schubert (Hg.)*, Protokolle, 863.
[24] *Werner Schubert (Hg.)*, Protokolle, 863 f.
[25] Entwurf eines bürgerlichen Gesetzbuchs für das Königreich Bayern. 1861–1864. Mit Motiven (zuerst 1861), Neudruck Aalen 1973; *Barbara Dölemeyer*, Kodifikationen und Projekte, in: Helmut Coing (Hg.), Handbuch der Quellen und Literatur der neueren europäischen Privatrechtsgeschichte. Bd. III. Das 19. Jahrhundert. Teilbd. II. Gesetzgebung zum allgemeinen Privatrecht und zum Verfahrensrecht, München 1982, 1440–1625 (1472 ff.).
[26] Entwurf eines bürgerlichen Gesetzbuchs für das Königreich Bayern, 554.
[27] Entwurf eines bürgerlichen Gesetzbuchs für das Königreich Bayern, 554 f.
[28] Entwurf eines bürgerlichen Gesetzbuchs für das Königreich Bayern, 555.

entspreche."[29] Daneben wurden vereinzelte Bestimmungen der Schadenversicherung für entsprechend anwendbar erklärt, unter anderem die Ungültigkeit des Vertrages, wenn der Todesfall infolge einer verbotenen Handlung oder eines sonstigen Verschuldens des Versicherten (Tötung durch Strafurteil, Zweikampf oder Suizid) eingetreten war.[30]

V. Dresdener Entwurf eines allgemeinen deutschen Gesetzes über Schuldverhältnisse aus dem Jahre 1866

Der Dresdener Entwurf von 1866[31] behandelte im 2. Teil, 6. Abteilung, 5. Hauptstück (Artt. 894 bis 921) den Versicherungsvertrag. Die Vorschriften sind allgemein gehalten und regeln die einzelnen Versicherungssparten nicht besonders. Innerhalb der allgemeinen Vorschriften wurde auch die Lebensversicherung aufgegriffen. Nach Art. 895 Entwurf/Dresden konnte auch das „Interesse des Versicherten [...] an dem Leben oder der Erwerbsfähigkeit einer Person" Gegenstand der Versicherung sein. Lebensfremdversicherungen waren gemäß Art. 896 Entwurf/Dresden möglich, „neben dem Bestehen eines vermögensrechtlichen Interesses des Versicherten an dem Leben des Dritten" mußte die Einwilligung des Dritten oder seines gesetzlichen Vertreters vorliegen. Die Bestimmung der Versicherungssumme oblag den Parteien. Eine mehrfache Versicherungsnahme war möglich. Einschränkungen galten bei der Restschuldversicherung. Anzeigepflichten und Anfechtungsmöglichkeit im Falle eines Verstoßes hiergegen waren in Artt. 905 f. Entwurf/Dresden geregelt. Leistungsfreiheit des Versicherers sollte gegeben sein, wenn der Versicherte durch Todesstrafe, Zweikampf oder Suizid zu Tode gekommen war. Die Leistungspflicht blieb bestehen, wenn erwiesen war, daß der Suizidant sich in einem unzurechnungsfähigen Zustand befunden hatte. Leistungsfreiheit sollte auch dann gegeben sein, „wenn der versicherte Dritte den Tod Desjenigen, für dessen Todesfall die Versicherung genommen worden ist, absichtlich herbeigeführt hat", Art. 912 Entwurf/Dresden.

C. Ergebnis

Der Schutz der Versicherten oder der Wirtschaft war nicht Motiv der gesetzgeberischen Bestrebungen. Das Versicherungswesen sollte aufgrund seiner neu gewonnenen wirtschaftlichen Bedeutung aus Vollständigkeitsgründen rechtlich

---

[29] Entwurf eines bürgerlichen Gesetzbuchs für das Königreich Bayern, 555.

[30] Siehe auch Entwurf eines bürgerlichen Gesetzbuchs für das Königreich Bayern, 555.

[31] Bernhard Francke (Hg.), Dresdener Entwurf eines allgemeinen deutschen Gesetzes über Schuldverhältnisse von 1866 (zuerst 1866), Neudruck Aalen 1973; *Barbara Dölemeyer*, 1562–1571.

geregelt werden. Die Legislative konnte die Versicherungswirtschaft nicht länger ignorieren. Die Gesetzgeber wollten dabei jedoch in die Selbstregulierung des Marktes nicht eingreifen. Die Entwürfe zur Normierung der Lebensversicherung beschränkten sich auf systematische Überlegungen. Die Wirtschaftspioniere mußten funktionsfähige Systeme in ihren Regelwerken erschaffen, die Legislative stand demgegenüber vor der Schwierigkeit, das neue, ausgebildete Institut in das bestehende Rechtssystem zu integrieren. Den Gesetzgebern stellte sich das Problem, ob das Versicherungsrecht dem Handelsrecht oder dem bürgerlichen Recht zuzuweisen sei. Es mußte eine Kategorisierung erfolgen. Im Vordergrund standen nicht die inhaltliche Ausgestaltung und Regelung, sondern systematische und technische Überlegungen. Die Gesetzesentwürfe wichen in gesetzestechnischen Fragen voneinander ab, insbesondere in der Gliederung unterschieden sie sich. Eines der Hauptprobleme war die Unterscheidung der Lebensversicherung als Summenversicherung von den übrigen Schadensversicherungen. Das Wesen als Summenversicherung wurde erst allmählich erkannt. Die praktizierten Lebensversicherungsformen wurden nur ansatzweise aufgegriffen. Die wirtschaftliche Wirklichkeit war den Bestrebungen der Gesetzgebung weit voraus. Ein weiteres Hauptproblem in den Entwürfen waren die Voraussetzungen der Lebensfremdversicherungen. Hierüber wurde in den Motiven zu den Entwürfen kontrovers diskutiert. Oben wurde gezeigt, wie das Problem des Seriositätsindizes in den ersten Regelwerken gelöst wurde.[32] Schließlich waren Fälle geregelt, in denen der Versicherer leistungsfrei wurde. Vorgaben zur Unternehmensorganisation und Kapitalverwaltung wurden nicht gemacht. Damit wurden Regelungsbereiche ausgespart, bei deren Diskussion heute mit dem Verbraucherschutz argumentiert wird. Die Versicherungsbedingungen wurden regelmäßig in das Belieben der Parteien gestellt. Das Lebensversicherungsrecht hatte sich in der Praxis ausgebildet, und sollte dies auch weiterhin tun. Die Kodifikationsvorhaben sind der erste Versuch der Legislative, sich der Materie anzunehmen. Eine einschränkende Regulierung sollte jedoch nicht vorgenommen werden. Die tatsächliche Ausbildung des Lebensversicherungsrechts war in diesem Zeitpunkt bereits weit fortgeschritten. Die Entwicklung, die die Wirtschaft vollzogen hatte, spiegelt sich in den Gesetzen und Entwürfen nicht wider. Die Kodifikationsbemühungen waren keine Reaktion auf Mißstände und Zusammenbrüche von Unternehmen. Eine Notwendigkeit, zum Schutz irgendwelcher Interessen einzuschreiten, bestand nicht. Die Gesetzgeber wollten nicht korrigierend eingreifen wie die Verordnungsgeber, die aufgrund von Mißständen die Versorgungskassen einer Aufsicht unterstellt hatten.[33] Sie bewerteten auch nicht die verschiedenen Modelle, die die Unternehmen in ihren Regelwerken zeigten. Eine Analyse und Vergleichung der Regelwerke wurde nicht angestellt. Eine Entscheidung für das „richtige" Modell und damit eine einschränkende Festle-

---

[32] Oben 6. Kapitel F. X.
[33] Oben 4. Kapitel B. III. 1.

gung wurden nicht getroffen. Über spärliche Bestimmungen sind die Gesetzgeber nicht hinausgekommen; dies war aber auch nicht das Ziel. Das Wirtschaften der Lebensversicherungsunternehmen, die sich selbst mit sehr viel ausgefeilteren Normen reguliert hatten, konnten und sollten die projektierten Normen nicht beeinflussen. Die Gesetzgeber haben bewußt nicht regulierend eingegriffen, weil sie die Institutionalisierung durch die private Wirtschaft nicht unterbinden oder begrenzen wollten. Das „Aufkommen ganz neuer Institutionen" sollte nicht gehemmt werden.[34] Die Selbstregulierung durch die Unternehmen und die Kontrollen der Staatsbehörden wurden als hinreichend angesehen.

---

[34] Oben 7. Kapitel B. III. 2.

Zusammenfassung

Die deutsche Lebensversicherung hatte ihren Durchbruch Ende der 1820er Jahre mit der Gründung der Lebensversicherungsbank für Deutschland zu Gotha und der Deutschen Lebensversicherungs-Gesellschaft zu Lübeck. Sie ist eine Basisinnovation dieser Zeit. Die strukturellen Voraussetzungen zur erfolgreichen Etablierung dieses innovativen Instituts waren in Deutschland erst zu dieser Zeit gegeben. Das Lebensversicherungsrecht hat sich rein aus den Bedürfnissen der Wirtschaft entwickelt. Es waren die Wirtschaftspioniere wie Arnoldi, Vermehren und andere, die die Lebensversicherung institutionalisiert haben. Sie haben mit Gründergeist die Bahn für die neue Idee gebrochen. Mit Ausnahme der Bestimmungen im Allgemeinen Landrecht für die Preußischen Staaten von 1794 existierten keine Normen, die den Lebensversicherungsvertrieb reglementiert hätten. Es bestanden keine speziellen Exekutiv- oder Judikativorgane. Organisationsformen, Unternehmensorgane, Beaufsichtigung, Kapitalausstattung und -anlage, Rechnungslegung, Versicherungsformen und Streitbeilegungsmechanismen – sämtliche praxisbezogenen Regelungsgegenstände wurden von den Unternehmen in zweckdienliche Formen gebracht. Es waren private Unternehmer, die sich funktionsfähige Systeme zum Betrieb der Lebensversicherung erdachten. Die ersten Gründungen prägte das in Deutschland aufkommende Nationalbewußtsein, eine Nachahmung englischer Unternehmen kam auch aus diesem Grunde nicht in Betracht. Eigene Betriebssysteme sollten entwickelt werden. Innen- und Außenverhältnisse der Unternehmen wurden von den Unternehmern geregelt. Maßstäbe waren Effizienz und Praktikabilität. Spezielle Aufsichtsbehörden mußten erst noch eingesetzt werden. Die Unternehmen schufen ihr eigenes System von „checks and balances". Kennzeichnend für den Prozeß der Institutionalisierung ist die Unterschiedlichkeit der Modelle, die die Unternehmen favorisierten. Gesetzgebungsprojekte, die sich auch mit der Lebensversicherung befaßten, hinkten der wirtschaftlichen Entwicklung hinterher. Während die Unternehmer die Lebensversicherung in Deutschland etablieren wollten und Entscheidungen von existentieller Bedeutung treffen mußten, beschäftigten die Gesetzgeber theoretische Fragen. Der Schutz der Versicherten oder der Versicherungsunternehmen bestimmte das Werden und Wachsen der deutschen Lebensversicherung nicht. So konnte sich das Lebensversicherungsrecht „rein aus den Bedürfnissen des lebendigen Verkehrs" entwickeln, „unbeirrt von juristischer Dogmatik und Systematik, unbeengt von polizeilichen und büreaukratischen Einflüssen".[35]

---

[35] *Konrad Malß*, Betrachtungen, 3 f.

Quellenanhang

Übersicht

Hinsichtlich der Fundstellen der nachfolgend genannten Quellen wird auf die Angaben in den Fußnoten 22–32 des Textes sowie auf das Quellenverzeichnis (s. u., S. 363 f.) verwiesen.

Quelle 1 Verfassung der unter dem Schutze Sr. Herzogl. Durchlaucht des regierenden Herzogs von S. Coburg und Gotha errichteten Lebensversicherungsbank für Deutschland, Gotha 1828. .... S. 213

Quelle 2 Plan der Deutschen Lebensversicherungs-Gesellschaft zu Lübeck, 1828. .... S. 232

Quelle 3 Statuten der unter Allerhöchster Genehmigung in Leipzig errichteten Lebensversicherungs-Gesellschaft, 1830. .... S. 238

Quelle 4 Plan der mit allergnädigster landesherrlicher Bestätigung in hiesiger Königlichen Residenzstadt errichteten Allgemeinen Lebens-Versicherungs-Anstalt für das Königreich Hannover, Hannover 1829. ... S. 247

Quelle 5 Verfassungs-Artikel der Berlinischen Lebens-Versicherungs-Gesellschaft, Berlin 1836. .... S. 268

Quelle 6 Geschäfts-Plan der Berlinischen Lebens-Versicherungs-Gesellschaft, Berlin 1836. .... S. 283

Quelle 7 Statuten der bayerischen Hypotheken- und Wechselbank. Amtlicher Abdruck, München 1835. .... S. 295

Quelle 8 Reglementäre Grundbestimmungen der bayerischen Hypotheken- und Wechselbank für die Lebensversicherungs-Anstalt, München 1836. .... S. 306

Quelle 9 Verfassung der mit Genehmigung der Herzoglich Braunschweigischen Landesregierung errichteten Braunschweigischen Allgemeinen Versicherungs-Anstalt, Braunschweig 1842. .... S. 314

Quelle 10 Statuten der Frankfurter Lebens-Versicherungs-Gesellschaft, Frankfurt 1844. .... S. 350

Quelle 1

1. Verfassung S. 215
der unter dem Schutze Sr. Herzogl. Durchlaucht des regierenden
Herzogs von S. Coburg und Gotha errichteten
Lebensversicherungsbank für Deutschland.

Gotha, gedruckt mit Engelhard-Reyherschen Schriften, 1828.

[...]

Verfassung der Lebensversicherungsbank für Deutschland. S. 216

I. Grundbestimmungen.

A. Begriff und Umfang der Anstalt, Erfordernisse überhaupt.

§. 1.

Die in Gotha errichtete Lebensversicherungsbank für Deutschland beruht auf Gegenseitigkeit und Oeffentlichkeit: Ersteres indem alle wirklichen Mitglieder (für die Lebensdauer Versicherte) Miteigenthümer der Bank sind; Letzteres, indem jährlich öffentliche Rechenschaft ohne Rückhalt abgelegt wird.

§. 2.

Unter Lebensversicherung überhaupt wird hier ein Vertrag verstanden, welchen Jemand mit der Bank dahin abschliesst, dass ihm gegen gewisse jährliche Leistungen eine bestimmte, nach dem Erlöschen des eigenen oder eines andern versicherten Lebens zahlbare Kapitalsumme zugesichert wird. – Die Urkunde, welche die Bank darüber ausstellt, heisst die Police; – die jährliche Leistung heisst die Prämie.

§. 3.

Wie bei andern Versicherungsanstalten werden auch hier unterschieden:

a) Versicherungen für die ganze Lebensdauer *(Lebenslängliche Versicherungen)* und
b) Versicherungen auf bestimmte Zeit, nemlich auf ein Jahr oder auf eine namhafte Reihe von Jahren (sogenannte *kurze Versicherungen.*)

§. 4.

Bei allen Arten der Versicherung steht der Abgang zu jeder Zeit frei.

Ueberdiess, in so weit nicht für einen vorliegenden Fall gesetzliche Hindernisse entgegen stehen, ist dem Versicherten unbenommen, die abgelaufene Versicherung wieder zu erneuern, oder seine Versicherung, von welcher Art sie auch sey, in die einer andern Art zu verwandeln, oder aber sie einem Dritten völlig abzutreten (die Police zu zediren).

§. 5.

Da die Anstalt vorzugsweise für solche eröffnet ist, die sich die Beruhigung erkaufen wollen, nach ihrem Tode ihre Angehörigen hinlänglich versorgt zu wissen, was nur durch lebenslängliche Versicherung geschehen kann; so werden auch nur Diejenigen, welche

S. 217   ihr oder Anderer Leben für die ganze Lebenszeit versichern, als *wirkliche Mitglieder* und Eigenthümer des Instituts angesehen.

Diese garantiren sich gegenseitig und haben Antheil an den sich ergebenden Ueberschüssen.

Bei den *kurzen Versicherungen* fällt Beides weg.

§. 6.

Nur im Bereiche deutscher Länder und Staaten (ganz Preussen und die deutsche Schweiz inbegriffen) lebende Personen, nicht unter 15 und in der Regel nicht über 60 Jahre alt (vergl. §. 50), ohne Unterschied des Geschlechts, können versichern oder für sich versichern lassen.

Nächstdem sind allgemeine Erfordernisse zur Theilnahme: unbescholtener Ruf und gute Gesundheit.

§. 7.

Ausgeschlossen sind: Alle, deren Beruf oder Lebensweise für Leben und Gesundheit besondere Gefahr besorgen lässt. – Namentlich schliesst aus: aktiver Kriegsdienst*), Seedienst u. s. w.

§. 8.

Die Prämien richten sich nach der Art der Versicherung und nach dem Alter, und sind, mit Hülfe der bewährtesten Erfahrungen über Sterblichkeit, für eine einfache Versicherungs-Summe berechnet, jedoch so, dass sie nach aller Wahrscheinlichkeit Ueberschuss geben.

Die beigefügten Tabellen enthalten den Prämiensatz für jeden vorliegenden Fall.

Bei Versicherungen für die ganze Lebensdauer bleibt der anfangs bestimmte Prämiensatz unverändert.

Bei Versicherungen auf mehrere Jahre richtet sich der Prämiensatz nach der Tabelle über fünfjährige Versicherungen, bleibt bis zu fünf Jahren unverändert, und wird, wenn die Versicherung auf längere Zeit abgeschlossen ist, vom 6ten Jahre an um so viel höher, als das vorgerückte Alter mit sich bringt, u. s. w.

Bei Versicherungen auf 1 Jahr gelten die Sätze nach dem dafür besonders ausgeworfenen Tarif.

---

*) So nöthig diese Bestimmung ist, so muss doch allerdings beklagt werden, dass dadurch ein ausgebreiteter, ehrenvoller Stand nur bedingten Antheil an der Wohlthat die-

ser Anstalt nehmen kann. Desshalb und auf vielfach ausgesprochene Wünsche geht man damit um, für das zum aktiven Kriegsdienst verpflichtete höhere Militair eine, in ihrem Fonds gänzlich abgesonderte, Abtheilung der Lebensversicherungsbank einzurichten.

§. 9.   S. 218

Jedes wirkliche Mitglied, d.h. Jeder für die Lebensdauer Versicherte, zahlt ausser der ersten Prämie noch ein Viertheil derselben ein für allemal als *Antrittsgeld*, welches ihm zu seiner Zeit zurück erstattet wird.

B. Einnahme, Ausgabe, Fonds.

§. 10.

Die Einnahme der Bank besteht zunächst in den Prämien- und Antrittsgeldern;

Die Ausgabe in der Auszahlung der Versicherungssummen und der Verwaltungskosten.

Was übrig bleibt, wird verzinslich benutzt und bildet zugleich den Fonds der Bank.

§. 11.

Der Fonds der Bank hat eine doppelte Bestimmung. Ein Theil desselben dient, wie es das Wesen der Sache mit sich bringt, als *Reserve*, zur vollständigen Deckung künftiger wahrscheinlicher Sterbefälle. Ein anderer Theil als *Sicherheitsfonds*, um für ausserordentliche Fälle hinlängliche Mittel darzubieten.

Durch Beides wird den Theilnehmern wegen pünktlicher Erfüllung des Versprochenen für alle künftigen Zeiten Beruhigung und Sicherheit gewährt.

§. 12.

Die *Reserve* besteht in dem, was von den Prämiengeldern zurückgelegt werden muss, weil alle für das ganze Leben oder auf mehrere Jahre Versicherte, in so weit ihre Prämiensätze sich gleich bleiben, in den ersten Jahren mehr, in den spätern Jahren aber weniger zahlen, als das Sterblichkeitsgesetz für jedes Jahr mit sich bringt. – Das Mehr der frühern Jahre dient zur Deckung des Weniger in den spätern Jahren.

Der jedesmalige wahre Betrag der Reserve wird nach den Grundsätzen der Prämienberechnung ausgemittelt.

Auch wird derselbe noch von Zeit zu Zeit durch besondere Berechnung, nach den bei dem Institute selbst sich zeigenden Erfahrungen, berichtiget.

§. 13.

Der *Sicherheitsfonds* bildet sich aus den angesammelten reinen Ueberschüssen, welche sich dadurch ergeben, dass die Ausgabe nebst der Reserve von der ganzen Einnahme des Jahres abgezogen wird. – Der reine Ueberschuss gehört den wirklichen Mit-

S. 219 gliedern, und zwar Jedem zu seinem Antheile nach Maassgabe des geleisteten Beitrags. Die Antrittsgelder werden besonders berechnet.

§. 14.

Wenn in irgend einem Jahre einmal kein reiner Ueberschuss sich ergeben, sondern noch etwas zuzuschiessen seyn sollte, so wird dieses von den unvertheilten Ueberschüssen der vorhergehenden Jahre, und zwar *pro rata* eines jeden Jahres, genommen, oder aber, in Ermangelung solcher Ueberschüsse, durch verhältnissmässigen Zuschuss der wirklichen Mitglieder gedeckt.

§. 15.

Da jedoch, nach der Natur der Sache und übereinstimmend mit allen Erfahrungen, vorzüglich in den ersten Jahren der Fall einer Unzulänglichkeit der Einnahme fast undenkbar ist, indem vielmehr gleich anfangs auf nicht unbedeutende reine Ueberschüsse gerechnet werden darf, so wird sich auch bald ein Sicherheitsfonds gebildet haben, der für Ereignisse, wie sie ganz ausser den Grenzen der Wahrscheinlichkeit liegen, Mittel genug darbietet.

Es lässt sich aber die Grösse des zu dem Ende erforderlichen Sicherheitsfonds weder durch Annahme einer gewissen Summe, noch nach der Zahl von Jahren, während welcher die Ueberschüsse zu sammeln sind, genau voraus bestimmen.

Desshalb sollen vorerst die reinen Ueberschüsse fünf Jahre lang unvertheilt bleiben, und das Weitere wird dem gewissenhaften Ermessen der Bankbehörden überlassen.

Die Bank hat dabei eine doppelte Verpflichtung: Die Erste: für angemessenen Sicherheitsfonds zu sorgen, vorzüglich in den ersten Jahren, bis die Anstalt hinlänglich gekannt und das Vertrauen zu derselben so befestigt ist, dass die Besorgniss wegen Zubusse wegfällt. Die Zweite: Zu verhüten, dass nicht einerseits durch zweckloses Ansammeln das Eigenthum der Interessenten über die Gebühr zurückgehalten und die richtige Abmessung der Antheile zu schwierig gemacht, anderseits aber bei übermässig angehäuften Summen die Bewachung und verzinsliche Benutzung der Fonds erschwert und gefährdet werde.

§. 16.

Nach Ablauf dieser Zeit und sobald der gesammte Ueberschuss oder ein Theil desselben entbehrt werden kann, erfolgt die Zurückerstattung des Entbehrlichen oder der Dividende, und zwar, in so fern sie theilweise geschieht, in der Reihenfolge der Jahre der Einzahlungen.

S. 220 In diesem Falle werden also zuerst die Antrittsgelder und Prämienüberschüsse des ersten Jahres zurückgegeben, dann auf gleiche Weise die des zweiten Jahres, und so ferner die der folgenden Jahre.

Nach Befinden werden, gleichzeitig mit der Vertheilung der ältern Ueberschüsse, die neu entstehenden auf dieselbe Weise aufbewahrt und successiv zurück erstattet, so dass ein bleibender Sicherheitsfonds sich bildet, welcher immerwährend aus der Summe der Antrittsgelder und der Ueberschüsse der letztverflossenen Jahre besteht.

§. 17.

In so weit die Zurückerstattung solche Personen betrifft, die zur Zeit derselben noch bei der Bank versichert sind, geschieht sie mittelst Abrechnung von der zunächst zu zahlenden Prämie, ausserdem baar oder sonst nach dem Wunsche des Eigenthümers.

Es versteht sich, dass das zurück zu erstattende Demjenigen zukommt, der die Prämie, auf welche sich die Dividende bezieht, eingezahlt hat.

II. Leitung und Verwaltung der Bank.

A. Zentral-Behörden.

§. 18.

Die Leitung und Verwaltung der Bankangelegenheiten geschieht vorerst noch durch den

provisorischen Ausschuss,

so wie durch den provisorischen Bank-Direktor und die provisorischen Bank-Beamten.

Der provisorische Ausschuss legt sein Amt nieder, sobald sich die neuen Behörden an seiner Stelle gebildet haben.

Der provisorische Bank-Direktor und die übrigen provisorischen Beamten bekleiden ihre Stellen vorerst ein Jahr lang, worauf sie von den neuen Behörden nach Befinden darin bestätigt, oder durch Andere ersetzt werden.

§. 19.

Die künftigen Zentral-Behörden werden innerhalb des Umfanges von Thüringen*) durch Stimmenmehrheit gewählt, indem das Recht zu wählen, so wie die Fähigkeit gewählt zu werden, im Allgemeinen allen für das Leben Versicherten, innerhalb Thüringens wohnenden volljährigen Mannspersonen zusteht.

---

*) Unter Thüringen wird hier der Länderbezirk zwischen der Saale, dem Thüringerwald, der Werra, und einer von Wanfried über Mühlhausen, Sondershausen, Frankenhausen, zur Unstrut gezogenen Linie verstanden, so dass die genannten Orte noch zu Thüringen gehören.

Die Verhältnisse, Obliegenheiten und die Geschäftsführung der verschiedenen Behörden und Beamten bei der Bank sind durch besondere im Kreise der Wahlfähigkeit ausgegebene Anordnungen und Instruktionen näher bestimmt. Die folgenden §§. enthalten das Wesentliche daraus.

S. 221

§. 20.

Zunächst und sobald die Anstalt ins Leben getreten ist, werden gewählt und bilden sich unmittelbar nach erfolgter Bestätigung der Wahl

Drei Bank-Ausschüsse,

denen die Berathung und Entscheidung über Verfassungs- und Verwaltungs-Angelegenheiten obliegt und zusteht, und welche als die eigentlichen Vertreter und Bevollmächtigten der Gesammtheit anzusehen sind.

Sie haben, der eine in Gotha, die beiden übrigen an zwei anderen Orten Thüringens ihren Sitz.

Jeder Bankausschuss besteht in der Regel aus 7, ausnahmsweise auch nur aus 5 Mitgliedern.

Jeder einzelne Ausschuss berathet und beschliesst für sich, unabhängig von den beiden Andern, so dass die Beschlüsse der 3 Ausschüsse drei Stimmen ausmachen.

§. 21.

Die Stellung und der Wirkungskreis der Bankausschüsse ist so wichtig, dass es schon im Interesse des Ganzen und jedes einzelnen Versicherten liegt, nur anerkannt rechtliche, gebildete und verständige Männer zu Mitgliedern dieser Ausschüsse zu wählen. Desshalb wird jeder Wählende umsichtig und unparteiisch bei der Wahl verfahren, und es wird ihm diess noch besonders zur Pflicht gemacht.

§. 22.

Da es sich leicht fügen kann, dass bei grosser Verschiedenheit der Ansichten eine kleine Zahl von Stimmen die Mehrheit ausmacht, so sollen die Wahlen noch besonderer Umfrage und Bestätigung unterliegen, nach näherer Bestimmung der Ausschuss-Ordnung.

§. 23.

Aus den Bankausschüssen bildet sich der

Bankvorstand.

Jeder Ausschuss nemlich wählt aus seiner Mitte einen Vorsteher, welcher zugleich den Vorsitz beim Ausschusse hat und Repräsentant des Ausschusses bei dem Bankvorstande ist.

Die drei Vorsteher wählen einen achtbaren und unabhängigen

S. 222 Mann als Vorstands-Dirigenten. – Dieser muss nicht eben versichert seyn, auch hat er nur die Leitung der Vorstandsgeschäfte ohne Stimmrecht.

§. 24.

Der Bankvorstand leitet die Verwaltungsangelegenheiten und entscheidet darüber Namens der Ausschüsse durch Stimmenmehrheit. – In Verfassungssachen aber kann nur Stimmen-Einheit von Wirkung seyn, auch können selbst durch diese nur weniger wesentliche Bestimmungen gemacht werden, indem die eigentlichen Grundgesetze der Bank, in so weit die Rechte, Ansprüche und die Verbindlichkeiten der Theilhaber davon abhängen, so wie sie hier festgesetzt sind, unverändert bleiben.

§. 25.

Vor Ablauf des ersten Jahres ernennt der Bankvorstand
a) den Bank-Direktor
b) drei oder vier Bankbeamte, welche unter dem Bank-Direktor stehen, nemlich:
den Bank-Sekretair,
den Bank-Kassirer,
einen oder zwei Bank-Buchhalter, welche sämmtlich mit dem Anfange des zweiten Jahres an die Stelle der provisorisch Ernannten (§. 16.) in Wirksamkeit treten.

Statt neuer Ernennungen können aber die provisorisch Ernannten in ihren Aemtern bestätigt werden. Nächstdem ernennt der Vorstand alsbald, und in der Folge jährlich, eine besondere aus Mitgliedern der Versicherten in Thüringen bestehende

Revisions-Kommission nebst einem in Gotha wohnenden Spezial-Revisor.

§. 26.

Der Bank-Direktor, welcher in Gotha wohnt, muss ein möglichst unabhängiger, in Geschäftsführung geübter, nicht durch Staatsdienst gebundener zuverlässiger Mann seyn, und darf keine Verpflichtungen haben oder übernehmen, die mit denen bei der Bank, zum Nachtheil derselben, in Kollision kommen könnten.

Er hat über Aufrechthaltung der Gesetze und Ausführung der Beschlüsse des Vorstandes zu wachen, ingleichen alle Policen, Rechnungsabschlüsse, Dokumente und Briefe mit den betreffenden Beamten (Sekretair oder Kassirer oder Beiden) zu unterschreiben. Ohne diese doppelte Unterschrift oder deren Stellvertretung (nach §. 54.) ist keine Police und keine Disposizion gültig. Der Bankdirektor erhält besondere Instrukzionen, durch deren Unterschrift er sich dem Vorstande verpflichtet. S. 223

§. 27.

Die drei oder vier obengenannten Beamten haben die Bureau-Geschäfte nach besonderen Dienst-Instrukzionen zu besorgen. Sie werden auf die Bank-Verfassung und auf ihre Instrukzionen durch die Herzogl. Landesregierung in Gotha verpflichtet.

Der Bank-Sekretair und der Bank-Kassirer leisten angemessene Kauzion.

Ausser den eigentlichen Beamten werden, nach Bedürfniss und nach der Wahl der Beamten, Schreiber und andere Gehülfen angenommen.

§. 28.

Die Revisions-Kommission hat darüber zu wachen, dass die Verfassung überhaupt, insbesondere aber die Führung der Bücher, die öffentliche Ablegung der jährlichen Rechnung, die Ein- und Auszahlung der Gelder, die Deponirung der Obligazionen etc. pünktlich erfolgt, und hat alles dieses zu revidiren.

Der Spezial-Revisor muss ein anerkannter Rechnungsverständiger, und dabei in Geschäften geübt, umsichtig und gewandt, überdiess mit der Bankverfassung und dem

Administrazionswesen völlig vertraut seyn. Er wird besonders verpflichtet. Sein Beruf ist: die Rechnung und alles *détail* der Bankverwaltung, unabhängig von den Bankbeamten, fortwährend speziell zu revidiren und zu prüfen. Er wird jährlich gewählt. Der Revisor kann aber nach Ablauf des Jahres von Neuem gewählt werden.

§. 29.

Die Art der Geschäftsführung beim Vorstande ist folgende:

Der Vorstand versammelt sich auf vorgängige Einladung des Dirigenten regelmässig alle 6 Monate zu den Berathungen über die Bankangelegenheiten.

Ausserdem finden auch nach Vorliegenheit der Umstände ausserordentliche Versammlungen statt, zu denen der Dirigent nach eigenem Gutbefinden, oder auf Antrag eines Vorstehers oder der Revisions-Kommission oder des Bank-Direktors einladet.

Bei allen solchen Versammlungen ist der Vorstands-Dirigent nur Proponent ohne Stimmrecht, und der Bank-Direktor, ebenfalls ohne Stimmrecht, wohnt ihnen als Berichterstatter und begutachtend bei.

Die Protokolle werden von einem wo möglich bei der Bank versicherten Rechtsverständigen während der Sitzungen aufgenommen, und vom Dirigenten und den Vorstehern sofort unterzeichnet.

S. 224 Ist einer der drei Vorsteher verhindert den Versammlungen beizuwohnen, so ertheilt er einem Ausschussmitgliede Vollmacht, an seiner Stelle zu erscheinen. Wäre aber auch diess unterblieben, so vertritt ein vom Vorstande zu ernennendes Mitglied des Gothaischen Bank-Ausschusses den abwesenden Vorsteher.

Bei Gegenständen der Verfassung ist jedoch des Vorstehers Genehmigung zur Gültigkeit der vom Stellvertreter abgegebenen Stimme erforderlich.

B. Agenten.

§. 30.

Ueberall, so weit der Wirkungskreis der Bank sich erstreckt, wird diese durch ihre

Agenten

vertreten. Der Agent ist der Kommissionair der Bank und des Publikums. Ohne seine Vermittlung kann kein Versicherungs-Vertrag abgeschlossen werden. Man rechnet auf seine Rechtlichkeit, seinen Eifer und seine Genauigkeit bei der Besorgung dessen, was ihm aufgetragen wird; wie er denn auch nach Befinden noch zu Kauzionsleistung sich verstehen wird. Dabei ist ihm Verschwiegenheit hinsichtlich der versicherten Personen noch besonders zur Pflicht gemacht.

§. 31.

Die Agenten werden von der Bank-Verwaltung ernannt und vom Vorstande bestätiget, und erhalten ausführliche Instruktionen, womit sie sich auch nöthigenfalls gegen die Versicherten legitimiren können.

Die Bank haftet für alle Verbindlichkeiten, welche der Agent in Gemässheit seiner Instrukzion, oder vermöge besondern Auftrags der Bank eingeht, – weiter aber nicht.

§. 32.

Die Geschäfte der Agenten bestehen im Allgemeinen darin, dass

a) Jeder in seinem Bezirke die Aufträge zu Lebensversicherungen annimmt und alles besorgt, was sich hierauf und auf eintretende Sterbefälle bezieht, nach den nähern Bestimmungen von §. 42–66.

b) Dass er die Prämiengelder empfängt, berechnet, und damit nach den Anordnungen der Zentralbehörde verfährt.

c) Dass er die Verhältnisse des Versicherten immer im Auge hat, sowohl zu dessen eigenem Besten, indem er ihn vor Versäumniss oder anderm Nachtheil zeitig warnt, als auch zur Sicherung und Wahrung des Interesses der Bank.

d) Dass er zu Unterbringung der Gelder förderlich ist, nach den nähern Bestimmungen der folgenden §§.

C. Fonds und deren Benutzung.   S. 225

§. 33.

Die entbehrlichen Gelder der Bank werden zum Theil an sichere Institute gegen kurze Kündigungsfrist, zum Theil gegen sichere gerichtliche Hypotheken auf längere Fristen und einjährige Aufkündigung, zum Theil auf sicheres Unterpfand von Privat- und Staatsobligazionen, so viel als möglich nach einerlei Norm, ausgeliehen.

In jedem Lande, wo sich gut organisirte Kredit-Vereine befinden, kann die Ausleihung von Kapitalien, bis zum Belauf der dort sich sammelnden Gelder, an solche Vereine gegen einjährige Aufkündigung geschehen.

§. 34.

Zur Vereinfachung des Geschäfts und zur Bequemlichkeit der Disposizion über die Fonds wird man sorgen, dass die Gelder durchgängig gegen Obligazionen von 1000 Thalern und 500 Thalern, mit fortlaufenden Nummern, ausgeliehen werden.

Bei vorkommender Disposizion über solche Obligazionen soll, wenn nicht die Kündigung von Seiten des Schuldners oder andere überwiegende Umstände eine Ausnahme nöthig machen, in der Regel das Loos über die Auswahl der Obligazionen entscheiden.

§. 35.

Die Obligazionen sowohl als auch grössere Geldsummen, die etwa vorräthig wären, werden in einem, gegen Feuersgefahr und Einbruch gut verwahrten Gewölbe in Gotha, unter dreifachem Verschluss des dazu verpflichteten Rathskämmerers der Stadt Gotha, des Bank-Direktors und des Bank-Kassirers aufbewahrt.

D. Berathung über die Fonds durch Agentur-Ausschüsse.

§. 36.

Da die sichere und verzinsliche Unterbringung der Gelder ein Hauptgegenstand der Sorgfalt der Bank ist, und da man zugleich die Absicht hat, so viel thunlich, alle Länder und Provinzen, wo Versicherte sind, daran Theil nehmen zu lassen; so werden noch besondere

Agentur-Ausschüsse

zur Berathung darüber niedergesetzt.

§. 37.

In dieser Beziehung wird eine Eintheilung nach gewissen Provinzen oder Bezirken gemacht, wo mehrere Agenten sich befinden, und für jeden solchen Bezirk ein Ausschuss von wenigstens 5 wahlfähigen Personen durch die Wahlberechtigten gewählt.

S. 226   Das Wahlrecht und die Wahlfähigkeit richtet sich nach den Bestimmungen im §. 19., nur mit dem Unterschied, dass der Wahlbezirk hier ein anderer ist. Jeder Ausschuss steht den Agenten seines Bezirks in dieser Hinsicht zur Seite.

§. 38.

Die Agenten werden sich um sichere Gelegenheiten zu Ausleihungen in ihrem Bezirke bemühen, und sind befugt, Anträge in dieser Hinsicht, nach Maassgabe der von ihnen abzuliefernden Gelder, zu machen.

Diejenigen, welche Gelder von der Bank leihen wollen, haben sich daher zunächst an den Agenten ihrer Gegend zu wenden.

Aber weder der Agent allein, noch die Bank mit dem Agenten allein, kann ein Ausleihgeschäft abschliessen. Die Berathung mit dem betreffenden *Agentur-Ausschusse* muss jedesmal vorausgehen.

Die Entscheidung aber kommt der Bank und dem Vorstande zu.

§. 39.

Die Bank berathet sich mit dem betreffenden Agentur-Ausschusse über die Güte einer Hypothek, den Werth einer unterpfändlich einzusetzenden Privat- oder Staatsobligazion etc.

Bei schwierigen oder besonders wichtigen Geldoperazionen werden auch zwei der angesehensten Wechselhäuser in Leipzig und Frankfurt a. M. um ihr Gutachten ersucht.

Bei etwa erforderlichen rechtlichen Gutachten wird man sich, so viel thunlich, an Rechtsgelehrte wenden, die selbst bei der Bank interessirt sind.

E. Verwaltungskosten.

§. 40.

Die bei der Bank angestellten oder Verpflichtungen und Funkzionen übernehmenden Personen werden theils salarirt, theils für Zeitaufwand, Reisekosten etc. entschädiget. Alles nach Billigkeit, nichts übertrieben.

Die Bestimmungen darüber können nach Zeit und Umständen einer Abänderung unterliegen, doch nur nach gemeinsamer Berathung der Bank-Ausschüsse.

Durch die Instrukzionen wird alles Nöthige darüber festgestellt.

Diese Salarien und Entschädigungen nebst Porto und anderm Neben-Aufwand machen die Verwaltungskosten aus.

F. Bank-Valuta und Rechnungs-Abschluss. S. 227

§. 41.

Die Buch- und Rechnungsführung der Bank ist kaufmännisch. Die Valuta derselben ist Preussisch Grob Courant, oder der 21 fl. Fuss.

Am Ende jedes Jahres werden die Bücher der Bank abgeschlossen. Der Spezial-Revisor und nach ihm die Revisions-Kommission haben für Richtigkeit der Abschlüsse zu haften. Der Bank-Direktor hat dieselben zu kontroliren, und der Vorstand erkennt die Richtigkeit an.

Die jährliche Abschlussrechnung wird hierauf den im §. 39. erwähnten beiden Wechselhäusern zur Prüfung in letzter Instanz vorgelegt, und alsdann im Auszuge durch den allgemeinen Anzeiger der Deutschen bekannt gemacht.

III. Bestimmungen in Ansehung der Versicherungen.

A. Im Allgemeinen.

§. 42.

Wer versichern will, erklärt sich darüber bei dem nächstwohnenden Agenten, nicht bei der Bank selbst, und zwar in eigener Person. Sollte der Versichernde aber verhindert seyn, sich persönlich zu den Agenten zu begeben; so wird dieser auf erfolgte Einladung sich beim Versichernden einfinden, versteht sich, gegen Vergütung dieser Bemühung und Erstattung etwaiger Reisekosten.

Wäre beides nicht thunlich, dann, doch nur im äussersten Fall darf der Agent eine vertraute zuverlässige Person, für die er verantwortlich ist, an seiner Stelle absenden. – Dem Versichernden wird ein Formular zum Behuf der schriftlichen Deklarazion vorgelegt, dessen leergelassene Stellen genau und gewissenhaft von ihm auszufüllen sind. – Diese Deklarazion enthält, ausser der Angabe der Versicherungssumme und der Art der Versicherung, noch die Angabe des Alters, und die Gesundheitsbescheinigung überhaupt.

Die Deklarazion wird vom Versichernden selbst und von zwei glaubhaften Zeugen unterschrieben.

Das Alter wird durch beigefügtes Taufzeugniss oder gerichtliches Attestat noch besonders nachgewiesen.

Ueber die Gesundheitsbeschaffenheit wird noch ein besonderes ärztliches Gutachten und Zeugniss nach den in dem folgenden §. 43. näher angegebenen Bestimmungen beigebracht.

Sämmtliche Eingaben unterliegen der Prüfung von Seiten der Bank.

S. 228

§. 43.

Das eben gedachte Gesundheitszeugniss muss folgende Eigenschaften haben:

1) Es muss von einem vom Staate approbirten wirklichen Arzte, und zwar vom Hausarzte, d. h. dem, welcher den Betreffenden am längsten und in der neuesten Zeit ärztlich behandelt hat, ausgestellt und gerichtlich beglaubiget seyn.

2) Es muss Folgendes enthalten:

a) eine möglichst genaue und vollständige Schilderung der Konstituzion des Betreffenden, sowohl nach der äussern Form, in Bezug auf Statur, Proporzion des Körpers, Farbe und Ausdruck des Gesichts etc. – als auch nach den inneren Verhältnissen, in so weit ihn der Arzt aus der Beobachtung und Behandlung in vorgekommenen Krankheitsfällen hat beurtheilen können.

b) Die Angabe, wie lange der Arzt denselben überhaupt kennt und ihn ärztlich behandelt hat, welchen Krankheitszufällen derselbe unterworfen gewesen, wie er sie überstanden hat, und in wie weit sie Krankheitsanlagen zurückgelassen haben, oder sonst von Folgen in Ansehung des Gesundheitszustandes gewesen sind.

c) Insbesondere auch die Angabe, ob derselbe die Kinderblattern oder die Kuhpokken, Scharlachfieber, Masern etc., und in welchem Alter er diese Krankheiten überstanden hat. In Ansehung der Kuhpocken zugleich: ob sie ihren vollkommen regelmässigen Verlauf gehabt haben, so dass an ihrer schützenden Kraft nicht zu zweifeln ist. Im Falle über den Erfolg der stattgefundenen Kuhpockenimpfung ein Zeugniss von dem Arzte, der sie verrichtet hat, nicht mehr beizubringen wäre, so ist dieses besonders zu bemerken, und hat dann der das Gesundheits-Attestat ausstellende Arzt aus der Beschaffenheit der Impfnarbe über den stattgefundenen Erfolg zu urtheilen.

d) Die vom Arzte ausgesprochene Ueberzeugung, dass der zu Versichernde keine das Leben gefährdende und verkürzende Krankheit oder Krankheitsanlage habe, und endlich

e) die Versicherung, dass der Arzt das Zeugniss ganz seiner Ueberzeugung und Amtspflicht gemäss ausgestellt, und in Beziehung auf den Gesundheitszustand des betreffenden Subjekts nichts verschwiegen habe.

3) Nur ausnahmsweise, wenn der Betreffende mehrere Jahre einen Arzt für sich oder die Seinigen nicht gebraucht hätte, oder dieser ohnlängst verstorben, oder aber die Ausstellung des Zeugnisses durch den Hausarzt aus andern Gründen völlig unthunlich wäre – was jedoch ausdrücklich bemerkt und nöthigenfalls dargethan werden muss –

kann das Zeugniss von einem andern mit dem Betreffenden näher bekannten approbirten Arzte, oder vom Gerichtsarzte des Orts ausgestellt werden.

S. 229

§. 44.

Als der erforderlichen Gesundheit ermangelnd, mithin zur Aufnahme nicht geeignet, werden insbesondere angesehen:

Personen, die nicht vaccinirt worden oder die die natürlichen Blattern und ähnliche Krankheiten nicht behabt haben, ingleichen Wahnsinnige und Epileptische, auch mit lebensgefährlichen organischen Fehlern Behaftete.

Auch behält sich die Bank vor, über Solche, die an bedeutenden, leicht mit neuen Anfällen wiederkehrenden Krankheiten, z. B. der Gicht gelitten haben, auf den Grund ärztlicher Zeugnisse, besonders zu entscheiden.

§. 45.

Bei Versicherungen auf die ganze Lebensdauer ist eine weitere Gesundheitsbescheinigung für die Folge nicht erforderlich.

Bei Versicherungen auf ein Jahr oder auf mehrere Jahre aber verliert mit Ablauf der Versicherungszeit auch das Gesundheitszeugniss seine Gültigkeit.

Es muss daher, wer alsdann von Neuem versichern (prolongiren) will, abermals ein Gesundheitszeugniss beibringen, und sich der Entscheidung über seine Zulässigkeit von Neuem unterwerfen.

§. 46.

Die zu versichernde Summe muss durch 100 Thlr. theilbar und darf nicht unter 500 Thlr. seyn.

Wer aber bereits versichert ist, kann in der Folge die Versicherungssumme durch beliebige kleinere Summen, die aber ebenfalls mit 100 Thlr. theilbar seyn müssen, erhöhen; wobei sich von selbst versteht, dass solche Erhöhungen den Erfordernissen bei Prolongazionen unterliegen.

§. 47.

So wie einerseits Personen unter 15 Jahre alt nicht angenommen werden, so ist es in der Regel auch der Fall mit Personen, welche das 60te Jahr zurückgelegt haben. Doch können solche unter besonderen Umständen ausnahmsweise aufgenommen werden.

§. 48.

Bei jeder neuen Versicherung oder Prolongazion wird die dem §. 8. gemäss nach der Art der Versicherung und nach dem Alter sich richtende Prämie für den Betrag der Versicherungssumme

S. 230 von der Bank ausgeworfen und in der Police, oder dem Prolongazionsscheine bemerkt. Ebenso das Antrittsgeld bei Versicherungen für die Lebensdauer.

§. 49.

Bei Bestimmung des Alters wird angenommen, dass die ersten 6 Monate noch zu dem Altersjahre gehören, welches der Versicherte zurückgelegt hat, die letzten 6 Monate im Jahre aber zu dem Altersjahre, in welchem er steht. Wenn also z.B. Jemand 25 Jahre 5 Monate alt ist, so gilt sein Alter für 25 Jahre, wenn er 25 Jahre 7 Monate alt ist, so wird es für 26 Jahre gerechnet.

§. 50.

Die Prämie wird jedesmal auf ein ganzes Jahr vorausbezahlt (s. §. 59.), und mit der ersten Prämienzahlung entrichten die für die Lebensdauer Versicherten zugleich das Antrittsgeld.

Denen, die für die Lebensdauer oder auf mehrere Jahre versichert haben, bleibt jedoch auch unbenommen, wegen Leistung der Prämienzahlung auf mehrere Jahre zugleich entweder mit dem Agenten eine Privatübereinkunft zu treffen, oder mit der Bank selbst desshalb unterhandeln zu lassen.

§. 51.

Wer für seine Lebenszeit versichert hat, ist nach zurückgelegtem 90ten Jahre frei von Beiträgen. Die Versicherungssumme aber wird erst nach dem Tode des Versicherten ausgezahlt.

§. 52.

Die Versicherungsanträge werden mit erster Post durch die betreffenden Agenten an die Bank eingesendet, worauf diese die nöthigen Prüfungen anstellt und nach Befinden weiter verfügt.

Die Agenten allein können, ohne spezielle Vollmacht, weder Versicherungsanträge abschliessen, noch Interimsscheine ausstellen, oder Prämien festsetzen.

§. 53.

Die Gültigkeit einer angenommenen Versicherung wird vom Mittag des Tages an gerechnet, wo der Antrag durch den Agenten bei der Bank einlangt, es sey denn, dass der Agent selbst zur Abschliessung ausdrücklich ermächtigt wäre, in welchem Falle der Mittag dieser Abschliessung für den Anfang dieser Versicherung gilt.

§. 54.

Ueber jeden Versicherungsvertrag fertigt die Bank eine Police nach angefügtem Formular aus, welche mit dem Bankstempel versehen, vom Bank-Direktor und Bank-Sekretair unterzeichnet, und von dem betreffenden Agenten kontrasignirt wird. In Verhinderungsfällen des Bank-Direktors und Bank-Sekretairs unterzeichnet für Ersteren der Vorsteher des Gothaischen Bank-Ausschusses und für Letzteren der Bank-Kassirer.

Bei Prolongazionen werden statt neuer Policen Prolongazionsscheine ausgefertigt.

§. 55.

Die vom Versicherten eigenhändig unterzeichnete gedruckte Deklarazion (welche bei der Bank deponirt bleibt) und die durch den Agenten ausgehändigte Police, (oder der Prolongazionsschein) sind als die eigentlichen Urkunden über den Versicherungsvertrag anzusehen. – Bei etwa verloren gegangener Police wird der Versicherte die Bank sofort davon benachrichtigen lassen, damit diese den Verlust durch ein neues Dokument ersetze. – Die verloren gegangene Police wird durch öffentliche Bekanntmachung für ungültig erklärt.

§. 56.

Die Prämiengelder werden nach der Bank-Valuta in klingendem Preuss. Grob Courant eingezahlt. – Die Bank nimmt alle danach ausgeprägten Münzsorten, vom 4 Groschenstück an aufwärts bis zum Thaler, und leistet ihre Zahlungen in demselben Münzfusse oder dessen Werthe.

Wegen Ungleichheit der Coursberechnung ist Papiergeld ausgeschlossen.

B. Versicherungen für Andere.

§. 57.

Um auf das Leben eines Andern zu versichern, muss ein wirkliches Interesse an dessen Dauer, z.B. durch nahe Verwandtschaft, durch eine Schuldforderung, Bürgschaft etc. nachgewiesen werden. Ist die Versicherung hierauf wirklich erfolgt; so behält sie auch ihre Gültigkeit in dem Falle, wenn jenes Interesse noch vor dem Tode der Person, auf welche die Versicherung lautet, erloschen wäre.

§. 58.

Auch kann der Versicherte selbst das Eigenthum der Police auf eine andere Person übertragen lassen gegen Ersatz der Kosten der Uebertragungszettel, welche von dem Büreau darüber ausgefertigt werden.

Der neue Besitzer der Police gilt dann für einen solchen, der das Leben eines Andern, des frühern Besitzers nemlich, versichert hat.

S. 231

S. 232

C. Verlust der Versicherungen.

§. 59.

Jeder Neu-Versicherte muss auf die vom Agenten ihm gemachte Anzeige, dass die Police für ihn angekommen sey, die Prämie innerhalb 4 Wochen berichtigen, ausserdem verliert die Police ihre Kraft. – Ohnehin wird diese dem Versicherten nicht eher eingehändigt, bis die Prämie bezahlt ist.

Auch die fortzusetzenden Prämienzahlungen müssen spätestens innerhalb 4 Wochen vom Zahlungstermin an geleistet seyn.

Wer diess unterlässt, wird als freiwillig abgehend angesehen und verliert alle künftigen Ansprüche an die Bank.

§. 60.

Wenn sich nach erfolgter Aufnahme eines Versichernden finden sollte, dass er bei seiner Deklarazion und in Ansehung der beigebrachten Zeugnisse nicht aufrichtig und ehrlich zu Werke gegangen wäre; so verliert er sein Recht an die Bank, ingleichen die etwa schon eingezahlten Gelder.

§. 61.

Wenn ein Versicherter in aktiven Kriegsdienst, oder in Seedienst geht, wird die sein Leben betreffende Police ungültig. Es bleibt aber dem Eigenthümer der Police unbenommen, vor erfolgter Annahme solcher Dienste über die Füglichkeit einer bedingten Fortdauer der Versicherung mit der Bank zu unterhandeln.

§. 62.

Will ein Versicherter grössere See- oder Landreisen unternehmen, so muss dem Agenten, bei welchem sein Leben versichert ist, zeitig Anzeige davon geschehen, auch das Ziel und die wahrscheinliche Dauer der Reise angegeben werden. Ist die Reise von der Art, dass die Bank eine grössere Gefahr dadurch zu übernehmen besorgen muss, so wird die Prämie nach Ermessen erhöht, oder aber die ganze Versicherung suspendirt. Unterbleibt die Anzeige, oder wird die Entscheidung der Bank nicht abgewartet, so verliert die Police in dem Falle, dass der Versicherte während des Aufenthaltes ausser Landes sterben, oder aber mit sehr geschwächter Gesundheit, als offenbarer Folge dieser Reise, zurückkehren sollte, ihre Gültigkeit.

Zu den grössern und bedenklichen Reisen gehören in dieser Hinsicht solche, die sich über den christlichen und kultivirten Theil von Europa hinaus erstrecken; ferner Reisen nach einem sehr kalten

S. 233

oder sehr heissen Erdstrich, oder in Länder, wo Kriegs- oder innere Unruhen, wo ansteckende Krankheiten herrschen etc.

§. 63.

Die Versicherung wird null und nichtig, wenn der Versicherte im Zweikampf, durch Selbstmord oder durch die Hände der Gerechtigkeit fällt, oder wenn er auf eine unverantwortlich muthwillige Weise sein Leben auf das Spiel gesetzt und es dadurch verloren, oder seinen Tod dadurch beschleunigt hat.

Auch ein lasterhafter Lebenswandel, wodurch die Lebensdauer entschieden verkürzt wird, gehört dahin. – Die Bank wird sich erlauben, in solchen Fällen den Versicherten, oder den Eigenthümer der Police an die Gefahr ausgeschlossen zu werden durch den Agenten zu erinnern.

IV. Vergütung bei Sterbefällen.

§. 64.

Wenn ein bei der Bank Versicherter stirbt, so haben dessen Hinterbliebene oder die Eigenthümer der Police sofort demjenigen Agenten, welcher die Police besorgt hat, (oder dessen Nachfolger in der Agentur) persönlich, oder mit nächstem Posttage schriftlich, Anzeige davon zu machen, und dabei die bekannte oder vermuthliche Ursache des Todes anzugeben, längstens aber binnen 4 Wochen über die letzte Krankheit oder sonst über die Todesursache genauere Beweise, sowohl durch amtlichen Todtenschein, als auch durch ärztliches gerichtlich beglaubigtes Zeugniss des Hausarztes oder des Physikus, nach Umständen auch durch Sekzionsbericht beizubringen.

§. 65.

Der Bank bleibt vorbehalten, wenn sie die über die Ursache eines Todesfalls beigebrachten Beweise nicht auslangend findet, bessere Beweismittel über einige oder über alle Punkte, jedenfalls aber eidliche Bestärkung der Angaben zu fordern. Werden die Beweise falsch befunden, so gehen alle Ansprüche an die Versicherungs-Summe verloren.

Die Bank wird dabei keine unnöthigen Schwierigkeiten machen, und in allen Fällen, wo die obwaltenden Zweifel nicht gelöst werden können, und wo sie dem Versicherten nicht zur Last fallen, die Auszahlung der Versicherungs-Summe unbedenklich zugestehen.

§. 66.

Drei Monate nach geführtem Beweise erfolgt die Auszahlung der versicherten Summe gegen Zurückgabe der Police und Quittirung

des Empfangs. Aber auf Erörterungen über das Eigenthumsrecht der Police kann sich die Bank nicht einlassen; sondern sie wird den Inhaber der Police auch als Eigenthümer ansehen. S. 234

Die Zahlung wird baar geleistet, es sey denn, dass die Eigenthümer vorziehen sollten, sich ganz oder zum Theil in Obligazionen bezahlen zu lassen.

V. Richterliche Entscheidung.

§. 67.

Wenn jemand sich durch Maassregeln der Bank verletzt glaubt, so steht ihm frei, bei der Herzogl. Landesregierung in Gotha, als der ordentlichen Behörde der Bank, Recht zu suchen. In Fällen aber, wo es hauptsächlich auf Ermittelung der Lage der Sache und auf ärztliches Gutachten ankommt, soll, wenn eine gütliche Vereinigung nicht gewonnen wird, schiedsrichterliche Entscheidung eintreten.

Jede Partei wählt hierzu einen Arzt, und die beiden gewählten Aerzte vereinigen sich über einen Rechtsgelehrten. Alle drei müssen als unparteiisch gelten.

Sobald die eine Partei den Arzt gewählt hat, giebt sie der andern Nachricht davon, und diese darf alsdann ihrerseits die Wahl nicht über 14 Tage hinausschieben, bei Verlust des Wahlrechts, welches in solchem Falle der ersten Partei zuwächst.

Sollten die beiden Aerzte sich über die Wahl des Rechtsgelehrten nicht vereinigen, so ist die Obrigkeit des Orts, wohin die Sache vorzugsweise gehört, um dessen Ernennung zu ersuchen.

Wenn sich ein Versicherter oder dessen Hinterbliebene bei der schiedsrichterlichen Entscheidung nicht beruhigen, so bleibt ihnen der Recurs an die Herzogl. Landesregierung in Gotha vorbehalten.

VI. Gesetzesänderungen.

§. 68.

Gesetzesänderungen können nach §. 24. nur in beschränktem Maasse vorgenommen werden. Keine aber tritt früher in Wirksamkeit, als ein volles Jahr, nachdem sie den Theilhabern bekannt gemacht worden ist.

VII. Zeitpunkt der Eröffnung der Bank.

§. 69.

Nach vorher desfalls öffentlich bekannt gemachtem Beschlusse des provisorischen Ausschusses wird die Bank von dem Zeitpunkte an

S. 235 Versicherungsverträge abschliessen (Policen ausgeben), wo die Zahl der sich zur Versicherung für die Dauer des Lebens zuerst Meldenden, die Totalsumme der Prämien und Antrittsgelder, und das Verhältniss der Versicherungen zu einander zusammen genommen einen solchen Umfang erhalten haben, dass die gegenseitige Sicherstellung für jeden Einzelnen als gefahrlos gelten kann.

Die vorstehenden Punkte nebst der dazu gehörigen Prämientabelle werden, nachdem sie vom provisorischen Ausschuss genehmigt worden, hiermit als Grundlage der neuen Bank-Verfassung anerkannt.

Gotha, den 1. December 1827. Erfurt, den 3. December 1827
E. W. Arnoldi. Dr. L. B. Trommsdorff.

Weimar, den 5. December 1827.
L. F. v. Froriep Dr.

Die Genehmigung wird von Seiten des provisorischen Ausschusses hiermit ertheilt.
Gotha, den 5. December 1827.

W. F. Braun,	Dr. E. Buddeus,
H. S. Kammerrath.	Medicinalrath u. Stadtphysikus.
Joh. Friedr. Freytag,	Dr. V. Ch. F. Rost,
Rath u. Ober-Consist. Sekretair.	Professor am Gymnasium.
H. F. A. Stieler,	Friedr. Thienemann,
H. S. Legationsrath.	Kammer-Konsulent.

I. H. W. Waitz,
Landschulen-Inspektor.

Für die Richtigkeit der Unterschriften und in den beigesetzten Eigenschaften unterzeichnen

Gotha,	E. W. Arnoldi,	C. A. Becker,
den 15. Decbr. 1827.	prov. Bank-Direktor.	prov. Bank-Sekretair.

Quelle 2

[Titel]

Plan
der
Deutschen Lebensversicherungs-
Gesellschaft
zu Lübeck.

1828.

Gedruckt bey den Gebrüdern Borchers.

[S. 3]

Fungirende Directoren.

Hr. Carl Müller, vom Hause der Herren Gebrüder Müller.
Hr. Senator Platzmann, v. H. d. HH. Conrad Platzmann Söhne.
Hr. Geo. Heinr. Nölting, v. H. d. HH. G. F. Nölting & Söhne.
Hr. Geheimer Hofrath und Ritter Dr. Buchholz.
Hr. J. N. Stolterfoht jun., v. H. des Hrn. J. N. Stolterfoht.
Hr. Senator Plitt, v. H. der HH. D. Jacobj & Co.

Sämmtlich zu Lübeck.

Berathende Mit-Directoren.

Hr. Wilh. Beer zu Berlin, vom Hause des Hrn. Jacob Herz Beer.
Hr. Kammerrath u. Ritter Frege zu Leipzig, v. H. d. HH. Frege & Co.
Hr. Aeltermann Delius zu Bremen, v. H. d. HH. F. & E. Delius.

General-Agent.

Hr. Carl Wilhelm Vermehren zu Lübeck.

S. 7

PLAN
DER DEUTSCHEN LEBENSVERSICHERUNGS-GESELLSCHAFT
ZU LÜBECK.

1) *Gegenstände der Versicherung.*

Die *Deutsche Lebensversicherungs-Gesellschaft zu Lübeck,* deren Fond aus

Einer Million Zweymalhundert Tausend Mark Courant

besteht, übernimmt

I. Versicherungen auf Summen, die beym Tode des Versicherten dem rechtmässigen Inhaber der Police bezahlt werden, und zwar nicht unter [...] 300.- [Kurantmark, Anm. der Verf.] so wie vorläufig nicht über [...] 30000.- [Kurantmark, Anm. der Verf.]. Je nachdem der Zweck der Versicherung es erfordert, können sie auf ein Jahr, auf mehrere Jahre oder auf das ganze Leben genommen werden, und die auf volle Le-

benszeit Versicherten erhalten alle sieben Jahre durch Hinzufügung zur Police den
auf ihren Antheil kommenden Gewinn, der beym Tode des Versicherten dem
rechtmässigen Inhaber der Police mit ausgekehrt wird.

Durch eine solche Versicherung kann ein Jeder, vermittelst einer jährlich zu bezahlenden Prämie, die mit seinem Alter im Verhältniss steht, seinen Erben oder Angehörigen eine Summe hinterlassen, um ihnen die Mittel zum bessern Fortkommen, zur bequemern Fortsetzung ihrer Geschäfte, oder auch zur Tilgung von Schulden, die bey seinem Tode bezahlt werden müssen, zu verschaffen.

Personen, welche sichere Einkünfte durch Bedienungen, Annuitäten u.s.w. geniessen, oder auf andere Weise im Stande sind so lange sie leben, ihre Verbindlichkeiten zu erfüllen, können durch Versicherung ihres Lebens ihren Gläubigern Sicherheit für den Fall ihres Todes geben, und so sich die Gelder verschaffen, deren sie für eine Zeit benöthigt sind.

Gläubiger können durch Versicherung solcher Debitoren deren Zahlfähigkeit von ihrem Leben abhängt, unsichere Forderungen in sichere verwandeln.

Eigenthümer von Grundstücken auf lebenslänglichen Besitz können ihren Erben den Werth derselben vergewissern, oder sie beym Ankaufe sicher stellen.

Männer, welche ein erheirathetes Vermögen in ihren Geschäften anlegen, können durch Versicherung ihrer Frauen den Verlegenheiten vorbeugen, worin sie durch Zurückgabe des Heirathsguts beym Tode ihrer Frauen

gesetzt werden können. Die *erste Tabelle* zeigt die Prämie.

II. Versicherungen auf Summen, einer genannten Person zahlbar, im Fall sie den Versicherten überlebt. *Siehe zweyte Tabelle.*

Dieselben sind anwendbar, wenn jemand einer gewissen Person eine Summe bei seinem Tode zusichern will, als ein Mann seiner Frau, seinem Freunde oder Diener, eine Frau ihrem Mann u.s.w.

III. Versicherungen auf das Leben zweyer verbundenen Personen, und wird die versicherte Summe nebst dem etwa hinzugefügten Bonus beym Tode des einen oder andern Theils der überlebenden Person ausgezahlt. *Siehe dritte Tabelle.*

IV. Versicherungen auf Aussteuern, welche bey zurückgelegtem 21sten Jahre bezahlt werden, und zwar nicht unter [...] 500.– [Kurantmark, Anm. der Verf.] so wie vorläufig nicht über [...] 10000.– [Kurantmark, Anm. der Verf.]. *Siehe vierte Tabelle.*

Vermöge dieser Versicherungen können Aeltern, Verwandte oder Freunde durch Bezahlung einer Summe, oder durch jährliche Beyträge, den Töchtern eine Aussteuer bey ihrer Verheirathung, den Söhnen ein Capital zur Erleichterung ihres Eintritts in das bürgerliche Leben verschaffen.

Ausser den genannten Arten der Versicherung wird die *Deutsche Lebensversicherungs-Gesellschaft* jede andere Lebensversicherung, welche die besondern Verhältnisse des zu Versichernden nöthig machen, gegen angemessene Prämien übernehmen. Sie übernimmt

auch Versicherungen auf das Leben zur See reisender Personen, wobey jedoch die Prämien nicht voraus bestimmt werden können, da sie sich nach den Reisen und nach dem Clima der Länder, wohin sie gehen, richten. Inzwischen werden bey Seereisen, welche auf Dampfböten in der Ostsee in den Monaten May bis October einschliesslich gemacht werden, von den Versicherten keine Additionalprämien bezahlt.

V. Die Gesellschaft nimmt Gelder auf Leibrenten und zwar vorläufig für die jährliche Rente von […] 50.– [Kurantmark, Anm. der Verf.] bis […] 3000.– [Kurantmark, Anm. der Verf.]

1. Für einzelne Personen,

   a) von der Einkaufung an zahlbar, wodurch dem Rentenirer für eine bestimmte baar zu bezahlende Summe ein lebenslängliches Einkommen gesichert wird. *Siehe fünfte Tabelle.*

   b) von gewissen Jahren an zahlbar, so, dass der Rentenirer Anfangs bestimmt, nach wie vielen Jahren er die erste Rente haben will. *Siehe sechste Tabelle.* Durch diese Renten kann man sich oder Andern eine Versorgung im Alter verschaffen.

2. Für verbundene Personen,

   so dass ihnen für eine baar zu bezahlende Summe eine jährliche Rente, von der Zeit der Einkaufung an bis zum Tode des Längstlebenden zugesichert wird.

S. 11 *2) Angenommene Grundregeln.*

Ein Jeder, ohne Unterschied der Nation, des Geschlechts und des Wohnorts, wenn dieser nur in Europa, in einer der Pest und dem gelben Fieber bisher nicht ausgesetzt gewesenen Gegend liegt, kann zur Versicherung angenommen werden.

Ein Jeder kann sein eigenes Leben versichern lassen.

Wer auf das Leben eines Andern zu seinem eigenen Besten Versicherung nimmt, muss, wenn er Bezahlung fordert, beweisen können, dass er daran ein Interesse hatte, welches der versicherten Summe gleich kommt. Ohne diesen Beweis verliert er alle Ansprüche an die Gesellschaft, sowohl wegen der versicherten Summe, wie wegen der bezahlten Prämien.

Bey allen Versicherungen, wo die Gesellschaft eine nach dem Tode des Versicherten zu leistende Verbindlichkeit übernimmt, wird vorausgesetzt, dass dieser von guter Gesundheit sey, und keine Beschäftigung treibe, bey welcher das Leben besonderer Gefahr ausgesetzt ist.

Wer eine Lebensversicherung sucht, muss zuvor schriftlich anzeigen:

den Namen, Rang und Gewerbe der zu versichernden Person,
ihren gegenwärtigen und früheren Wohnort,
Tag, Jahr und Ort der Geburt derselben,
die zu versichernde Summe,
auf wie lange die Versicherung genommen werden soll und in wessen Namen sie verlangt wird,

S. 12 ob der zu Versichernde die Blattern oder Schutzblattern gehabt hat oder nicht,
ob er dem Podagra unterworfen sey.

Ferner muss von einem bekannten Arzte, an Eidesstatt, bescheinigt werden, dass der zu Versichernde nicht krank oder bettlägerig, auch mit keinem Uebel behaftet sey, das einen nahen Tod befürchten lasse, als Schwindsucht, Blutspeyen, Krebs, Wassersucht, Schlagflüsse, gefährliche Brüche, Verletzungen, echt venerische Krankheiten u.s.w. sondern sich seinem Alter gemäss in guter Gesundheit und im Stande befinde, seine gewöhnlichen Geschäfte zu verrichten, auch dass er innerhalb eines Jahres keine Krankheiten gehabt, die gefährliche Folgen befürchten lassen. Der zu Versichernde muss an Eidesstatt bezeugen, dass er dem Arzte keinen wesentlichen Umstand verschwiegen habe, und dass er, so viel ihm bekannt, mit keiner der angeführten Krankheiten behaftet sey. Ausserdem müssen zwey, dem zu Versichernden nicht nahe verwandte Personen, gleichfalls an Eidesstatt bezeugen, dass derselbe ihnen wohl bekannt und in den Bescheinigungen nach ihrem besten Wissen nichts der Wahrheit Zuwiderlaufendes enthalten sey. Diese Zeugnisse müssen, wenn sie auswärtige, der Direction und dem Bevollmächtigten unbekannte Personen betreffen, mit einer Obrigkeitlichen oder Notarialen Bescheinigung der Unterschriften versehen und von so neuem Dato seyn, als die Entfernung des Wohnorts des zu Versichernden und die Umstände es erlauben.

Das Alter des Versichernden muss durch Taufschein, oder, falls dieser erweislich nicht zu haben

wäre, auf andere der Direction genügende Weise dargethan werden. S. 13

Bey Versicherungen nach Tabelle 1 bis 4, werden weniger als 6 Monate für nichts, 6 Monate und darüber aber für ein Jahr gerechnet.

Jede unrichtige Altersanzeige, Verheimlichung eines Uebels der angezeigten Art, und ähnlicher Betrug, besonders die gewaltsame Veranlassung des Todes eines Versicherten durch den, zu dessen Besten die Versicherung geschehen ist, machen die Versicherung ungültig, und die empfangenen Prämien werden nicht zurückgezahlt.

Die Versicherung ist ferner ungültig, wenn der Versicherte auf einer Seereise stirbt, Europa verlässt, sich an Orte begiebt, von denen es bekannt ist, dass daselbst anstekkende Krankheiten herrschen, und dann an einer solchen Krankheit stirbt, wie auch, wenn er in See- oder Militair-Dienste tritt, ohne in allen diesen Fällen vorher die gehörige Anzeige gemacht und Verbesserung der Prämie bezahlt zu haben. Wie schon oben bemerkt, werden inzwischen bey Seereisen, welche auf Dampfböten in der Ostsee in den Monaten May bis October einschliesslich gemacht werden, von den Versicherten keine Additionalprämien bezahlt.

Auch wird die Versicherung ungültig wenn der Versicherte durch Selbstmord, oder im Duell, oder durch die Hand der Gerechtigkeit sein Leben verliert.

Jemand, der eine Police auf das Leben eines Andern besitzt, kann, wenn sein Interesse an dem Versicherten aufhört, dieselbe an die Societät ausliefern, und ist dann berechtigt die Summe für die noch nicht

verflossenen Vierteljahre zurück zu fordern, für welche dieselbe bezahlt wurde. S. 14

Wenn der Versicherte wünschen sollte, die Versicherung aufzuheben, so käuft die Societät ihre Policen zu einem nach Billigkeit zu berechnenden Preise wieder an sich.

Die Societät sagt Allen denen welchen sie aus ihren obligatorischen Acten Leistungen schuldig wird, prompte Erfüllung derselben, und Allen denen, mit welchen sie in

Differenzen gerathen möchte, wenn der Fall sich nur irgend dazu qualificirt, loyale Abmachung zu. Sollte in einem solchen Falle Gütliche Ausgleichung nicht statt finden können, so soll zuvörderst das Gutachten der berathenden Mitdirectoren gefordert werden, und dann erst, wenn auch diese dafür halten, dass man der Anforderung zu zahlen, unter den vorwaltenden Umständen, nicht entsprechen dürfe, soll Gerichtliche Entscheidung eintreten, welche, damit ein weitläuftiger und kostspieliger Rechtsgang möglichst vermieden werde, bey einem der Oberappellationsgerichte Deutschlands, als compromissarisch zu constituirender Behörde, nachgesucht werden soll.

Wenn der zu Versichernde vor der Versicherung nicht persönlich, entweder im Comptoir der Gesellschaft, oder Auswärtige im Comptoir eines der Agenten, erscheint, so zahlt er im Fall das Leben überall angenommen wird für das Erstemal eine Zulage zur gewöhnlichen Prämie

von $1/2$ pCt. bey Versicherungen auf 1 Jahr,
– $3/4$ pCt. – – – 7 Jahre,
– 1 pCt. – – – Lebenszeit.

S. 15 Dass die erscheinende Person wirklich diejenige sey, auf welche die Versicherung genommen wird, muss nöthigenfalls durch zwey bekannte Personen bestätigt werden.

Alle Prämien müssen bey Schliessung der Versicherung baar in Courant, oder in Landüblicher Münze nach dem Course bezahlt werden, und tritt die Police erst mit Bezahlung der Prämie in Kraft. Bey Versicherungen auf länger als ein Jahr sind die Prämien jedes Jahr auf den Tag fällig, an welchem die Versicherung ihren Anfang genommen hat; und müssen spätestens 30 Tage darauf bezahlt seyn. Sind sie nicht spätestens 30 Tage nach Verfall bezahlt, so wird die Versicherung als erloschen angesehen.

Bey auswärtigen Assecuranzen muss beym Antrage zur Versicherung, bey einem der Agenten $1/4$ pCt. der zu versichernden Summe deponirt werden, welches, falls die Versicherung angenommen, auf die erste Prämie angerechnet, im Gegentheil aber zurückgezahlt wird.

Auf jede vorgeschlagene Versicherung erfolgt 8 Tage nach Beybringung der gehörigen Documente eine genehmigende oder verweigernde Antwort.

Zur Erkaufung von Leibrenten und zu Versicherungen auf Aussteuern bedarf es nichts, als der Altersbescheinigung des Käufers, oder der Person, welche die Aussteuer empfangen soll, durch einen Taufschein, oder in dessen Ermangelung, durch andere der Direction genügende Beweise. Jeder Betrug in Rücksicht des Alters hat den Verlust der bezahlten Kaufsumme oder bezahlten Prämien zur Folge.

S. 16 Bey Berechnungen mit den Versicherten werden [...] 100.– [Hamburger Bankotaler, Anm. der Verf.] gleich [...] 370. [Kurantmark, Anm. der Verf.] 8 ß angenommen.

3) *Erhebung der fälligen Summen oder Renten.*

Soll nach dem Tode eines Versicherten die versicherte Summe mit oder ohne Bonus nach den Umständen oder die Rente erhoben werden, so muss der Tod des Versicherten durch eine Obrigkeitliche Bestätigung bescheinigt seyn.

Zur Erhebung der Aussteuern muss bescheinigt werden, dass die Person, welche die Aussteuer erheben soll, das bestimmte Alter wirklich erreicht habe.

Drey Monat nach Beybringung der nöthigen Beweise werden die versicherten Summen nebst dem etwa hinzugefügten Bonus mit Landüblichen Zinsen vom Todes-Tage und die Aussteuern ohne alle Abzüge an die dazu Berechtigten bezahlt.

Von erkauften gleich fälligen Leibrenten wird die erste ein Jahr nach Ausstellung des Rentenbriefes bezahlt, von aufgeschobener Leibrente, die erste so viele Jahre später, als sie aufgeschoben worden, also eine 10 Jahre aufgeschobene 11 Jahre nach Ausstellung des Rentenbriefes. Die folgenden Renten werden jährlich am Jahrestage der ersten Zahlung fällig, und von der letzten Hebung bis zum Tode des Rentenrirers wird den Erben desselben, gegen Auslieferung des Rentenbriefes, der Theil der Rente, der ihm nach

Maassgabe der durchlebten Zeit zukommt, bezahlt. Dasselbe findet statt, wenn der Rentenirer in dem Jahre stirbt, bey dessen Beendigung er die erste Rente würde empfangen haben. S. 17

Wer fällige Summen oder Renten zu spät einfordert, oder die Beybringung der nöthigen Beweise versäumt, bekommt für die durch seine Schuld entstandene Zögerung keine Zinsen vergütet.

Quelle 3

[Titel]
Statuten
der
unter Allerhöchster Genehmigung
in
Leipzig
errichteten
Lebensversicherungs-Gesellschaft.

1830.

S. 5
Statuten
der
Lebensversicherungs-Gesellschaft zu Leipzig.

§. 1.

Die in Leipzig errichtete, unter landesherrlicher Bestätigung, Aufsicht des Leipziger Magistrats und Controle eines Ausschusses der Gesellschaftsglieder bestehende Lebensversicherungs-Gesellschaft für Personen beiderlei Geschlechts hat den Zweck, gegen Einzahlung gewisser jährlicher Einschüsse die Auszahlung eines im voraus festgesetzten Capitals bei dem Eintritte eines bestimmten Sterbefalles zu gewähren.

§. 2.

Es findet bei dem Vereine völlige Gegenseitigkeit und Oeffentlichkeit statt, indem die Mitglieder unter einander sich selbst die Versicherungen garantiren, genaue Rechnungen über die Geschäfte und deren Verwaltung abgelegt, auch die jährlichen Rechnungsabschlüsse jedem Mitgliede mitgetheilt werden.

§. 3.

Die Versicherung kann sowohl das eigne, als das Leben eines Dritten, an welchem der Versichernde ein Interesse hat, zum Gegenstande haben, dergestalt, daß die bestimmte Summe nach dem eignen oder dem Ableben der dritten Person an irgend Jemanden ausgezahlt werden soll.

S. 6
§. 4.

Der Zutritt zur Gesellschaft, wie der Austritt aus selbiger, ist zu jeder Zeit gestattet. Die aus jenem hervorgehenden Rechte und Verbindlichkeiten hören mit dem Ablaufe der Zeit, für welche, oder dem Eintritte des Falles, auf welchen versichert worden, auf. Die Versicherungsscheine können während des Bestehens der Versicherungen durch Ueberlassung an dritte Personen übertragen werden.

§. 5.

Nur solche Personen eignen sich in der Regel zur Lebensversicherung, welche das 15te Lebensjahr erfüllet, das 60ste noch nicht zurückgelegt haben, sofern ihre körperliche Beschaffenheit, ihr Lebenswandel oder Beruf ein erhebliches Bedenken nicht veranlaßt. Ausnahmen von der Regel können unter besondern Umständen bewilligt werden.

§. 6.

Die Größe der jährlichen Einzahlungen oder Einschüsse für die verschiedenen Arten von Versicherungen ist in den besondern, diesen Statuten beigefügten Tabellen bestimmt. Bei Versicherung auf Lebenszeit hört die Beitragspflichtigkeit mit erfülltem 85ten Lebensjahre auf.

§. 7.

Bei der Verwaltung und Aufsicht in Betreff der Geschäfte und Angelegenheiten der Gesellschaft concurriren:

1) ein Directorium,

2) ein Ausschuß derjenigen Mitglieder, welche auf Lebenszeit versichert haben,

3) der Magistrat zu Leipzig durch einen Deputirten.

§. 8.

Das Directorium besteht aus sieben Mitgliedern des gelehrten und Kaufmannsstandes. Es wird in den Fällen, wo durch Tod, freiwilligen Austritt oder sonstige Umstände eine Stelle erledigt wird, diese unverzüglich, unter Zuziehung des Magistratsdeputirten und der Ausschußpersonen, wieder besetzt. Absetzung eines Directorialmitgliedes kann nur bei gegründeten Besorgnissen von Nachtheilen aus dessen Geschäftsführung in einer Versammlung des Deputirten, der Ausschußpersonen und der übrigen Directorialmitglieder nach Stimmenmehrheit beschlossen werden; dagegen kann einstweilige Suspension eines Directorialmitgliedes, bis zu Fassung eines definitiven Beschlusses, auch von den übrigen Mitgliedern des Directorium durch Stimmenmehrheit erfolgen.

§. 9.

Dem Directorium liegt vermöge der ihm zustehenden obersten Leitung der Geschäfte ob, für das Interesse sämmtlicher Theilhaber des Vereins, für die Verwaltung aller Angelegenheiten der Gesellschaft, nach Maasgabe dieser Statuten, zu sorgen, über die Versicherungsgesuche unter Zuziehung eines anerkannt rechtlichen, tüchtigen und unpartheiischen Arztes zu entscheiden, solche zuzulassen oder bei eintretenden Bedenken, ohne daß es dießfalls einer besondern Auseinandersetzung der Gründe bedürfte, zurückzuweisen, die Aufnahmegesuche und die denselben beigefügten Beglaubigungen zu verwahren, die eingehenden Gelder aufzubewahren und unterzubringen, die Rechnungen sorgfältig zu führen und alljährlich öffentlich abzulegen, die Auszahlung der versicherten Summen nach genauer, nöthigenfalls unter Mitwirkung eines Arztes, vorzunehmender Erörterung aller einschlagenden Umstände zu besorgen, wegen eingetretener Differenzen das erforderliche Verfahren einzuleiten und anzuordnen, die für die Angelegenheiten der Gesellschaft nothwendigen Unterbeamten und Mittelspersonen zu ernennen, auch über deren Vermehrung oder Verminderung zu verfügen.

§. 10.

Die Berathungen des Directorium erfolgen theils in regelmäßig bestimmten Versammlungen, theils in außerordentlichen, für dringende Fälle anzuordnenden Zusammenkünften. Es müssen denselben jedesmal wenigstens vier Directoren beiwohnen; nur die wirklich Anwesenden sind stimmfähig. Bei vorkommender Meinungsverschiedenheit entscheidet die Stimmenzahl der Anwesenden, und bei Stimmengleichheit die Meinung des Magistratsdeputirten. Betreffen die Beschlüsse Verfassungssachen, so können sie nur in Versammlungen aller Directorialmitglieder, unter Theilnahme des Magistratsdeputirten und sämmtlicher Ausschußpersonen mit Stimmeneinheit gefaßt werden. Auch verbinden dergleichen Beschlüsse die bereits Versicherten erst nach Jahresfrist, können aber eine Erhöhung der bestimmten Beiträge oder Verminderung des versicherten Capitals nicht zum Gegenstande haben. Ueber sämmtliche Beschlüsse werden Protocolle gehalten, und diese von allen bei der Berathung Gegenwärtigen unterzeichnet.

§. 11.

Die Ausführung der von dem Directorium gefaßten Beschlüsse, die Empfangnahme der Anmeldungen und Berichte, die Leitung der Expedition und der Correspondenz, die Berufung der außerordentlichen Versammlungen, der Vortrag in den Directorialzusammenkünften, die Führung der

S. 9 Protocolle u. d. m. ist einem in besonderer Verpflichtung stehenden Directorialmitgliede unter dem Namen des fungirenden Directors übertragen.

§. 12.

Welches Directorialmitglied durch eigenmächtige, statutenwidrige Handlungen oder grobe Verschuldung einen Schaden veranlassen sollte, ist der Gesellschaft zu dessen Ersatze verbunden.

§. 13.

Der Gesellschaftsausschuß besteht ebenfalls aus sieben Mitgliedern, welche zunächst für das erste Jahr der Magistrat zu Leipzig aus den lebenslänglich mit wenigstens 1000 Rthlr. Versichernden in Leipzig oder dessen Umgegend ernennt. Jedes Mitglied desselben erhält auf gleiche Weise für den Fall einer Behinderung einen bleibenden Stellvertreter. Im Laufe des ersten Jahres nach Beginn der Gesellschaft sollen alle Wahlfähige durch Stimmzettel den Versichernden bekannt gemacht werden, und sodann diejenigen derselben, welche die meisten Stimmen für sich haben, mit Beginn des zweiten Jahres als Ausschußpersonen oder Stellvertreter die Stelle der für das erste Jahr provisorisch ernannten einnehmen. Bei späterhin eintretenden Vacanzen ergänzt dieser Ausschuß sich selbst nach Stimmenmehrheit, unter Zuziehung und Genehmigung des Magistratsdeputirten. Von den Ausschußpersonen treten nach Ablauf von drei Jahren von Beginn ihrer Function alljährlich, zwei derselben aus. Die Reihe, nach welcher die Ausschußpersonen abgehen, wird in Ansehung der sieben ersten Ausschußpersonen durch das Loos, in der Folge durch das Alter des Eintritts bestimmt.

§. 14.

S. 10

Der Ausschuß repräsentirt die Gesammtheit der Gesellschaftsmitglieder, und hat als solcher über genaue Beobachtung der Statuten und regelmäßige Geschäftsführung des Directorium zu wachen. Er versammelt sich deshalb unter Zuziehung des Directorium jedes Jahr zu Berathung über die Gesellschaftsangelegenheiten, Prüfung, Monirung und Justification der jährlichen Rechnungsabschlüsse, Mitvollziehung der jährlichen Bekanntmachungen über den Zustand der Gesellschaft, hat aber auch ausser dieser Zeit das Recht, Auskunft über die Lage der Angelegenheiten in kürzern Fristen zu verlangen. Außerordentliche Versammlungen desselben können in dringenden Fällen durch das Directorium veranlaßt werden. Bei jeder Art der Versammlung des Ausschusses müssen wenigstens vier Mitglieder desselben gegenwärtig seyn, und es haben die wirklich Erschienenen mit den Directorialmitgliedern gleiches Stimmenrecht.

§. 15.

Beigegeben ist dem Ausschusse ein von dem Magistrat zu Leipzig ernannter und verpflichteter beständiger Revisor zu Erleichterung der Controle des Cassen- und Rechnungswesens.

§. 16.

Der Magistratsdeputirte wird den Zusammenkünften und Berathungen der Directoren beiwohnen, von der Verwaltung und dem Geschäftsgange Kenntniß nehmen, und darauf sehen, daß den Statuten gemäß verfahren werde. Versagt er einem Beschlusse seine Zustimmung, so muß derselbe sodann unter Zuziehung der Ausschußpersonen berathen werden.

§. 17.

S. 11

Zu dem in §. 9. erwähnten, von dem Directorium zu ernennenden Verwaltungs- und Vermittlungspersonal gehören insbesondere der Cassirer, ingleichen die Agenten.

Der Cassirer hat nach einer besondern Instruction die vorfallenden Expeditionsgeschäfte unter Aufsicht und Anweisung des fungirenden Directors zu besorgen, auch eine Caution von wenigstens 2000 Rthl. zu bestellen, und wird auf die Constitution vom anvertrauten Gute verpflichtet.

Die Agenten sind zu Annahme der Versicherungsanmeldungen, deren Einsendung an das Directorium, Aushändigung der von dem Directorium ihnen zugesendeten Versicherungsscheine an den Versichernden, Empfangnahme von Geldern und deren Einrechnung an das Directorium, Anstellung der Erörterungen, welche ihnen theils zu Folge ihrer allgemeinen Instruction obliegen, theils speciell von dem Directorium in einzelnen Fällen aufgegeben werden, bestimmt. Den Agenten ist Verschwiegenheit hinsichtlich der versicherten Personen zur unverletzlichen Pflicht gemacht.

§. 18.

Sämmtliche der Gesellschaft zugehende und zugehörige Gelder fließen zunächst in die kleinere Casse, welche der Cassirer in seinem besondern Verschlusse hat. Diese Casse darf die Summe der geleisteten Caution nicht übersteigen, und ist deshalb von dem fungirenden Director zu controliren. Das Ueberschießende wird zur Hauptcasse, deren drei ver-

S. 12   schiedene Schlüssel unter zwei Mitglieder des Directorium und den Cassirer vertheilt sind, eingerechnet.

§. 19.

Aus dieser Casse werden theils die von den Mitgliedern versicherten Capitale, theils die ordentlichen und außerordentlichen Verwaltungskosten an Gehalten, Vergütungen, Expeditonsaufwand und dergleichen bestritten. Die für die oberste Leitung der Geschäfte und den damit verbundenen Zeitaufwand zu gewährende Entschädigung so wie aller übrige Verwaltungsaufwand wird allenthalben mit sorgfältigster Ersparniß berechnet werden.

§. 20.

Da nach den Grundsätzen der Wahrscheinlichkeit die jährlichen Einnahmen nach Abzug der im Laufe des Jahres zahlbaren Versicherungssummen und dessen, was zu diesem Zwecke zurückzulegen ist, ingleichen der Entschädigungs- und Verwaltungskosten, einen Ueberschuß ergeben werden, so ist derselbe zunächst während der ersten 5 Jahre anzusammeln. Mit Anfang des 6ten Jahres soll alljährlich der Theil dieses Ueberschusses, welcher für entbehrlich erachtet werden wird, als Ersparniß der Gesellschaft angesehen, und unter diejenigen Mitglieder, welche lebenslänglich versichert, zu dem zu vertheilenden Ueberschusse selbst beigetragen, und den Eintritt des Vertheilungs-Termins erlebt haben, nach Verhältniß der jährlichen Beiträge vertheilt werden. Bei dieser Vertheilung wird dergestalt zu Werke gegangen werden, daß nach dem fünften Jahre der entbehrliche Ueberschuß des ersten nach dem sechsten der des zweiten Jahres vertheilt, und in gleicher Maaße ferner fortgefahren werden soll.

S. 13   §. 21.

Dieser Theilungsbetrag wird den Percipienten entweder durch baare Zahlung oder durch Zurechnung, auf die von ihnen für das nächste Jahr zu entrichtenden Einschußgelder gewährt.

§. 22.

Würden ausnahmsweise die Einnahmen eines einzelnen Jahres zu Deckung der Ausgaben desselben nicht zureichen, so wird das Fehlende aus den unvertheilten Ueberschüssen der frühern Jahre, und zwar von einem jeden Jahre in gleichem Verhältniße, entnommen. Sollte endlich der nach den Gesetzen der Wahrscheinlichkeit und den vielfachen Erfahrungen ähnlicher Institute fast undenkbare Fall einer aus den Cassenvorräthen nicht zu deckenden Capitalzahlung eintreten, so würde die Verbindlichkeit, solche durch Nachschüsse nach Verhältniß der jährlichen Beiträge zu bestreiten, den Mitgliedern, welche als lebenslänglich Versicherte Anspruch auf die Ueberschüsse haben, obliegen.

§. 23.

Alle entbehrlichen Cassenvorräthe sollen baldmöglichst gegen Hypotheken, Faustpfänder, Staatspapiere und auf ähnliche Weise verzinslich untergebracht, die Documente und sonstigen Effecten aber gleich den baaren Geldern in die Hauptcasse niedergelegt werden. Ueber das Unterbringen der Gelder berathet und entscheidet das Directorium, nöthigenfalls mit Zuziehung der Ausschußpersonen. Die Zinsen werden dem Gesellschaftsvereine in Einnahme gestellt.

§. 24.

Außer dieser Verwendung der Gelder ist es auch dem Directorium gestattet die Versicherungen einzelner Gesell-

schaftsglieder für die Gesellschaft zurückzukaufen, oder auf solche Gelder zu billigen Zinsen vorzuschießen. S. 14

§. 25.

Für alle Zahlungen bei dem Vereine ist der 21 Fl. Fuß in grobem Courant, nicht unter $1/6$, angenommen. Das Rechnungsjahr beginnt mit dem 1. Januar und schließt mit dem 31. Dezember jedes Jahres.

§. 26.

Wer versichern will hat sich deshalb in Person bei dem ihm zunächst wohnenden Agenten zu melden und dort die näheren Bedingungen der Aufnahme zu erfahren. Er wird sodann die erforderlichen Bescheinigungen und Zeugnisse nebst einer Anzahlung von $1/2$ p. C. der Versicherungssumme dem Agenten übergeben und von selbigem einen Interimsschein über die erfolgte Anmeldung und Zahlung erhalten.

§. 27.

Es hat demnächst das Directorium, welchem die von den Agenten in Empfang genommenen Anmeldungen mit erster Post zugesendet werden sollen, respectiv unter Zuziehung des angestellten Arztes, zu erörtern, inwiefern die Bedingungen der Zulassung vorhanden und erfüllt sind, oder Hindernisse, überhaupt oder zur Zeit, der Aufnahme im Wege stehen.

§. 28.

Das ärztliche, der Anmeldung beizufügende Zeugniß verdient nur dann Berücksichtigung, wenn es von einem approbirten wirklichen Arzte, welcher den zur Versicherung Angemeldeten als Hausarzt in Krankheitsfällen behandelt, oder

S. 15 doch sonst die genaueste Kenntniß seines körperlichen Zustandes hat, nach einem deshalb einzuhändigenden Formulare ausgestellt, auch gerichtlich anerkannt und beglaubigt ist. Ueberdieß kann in besondern, dem Ermessen des Directorium überlassenen Fällen in Leipzig der von dem Directorium bestimmte Arzt, wenn aber die Anmeldung bei einem auswärtigen Agenten erfolgt ist, der nächste Gerichtsarzt veranlaßt werden, aus eigner Ansicht und Besprechung mit dem Angemeldeten sein Urtheil abzugeben. Jede neue oder veränderte Versicherung erfordert ein neues ärztliches Zeugniß in der bezeichneten Form.

§. 29.

Völlig zurückzuweisen sind in der Regel Versicherungen solcher Personen, welche unter 15 oder über 60 Jahr alt sind, die Blattern und ähnliche gewöhnliche Krankheiten noch nicht überstanden haben, mit organischen gefährlichen Körpergebrechen, Epilepsie oder Wahnsinne behaftet sind, auf dem Kriegsetat stehen, dem Seedienste oder einem sonstigen gefahrvollen Berufe sich widmen, nicht weniger diejenigen, welche einen das Leben verkürzenden Wandel führen.

§. 30.

Die ursprüngliche Versicherungssumme muß wenigstens 300 Rthlr., eine spätere Erhöhung derselben nicht unter Summen von 100 Rthlr. betragen.

§. 31.

Die Annahme einer Versicherung durch das Directorium ist sofort dem Angemeldeten durch den Agenten, durch welchen die Anmeldung bewirkt worden, zu weiterer Mittheilung bekannt zu machen. Der nach dem anliegenden

S. 16 Schema ausgefertigte, von dem fungirenden und einem andern Director unterzeichnete, von dem Cassirer contrasignirte Versicherungsschein, dessen Wirksamkeit auf den Tag des Einganges der Anmeldung bei dem Directorium zurückbezogen wird, ist dem Versichernden gegen Entrichtung des ihm obliegenden Beitrags für das laufende Jahr, auf welchen die nach §. 26 deponirte Summe abgerechnet wird, auszuhändigen.

§. 32.

Stehen der Aufnahme überhaupt Hindernisse entgegen, so ist dieß dem Versichernden auf gleiche Weise bekannt zu machen, demselben auch solchenfalls gegen Rückgabe des Interimsscheines die Declaration nebst deren Beilagen, und die deponirte Anzahlung nach Abzug der wirklichen Auslagen wieder zuzustellen.

§. 33.

Die Höhe der an die Gesellschaft zu zahlenden jährlichen Beiträge richtet sich theils nach der Größe der versicherten Summe, theils nach dem Alter des Versicherten. Die ersten sechs Monate eines angetretenen Lebensjahres werden auf das vergangene, die zweiten sechs auf das angetretene gerechnet.

§. 34.

Die Beiträge sind in der Regel jährlich praenumerando zu zahlen. Halbjährige Vorauszahlung kann nur ausnahmsweise in geeigneten Fällen zu Erleichterung des Versichernden nach besonderer Uebereinkunft gestattet werden. Mehrjährige Vorausbezahlung wird gegen einen zu bestimmenden billigen Remiß angenommen werden.

§. 35.

S. 17

Das durch die Aufnahme begründete Recht nebst allen und jeden Ansprüchen an die Gesellschaft wird außer dem Falle des freiwilligen Austritts verloren, wenn der Versicherungsschein nicht in den nächsten acht Tagen nach erfolgter Bekanntmachung der Aufnahme durch Zahlung des Beitrags für das laufende Jahr eingelöst wird, welchen Falles auch die bei der Meldung deponirte Summe der Gesellschaft verfällt; wenn die fernern ähnlichen Beiträge nicht innerhalb der ersten vier Wochen von eingetretenem Zahlungstermine berichtigt werden; wenn in den im §. 26 erwähnten Declarationen und deren Beilagen erweißlich falsche Angaben enthalten seyn sollten; wenn der Versicherte durch ausschweifende Lebensweise, oder muthwillige und gefahrvolle Handlungen seinen Tod herbeigeführt oder beschleunigt hat; wenn er durch Selbstmord, Duell oder richterlichen Ausspruch sein Leben verloren; wenn er an kriegerischen Expeditionen Theil nimmt, dem Seedienste oder einem sonstigen gefährlichen Berufe sich widmet. Es wird jedoch letztern Falles von dem für das laufende Jahr voraus bezahlten Beitrag die auf den übrigen Theil des Jahres zu rechnende Rate zurückgegeben.

§. 36.

Wenn ein Versicherter See- oder Landreisen in einen andern Welttheil, oder in Gegenden, welche epidemischen Krankheiten besonders unterworfen sind, oder in besonders gefährlicher Zeit unternimmt, auf einer solchen Reise oder in Folge derselben aber sein Leben einbüßt, so fallen alle aus der Versicherung zuständig gewesenen Ansprüche weg.

§. 37.

Der Eintritt des Falles, von welchem die Zahlung der versicherten Summe abhängt, ist von denen, welchen diese

Summe zukommt, dem Directorium oder den Agenten des Orts, wo die Versicherung angemeldet worden, anzuzeigen und mit den erforderlichen Bescheinigungen glaubhaft zu belegen. Insbesondere ist ein amtlicher Todtenschein des Versicherten ingleichen ein gerichtlich anerkanntes und beglaubigtes ärztliches Zeugniß über die Veranlassung des Todes und den Gang der lezten Krankheit beizufügen.

S. 18

§. 38.

Das Directorium, welches die den Agenten eingehändigten Anzeigen und Belege mit erster Post erhalten soll, wird binnen vierzehn Tagen vom Eingange entscheiden, ob der Zahlungsanspruch zur Gnüge begründet erscheint, oder ob die Bescheinigungen durch eidliche Bestärkung oder sonstige Beweismittel zu vervollständigen sind. Erdichtete oder verfälschte Angaben und Bescheinigungen ziehen den Verlust des Anspruchs nach.

§. 39.

Die Auszahlung der versicherten Summen erfolgt in Leipzig binnen den nächsten drei Monaten von der Zeit gerechnet, wo die beigebrachten Bescheinigungen für ausreichend geachtet worden, an den Inhaber des Versicherungsscheines, welcher durch dessen Besitz zur Empfangnahme hinreichend legitimirt ist, gegen Rückgabe des Scheines und Quittung. Sollte der Schein nicht producirt werden können, so wird das Directorium die versicherte Summe bei dem Magistrate zu Leipzig deponiren, und es den Interessenten überlassen, daselbst das geeignete Verfahren in Antrag zu bringen.

§. 40.

Vorfallende Differenzen, welche durch gütliche Verhandlung nicht zu vermitteln sind, sollen ohne processualische

S. 19 Weiterungen durch schiedsrichterlichen Ausspruch zur Entscheidung gebracht werden. Zu Schiedsrichtern sind, wenn es sich von solchen Streitigkeiten handelt, welche medicinische Kenntnisse erfordern, Aerzte, bei Rechnungssachen Kaufleute, außerdem Rechtsgelehrte von anerkanntem Rufe und unpartheiischer Stellung zu wählen. Das Directorium soll den seinerseits gewählten sogleich bei Anordnung des schiedsrichterlichen Verfahrens dem Gegentheile bekannt machen, dieser hierauf sich binnen 14 Tagen bei Verlust seines Wahlrechts, welches sodann dem Directorium zufällt, einen Schiedsrichter ernennen und dem Directorium anzeigen. Sind beide Theile über die Personen der Schiedsrichter einverstanden, so haben diese gemeinschaftlich einen Obmann zu bestimmen, der für den Fall, wo sie sich in ihren Ansichten nicht vereinigen können, die entscheidende Stimme hat. Der erfolgte schiedsrichterliche Ausspruch giebt die Entscheidungsnorm für die Streitfrage an die Hand, und kann durch kein Rechtsmittel angefochten werden.

Quelle 4

Plan [Titel]
der
mit allergnädigster landesherrlicher Bestätigung
in
hiesiger Königlichen Residenzstadt
errichteten
Allgemeinen Lebens-Versicherungs-Anstalt
für
das Königreich Hannover.

Hannover 1829.

Gedruckt bei Carl Friedrich Kius Wittwe.

Plan. S. 1

I. Allgemeine Grundsätze und Bestimmungen.

§. 1.

Unter Lebensversicherung wird ein Vertrag verstanden, den Jemand mit der Anstalt dahin abschließt, daß ihm gegen jährliche plangemäße Beiträge eine bestimmte, nach dem Erlöschen des eigenen oder eines andern versicherten Lebens zahlbare Capital-Summe zugesichert wird.

Die Urkunde, welche dem Versicherten über eine solche Versicherung ausgestellt wird, ist Receptionsschein genannt, und davon in der Anlage A. ein Schema gegeben.

Die allgemeine Lebens-Versicherungs-Anstalt für das Königreich Hannover hat zum Zweck, ihren Theilnehmern die Wohlthat solcher Lebens-Versicherungen unter vollkommen gerechten und möglichst billigen Bedingungen zu erwirken.

§. 2.

Zunächst, alle im Königreiche Hannover, dann aber auch die, in den angrenzenden Ländern lebenden Personen, vom funfzehnten bis zum sechszigsten Jahre einschließlich und ohne Unterschied des Geschlechts, können bei dieser Anstalt, sofern sie bei guter Gesundheit sind, ihr Leben versichern oder versichern lassen. In besonders günstigen Fällen können, unter specieller Genehmigung des Directorial-Raths (s. §. 22.), auch Personen, die das sechszigste Lebensjahr überschritten haben, aufgenommen werden.

Ausgenommen sind alle diejenigen Personen, welche die natürlichen Blattern oder die Schutzblattern nicht gehabt haben, so wie solche, die mit Wahnsinn, Epilepsie, Schwindsucht, Wassersucht oder sonstigen lebensgefährlichen Übeln behaftet sind, so wie diejenigen, deren Beruf oder Lebensweise für Leben und Gesundheit besondere Gefahr befürchten läßt.

S. 2

§. 3.

Für Militairs und zum Militair-Etat gehörende Personen hört, sobald sie thätigen Antheil am Kriege nehmen, die Verbindung mit der Anstalt sofort auf, weshalb gleichzeitig ihr gelöseter Receptionsschein, in Betreff des versicherten Capitals, völlig werthlos wird. Dagegen soll einem solchen Besitzer eines Receptionsscheins das entrichtete Eintrittsgeld (s. §. 12.) mit plangemäßem Zusatz von zwei und ein halb Procent Zinsen von der Anstalt sodann bezahlt werden, wenn die Anzeige über die veränderten Verhältnisse innerhalb vier Wochen nach deren Eintritt bei der betreffenden Special-Direction oder Receptur gemacht und zugleich der Receptionsschein, behuf Belegung der Zahlung, abgegeben wurde. Spätere Reclamationen dieserhalb werden nicht berücksichtigt.

Nach dem Kriege steht dem Militair der Wiedereintritt, gleich jedem Andern, frei.

§. 4.

Die Versicherungen zerfallen in zwei Arten:

1) Versicherungen auf Lebenszeit, so daß die versicherte Summe nach des Versicherten Tode, dieser mag früh oder spät erfolgen, ausbezahlt wird;

2) Versicherungen auf bestimmte Zeit, auf ein oder mehrere volle Rechnungsjahre, so daß die versicherte Summe nur dann ausbezahlt wird, wenn der Tod des Versicherten innerhalb der festgesetzten Zeit erfolgt.

Versicherungen der zweiten Art, also auf eine bestimmte Reihe von Jahren, können nur dann nach ihrem Ablaufe prolongirt werden, wenn deren Besitzer noch bei guter Gesundheit sich befinden, und darüber die nöthigen Attestate beibringen. Überall aber können Versicherungen dieser Art nicht auf kürzere Zeit als ein volles Jahr geschlossen werden, so wie die längsten derselben nur bis zum Ausgange fünfundsechzigsten Lebensjahr geltend, zu ertheilen sind. Wer über das siebzigste Lebensjahr hinaus versichert sein will, muß auf Lebenszeit versichern.

§. 5.

Der Grundsatz, auf welchem die innere Einrichtung dieser Anstalt beruht, ist, wie bei den bekannten Landes-

S. 3 Brand-Cassen, strenge Gegenseitigkeit aller ihrer Theilnehmer; jedoch nicht in gleichem Verhältniß, sondern mit Berücksichtigung der verschiedenen Altersstufen und Versicherungssummen, nach genauer und richtiger Ausgleichung der Todesgefahr, welche sich nach den Gesetzen der Sterblichkeit mit jedem Tage erhöht, hier aber nur von Jahr zu Jahr in Betracht kommt.

§. 6.

Um diesem Grundsatze gemäß die Größe der, von den Theilnehmern zu leistenden Beiträge zu ermitteln, ist zuerst sorgfältig berechnet, wie hoch sich die Beiträge für jede hundert Thaler Versicherungs-Capital und für jedes erreichte Alter belaufen müßten, wenn die Sterblichkeit genau so erfolgte, wie die bewährtesten Mortalitäts-Tabellen dieselbe ergeben. Diese Grundberechnung, auf welcher die Einrichtung der ganzen Anstalt beruht, ist dem hohen Königlichen Cabinets-Ministerio übergeben worden, und kann bei der General-Direction eingesehen werden.

Die durch jene Berechnung gefundenen Resultate enthält die in der Anlage B. gegebene Tabelle, und diese zeigt zugleich die muthmaßliche Größe des für jede hundert Thaler und in jedem Alter zu leistenden Beitrages.

Aus dieser Tabelle ergiebt sich auch, wie es die Natur der Sache mit sich bringt, daß die Beiträge mit jedem Jahre steigen, und daß daher der Theilnehmer nicht denjenigen Beitrag, den er nach seinem Alter zur Zeit des Eintritts zu leisten hatte, fortwährend zu entrichten hat, sondern daß derselbe mit dem zunehmenden Alter nothwendig wachsen muß. Jedes Alter trägt demnach gleich gerecht bei, und es kann mithin eine Beeinträchtigung der jungern Personen gegen die ältern, oder umgekehrt, nie eintreten.

§. 7.

Da es aber aus dem Grundsatze der Gegenseitigkeit hervorgeht, daß von den Theilnehmern, außer den planmäßigen Kosten, in keinem Jahre mehr aufgebracht werde, als in solchem Jahre in Folge der unter den Versicherten eingetretenen Todesfälle bezahlt werden muß, so soll nach Ablauf eines jeden Rechnungsjahrs nach der Gesammtsumme der geleisteten Zahlungen fordersamst von der General-Direction (s. §. 36.) berechnet werden, wie hoch sich der Beitrag eines jeden Theilnehmers nach Maßgabe des von ihm in dem verflossenen Jahre erreichten Alters auf jede hundert Thaler Versicherungs-Capital belaufen muß. Bei dieser Berechnung wird die angehängte Tabelle, Anlage B., als Repartitions-Fuß zum Grunde gelegt.

S. 4

Das Resultat der jedesjährigen Berechnung soll durch die Intelligenz-Blätter des Königreichs den Interessenten von der General-Direction bekannt gemacht werden.

§. 8.

Die Anträge zu Versicherungen werden im Laufe des Rechnungsjahrs, dessen Anfang und Ende bei Eröffnung des Instituts bekannt gemacht wird, täglich, mit Ausnahme der Sonn- und Festtage, angenommen und die Receptions-Scheine dagegen in der Mitte und am Ende eines jeden Monats ertheilt. Hierbei ist jedoch festgesetzt, daß im Anfange einer Versicherung die Aufgenommenen des ersten Quartals das Volle, die des zweiten drei Viertel, die des dritten die Hälfte und die des vierten Quartals nur ein Viertel des nach den Bestimmungen des vorigen Paragraphs am Ende des Rechnungsjahrs zu erlegenden Beitrags zu entrichten haben.

Nur beim Eintritt eines Interessenten in die Anstalt sind Theil-Beiträge auf die eben angeführte Art zulässig. Beiträge hingegen, welche die Interessenten im Laufe ihrer Versicherungszeit, dem jährlichen Rechnungs-Abschlusse gemäß, zu entrichten haben, werden stets zu voll bezahlt, es möge die Zeit ihrer Versicherung ablaufen oder ihr Tod erfolgen, in welchem Zeitpunct des Rechnungsjahrs es auch sei.

§. 9.

Um indeß der Anstalt bei der, §. 5. angegebenen Art der Einrichtung die Sicherheit zu verschaffen, daß die, erst am Ende eines jeden Jahrs zu bestimmenden Beiträge auch wirklich von den Theilnehmern geleistet werden, so wie, um den, auf Lebenszeit Versicherten im hohen Alter, in welchem die Beiträge eigentlich fortwährend steigen sollten, eine Erleichterung zu geben, sollen die Theilnehmer nicht nur einen einjährigen Beitrag als Cassen-Vorschuß bezah-

S. 5 len (§. 10.), sondern diejenigen, welche auf Lebenszeit versichern, auch noch in den ersten Jahren der Versicherung einen geringen Nachschuß (§. 11.), und endlich alle Theilnehmer ein stetes Eintrittsgeld bei ihrer Aufnahme erlegen. (§. 12.)

§. 10.

Jeder Theilnehmer hat sogleich bei Empfangnahme des Receptionsscheins denjenigen einjährigen Beitrag auf sein Versicherungs-Capital, als Cassen-Vorschuß, zu bezahlen, der für sein Alter, nach den Bestimmungen in der Tabelle Anlage B. Rubrik 3., für das zunächst ablaufende Rechnungsjahr muthmaßlich erforderlich ist. Dieser Vorschuß dient, um die im Laufe des Rechnungsjahrs fällig werdenden Entschädigungs-Summen sofort planmäßig bezahlen zu können, und wird derselbe dem Versicherten nicht an dem wirklich erforderlichen Beitrage des zunächst ablaufenden Jahrs, sondern erst an demjenigen beim Ablauf der Versicherung oder im Sterbejahre gut gerechnet.

§. 11.

Diejenigen, welche auf Lebenszeit versichern, haben in den ersten zehn Jahren ihrer Theilnahme, mit dem Ablauf der Rechnungsjahre und zugleich mit den Beiträgen einen geringen Nachschuß, wie ihn die Tabelle Anlage B. Rubrik 5. ausweiset, zu bezahlen. Dadurch, so wie durch das, nach §. 12. zu zahlende Eintrittsgeld haben sie den Vortheil, daß sich ihre Beiträge im Alter über siebzig Jahre hinaus nach richtiger Berechnung nicht ferner progressiv steigend ergeben, ohne daß dadurch das Princip der gerechten Gegenseitigkeit aufgehoben wird.

Ein Theilnehmer, der das Alter von neunzig Jahren überschreitet, hört auf, Beiträge zu zahlen, und hat in diesem Falle zugleich, mithin noch bei Lebzeiten, das versicherte Capital zu empfangen.

§. 12.

Außerdem hat jeder Theilnehmer, er mag auf bestimmte Dauer oder auf Lebenszeit eintreten, ein Eintritts-Geld, wie es die mehrgenannte Tabelle in Rubrik 4. für das Alter, in welchem sich der Theilnehmer zur Zeit des Eintritts befindet, angiebt, zu zahlen.

S. 6 Die Verwaltung und Benutzung dieser Eintrittsgelder zerfällt in zwei Abtheilungen:

1) Die erste Abtheilung bilden diejenigen Eintrittsgelder, welche von solchen Theilnehmern, die auf Lebenszeit versichern, herrühren. Diese Eintrittsgelder haben au-

ßer dem Zweck der Sicherstellung des Eingangs der jährlichen Beiträge, noch den besondern, mit Hülfe der, nach §. 11. zu zahlenden Nachschüsse, den Interessenten, welche das siebzigste Jahr überleben, ihre jährlichen Beiträge in der Art zu erleichtern, daß jene Nachschüsse und Eintrittsgelder mit drei Procent Zinsen und Zinseszinsen vermehrt werden, und daß aus dem auf diese Weise sich bildenden Eintrittsgelds-Fonds ein Theil der, von diesen Interessenten naturgerecht zu zahlenden Beiträge bestritten wird. Nach der Tabelle Anlage B. sollten nämlich die muthmaßlichen Beiträge auch über das Alter von siebzig Jahren hinaus beständig und in dem Maße steigen, wie es die Rubrik 2. angiebt; da sich aber hienach im höheren Alter bedeutend hohe Beiträge ergeben würden, so soll zwar, um die jüngern Interessenten auf keine Weise zu beeinträchtigen, bei der jährlichen Repartition nach den Zahlen in der Rubrik 2. der Beitrag eines jeden Interessenten berechnet, von den Interessenten über das siebzigste Lebensjahr hinaus aber nur dasjenige wirklich gezahlt werden, was sie nach Maßgabe der Zahlen in der Rubrik 3. zu erlegen hätten, und das, alsdann an ihrem eigentlich zu leistenden Beitrage Fehlende aus dem Eintritts-Gelds-Fonds ergänzt werden. – Hieraus ergiebt sich von selbst, daß das Eintrittsgeld beim Tode des auf Lebenszeit Versicherten nicht zurückgezahlt werden kann.

2) Die zweite Abtheilung bilden diejenigen Eintrittsgelder, welche von Theilnehmern herrühren, die nur auf bestimmte Jahre versicherten. Diese Eintritts-Gelder dienen lediglich zur Sicherheit der Anstalt, wegen der zu zahlenden jährlichen Beiträge, und es werden daher diese Gelder beim Ablaufe der Versicherungszeit an den Versicherten, oder, im Fall er während der Zeit stirbt, an die Erben oder sonst

rechtmäßigen Eigener des Receptionsscheins baar mit zwei und ein halb Procent Zinsen, jedoch mit der einzigen Kürzung zurückbezahlt, daß für das erste Jahr nach dem Eintritt keine Zinsen vergütet werden. S. 7

Über das, was durch höhere zinsliche Benutzung, als in diesem §. ad 1. und 2. angenommen ist, erworben wird, bestimmt der §. 54. das Nähere.

§. 13.

Wer vor Ablauf der, mit der Anstalt verabredeten Versicherungszeit austritt oder die Präclusion auf irgend eine Art veranlaßt (s. §§. 61. und 62.), verliert sein Eintrittsgelds-Geld, welches sodann im nächsten Rechnungsjahre – falls davon zu den Beiträgen des laufenden Jahrs nichts abzusetzen ist – zunächst zur Deckung etwaiger Verluste des Eintritts-Fonds, sonst aber zum Besten der Classe, aus welcher jener Austritt erfolgte, verwendet werden soll.

§. 14.

Da bei allen Zahlungen abseiten der Versicherten das jedesmalige Alter derselben in Betracht kommt, so ist dieserhalb festgesetzt, daß allemal dasjenige Alter, welches Jemand in einem Versicherungsjahre erreicht, in Berechnung kommt, ohne Rücksicht, ob dieses im Anfange, in der Mitte oder am Ende des Jahrs geschieht.

§. 15.

Um das Schwanken in der Größe der jährlich zu erlegenden Beiträge möglichst zu verhüten, welches entstehen würde, wenn Personen, die beträchtlich von einander differirende Summen versichern, eine einzige Gesellschaft bilden, sollen alle Theilnehmer in fünf Classen getheilt werden, so daß die erste Classe aus solchen Personen besteht, die hundert oder zweihundert Thaler, die zweite aus solchen, die dreihundert bis inclusive sechshundert Thaler, die dritte aus solchen, die siebenhundert bis incl. vierzehnhundert Thaler, die vierte aus solchen, die funfzehnhundert bis incl. dreitausend Thaler, und endlich die fünfte Classe aus solchen, die dreitausend einhundert bis incl. sechstausend Thaler versichert haben.

Diese fünf Classen stehen zwar unter einer und derselben Administration; jede bildet aber in Ansehung ihres Ein-

S. 8 trittsgelds-Fonds und der jährlichen Beiträge eine für sich bestehende Gesellschaft, so, daß also die Größe dieser Beiträge nur nach den in ihr selbst vorgekommenen Sterbefällen bestimmt wird, und niemals die Sterbefälle der einen Classe einer andern zur Last gerechnet werden können.

Ein und dasselbe Individuum kann zugleich an allen fünf Classen Theil nehmen, und auf solche Weise eine Summe von eilftausend zweihundert Thaler versichern.

§. 16.

Die Anstalt versichert unter den angegebenen Bedingungen nicht nur das eigene Leben des Versicherers, sondern auch das Leben eines Dritten. Nur muß der Versichernde an dem Leben eines solchen Dritten durch Familienverhältnisse, Schuldforderung, Bürgschaft oder dergleichen ein wirkliches Interesse haben, und dieses auf eine genügende Weise darthun; so wie derselbe nicht minder beim Tode eines solchen Dritten gleichfalls zu documentiren hat, in wiefern dieses Interesse noch Statt findet, indem zwar das ganze Versicherungs-Capital von der Anstalt bezahlt wird, aber davon dem Versicherer nur so viel zu Theil werden kann, als seine erweisliche Forderung beträgt, das Übrige aber den wirklichen Erben des versichert gewesenen Individuums zufällt.

§. 17.

Auch können die, auf eigenes Leben ertheilten Receptionsscheine wiederum einer dritten Person cedirt werden; dieses darf jedoch nur von der Special-Direction der Anstalt, die den Receptionsschein ausstellte, und auch erst dann geschehen, wenn diese dritte Person ein wirkliches Interesse an dem Leben des Versicherten genügend nachwies. Auch hat derjenige, dem auf diese Weise ein Receptionsschein cedirt ist, bei dem Tode des Versicherten nachzuweisen, wie weit kein Interesse an dessen Leben noch fortdauert, da er völlig so zu betrachten ist, als Jemand, der das Leben eines Dritten versichert.

§. 18.

Das Territorium, für welches Versicherungen auf eigenes oder fremdes Leben ertheilt werden können und gültig sind, ist zunächst, so lange nicht die angrenzenden Länder an der Anstalt Theil nehmen, als Königreich Hannover. Jedem Versicherten sind aber Reisen in sofern erlaubt, als diese nicht Seereisen in sich schließen und eine Entfernung von einhundert und funfzig geographischen Meilen von seinem bekannten Domicilio nicht übersteigen.

Wer in weiterer Entfernung oder auf Seereisen verstirbt, verliert seinen Anspruch an die versicherte Summe und es wird sodann nur das Eintrittsgeld mit zwei und ein halb Procent Zinsen, jedoch nur unter der Bedingung vergütet, daß binnen vier Wochen nach erfolgtem Todes-Falle davon Anzeige bei der Anstalt gemacht, auch der Receptionsschein zurückgeliefert wird.

Will jedoch ein Versicherter über den angegebenen Kreis hinaus oder über See verreisen, und wünscht er seine Versicherung während der Reise in völliger Kraft zu erhalten, so kann dies, wenn jene Reise innerhalb Europa geschieht und nicht Länder berührt, die für Leben und Gesundheit besondere Gefahr darbieten, gegen eine, mit der betreffenden Special-Direction der Anstalt zu verabredende, sofort baar zu entrichtende Extravergütung von ein Viertel bis vier Viertel des nach der Tabelle für sein Alter muthmaßlich erforderlich sein werdenden Beitrags des Jahrs zulässig sein. Diese Vergütung gleicht aber immer nur die Gefahr für ein, von dem Augenblick an laufendes Jahr, sofern nicht früher die Mitgliedschaft verwirkt wird, aus, und erstreckt sich die dadurch erkaufte Sicherstellung nie über das, zugleich auf dem Receptionsscheine von der Special-Direction angemerkte Ziel der Reise hinaus.

§. 19.

Alle Zahlungen an die Casse und aus derselben werden in klingender Münze nach dem Einundzwanzig-Gulden-Fuß effectiv und nicht unter $^{1}/_{6}$-Stücken geleistet, so wie denn auch die Versicherungen nur in dieser Münzvaluta ertheilt werden.

§. 20.

Jede der, §. 15. angeführten fünf Classen ist als constituirt zu betrachten, wenn sich dazu zweihundert receptionsfähige Personen unterzeichnet haben, und es tritt, wenn auch nur eine Classe zu jener Anzahl von Theilnehmern gelangt ist, die Anstalt nach vorheriger öffentlicher Bekanntmachung in Wirksamkeit und ertheilt dann auch sofort die Receptionsscheine.

Jede der fünf Classen kann sich hinwiederum im Laufe künftiger Zeiten auflösen, sobald sie unter die Zahl von einhundert und funfzig Mitgliedern zurückkommen würde, wenn gleich die Einrichtung der Anstalt es verstattet, daß jede Classe ohne Benachtheilung der Interessenten bis auf den letzten Mann bestehen kann. Im Fall eine Classe sich auflösen will, haben sich die vorhandenen Mitglieder die Fonds ihrer Classe nach Maßgabe ihres Eintrittsgeldes und der davon zu berechnenden Zinsen zu theilen.

II. Leitung und Administration der Anstalt.

§. 21.

Die erste Einrichtung der Anstalt, so wie die Leitung der, die Bildung derselben betreffenden Geschäfte und Maßregeln übernimmt der, zu diesem Zweck in Hannover gebildete Verein, bei welchem daher auch die vorläufigen Anmeldungen zum Beitritt geschehen müssen.

Sobald aber die Anstalt ins Leben tritt, wird die Leitung und Administration derselben in die Hände dreier Behörden gelegt; diese bestehen:

1) aus einem Directorial-Rath von zwölf Personen, der die Gesammtheit der Mitglieder aller fünf Classen repräsentirt;

2) aus einer General-Direction, der die obere Leitung der ganzen Anstalt obliegt.
Der Directorial-Rath und die General-Direction befinden sich in der Residenzstadt Hannover.

3) Aus mindestens sechs Special-Directionen, die in den größeren Städten des Königreichs errichtet und deren Geschäftskreise wo möglich nach Maßgabe der bestehenden Landes-Eintheilung bestimmt werden sollen. Einer jeden dieser Special-Directionen

S. 11   wird wiederum eine zweckmäßige Anzahl Recepturen, in kleineren Städten errichtet, untergeordnet.

Die Art und Weise der Einsetzung dieser Behörden geht aus den folgenden Paragraphen hervor.

A. Directorial-Rath.

§. 22.

Sobald sich zu einer der, im §. 14 näher bezeichneten Classen zweihundert receptionsfähige Personen vorläufig angemeldet haben, wird eine General-Versammlung derjenigen unter ihnen, welche in der Stadt Hannover und deren nächsten Umgebungen, den Gartengemeinden und Linden, wohnen, veranstaltet, und diese wählen sodann aus ihrer Mitte durch Stimmenmehrheit zwölf Männer, die den Directorial-Rath für die ganze Anstalt, folglich nicht allein für diese Classe, sondern auch für die übrigen vollständig werdenden Classen, bilden.

Der, solchergestalt eingesetzte Directorial-Rath hat seine Functionen immer nur für fünf nach einander folgende Jahre zu übernehmen und zu verrichten, und wird nach Ablauf dieses Zeitraums von einer dazu anderweit zu berufenden General-Versammlung sämmtlicher, in Hannover, den Gartengemeinden und Linden wohnenden Interessenten aller completen Classen neu gewählt, wobei indeß die Wahl wiederum auf die früheren Mitglieder fallen darf.

Im Fall während der Dauer eines Wahltermins eine Vacanz unter den Mitgliedern des Directorial-Raths entstehen sollte, ergänzt sich dieses Collegium durch eigene Wahl, aus den, in dem angegebenen Kreise wohnenden Interessenten der Anstalt.

§. 23.

Der Directorial-Rath erwählt aus seiner Mitte einen Vorsitzenden und einen Protocollführer. Der Vorsitzende hat die Versammlungen des Directorial-Raths zu veranlassen, er leitet die Verhandlungen desselben und an ihn zunächst ergehen alle, an das Collegium gerichteten Berichte, Anträge u. dergl.

Der Directorial-Rath hält seine Sitzungen entweder auf Ansuchen der General-Direction oder unter deren Vorwissen aus eigenem Antriebe. In beiden Fällen haben die Mitglieder der General-Direction den Sitzungen beizuwohnen, um die nöthigen Aufklärungen zu geben; haben aber nie eine entscheidende Stimme in denselben.

Die Sitzungen finden in der Regel zweimal in jedem Jahre Statt, nämlich in der Mitte jedes Rechnungs-Jahrs und am Schlusse desselben, sonst aber so oft es nöthig befunden wird.

§. 24.

Der Directorial-Rath ist der Stellvertreter der Gesammtheit der Mitglieder dieser Anstalt; ihm liegt es ob, darüber zu wachen, daß das Interesse derselben auf keine Weise beeinträchtiget, vielmehr so viel als möglich befördert werde. Daher steht demselben nicht nur eine Aufsicht über die Geschäftsführung der General-Direction in dem Maße, wie §. 25. näher bestimmt, zu, sondern es kann auch keine Abänderung in den einzelnen Punkten des gegenwärtigen Plans, ohne seine vorhergegangene ausdrückliche Zustimmung, getroffen werden. (s. §. 26.)

§. 25.

Der Directorial-Rath hat zuvörderst darüber zu wachen, daß von Seiten der General-Direction in ihrer gesammten Geschäftsführung allen Punkten und Bestimmungen des gegenwärtigen Plans getreulich nachgekommen werde.

Dann steht demselben, im Fall eine Vacanz unter den Mitgliedern der General-Direction eintritt, das Recht zu, unter drei von den übrigen Mitgliedern dieser General-Direction vorgeschlagenen Personen eine zu wählen, so wie die, von der General-Direction vorzuschlagenden Special-Directionen zu bestätigen.

Die, von den General- und Special-Directionen ihren Geschäften angemessen zu leistenden Cautionen (s. §§. 31 u. 38.) werden vom Directorial-Rath bestimmt, so wie derselbe die, darüber sprechenden Documente in Verwahrsam nimmt.

Die General-Direction ist verpflichtet, am Schlusse eines jeden Rechnungs-Jahrs dem Directorial-Rath Rechnung abzulegen; dieser revidirt alsdann diese Rechnung oder läßt sie durch einen, auf Kosten der Anstalt zu ernennenden Revisor revidiren, und ertheilt, nachdem die etwaigen Monita ihre Erledigung gefunden haben, die Decharge.

Die, den Interessenten jährlich öffentlich mitzutheilende General-Übersicht des Bestandes der Anstalt hat der Vorsitzende des Directorial-Raths mit zu unterschreiben.

Obgleich die specielle Einrichtung der ganzen Geschäftsführung völlig von der General-Direction abhängt, und diese in ihrer freien Disposition auf keine Weise behindert werden soll, so ist es doch dem Directorial-Rathe gestattet, davon Kenntniß zu nehmen, jedoch nur, um die Überzeugung zu gewinnen, daß den Bestimmungen dieses Plans nicht zuwider gehandelt werde; so wie denn auch dem Directorial-Rathe unbenommen bleibt, die Casse der General-Direction von Zeit zu Zeit durch zwei, besonders dazu zu committirende Mitglieder untersuchen zu lassen.

Die Beschlüsse über alle, im Directorial-Rathe vorkommende Berathungs-Gegenstände beruhen auf Stimmenmehrheit; bei Gleichheit der Stimmenzahl entscheidet das Votum des Vorsitzenden.

In wiefern dem Directorial-Rathe eine Entscheidung in Streitsachen zusteht, bestimmt §. 72.

§. 26.

Im Fall im Laufe der Zeit nöthig oder rathsam erachtet werden sollte, in einzelnen Bestimmungen des gegenwärtigen Plans Abänderungen zu treffen, so sollen solche nie einseitig, weder von dem Directorial-Rathe, noch von der General-Direction beschlossen werden, vielmehr soll jedes Mal die ausdrückliche Zustimmung der andern Behörde dazu erforderlich sein.

Insofern solche Abänderungen in den Statuten nicht bloß außerwesentliche Bestimmungen zum Gegenstande haben, sondern wesentlich in das Ganze eingreifen, ist vor der definitiven Beschließung das Gutachten der Special-Directoren einzuholen.

Neue Beschlüsse und Bestimmungen dürfen jedoch in keinem Falle die Rechte der bereits aufgenommenen Interessenten beeinträchtigen, so wie dieselben, insofern dadurch

S. 14　die gegenwärtigen Statuten abgeändert werden, der Bestätigung des hiesigen hohen Königlichen Cabinets-Minsterii bedürfen.

§. 27.

Die Mitglieder des Directorial-Raths haben keine Entschädigungen für ihre Mühewaltungen von der Anstalt zu gewärtigen; nur die, durch seine Versammlungen und sonst verursacht werdenden Kosten werden von der Anstalt vergütet.

§. 28.

Die Stellung und der Wirkungskreis des Directorial-Raths der Anstalt sind eben so ehrenvoll als wichtig, im Interesse des Ganzen sowohl, als jedes einzelnen Mitgliedes, daher nur anerkannt rechtliche und gebildete Männer zu Mitgliedern desselben zu wählen sind, und dann insonderheit solche, deren Beruf oder sonstige Stellung als Staatsbürger gestattet, zum Wohl der Anstalt thätig mitwirken zu können.

B. Die General-Direction.

§. 29.

Bei Eröffnung der Anstalt übernimmt der, in Hannover zur Errichtung derselben gebildete Verein, nachdem die Ämter gehörig vertheilt und die planmäßig bestimmten Cautionen beschafft sind, die Functionen der General-Direction.

Die General-Direction besteht:

1) aus einem ersten und einem zweiten Director;
2) aus einem ersten und einem zweiten Inspector.

Die Mitglieder dieser General-Direction bleiben lebenslänglich in ihren Ämtern, sofern nicht ihr eigener Wille oder dem Interesse der Anstalt zuwider laufende Umstände es nöthig machen, eine andere Wahl zu treffen.

Bei künftig eintretender Vacanz werden dem Directorial-Rathe von Seiten der übrigen Mitglieder der General-Direction drei Personen zu einer darunter zu treffenden Wahl präsentirt.

§. 30.

S. 15

Die General-Direction ist die leitende Behörde der ganzen Anstalt, insofern es deren plangemäßen Betrieb betrifft; von ihr aus gehen, gestützt auf etwaige Berathungen mit dem Directorial-Rathe, die erforderlichen Berichte an hohes Königliches Cabinets-Ministerium, und alle und jede im Interesse der Anstalt nöthige Vorschriften, für die Special-Directionen sowohl, wie im Allgemeinen, und umgekehrt, concentrirt sich Alles wiederum in und bei derselben.

§. 31.

Sämmtliche Mitglieder der General-Direction werden auf Betreiben des Directorial-Raths auf die planmäßige und treue Verrichtung ihrer Functionen gerichtlich verpflichtet.

Die beiden Directoren haben ein jeder eine angemessene, vom Directorial-Rathe zu bestimmende und nöthigenfalls bis auf zehntausend Thaler zu steigernde Caution in den Verschluß desselben verwahrlich niederzulegen.

§. 32.

In allen, bei der General-Direction vorkommenden Geschäften hat der erste Director die Leitung; in Fällen jedoch, da seine Meinung nicht zugleich auch die des zweiten Directors wäre, entscheidet, unter Zuziehung des Vorsitzenden vom Directorial-Rath und der Inspectoren, Stimmenmehrheit.

Sämmtliche Briefe und sonstige schriftliche Erlasse haben nur dann völlige Kraft und Gültigkeit, wenn sie von beiden Directoren oder, im Verhinderungsfalle des einen, dafür von dem ersten Inspector eigenhändig mit unterschrieben sind.

§. 33.

Dem ersten Director liegt im Wesentlichen die Verwaltung und zinsbare Unterbringung der, von den Special-Directionen zu erhebenden Eintritts- und Nachschußgelder ob; er hat dieserhalb eine besondere, wenngleich in das ganze Geschäft der Anstalt eingreifende Rechnung zu führen.

Die zinsliche Belegung jener Gelder hat er in hannoverschen Staatspapieren oder bei sichern Credit-Vereinen, unter Zustimmung des zweiten Directors, zu beschaffen.

S. 16   Ferner hat derselbe, unter Mitverschluß des zweiten Directors, die Hauptcasse – in welcher auch zugleich die sämmtlichen Obligationen und übrigen Documente der Anstalt niederzulegen sind – in sicherer Verwahrung zu halten.

§. 34.

Des zweiten Directors besondere Function ist zunächst die Führung der Correspondenz mit den Special-Directionen, so wie ihm gleichfalls die Ausarbeitung aller sonstigen Scripturen obliegt; wobei er jedoch in allen wesentlichen Fällen streng nach den Statuten und im Einverständniß mit dem ersten Director zu handeln und dessen Mitunterschrift einzuholen hat. – Dann führt er die currenten Geschäfte der Casse, deren Vorräthe er jedoch monatlich in die, im vorigen §. erwähnte Hauptcasse abliefern muß.

§. 35.

Dem ersten Inspector liegt zunächst die Buchführung ob, so wie er in Verhinderungsfällen die Directoren zu vertreten und überhaupt dieselben in ihren Arbeiten zu unterstützen hat.

§. 36.

Der zweite Inspector, der zugleich die Stelle eines Revisors bei der General-Direction vertritt, hat dahin insbesondere zu sehen, daß alle, mit dem Schluß eines jeden Monats von den Special-Directionen eingehenden Register-Auszüge und Belege, so wie die Rechnungs-Ausstellungen und Abschlüsse der General-Direction sofort durch geeignete Revisionen die nöthige Rectifiation erhalten. Den Haupt-Etat eines jeden Rechnungs-Jahrs, so wie die hinsichtlich der, von den Mitgliedern der Anstalt zu leistenden Beiträge, zu erlassenden öffentlichen Bekanntmachungen hat derselbe aufzustellen, und sind diese sodann mit den Unterschriften der sämmtlichen Mitglieder der General-Direction zu versehen.

S. 17   C. Die Special-Directionen.

§. 37.

Die Special-Directoren werden vom Directorial-Rath, auf den Vorschlag der General-Direction, ernannt, und diese Ernennung wird sodann von letzterer öffentlich bekannt gemacht. Für Hannover versehen jedoch der zweite Director und der erste Inspector der General-Direction zugleich gemeinschaftlich die Functionen der Special-Direction.

§. 38.

Die Special-Directoren werden gleichfalls auf die treue Befolgung des Plans und dann auf ein besonderes Dienst-Reglement gerichtlich verpflichtet, auch haben sie eine angemessene, nöthigenfalls auf fünftausend Thaler zu steigernde Caution zu beschaffen, und dem Directorial-Rath durch die General-Direction zu übergeben.

Die Special-Directoren stehen in directer Verbindung mit der General-Direction und sind verpflichtet, sich bei dieser in allen vorkommenden zweifelhaften Fällen nicht allein Raths zu erholen, sondern sie haben auch allen und jeden Anordnungen, die von dieser im Interesse der Anstalt zu machen für gut befunden werden möchten, Folge zu leisten.

§. 39.

Nur von den Special-Directionen wird, unter Zuziehung eines, aus zwei Männern bestehenden Beiraths, – der aus Mitgliedern der Anstalt unter Zustimmung der General-Direction von einer jeden Special-Direction zu wählen ist, – jeder vorkommende Antrag auf eine Versicherung definitiv geprüft und, falls kein Zweifel dabei obwaltet, die Aufnahme oder die Verweigerung derselben beschlossen.

Im Fall der Beschluß die Aufnahme bestimmt, wird der Antrag vom Beirath mit unterschrieben und demnächst der nöthige Receptionsschein unter Handschrift und Siegel des Special-Directors vollgültig ausgestellt. Die Prüfung der Anträge und folglich auch die Ausfertigung der Receptionsscheine kann – wenn nicht besondere Veranlassungen eine Ausnahme gebieten – nur in der Mitte und am

Ende eines jeden Monats geschehen. Für besondere Fälle, in welchen die Aufnahme zweifelhaft befunden oder ein zurückgewiesenes Individuum sich beeinträchtigt finden sollte, bleibt der Recurs an die General-Direction vorbehalten.

S. 18

§. 40.

Die Special-Directoren bleiben gleichfalls lebenslänglich in ihren Ämtern, sofern nicht ihr eigener Wille oder andere dem Interesse der Anstalt zuwider laufende Umstände eine andere Wahl nöthig machen oder gebieten sollten.

§. 41.

Damit bei eintretenden Verhinderungsfällen um so weniger Stockung in der Geschäftsführung der Special-Directoren eintreten könne, ist es Pflicht eines jeden derselben, sich einen würdigen Stellvertreter – für dessen Handlungen in Angelegenheiten der Anstalt er zu haften hat – zu wählen; es ist jedoch dessen Bestätigung von der General-Direction einzuholen. Die Entschädigung eines solchen Stellvertreters beruhet allein auf Übereinkunft desselben mit dem wirklichen Special-Director, und erfolgt auf Kosten des letztern.

§. 42.

Die Special-Directionen haben das Recht, in ihrem Districte eine angemessene Anzahl Recepturen zu errichten; die Wahl der dafür bestimmten Inhaber unterliegt jedoch gleichfalls der Bestätigung von Seiten der General-Direction, Ernennungen von Stellvertretern der Receptoren sind dagegen den Special-Directionen allein überlassen.

§. 43.

Die Special-Directionen erheben direct oder vermittelst ihrer Recepturen sowohl die ersten Cassenvorschüsse und Eintrittsgelder, als auch alle künftigen, von Seiten der Interessenten zu zahlenden Beiträge; imgleichen werden nur bei ihnen, oder bei den Recepturen, falls erstere dieses verfügen, die Entschädigungsgelder ausgezahlt, nachdem zuvor die nöthigen Liquidations-Papiere bei der General-Direction eingereicht und von dieser die Auszahlung assignirt war.

Dagegen sind sie verpflichtet, der General-Direction nach Ablauf eines jeden Monats genaue Auszüge von den

S. 19 geschlossenen Versicherungen und geleisteten Zahlungen unter Beifügung der Original-Antrags-Documente, so wie derjenigen Receptionsscheine, auf welche die versicherte Summe bereits bezahlt ist, zu geben, so wie derselben die Vorräthe der Casse entweder abzuliefern oder von ihr die etwa fehlenden Gelder zu erwarten sind.

Für alle Geldgeschäfte, die in Angelegenheiten der Anstalt von Seiten der Recepturen besorgt werden, sind die betreffenden Special-Directionen verantwortlich; dagegen haben diese das Recht, sich von ersteren eine angemessene Caution bestellen zu lassen, falls die General-Direction die Bestellung einer solchen nicht überall zur Bedingung machen sollte.

D. Die Recepturen.

§. 44.

Die Recepturen werden, auf den Vorschlag der betreffenden Special-Direction von der General-Direction bestätigt und zugleich von dieser, im Einverstande mit dem Directorial-Rathe, mit besonderen Dienst-Instructionen versehen. Sie werden nur in den Örtern errichtet, wo sich eine Special-Direction nicht befindet, und stehen sie sodann in directer Verbindung mit ihrer vorgesetzten Special-Direction.

§. 45.

Zu Inhabern von Recepturen werden nur Männer gewählt, die cautionsfähig sind, und daneben die Achtung ihrer Mitbürger, auf den Grund strenger Rechtlichkeit, besitzen; sie werden, zu desto sicherer und genauerer Befolgung ihrer Instruction, bie ihrer Ortsobrigkeit verpflichtet.

§. 46.

Die Functionen eines Receptors sind im Wesentlichen, daß er Jeden, der sich bei der Anstalt zu interessiren gedenkt, mit den Erfordernissen zu seiner Aufnahme bekannt macht, und dann, wenn Alles vorschriftsmäßig geleistet ist, das Weitere bei der betreffenden Special-Direction, seiner Instruction gemäß, besorgt. Alle Zahlungen, welche bei den Interessenten seines Districts fällig werden, sind ihm zu leisten, und ist dagegen keine andere Quittung, als die seinige, oder die seines Stellvertreters, gültig zu betrachten.

S. 20

§. 47.

Die Recepturen haben, so oft es die Special-Direction wünscht, spätestens aber alle drei Monat, Rechnung über Einnahme und Ausgabe abzulegen, und derselben den Vorrath ihrer Casse, wofür sie jederzeit zu haften haben, abzuliefern.

§. 48.

Für Behinderungsfälle ist es jedem Receptor gestattet, sich einen Stellvertreter zu wählen; es ist jedoch hiezu die Bestätigung der vorgesetzten Special-Direction einzuholen. Dagegen aber ist jeder Receptor für Gelderhebungen und sonstige Handlungen seines Stellvertreters, in Angelegenheiten der Anstalt, verantwortlich.

§. 49.

Die Stelle eines Receptors bleibt in denselben Händen, so lange die Special-Direction über dessen Geschäftsführung zu klagen nicht Veranlassung finden, oder er selbst die Entbindung von derselben nicht verlangen sollte.

E. Administrations-Kosten.

§. 50.

Der Betrag dessen, was an Provision zu Gunsten der Beamten und Receptoren jedes Jahr von den Interessenten aufgebracht werden muß, beträgt fünf Procent von den berechneten, muthmaßlich erforderlich sein werdenden Beiträgen, und sind diese fünf Procent bereits in den Angaben der anliegenden Tabelle mit enthalten.

Ausgaben für Druck- und Insertionskosten, für Register und sonstige Bücher der Anstalt kommen außerdem als Büreaukosten in Anrechnung.

§. 51.

Außerdem hat jeder eintretende Interessent zu Gunsten der Beamten für den Receptionsschein nach Maßgabe der Classen (s. §. 15.) zu bezahlen:

in der ersten Classe sechs Gutegroschen,
in der zweiten Classe zwölf Gutegroschen,

S. 21

in der dritten Classe achtzehn Gutegroschen,
in der vierten Classe einen Thaler,
und endlich in der fünften Classe einen Thaler acht Gutegroschen.

Gleich groß sind die Umschreibegebühren, wenn ein Receptionsschein auf einen Dritten übertragen wird.

§. 52.

Feste Besoldungen können den verschiedenen Beamten und Receptoren, der Natur der Sache nach, nicht ausgeworfen werden; vielmehr besteht die Vergütung für ihre Mühewaltung nur in demjenigen Antheile, welcher ihnen von der, §. 50. angeführten allgemeinen Provision, nach einem von der General-Direction vorzuschlagenden und vom Directorial-Rath zu bestätigenden Repartitions-Fuße, zu Theil werden wird.

§. 53.

Keinem Beamten, mit Inbegriff der Receptoren, steht ein Recht zu, ein Mehreres, als der wirkliche Betrieb der Anstalt zu seinem Theile nach Maßgabe seiner Instruction abwirft, für seine Mühewaltungen vergütet zu verlangen; vielmehr tritt er sein Amt nur mit der Hoffnung, daß sich seine Bemühungen belohnen werden, an, so wie er sich auch, sobald er dasselbe auf irgend eine Art niederlegt, aller weiteren Ansprüche an die Anstalt damit sofort begiebt.

§. 54.

Für die Erhebung der Eintrittsgelder wird keine Provision vergütet, und die Administration derselben hat nur die solcherhalb vorfallenden Unkosten in Ausgabe zu bringen, die Arbeiten aber gleichfalls gratis zu verrichten, es sei denn, daß in Zukunft mit dem Ablauf eines jeden Zeitraums von fünf zu fünf Jahren, nach einer sodann vorzunehmenden genauen Berechnung, ein reiner, nach dem Inhalte des §. 12. möglicher Zins-Überschuß bliebe, der sodann den Beamten und Receptoren der Anstalt für ihre in den letzten fünf Jahren gehabten Bemühungen, nach Verhältniß ihrer sonstigen Provision, zufließen soll.

S. 22　　　　　　　　III. Verpflichtungen und Rechte der Versicherten.

§. 55.

Wer sein eigenes Leben oder das eines Dritten zu versichern gedenkt, und bei dieser Anstalt einzutreten wünscht, hat sich an die nächste Special-Direction oder Receptur persönlich oder portofrei schriftlich zu wenden, worauf ihm sodann die benöthigten Papiere sofort behändigt oder übersandt werden.

§. 56.

Jeder, der sein eigenes Leben versichern will, so wie derjenige, den eine dritte Person zu versichern gedenkt, hat sich persönlich an die Special-Direction oder die Receptur seines Districts zu wenden, da auf andere Weise keine Versicherungen ertheilt werden können.

§. 57.

Um das eigene Leben versichern zu können, muß man bei guter Gesundheit sein, und damit hierüber die Anstalt, vor Abschluß einer jeden Versicherung durch Beweise sicher gestellt werde, bedarf es von Seiten der Versicherungslustigen der Einlieferung zweier Documente, behuf deren er gedruckte Formulare zur Ausfüllung behändigt erhält.

Erstens eines Versicherungs-Antrages von ihm selbst, enthaltend seinen vollständigen Vor- und Zunamen, seinen Stand oder sein Gewerbe, gegenwärtigen Wohnort, Geburtsort, Tag und Jahr der Geburt (worüber ein Geburtsschein beizulegen ist), Summe, Art und Weise der Versicherung, ferner die Erklärung seinerseits auf Ehre und Gewissen, daß er nach seinem Wissen und Dafürhalten mit keinem organischen und sonstigen Fehlern behaftet sei, die ihn einen schleunigen oder baldigen Tod befürchten lassen, noch befürchten lassen können, er sich mithin gesund und dem Plane gemäß recipirbar halte. Außerdem hat derselbe in diesem Antrage nach vorgängiger Zustimmung von Seiten der Special-Direction oder der Receptur, an die er sich wandte, drei achtbare Männer, von welchen wenigstens der Eine ein vom Staate approbirter Arzt sein muß, als Zeugen zu benennen.

Diese Zeugen haben die Wahrheit jener Angaben gemeinschaftlich und gewissenhaft zu erörtern und zu prüfen, und müssen alsdann dem Versicherungslustigen. S. 23

Zweitens, ein Document dahin unter eigener Handschrift und eigenem Siegel ausstellen, daß ihnen der Antragende nicht allein von Person, Sitten und Lebenswandel genau und vortheilhaft bekannt sei, sondern daß derselbe auch, ihrer Überzeugung und der dermaligen ärztlicher Seits geschehenen Untersuchung nach, auf das Beruhigendste als Interessent der allgemeinen Lebensversicherungs-Anstalt aufgenommen werden könne.

§. 58.

Bei Versicherungen auf das Leben eines Dritten müssen die im vorstehenden §. beschriebenen Documente gleichfalls, jedoch in angemessen veränderter Form, beigebracht werden, so wie noch außerdem die erforderlichen Beweise über das Interesse des Versichernden an dem Leben eines solchen Dritten (s. §. 16.) einzubringen sind.

§. 59.

Sobald jene Documente bei der Special-Direction eingebracht sind, und diese darnach unter Zustimmung des Beiraths die Aufnahme unbedenklich findet, erfolgt der Receptionsschein, der jedoch erst dann verbindliche Kraft erhält, wenn die darin aufgegebenen Zahlungen an Vorschuß- und Eintrittsgeld, so wie an den §. 51. festgesetzten Gebühren gegen Quittung geleistet und der Receptionsschein selbst ausgehändigt ist.

§. 60.

Wenn die Versicherung auf betrügerische Documente erschlichen ist, so wird selbige sofort annullirt und der bei der Aufnahme bezahlte erste Cassen-Vorschuß, so wie nicht minder das Eintrittsgeld der competenten Gerichtsbehörde des Versicherten zu weiterer Verfügung zugestellt.

Dies Recht besitzt die Anstalt jedoch nicht mehr, wenn sich solcher Betrug erst nach dem Tode des Versicherten entdeckt, da sie sich in solchem Falle nur den Regreß an diejenigen, welche den Betrug etwa ausführen halfen, vorbehält.

S. 24

§. 61.

Jeder, der sein eigenes Leben oder das eines Dritten bei der Anstalt versichert hat, nicht minder derjenige, dem ein Receptionsschein cedirt ward, ist verpflichtet, die jährlich erforderlichen plangemäßen Beiträge innerhalb vier Wochen nach der Bekanntmachung ihres Betrages an die Special-Direction oder Receptur, von welcher er den Receptions-Schein erhielt, zu entrichten. Wer dieses unterläßt und nach schriftlicher Anmahnung, wofür nach Verhältniß der Classen resp. ein, zwei, drei, vier und fünf Gutegroschen zu entrichten sind, abermals vier Wochen, ohne bezahlt zu haben, verstreichen läßt, wird als Interessent nicht ferner betrachtet, das gezahlte Eintrittsgeld ist verfallen, und der zu leistende Beitrag wird, falls die General-Direction dieses nöthig erachtet, nach Absatz des ersten Cassen-Vorschusses, gerichtlich eingefordert.

§. 62.

Beim Ablauf eines jeden Rechnungsjahrs steht es, unter Einreichung des Receptionsscheins, jedem Interessenten frei, die erlangte noch nicht abgelaufene Versicherung jeder Art bei der betreffenden Special-Direction oder Receptur völlig oder theilweise zu kündigen. Es versteht sich aber von selbst, daß ein solcher, völlig oder theilweise austretende Interessent den am Schluß des laufenden Jahrs erforderlichen Beitrag unter verhältnißmäßiger Gutrechnung des beim Eintritt geleisteten Cassen-Vorschusses zu bezahlen hat, so wie denn auch das Eintrittsgeld gleichfalls ganz oder für den verminderten Theil des Versicherungs-Capitals dem Institute verfallen ist.

Bei Verminderung eines Versicherungs-Capitals ist ein neuer Receptionsschein zu lösen.

§. 63.

Geht ein Receptionsschein verloren, so ist davon Anzeige bei der betreffenden Receptur oder direct bei der Special-Direction zu machen, da diese sodann – jedoch gleichfalls gegen die, im §. 51. festgesetzten Gebühren, und nach vorhergegangener öffentlicher Bekanntmachung eines solchen Verlustes – einen neuen Receptionsschein, worin auf den verloren gegangenen Bezug genommen wird, ausgestellt.

S. 25

§. 64.

Jede Versicherung wird nichtig, wenn der Versicherte im Zweikampf, durch Selbstmord oder durch die Hand der Gerechtigkeit fällt. In Fällen jedoch, da der Selbstmord die vollkommen erwiesene Folge einer Krankheit war, wird von Seiten der Anstalt die völlige oder theilweise Auszahlung des versicherten Capitals zur Entscheidung des Directorial-Raths verstellt. Dieser §. findet jedoch keine Anwendung auf Versicherungen, die auf das Leben eines Andern gemacht sind, den einzigen Fall ausgenommen, da Jemand, der das Leben eines Andern versicherte, dessen Tod erwiesenermaßen selbst herbeigeführt hatte.

§. 65.

Wenn ein bei der Anstalt Versicherter stirbt, so haben dessen Hinterbliebene oder die der Anstalt bekannten Eigenthümer des Receptionsscheins davon sofort bei der betreffenden Receptur oder der Special-Direction, entweder persönlich oder mit dem nächsten Posttage schriftlich, Anzeige zu machen, und dabei die bekannte oder muthmaßliche Ursache des Todes anzugeben, längstens aber binnen den nächsten vier Wochen ein beglaubtes Zeugniß des Arztes, der den Verstorbenen behandelte, in welchem die Krankheit, woran derselbe gestorben, angegeben ist, sammt Todten-Schein beizubringen.

War der Tod plötzlich oder rührte er vom Duell oder Selbstmorde her, ferner, fand eine ärztliche Behandlung in der letzten Zeit des Lebens nicht Statt: so muß von der Obrigkeit des Orts, woselbst sich der Tod ereignete, eine, unter Zuziehung eines Arztes ausgestellte Bescheinigung binnen gleicher Frist beigebracht werden, in welcher die Umstände verzeichnet sind, die den Tod veranlaßten.

Eine Verlängerung der Fristen, wegen der zu machenden Anzeigen und beizubringenden Zeugnisse, ist nur dann zulässig, wenn selbige wegen der Entfernung des Ortes, wo sich der Todesfall ereignete, nicht eingehalten werden konnten.

§. 66.

Die, im vorstehenden §. erwähnten Zeugnisse sind, wenn nicht besondere Hindernisse obwalten, binnen den

nächsten vier Wochen nach dem Todesfalle auszustellen; später ausgestellte Scheine sind ungültig. Werden überall vor Ablauf eines Jahrs, vom Todestage angerechnet, keine Entschädigungs-Forderungen gemacht und gerechtfertigt: so sind selbige verjährt und die Anstalt ist sodann zu keinerlei Zahlung mehr verpflichtet. S. 26

§. 67.

Sechszig Tage nach genügend gelieferten Beweisen über den Todesfall eines Versicherten werden drei Viertel des versicherten Capitals gegen Einlieferung des Receptions-Scheins bei der betreffenden Special-Direction baar ausbezahlt; das fehlende Viertel wird jedoch erst nach dem Schlusse der Jahres-Rechnung mit Zusatz des ersten Cassen-Vorschusses, aber nach Abzug des sich ergebenden letzten Beitrags entrichtet.

§. 68.

Zur Empfangnahme eines Versicherungs-Capitals sind, außer den Versicherern dritter Personen, nur diejenigen berechtigt, welche eine hinlängliche Legitimation von der competenten Obrigkeit sammt Receptionsschein beibringen.

Bei Versicherungen auf dritte Personen, oder solchen, die anderweit cedirt sind, behält hiebei §. 16. seine Anwendung.

IV. Entscheidung in Streitsachen.

§. 69.

Wenn ein Mitglied der Anstalt oder die Hinterbliebenen eines versichert gewesenen Verstorbenen sich veranlaßt finden sollten, über die Special-Direction, welche den Receptionsschein ausstellte, oder auch über die Receptur seines Districtes Klage zu erheben, so haben sie diese zunächst und zwar im letzteren Falle bei der Special-Direction, im ersteren aber bei der General-Direction der Anstalt einzubringen und zu rechtfertigen, da diese sodann ungesäumt

S. 27 den Gegenstand der Klage untersuchen und darüber plangemäß entscheiden werden.

§. 70.

In den Fällen jedoch, da die Grundsätze und Bestimmungen des Plans nicht klar erscheinen möchten, oder die Sache auf ärztliches Gutachten ankommt, und diesemnach eine gütliche Vereinigung nicht erlangt werden kann, soll eine schiedsrichterliche Entscheidung eintreten, und ist dieserhalb Folgendes festgestellt:

Jede Parthei wählt hiezu einen Arzt, und die beiden gewählten Ärzte vereinigen sich hinwiederum über die Wahl eines Rechtsgelehrten. Alle drei müssen die Qualität der Partheilosigkeit besitzen.

Sobald die eine Parthei den Arzt gewählt hat, giebt sie der andern Nachricht davon, und diese darf alsdann ihrerseits die Wahl nicht über 14 Tage hinausschieben, bei Verlust des Wahlrechts, welches in solchem Falle der ersten Parthei zuwächst.

Sollten die beiden Ärzte sich über die Wahl des Rechts-Gelehrten binnen einer gleichen Frist von 14 Tagen nicht vereinigen, so ist die Obrigkeit des Orts, wo die betreffende Special-Direction sich befindet, um dessen Ernennung zu ersuchen.

Der Ausspruch dieser Schiedsrichter ist entscheidend, und der unterliegende Theil hat die Kosten dieser Verhandlung zu tragen.

§. 71.

Kein Beamter, noch Receptor der Anstalt kann von Seiten der Mitglieder oder sonst in Versicherungs-Angelegenheiten persönlich in Anspruch genommen werden, da er immer nur als Mandatarius der ganzen Anstalt zu betrachten ist, die ihn zu vertreten hat, und da er in Geschäften derselben auch nur dem Directorial-Rathe verantwortlich sein kann.

§. 72.

In Fällen, da Klagen von Seiten einer Special-Direction über ihre untergebenen Recepturen und umgekehrt vorfallen, sind diese der definitiven Entscheidung der General-Direction verstellt; sollten aber dergleichen zwischen der General-Direction und den Special-Directionen eintreten, dann steht dem Directorial-Rathe der Anstalt die Entscheidung zu.

S. 28

Hannover, im September 1829.

Der Verein zur Errichtung einer Allgemeinen
Lebens-Versicherungs-Anstalt für das
Königreich Hannover.

Carl Ahles,
Weinhändler und Bürger-Vorsteher,
auch ständischer Deputirter.

A. L. Bruns,
Kaufmann und Haupt-Agent
der Aachener Feuer-Versicherungs-Gesellschaft.

F. Krohne,
Kaufmann.

Friedrich Krancke,
Lehrer am Schullehrer-Seminario
und an der Stadt-Töchterschule.

Quelle 5

[Titel]
Verfassungs-Artikel
der
Berlinischen Lebens-Versicherungs-Gesellschaft.

1836.

Gedruckt bei Trowitzsch und Sohn (in Berlin).

S. 5
Verfassungs-Artikel
der
Berlinischen
Lebens-Versicherungs-Gesellschaft.

Erster Abschnitt.
Bildung, Geschäftsumfang und Fonds der Gesellschaft.

Artikel 1.
Gründung und Benennung der Gesellschaft.

Mit Allerhöchster Genehmigung wird hier in Berlin unter der Benennung:

„Berlinische Lebens-Versicherungs-Gesellschaft,"

eine Actien-Gesellschaft gegründet, welche in der unten zu bestimmenden Art durch eine Direction repräsentirt werden soll.

Artikel 2.
Geschäftsgegenstand.

Die Geschäfte der Gesellschaft werden in der Annahme von Lebens-Versicherungen, nach Maßgabe des beigefügten Geschäfts-Plans, bestehen.

S. 6
Artikel 3.
Fonds der Gesellschaft.

Der Fonds der Gesellschaft, welcher während der Dauer derselben nicht zurückgenommen werden kann, besteht in dem Betrage von Ein Tausend Stück Actien, jede über 1.000 Thaler Preußisch Courant lautend, mithin in einem Kapital von

„Einer Million Thaler Preußisch Courant."

Hiervon werden 200,000 Thaler Courant baar eingeschossen, die übrigen 800,000 Thaler in Sola-Wechseln der Gesellschafts-Mitglieder eingelegt.

Artikel 4.
Ausfertigung und Ausreichung der Actien.

Die Actien werden in der, in der Anlage A. vorgeschriebenen, Form ausgefertigt. Jeder erste Erwerber einer Actie ist zwanzig Prozent des Betrages derselben in die

Gesellschafts-Kasse baar einzuzahlen, und über die übrigen achtzig Prozent einen Sola-Wechsel, nach der Anlage B., an die Direktion oder deren Ordre, auszustellen verpflichtet. Gegen Zahlung des baaren Einschusses und gegen Ablieferung des Wechsels, wird die Actie auf seinen Namen ausgefüllt, in das Actienbuch eingetragen, mit der Nummer, welche sie in letzterem erhalten hat, versehen und dem Zahlenden ausgereicht. Hierdurch wird der Erwerber derselben Actionair d.h. Theilnehmer an den Rechten und Pflichten der Gesellschaft, nach Maßgabe dieser Verfassungs-Artikel.

Artikel 5.
Maximum der Actien eines Actionairs.

Kein Actionair kann mehr als fünfundzwanzig Actien auf seinen Namen erwerben.

Artikel 6.
Anfang und Dauer der Gesellschaft.

S. 7

Nach erfolgter Ausreichung von mindestens fünfhundert Actien betrachtet die Gesellschaft sich als constituirt und eröffnet ihre Geschäfte unter öffentlicher Anzeige ihres Fonds. Ihre Dauer ist von dem Beschlusse der Actionairs abhängig (cfr. Artikel 34. und 42.).

Zweiter Abschnitt.
Rechte und Verbindlichkeiten der Actionairs.

Artikel 7.
Allgemeine Rechte und Verbindlichkeiten der Actionairs.

Jeder Besitzer einer Actie bezieht Fünf Prozent Zinsen seines baaren Einschusses, vom Tage der Einzahlung ab, und hat einen, nach Verhältniß zu der Zahl sämmtlicher ausgegebenen Actien zu bestimmenden, Antheil an dem Fonds der Gesellschaft und an der nach Artikel 39. auf die Actionairs fallenden Gewinn-Rate.

Artikel 8.
Wechselmäßige Verpflichtung derselben.

In Beziehung auf den, an die Direktion der Gesellschaft ausgestellten, Wechsel (cfr. Artikel 4.) ist jeder, auch sonst nicht wechselfähige, Actionair in gleicher Art wechselfähig, als ob er Mitglied der hiesigen kaufmännischen Corporation wäre.

Artikel 9.
Nachzahlungen und Folgen der Zögerung.

Die Aufkündigung der Wechsel oder einer Rate derselben kann von der Direktion nur in einer ordentlichen General-Versammlung und unter Vorlegung der Geschäfts-Bilanz beantragt werden. Auf einen solchen Antrag erwählt die General-Versammlung aus der Zahl derjenigen Actionairs,

S. 8

welche jeder wenigstens fünf Actien besitzen, einen Ausschuß von neun Personen und dieser entscheidet durch Stimmenmehrheit über die Nothwendigkeit der Nachzahlung.

Die Aufkündigung selbst geschieht von der Direktion. Wird die Zahlung nicht pünktlich geleistet, so steht es der Direktion frei, entweder

a) den Betrag von dem Säumigen wechselmäßig einzuziehen, oder

b) den letztern seines Rechts aus der Actie für verlustig zu erklären, die Actie selbst von ihm zurückzufordern und nach erfolgter Ablieferung zu cassiren. Geht die Actie binnen acht Tagen nach behändigter Aufforderung nicht ein, so wird sie für null und nichtig erklärt, im Buche gestrichen und, daß dies geschehen, unter Angabe der Nummer derselben, in den hiesigen Haude- und Spenerschen und den Vossischen Zeitungen, öffentlich bekannt gemacht. An der Stelle der cassirten oder annullirten Actie wird eine neue, mit der fortlaufenden Nummer des Actienbuchs zu versehende, Actie ausgefertigt und durch zwei vereidigte Mäkler für Gefahr und Rechnung des gestrichenen Actionairs verkauft. Der letztere bleibt der Gesellschaft für den etwanigen Ausfall verhaftet.

Artikel 10.
Übertragung der Actien.

Die Übertragung des Eigenthums einer Actie auf einen Andern erfordert zu ihrer Gültigkeit, in Beziehung auf die Gesellschaft die einstimmige Genehmigung sämmtlicher Direktions-Mitglieder oder deren Stellvertreter. Erfolgt solche, so ist der Erwerber über den noch nicht baar eingezahlten Betrag der Actie einen Wechsel nach Artikel 4. auszustellen und einzulegen verpflichtet. Die Genehmigung wird auf der Actie ver-

S. 9 merkt und von sämmtlichen Direktions-Mitgliedern oder deren Stellvertretern unterschrieben, der neue Actionair aber, an der Stelle seines Cedenten, welcher seinen Wechsel zurückerhält, in das Actienbuch eingetragen. Alle laufende Verbindlichkeiten der Gesellschaft gehen für seinen Antheil auf ihn mit über.

Artikel 11.
Verfahren bei dem Tode oder der Insolvenz-Erklärung
eines Actionairs.

Der Tod oder die Insolvenz eines Actionairs berechtigen die Direktion beziehungsweise seine Erben oder den Actionair selbst oder den Vertreter seiner Masse, aufzufordern: die Actie auf einen von ihr zu genehmigenden andern Actionair zu übertragen. Geschieht dies von den Erben nicht binnen drei Monaten, von dem Actionair oder dessen Vertreter aber nicht binnen vier Wochen nach behändigter Aufforderung, so ist die Direktion, nach Artikel 9. littr. b. zu verfahren berechtigt.

Die Insolvenz eines Actionairs wird für constatirt angenommen, wenn er selbst sie seinen Gläubigern anzeigt, oder diese zu behandeln versucht, wenn er in Concurs verfällt oder es zu irgend einer Wechsel-Execution gegen sich kommen läßt.

Dritter Abschnitt.
Geschäfts-Verwaltung der Gesellschaft.

Artikel 12.
Direktion der Gesellschaft.

Die Geschäfte der Gesellschaft werden von einer, aus

vier Direktoren, und
einem General-Agenten

bestehenden, Direktion geleitet.

Artikel 13.
Erfordernisse zum Direktor und General-Agent.

S. 10

Jeder Direktor muß wenigstens zehn, der General-Agent aber wenigstens zwanzig Actien der Gesellschaft eigenthümlich besitzen und beim Antritt des Amtes, für die Dauer desselben, als Caution niederlegen.

Artikel 14.
Erste Direktion.

Die erste Direktion besteht nach der, von der Urversammlung der Actionairs getroffenen, und durch Erwerbung der Actien von den spätern Actionairs genehmigten, Wahl aus

dem Herrn C. W. Brose,
dem Herrn C. G. Brüstlein,
dem Herrn Z. Friebe,
dem Herrn F. G. von Halle,

als Direktoren, und

dem Herrn Lobeck,

als General-Agenten.

Artikel 15.
Verwaltungsdauer der Direktoren.

Von den vier Direktoren scheidet zuerst, nach Ablauf des vierten Geschäftsjahres der Gesellschaft, und hiernächst alljährlich Einer aus, und zwar, insofern nicht etwa einer von ihnen selbst seinen Austritt erklärt, nach der, durch das Loos zu bestimmenden, Reihefolge. Jeder folgende Direktor behält sein Amt vier Jahre hindurch und wird alsdann durch einen neu zu wählenden ersetzt.

Artikel 16.
Renumeration derselben.

Jeder Direktor bezieht für seine Bemühungen, außer den Zinsen und Dividenden seiner Actien, Ein und ein viertel

S. 11   Prozent Provision von dem jährlichen reinen Gewinne der Gesellschaft.

Artikel 17.
Anstellung des General-Agenten.

Der General-Agent wird jederzeit für die Dauer der Gesellschaft angestellt. Beschließt die General-Versammlung die Auflösung derselben und die Einstellung neuer Versicherungen, so muß er sich einer sechsmonatlichen Kündigung unterwerfen. Über die sonstigen Bedingungen seiner Anstellung, über die ihm zu bewilligenden Vortheile u. s. w., wird von den Direktoren ein besonderes Abkommen mit ihm getroffen. Mit dem jetzigen General-Agenten besteht ein solches durch die, von der Urversammlung der Actionairs mit ihm getroffene, alle späteren Actionairs verbindende Übereinkunft.

Artikel 18.
Aufkündigung und Entlassung eines Direktions-Mitgliedes.

Jedes Direktions-Mitglied kann nach dreimonatlicher Aufkündigung seine Stelle niederlegen, der General-Agent jedoch nicht vor Ablegung der jährlichen Bilanz. Auch die Gesellschaft ist berechtigt, einen Direktor oder General-Agenten, welcher unfähig geworden ist, seinem Amte vorzustehen, oder das Vertrauen der Gesellschaft verloren hat, von seinem Amte zu entfernen. Daß ein solcher Fall eingetreten ist, wird für erwiesen angenommen, wenn sich, auf vorhergegangenen schriftlichen Antrag von wenigstens zehn Actionairs, drei Viertheile der, mit Rücksicht auf Artikel 36. zu berechnenden, Stimmen der, in einer General-Versammlung anwesenden, Actionairs für seine Entlassung aussprechen.

Der, im Laufe des Geschäftsjahrs durch Kündigung, Entlassung oder Tod ausgeschiedene Direktor oder General-Agent, und resp. deren Erben erhalten die, nach den Verfassungs-Artikeln oder den bestehenden Verträgen ihnen gebührenden, Gewinn-Antheile nach Verhältniß der Zeit, während welcher sie

S. 12   dem Amte noch vorgestanden haben. Hierbei wird jeder angefangene Monat für voll gerechnet.

Artikel 19.
Wahl der künftigen Direktoren und General-Agenten.

Beim Ausscheiden eines Direktions-Mitgliedes wählt die General-Versammlung der Actionairs einen Nachfolger. Hierzu werden vier nach Artikel 13. geeignete Mitglieder der Gesellschaft von der Direktion vorgeschlagen. Außer diesen wird auch der, etwa durch den Ablauf der Zeit ausscheidende Direktor (cfr. Artikel 15.) jederzeit mit zur Wahl gestellt. Desgleichen muß ein, von mindestens zwanzig Actionairs, zum Direktor oder General-Agenten schriftlich vorgeschlagenes, nach Artikel 13. geeignetes Mitglied mit zur Wahl kommen. Mit Ausnahme dieser beiden Fälle ist die General-Versammlung an eine der vorgeschlagenen Personen gebunden.

Artikel 20.
Rechte und Pflichten der gesammten Direktion.

Die gesammte Direktion leitet die Angelegenheiten der Gesellschaft im Allgemeinen nach dem Inhalt dieser Verfassungs-Artikel und des angehängten Geschäfts-Plans und nach den Beschlüssen der, in den geeigneten Fällen (Artikel 32. und 35.) von ihr zu convocirenden General-Versammlungen, entscheidet über die fernere Aufnahme der Actionairs und die Zahl der einem jeden von ihnen zuzutheilenden Actien, vollzieht die auszufertigenden Actien, beschließt über die bedingte oder unbedingte Annahme oder Zurückweisung der Versicherungen, über den Betrag der in einzelnen Fällen zu bestimmenden Zusatz-Prämien, über etwa zu veranlassende Rückversicherungen, über die Benutzung der Fonds, prüft und vollzieht die jährlichen Abschlüsse und Bilanzen, beschließt über die, Namens der Gesellschaft einzugehenden, Verträge jeder Art, über die Anstellung und Entlassung der Beamten und Provinzial-Agenten der Gesellschaft und deren Gehalte und Remunerationen, controlirt

die stattgefundenen Geschäfte, den Kassenbestand und das Portefeuille, ertheilt die erforderlichen Geschäfts-Instruktionen und beschließt über die, den verwaltenden Direktions-Mitgliedern zu gebenden, Vorschriften, so wie über alle Gegenstände, über welche diese Verfassungs-Artikel und der Geschäfts-Plan keine specielle Anweisung enthalten, insofern solche nicht ausdrücklich dem Beschlusse der General-Versammlung vorbehalten sind. Sie versammelt sich regelmäßig im Geschäfts-Lokale der Anstalt alle acht Tage zu einer, ein für allemal festzusetzenden, Zeit und sonst, so oft ein Direktions-Mitglied auf ihre Zusammenberufung anträgt. Letztere erfolgt in diesem Falle durch den zur Zeit mitverwaltenden Direktor, welcher auch in den Versammlungen den Vorsitz führt. Jedes Mitglied hat eine Stimme, bei Stimmengleichheit entscheidet die Stimme des Vorsitzenden. Zu einem Beschlusse wird die Anwesenheit von wenigstens drei Direktions-Mitgliedern erfordert, doch müssen zu einer außerordentlichen Versammlung alle in Berlin anwesenden Mitglieder oder deren Stellvertreter, eingeladen sein.

S. 13

Die gefaßten Beschlüsse werden von dem General-Agenten in ein Protokollbuch eingetragen, und von den anwesenden Direktions-Mitgliedern unterschrieben.

Artikel 21.
Stellvertretung der Direktions-Mitglieder.

Der General-Agent wird in Abwesenheits- oder Krankheitsfällen durch einen Direktor vertreten. Zur Vertretung eines Direktors, im Falle seiner fortdauernden Krankheit oder Abwesenheit werden in der ersten General-Versammlung aus zwölf, von der Direktion zu diesem Behuf vorzuschlagenden, Actionairs, von welchen jeder wenigstens fünf Actien besitzen muß, vier Stellvertreter gewählt. Jeder Direktor, welcher länger als vierzehn Tage hindurch den Sitzungen der Direktion beizuwohnen behindert wird, ist dies dem verwaltenden Direktor (cfr. Artikel 24.) anzuzeigen verpflichtet. Der letztere ladet alsdann, desgleichen in dem Falle, wenn ein Direktor den General-Agenten auf länger als vierzehn Tage zu vertreten genöthigt ist, einen der gewählten Stellvertreter, welchem in diesem Falle ein gleiches Stimmrecht, als dem durch ihn vertretenen Direktor zusteht, zu den Sitzungen ein. In welcher Reihefolge die Stellvertreter eintreten, haben sie nach Annahme der Wahl unter sich festzusetzen.

S. 14

Hinsichtlich der Dauer ihrer Funktion, ihres Ausscheidens und Ersatzes gelten die Bestimmungen der Artikel 15., 18. und 19. Bis zur erfolgten Wahl derselben vertreten die Direktoren sich unter einander.

Eine, die Zeit von drei Monaten überschreitende, Krankheit oder Abwesenheit eines Direktors berechtigt die übrigen Direktions-Mitglieder bei der General-Versammlung auf seine Entlassung anzutragen.

Artikel 22.
Anstellung eines Syndikus und dessen Amtspflichten.

Der Direktion steht ein rechtsverständiger Syndikus zur Seite. Er ist die Gesellschaft in allen Rechtsangelegenheiten mit seinem Rathe zu unterstützen und in den geeigneten Fällen vor Gericht und sonst als Bevollmächtigter zu vertreten verbunden. Ihm liegt ob: nicht nur den ordentlichen und außerordentlichen General-Versammlungen der Actionairs, sondern auch allen ordentlichen Sitzungen der Direktion, so wie denjenigen außerordentliche Sitzung derselben beizuwohnen, zu welchen er eingeladen wird. Jeder Antrag auf Auszahlung der versicherten Summe nach dem Tode eines bei der Gesellschaft Versicherten muß ihm zum Vortrage in der Sitzung der Direktion zugestellt werden, und ihm liegt vorzugsweise ob: sowohl die Zulässigkeit des Antrags überhaupt, als insbesondere die Legitimation des sich Meldenden zu prüfen. Er hat die zur Erledigung der sich etwa ergebenden Bedenken erforderlichen Verfügungen zu entwerfen und sowohl diese, als die Beschlüsse über die zu leistenden Zahlungen der Versicherungssummen mit zu vollziehen. Der Syndikus, welcher mindestens fünf Actien eigenthümlich besitzen muß, wird von der Direktion gewählt

S. 15 und zwar für die Dauer der Gesellschaft, mit Vorbehalt einer sechsmonatlichen Aufkündigung, im Falle die Auflösung der Gesellschaft beschlossen werden sollte. Die sonstigen Bedingungen seiner Anstellung werden durch ein, von der Direktion mit ihm zu treffendes, Abkommen festgestellt, welches mit dem gegenwärtigen Syndikus, dem Königlichen Justiz-Rath Bode, durch die, von der Urversammlung der Actionairs mit ihm getroffene, alle späteren Actionairs verbindende Übereinkunft besteht.

Artikel 23.
Anstellung eines Arztes.

Zur Erledigung aller, bei den Geschäften der Gesellschaft in ärztlicher Beziehung etwa vorkommenden Zweifel, bedient sich die Direktion des fortdauernden Beistandes eines, von ihr zu wählenden, in vorzüglich gutem Rufe stehenden, vom Staate approbirten Arztes, welcher mindestens zehn Actien der Gesellschaft eigenthümlich besitzen muß, gegen ein demselben auszusetzendes jährliches Honorar.

Derselbe prüft die, von den zu Versichernden eingehenden ärztlichen Atteste, erstattet über die ihm vorgelegten Fälle sein ärztliches Gutachten, wohnt den Sitzungen der Direktion bei und unterzieht sich, auf Verlangen der letztern, innerhalb des Polizei-Bezirks von Berlin der persönlichen Untersuchung des Gesundheits-Zustandes der Versicherten oder zur Versicherung Angemeldeten, desgleichen der etwa zweifelhaften Todesursache verstorbener Versicherten.

Der Direktion bleibt es überlassen, wenn sie es nöthig findet, sowohl hier als an andern Orten gegen ein von ihr zu bestimmendes Honorar noch mehrere Ärzte für die Gesellschaft anzustellen.

Artikel 24.
Verwaltende Direktion.

Die laufenden Geschäfte der Gesellschaft werden durch den General-Agenten oder den ihn vertretenden Direktor und

einen Direktor gemeinschaftlich betrieben. Jede die Gesellschaft verpflichtende Erklärung muß mit der Unterschrift:

„Direktion der Berlinischen Lebens-Versicherungs-Gesellschaft,"

versehen und von zwei Direktions-Mitgliedern in folgender Art unterzeichnet sein:

NN.	NN.
Direktor.	General-Agent.

oder:

NN.	NN.
Direktor.	Direktor, in Abwesenheit des General-Agenten.

Die vier Direktoren wechseln, in der unter sich festzusetzenden Reihefolge, in der unmittelbaren Mitverwaltung ab. Der General-Agent, oder dessen Substitut, und der mitzeichnende Direktor, beide in Gemeinschaft, schließen die Versicherungen und vertreten sowohl hierbei als bei allen andern Geschäften die Gesellschaft als Handlungs-Disponenten gegen dritte Personen auf das Vollständigste, jedoch ohne persönliche Verbindlichkeit.

In Beziehung auf die Gesellschaft sind sie die Bestimmungen der Verfassungs-Artikel und des Geschäfts-Plans, so wie die Beschlüsse der General-Versammlung und der Direktion zu befolgen verpflichtet.

Artikel 25.
Legitimation derselben.

Die Namen der Direktions-Mitglieder und die in den Personen derselben vorfallenden Veränderungen werden durch die hiesigen Haude- und Spenerschen und durch die Vossischen Zeitungen bekannt gemacht und ihre Unterschriften werden bei der hiesigen Börse verwahrlich niedergelegt.

Bei gerichtlichen Verhandlungen ist zur Legitimation der Direktions-Mitglieder, als Vertreter der Gesellschaft, desgleichen des Syndikus, eine vidimirte Abschrift dieses und des

vorigen Artikels und ein, auf den Grund dieser Verfassungs-Artikel oder der künftigen Wahl-Protokolle notariell oder gerichtlich ausgefertigtes Attest erforderlich und ausreichend, welches die Gesellschaft in allen Fällen gegen sich gelten lassen wird. Behufs der Ausfertigung solcher Atteste sollen über die künftigen Wahlen jederzeit gerichtlich oder notariell beglaubigte Verhandlungen aufgenommen werden. Zum Nachweise der Personen der jedesmaligen Actionairs genügt ein auf den Grund des Actienbuches von der Direktion (Artikel 24.) angefertigtes und unterschriebenes Verzeichniß derselben.

Artikel 26.
Besondere Pflichten des General-Agenten.

Der General-Agent leitet, unter Mitwirkung des mitverwaltenden Direktors, den täglichen Betrieb der Geschäfte und die Ausführung der Beschlüsse der Direktion. Er empfängt und eröffnet die, an die Direktion eingehenden, Anmeldungen und Schreiben und trägt sie der Direktion vor, besorgt die Expedition und Correspondenz, die Führung der Bücher, den Abschluß derselben beim Jahresschluß und die Anfertigung der Bilanz, die Anlegung der Valuationen und Calculationen und führt die Aufsicht über die Geschäftsgehülfen der Gesellschaft. Insbesondere liegt ihm ob: die Agenten der Gesellschaft und deren Geschäftsführung zu controliren, dieselben auch, nach vorgängigem Beschlusse der Direktion, von Zeit zu Zeit an Ort und Stelle zu revidiren. Er muß der Direktion in jeder Sitzung eine Übersicht der seit der letzten Sitzung abgemachten Geschäfte vorlegen, über die abzumachenden Geschäfte Vortrag halten und über die gefaßten Beschlüsse ein Protokoll aufnehmen. Im Allgemeinen ist er für das Interesse und die Sicherheit der Gesellschaft im weitesten Umfange zu wachen verpflichtet. Von der Eröffnung der Geschäfte der Gesellschaft an muß er sich jedes andern Geschäftsbetriebes enthalten.

S. 18

Artikel 27.
Verantwortlichkeit der Direktion.

Sämmtliche Mitglieder und Beisitzer der Direktion und die Stellvertreter der Direktoren sind in ihrer Geschäfts-Verwaltung nur für grobe Versehen und offenbare Nachläßigkeiten der Gesellschaft verantwortlich.

Artikel 28.
Geschäftsgehülfen.

Die Anstellung der Geschäftsgehülfen, insbesondere eines Kassirers, welcher eine angemessene Caution bestellen muß, bleibt der Direktion überlassen.

Artikel 29.
Agenten der Gesellschaft.

Außerdem wird die Gesellschaft an Orten, wo sie es für zweckmäßig hält, bekannte redliche Männer zu Agenten bestellen, um ihre Geschäfte nach Vorschrift der ihnen besonders zu ertheilenden Vollmacht und Instruktion zu betreiben.

Sie sind dazu bestimmt, Versicherungs-Anmeldungen anzunehmen, an die Direktion zu befördern, die von dieser ihnen zugehenden Versicherungsscheine den Versicherten zuzustellen, die von den letztern zu zahlenden Beiträge zu erheben und der Direktion zu übermachen, die nach ihrer Instruktion ihnen obliegenden, oder speciell von der

Direktion aufzutragenden Recherchen anzustellen und überhaupt in dem ihnen angewiesenen Geschäftsbezirk das Interesse der Gesellschaft wahrzunehmen. Sie werden von der Direktion ernannt, welche auch die ihnen zu bewilligende Provision bestimmt.

Artikel 30.
Kassen-Verwaltung.

Die durch den Fonds der Gesellschaft gebildete Hauptkasse wird in einem möglichst gesicherten Lokale aufbewahrt und steht

unter dem gemeinschaftlichen Verschlusse des verwaltenden Direktors, des General-Agenten und des Kassirers, welche jeder einen Schlüssel dazu führen. S. 19

Die Tageskasse, in welche alle eingehenden Gelder zunächst fließen, steht unter dem Verschlusse des Kassirers. Sie wird von dem General-Agenten controlirt und wöchentlich von dem mitverwaltenden Direktor revidirt. Der zu den laufenden Geschäften nicht erforderliche Betrag wird zur Hauptkasse genommen. Die Direktion ist verpflichtet, eine besondere Instruktion für das Kassengeschäft zu entwerfen und auf deren Befolgung zu wachen.

Artikel 31.
Benutzung der Kassenbestände.

Der Fonds der Gesellschaft und alle entbehrliche Kassenvorräthe werden baldmöglichst durch Darlehne auf sofort realsirbares Unterpfand oder auf Policen der Gesellschaft selbst, oder zu deren Rückkauf, so wie durch Unterbringung auf sichere Hypotheken benutzt. Ein Discontiren von Wechseln darf nur insofern statt finden, als die zu discontirenden Wechsel durch dreifache wechselmäßige Verpflichtung eine besondere Sicherheit gewähren. Beleihung und Ankauf ausländischer Staatspapiere sind der Gesellschaft gänzlich untersagt. Die Dokumente und geldwerthen Papiere werden in der Hauptkasse aufbewahrt.

Vierter Abschnitt.
General-Versammlung der Actionairs, Rechnungslegung und Gewinn-Vertheilung.

Artikel 32.
Ordentliche General-Versammlung der Actionairs und Rechnungslegung.

Die Direction ist verpflichtet, in den ersten vier Monaten jeden Jahres, an einem von ihr zu bestimmenden Tage, eine

General-Versammlung der Actionairs zusammen zu berufen. Die Einladung zu derselben geschieht vierzehn Tage vorher durch zweimalige Bekanntmachung in den hiesigen Vossischen und Haude- und Spenerschen Zeitungen, mit genauer Bezeichnung des Orts und der Stunde, jedoch ohne Angabe der zu verhandelnden Gegenstände. In dieser Versammlung erstattet die Direktion Bericht über die Geschäfte des verflossenen Jahres und deren Resultate und legt eine vollständige Bilanz des Vermögens-Zustandes der Gesellschaft, wie solcher am letzten Jahresschlusse beschaffen gewesen ist, nebst S. 20

der Gewinn- und Verlustberechnung vor. Zur Revision und Abnahme der Rechnungen erwählen die Actionairs aus ihrer Mitte vier Personen, welchen die Direktion die Bücher nebst Belägen, desgleichen die Kassenbestände vorzulegen verpflichtet ist. Die Revisoren sind bei ihrem Geschäfte einen, in einem öffentlichen Amte stehenden, Rechnungsverständigen auf Kosten der Gesellschaft zuzuziehen verpflichtet. Haben sie die Rechnung richtig befunden, oder erkennen sie die dagegen von ihnen gemachten Erinnerungen als erledigt an, so ertheilen sie der Direktion über ihre Amtsführung bis zum Abschlusse der Rechnung, Namens der Gesellschaft eine unbedingte Decharge. Sind Erinnerungen unerledigt geblieben, so werden dieselben namentlich in der Decharge erwähnt und zur Erledigung in der nächsten General-Versammlung vorbehalten; wenn sie aber in derselben nicht erledigt werden sollten, nach Artikel 43. zur rechtlichen Entscheidung verwiesen.

Artikel 33.
Verhandlungen in der General-Versammlung.

Nach geendigtem Vortrage über den Vermögenszustand der Gesellschaft bringt die Direktion diejenigen Gegenstände, welche nach ihrer Meinung des Beschlusses einer General-Versammlung der Actionaire bedürfen oder dazu geeignet sind, zur Berathung und Entscheidung. Auch jedem einzelnen Actionair steht es frei, andere, das Interesse der Gesellschaft berührende, Gegenstände vorzutragen. Auch diese müssen, sobald sich die

S. 21 Mehrzahl der anwesenden Mitglieder (den Köpfen nach) dafür erklärt, zur Berathung gezogen und zur Entscheidung gebracht werden.

Artikel 34.
Nothwendigkeit eines Beschlusses der General-Versammlung.

Der Beschluß einer General-Versammlung der Actionairs ist erforderlich:

a) zur Wahl eines Direktors und des General-Agenten, desgleichen zur Entscheidung über deren Ausschließung (Artikel 18. und 19.);

b) zur Aufkündigung der Nachschüsse auf die von den Actionairs gezeichneten Wechsel (Artikel 9.);

c) zur Ausdehnung der Geschäfte der Gesellschaft auf andere Geschäftszweige; desgleichen zur Ausdehnung oder Beschränkung der in dem gegenwärtigen Geschäfts-Plan der Gesellschaft bezeichneten Versicherungsarten;

d) zur Abänderung der Verfassungs-Artikel und des Geschäfts-Plans, wodurch jedoch – wie sich von selbst versteht – die, den bereits Versicherten durch diese Verfassungs-Artikel und den beigefügten Geschäfts-Plan zugesicherten Vortheile niemals geschmälert werden dürfen;

e) zur Bestimmung der bei ausbrechendem Kriege von versicherten Militairpersonen zu entrichtenden Zusatz-Prämien (cfr. Geschäfts-Plan §. 22.);

f) zur Vermehrung des im Artikel 3. bestimmten Fonds der Gesellschaft gegen Ausreichung neuer Actien;

g) zur Auflösung der Gesellschaft und Einstellung der Versicherungen;

h) zur Aufhebung von Beschlüssen einer frühern General-Versammlung.

Artikel 35.
Außerordentliche General-Versammlung.

Bedarf es, nach der Meinung der Direktion, über einen der im Artikel 34. bezeichneten Gegenstände, oder sonst ein

Interesse der Gesellschaft, eines schleunigen Beschlusses der Actionairs, so ist sie letztere zu einer außerordentlichen General-Versammlung zu convociren berechtigt. Dazu verpflichtet ist sie:

1. wenn der General-Agent oder einer der Direktoren länger als drei Monate vor der nächsten ordentlichen General-Versammlung durch den Tod oder sonst abgehen;

2. wenn die Rechnungs-Revisoren (Artikel 32.) darauf antragen, weil sie die Entscheidung über die von ihnen gegen die Rechnung gemachten, und von der Direktion nicht erledigten Erinnerungen nicht bis zur nächsten ordentlichen General-Versammlung aussetzen zu dürfen glauben, oder es überhaupt für nöthig halten, einen Beschluß der General-Versammlung über die Änderung des bis dahin von der Direktion befolgten Verfahrens zu veranlassen;

3. wenn die im Actien-Register verzeichneten Eigenthümer von wenigstens der Hälfte sämmtlicher Actien darauf antragen.

Die Einladung zu einer solchen außerordentlichen General-Versammlung erfolgt in der nämlichen, im Artikel 32. vorgeschriebenen Art.

S. 22

Artikel 36.
Berechnung der Stimmen der Actionairs.

Die Actionairs können in der General-Versammlung persönlich erscheinen, oder sich durch einen andern, mit beglaubigter Vollmacht von ihnen versehenen Actionair vertreten lassen. Nur die, nach erfolgter Genehmigung der Direktion in das Actienbuch eingetragenen Eigenthümer von Actien, werden als Actionairs für legitimiert angenommen. Der Besitz

von 1 bis 5 Actien giebt eine Stimme,
von 6 bis 10 Actien zwei Stimmen,
von 11 bis 20 Actien drei Stimmen,
und von mehr als 20 Actien vier Stimmen.

Zum Beschluß über die, im Artikel 34. ad c) bis g) ein-

schließlich bezeichneten, Gegenstände sind drei Viertheile der in oben bestimmter Art zu berechnenden Stimmen der, in der Versammlung anwesenden Actionairs erforderlich, über alle andere Gegenstände entscheidet die Stimmenmehrheit derselben. Die Nichterschienenen müssen sich den von den Anwesenden gefaßten Beschlüssen unbedingt unterwerfen. Den Vorsitz in der Versammlung führt der zur Zeit mitverwaltende Direktor, oder ein, von der Direktion vorher zu bestimmendes, Direktions-Mitglied. Seine Stimme giebt bei etwaniger Stimmengleichheit den Ausschlag. Über die Be-

S. 23

schlüsse der Versammlung nimmt der Syndikus oder ein ihn vertretender Notar ein Protokoll auf, welches von den anwesenden Direktions-Mitgliedern, oder deren Stellvertretern und außerdem von wenigstens fünf Actionairs mit vollzogen werden muß. Ein solches Protokoll hat für die Mitglieder der Gesellschaft gegen einander volle Beweiskraft. Demselben muß jedoch ein von der Direktion (Artikel 24.) angefertigtes und unterschriebenes Verzeichniß der in der Versammlung erschienenen Actionairs, unter Angabe der nach dem Actienbuche jedem von ihnen eigenthümlich gehörenden Anzahl von Actien beigefügt werden.

Artikel 37.
Ermittelung des Gewinns.

Zur Ermittelung des Gewinns oder Verlustes der Gesellschaft, erfolgt am Jahresschluß zunächst die Vergleichung der Einnahmen und Ausgaben.

Erstere bestehen:

in den eingezahlten Prämien, Strafgeldern und sonstigen Vortheilen, desgleichen in dem Ertrage der verzinslich benutzten Kapitalien der Gesellschaft;

Letztere:

in den Verwaltungskosten, in den Zinsen des Einlage-Kapitals der Actionairs und in den ausgezahlten Versicherungs-Kapitalien.

Von der überschießenden Einnahme wird ein, nach den, von

S. 24 der Gesellschaft angenommenen, Wahrscheinlichkeits-Grundsätzen zu berechnendes Quantum zur vollständigen Deckung der Ausgaben für die anzunehmenden künftigen Sterbefälle in Abzug gebracht, und der verbleibende Überschuß bestimmt die Summe des Gewinns des betreffenden Jahres. Von diesem werden die, den Vertretern und Beamten der Gesellschaft angewiesenen Gewinn-Tantiemen abgezogen und der verbleibende Betrag bildet den reinen Gewinn des Geschäfts.

Artikel 38.
Vertheilung der Einrichtungs- und Verwaltungskosten der ersten fünf Jahre.

Da die Geschäfte der Gesellschaft erst nach und nach eine, den Einrichtungs- und Betriebskosten angemessene Ausdehnung erhalten können, so sollen die Einrichtungskosten, desgleichen die fixirten Verwaltungskosten, in den ersten fünf Jahren nur zur Hälfte auf diesen Zeitraum, zur andern Hälfte aber auf die zunächst folgenden fünf Jahre berechnet und in einem, von der Direktion zu bestimmenden, Verhältnisse auf das erste bis zehnte Jahr einschließlich vertheilt werden.

Artikel 39.
Gewinn-Vertheilung und Zeitpunkt derselben.

Bis zum Ablaufe des Jahres 1841 wird der reine Gewinn aufgesammelt und, gleich dem übrigen Gesellschafts-Vermögen, verzinslich benutzt. Nach dem Jahresschlusse pro 1841 erfolgt die erste Gewinn-Vertheilung, und zwar zuvörderst für den Rest des Jahres 1836 und für das Jahr 1837, welche für ein Jahr gerechnet werden.

Nach dem Jahresschlusse 1842 wird der Gewinn des Jahres 1838 vertheilt, nach dem Jahresschlusse 1843 der Gewinn des Jahres 1839, und in gleicher Folge ferner alljährlich.

Von diesem Gewinne erhalten:

1. die Actionairs ein Drittheil,
2. die auf Lebenszeit Versicherten, unter den im Geschäfts-Plan §. 29. bestimmten Modificationen, zwei Drittheile.

Artikel 40. S. 25
Deckung des etwanigen Verlustes.

Sollte sich vor der Vertheilung des Gewinns eines Jahres ergeben, daß die nächstfolgenden vier Jahre, oder eines derselben, mit einem Verlust abschließen, so wird solcher auf den Gewinn aller fünf Jahre pro rata vertheilt, wenn er aber auch hierdurch nicht gedeckt wird, von den Actionairs allein getragen. Jeder derselben haftet jedoch nur bis zum Betrage seiner Actien, nicht aber mit seinem übrigen Vermögen, auch nicht mit den von den Actien bereits erhobenen Zinsen und Dividenden für die Verpflichtungen der Gesellschaft.

Artikel 41.
Auszahlung der Zinsen und Gewinn-Antheile.

Die Zinsen der Actionairs werden denselben alljährlich, die Dividenden aber in den, in der General-Versammlung zu bestimmenden, Terminen baar ausgezahlt und bleiben, insofern sie nicht erhoben werden, unverzinslich für sie liegen.

Sollte jedoch durch Verluste das baare Einlage-Kapital der Actionairs vermindert sein, so werden die auf sie fallenden Dividenden vorzugsweise zur Wiederherstellung des Fonds verwendet und ihnen erst, wenn diese erfolgt ist, wieder baar ausgezahlt. Die Berichtigung der Gewinn-Antheile der auf Lebenszeit Versicherten geschieht nach Maßgabe des Geschäfts-Planes §. 29.

Fünfter Abschnitt.
Allgemeine Bestimmungen.

Artikel 42.
Auflösung der Gesellschaft.

Sollte die Auflösung der Gesellschaft beschlossen werden, so wird, mit dem Tage des Beschlusses, die Annahme neuer

Versicherungen eingestellt. Kein Actionair kann jedoch die ganze oder theilweise S. 26
Rückzahlung des baaren Einlage-Kapitals und die Rückgabe seines Wechsels verlangen, bevor nicht die, zur Bezahlung aller noch laufenden Policen erforderliche Summe, desgleichen der, zur Erfüllung aller sonst von der Gesellschaft eingegangenen

Verpflichtungen nöthige Betrag ermittelt und vollständig sicher gestellt ist. Die speciellen Bestimmungen über die Abwickelung der Geschäfte bleiben dem Beschlusse der General-Versammlung vorbehalten.

Artikel 43.
Entscheidung von Streitfällen.

Alle Streitigkeiten in den Angelegenheiten der Gesellschaft, sowohl zwischen den Actionairs unter einander, als mit ihren Vertretern und Beamten sollen, insofern nicht etwa besonders abgeschlossene Verträge ein Anderes bestimmen, oder die streitenden Theile nicht selbst besondere Schiedsrichter wählen, von demjenigen hiesigen Gerichtshofe, welcher als das ordentliche Forum der Gesellschaft Allerhöchst bestimmt wird, compromissorisch dergestalt entschieden werden, daß gegen die Entscheidung keine Appellation statt findet.

Artikel 44.
Theilweise Veröffentlichung der Verfassungs-Artikel.

Ein Auszug aus diesen Verfassungs-Artikeln (nämlich die Artikel 1–3. 8. 12. 14. 24. 25. 32. 37–40. und 43.), soll dem, durch den Druck öffentlich bekannt zu machenden, Geschäfts-Plan der Gesellschaft beigefügt werden.

Berlin, den 19. März 1836.

Quelle 6

Geschäfts-Plan [Titel]
der
Berlinischen Lebens-Versicherungs-Gesellschaft.

1836.

Druck von Carl Jahncke in Berlin. Klosterstraße 49.

Geschäfts-Plan S. 15
der
Berlinischen
Lebens-Versicherungs-Gesellschaft.

Erster Abschnitt.
Verschiedene Arten der Lebens-Versicherungen und deren Bedingungen.

§. 1.
Begriff der Lebens-Versicherung.

Die Berlinische Lebens-Versicherungs-Gesellschaft übernimmt unter den unten näher festgesetzten Bedingungen und gegen Entrichtung bestimmter Einschüsse (Prämien) die Verpflichtung, beim Ableben einer benannten Person oder einer von zweien benannten Personen ein im Voraus festgesetztes Kapital auszuzahlen (Lebens-Versicherungen).

§. 2.
Versicherungsarten der Gesellschaft.

Sie nimmt dergleichen Versicherungen an:

I. von einer einzelnen Person, zahlbar nach deren Tode, entweder:

   1. Im Allgemeinen an den künftigen legitimirten Inhaber des Versicherungs- S. 16
Scheins (der Police) [Tabelle I.];

oder:

   2. an eine bestimmte, in der Police genannte, Person, Falls diese den Versicherten überlebt [Tabelle II.];

II. von zwei verbundenen Personen, zahlbar entweder:

   1. bei dem Tode des zuerst von ihnen Sterbenden an den Ueberlebenden [Tabelle III.];

oder:

   2. nach dem Tode des zuletzt von ihnen Sterbenden an den künftigen legitimirten Inhaber der Police [Tabelle IV.];

Die Versicherungen ad I. N° 1. können auf eine beliebige Anzahl von Jahren, von einem bis zu zwanzig, oder auf die Lebensdauer des Versicherten genommen werden.

Die Gesellschaft behält sich vor, die zu ertheilenden Versicherungen künftig auf noch mehrere Fälle auszudehnen.

§. 3.
Persönliche Erfordernisse der zu Versichernden.

Nur in Beziehung auf das Leben solcher Personen beiderlei Geschlechts werden Versicherungen ertheilt, welche nicht unter funfzehn Jahren und nicht über sieben und sechzig Jahre alt sind, in Deutschland oder den angrenzenden Ländern wohnen und deren Gesundheitszustand, Beruf oder Lebenswandel nicht ein erhebliches Bedenken veranlassen. Ausgeschlossen sind daher namentlich alle Personen, welche mit lebensgefährlichen Krankheiten und Krankheitsanlagen oder dergleichen organischen Fehlern behaftet sind, ferner diejenigen, welche in auswärtigem Militairdienst oder in activem Seedienst stehen, sich sonst einem Gefahr bringenden Berufe widmen oder notorisch einen das Leben

S. 17 verkürzenden Wandel führen. Preußische Militairpersonen sind von Versicherung ihres Lebens nicht ausgeschlossen, müssen sich aber bei ausbrechendem Kriege den im §. 22. bestimmten Folgen unterwerfen.

§. 4.
Höhe der Versicherungs-Summe.

Die zu versichernde Summe muß mindestens Einhundert Thaler Preuß. Courant betragen, und insofern sie diesen Betrag übersteigen soll, mit Hundert ohne Bruch theilbar sein.

Das Maximum der auf das Leben einer oder zwei verbundener Personen zu versichernden Summe wird vorläufig auf Zehntausend Thaler Preuß. Courant bestimmt.

§. 5.
Betrag der Prämien.

Die für die Versicherung zu zahlende Prämie richtet sich nach der Art und Dauer der Versicherung, desgleichen nach dem Alter des Versicherten und der dabei interessirten benannten Personen (confer. §. 2. N° I. 2. und II. 1. und 2.) Sie werden nach den sub. I. bis IV. angehängten Tabellen berechnet.

Ob in einzelnen Fällen die Versicherung nur für einen höhern Prämiensatz anzunehmen ist, bleibt der Bestimmung der Direction überlassen. Bei Bestimmung des Alters wird das zur Zeit der Versicherung angefangene Lebensjahr als bereits vollendet angesehen.

Zweiter Abschnitt.
Verfahren bei Anmeldung und Annahme der Versicherung.

§. 6.
Anmeldung der Versicherung.

Jeder, welcher allein (cfr. §. 2. N° I.) oder in Verbindung mit einem Andern (cfr. §. 2. N° II.) sein Leben versichern will, muß sich persönlich dieserhalb bei dem General-Agenten oder bei dem ihm zunächst wohnenden Provinzial-Agenten melden und, wenn er ihm selbst nicht bekannt ist, sich durch einen demselben bekannten glaubwürdigen Zeugen recognosciren lassen.

Erscheint er im Allgemeinen (cfr. §. 3.) zur Annahme als Versicherter geeignet, so hat er, durch Ausfüllung eines ihm vorzulegenden Formulars,

1. seinen vollständigen Namen nebst Rang oder Gewerbe,

2. seinen gegenwärtigen Wohnort und, wenn er nicht die letzten zehn Jahre hindurch an demselben gewohnt haben sollte, auch seinen frühern Wohnort während dieser zehn Jahre,

3. Jahr, Tag und Ort seiner Geburt,

4. die Art der von ihm beabsichtigten Versicherung,

5. den zu versichernden Kapitalsbetrag,

6. die Dauer der zu nehmenden Versicherung,

7. den allgemeinen Zustand seiner Gesundheit der Wahrheit gemäß anzuzeigen.

Außerdem hat er:

a) seinen Geburtsschein, welcher, wenn er außerhalb der Preußischen Staaten ausgestellt ist, gerichtlich oder notariell beglaubigt sein muß,

b) eine Bescheinigung, daß er die natürlichen oder die Schutzblattern überstanden hat.

c) ein, nach dem ihm mitzutheilenden Formular ausgestelltes, Gesundheitszeugniß von einem vom Staate approbirten Arzte, welcher, wenn er nicht der Hausarzt des zu Versichernden ist, denselben mindestens seit zwei Jahren gekannt haben muß,

beizubringen.

Unter diesem Atteste muß er selbst an Eidesstatt erklären: daß er dem Arzte keinen wesentlichen Umstand verschwiegen habe und daß er, so viel ihm bekannt, mit keiner der Krankheiten, deren Nichtvorhandensein der Arzt bescheinigt, behaftet sei.

Endlich müssen zwei völlig glaubhafte Personen gleichfalls an Eidesstatt schriftlich hierunter bezeugen:

daß der zu Versichernde ihnen wohl bekannt und daß, nach ihrem Wissen, in den erwähnten Bescheinigungen nichts der Wahrheit Zuwiderlaufendes enthalten sei.

Zur Ausstellung dieses Zeugnisses sind vorzugsweise solche Personen zu wählen, welche selbst Versicherungen auf Lebenszeit bei der Gesellschaft genommen haben.

Die Unterschriften aller dieser Personen müssen, insofern sie nicht in Gegenwart des Agenten gezeichnet, oder von den Ausstellern persönlich vor ihm anerkannt werden, gerichtlich oder notariell beglaubigt sein.

Wird die Versicherung zu Gunsten einer benannten Person verlangt (§. 2. N° 1. 2.), so ist auch deren Geburtsschein beizubringen.

Bei Ausreichung dieser Dokumente muß zugleich ein halbes Prozent des zu versichernden Kapitals bei dem Agenten angezahlt werden.

Die oben bezeichneten Dokumente werden der Direction durch den General-Agenten vorgelegt, oder von dem Provinzial-Agenten mit erster Post an sie eingesendet, und sie entscheidet alsdann über die Annahme der Versicherung oder deren vorläufige oder definitive Zurückweisung. Es bleibt übrigens ihrem Ermessen überlassen, in einzelnen Fällen von

S. 20 der strengen Beobachtung obiger Vorschriften in einem oder dem andern Punkte zu entbinden, oder auch noch anderweitige Bescheinigungen, als die oben vorgeschriebenen, von dem Antragenden zu fordern.

§. 7.
Bedingte Versicherungen.

Von Personen, welche den Nachweis, daß sie die natürlichen oder wenigstens die Schutzblattern überstanden haben, nicht zu führen vermögen, werden Versicherungen nur mit der Maßgabe angenommen, daß, wenn der Versicherte hiernächst an den Blattern oder in Folge derselben verstirbt, die Versicherung als unkräftig betrachtet wird und die gezahlten Prämien der Gesellschaft verfallen.

§. 8.
Annahme der Versicherung und Ausfertigung der Police.

Beschließt die Direction die Annahme der Versicherung, so wird der Versicherungs-Schein (die Police) für den Angemeldeten, nach Maßgabe der genommenen Versicherung, nach einem der sub A., B., C., D. beispielsweise beigefügten Formulare ausgefertigt, von einem Director und dem General-Agenten oder dessen Stellvertreter unterschrieben, und gegen Zahlung der ersten Prämie (cfr. §. 11.), auf welche der angezahlte Betrag (cfr. §. 6.) nach Abzug des Porto und des gesetzlichen Stempels, in Abzug kommt, dem Versicherten ausgeliefert. Letzteres geschieht entweder hier im Büreau der Gesellschaft oder durch den Agenten, welcher die Anmeldung eingereicht hat. Die geleistete Zahlung wird im erstern Falle von dem General-Agenten und dem Kassirer, im letztern von dem Agenten, welcher sie in Empfang nimmt, auf der Police notirt.

Jede angenommene Versicherung wird zwar von 12 Uhr Mittags desjenigen Tages zurückgerechnet, an welchem die Anmeldung im Geschäfts-Lokal der Direction

S. 21 eingeht, tritt aber erst in Kraft, wenn die Zahlung der Prämie von dem Versicherten geleistet und in der oben bestimmten Art auf der Police verzeichnet ist. Zahlt der Angemeldete die Prämie nicht spätestens innerhalb vier Wochen nach Empfang der Anzeige von seiner Annahme, so verfällt die angezahlte Summe als Conventionalstrafe und die Versicherung selbst erlischt.

§. 9.
Zurückweisung der Versicherung.

Wird die Annahme der Versicherung verweigert, so benachrichtigt die Direction den Angemeldeten davon entweder unmittelbar oder durch den Agenten. Sie ist jedoch die Gründe der Zurückweisung anzugeben nicht verpflichtet. Der angezahlte Betrag wird, nach Abrechnung der entstandenen Porto-Ausgaben, alsdann zurückgezahlt.

§. 10.
Frist zur Erklärung der Direction.

Auf jeden Versicherungs-Antrag wird spätestens binnen zehn Tagen, nach Eingang der erforderlichen Dokumente, die genehmigende oder zurückweisende Antwort der Direction abgehen.

Dritter Abschnitt.
Rechte und Pflichten des Versicherten während der Dauer der Versicherung.

§. 11.
Verfalltag der Prämie.

Die Prämien laufen vom Tage der Versicherung (§. 8.) ab und müssen in der Regel auf ein Jahr vorausbezahlt werden. Die erste Prämie wird jedoch bis zu demjenigen 1. Januar, 1. April, 1. Juli oder 1. Oktober berechnet,

welcher nach dem Ablaufe eines Jahres, von der Versicherung ab gerechnet, zunächst eintritt. Wer also z. B. am 2. Januar Versicherung nimmt, hat die erste Prämie für die Zeit bis 1. April des folgenden Jahres voraus zu berichtigen. Derjenige Tag, bis zu welchem die erste Prämie berechnet wird, ist für alle folgenden Jahre der Verfalltag der ferneren Prämien.

S. 22

§. 12.
Zahlungszeit der Prämien und Folgen der Zögerung.

Die Zahlung der ferneren Prämien geschieht an die nämlichen, zum Empfang der ersten Prämienzahlung bestimmten Personen (§. 8.) gegen Ausreichung einer Quittung, nach Anlage E. – Erfolgt die Zahlung nicht spätestens im Laufe desjenigen Monats, an dessen erstem Tage die Prämie fällig geworden, so sind alle und jede Ansprüche aus der Versicherung und aus der darüber ertheilten Police erloschen und die bereits gezahlten Prämien sind verfallen. Meldet sich der Versicherte jedoch noch im Laufe der nächsten zwei Monate persönlich bei dem General-Agenten oder dem betreffenden Provinzial-Agenten und weiset durch ein nach §. 6. ausgestelltes Attest seinen gegenwärtigen guten Gesundheitszustand nach, so soll ihm gegen Entrichtung der rückständigen Prämie und eines Strafgeldes von einem halben Prozente des versicherten Kapitals das Wiedererwachen der Versicherung von der Direction bewilligt werden. Die Quittung über die bezahlte Prämie und über das Strafgeld dient alsdann zum Beweise der fortdauernden Gültigkeit der Police. Bei Versicherungen zweier verbundenen Personen (§. 2. N° II.) müssen in einem solchen Falle beide sich persönlich melden und das Gesundheitsattest beibringen.

§. 13.
Bewilligung der terminweisen Entrichtung der Prämien.

Zur Erleichterung der Prämienzahlungen soll es den auf Lebenszeit Versicherten gestattet werden, die Prämie

S. 23 (jedoch mit Ausnahme der ersten Zahlung) nicht auf ein ganzes Jahr, sondern jedesmal nur auf drei Monate vorauszubezahlen, sie sind aber in diesem Falle den im ersten Termine gestundeten Betrag bis zu den ferneren Zahlungstagen mit fünf Prozent für das Jahr zu verzinsen und bei jeder Theilzahlung $2^1/_2$ Sgr. Schreibgebühren zu entrichten verpflichtet. Stirbt der Versicherte während der ersten neun Monate des laufenden Jahres, so wird die Prämie für das ganze Jahr, so weit sie noch unberichtigt ist, nebst Zinsen, bei der Auszahlung des Kapitals in Abzug gebracht.

Für den Fall der Verzögerung einer dieser Terminalzahlungen treten die im §. 12. angedrohten Folgen schon nach Ablauf von acht vollen Tagen ein und können nur innerhalb des laufenden Monats auf die ebendaselbst vorgeschriebene Art wieder aufgehoben werden.

Diejenigen Versicherten, welche von dieser Vergünstigung Gebrauch machen wollen, müssen dies entweder gleich beim Empfang der Police, oder wenigstens sechs Wochen vor dem Prämien-Zahlungs-Termine, gegen die Direction oder den betreffenden Agenten schriftlich erklären und, wenn sie diese Befugniß für die Zukunft nicht ferner benutzen wollen, dies binnen gleicher Frist und in gleicher Art anzeigen. Ueber die Bewilligung der Terminalzahlung ertheilt die Direction eine besondere Bescheinigung.

§. 14.
Befugniß des Versicherten,
die ganze Prämie auf gewisse Jahre zu vertheilen
oder auf Lebenszeit vorauszubezahlen.

Sollten auf Lebenszeit Versichernde die Zahlung der Prämie auf eine bestimmte Zahl nach einander folgender Jahre zu vertheilen, oder die Prämie auf die ganze Lebenszeit in einer Summe vorauszubezahlen wünschen, so wird ihnen die Gesellschaft einen angemessenen Rabatt bewilligen, für welchen die sub V. beigefügte Tabelle den Maßstab liefert.

S. 24 Auch für die hiernach im Laufe eines Jahres von ihnen zu leistenden Zahlungen, desgleichen auch für die ganze in einer Summe zu entrichtende Prämie, soll ihnen unter den im §. 13. festgesetzten Bedingungen die Berichtigung der Prämie in vierteljährigen Terminen gestattet werden.

§. 15.
Befreiung von der fernern Prämien-Zahlung mit dem
fünf und achtzigsten Lebensjahre.

Wer für seine ganze Lebenszeit Versicherung genommen hat, wird vom zurückgelegten fünf und achtzigsten Jahre ab von Zahlung der Prämie frei. Die Versicherungs-Summe wird jedoch erst nach seinem Tode ausgezahlt.

§. 16.
Prolongation von Versicherungen auf bestimmte Jahre und Erhöhung der Versicherungs-Summe.

Prolongation von Versicherungen, welche nur auf bestimmte Jahre genommen sind, desgleichen Erhöhungen der Versicherungs-Summe, werden als neue Versicherung betrachtet und es wird dabei nach den Bestimmungen der §§. 6. seq. verfahren.

Wird die Prolongation wiederum nur auf bestimmte Jahre verlangt, so wird darüber ein Prolongations-Schein nach der Anlage F., wenn sie aber auf Lebenszeit ausgedehnt werden soll, ein neuer Versicherungs-Schein ertheilt.

§. 17.
Befugniß des Versicherten über die Police zu disponiren.

Jeder Versicherte ist die ihm ertheilte Police zu verpfänden oder zu cediren berechtigt; durch eine solche Veräußerung wird jedoch, wie sich von selbst versteht, in den Rechten und Verbindlichkeiten der Gesellschaft nichts geändert.

Wer eine fremde Police annimmt, hat darauf zu achten, daß ihm auch die Quittung über die letzte fällig gewesene

Prämie mit ausgereicht wird, daß die ferneren Prämienzahlungen pünktlich geleistet und die Quittungen ihm ebenfalls ausgehändigt werden. S. 25

§. 18.
Rückkauf und Beleihung der Policen.

Policen über lebenslängliche Versicherungen wird die Gesellschaft auf den Wunsch des Versicherten für einen, nach liberalen Grundsätzen zu bestimmenden Preis jederzeit zurückkaufen, auch, nach Maßgabe des ihnen beizulegenden Werths, Darlehne darauf bewilligen.

§. 19.
Ausfertigung eines Duplicats der Police.

Geht eine Police verloren, so wird die Direction, gegen Einreichung eines von dem betreffenden Versicherten gerichtlich ausgestellten Amortisations-Scheins, ein Duplicat derselben ertheilen. Für den Erwerber einer fremden Police ist es daher rathsam, die Direction von der Erwerbung in Kenntniß zu setzen.

Vierter Abschnitt.
Verlust der Rechte aus den Versicherungen.

§. 20.
Verlust der Versicherung bei verändertem Beruf oder gefahrvollen Reisen des Versicherten.

Alle, aus der Versicherung für den Versicherten oder den von ihm benannten künftigen Empfänger entstandenen Ansprüche erlöschen nicht nur in den, in den §§. 12. und

13. bestimmten Fällen, sondern auch alsdann, wenn der Versicherte, ohne sich vorher mit der Direction anderweitig geeinigt zu haben,

a) sich dem fremden (nicht Preußischen) Militair- oder

S. 26   dem activen Seedienste, oder sonst einem gefährlichen Berufe widmet;

b) eine Seereise antritt und auf derselben oder an ihren Folgen stirbt, jedoch mit Ausschluß von Reisen auf der Ostsee und auf der Strecke von Portsmouth und Havre bis Hamburg, auf der Nordsee, insofern sie in beiden Fällen auf Post- und Dampfschiffen in der Zeit vom 1. Mai bis 31. Oktober ausgeführt werden;

c) eine Landreise über die Grenze von Europa hinaus oder in Länder unternimmt, in welchen notorisch ansteckende Krankheiten herrschen, und auf dieser Reise an einer solchen Krankheit oder an deren Folgen stirbt.

§. 21.
Art und Weise dem Verluste vorzubeugen.

Beabsichtigt ein auf Lebenszeit Versicherter in fremden Militair- oder in activen Seedienst zu treten, oder eine nicht ausdrücklich gestattete See- oder Landreise [cfr. §. 20. b) und c)] zu unternehmen, so wird die Direction, auf seinen desfallsigen Antrag, entweder sich, gegen Entrichtung einer Zusatz-Prämie, wegen Aufrechthaltung der Versicherung mit ihm einigen, oder wenn eine solche Vereinigung nicht zu Stande kommen sollte, die Police nach §. 18. zurückkaufen.

Die auf bestimmte Jahre genommene Versicherung erlischt beim Eintreten einer der gedachten Fälle unbedingt.

§. 22.
Folgen eines ausbrechenden Krieges für versicherte Militairpersonen.

Der Eintritt in den Preußischen Militairdienst macht die Versicherung nicht ungültig. Wird jedoch der Preußische Staat in einen Krieg verwickelt, so erlischt die Versicherung jeder Militairperson binnen vier Wochen von dem Tage ab gerechnet, an welchem der Krieg erklärt oder der Versicherte auf den Feld-Etat gesetzt ist. Den auf Lebenszeit versicherten Militairs wird jedoch die Fortsetzung

S. 27   der Versicherung und die Ausdehnung der letztern auf Kriegs-Gefahr gegen Entrichtung einer alsdann von der Gesellschaft nach loyalen Grundsätzen zu bestimmenden Zusatz-Prämie gestattet werden, wenn sie sich innerhalb der oben bestimmten vier Wochen hierüber mit der Direction einigen. Sollten sie aber schon vor einer solchen Einigung in Folge des Krieges Schaden an ihrer Gesundheit erleiden oder das Leben verlieren, so sind alle Rechte aus ihrer Versicherung erloschen. Doch wird die Gesellschaft in diesem Falle dem legitimirten Inhaber der Police die Prämie für die noch nicht abgelaufene Zeit zurückzahlen, ihm auch außerdem denjenigen Betrag vergüten, für welchen sie während dieser vier Wochen oder resp. am Todestage des Versicherten die Police zurückgekauft haben würde.

In gleicher Art wird sie auch diejenigen Militairpersonen selbst entschädigen, mit welchen eine Einigung über die Fortsetzung ihrer Versicherung und deren Ausdehnung auf Kriegs-Gefahr, es sei aus welchem Grunde es wolle, nicht erfolgen sollte.

§. 23.
Verlust der Versicherung beim Ableben des Versicherten durch Selbstmord, Duell [...]

In gleicher Art, als nach §. 20., erlöschen alle Rechte aus der Police, wenn der Versicherte durch Selbstmord, im Duell, in Folge richterlichen Spruchs oder einer Handlung, durch welche er sein Leben muthwillig auf's Spiel gesetzt hat, oder durch welche es von Seiten desjenigen, welcher die versicherte Summe erwerben würde, absichtlich gefährdet ist, seinen Tod findet.

§. 24.
Billige Rücksichten der Gesellschaft beim Verlust der Versicherung.

War jedoch der in Folge eines Selbstmords oder Duells Verstorbene auf Lebenszeit versichert, so wird die Gesellschaft dennoch dasjenige Quantum für die Police vergüten, für welches sie dieselbe nach §. 18. am Todestage des Verstorbenen zurückgekauft haben würde.

S. 28

Auch bleibt es der Direction überlassen, wenn sie die Ueberzeugung erhält, daß der Selbstmord als Folge einer wirklichen Krankheit verübt ist, diese Vergütung zu erhöhen.

In allen übrigen, in den §§. 20. und 23. aufgeführten Fällen wird nur die Prämie, so weit sie vom Todestage ab vorausberichtigt ist, zurückgezahlt.

§. 25.
Annullirung der Versicherung wegen betrüglicher Angaben bei Annahme derselben.

Endlich macht jede absichtlich wahrheitswidrige Angabe über das Alter des Versicherten oder der mitbetheiligten Person, desgleichen die absichtliche Verheimlichung eines Uebels, dessen Nichtvorhandensein bei Annahme der Versicherung ausdrücklich behauptet worden, die Versicherung selbst ungültig und hat für den Versicherten und resp. den von ihm benannten künftigen Empfänger den Verlust der bereits gezahlten Prämien und aller aus der Versicherung zu erwartenden Vortheile (§. 27–29.) zur Folge.

§. 26.
Pflichten verbundener Versicherter.

Alle in diesem und dem vorigen Abschnitte (dritten und vierten) in Beziehung auf einen Versicherten enthaltenen Bestimmungen gelten in Fällen verbundener Versicherungen (§. 2. N° II.) für beide Versicherte dergestalt, daß die Folgen der Handlungen oder Unterlassungen des einen von ihnen beide treffen.

Fünfter Abschnitt.
Auszahlung des versicherten Kapitals und sonstige Vortheile der Versicherten.

§. 27.
Anzeige und Nachweis des Todes des Versicherten und Folgen der Unterlassung.

S. 29

Binnen acht Tagen nach eingetretenem Tode des Versicherten muß derjenige, welcher auf die Bezahlung des versicherten Kapitals Anspruch hat, den Todesfall, unter Angabe der bekannten oder muthmaßlichen Todesursache, dem Agenten, welcher die Versicherung besorgt hat, oder seinem Nachfolger im Amte, anzeigen, desgleichen binnen spätestens acht Wochen nach dem Tode den gerichtlich oder notariell beglaubigten Todtenschein des Versicherten und ein in gleicher Art beglaubigtes Attest eines Arztes, welcher denselben nach seinem Tode gesehen hat, über die Ursache des letztern beibringen. Ist der Verstorbene bis zu seinem Tode von einem Arzt behandelt, so muß dieser das Attest ausstellen.

Nach den Umständen ist die Direction auch berechtigt, noch eine besondere ärztliche Relation über den Verlauf der letzten Krankheit, oder einen Sections-Bericht zu erfordern, anderer Seits aber auch befugt, von der strengen Befolgung obiger Vorschriften in einem oder dem andern Punkte zu entbinden.

Durch Verzögerung der Todesanzeige und der Bescheinigung der Todesursache über acht Wochen nach dem Todesfalle, so wie durch jede betrügliche Angabe über die Todesursache, wird der Verlust aller Vortheile aus der Versicherung verwirkt.

Steht jedoch der Anspruch aus der Police den Erben des Versicherten zu, so soll denselben außer der oben bestimmten achtwöchentlichen Frist noch die ihnen gesetzlich (A. L. R. Th. I. Tit. 9. §§. 384. 385.) zustehende Deliberations-Frist zu Statten kommen.

S. 30

Ueberhaupt aber soll der Nachweis einer unverschuldeten Zögerung die an die Nichtbeobachtung jener Fristen geknüpften Nachtheile ausschließen, wenn derselbe noch innerhalb des Zeitraums von zwei Jahren, vom Tage des Todesfalls an gerechnet, geführt werden kann und nicht etwa durch die Fortzahlung der Prämie auch nach dem Tode des Versicherten die Vermuthung einer betrüglichen Absicht begründet wird.

§. 28.
Zeitpunkt der Auszahlung des versicherten Kapitals.

Drei Monate nach dem von der Direction als richtig anerkannten Nachweise des die Gesellschaft verbindenden Todesfalls erfolgt hier in Berlin die Zahlung des versicherten Kapitals gegen Ausreichung der Police, der letzten Prämien-Quittung und gegen beglaubigte Quittung des legitimirten Empfängers. Insofern der letztere nicht in der Police selbst bezeichnet oder von dem darin Bezeichneten oder dem Versicherten selbst in einer auf die Police gesetzten schriftlichen Cession, deren Richtigkeit die Direction zu prüfen zwar befugt, aber nicht verpflichtet ist, benannt worden, muß er ein gerichtliches oder notarielles Dokument zum Beweise seiner Legitimation beibringen. Auf Erörterungen über das Eigenthumsrecht an der Police kann die Gesellschaft sich nicht einlassen und behält sich bei einem etwa hierüber entstehenden Streite oder bei verzögertem Nachweise der Legitimation vor, die versicherte Summe im Gerichtsstande der Erbschaft des Versicherten zu deponiren.

§. 29.
Antheil der auf Lebenszeit Versicherten an dem Gewinn
der Gesellschaft.

Durch getreue Erfüllung der nach diesem Geschäftsplane dem Versicherten obliegenden Verpflichtungen erwirbt jeder auf Lebenszeit bei der Gesellschaft Versicherte, außer dem Anspruche auf das versicherte Kapital, auch noch das Recht

zu einer verhältnißmäßigen Theilnahme an dem reinen Gewinn der Gesellschaft, von welchem zwei Drittheile den auf Lebenszeit bei ihr Versicherten zufallen sollen (cfr. Verfassungs-Artikel 37. 38.). S. 31

An diesen zwei Drittheilen participiren bei jeder Gewinn-Vertheilung (cfr. Verfassungs-Artikel 39.) diejenigen Personen, welche im Laufe desjenigen Jahres, dessen Gewinn vertheilt wird, bei der Gesellschaft auf Lebenszeit versichert gewesen sind, und zwar nach Verhältniß der Beiträge, welche sie im Laufe dieses Jahres entrichtet haben, insofern sie nicht etwa bis zu dem Zeitpunkte der Vertheilung selbst ihres Rechts aus der Versicherung überhaupt verlustig geworden sind.

Eine, nach §. 14. mit dem Versicherten etwa getroffene Vereinigung über höhere Prämienzahlungen in bestimmten, nach einander folgenden Jahren, oder über eine einzige Vorausbezahlung, hat auf diese Berechnung keinen Einfluß, vielmehr wird bei derselben nur derjenige Betrag als von dem Versicherten in dem betreffenden Jahre bezahlt angesehen, welchen er bei einer jährlichen Prämienzahlung zu entrichten gehabt haben würde. Dagegen werden die im Laufe des Jahres fällig gewordenen und nach §. 13. theilweise gestundeten Prämien bei dieser Berechnung als am ersten Verfalltage berichtigt angenommen.

Den zur Hebung gelangenden Versicherten wird die ihnen zukommende Dividende bei der nächstfolgenden Prämienzahlung bekannt gemacht und durch Anrechnung auf die zu zahlende Prämie berichtigt; insofern sie aber inzwischen versterben sollten, dem zur Erhebung des versicherten Kapitals selbst Legitimirten mit dem letztern zugleich ausgezahlt.

Außerdem verbleiben dem letztern die Ansprüche auf den Gewinn der ferneren Jahre, in welchen der Verstorbene noch die Prämie entrichtet hat, jedoch mit Ausnahme des Sterbejahres, welche nicht mit in Anrechnung kommt. Ueber diese Ansprüche wird ihm eine auf seinen Namen auszustellende besondere Bescheinigung ertheilt, auf welche die Dividenden zur Verfallzeit erhoben werden können.

Dergleichen Bescheinigungen müssen spätestens innerhalb

fünf Jahre, vom Verfalltermine der letzten zu zahlenden Dividende ab gerechnet, zur Einlösung präsentirt werden und erlöschen mit Ablauf dieser Zeit zum Vortheil der Gesellschaft. Die Richtigkeit einer auf eine solche Bescheinigung etwa gesetzten Cession zu prüfen, ist die Direction zwar berechtigt, aber nicht verpflichtet. S. 32

§. 30.
Befreiung der Versicherten von jeder Nachzahlung.

Wenn gleich hiernach den auf Lebenszeit Versicherten der bei weitem größte Antheil an dem reinen Gewinn der Gesellschaft zugestanden wird, so haben sie doch niemals zu einem etwanigen Verluste derselben zuzuschießen. Dagegen sind sie aber auch irgend eine Theilnahme an den Berathungen und Beschlüssen der Gesellschaft, und irgend eine Rechnungslegung oder sonstige Nachweisung von derselben oder deren Vertretern zu fordern nicht berechtigt. Der Jahresabschluß, auf welchen die Gewinn-Vertheilung sich gründet, und letztere selbst, werden ihnen schriftlich mitgetheilt und auf Verlangen in dem Geschäfts-Büreau der Gesellschaft zur Einsicht vorgelegt.

§. 31.
Loyale Grundsätze der Gesellschaft.

Die Gesellschaft ist zwar das versicherte Kapital in keinem Falle zu zahlen verbunden, wenn nicht der wirklich erfolgte Tod des Versicherten in oben bemerkter oder von der Direction genügend angenommener Art nachgewiesen ist, sie wird jedoch, wenn ein Versicherter eine nach §. 20. b. erlaubte Seereise unternommen hat, von dem betreffenden Schiffe aber binnen Jahresfrist, seit seinem Auslaufen aus dem letzten Hafen, keine Kunde eingegangen sein sollte, nach Ablauf dieser Zeit das Schiff als verloren und den Versicherten als untergegangen annehmen und, nach Maßgabe der §§. 28. und 29., das versicherte Kapital nebst Gewinn-Antheil auszahlen.

Ueberhaupt wird die Direction in allen Fällen, in welchen sie keine Veranlassung zum Mißtrauen hat, der Zahlung keine Schwierigkeiten entgegensetzen und von der strengen Befolgung obiger Vorschriften, so weit es mit der Sicherheit der Gesellschaft vereinbar ist, in den dazu geeigneten Fällen abstehn.

§. 32.
Entscheidung von Streitfällen.

Alle etwanigen Streitigkeiten zwischen der Gesellschaft und einem Versicherten oder dessen Nachfolgern sollen, insofern nicht etwa die streitenden Theile selbst besondere Schiedsrichter wählen, von demjenigen hiesigen Gerichtshofe, welcher als das ordentliche Forum der Gesellschaft Allerhöchst bestimmt wird, compromissorisch dergestalt entschieden werden, daß gegen die Entscheidung keine Appellation statt findet.

Berlin, den 19. März 1836.

Quelle 7

                        Statuten   [Titel]
                         der
      bayerischen Hypotheken- und Wechselbank.

                    Amtlicher Abdruck.

                       München, 1835.

                        Statuten   S. 4
                           der
              Bayerischen Hypotheken- und
                   Wechsel-Bank.

                    Erster Abschnitt.
               Fundation und Dauer der Bank.

                          §. 1.

Die bayerische Hypotheken- und Wechselbank ist eine, von einer Privat-Gesellschaft gegründete, unter dem Schutze und der fortwährenden Oberaufsicht der Staatsregierung stehende Anstalt.

Sie hat die, ihr durch das Gesetz vom 1. Juli 1834 beigelegten Rechte und Verbindlichkeiten und ihr Vermögen ist Privateigenthum der Gesellschaft.

                          §. 2.

Diese Anstalt zerfällt nach ihrer, durch jenes Gesetz bezeichneten Thätigkeit, in eine
a) Hypothekenbank,
b) Wechselbank.

                          §. 3.

Die Hypothekenbank gründet sich als Privat-Creditvereinsanstalt auf die für Creditvereine bestehenden gesetzlichen Bestimmungen.

                          §. 4.

Der Sitz der Hypotheken- und Wechselbank ist in München. Jedenfalls wird baldmöglichst in Augsburg eine Filiale errichtet, welche in dem Unterordnungsverhältniß einer Filiale in Beziehung auf das Escompto, Leih-, Deposito- und Giro-Geschäfte den nämlichen Wirkungskreis, wie die Bank erhalten soll. Uebrigens können nach Bedarf auch noch in andern Städten Bayerns Filial-Anstalten errichtet werden.

§. 5.

Der Bank steht zu, ihren beim Beginne aus zehn Millionen Gulden bestehenden Hauptkapitalstock mit der allmähligen Entwicklung und Ausdehnung der Geschäfte auf 20 (zwanzig) Millionen Gulden auszudehnen. Jedenfalls verpflichtet sich dieselbe auch ohne diese Ausdehnung und zwar nach Maßgabe der erfolgenden statutenmäßigen Anmeldungen, und ohne deren Verzögerung die Summe der Darleihen auf Hypotheken bis zu dem Betrage von 12 (zwölf) Millionen Gulden zu erhöhen. Bei jeder von nun an von Seite der Bank-Administration vorzunehmenden Emmission gebührt den Subscribenten der frühern zehn Millionen Gulden bezüglich der Hälfte der zu emittirenden Aktien und zwar in dem Verhältnisse ihrer frühern Subscriptionen, der Vorzug, ein Viertel wird zur Verfügung der Staatsregierung gestellt, über den von letzterer nicht disponirten Theil, so wie über das letzte Viertel verfügt die Bank-Administration. Hat die Bank vor dieser weiteren Emmission bereits einen Reservefond gebildet, so ist derselbe vor Allem von den Uebernehmern der neuauszugebenden Bankaktien im Verhältnisse der neuen Emmission zu den bereits bestehenden Subscriptionen zu erhöhen.

§. 6.

Zur Bildung des Kapitalsstockes werden auf den Namen des Erwerbers lautende Aktien zu fünf hundert Gulden ausgegeben, welche durch bloßes Indossement und ohne gerichtliche Dazwischenkunft von einem Besitzer auf den andern übergehen können.

Die Aktien werden nach ihren laufenden Nummern und unter Beisetzung des Namens

S. 5 des Uebernehmers eigenes Buch (Aktien-Grundbuch) eingetragen.

Eine Umschreibung in diesem Buche auf einen andern Namen kann nur nach Vorlage der Original-Aktie geschehen, und bis zu derselben wird der in dem Aktien-Grundbuche zuletzt genannte Besitzer als Inhaber betrachtet.

§. 7.

Die Kapital-Einlagen werden in baarem Gelde an die Bank-Administration gemacht. Dieselbe hat die Raten zu bestimmen, nach welchen die Einschüsse geleistet werden sollen, und die Aktionäre zur Einzahlung ein Monat vorher aufzufordern. Dieselben sind verpflichtet, beim Beginne der Bank, auf die nach Erscheinen der genehmigten Statuten von Seite der Bank-Administration geschehene Aufforderung zehn Prozente des Betrages der Aktie, mit fünfzig Gulden, gegen eine auf ihren Namen lautende Aktien-Prommesse sogleich einzuschießen. Dieselben können nie und in keinem Falle angehalten werden, für die Aktie mehr als fünfhundert Gulden an die Bank zu bezahlen.

§. 8.

Jede Aktie hat gleichen Antheil an dem Bank-Fonde und an dem aus den Bank-Operationen hervorgehenden Gewinne.

Während der Dauer der Bank findet keine andere Vertheilung, als die der Dividende und Superdividende statt.

§. 9.

Aktien können Inländer und Ausländer, Corporationen und inländische Staats-Kassen erwerben.

§. 10.

Einer jeden Aktie werden vorläufig auf zehn Jahre, halbjährig zahlbare Dividend-Coupons, demnach 20 Stücke beigelegt. Der jährliche Zinsenbetrag ist auf drei Prozente festgesetzt, wornach ein halbjährig zahlbarer Zins-Coupon (Dividende) die Summe von sieben Gulden und dreißig Kreuzern, jedoch mit der weitern Bemerkung ausspricht, daß auch der (nach §. 40.) auszumittelnde Gewinnst-Antheil (Superdividende) in dem von der Bank-Administration öffentlich bekannt gemachten Betrage gleichzeitig mitvertheilt werde.

§. 11.

Die Dauer der Bank ist auf neun und neunzig Jahre festgesetzt. Die ihr zukommenden Privilegien erlöschen, wenn sie nicht erneuert werden, erst nach Ablauf dieses Zeitraumes.

Zweiter Abschnitt.
Rechte und Privilegien der Bank.

§. 12.

Die Bank und ihre Filialen

1) genießen nicht allein in allen vorkommenden Fällen das Augsburger-Wechselrecht, sondern alle Streitigkeiten zwischen ihr und den Wechsel- und Merkantil-Gerichten unterworfenen Geschäfts-Leuten werden, in so weit es sich um Wechsel- und Merkantilgeschäfte handelt, bei den betreffenden Handels-, Wechsel- und Merkantil-Gerichten nach den Bestimmungen des Augsburger-Wechsel-Rechtes entschieden, wenn nicht durch besondere Uebereinkunft zwischen der Bank und den Betheiligten ausnahmsweise etwas anderes bedungen wurde;
2) schließen ihre Geschäfte und fertigen ihre Urkunden unter der Firma „Bayerische Hypotheken- und Wechselbank", welche Fertigung gleich jener einer öffentlichen Behörde zu achten ist;
3) führen ihr eigenes in der Anlage I. bezeichnetes Siegel,
4) genießen das Recht, daß bei ihnen Depositen- und Pupillen-Gelder von den k. Behörden gegen billige Verzinsung hinterlegt werden dürfen.

S. 6

§. 13.

Die Bank hat das ausschließige Privilegium, Banknoten auf den Inhaber (au porteur) in Umlauf zu setzen, deren Betrag nicht unter zehn Gulden seyn soll.

Die Summe derselben darf jedoch nie den Betrag von vier Zehntel des Kapitalstockes der Bank, im höchsten Falle nie die Summa von 8 (acht) Millionen Gulden überschreiten, und muß jedenfalls für drei Viertheile der Emmission mit dem doppelten, der von ihr auf Grund und Boden anliegenden Hypothek, für das weitere vierte Viertheil aber, wenigstens mit einem gleichen, stets in baarem vorhandenen Geldvorrathe der Bank-Kassa gedeckt seyn. Die Bank-Administration hat überdieß dafür zu sorgen, daß außer diesem Geldvorrathe auch die übrigen drei Viertheile des Betrages der ausgegebenen Banknoten durch leicht umzuwandelnde in der Bank-Kassa sich befindende Valuten gesichert sind. Die Banknoten können bei öffentlichen Kassen nach ihrem Nennwerthe an Zahlung gegeben werden.

§. 14.

Die Bank ist verpflichtet, bei jenen ihrer Kassen, welche sie besonders dazu bestimmen wird, Banknoten gegen baares Geld auszugeben und anzunehmen.

§. 15.

Die Bank-Valuta ist die Bayerische Reichswährung, die Bank-Kassen empfangen und bezahlen nur in:

$1/1$ und $1/2$ Kronenthalern zu 2 fl. 42 kr.
Conventions-Thalern zu 2 fl. 24 kr.
in 20r Stücken zu – fl. 24 kr.

und zur Ausgleichung nur in bayerischer Scheidemünze.

§. 16.

Die Bank nimmt auf die von ihr ausgegebenen Banknoten oder bei ihr hinterlegten Gelder und andere Gegenstände weder Amortisations- noch Arrest-Gesuche an.

§. 17.

Zu Verlust gegangene Aktien, und andere auf Namen ausgestellte Urkunden der Bank, können nach den, bei den inländischen Staatspapieren bestehenden Gesetzen, von den Gerichten amortisirt werden, worüber die Bank-Administration sogleich in Kenntniß zu setzen ist.

§. 18.

Nach Ablauf ihres Privilegiums oder bei ihrer einstigen Auflösung hat die Bank für alle sich noch im Umlaufe befindenden Noten den baaren Betrag bei einer königlichen Kasse zu erlegen.

Der Betrag der drei Jahre nach geschehenem Aufrufe nicht umgewechselten Bank-Noten fällt, so wie dieß auf den Bank-Noten bemerkt ist, dem Bank-Fonde heim.

Dies tritt auch ein, wenn die Bank-Administration entweder wegen der Abnützung der Bank-Noten oder aus andern Gründen die im Umlauf befindlichen Bank-Noten gegen andere umwechselt.

§. 19.

Die Nachahmung oder Veränderung der Bank-Noten, wird nach Art. 2. des Gesetzes vom 1. Juli 1834 bestraft.

§. 20.

Der Bank steht das Recht zu, sich rücksichtlich ihrer sämmtlichen Forderungen an einem Deponenten, durch den Werth seines Depots ohne gerichtliche Dazwischenkunst bezahlt zu machen.

Dritter Abschnitt.
Verhältnisse der Bank zur Staats-Regierung.

S. 7

§. 21.

Die königliche Staats-Regierung übt durch einen königl. Kommissär die fortwährende Ober-Aufsicht auf die Einhaltung der von ihr genehmigten Bank-Statuten. Derselbe kann zu diesem Zwecke:

1) den Wahlen, Ausschuß-Versammlungen und Sitzungen der Administration beiwohnen,

2) von den Kassen und Büchern der Bank jederzeit Einsicht nehmen, und

3) hat unter spezieller Verantwortlichkeit über den gewissenhaften Vollzug der, im §. 13. rücksichtlich der Bank-Noten gegebenen Bestimmungen, zu wachen, so wie die Bank-Noten vor ihrer Emmission mit Unterschrift oder Stempel zu unterfertigen.

§. 22.

Sollte der königl. Kommissär in vorkommenden Fällen der Meinung seyn, daß der Ausschuß oder die Bank-Administration ihre Befugnisse zu überschreiten, oder gegen die Statuten zu handeln im Begriffe stehe, und sollten seine deßhalb gemachten Erinnerungen nicht berücksichtigt werden, so berichtet er augenblicklich an die königl. Staats-Regierung, worauf der in Zweifel gezogene Gegenstand bis zur erfolgten Entscheidung suspendirt bleibt.

§. 23.

Die Bank kann sich in ihren Angelegenheiten unmittelbar an die königlichen Ministerien wenden.

§. 24.

Wenn die Staats-Regierung mit der Bank zum Behufe ihrer Unternehmungen, auf irgend eine Weise in Geschäftsverbindung treten sollte, so finden alle in den Statuten und Reglements der Bank enthaltenen Bestimmungen ebenso, als wenn die Bank mit Privaten Geschäfte abschließt, ihre volle Anwendung.

Vierter Abschnitt.
Administration der Bank.

§. 25.

Die 40 größtbetheiligten Actionäre (§. 37.) bilden den Bank-Ausschuß.

§. 26.

Der Bank-Ausschuß wählt aus den in München wohnenden Aktionären 7 Administratoren, und diese wieder aus ihrer Mitte einen ersten und einen zweiten Direktor.

§. 27.

Die Bank-Administration wählt jährlich die ihr nöthig scheinende Anzahl von Censoren aus den in München wohnenden sachverständigen Geschäftsleuten, welche darauf zu sehen haben, daß nur als solid anerkannte Handelsfirmen zum Discontiren zugelassen werden; zur jedesmaligen Entscheidung werden 3 Censoren erfordert.

§. 28.

Die Wahl jedes einzelnen Administrators soll besonders vollzogen und erst nach Bekanntmachung der Wahl des ersten, zur Wahl des zweiten, dritten u.s.w. geschritten werden.

§. 29.

An dem Ausschusse, so wie an der Administration können nur, zur freien Verwaltung ihres Vermögens berechtigte, inländische Aktionäre Theil nehmen.

S. 8   Ausgeschloßen sind: Frauen und Ausländer, so wie Korporationen und Staatskassen.

Im Concours begriffene oder gewesene Individuen können, wenn sie ihre früheren Verbindlichkeiten nicht vollkommen erfüllt haben, weder in den Ausschuß – noch in die Administration eintreten. Kein Aktionär kann sich dabei durch einen Bevollmächtigten vertreten lassen, ausgenommen hievon sind die Mitglieder des königl. Hauses.

§. 30.

Jeder Administrator muß wenigstens zwanzig, auf seinen Namen in dem Aktien-Grundbuche eingetragene, und während der Dauer seiner Funktion bei der Bank hinterlegt bleibende Aktien, besitzen.

§. 31.

Bei dem Beginne der Bank treten von den gewählten Administratoren nach Verlauf des ersten Jahres einer, und in jedem der zwei nachfolgenden Jahre immer drei nach dem Loose, für die Folgezeit aber nach ihrem Eintrittsalter aus. Die Austretenden können wieder gewählt werden.

§. 32.

Die Administratoren und Censoren bekleiden ihre Stellen als Ehrenämter unentgeldlich; jedoch bleibt es dem Ausschuße für die Zukunft unbenommen, den Administratoren und Censoren eine billige Entschädigung für ihre Zeitversäumniß u. s. w. zu bewilligen.

§. 33.

Die Administration berathet unter dem Vorsitze des Direktors wöchentlich wenigstens einmal in kollegialer Form die Angelegenheit der Bank. Zur Fassung eines gültigen Beschlußes wird die Anwesenheit von wenigstens drei Mitgliedern ausser dem Direktor, welchem bei Stimmengleichheit eine zweite entscheidende Stimme zukommt, erfordert, welche die Sitzungsprotokolle mit dem Direktor unterzeichnen.

Der erste, und in dessen Verhinderungsfalle der zweite Direktor, repartirt die Geschäftseinläufe. Jeder der Administratoren erhält einen besondern Geschäftszweig zur besondern Aufsicht.

§. 34.

Die Bank-Administration ordnet den Geschäftsgang der Bank, entwirft die, für jeden einzelnen Zweig nöthigen Reglements, ernennt das zur Geschäftsführung der Bank nöthige Personale, und bestimmt dessen Besoldung, so wie die zu leistende Cautionen. Ebenso bezeichnet die Bank-Administration den Wirkungskreis der von ihr eingerichteten und unter ihrer Aufsicht stehenden Filialen durch geeignete Reglements. Sowohl die Reglements als die Personal-Ernennungen sind dem Ausschuße in seinen durch die Administration veranlaßten Versammlungen vorzulegen.

§. 35.

Die Bank-Administration wählt einen Rechtsgelehrten zur Berathung und Vertretung ihrer Rechtsangelegenheiten.

§. 36.

Alle Urkunden der Bank, als die Bank-Aktien, Anweisungen, verzinsliche Schuldurkunden u. s. w., werden im Namen der bayerischen Hypotheken- und Wechselbank ausgestellt, von einem der Direktoren und von einem dem treffenden Geschäftszweige vorstehenden Administrator unterzeichnet, so wie mit dem Siegel der Bank versehen.

§. 37. S. 9

Zu der in der Regel jährlich einmal und zwar am zweiten Montage des Januars abzuhaltenden Ausschußversammlung ruft die Bank-Administration die, nach ihrem Aktien-Grundbuche am Tage der Einberufung und sechs Monate vorher, größtbetheiligten vierzig Aktien-Besitzer ein, wobei der längere Aktien-Besitz bei gleicher Aktien-Anzahl den Vorzug giebt. In dringenden Fällen kann die Bank-Administration den

Ausschuß auch öfter versammeln. Der Direktor der Bank-Administration hat bei diesen Versammlungen den Vorsitz.

§. 38.

Die Bank-Administration hat bei der im Januar jeden Jahres stattfindenden Versammlung des Ausschußes die jährlichen Rechnungs-Abschlüsse vorzulegen, die ausgewiesenen Erträgnisse der Bank der Prüfung zu unterlegen, die für nöthig erachteten Abänderungen in den Statuten oder Reglements vorzuschlagen, und überhaupt über alle Verhältnisse der Bank Aufklärung zu geben.

Bei allen desfalsigen Abstimmungen entscheidet die Stimmenmehrheit, mit Ausnahme der Abstimmung über die von einem Ausschuß-Mitgliede in den Antrag gebrachten Abänderungen der Statuten, welche der k. Staats-Regierung nur dann zur Bestätigung vorgelegt werden können, wenn drei Viertheile der anwesenden Ausschuß-Mitglieder für dieselben gestimmt haben.

Fünfter Abschnitt.
Bestimmungen über die Dividende
und den Reservefond.

§. 39.

Die Bank-Administration hat jährlich zweimal, am Ende Juni und Ende Dezember, ihre Bücher abzuschließen, um den bei den Bank-Operationen sich ergebenden, und als Dividende, nach Abzug des Betrags für den Reservefond, gleichmäßig auf jede Aktie auszutheilenden Gewinn auszumitteln.

§. 40.

Als Dividende werden vor Allem drei Prozente des Nominal-Kapitals einer Aktie (von 500 Gulden – halbjährig mit Sieben Gulden und dreißig Kreutzern) festgesetzt.

Von dem übrigen sich ergebenden reinen Gewinne werden nach Abzug aller Unkosten, Verluste und zweifelhaften Forderungen, drei Viertheile ebenfalls gleichmäßig auf jede Aktie, als Superdividende ausgeworfen.

Das Resultat des jedesmaligen halbjährigen Bank-Abschlußes wird öffentlich bekannt gemacht; worauf die Dividende und Superdividende gegen Zurückgabe des treffenden Coupons erhoben werden können. Bei dem ersten Rechnungsabschluße der Bank wird nur die nach der Zeit der Einschüsse zu berechnende Dividende von drei Prozent ertheilt.

§. 41.

Durch den, nach Vertheilung von drei Viertheilen des Gewinnstes, noch verbleibenden vierten Viertheil wird ein Reservefond bis zu der Höhe des zehnten Theiles des Capitalstockes der Bank gebildet. Derselbe muß stets in dieser Stärke erhalten, darf aber nie über dieselbe vergrößert werden. Sobald der Reservefond die bezeichnete

Höhe erreicht hat, wird auch der vierte Viertheil des Bank-Gewinnstes in der Superdividende mit vertheilt.

§. 42.

Der in einer eigenen Rechnung zu verwaltende Reservefond muß von der Bank-Administration in Staatspapieren, Privat-Urkunden oder, nach eigenem Ermessen, auf andere Weise fruchtbringend angelegt, dessen, bei der im Dezember alljährig abzuschliessenden Bank-Rechnung sich erzielende Ertrag aber von der Bank in Einnahme gebracht, und mittelst desselben die zu vertheilende Superdividende verstärkt werden.

S. 10

Sechster Abschnitt.
Geschäfte der Bank.

Erste Abtheilung.
Von den Geschäften der Bank im Allgemeinen.

§. 43.

Von dem Kapitalstocke der Bank werden drei Fünftheile zu Anlehen auf Grund und Boden gegen hypothekarische Sicherheit, die übrigen zwei Fünftheile aber für die übrigen Geschäftszweige der Bank verwendet.

§. 44.

Sollte es der Bank nicht immer sogleich gelingen, für die oben bezeichneten drei Fünftheile ihres Kapitalstockes solide und annehmbare Kapitalsgesuche zu erhalten, so kann sie bis zur Anmeldung derselben über die noch zur Verfügung stehenden Fonds zu andern, in ihrem Geschäfts-Kreise liegenden Zwecken, jedoch nur unter der Voraussetzung verfügen, daß die zu ihrer eigentlichen Bestimmung stets bereit zu haltenden drei Fünftheile nur auf kurze Termine angelegt werden.

§. 45.

Die Bank darf niemals Spekulations-Geschäfte überhaupt, insbesondere aber keine Depot-Geschäfte in ausländischen Staats-Papieren für eigene Rechnung machen.

§. 46.

Die Bank umfaßt folgende Geschäftszweige:

1) Darlehen auf hypothekarische Sicherheit,
2) Das Escompto-Geschäft, und zwar
   a) das einfache Wechsel-Escompto-Geschäft,
   b) das Escompto-Geschäft in, die im §. 62 Nro. 2 bezeichnete Sicherheit nicht bietenden Wechseln,

3) das Leihgeschäft auf Papiere, Gold und Silber,

4) das Giro-Geschäft,

5) das Depositen-Geschäft,

6) die Lebensversicherungs-, Leibrenten- und andere dergleichen Geschäfte, und

7) Uebernahme von Geldern, sowohl von dem Staate, als von Privaten gegen mäßige Zinsvergütung.

§. 47.

Unter den, im vorigen Paragraph bezeichneten Geschäften ist das einfache Escompto-Geschäft von der Bank-Administration vorzugsweise zu begünstigen.

Zweite Abtheilung.
Von den einzelnen Geschäftszweigen der Bank insbesondere.

[...]

S. 17

VI. Das Lebensversicherungs- und Leibrenten-Geschäft.

§. 80.

Die Bank errichtet eine auf Prämiensätze gegründete Lebens-Versicherungs- und Leibrenten-Anstalt, und legt deren reglementäre Grundbestimmungen der königlichen Staatsregierung zur Genehmigung vor.

Siebenter Abschnitt.
Auflösung der Bank.

§. 81.

Vor Ablauf des Privilegiums (§. 11.) kann eine frühere Auflösung der Bank nur auf Verlangen von drei Viertheilen der Aktionäre, die auch Besitzer von wenigstens drei Viertheilen der Bank-Aktien seyn müssen, eintreten.

In diesem Falle treten zehn von dem Bank-Ausschusse aus seiner Mitte gewählte Mitglieder zu der Bank-Administration, um mit derselben die Liquidation vorzunehmen, so wie die vollständige Erfüllung der Verbindlichkeiten des Etablissements zu berathen und auszuführen.

Schluß.

§. 82.

Gegenwärtige, von der Staats-Regierung genehmigte Bank-Statuten können ohne deren Zustimmung nicht abgeändert werden. Von der Staats-Regierung genehmigte Abänderungen müssen aber jedesmal den Statuten beigefügt, resp. öffentlich bekannt gemacht werden.

München, den 17. Juni 1835.

(L. S.)

Simon Freiherr v. Eichthal,
  Vorstand.

von Langlois.
J. von Maffei.
Joseph Riezler.
Franz Xaver Riezler.
L. Negrioli.
Herrmann von Kraft.
Fr. Lindauer.
Carl Freiherr v. Rothschild.
Christian August Erich,
  Sekretär.

(L. S.)

Quelle 8

[Titel]
Reglementäre
Grundbestimmungen
der
bayerischen
Hypotheken- und Wechselbank
für die
Lebensversicherungs-Anstalt.

München, 1836.

Druck von George Jaquet.

S. 3 Die bayerische Hypotheken- und Wechselbank errichtet auf den Grund des §. 46 der Bank-Statuten unter nachfolgenden von der Königl. bayer. Staats-Regierung genehmigten reglementären Grundbestimmungen eine Lebensversicherungs-Anstalt.

§. 1.

Die von der bayer. Hypotheken- und Wechsel-Bank aufgenommenen Lebensversicherungen bilden unter ihrer Haftung einen eigenen Geschäftszweig derselben, und die Lebensversicherungs-Verträge werden ausschließlich nur in München am Sitze der Bank abgeschlossen.

§. 2.

So wie die Versicherten in dem Vermögen der Bank ihre Sicherheit finden, ebenso
S. 4 finden die Aktionärs derselben ihre Beruhigung durch Zurücklegung eines Reserve- und Sicherheitsfonds, deren Beträge jährlich nach den Grundsätzen der Prämien-Berechnungen ausgemittelt werden.

§. 3.

Die Bank beschränkt vor der Hand ihre Lebensversicherungen auf das Gebieth des Königreiches Bayern, doch behält sie sich bevor, nach Thunlichkeit selbe auf das Ausland auszudehnen.

§ 4.

Die Lebensversicherung geschieht durch einen Vertrag, welcher mit der Bank dahin abgeschlossen wird, daß sich dieselbe verpflichtet, gegen eine bestimmte an sie zu leistende jährliche Einzahlung eine festgesetzte Capital-Summe nach dem Erlöschen des eigenen oder eines andern versicherten Lebens dem Versichernden auszuzahlen. Die Urkunde, welche die Bank hierüber ausstellt, ist der Versicherungs-Schein, und die jährliche Einzahlung heißt die Prämie.

§. 5.

Die Lebensversicherungen theilen sich in lebenslängliche, welche für die ganze Lebensdauer, und in kurze Versicherungen, welche auf bestimmte Zeit, nämlich auf ein oder mehrere Jahre abgeschlossen werden.

S. 5

§. 6.

Nur Personen unbescholtenen Rufes und guter Gesundheit, in der Regel nicht unter 10 und nicht über 70 Jahren, ohne Unterschied des Geschlechtes können sich versichern oder versichern lassen.

§. 7.

Personen, die nicht vaccinirt worden, oder die natürlichen Blattern nicht gehabt haben, desgleichen Wahnsinnige und Epyleptische, auch mit lebensgefährlichen organischen Fehlern Behaftete können nicht versichert werden; auch sind diejenigen ausgeschlossen, deren Beruf oder Lebensweise für Leben und Gesundheit besondere Gefahren besorgen läßt.

§. 8.

Die Prämien richten sich sowohl nach der Art der Versicherungen, als nach dem Alter der zu Versichernden, und sind mit Hilfe der anerkanntesten Erfahrungen über Sterblichkeit

nach möglichster Genauigkeit zum Beßten der sich Versichernden gestellt.

S. 6

Der Prämien-Satz für lebenslängliche, so wie für kurze Versicherungen, nämlich von ein Jahr, von 2 bis 5 Jahren, von 5 bis 10 Jahren ist in beigefügter Tabelle Nr. 1 festgesetzt.

Bei lebenslänglichen Versicherungen bleibt selber für die ganze Lebensdauer unverändert; bei kurzen Versicherungen aber tritt nach deren Ablauf eine dem vorgerückten Alter entsprechende Erhöhung der Prämie, ein.

§. 9.

Die eingehenden Gesundheits-Zeugnisse werden zur Prüfung einem ärztlichen Comité übergeben, welches der Bank-Administration seine Begutachtung über die Aufnahmsfähigkeit oder Zurückweisung der Antragstellenden schriftlich und motivirt zuzustellen hat.

§. 10.

Im ganzen Königreiche Bayern, oder soweit sich die Ausdehnung der Lebensversicherungs-Geschäfte der Bank erstrecken wird, werden in den größeren Städten und Märkten

S. 7 Agenten bestellt, welche die Anstalt bei Lebensversicherungs-Geschäften zu vertreten haben.

Der Agent handelt als Commissionär der Bank und des Publikums; ohne Vermittlung eines Agenten kann weder eine Versicherung angemeldet, oder abgeschlossen, noch erneuert werden.

Die Agenten werden von der Bank-Administration ernannt, und erhalten eigene Instruktionen, die denselben zu ihrer Legitimation dienen.

§. 11.

Die Obliegenheiten der Agenten bestehen im Allgemeinen darin, daß –

a) jeder in seinem Bezirke die Anträge zu Lebensversicherungen mit den erforderlichen Papieren annimmt, und Alles besorgt, was sich hierauf bezieht; –

b) daß er die Prämien-Gelder empfängt, und der Bank verrechnet; und

c) bei eintretenden Sterbefällen nach den reglementären Grundbestimmungen verfährt.

§. 12.

Die Agenten haben die Lebensversicherungs-Geschäfte ohne Anspruch auf eine Provision

S. 8 von den Betheiligten zu besorgen, da ihnen die Bank für ihr Bemühen eine verhältnismäßige Vergütung zuspricht.

§. 13.

Die Anmeldungen zu Versicherungen haben jederzeit bei dem zunächst wohnenden Agenten, niemals bei der Bank selbst, und immer in eigener Person zu geschehen.

Von der Bestimmung, daß der Agent den zu Versichernden persönlich sehe, darf unter keinen Umständen abgegangen werden.

§. 14.

Dem sich Versichernden wird von dem Agenten eine gedruckte Anmeldung vorgelegt, die derselbe in den leer gelassenen Stellen genau und gewissenhaft auszufüllen, und in Gegenwart des Agenten zu unterzeichnen hat.

Ausser der in der Anmeldung vorkommenden Erklärung über das Alter und die Gesundheit des Versichernden, hat er sich hierüber noch durch Geburts- und ärztliches Gesundheits-Zeugniß auszuweisen.

S. 9 §. 15.

Das Geburts-Zeugniß muß entweder in Original oder in einer legal beglaubigten Abschrift beigebracht werden.

§. 16.

Das Gesundheits-Zeugniß, welches nur für die Dauer der Versicherungszeit giltig ist, muß von einem vom Staate approbirten wirklichen Arzte seyn, und zwar vom Haus-Arzte des zu Versichernden, der ihn seit längerer Zeit kennt, oder der ihn in neuester Zeit ärztlich behandelt hat. Diese Zeugnisse müssen vom Arzte eigenhändig geschrieben, unterzeichnet und legal beglaubiget seyn, und sind vom selben versiegelt dem Agenten zuzustellen.

Nur die vom Agenten übergebene und mit äusserster Genauigkeit und größter Gewissenhaftigkeit ausgefüllte Zeugniß-Formularen können angenommen werden; es bleibt jedoch der Bank unbenommen, durch einen von ihr aufgestellten Arzt ein zweites Zeugniß aufnehmen zu lassen.

§. 17.

Wenn der zu Versichernde für sich oder seine Familie keinen Hausarzt gebraucht hatte,

oder andere erhebliche Gründe obwalten, was jedoch dem Agenten ausdrücklich bemerkt werden muß, kann ausnahmsweise das Zeugniß von einem andern dem zu Versichernden näher bekannten approbirten Arzte oder von dem betreffenden Gerichts-Arzte ausgestellt werden.

S. 10

§. 18.

Die Bank behält sich bevor, nach genauer Prüfung der beigebrachten Nachweisungen, die Aufnahme oder Abweisung des zu Versichernden ohne Angabe von Motiven zu entscheiden, oder die angemeldeten Versicherungs-Summen zu ermäßigen.

§. 19.

Den Versicherten steht es stets frey, von einer kurzen in eine lebenslängliche Versicherung zu treten, oder nach Ablauf eines Versicherungs-Vertrages sich wieder weiters auf mehrere Jahre oder auf Lebensdauer versichern zu lassen; in allen diesen Fällen aber muß ein neues Gesundheits-Zeugniß beygebracht werden.

§. 20.

Die Versicherungs-Summe darf nicht unter 300 fl., und vor der Hand nicht über 25,000 fl., und muß jedenfalls durch 100 fl. theilbar seyn.

S. 11

Den geringeren Versicherungs-Summen kann stets eine weitere Summe nachversichert werden; jedoch behält sich die Bank bevor, in diesem Falle ein neues Gesundheits-Zeugniß verlangen zu können, und die Prämie der nachversicherten Summe erhöht sich mit dem vorgerückten Alter nach dem Tarif.

§. 21.

Das hier ausgesprochene Maximum von 25,000 fl. kann von der Bank erhöht werden, sobald die Versicherungs-Geschäfte eine entsprechende Ausdehnung erreicht haben werden.

§. 22.

Bey Bestimmung des Alters wird angenommen, daß die ersten 6 Monate noch zu dem Altersjahre gehören, welches der Versicherte zurückgelegt hat, die letzten 6 Monate zu dem Alter, in welchem er steht.

§. 23.

Die Prämie wird jedesmal auf ein ganzes Jahr vorausbezahlt.

S. 12

§ 24.

Die Versicherungs-Anträge werden mit den dazu gehörigen vorschriftsmäßigen Geburts- und Gesundheits-Zeugnissen mit erster Gelegenheit auf Kosten der Bank von den Agenten eingesendet.

Die Bank wird selbe den nöthigen Prüfungen unterstellen, und in kürzester Zeit hierüber verfügen.

Die Agenten können weder Versicherungen abschließen, noch Interims-Scheine ausstellen, oder Prämien festsetzen.

§. 25.

Die Dauer einer angenommenen Versicherung wird von Mittag 12 Uhr des Tages an gerechnet, wo der Versicherungsschein ausgestellt ist, und währt ein Jahr bis Mittag 12 Uhr desselben Tages.

Die Versicherung ist aber erst dann giltig, wenn die Prämie hiefür an den Agenten bezahlt, und der von ihm contrasignirte Versicherungs-Schein dem Versicherten eingehändigt seyn wird.

§. 26.

Ueber jeden eingegangenen Versicherungs-Vertrag fertigt die Hypotheken- und

S. 13 Wechsel-Bank einen Versicherungs-Schein nach angefügtem Formulare Beylage II. aus, welcher mit dem Stempel der Bank versehen, vom Director und einem Administrator unterzeichnet ist, und bey Erlage der Prämie vom Agenten contrasignirt wird.

§. 27.

Die jährliche Einzahlung der Prämie wird durch einen Prämien-Schein nach angefügtem Formular Beylage III. auf gleiche Weise, wie der Versicherungs-Schein, beurkundet.

§. 28.

Die bayer. Währung in Rrthl. zu 2 fl. 42 kr. ist als Bank-Valuta auch die einzige Währung bey Lebens-Versicherungs-Geschäften.

§. 29.

Auf das Leben eines Andern kann versichert werden, wenn die Einwilligung des zu Versichernden beygebracht, oder ein wirkliches Interesse an der Dauer des Lebens dieser dritten Person, z.B. durch nahe Verwandtschaft, Schuldforderung oder Bürgschaft u.d.gl. nachgewiesen ist.

Ist die Versicherung erfolgt, so behält sie ihre Kraft, wenn sich auch jenes Interesse verändern sollte. S. 14

§. 30.

Dem Versicherten steht jeder Zeit der Austritt frey, und selber hat, wenn er auf die Lebensdauer, und bereits 5 Jahre versichert war, Anspruch auf eine theilweise Entschädigung für die von ihm nach den ersten 5 Jahren seiner Versicherung einbezahlten Prämien-Beträge zu machen.

§. 31.

Will der Versicherte austreten, und kann er nach §. 30. Anspruch auf Entschädigung machen, so hat er dieses wenigstens 4 Wochen vor Verfall des Prämien-Scheines schriftlich dem Agenten anzuzeigen.

§. 32.

Der Versicherungs-Schein kann durch einfache Cession an einen Andern als Eigenthum übertragen werden.

§. 33.

Wenn nach §. 25. die Dauer der Versicherung abgelaufen ist, so wird dem Versicherten auf seine Gefahr und ohne Ansprüche an die Bank, ein Termin von längstens 4 Wochen zur Bezahlung der Prämie bewilligt, nach deren Ablauf Derselbe als ausgetreten betrachtet wird. S. 15

§. 34.

Wenn der Versicherte im Kriege oder auf der See das Leben verliert, während einer Reise in sehr heißen oder sehr kalten Erdstrichen stirbt, oder Reisen in Länder, wo notorisch ansteckende Krankheiten herrschen, unternimmt, so ist der Versicherungs-Schein ungültig. Dem Versicherten bleibt jedoch unbenommen, für alle diese Fälle zur Wahrung seiner Rechte sich vorher an die Bank zu wenden, um mit ihr über besondere Bedingnisse, Erhöhung der Prämie oder theilweise Entschädigung für die eingezahlten Prämien nach §. 30. zu contrahiren.

§. 35.

Die Versicherungs-Ansprüche und die etwa schon einbezahlten Prämien gehen verloren, wenn sich nach erfolgter Versicherung zeigen sollte, daß der Versicherte bey seiner Anmeldung und in Ansehung seiner beygebrach-

S. 16 ten Zeugnisse nicht aufrichtig und ehrlich zu Werke gegangen wäre. Die Versicherung wird null und nichtig, wenn der Versicherte im Zweykampf, durch Selbstmord oder durch die Hände der Gerechtigkeit fällt.

§. 36.

Gleich nach eingetretenem Todes-Fall eines Versicherten haben dessen Hinterbliebene oder die Eigenthümer des Versicherungs-Scheines bey dem Agenten, wo die Versicherung statt gefunden hat, oder im Falle, daß der Versicherte seinen früheren Wohnort verändert hätte, bey dem Agenten, der den letzten Prämien-Schein contrasignirte, persönlich oder mit erstem Posttage schriftlich Anzeige hiervon zu machen, und dabey die bekannte oder vermuthliche Ursache des Todes anzugeben, in möglichst kurzer Zeit aber über die letzte Krankheit oder sonst über die Todes-Ursache genaue Beweise, sowohl durch amtlichen Todtenschein als durch gerichtlich beglaubigtes Zeugniß des Arztes, der den Verstorbenen behandelte, nach Umständen auch durch Sections-Bericht, beyzubringen.

S. 17 §. 37.

Der Bank bleibt unbenommen, wenn sie die beygebrachten Beweise nicht auslangend finden sollte, bessere Beweismittel über einige oder alle Punkte, jedenfalls aber eidliche Bestärkung der Angaben zu verlangen.

Alle Ansprüche an die Versicherungs-Summe gehen aber verloren, wenn die Beweise falsch gefunden wurden.

Die Bank wird keine unnöthigen Schwierigkeiten machen, und ohne erhebliche Gründe zu einer Einsprache, der Auszahlung der Versicherungs-Summen nichts in Wege legen.

§. 38.

Die Auszahlung der Versicherungs-Summen erfolgt 3 Monate nach geführtem Beweis über den Todesfall gegen Zurückgabe des Versicherungsscheines und Quittirung des Empfanges, in Baarem bey der Hypotheken- und Wechsel-Bank in München.

Hat der Versicherte durch eine von ihm unterzeichnete Cession zu Gunsten eines Dritten über die Versicherungs-Summe verfügt, so wird der Cessionar als der rechtmäßige Eigenthümer angesehen, die Bank läßt sich dabey

S. 18 in keine weiteren Erörterungen ein, und nimmt hierauf keine Arrest-Gesuche an.

Bey nicht cedirten Versicherungsscheinen werden die gesetzlichen Erben des Versicherten als die rechtmäßigen Eigenthümer des Versicherungs-Scheines, anerkannt.

§. 39.

Die Bank behält sich bevor, Aenderungen in ihren reglementären Grundbestimmungen treffen zu können, die jedoch nicht rückwirkende Kraft genießen sollen.

München den 5. May 1836.

Bayerische Hypotheken- und Wechselbank.

Simon Freyhr. v. Eichthal.   Joseph Riezler.
Director.   Administrator.

Quelle 9

[Titel]

Verfassung
der
mit Genehmigung der Herzoglich Braunschweigischen Landesregierung
errichteten
Braunschweigischen
Allgemeinen Versicherungs-Anstalt.

Braunschweig,

Druck von Friedrich Martin Meinecke.

1842.

S. 1

Erster Abschnitt.
Allgemeine Bestimmungen über den Zweck,
Umfang und die Grundsätze der Anstalt.

Zweck und Umfang der Anstalt.

§. 1. Die Braunschweigische Allgemeine Versicherungsanstalt übernimmt folgende Arten von Versicherungen:

1. Versicherungen von *Wittwenpensionen* und *Ueberlebensrenten,*

2. sogenannte *Lebensversicherungen,* und

3. Versicherungen von *Leib-* und *Alters-Renten.*

Wittwenpensionen und Ueberlebensrenten.

§. 2. Die Versicherung einer Wittwenpension ist ein Vertrag, nach welchem ein Ehemann sich verbindlich macht, auf einmal ein Capital oder terminliche Beiträge (Prämien), so lange er und seine Ehefrau zusammen am Leben sind, an die Anstalt zu zahlen, gegen die Verpflichtung der Anstalt, der Frau für den Fall, daß sie den Mann überlebt, vom Tode des letzteren an gerechnet eine lebenslängliche Rente, Wittwenpension, zu gewähren.

Es kann aber auch jede beliebige andere Person (A) einer zweiten (B) innerhalb gewisser, unten (§. 10.) näher bezeichneter

S. 2 Beschränkungen, sonst aber unter gleichen Bedingungen eine Rente dieser Art bei der Anstalt versichern. Immer hat die eine Person (A) an die Anstalt entweder ein bestimmtes Capital auf einmal einzuzahlen, oder sich anheischig zu machen, so lange sie und die zweite zu versorgende Person (B) beide am Leben sind, bestimmte terminliche Beiträge (Prämien) an dieselbe zu entrichten, damit die Anstalt die Verpflichtung übernehme, dieser zweiten Person (B), sofern sie die erste überlebt, von dem Tode der letztern an auf Lebenszeit eine bestimmte Rente auszuzahlen. – Jene erste Person (A), bei der früheren Annahme der Ehemann, wird deshalb allgemeiner der Versorger, die zweite (B), vorhin die Ehefrau, die Versorgte oder Zuversorgende, und die ihr versicherte Rente, vorhin die Wittwenpension, Ueberlebensrente genannt.

Lebensversicherungen. – Lebenslängliche und kurze.

§. 3. Eine Lebensversicherung ist ein Vertrag, nach welchem die Anstalt entweder für ein sofort an sie zu entrichtendes Capital, oder für gewisse, während des Lebens der versicherten Person in Terminen an sie zu zahlende Beiträge (Prämien) die Verpflichtung übernimmt, beim Ableben der versicherten Person eine bestimmte Capitalsumme auszuzahlen.

Man kann auf solche Weise sein eigenes Leben und auch das Leben einer anderen Person versichern.

a. Wird ein solcher Vertrag auf die ganze Lebensdauer der versicherten Person abgeschlossen, so daß die versicherte Summe jedenfalls beim Tode derselben auszuzahlen ist, mag dieser früher oder später erfolgen, so heißt die Versicherung eine lebenslängliche oder eine Versicherung auf Lebenszeit.

Um eine Versicherung der Art durch terminliche Beiträge zu erwerben, sind diese unausgesetzt so lange zu entrichten, als die versicherte Person am Leben bleibt.

b. Wird dagegen der Vertrag nur auf eine bestimmte Reihe von Jahren abgeschlossen, so daß die versicherte Summe nur dann zu zahlen ist, wenn die versicherte Person innerhalb dieses Zeitraums stirbt, so heißt die Versicherung eine kurze, eine Versicherung auf kurze Zeit, auf 1, 2, 3, 4 Jahre [...]

Für eine kurze Lebensversicherung sind natürlich auch die Beiträge nur so lange zu entrichten, als die Versicherung dauert und zugleich die versicherte Person am Leben ist.   S. 3

Leibrenten und Altersrenten.

§. 4. Versicherungen von Leibrenten sind solche Verträge, nach welchen Jemand durch sofortige Einzahlung eines Capitals sich das Recht erwirbt, von der Anstalt bis zum Ende seines Lebens eine bestimmte Rente in gewissen Terminen zu beziehen,

und Versicherungen von Altersrenten solche, nach welchen Jemand entweder gleich auf einmal ein Capital einzahlt, oder sich anheischig macht, bis zu einem bestimmten Lebensalter gewisse terminliche Beiträge zu entrichten, um von dieser Zeit an bis an das Ende seines Lebens eine bestimmte Rente in festgesetzten Terminen zu erhalten.

Verschiedene Abtheilungen der Anstalt.

§. 5. Die Anstalt zerfällt hiernach in drei Abtheilungen, deren jede alle diejenigen Personen umfaßt, welche eine Versicherung der nämlichen Art nach der vorstehenden Unterscheidung mit der Anstalt abgeschlossen haben. Diese Abtheilungen schließen sich an die bereits bestehende

Braunschweigische Allgemeine Wittwen-Versorgungs-Anstalt

an, und bilden mit dieser zusammen ein Ganzes unter gemeinschaftlicher Verwaltung.

Die Verhältnisse aller vier Abtheilungen zu einander werden §. 178 bis 187 näher bestimmt.

Vornehmste Grundsätze der Anstalt.

a. Gegenseitigkeit.

§. 6. Die Anstalt ist auf den Grundsatz der Gegenseitigkeit gegründet. Jedes einzelne Mitglied verpflichtet sich zu den verfassungsmäßigen Leistungen gegen die Gesammtheit, und die Gesammtheit leistet ihm Gewähr für die Erfüllung der dagegen übernommenen verfassungsmäßigen Verpflichtungen.

Das durch Capital-Einschüsse, Beiträge, deren Zinsen [...] sich sammelnde Vermögen ist Eigenthum der Anstalt oder der Gesammtheit ihrer Mitglieder.

S. 4 b. Oeffentlichkeit der Verwaltung.

§. 7. Die Verwaltung des Vermögens und aller Angelegenheiten der Anstalt besorgt ein verfassungsmäßig erwählter Ausschuß, das „Deputirten-Collegium", unter beständiger Aufsicht der Herzogl. Braunschweigischen Landesregierung, welche mit diesem Geschäfte einen sachkundigen Mann, vorzugsweise einen Staatsdiener, den Regierungs-Commissarius, beauftragt. Das Deputirten-Collegium vertritt die Anstalt als deren beständiges bevollmächtigtes Organ, und legt alljährlich über die Verwaltung und den Zustand der Anstalt öffentlich Rechenschaft ab. (Vergl. §. 225.)

Territorialgebiet der Anstalt.

§. 8. Der Beitritt zur Anstalt ist unter den später angeführten Beschränkungen allen Einwohnern deutscher Staaten, mit Inbegriff von ganz Preußen, ohne Unterschied der Religion, des Standes und Geschlechts gestattet.

Anmerk. Ob ausnahmsweise auch Einwohner benachbarter Staaten (Dänemarks, Hollands, der Schweiz [...]) in die Anstalt aufzunehmen sind, soll in jedem besonderen Falle von dem Ermessen der Administration und der Genehmigung des Herzogl. Regierungs-Commissarius abhängen.

Münzsorte (Valuta) der Anstalt.

§. 9. Alle Zahlungen an die Anstalt und von derselben geschehen in grobem Courant nach dem 21 Guldenfuße, den Thaler zu 24 Gutegroschen (oder 30 Silber-groschen), den Gutengroschen zu 12 Pfennigen (oder 15 Silberpfennigen) gerechnet.

Zweiter Abschnitt.
Versicherungen von Wittwenpensionen und Ueberlebensrenten.

I. Aufnahmebedingungen.

Befähigung zur Aufnahme.

§. 10. Jeder Ehemann kann seiner Ehefrau bei der Anstalt eine Wittwenpension, überhaupt aber auch jede beliebige Person einer anderen, an deren Versorgung sie ein begründetes Interesse hat, eine Ueberlebensrente unter folgenden Bedingungen versichern:

1. Der Versorger muß einen unbescholtenen Ruf haben,
2. sich einer guten Gesundheit erfreuen – worüber die §. 20 vorgeschriebene Nachweisung beizubringen ist, – und
3. keinen Beruf haben oder kein Gewerbe betreiben, wodurch das Leben, wenn auch nur zu Zeiten, in ungewöhnliche Gefahr gebracht wird.

Solche Personen, deren Beruf, Gewerbe oder Beschäftigung dem Leben ungewöhnliche Gefahren bringt, wie Militairpersonen, Seefahrer [...] können der Anstalt nur unter besonderen §. 63 bis 68 näher bezeichneten Bedingungen als Versorger beitreten.

4. Der Versorger darf ferner zur Zeit der Aufnahme nicht unter 15 und in der Regel nicht über 60 Jahre,

[...]

Altersbestimmung.

§. 12. Bei der Bestimmung des Alters sowohl des Versorgers als der zu versorgenden Person wird der Tag, an welchem die Versicherungs-Urkunde ausgefertigt wird, zu Grunde gelegt.

Die an diesem Tage über volle Lebensjahre zurückgelegten Tage werden, wenn ihrer weniger als 183 sind, nicht mit in Anschlag gebracht, wenn ihrer aber 183 und mehre sind, für ein volles Jahr gerechnet.

[...]

II. Aufnahmeverfahren.

Anmeldung.

§. 16. Wer eine Versicherung der genannten Art bei der Anstalt machen will, hat seine Absicht entweder der Administration der Anstalt zu Braunschweig oder einem von derselben bestellten (dem ihm zunächst wohnenden) Agenten anzuzeigen, und erhält darauf ein Exemplar dieser Verfassung, ein Anmeldungsformular und ein Formular für den von ihm beizubringenden Gesundheitsschein.

Angaben bei der Anmeldung.

§. 17. In dem Anmeldungsformulare sind sodann folgende Angaben einzutragen:

1. Der volle Tauf- und Familien-Name, Stand oder Gewerbe, Wohnort, Tag und Jahr der Geburt des Versorgers;
2. die nämlichen Angaben in Betreff der zu versorgenden Person, und sofern dieselbe eine mit einem Dritten verheirathete oder verheirathet gewesene Frau ist, auch die hierauf bezüglichen zu ihrer vollständigen und genauen Bezeichnung dienenden Angaben;
3. das verwandtschaftliche Verhältniß der zu versorgenden Person zu dem Versorger oder das sonstige Verhältniß (der Grund), weshalb dieser an ihrer Versorgung ein Interesse hat;
4. der Betrag der zu versichernden Wittwenpension oder Ueberlebensrente;
5. die Erklärung des Versorgers, ob er die Versicherung durch ein sofort einzuschießendes Capital, oder durch halbjährliche (oder jährliche) Beiträge, oder zum Theil auf die eine, zum Theil auf die andere, und in welchem Verhältniß auf die eine und andere Weise beschaffen wolle; und
6. die Erklärung, ob derselbe schon eine ähnliche Versicherung bei einer anderen Anstalt abgeschlossen hat oder nicht, und im ersten Falle auch bei welcher Anstalt und zu welchem Betrage.

Unterzeichnung des Anmeldeformulars.

§. 18. Mit diesen Angaben versehen ist das Anmeldungsformular jedenfalls von dem Versorger, wenn kein besonderes Hinderniß vorhanden ist, auch von der zu versorgenden Person, und zuletzt auch von dem mit den Aufnahmeverhandlungen beauftragten Mitgliede der Administration zu Braunschweig oder von dem vermittelnden Agenten eigenhändig zu unterzeichnen.

S. 8 *Beizufügende Bescheinigungen. – Geburtsscheine. – Gesundheitsscheine.*

§. 19. Beizufügen sind demselben:

1. ein amtlich ausgestellter oder beglaubigter Geburtsschein des Versorgers und
2. der zu versorgenden Person, oder sofern solche nicht zu erhalten stehen sollten, gerichtliche Bescheinigungen über das Alter derselben, und
3. der vorschriftsmäßig auszufertigende Gesundheitsschein des Versorgers.

Ausstellung und Unterzeichnung des Gesundheitsscheins.

§. 20. Das zum Gesundheitsscheine mitgetheilte Schema ist von einem von Staatswegen angestellten Arzte auszufüllen und zu unterzeichnen, und für Versichernde außerhalb Braunschweig noch von zwei, wo möglich bei der Anstalt schon Versicherten unter Beifügung der Nummer ihrer Receptionsurkunde, oder, wenn dieses nicht thunlich ist, von zwei der Administration oder dem Agenten als glaubwürdig bekannten, mit dem Versichernden nicht nahe verwandten Männern mit zu unterschreiben.

Diese haben dadurch an Eides Statt zu erklären, daß ihnen das Gegentheil der ärztlichen Angaben nicht bekannt sei, und daß sie überall gegen die Aufnahme des Antragstellers nichts zu erinnern finden. Außerdem ist sowohl die Richtigkeit der Unterschrift des Arztes und der beiden Zeugen, als auch die Glaubwürdigkeit der in dem Gesundheitszeugnisse enthaltenen Angaben von der zuständigen obrigkeitlichen Behörde zu attestiren.

§. 21. Der Gesundheitsschein darf zu der Zeit, wo er der Administration oder dem Agenten eingeliefert wird, nicht über vierzehn Tage alt sein.

Persönliche Stellung des Versorgers.

§. 22. Auf Verlangen hat sich überdieß der Versorger entweder einem Mitgliede der Administration in Braunschweig oder einem Agenten persönlich zu stellen.

Versicherungs-Urkunde.

§. 23. Nachdem die genannten Actenstücke ordnungsmäßig

an die Administration der Anstalt zu Braunschweig entweder unmittelbar oder durch Vermittelung des Agenten eingeschickt sind, wird von derselben über die Aufnahme des Angemeldeten berathen und ein Beschluß gefaßt. S. 9

Wird die Aufnahme beschlossen, so wird darüber eine Versicherungs-Urkunde ausgefertigt, welche von dem Präses und noch zwei anderen Mitgliedern des Deputirten-Collegiums, so wie auch von dem Herzogl. Regierungs-Commissarius unterzeichnet, und dem Versorger entweder unmittelbar oder durch den vermittelnden Agenten zugestellt wird.

Versicherungs-Abschluß.

§. 24. Die Versicherung wird erst mit der Auslieferung der Versicherungs-Urkunde vollständig abgeschlossen. Dieser Abschluß erfolgt jederzeit erst, nachdem die vorschriftsmäßige erste Zahlung des ein- für allemal zu erlegenden Capitals oder des ersten Beitrags geleistet ist.

Späterhin wird die Versicherung vom Mittage des Tages, 12 Uhr, an gerechnet, an welchem die Versicherung ausgefertigt ist.

Aufnahme-Verweigerung.

§. 25. Wird die Aufnahme verweigert, so wird auch davon der Versorger in Kenntniß gesetzt. Die Administration der Anstalt ist aber nicht verpflichtet, die Gründe dieser Aufnahme-Verweigerung anzugeben.

Aufnahme-Termin.

§. 26. Uebrigens können zu jeder Zeit neue Mitglieder angemeldet und aufgenommen werden.

III. Prämienzahlung.

[...]

S. 10

Größe der zu leistenden Zahlungen.

§. 28. [...]

§. 29. Wer theils auf Capital-, theils auf Contributionsfuß beitreten will, hat Capital und Beiträge in dem für jedes anzunehmenden Verhältnisse, so natürlich, daß beide Verhältnisse sich zu 1 ergänzen, zu entrichten. – Wer z.B. die Hälfte des geforderten Capitals einlegen will, hat auch nur die Hälfte der entsprechenden Beiträge zu entrichten; wer 3/10 des verlangten Capitals einzahlt, hat noch außerdem 7/10 der entsprechenden Beiträge zu entrichten u.s.f.

[...]

Vorauszahlung bei Versicherungen auf Capitalfuß.

§. 31. Das einzulegende Capital, die Versicherung mag ganz oder nur zum Theil durch ein solches beschafft werden, ist jedenfalls vor dem Abschlusse der Versicherung zu entrichten. Erst nachdem diese Einzahlung geschehen ist, wird die Versicherungs-Urkunde ausgeliefert.

[...]

S. 11

Regelmäßige Zahlungstermine.

§. 34. Als regelmäßige Zahlungstermine sind der 1. Januar und der 1. Juli jeden Jahres festgesetzt. Am Mittage dieser Tage werden die Beiträge fällig.

Erste Beitragszahlung.

§. 35. Die erste Beitragszahlung muß ebenfalls der Auslieferung der Versicherungs-Urkunde vorhergehen und richtet sich nach folgender Regel:

a. Fällt der Beitritt mit einem der regelmäßigen Zahlungstermine zusammen, d.h. in den Monat Januar oder Juli, so ist als erster Beitrag die regelmäßige Prämie für ein halbes Jahr vorauszubezahlen.

b. Fällt der Beitritt in einen der beiden auf diese Termine folgenden Monate: Februar, März, oder August, September, so sind als erster Beitrag nur für die bis zum nächsten regelmäßigen Zahlungstermine noch verfließenden Monate, also für resp. 5 oder 4 Monate, die entsprechenden Prämien-Quoten zu entrichten.

c. Fällt dagegen der Beitrit in einen der drei, einem solchen Termine vorhergehenden Monate: December, November, October, oder Juni, Mai, April, so sind als erster Beitrag die Prämien-Quoten für die bis zum nächsten Termine noch verfließenden Monate und für das darauf folgende halbe Jahr, also im Ganzen für resp. 7, 8 oder 9 Monate, in Eins zu bezahlen. – An dem nächsten regelmäßigen Zahlungstermine selbst ist alsdann natürlich kein Beitrag zu entrichten.

Der Monat, in welchem die Aufnahme geschieht, gleichviel an welchem Tage, wird, wie aus dem Vorstehenden erhellt, hierbei immer für voll gerechnet. S. 12

Zahlungsfrist.

§. 36. Alle später noch zu leistenden Beiträge sind den Bestimmungen des §. 34. zufolge am Mittage des 1. Januar und 1. Juli fällig und müssen innerhalb der nächsten 14 Tage, also spätestens bis zum 14. Januar und 14. Juli inclusive entrichtet werden.

Folgen versäumter Zahlungsfrist.

§. 37. Wer diese Frist versäumt, hat, wenn die Zahlung bis zum Schlusse des Monats eingeht, eine Strafe von 5 Prozent, wenn in den ersten 11 Tagen des folgenden Monats, eine Strafe von 10 Prozent der fälligen Beiträge zu letzteren hinzuzufügen.

§. 38. Wer sechs Wochen (42 Tage) nach dem Zahlungstermine verstreichen läßt, ohne seinen pflichtmäßigen Beitrag zu entrichten, verliert alle seine Ansprüche an die Anstalt mit Ausnahme derer, welche ihm etwa schon nach Cap. VIII. §. 87 bis 98 für seinen Antheil an den Ueberschüssen zugestanden sind.

§. 39. Nur in ganz besonderen Fällen, wenn nachgewiesen wird, daß durch ganz unverschuldete Umstände die rechtzeitige Zahlung der Beiträge verhindert ist, soll die Administration befugt sein, die vorstehende Bestimmung nicht in aller Strenge in Kraft treten zu lassen.

§. 40. Will der in Folge der Bestimmung des §. 38 Ausgeschiedene der Anstalt aufs Neue beitreten, so ist er ganz wie ein neu aufzunehmendes Mitglied zu behandeln.

Längere Vorauszahlung.

§. 41. Wer es vorzieht, kann seine Beiträge an einem der regelmäßigen Zahlungstermine auch für ein ganzes Jahr vorausbezahlen, ohne jedoch dafür eine Vergütung an Zinsen in Anspruch nehmen zu können. – Wer indessen auf längere Zeit als ein Jahr seine Beiträge im Voraus entrichten will, dem werden

auf jede erst nach einem Jahre und später fällig werdende Zahlung einfache Zinsen zu 3 pro Cent für das Jahr zu Gute gerechnet*). S. 13

§. 42. Hört während der Zeit, für welche die noch nicht fälligen Beiträge vorausbezahlt sind, (durch den Tod des Versorgers oder der Zuversorgenden, oder durch freiwilligen oder statutenmäßigen Austritt) die Beitragspflicht auf, so behält die Anstalt nur denjenigen Theil der gezahlten Summe, welcher zu dieser Zeit bei der Verpflichtung zu halbjähriger Vorausbezahlung der Beiträge mit Ausnahme des ersten (S. §. 35.) schon fällig war: das Uebrige wird nebst einfachen Zinsen zu 3 pro Cent pro anno, von dem Termine der Vorausbezahlung angerechnet, zurückerstattet.

Kostenfreie Einsendung der Prämien.

§. 43. Alle an die Anstalt zu leistenden Zahlungen sind entweder an die Administration derselben zu Braunschweig oder an deren Agenten kostenfrei einzuschicken.

Empfangsbescheinigung.

§. 44. Ueber den Empfang hat im Namen der Administration der Cassen- und Rechnungsführer oder der Agent Quittung auszustellen.

[...]

*) Die Berechnung geschieht so, daß für jede 103 Thaler, die nach einem Jahre fällig wären, zur Zeit nur 100 Thaler zu zahlen sind, und so in ähnlichen Fällen.

S. 16 V. Vorzeitiges Aufhören der Versicherung.

Freiwillige Aufhebung der Versicherung.

§. 55. Die Versicherung hört vor der Zeit, d.h. vor dem Tode der zu versorgenden Person, außer in dem schon §. 38. vorgesehenen auch noch in mehren andern Fällen auf, namentlich:

wenn der Versorger die Versicherung freiwillig aufgibt.

Dies kann mit Verzichtleistung auf jede Art von Vergütung allezeit geschehen.

Vergütung bei freiwilliger Aufhebung der Versicherung.

§. 56. Ansprüche auf Vergütung können aber bei vorzeitigem Aufgeben der Versicherung nur dann zugestanden werden, wenn der Versorger seinen Wohnsitz außerhalb des Länder-Gebietes verlegen will, auf welches die Anstalt die Befähigung zur Aufnahme beschränkt (§. 8), oder wenn derselbe sonst Gründe für sein Austreten vorzubringen hat, welche die Administration und der Herzogl. Regierungs-Commissarius für genügend anerkennen.

§. 57. Unter dieser Voraussetzung sollen bei Versicherungen auf Capitalfuß allemal 2/3 ihres vollen zeitigen Werthes, (in welchen die für Administrationskosten [...] aufgeschlagenen 10 pro Cent des reinen Betrages mit eingeschlossen sind), bei Versicherungen auf Contributionsfuß jedoch nur erst, wenn dieselben wenigstens schon 5 Jahre lang in Kraft gewesen sind, 2/3 des durch die bereits geleisteten Beiträge erworbenen Guthabens (dessen Berechnung der reine Capitalwerth der Versi-

S. 17 cherung ohne jene 10 pro Cent für Administrationskosten [...] zum Grunde zu legen ist) dem ausscheidenden Versorger baar vergütet werden*).

*) [...]

Anmerk. Das in Folge der Ueberschußvertheilung etwa schon erworbene Guthaben S. 18
wird nicht mit unter dem hier bezeichneten begriffen, sondern getrennt davon, und
zwar nach §. 88 bis 98 stets zum vollen Werthe berichtigt.

§. 58. Um aber diese Vergütung in Anspruch nehmen zu können, hat der Versorger glaubhaft nachzuweisen, daß auch die von ihm zu versorgende Person zur Zeit des Austritts noch am Leben und bei guter Gesundheit sei.

Aufhebung der Versicherung wegen unrichtiger Angaben.

§. 59. Die Versicherung wird ferner vor der Zeit aufgehoben, wenn sich nach dem Abschlusse derselben früher oder später finden sollte, daß in den behuf der Aufnahme geforderten Angaben der Versorger erhebliche Umstände wahrheitswidrig verschwiegen oder mit Vorwissen unrichtig angegeben hat, oder daß in die zu diesem Zwecke eingereichten Scheine mit seinem Vorwissen oder gar auf seine Veranlassung falsche Angaben aufgenommen sind.

In diesem Falle gehen außer den geleisteten Zahlungen auch alle, selbst schon zugesicherte Ansprüche auf Ueberschuß-Dividenden verloren.

Aufhebung der Versicherung wegen verschuldeter Lebensverkürzung
und wegen absichtlicher Tödtung des Versorgers durch die zu versorgende Person.

§. 60. Die Versicherung erlischt ferner:

1) wenn der Versorger sich selbst entleibt,

2) oder im Zweikampfe fällt, S. 19

3) oder in Folge einer versuchten Selbstentleibung,

4) oder einer im Duell erhaltenen Verwundung stirbt,

5) oder durch die Hände der Gerechtigkeit fällt,

6) oder durch ein unverantwortlich leichtsinniges Wagstück sein Leben verliert oder entschieden verkürzt hat,

Anmerk. Bei der letzten Bestimmung sind natürlich solche Fälle nicht gemeint, wenn der Versorger bei gefährlichen Hülfeleistungen an Nothleidende oder Verunglückte, oder bei der Vertheidigung seines eigenen oder fremden Lebens und Eigenthums, oder im Kampfe für Herstellung der Ruhe und Ordnung (versteht sich ohne in Kriegsdienste getreten zu sein), oder in Folge ähnlicher edler und gesetzmäßiger Handlungen umkommt.

7) oder wenn der Versorger sich einem für Leben und Gesundheit ungewöhnliche Gefahr dringenden Berufe widmet (von solchen, die in active Kriegsdienste, oder in Seedienste treten, siehe §. 63 bis 68),

8) oder sich einem das Leben verkürzenden Laster, z. B. der Trunksucht, hingiebt,

9) oder zu harter Leibes- oder mehrjähriger schwerer Gefängnißstrafe verurtheilt wird.

In allen vorstehenden sub Nrs. 1 bis 9 bezeichneten Fällen wird die Versicherung als freiwillig aufgehoben angesehen, und den Bestimmungen des §. 57 gemäß verfahren.

§. 61. Wenn der Versorger durch eine auf die Tödtung desselben abzweckende Handlung der zu versorgenden Person sein Leben verloren hat, so verliert diese ihre Ansprüche auf die ihr versicherte Pension und die ihr zufallenden Ueberschuß-Vergütungen.

§. 62. Ob einer der im §. 60 Nro. 1. 2. 3. und 4 und im §. 61 vorgesehenen Fälle eingetreten sei, wird durch richterlichen Urtheilsspruch entschieden, –

ob einer der im §. 60 Nro. 6 und 8 bezeichneten Fälle, durch das Deputirten-Collegium nach Stimmenmehrheit.

VI. Bedingte Aufnahme. Zeitweilige Aufhebung der Versicherung.

Bedingte Aufnahme von Militairpersonen, Seefahrern [...]

§. 63. Militairpersonen, Seefahrer von Gewerbe und überhaupt Personen, deren Beruf oder Gewerbe ihrem Leben wenigstens zu Zeiten besondere Gefahr bringt, können nur unter dem Vorbehalt als Versorger bei der Anstalt versichern, daß für die Zeiten, wo ihr Beruf oder ihr Gewerbe sie solchen besonderen Gefahren aussetzt, also bei Militairpersonen für die Zeit, wo sie in activen Kriegsdienst treten (ins Feld ziehen), bei Seefahrern für die Zeit, wo sie wirklich zur See dienen, u.s.f. die Versicherung stillschweigend außer Wirksamkeit tritt.

Verfahren behuf einstweiliger Suspendirung der Versicherung.

§. 64. Damit aber für die Dauer einer solchen Suspendirung bei Versicherungen auf Contributionsfuß auch die Zahlung der ordnungsmäßigen Beiträge eingestellt werden könne, ohne davon die §. 37 und 38 angedroheten Folgen besorgen zu müssen, hat der Versorger vorher, ehe die Versicherung suspendirt wird, also vor dem Antritt des Kriegsdienstes, Seedienstes [...], der Administration der Anstalt die Anzeige zu machen, daß, weshalb und auf wie lange (ob auf bestimmte oder unbestimmte Zeit) die Versicherung außer Kraft treten solle.

Die Administration wird ihm hierauf sofort eine Bescheinigung des Inhalts ausstellen, daß die fragliche Versicherung mit Vorbehalt der daran haftenden verfassungsmäßigen Ansprüche einstweilen suspendirt sei.

Wiederaufnahme der Versicherung.

§. 65. Kehrt der Versorger späterhin unversehrt in die gewöhnlichen Lebensverhältnisse zurück, so tritt die frühere Versicherung ohne irgend eine Aenderung sofort wieder in Kraft,

wenn er ein gerichtlich beglaubigtes ärztliches Zeugniß darüber beibringt, daß während jener Zeit keine Gesundheit nicht so erheblich gelitten hat, daß davon ein früheres Ableben zu befürchten wäre, und wenn er, im Fall die Versicherung nicht auf Capital- sondern auf Beitragsfuß abgeschlossen ist, außer seinem ordnungsmäßigen Beitrage für die Folgezeit, auch den (von der Administration der Anstalt zu bestimmenden) Betrag dessen entrichtet, um wieviel sein Guthaben bei der Anstalt während der Zeit, wo die Versicherung ruhte, sich vermehrt hat.

Vergütung bei unzulässiger Weiterversicherung.

§. 66. Kann das im vorigen §. vorgeschriebene Zeugniß nicht beigebracht werden, oder wird die Weiterversicherung von der Administration der Anstalt aus anderen Gründen verweigert, so erfolgt die Vergütung wie bei freiwilligem Austritt nach den Bestimmungen von §. 57.

Vergütung, wenn der Tod des Versorgers
während der Suspension der Versicherung erfolgt.

§. 67. Findet endlich ein Versorger der Art während der Zeit, wo die Versicherung suspendirt ist, seinen Tod, so wird die Versicherung gleichfalls wie freiwillig aufgehoben angesehen, und die nach §. 57 zu bestimmende Vergütung wird nebst Zinsen zu 3 pro Cent vom Tage der Suspendirung an, ausgezahlt.

§. 68. Die vorstehenden Bestimmungen von §. 63 bis 67 treten auch dann in Kraft, wenn ein Versorger erst nach dem Abschlusse der Versicherung sich einem Berufe oder Gewerbe der im §. 63 bezeichneten Art widmet.

Einstweilige Aufhebung der Versicherung wegen größerer Reisen.

§. 69. Eine einstweilige Aufhebung der Versicherung kann auch dann eintreten, wenn der Versorger eine Land- oder Seereise unternimmt, welche länger als ein Jahr dauert und über die Grenzen des christlichen und cultivirten Theils von Europa und der angrenzenden Meere hinausgeht, oder sich auf Länder und Oerter auch innerhalb dieser Grenzen erstreckt, wo zur Zeit Kriegs- oder innere Unruhen oder bösartige Epidemien herrschen.

§. 70. Wer eine solche Reise beabsichtigt, hat davon zuvor
der Administration der Anstalt Anzeige zu machen. Diese wird nach Umständen entweder das Fortbestehen der Versicherung genehmigen oder dieselbe für eine bestimmte Zeit aufheben.

Im letztern Falle gelten die §. 64 bis 67 gegebenen Bestimmungen.

§. 71. Wird jene Anzeige versäumt, so wird die Versicherung jedenfalls, auch wenn während der Zeit der Reise die Beiträge regelmäßig erfolgen, als einstweilen aufgehoben angenommen.

Verfahren, wenn die Kunde vom Versorger verloren geht.

§. 72. Unternimmt der Versorger eine Reise, welche nicht zu den eben bezeichneten gehört, bei welcher also das Fortbestehen der Versicherung keine ausdrückliche Genehmigung der Administration der Anstalt erfordert, kehrt aber innerhalb eines Jahres nicht zurück, ohne Nachricht von sich zu geben, oder geht überhaupt die Kunde von ihm verloren; so bleiben der versorgten Person auf desfallsige Anzeige ihre Ansprüche an die Anstalt noch 3 Jahre lang nach dem Tage, von welchem die letzte zuverlässige Nachricht über das Leben ihres Versorgers sich datirt, vorbehalten.

§. 73. Trägt dieselbe auf einstweilige Suspension der Versicherung an, so hat der Versorger, wenn er während jener Zeit wieder zurückkehrt, die restirenden Beiträge nebst einfachen Zinsen zu 5 pro Cent nachzuzahlen, um die Versicherung wieder in Kraft zu setzen.

§. 74. Werden die Beiträge während jenes Zeitraums regelmäßig fortgezahlt, so tritt die Versicherung ohne Weiteres wieder in Kraft, wenn der Versorger innerhalb desselben wieder zurückkehrt.

§. 75. Ist aber der Versorger 3 Jahre nach der genannten Zeit noch nicht zurückgekehrt und verschollen, so wird angenommen, er sei vor 3 Jahren aus der Anstalt freiwillig ausgetreten, und der versorgten Person werden

im ersten Falle, wenn die Versicherung ohne Fortsetzung der Beiträge suspendirt wurde, 2/3 des damaligen Guthabens nach §. 57 mit dreijährigen einfachen Zinsen zu 3 pro Cent

und im zweiten Falle, wenn die Beiträge fortgesetzt wurden, außerdem auch alle seitdem geleisteten Beiträge mit einfachen Zinsen zu 3 pro Cent zurückgezahlt.

S. 23

VII. Erhöhung und Herabsetzung von Versicherungen und Verwandlung des Versicherungsfußes.

Erhöhung der versicherten Pension.

§. 76. Wer eine bereits versicherte Wittwenpension oder Ueberlebensrente später zu erhöhen wünscht, wird in Bezug auf diese Erhöhung ganz wie ein neu eintretendes Mitglied behandelt, und hat namentlich, um dieselbe zu erlangen, auch einen neuen Gesundheitsschein beizubringen.

Grenze der Erhöhung.

§. 77. Die neu zu versichernde Pension darf übrigens mit der früher bereits versicherten zusammengenommen niemals das §. 13 bestimmte Maximum überschreiten.

Versicherungs-Urkunde über die Pensionserhöhung.

§. 78. Ueber die neue Versicherung, wird auch eine neue Versicherungs-Urkunde ausgestellt.

Herabsetzung der versicherten Pension.

§. 79. Herabsetzungen versicherter Pensionen, jedoch nie unter das §. 13 festgesetzte Minimum, werden auf desfallsigen Antrag jederzeit bewilligt.

§. 80. War die Versicherung durch Einzahlung eines Capitals erwirkt, so werden von dem in Folge der Herabsetzung entstehenden Guthaben des Versorgers 2/3 an denselben baar zurückgezahlt. Das übrige Drittel verfällt der Anstalt.

§. 81. War dagegen die Versicherung auf Beitragsfuß abgeschlossen, so wird der volle Betrag des in Folge der Herabsetzung entstehenden Guthabens als vorschußweise und mit 3 pro Cent (einfach) zu verzinsende Zahlung für die nächsten Termine (so weit derselbe reicht) dem Versorger zu Gute gerechnet, aber in keinem Falle zurückgezahlt, auch dann nicht, wenn der Versorger noch früher sterben sollte, als jene Vorschußzahlung zu Ende geht.

§. 82. War endlich die Versicherung theils auf Capital-, theils auf Contributionsfuß abgeschlossen, so hat der Versorger

bei dem Antrage auf Herabsetzung der Pension anzugeben, in welchem Verhältniß er beide Arten der Versicherung in der Folge fortsetzen will, wonach sich dann die Bestimmung der ihm den vorstehenden Vorschriften gemäß zu gewährenden Vergütung richtet. Für die Versicherung auf Capitalfuß darf aber bei der Herabsetzung der versicherten Pension kein geringeres Verhältniß als früher angenommen werden. S. 24

§. 83. Um eine auf Capitalfuß abgeschlossene Versicherung herabzusetzen, muß zuvor ein Gesundheitsschein der zuversorgenden Person beigebracht werden.

§. 84. Bei jedem Antrage auf Herabsetzung der versicherten Pension ist die frühere Versicherungs-Urkunde an die Administration der Anstalt einzusenden, damit auf derselben die Herabsetzung der Pension bemerkt werde, wenn es nicht zweckmäßiger befunden wird, eine neue Versicherungs-Urkunde auszustellen.

Aenderung des Versicherungsfußes.

§. 85. Früher auf Contributionsfuß abgeschlossene Versicherungen können späterhin ganz oder theilweise in solche auf Capitalfuß umgewandelt werden, aber nicht umgekehrt.

§. 86. Die Größe des Capitals, welches statt der aufzuhebenden Beiträge eingezahlt werden soll, wird nach den der Anstalt zum Grunde liegenden Tabellen jederzeit so berechnet, daß es dem zeitigen Werthe dieser Beiträge gleich kommt.

VIII. Ueberschußvertheilung.

Wahrscheinlichkeit des Entstehens von Ueberschüssen.

§. 87. Die Berechnung der Beiträge und Capitale, welche für Versicherungen aller Art an die Anstalt zu entrichten sind, ist auf solche Annahmen gegründet, daß der Fall, wo die Anstalt die übernommenen Verbindlichkeiten nicht sollte erfüllen können, fast unmöglich ist, so lange der wirkliche Zinsfuß nicht unter den bei jener Berechnung angenommenen von 3 pro Cent sinkt. Daß ein solcher Fall auch nicht in der Zeit des ersten Entstehens der Anstalt eintreten könne, dafür bürgt außer dem Umstande, daß derselbe bei nur einigermaßen zahlreichem Beitritt gerade in die-

ser Zeit überhaupt am allerwenigsten wahrscheinlich ist, auch das Verhältniß, in welches die neue Anstalt nach §. 178 u. ff. dieser Verfassung zu der bereits bestehenden S. 25

„Braunschweigischen Allgemeinen Wittwen-Versorgungs-Anstalt"*) treten wird. So lange daher der wirkliche Zinsfuß nicht niedriger als 3 pro Cent wird, sollen die für Versicherungen zu leistenden regelmäßigen Beiträge und Capitale überall nicht, wenn dieser Fall eintreten sollte, nur mit verfassungsmäßiger (§. 252) Zustimmung der Gesellschaft erhöht, und nur mit solcher Zustimmung auch außergewöhnliche Zuschüsse erhoben werden können.

Dagegen ist es theils nach den, der Berechnung zum Grunde gelegten Sterblichkeits-Verhältnissen (vergl. den Vorbericht), theils weil die zu erhebenden Gelder wenigstens fürerst noch zu einem höheren Zinsfuße als dem angenommenen von 3 pro Cent benutzt werden können, im höchsten Grade wahrscheinlich, daß die Anstalt mehr Vermögen sammeln wird, als der eigentliche Bedarf ist. Die so entstehenden Ueberschüsse nun sollen den Gesellschaftsmitgliedern auf folgende Weise wieder zu Gute kommen.

Termine der Ueberschußvertheilung.

§. 88. Alle fünf Jahre, zum ersten Male am 1sten Januar des Jahres 1850 und so ferner in den Jahren 1855, 1860, 1865 [...] soll der Vermögensbestand der Anstalt nach den Grundsätzen, auf welchen ihre Tarife beruhen, genau ermittelt werden.

Zu vertheilende Ueberschußsummen.

§. 89. Von den sich alsdann ergebenden Ueberschüssen, sollen allemal ungefähr zwei Drittel – etwas mehr oder weniger nach dem Ermessen der Administration, um die zu vergütenden Summen abzurunden – zur Vertheilung kommen, das übrige Drittel aber als Sicherheitsfonds zurückgesetzt werden, so daß es in jeder nächsten Berechnung behuf der Ermittelung des Ueberschusses unter dem Vermögen der Anstalt wieder mit begriffen wird.

*) die gegenwärtig bereits ein Capital von mehr als 150,000 Thalern besitzt.

S. 26   *Berechtigung zur Theilnahme an den Ueberschüssen.*

§. 90. An dieser Ueberschußvertheilung sollen nur diejenigen Mitglieder der Anstalt, welche derselben mindestens schon fünf Jahre lang als Versorger angehört haben und noch angehören, Theil nehmen.

Bestimmung des Ueberschuß-Antheils.

§. 91. Die Vertheilung der Ueberschüsse unter die berechtigten Mitglieder geschieht nach Verhältniß ihres derzeitigen reinen Guthabens bei der Anstalt.*)

Erfordernisse behuf Erlangung des Ueberschuß-Antheils bei Versicherungen auf Capitalfuß.

§. 92. Diejenigen Mitglieder, welche auf Capitalfuß eingetreten sind, haben zur Erlangung ihres Antheils an der Ueberschußvergütung nachzuweisen, daß die zu versorgende Person zur Zeit der Vertheilung noch am Leben sei.

Ueberschußvergütung durch eine Lebensversicherung.

§. 93. Der hiernach jedem Mitgliede zufallende Antheil an dem Ueberschusse wird aber demselben in der Regel nicht sofort baar ausgezahlt oder von seinen nächsten Beiträgen als sogenannte Dividende in Abzug gebracht, sondern wenn keine andere Art der Vergütung beantragt wird, als zeitiger Capital-Werth einer Lebensversicherung auf das Leben des Versorgers einstweilen gut geschrieben. (Vergl. §. 112.)

§. 94. Ueber die dadurch erworbene Lebensversicherung wird dem Versorger eine Urkunde ausgestellt, in welcher zugleich auch der zeitige Werth dieser Versicherung angemerkt werden wird, und – sofern der Versorger keine andere Verfügung deshalb trifft –

*) [...]

wird alsdann die ihm zuerkannte Lebensversicherungssumme erst bei seinem Tode, S. 27
gemäß den Bestimmungen der §§. 127–133, (also innerhalb eines Vierteljahres nach dem Tode des Versorgers gegen die ordnungsmäßig beigebrachte Todesbescheinigung) dem Inhaber der darüber lautenden Urkunde ausgezahlt.

Ueberschußvergütung durch eine Leibrente.

§. 95. Der Versorger kann nämlich auch, und zwar durch bloße schriftliche Anzeige bei der Administration der Anstalt, festsetzen,

daß die ihm aus den Ueberschüssen zuerkannte Lebensversicherungssumme in dem Falle, wenn die zu versorgende Person ihn überlebt, nach seinem Tode nicht sofort als Capital ausbezahlt, sondern dafür der letztern eine Leibrente von gleichem Werthe*) zugesichert und demnächst verabreicht werde.

Ueberschußvergütung durch Baarzahlung.

§. 96. Der Versorger kann endlich auch jederzeit verlangen, daß ihm an dem nächstfolgenden 1sten Januar oder 1sten Juli der zeitige Werth seines Ueberschußantheils baar ausgezahlt werde.

Anmerk. Es versteht sich von selbst, daß frühere Theilnahme an der Ueberschußvergütung von späterhin folgenden nicht ausschließt, vielmehr jeder Versorger, sofern er übrigens dazu berechtigt ist, an jeder während seiner Mitgliedschaft eintretenden Ueberschußvertheilung mit Theil nimmt.

Unverlierbarkeit der Ansprüche auf Ueberschußvergütung.

§. 97. Alle einmal erworbenen Ansprüche auf Ueberschußvergütung werden mit alleiniger Ausnahme der in den §§. 59 und 61 angeführten Fälle stets unverkürzt realisirt.

*) [...]

S. 28 §. 98. Ist die Ueberschußdividende als Lebensversicherung gut geschrieben, so wird in allen den Fällen, wo der berechtigte Versorger auf eine Weise und unter Umständen sein Leben verliert, welche verfassungsmäßig das Aufhören der Pensionsberechtigung zur Folge haben (S. §. 60, 63 und 66 bis 75), nur ihr zeitiger Werth, dieser jedoch ohne allen Abzug, ausgezahlt.

S. 29
Dritter Abschnitt.
Lebensversicherungen.

I. Aufnahmebedingungen.

§. 99. Begriff und Arten der Lebensversicherungen sind bereits oben §. 3 erklärt.

Derjenige, auf dessen Leben die Versicherung lautet, nach dessen Tode also die vertragsmäßige, versicherte Summe auszuzahlen ist, heißt der Versicherte (das versicherte Leben).

Befähigung zur Aufnahme.

§. 100. Um eine lebenslängliche oder kurze Versicherung auf sein eigenes oder eines Anderen Leben bei der Anstalt abschließen zu können, wird verlangt, daß

derjenige, auf dessen Leben versichert werden soll, allen den Anforderungen genüge, welche im vorigen Abschnitt §. 10, 1 bis 4 an die Person eines als Versorger Aufzunehmenden gestellt sind.

Grenzwerthe der zu versichernden Summen.

§. 101. Die auf ein und dasselbe Leben zu versichernde Summe kann nicht unter 100 und vorerst nicht über 5000 Thaler betragen und muß durch 100 theilbar sein.

Es bleibt jedoch der Administration der Anstalt vorbehalten, späterhin mit Genehmigung der Herzogl. Landesregierung den Betrag der höchsten auf ein Leben zu versichernden Summe noch zu erhöhen.

S. 30
Altersbestimmung.

§. 102. Das Alter der zu versichernden Person wird nach §. 12 bestimmt.

II. Aufnahmeverfahren.

Anmeldung.

§. 103. Das Aufnahmeverfahren entspricht ebensowohl bei lebenslänglichen als bei kurzen Lebensversicherungen dem §. 16 bis 26 bezeichneten.

Angaben behuf der Versicherung.

§. 104. In dem Anmeldungsformulare sind einzutragen:

1. Der volle Tauf- und Familien-Name, Stand oder Gewerbe, Wohnort, Tag und Jahr der Geburt desjenigen, auf dessen Leben die Versicherung abgeschlossen werden soll,
2. der Betrag der zu versichernden Summe,
3. die Erklärung, ob die Versicherung auf Lebenszeit oder nur auf eine bestimmte Reihe von Jahren, und auf wie viele, (S. §. 3 b)
4. ob dieselbe auf Capital- oder auf Contributionsfuß, oder zum Theil auf die eine, zum Theil auf die andere und in welchem Verhältniß auf jene und diese Weise abgeschlossen werden soll,
5. die Erklärung, ob auf dasselbe Leben schon bei einer anderen Anstalt eine Versicherung abgeschlossen sei oder nicht, und im ersten Falle, bei welcher und zu welchem Betrage, und endlich
6. wenn der Versichernde auf das Leben eines Andern versichern will, die Angabe des Grundes, der ihn dazu veranlaßt.

Unterzeichnung des Anmeldungsformulars.

§. 105. Das so ausgefüllte Formular ist von demjenigen, der die Versicherung beantragt, und von demjenigen Mitgliede der Administration, welches die Aufnahme-Verhandlungen zu besorgen hat, oder von dem vermittelnden Agenten eigenhändig zu unterzeichnen.

S. 31

Beizufügende Bescheinigungen.

§. 106. Mit demselben sind

a. der Geburtsschein und

b. der Gesundheitsschein

des Zuversichernden einzureichen, und hinsichtlich dieser Documente die in den §§. 19, 20 und 21 enthaltenen Bestimmungen zu befolgen.

Persönliche Stellung des Zuversichernden.

§. 107. Auf Verlangen hat sich auch der Zuversichernde einem Mitgliede der Administration oder einem Agenten der Anstalt persönlich zu stellen.

Versicherungs-Urkunde. – Versicherungs-Abschluß. –
Aufnahme-Verweigerung. – Aufnahme-Termin.

§. 108. Die übrigen Bestimmungen hinsichtlich der Aufnahme-Bewilligung und der Form des darüber auszustellenden Documentes, §. 23,

über den Versicherungsabschluß, §. 24,

über die etwaige Verweigerung der Aufnahme, §. 25,

so wie über die Zeit und Anmeldung der Aufnahme, §. 26, erleiden weiter keine Aenderung, als daß die Versicherungs-Urkunde die entsprechende Form erhält.

Mortification abhanden gekommener Versicherungs-Urkunden.

§. 109. Kommt eine Lebensversicherungs-Urkunde abhanden, so hat der Besitzer, um nachtheilige Folgen zu verhüten, der Administration der Anstalt sofort Anzeige davon zu machen, und selbst dafür zu sorgen, daß die abhanden gekommene Urkunde gerichtlich für null und nichtig erklärt (mortificirt) werde. Bevor dieses geschehen, kann weder eine neue Versicherungs-Urkunde ausgestellt, noch im Fall des inzwischen etwa erfolgten Ablebens des Versicherten die versicherte Summe ausgezahlt werden.

S. 32

III. Prämienzahlung.

A. Bei lebenslänglichen Versicherungen.

Verschiedene Versicherungsarten bei lebenslänglichen Versicherungen.

§. 110. Bei lebenslänglichen Versicherungen ist der Beitritt sowohl auf Capital-, als auch auf Contributions- und gemischten Fuß gestattet.

Versicherung auf gemischten Fuß.

§. 111. Bei Versicherungen auf gemischten Fuß gelten in Absicht auf das Verhältniß der zu leistenden Zahlungen die im §. 29 angegebenen Bestimmungen.

Größe der zu leistenden Zahlungen.

§. 112. Die Größe des Capitals oder der halbjährlichen Beiträge, welche für 100 Thaler Versicherungssumme bei jedem Alter der zu versichernden Person zu zahlen sind, sind Tab. III. Columne A und B angegeben.

Vorauszahlung bei Versicherungen auf Capitalfuß.

§. 113. Bei Versicherungen auf Capitalfuß ist die ganze Prämie, wie es §. 31 vorgeschrieben ist, sofort auf einmal einzuzahlen. Erst nachher erfolgt der Abschluß der Versicherung.

Beitragszahlung. – Dauer derselben.

§. 114. Bei Versicherungen auf Contributionsfuß sind die Beiträge in immer gleichem Beitrage halbjährlich (oder nach Belieben des Versicherten auch jährlich) voraus zu bezahlen, so lange der Versicherte lebt.

§. 115. Nur wenn derselbe älter als 90 Jahre wird, hört mit dem Antritte des 91sten Lebensjahres seine Verpflichtung zur Beitragszahlung auf, und er empfängt noch bei Lebzeiten in dem nächsten Zahlungstermine gegen Zurücklieferung der Versicherungs-Urkunde das versicherte Capital, wenn er es nicht vorzieht, dasselbe verzinslich zu 3 pro Cent einfacher Zinsen bis zu seinem Tode bei der Anstalt stehen zu lassen.

Zahlungstermine. – Zahlungsfrist. – Längere Vorauszahlung. S. 33

§. 116. Uebrigens bleiben für diese Beitragszahlungen alle die Vorschriften unverändert, welche für die Entrichtung solcher Beiträge bei Versicherungen von Wittwenpensionen und Ueberlebensrenten (§. 34 bis 44), also namentlich

über die regelmäßigen Zahlungstermine (1. Januar und 1. Juli jedes Jahres), §. 34,
über die erste Beitragszahlung, §. 35,
über die Zahlungsfrist, §. 36,
über die mit deren Versäumung verbundenen Nachtheile, §. 37 bis 40,
über Vergütungen bei längerer Vorausbezahlung, §. 41 u. 42,
über die kostenfreie Einsendung der Zahlungen, §. 43, und
über die Empfangs-Bescheinigungen, §. 44,

gegeben sind.

B. Bei kurzen Versicherungen.

§. 117. Kurze Versicherungen werden in der Regel nur auf Contributionsfuß abgeschlossen.

Größe der Beiträge.

§. 118. Die Größe der für solche Versicherungen zu leistenden Beiträge richtet sich außer nach dem Alter des Zuversichernden zur Zeit des Beitritts auch nach der Zeit, wie lange die Versicherung dauern soll.

In der Tab. III. giebt die Columne C an, wie viel bei jedem Alter des Zuversichernden für die Versicherungssumme von 100 Thaler jährlich zu entrichten ist, wenn die Versicherung auf ein Jahr, die Columne D, wie viel, wenn die Versicherung auf zwei, drei, vier oder fünf Jahre, und die Columne E, wie viel, wenn die Versicherung auf sechs, sieben, acht, neun oder zehn Jahre abgeschlossen werden soll. – Auf länger als zehn Jahre werden keine kurze Versicherungen angenommen.

Ganzjährige Zahlung der Prämien. S. 34

§. 119. Bei allen kurzen Versicherungen sind die Prämien bis auf die §. 121 und §. 123 bemerklich gemachten Ausnahmen stets auf ein ganzes Jahr voraus zu entrichten.

Erste Beitragszahlung.

§. 120. Bei Versicherungen auf ein Jahr hat der Versichernde mit der ersten Zahlung alle seine Verbindlichkeiten erfüllt.

§. 121. Bei Versicherungen auf zwei, drei u.s.f. bis zehn Jahre sind in Absicht auf die Prämienzahlung drei Fälle zu unterscheiden:

a. Geschieht die Aufnahme im Monat Januar oder Juli, so ist der erste Beitrag (und jeder folgende immer wieder ein Jahr später an demselben Zahlungstermine) für ein ganzes Jahr voraus zu zahlen.

b. Fällt die Aufnahme in einen der beiden Monate, welche auf einen der regelmäßigen Zahlungstermine (1. Januar und 1. Juli) folgen, also in den Februar oder März, oder in den August oder September, so ist als erster Beitrag die Prämie nur für die bis zum nächstfolgenden zweiten regelmäßigen Zahlungstermine (d.i. bis zum nächstfolgenden 1. Januar oder 1. Juli verfließenden Monate), also resp. für 11 oder 10 Monate zu entrichten.

c. Fällt dagegen die Aufnahme in einen der drei Monate, welche einem regelmäßigen Zahlungstermine voraufgehen, also in den December, November, October, oder in den Juni, Mai oder April, so ist als erster Beitrag die Prämie für die bis zum nächsten regelmäßigen Zahlungstermine noch verfließenden Monate und für das darauf folgende Jahr, im Ganzen also für resp. 13, 14 oder 15 Monate, auf einmal zu entrichten.

Fernere Beiträge.

§. 122. Jeder fernere (mit Ausnahme der im folgenden §. bezeichneten) ganzjährige Beitrag ist an demjenigen regelmäßigen Zahlungstermine fällig, mit welchem die vorhergehende Zahlung zu Ende geht.

S. 35

Letzter Beitrag.

§. 123. Der letzte Beitrag ist in denjenigen Fällen, wenn die Aufnahme nicht mit einem regelmäßigen Zahlungstermine zusammenfällt, nur für so viele Monate, als die Versicherung nach dem Zahlungstermine noch fortbesteht, also resp. für 1 oder 2 (§. 121. b.) oder für 11, 10 oder 9 Monate (§. 121. c.) zu entrichten.

Zahlungsfrist. – Folgen ihrer Versäumung. –
Kostenfreie Einsendung der Beiträge. – Empfangsbescheinigung.

§. 124. Die früheren Bestimmungen

über die Zahlungsfrist, §. 36,
und die mit deren Versäumung verbundenen Nachtheile, §. 37 und 38,
über die kostenfreie Einsendung der Beiträge, §. 43,
und die Empfangsbescheinigung, §. 44,

geltend auch bei kurzen Versicherungen.

Längere Vorauszahlung der Beiträge.

§. 125. Bei Vorausbezahlung der Beiträge auf mehr als ein Jahr werden für jedes folgende Jahr einfache Zinsen zu 3 pro Cent vergütet, und wenn während der Zeit, für welche die noch nicht fälligen Beiträge gezahlt sind, durch den Tod des Versicherten die Beitragspflicht aufhört, so wird nur derjenige Theil der gezahlten Summe zurückbehalten, welcher in Folge der Verpflichtung zu einjähriger Vorausbezahlung an dem gesetzlichen Zahlungstermine schon fällig war. Das Uebrige wird nebst einfachen Zinsen zu 3 pro Cent, von dem Termine der Vorausbezahlung an gerechnet, zurückgezahlt.

Capitalfuß bei kurzen Versicherungen.

§. 126. Wird ausnahmsweise der Abschluß einer kurzen Versicherung auf Capitalfuß verlangt, so wird die Größe des einzuzahlenden Capitals von der Administration nach Maßgabe der Tarife bestimmt, und tritt hinsichtlich der Zahlung die §. 113 gegebene Bestimmung in Kraft.

IV. Auszahlung der versicherten Summe. S. 36

Bedingungen, unter welchen dieselbe statt findet.

§. 127. Die versicherte Summe wird bei lebenslänglichen Versicherungen unfehlbar nach dem Tode des Versicherten ausgezahlt, wenn derselbe eines natürlichen Todes oder auf eine durch die Statuten, in den §§. 134 bis 139 (55–75) nicht ausdrücklich ausgenommene Weise stirbt, und bis dahin seinen Verpflichtungen gegen die Anstalt vollständig nachgekommen ist, so daß die Versicherung zur Zeit seines Todes noch wirklich fortbesteht.

§. 128. Bei kurzen Versicherungen wird die versicherte Summe nur dann ausgezahlt, wenn, alle vorigen Bedingungen als erfüllt angenommen, der Tod des Versicherten noch innerhalb der festgesetzten Zeit erfolgt, für welche die Versicherung abgeschlossen ist.

Empfänger der Versicherungssumme.

§. 129. Die versicherte Summe wird an den Inhaber der darüber lautenden Versicherungs-Urkunde ausgezahlt.

Beizubringende Bescheinigungen.

§. 130. Zu dem Ende hat derselbe diese Versicherungs-Urkunde an die Administration der Anstalt oder einen Agenten derselben zurückzugeben, wofür ihm von jener oder diesem vorläufig ein Empfangsschein ausgestellt wird, und

außerdem einen gerichtlich beglaubigten Schein über den Tod des Versicherten beizubringen, in welchem angegeben sein muß, wann, wo und auf welche Weise derselbe verstorben sei.

Zeit und Art der Auszahlung.

§. 131. Werden diese Documente von der Administration der Anstalt für genügend und richtig anerkannt, so wird die versicherte Summe spätestens binnen drei Monaten nach Einlieferung derselben gegen Quittung des Inhabers der Versicherungs-Urkunde ausgezahlt.

S. 37 §. 132. Die Versicherungssumme wird in Braunschweig aus der Casse der Anstalt gezahlt; – dieselbe soll jedoch dem Empfänger, wenn er Kosten und Gefahr der Versendung übernimmt, auf seinen Wunsch auch durch Wechsel, Baarsendung oder durch Vermittelung eines von ihm zu bezeichnenden Agenten zugestellt werden.

Verfall der Versicherungssumme.

§. 133. Werden innerhalb zweier Jahre, vom Todestage des Versicherten an, die zur Hebung der Versicherungssumme erforderlichen Documente nicht beigebracht und keine Ansprüche auf die Auszahlung dieser Summe erhoben, so fällt dieselbe als Eigenthum an die Anstalt zurück und kann späterhin von keinem Andern mehr in Anspruch genommen werden.

V. Erlöschen der Versicherung.

Freiwillige Aufhebung der Versicherung und Vergütung bei derselben.

§. 134. Die im vorigen Abschnitt §. 55 bis 60 rücksichtlich des Aufhörens der Versicherungen von Wittwenpensionen und Ueberlebensrenten getroffenen Bestimmungen, und zwar

über das freiwillige Aufgeben der Versicherung und die in solchem Falle zu gewährende Entschädigung, §. 55, 56 und 57, so wie

Erlöschen der Versicherung wegen falscher Angaben, verschuldeter Lebensverkürzung, oder wegen böswilliger Tödtung des Versicherten.

§. 135. über den Verlust der Versicherung wegen unrichtiger Angaben in den behuf der Erlangung der Versicherung beigebrachten Documenten, §. 59, und

§. 136. wegen verschuldeter Lebensverkürzung, §. 60, gelten auch von (lebenslänglichen und kurzen) Lebensversicherungen ohne weitere Abänderung, als daß überall statt des „Versorgers" der „Versicherte" zu setzen ist.

S. 38 §. 137. Findet endlich der Versicherte seinen Tod in Folge einer Handlung, durch welche nach richterlichem Ausspruche sein Leben von Seiten desjenigen, der die versicherte Summe ganz oder theilweise erwerben würde, absichtlich gefährdet oder verkürzt worden ist; so geht für letzteren der Anspruch auf die Versicherungssumme und auch auf die etwa schon zugesicherten Ueberschußantheile verloren, während übrigens anderen Berechtigten, die an der Verkürzung des Lebens des Versicherten keine Schuld haben, ihre Ansprüche vorbehalten bleiben.

VI. Bedingte Aufnahme. Zeitweilige Aufhebung der Versicherung.

§. 138. Die Bestimmungen, welche im vorigen Abschnitt über die bedingte Aufnahme solcher Personen, deren Beruf oder Gewerbe ihrem Leben wenigstens zu Zeiten besondere Gefahr bringt, und über die Folgen solcher bedingungsweisen Versicherungen, §. 63 bis 68,

§. 139. so wie über die zeitweilige Aufhebung der Versicherung bei längeren und gefährlichen Reisen, und über das Verfahren, wenn die Kunde von dem Versicherten verloren geht, §. 69 bis 75, getroffen sind, gelten ebenso von Lebensversicherungen, wenn statt des „Versorgers" der „Versicherte," und (§. 72) statt der „versicherten Person" der „Inhaber der Versicherungs-Urkunde" gesetzt wird.

VII. Erhöhung und Herabsetzung von Versicherungen und Verwandelung des Versicherungsfußes.

§. 140. Die Bestimmungen über Erhöhung und Herabsetzung von Versicherungen und über die Umwandelung von Versicherungen auf Beitragsfuß in solche auf Capitalfuß, welche früher,

§. 76 bis 86, in Bezug auf Versicherungen von Wittwenpensionen und Ueberlebensrenten gegeben sind, gelten ebenfalls für Lebensversicherungen mit der einzigen Abänderung, daß statt des bei jenen durch den §. 13 bestimmten Maximums und Minimums für diese die §. 101 festgesetzten Grenzwerthe eintreten.

S. 39

VIII. Ueberschußvertheilung.

Beschränkung der Theilnahme auf die lebenslänglich Versicherten.

§. 141. Was schließlich die Vertheilung der zu erwartenden Ueberschüsse betrifft, die für jede Abtheilung von Versicherten (§. 5) besonders ermittelt werden, so nehmen an derselben nur die auf Lebenszeit Versicherten Antheil.

Termine der Ueberschußvertheilung.

§. 142. Die Termine dieser Ueberschußvertheilung sind die §. 88 angegebenen.

Größe der zu vertheilenden Ueberschußsummen.

§. 143. Die Größe dessen, was zur wirklichen Vertheilung kommen soll, wird so, wie es §. 89 vorgeschrieben ist, bestimmt.

Berechtigung zur Theilnahme an den Ueberschüssen.

§. 144. Nur solche Mitglieder, welche zur Zeit der Ueberschußvertheilung wenigstens schon fünf Jahre lang bei der Anstalt versichert sind, nehmen an der Vergütung Theil.

Bestimmung des Ueberschuß-Antheils.

§. 145. Die Vertheilung der Ueberschüsse unter die berechtigten Mitglieder geschieht auch hier nach Verhältniß ihres dermaligen Guthabens bei der Anstalt.

Ueberschußvergütung durch eine Lebensversicherung.

§. 146. Für den, einem Jeden hiernach zufallenden Antheil an dem Ueberschusse wird ihm in der Regel eine Lebensversicherung von gleichem Werthe (deren zeitiger Werth nach Maßgabe seines dermaligen Alters jenem Antheile gleich kommt) zugeschrieben, und darüber eine besondere, den zeitigen Betrag des Ueberschußantheils und den entsprechenden Betrag der Lebensversicherung angebende Urkunde ausgestellt. Die letztere Summe wird alsdann nach seinem Tode zugleich mit der ursprünglich versicherten und nach denselben Vorschriften (§. 127 bis 133) ausgezahlt.

Ueberschußvergütung durch Baarzahlung.

§. 147. Nur, wenn es ausdrücklich verlangt wird, soll der zeitige Betrag des Ueberschußantheils dem Versicherten gegen Quittung sofort ausgezahlt werden.

Unverlierbarkeit der Ansprüche auf Ueberschußvergütung.

§. 148. Alle einmal erworbenen Ansprüche auf Ueberschußvergütung werden außer in den §. 135 (§. 59) und §. 137 vorgesehenen Fällen stets unverkürzt realisirt.

Ueberschußvergütung bei vorzeitigem Aufhören der Versicherung.

§. 149. Stirbt der Versicherte auf eine Weise oder unter Umständen, welche verfassungsmäßig nach §. 136 (§. 60) und §. 138 und 139 (§. 63 bis 75) das Erlöschen der Versicherung zur Folge haben; so wird nur der zeitige Werth der aus den Ueberschüssen zuertheilten Versicherungssumme dem Inhaber der darüber lautenden Urkunde gegen Auslieferung derselben ausgezahlt.

Vierter Abschnitt.
Versicherungen von Leib- und Altersrenten.

[...]

Fünfter Abschnitt.
Verhältniß der verschiedenen Abtheilungen der Anstalt zu einander.

Gemeinschaftliche Verwaltung aller Abtheilungen der Anstalt.

§. 178. Sämmtliche in den vorigen Abschnitten bezeichnete Abtheilungen der Anstalt werden, sobald sie ins Leben getreten sind, mit der hier bereits seit dem Jahre

1824 bestehenden, durch die Höchste Verordnung vom 19. December 1824 genehmigten „Allgemeinen Wittwen-Versorgungs-Anstalt" ein Ganzes unter gemeinschaftlicher Oberaufsicht und Verwaltung bilden. Die letztere ist durch die Höchste Genehmigung der vorstehenden Statuten, welche damit an die Stelle des „Reglements" jener Anstalt (Braunschweig 1825, gedruckt in Fürstl. Waisenhaus-Buchdruckerei) treten, für abgeschlossen erklärt und hat auch bereits nach dem 1. Januar des Jahres 1840 keine neue Mitglieder mehr aufgenommen.

Ungeändertes Fortbestehen der Verhältnisse der bisherigen Allgemeinen Wittwen-Versorgungs-Anstalt.

§. 179. Die Rechte und Pflichten der Mitglieder jener nun abgeschlossenen Allgemeinen Wittwen-Versorgungs-Anstalt werden durch die gegenwärtigen Statuten nicht geändert.

Besondere Rechnungsführung für jede einzelne Abtheilung.

§. 180. Ungeachtet der gemeinschaftlichen Verwaltung wird jedoch für jede Abtheilung der Anstalt die Rechnung besonders geführt werden, so daß jederzeit das, einer jeden besonderen Abtheilung von Versicherten zugehörige Vermögen nachgewiesen werden kann.

Gegenseitige Bürgschaft aller Abtheilungen.   S. 47

§. 181. Alle Abtheilungen der Anstalt leisten einander für den höchst unwahrscheinlichen Fall, daß die Mittel der einen zur Erfüllung der übernommenen Verpflichtungen nicht ausreichten, dadurch Gewähr, daß in solchem Falle zur Deckung des Ausfalles in dem Vermögen der einen Abtheilung die zur Zeit nicht mit zur Vertheilung kommenden Drittel von den Ueberschüssen der anderen Abtheilungen sollen verwandt werden können.

Vertheilung der etwa zu leistenden Vorschüsse.

§. 182. Käme wirklich einmal eine Abtheilung in den Fall, der Zuschüsse aus dem Vermögen der übrigen zu bedürfen, so sollen diese nach Verhältniß der Größe ihrer Ueberschüsse beisteuern.

Rückerstattung empfangener Vorschüsse.

§. 183. Eine Beihülfe der Art würde jedoch nur als ein Darlehn zu betrachten sein, welches von der unterstützten Abtheilung, sobald es ihr Vermögen wieder erlaubt, zum vollen Betrage mit Zinsvergütung an die herleihenden Abtheilungen wieder zurück zu erstatten wäre.

Vorläufige Bürgschaft der Allgemeinen Wittwen-Versorgungs-Anstalt.

§. 184. Für den fast unmöglichen Fall, daß die sich neu anschließenden Abtheilungen der Anstalt schon in der ersten Zeit in die Lage kämen, den übernommenen Verpflichtungen nicht genügen zu können, wird die bestehende Allgemeine Wittwen-Versorgungs-Anstalt aus ihrem Vermögen (mehr als 150000 Thaler) vorschußweise die Zahlungen leisten, deren Betrag von der unterstützten Abtheilung, sobald solche dazu sich im Stande befindet, mit einer Zinsvergütung zum üblichen Zinsfuße zurückzuzahlen ist.

Uebertritt von Mitgliedern der Allgemeinen Wittwen-Versorgungs-Anstalt in die neue Anstalt.

§. 185. Denjenigen Mitgliedern, welche noch nicht volle fünf Jahre bei der bestehenden Allgemeinen Wittwen-Versorgungs-Anstalt versichert sind, also die vorschriftsmäßige Quarantaine noch nicht überstanden haben, soll es gestattet sein, ohne Weiteres binnen Jahresfrist unter solchen Bedingungen für die Folge in die neu sich bildende Abtheilung derer, welche Wittwenpensionen oder Ueberlebensrenten versichern (zweiter Abschnitt), überzutreten, als wären sie gleich beim Abschluß ihrer Versicherung in diese Abtheilung aufgenommen. Sie würden alsdann von dem Zeitpunkte ihres Uebertritts an nur diejenigen Beiträge zu entrichten haben, welche sie nach der neuen Verfassung (Vergl. §. 28) gleich vom Abschlusse ihrer Versicherung an nach ihrem damaligen Alter zu zahlen gehabt hätten, und sofort in alle Rechte und Pflichten, welche den Mitgliedern dieser Abtheilung durch die vorliegende Verfassung (Zweiter Abschnitt; vergl. insbesondere §. 47.) zugesichert und auferlegt werden, eintreten, überhaupt als Mitglieder der neuen Anstalt angesehen werden.

Der neuen Anstalt würden dafür nur die bisher von den Uebertretenden schon geleisteten Beiträge nebst den davon erhobenen einfachen Zinsen von der bisherigen Allgemeinen Wittwen-Versorgungs-Anstalt abgetreten werden.

Gesonderte Ueberschuß-Berechnung und Vertheilung für die einzelnen Abtheilungen.

§. 186. Eine gesonderte Ueberschuß-Berechnung und Vertheilung findet für jede Klasse von Versicherten erst dann statt, wenn sie wenigstens schon 100 Mitglieder zählt. So lange diese Zahl nicht erreicht ist, wird die minderzählige Abtheilung behuf der Ermittelung und Vertheilung der Ueberschüsse zu derjenigen von den anderen Abtheilungen gezogen, welche die wenigsten Versicherten zählt.

§. 187. Sollten zwei Abtheilungen jede für sich nicht voll 100 Mitglieder, aber zusammen 100 oder mehr Mitglieder zählen, so werden sie bei der Ueberschuß-Berechnung und Vertheilung zusammen als eine selbstständige Abtheilung behandelt.

Sechster Abschnitt.
Verwaltung der Anstalt.

Das Deputirten-Collegium.

§. 188. Die Verwaltung der Anstalt, insbesondere ihres Vermögens, besorgt, wie §. 7 angegeben ist, ein verfassungsmäßig erwählter Ausschuß, das Deputirten-Collegium, unter beständiger Oberaufsicht des Landesherrlichen Commissarius.

§. 189. Das bereits bestehende, aus acht Mitgliedern zusammengesetzte Deputirten-Collegium der bisherigen Allgemeinen Wittwen-Versorgungs-Anstalt übernimmt die Verwaltungsgeschäfte auch für die sich neu anschließenden Abtheilungen der Anstalt.

Künftige Erweiterung des Deputirten-Collegii.

§. 190. Die Zahl der Mitglieder dieses Collegiums soll in der Folge bis auf zehn erhöht werden, sodann aber nur aus besonders dringenden Gründen und nur mit Genehmigung der Herzoglichen Landesregierung noch weiter vermehrt werden können.

§. 191. Sobald hundert neue Mitglieder nach der neuen (vorliegenden) Verfassung bei der Anstalt versichert sein werden, soll ein Mitglied des Deputirten-Collegii aus ihrer Mitte, und wenn die Zahl der Neuversicherten auf zweihundert gestiegen sein wird, abermals ein Mitglied für dieses Collegium aus deren Mitte gewählt werden.

Vertreter.

§. 192. Wenn auf diese Weise oder durch Ergänzungswahlen die Zahl der Mitglieder des Deputirten-Collegii bis auf zehn gebracht ist, so soll ferner nur erst, nachdem die Zahl aller

bei der Anstalt Versicherten*) über tausend gestiegen sein wird, für jedes fernere Hundert von Versicherten ein Vertreter (Repräsentant), gleichviel aus welcher Classe derselben, gewählt werden.

Eintritt der Vertreter in das Deputirten-Collegium.

§. 193. Diese Vertreter werden zwar nicht sofort Mitglieder des Deputirten-Collegii; so oft aber dieses Collegium durch das Ausscheiden eines Mitgliedes unvollzählig wird, soll sich dasselbe aus den Vertretern, wenn solche vorhanden sind, durch freie Wahl ergänzen.

Außerdem haben die Vertreter die ihnen §. 238–240 zugestandenen Befugnisse.

Wahlberechtigung.

§. 194. Das Recht, Mitglieder des Deputirten-Collegii oder Vertreter zu wählen, bleibt für die bei der früheren Allgemeinen Wittwen-Versorgungs-Anstalt Versicherten auf diejenigen beschränkt, welchen es durch das Reglement dieser Anstalt pag. 45 §. 5 ausdrücklich vorbehalten ist.

Von den nach der neuen Verfassung Versicherten haben dieses Recht alle pflichtigen Mitglieder, welche in der Stadt Braunschweig wohnhaft sind, mit Ausnahme derjenigen, welche eine Lebensversicherung nur auf bestimmte Zeit (kurze Lebens-Versicherung) abgeschlossen haben.

Wählbarkeit.

§. 195. Zu dem Amte eines Deputirten oder eines Vertreters wählbar sind alle bei der Anstalt versicherten wahlberechtigten Männer, welche über 25 Jahre alt und in der Stadt Braunschweig wohnhaft sind.

Wahlmodus.

§. 196. Die Wahlen geschehen durch Stimmzettel, welche für jede einzelne Wahl den berechtigten Mitgliedern zugestellt werden, und werden nach relativer Stimmenmehrheit entschieden.

*) Die bestehende Anstalt zählt gegenwärtig 671 versicherte Ehepaare.

S. 51

Entscheidung der Wahl.

§. 197. Jede Wahl wird indessen erst gültig, wenn sich mindestens zwanzig Stimmen für denselben Candidaten entschieden haben.

Verlust des Stimmrechts.

§. 198. Wer seine Stimme in der von der Administration vorgeschriebenen Weise binnen der gesetzten Frist nicht abgiebt, hat sich seines Stimmrechts für das Mal begeben.

Dauer des Deputirten- und Vertreter-Amts.

§. 199. Die Mitglieder des Deputirten-Collegii und die Vertreter behalten das ihnen durch Wahl übertragene Amt auf unbestimmte Zeit, so lange sie bei der Anstalt versichert und in Braunschweig wohnhaft bleiben.

Niederlegung des Amts: – freiwillige; – gezwungene.

§. 200. Vor Ablauf von drei Jahren kann kein Deputirter oder Vertreter sein Amt ohne die dringendsten Gründe niederlegen, und wer dieses auch später zu thun wünscht, hat seinen Antrag gehörig zu motiviren.

§. 201. Es soll aber jedem Deputirten und Vertreter frei stehen, sofern er dazu Gründe zu haben glaubt, darauf anzutragen, daß ein Mitglied der Administration sein Amt niederlege.

Ueber einen solchen Antrag haben sämmtliche übrige Deputirte und Vertreter gemeinschaftlich abzustimmen, und die Entscheidung erfolgt nach Stimmenmehrheit.

Ergänzung von Vacanzen.

§. 202. Jede in einem der genannten Aemter eintretende Vacanz ist durch eine möglichst bald zu veranstaltende Wahl wieder zu ergänzen.

Geschäfte des Deputirten-Collegii.

§. 203. Die Geschäfte des Deputirten Collegii ergeben sich alle aus der allgemeinen Verpflichtung desselben, für die genaue Befolgung der Verfassung der Anstalt (sowohl der vorliegenden,

als des früheren Reglements der Allgemeinen Wittwen-Versorgungs-Anstalt, soweit dieses zur Anwendung kommen muß,) und überhaupt für das Wohl der Anstalt gewissenhaft und nach Kräften zu sorgen. S. 52

§. 204. Das Deputirten Collegium hat insbesondere

für die möglichst sichere und vortheilhafte Unterbringung und Benutzung des der Anstalt gehörigen Vermögens und für die sichere Verwahrung der darüber lautenden Documente zu sorgen,
die Form der Geschäftsführung und
der Rechnungsführung zu bestimmen,
den Rechnungsführer,
Rechts- und ärztliche Consulenten,
auswärtige Agenten
und das für die Administration erforderliche Unterpersonal

zu bestellen.

Der Präses des Deputirten-Collegii. – Wahl desselben. –
Dauer seines Amtes.

§. 205. Das Deputirten-Collegium behält den bisherigen Vorsitzenden, Präses, für die nächsten drei Jahre, also bis zum 1. Januar 1845, und wählt alsdann und überhaupt, so oft das Amt desselben erledigt wird, immer für die nächsten drei Jahre wieder einen Präses aus seiner Mitte nach absoluter Stimmenmehrheit.

§. 206. Der abtretende Präses ist stets wieder wählbar.

§. 207. Vor Ablauf seiner dreijährigen Dienstzeit kann der Präses nur aus den dringendsten Gründen sein Amt niederlegen.

§. 208. Während dieser Zeit kann derselbe nur durch gemeinsamen Beschluß der Deputirten und Vertreter gezwungen werden, sein Amt niederzulegen.

Geschäfte des Präses.

§. 209. Der Präses des Deputirten-Collegii ist dessen beständiger Geschäftsführer und hat im Namen desselben alle Verhandlungen zwischen der Anstalt und Behörden oder Privaten zu leiten.

S. 53 §. 210. An ihn gelangen alle schriftlichen Eingaben oder Mittheilungen, welche

„An die Administration der Braunschweigischen Allgemeinen Versicherungs-Anstalt"

oder

„An die Administration der Braunschweigischen Allgemeinen Wittwen-Versorgungs-Anstalt"

addressirt sind, und

er hat die Ausfertigung aller von der Administration der Anstalt und im Namen derselben ausgehenden schriftlichen Erlasse zu besorgen.

§. 211. Der Präses hat ferner sowohl die Conferenzen der Mitglieder des Deputirten-Collegii für sich, als auch die gemeinschaftlichen Conferenzen der Deputirten und Vertreter zu berufen.

§. 212. Derselbe hat die schriftlich abzumachenden Administrationsgeschäfte in der von dem Deputirten-Collegio vorgeschriebenen Form zu führen.

§. 213. Endlich hat derselbe als beständiger Bevollmächtigter des Deputirten-Collegii noch besonders

die Rechnungsführung und
die Registratur der Acten der Anstalt zu beaufsichtigen,
die sichere Verwahrung der Documente über das Vermögen der Anstalt zu controliren,
und so oft es von dem Deputirten-Collegio beschlossen wird, gemeinschaftlich mit einem dazu erwählten Mitgliede desselben eine Revision der Casse vorzunehmen.

§. 214. In Verhinderungsfällen hat der Präses einen Stellvertreter für sich zu erwählen.

Commissionen

§. 215. Für besondere Zweige der Administration, wie z.B. für die Verhandlungen über die Aufnahme neuer Mitglieder, für die zinsbare Belegung der Capitale der Anstalt und dergl. kann das Deputirten-Collegium auch besondere Commissionen aus seiner Mitte ernennen.

Zahl der Mitglieder jeder Commission.

§. 216. Jede Commission der Art muß aber wenigstens

S. 54 fünf Mitglieder haben, und unter diesen allemal auch den Präses des Deputirten-Collegii, welcher stets auch der Präsident der Commission ist.

Collegialischer Geschäftsgang.

§. 217. Der Geschäftsgang sowohl beim Deputirten-Collegio, als auch bei diesen Commissionen ist collegialisch.

Amtsverschwiegenheit.

§. 218. Ueber die Verhandlungen bei diesen Collegien hat jedes Mitglied derselben die geziemende Verschwiegenheit zu beobachten.

Beschlüsse des Deputirten-Collegii und der Commissionen.

§. 219. Beschlüsse des Deputirten-Collegii werden nach Stimmenmehrheit gefaßt. Bei eintretender Gleichheit der Stimmen entscheidet die des Präsidenten.

§. 220. Beschlüsse einer Commission über die ihr überwiesenen Angelegenheiten gelten jedoch nur dann als solche des Deputirten-Collegii selbst, wenn nicht mehr als ein Mitglied dagegen gestimmt hat. Sobald mehr als ein Mitglied der Commission der Ansicht der übrigen nicht beitritt, soll die fragliche Sache zur Entscheidung sämmtlicher Mitglieder des Deputirten-Collegii verstellt werden.

Uebrigens sind sämmtliche Beschlüsse der Commission auch den übrigen Mitgliedern des Deputirten-Collegii nachrichtlich mitzutheilen.

Unterzeichnung des Deputirten-Collegii.

§. 221. Alle im Namen des Deputirten-Collegii auszufertigenden Urkunden, Documente oder sonstige schriftliche Erlasse sind von dem Präses und mindestens noch zwei Mitgliedern dieses Collegiums zu unterzeichnen.

Rechnungs- und Cassenführer.

§. 222. Der Rechnungs- und Cassenführer wird vom Deputirten-Collegio bestellt und erhält von demselben eine genaue Instruction über seine Geschäftsführung, auf deren Befolgung er beeidigt wird.

Cautions-Leistung des Rechnungsführers. S. 55

§. 223. Derselbe hat eine den Verhältnissen angemessene und vom Deputirten-Collegio zu bestimmende Caution zu leisten.

Rechnungs-Abnahme.

§. 224. Am Ende jedes Calenderjahres ist die Rechnung abzuschließen und zwei beeidigten Revisoren zur Revision zu übergeben. Nachdem die etwa aufgestellten Monita erläutert, beantwortet und erledigt sind, wird die Rechnung in einer Conferenz der Deputirten, Vertreter und des Herzogl. Regierungs-Commissarius abgenommen, und nachdem auch die über das Vermögen der Anstalt lautenden Documente nachgesehen und richtig befunden worden sind, dem Rechnungsführer das Liberatorium ertheilt.

Rechenschaftsbericht.

§. 225. Ueber den Rechnungsabschluß ist jedesmal auch ein summarischer Bericht, welcher der Präses, zwei Mitglieder des Deputirten-Collegii und der Herzogl. Regierungs-Commissarius zu unterzeichnen haben, zu veröffentlichen.

Agenten.

§. 226. Agenten der Anstalt werden in Oertern außer Braunschweig nach Umständen von der Administration bestellt und mit gehöriger Instruction versehen.

Sie haben den Abschluß von Versicherungen zu vermitteln und werden zum Empfange der dafür zu leistenden Zahlungen so wie zur Auszahlung versicherter Renten oder Pensionen und Capitale ermächtigt.

Capital-Belegung.

§. 227. Die der Anstalt gehörigen Capitale sollen vorzugsweise auf Hypotheken mit pupillarischer Sicherheit ausgeliehen, oder in Herzogl. Braunschweigischen Landesobligationen oder Königl. Preußischen Staatsschuldscheinen zinsbar belegt werden.

§. 228. Nur ausnahmsweise können nach vorgängigem Beschlusse des Deputirten-Collegii einzelne, zur Zeit disponibele und nicht vortheilhaft auf die eben angegebene Art unterzubringende Summen auf andere, für hinreichend sicher gehaltene Weise zinsbar angelegt werden.

§. 229. Kleinere, für die Bedürfnisse der Anstalt disponibel zu haltende Summen können gegen Verzinsung an Banquiers übergeben werden, wenn diese dafür Obligationen von mindestens gleichem Werthe bei der Administration als Bürgschaft hinterlegen.

§. 230. Die der Anstalt gehörigen Obligationen, Staatsschuldscheine [...] hat die Administration so viel als thunlich für dieselbe außer Cours erklären zu lassen.

Aufbewahrung der Documente.

§. 231. Alle Documente über das Vermögen der Anstalt sind in einem eisernen Kasten an einem auch gegen Feuersgefahr gesicherten Orte unter dreifachem Verschluß zu verwahren.

Den einen Schlüssel zu diesem Kasten hat der Rechnungsführer, den anderen der Präses und den dritten ein anderes Mitglied des Deputirten-Collegii zu verwahren.

Remunerationen und Agenturgebühren.

§. 232. Remunerationen für ihre Mühewaltung sollen beziehen:
1. der Präses des Deputirten-Collegii,
2. der Rechnungsführer,

3. die Mitglieder des Deputirten-Collegii, und
4. der Herzogliche Regierungs-Commissarius.

§. 233. Den Agenten werden bestimmte Agenturgebühren zugestanden.

Bestimmung der Remunerationen.

§. 234. Der Betrag der vorhin genannten Remunerationen wird mit billiger Rücksicht auf den Umfang der dafür zu übernehmenden Geschäfte und der hierzu erforderlichen Hülfsleistungen von dem Deputirten-Collegio unter Zustimmung des Herzogl. Regierungs-Commissarius festgesetzt.

Gehülfspersonal. S. 57

§. 235. Der Präses des Deputirten-Collegii und der Rechnungsführer haben das etwa nöthige Gehülfspersonal sich selbst zu wählen und selbst zu besolden. Sie bleiben aber für die von ihrem Gehülfspersonal auszuführenden Geschäfte selbst und ausschließlich verantwortlich.

Höchster Betrag der Administrationskosten.

§. 236. Alle Administrationskosten, zu welchen auch die vorhin genannten Remunerationen und Agenturgebühren gehören, dürfen zusammen unter keiner Bedingung mehr betragen, als dafür wirklich erhoben wird. – Nach dem Reglement der bisherigen Allgemeinen Wittwen-Versorgungs-Anstalt, pag. 17 §. 12, wird für jedes Simplum (von 10 Thalern) der bei ihr versicherten Wittwenpension ein jährlicher Beitrag von 4 Ggr. zur Deckung der Administrationskosten erhoben, und von den für Versicherungen aller Art nach der neuen Verfassung tarifmäßig zu zahlenden Beiträgen und Capitalen ist der eilste Theil ($^1/_{11}$ oder 10 pro Cent ihres reinen Betrags) zu dem nämlichen Zwecke bestimmt.

Vertheilung der Administrationskosten.

§. 237. Zur Bestreitung der Administrationskosten haben die verschiedenen Abtheilungen der Anstalt nach Verhältniß ihrer jährlichen Einnahme beizutragen.

Befugnisse der Vertreter.

§. 238. Die nach §. 192 zu wählenden Vertreter sollen in allen Angelegenheiten von allgemeinen Interesse, welche nicht bloß einen einzelnen Fall betreffen, zu Rathe gezogen werden, und über die ihrer Begutachtung mit zu unterwerfenden Fragen gemeinschaftlich mit dem Deputirten-Collegio abstimmen.

§. 239. Sie sollen jedenfalls zu der jährlichen Rechnungs-Abnahme zugezogen werden.

§. 240. In welchen Fällen sie sonst zur Theilnahme an den Verhandlungen aufzufordern sind, wird von dem Deputirten-Collegio oder auch von dem Herzogl. Regierungs-Commissarius bestimmt.

S. 58
Vertretung der Gesammtheit.

§. 241. Die Mitglieder des Deputirten-Collegii und die Vertreter zu einem Körper vereinigt, und so lange noch keine Vertreter gewählt sind, jene allein, vertreten die Gesammtheit aller Mitglieder der Anstalt. Die Beschlüsse dieser Körperschaft gelten als solche sämmtlicher Mitglieder der Anstalt und erhalten für alle verbindliche Kraft.

Verlust des Stimmrechts.

§. 242. Mitglieder des Deputirten-Collegii oder Vertreter, welche auf erfolgte Einladung bei den Versammlungen nicht erscheinen, begeben sich für das Mal ihrer Stimme, wenn sie nicht ihr auf den Gegenstand der Verhandlung bezügliches Votum schriftlich eingereicht haben.

Zahl beschlußfähiger Versammlungen.

§. 243. Eine Versammlung von weniger als sieben Mitgliedern, mag das Deputirten-Collegium für sich oder im Verein mit den Vertretern zusammen kommen sollen, ist nicht beschlußfähig.

Herzogl. Regierungs-Commissarius. – Ernennung, – Geschäfte desselben.

§. 244. Der Herzogl. Regierungs-Commissarius wird auf Vorschlag des Deputirten-Collegii von der Herzogl. Landesregierung ernannt.

§. 245. Derselbe hat die Oberaufsicht über die Administration der Anstalt zu führen und darüber zu wachen, daß dabei die Vorschriften der Verfassung genau befolgt werden.

§. 246. Er hat die Verhandlungen zwischen der höchsten Staatsbehörde und der Administration der Anstalt zu vermitteln.

§. 247. Er hat jede von der Administration der Anstalt auszufertigende Versicherungs-Urkunde nach Einsicht der über die Aufnahme gepflogenen Verhandlungen mit zu unterzeichnen. In Behinderungsfällen kann er auch mit diesem Geschäfte ein Mitglied des Deputirten-Collegii beauftragen.

Außerdem hat er die von der Administration auszufertigen-

S. 59 den Bestallungen und alle von derselben ausgehenden öffentlichen Bekanntmachungen, insbesondere die alljährlich zu veröffentlichenden Rechenschaftsberichte mit zu unterzeichnen.

§. 248. Er ist verpflichtet, den jährlich wegen der Rechnungs-Abnahme zu veranstaltenden Conferenzen, so wie allen Plenarversammlungen des Deputirten-Collegii mit den Vertretern beizuwohnen, und hat das Recht, auch an den übrigen Conferenzen des Deputirten-Collegii für sich Theil zu nehmen, wie auch solche Conferenzen zu veranlassen.

§. 249. Endlich hat derselbe auch die verfassungsmäßigen Berechnungen behuf der Ermittelung und Vertheilung der zu erwartenden Ueberschüsse zu leiten und zu controliren.

Entscheidung in Streitsachen.

§. 250. In Streitsachen, die sich etwa zwischen der Administration und einzelnen Mitgliedern der Anstalt erheben sollten, ist die zuständige richterliche Behörde dasjenige Herzogl. Gericht der Stadt Braunschweig oder dasjenige Obergericht, zu dessen Competenz die Sache gehört.

Schiedsgericht.

§. 251. Sollten jedoch beide streitende Theile sich dahin vereinigen, den streitigen Punkt durch ein Schiedsgericht entscheiden zu lassen; so ist von jeder Seite ein bei der fraglichen Angelegenheit nicht betheiligter urtheilsfähiger Mann, und von diesen beiden nach Uebereinkunft ein drittes Mitglied für das Schiedsgericht zu wählen.

Nachdem alsdann beide streitende Theile sich geeignet haben, diesem Schiedsgerichte die Entscheidung der Streitsache übertragen zu wollen, so haben sie ausdrücklich zu erklären, daß sie dem Urtheilsspruche desselben sich völlig unterwerfen und nachher auf jede weitere Verfolgung ihrer Sache vor Gericht verzichten wollen.

Abänderung der Verfassung. S. 60

§. 252. Die Ergebnisse geprüfter Erfahrungen sollen zwar bei der künftigen Fortbildung der Anstalt gewissenhaft benutzt werden; Anträge auf Abänderungen der vorliegenden Verfassung können jedoch nur von wenigstens zwei Drittel der vereinigten Mitglieder des Deputirten-Collegii und der Vertreter beschlossen werden, und solche Abänderungen selbst nur mit Genehmigung der Herzogl. Landesregierung in Kraft treten.

Braunschweig, im December 1841.

Der zeitige Regierungs-Commissarius
August Wilhelm Julius Uhde, Dr. phil., Schulrath und Professor.

Die zeitigen Mitglieder des Deputirten-Collegii der Braunschweigischen Allgemeinen Versicherungs-Anstalt.

Johann Friedrich Gebhard Rademacher, Schullehrer, zeitiger Präses.
Johann Gottfried Christian Damköhler, Pastor.
Johann Heinrich Christian Tunica, Ober-Finanz-Cassirer.
Georg Heinrich Theodor Hartwig, Dr. phil. und Schul-Director.
Carl Georg August Horst, Directionsrath.
Jacob Friedrich Langerfeldt, Geheime-Finanzrath.
Ernst von Eschwege, Geheime-Cammerrath.
Johann Friedrich Ottmer, Schul-Inspector.

Quelle 10

[Titel]

Statuten
der
Frankfurter
Lebens-Versicherungs-
Gesellschaft

Frankfurt im Juli 1844.

Druck von August Osterrieth.

S. 5

Statuten
der
Frankfurter Lebens-Versicherungs-Gesellschaft.

I. Allgemeine Bestimmungen.

§. 1.

Mit Genehmigung eines Hohen Senats der freien Stadt Frankfurt errichten die hiesigen Handlungen und Handelsleute

C. F. Donner,	de Neufville Mertens & Co.,
Franz Forsboom,	C. F. Pfeffel,
M. L. Getz,	J. M. Scharff,
Joh. Goll & Söhne,	C. Schlamp,
Grunelius & Co.,	Ph. Nic. Schmidt,
Wilh. Friedr. Jaeger,	Moritz Schuster,
Jac. Hirsch Kann,	G. C. Springsfeld,
J. F. Mack,	

einen, die Firma:

Frankfurter Lebens-Versicherungs-Gesellschaft

führenden Actien-Verein, welcher seinen Sitz in Frankfurt hat.

§. 2.

Die Dauer der Gesellschaft wird auf fünfzig Jahre, vom Tage ihrer, in Folge der Hochobrigkeitlichen Bestätigung der

S. 6 Statuten eingetretenen Wirksamkeit und definitiven Constituirung gerechnet (§. 20), bestimmt, vorbehaltlich der Fälle, wo die Auflösung nach §. 49 früher eintritt.

Nach Ablauf des neun und vierzigsten Jahres wird die General-Versammlung über die fernere Dauer der Gesellschaft entscheiden.

§. 3.

Der Zweck der Gesellschaft ist in folgenden Artikeln näher bezeichnet:

1) Die Gesellschaft verpflichtet sich, gegen Zahlung eines jährlichen oder eines einmal für immer zu entrichtenden Betrags, nach dem Ableben einer oder mehrerer Personen ein Capital oder eine Rente an eine bezeichnete Person oder an die künftigen Inhaber der Police zu bezahlen; ferner, bei Versicherungen auf zwei verbundene Leben, an den Ueberlebenden, oder an eine bestimmte Person, falls diese eine oder mehrere bezeichnete Personen überlebt, ein Capital oder eine Rente zu bezahlen.

2) Die Gesellschaft verpflichtet sich, dem Versicherten, dessen Erben oder dem Inhaber der Police, in einem vorausbestimmten Zeitpunkte ein Capital zu bezahlen, wogegen der Versicherte, so lange er lebt, eine jährliche Prämie zu entrichten hat; – wenn der Versicherte vor der im Vertrage festgesetzten Zeit stirbt, so ist für die Zukunft keine Prämie mehr zu bezahlen, die Gesellschaft aber ist zur Zahlung des versicherten Capitals, zu der in der Police bestimmten Zeit, verpflichtet.

3) Die Gesellschaft übernimmt die Verbindlichkeit, gegen eine jährliche oder gegen eine einzige, ein für allemal zu entrichtende Prämie, dem Versicherten oder jeder anderen bezeichneten Person, ein Capital oder eine Leibrente zu bezahlen, wenn die Person, zu deren Gunsten die Versicherung lautet, nach einer im Voraus bestimmten Zeit am Leben ist.

Stirbt die bezeichnete Person vor der in der Police bestimmten Zeit, so hat die Gesellschaft nichts zu bezahlen.

4) Die Gesellschaft übernimmt die Verbindlichkeit, gegen eine jährliche, oder gegen eine einzige Gesammtprämie, ein Capital zu bezahlen, wenn das Ableben einer oder mehrerer Personen in einer bestimmten Zeit stattfindet.

S. 7

Wenn die bezeichneten Personen nach der festgesetzten Zeit noch am Leben sind, so hat die Gesellschaft nichts zu bezahlen.

Die nach den Art. 1, 2, 3 und 4 jährlich zu entrichtenden Prämien können gegen Vergütung der Zinsen in halbjährigen oder vierteljährigen Raten bezahlt werden.

Die Gesellschaft kann nur dann Versicherungen auf das Leben eines Dritten abschließen, wenn dieser seine Einwilligung hierzu mittelst glaubhafter Urkunden ertheilt hat.

5) Die Gesellschaft verpflichtet sich, gegen Empfang einer einzigen Rentenkaufsumme eine jährliche Leibrente an eine oder an mehrere Personen zu verabfolgen, mit theilwesem oder ganzem Rückfalle zu Gunsten des Ueberlebenden.

6) Die Gesellschaft kauft Leibrenten-Verträge, die Nutznießung, das bloße Eigenthum, und alle Arten von aleatorischen Verträgen und Betheiligungen in gesellschaftlichen Lebensversicherungs-Verträgen.

7) Die Gesellschaft kauft die bei ihr geschlossenen Verträge nach gegenseitiger Uebereinkunft wieder zurück.

§. 4.

Außer den im §. 3 angegebenen Geschäften, übernimmt die Gesellschaft auch Versicherungen auf das Leben während der Dauer einer einzelnen Seereise, gegen einen in jedem speciellen Falle von der Gesellschaft zu bestimmenden Prämien-Betrag. Ferner giebt sie Darleihen gegen hypothekarische Sicherheit, welche durch Bezahlung einer jährlichen Prämie, während einer im Voraus festgesetzten Zeit, getilgt werden können.

§. 5.

Wenn bei Versicherungen, die nach dem Tode des Versicherten von der Gesellschaft zu bezahlen wären, der Versicherte sich

S. 8 selbst entleibt, oder an den Folgen des hierzu gemachten Versuches, oder im Zweikampfe oder an dessen Folgen, oder durch die Hand der Gerechtigkeit, oder während einer criminellen Verhaftung stirbt, so ist die Police null und nichtig, und die bezahlten Prämien sind der Gesellschaft verfallen.

Wenn der Versicherte im Krieg umkommt, oder während eines Aufenthalts in der europäischen Türkei, oder auf einer Reise in deren Gebiete, oder außerhalb der Gränzen Europa's, oder auf der See stirbt (mit Ausnahmen von Reisen auf der Ostsee und auf der Nordsee, zwischen Portsmouth und Havre bis Hamburg, sofern sie auf Post-, Dampf- oder Kriegs-Schiffen unternommen werden), so ist die Police ebenfalls null und nichtig, und die bezahlten Prämien sind der Gesellschaft verfallen.

§. 6.

Wenn der Versicherte, ehe er in den Militärdienst eintritt, oder ehe er eine Reise zur See, in die europäische Türkei, oder außer Europa unternimmt, die Anzeige hiervon macht und eine Zusatz-Prämie bezahlt, deren Größe die Gesellschaft nach dem Grade der erhöheten Gefahr bestimmen wird, so kann die Versicherung fortbestehen bleiben.

§. 7.

Denjenigen, welche Versicherungen abschließen, die der im §. 3 Nr. 1. bezeichneten Cathegorie angehören, wird ein Antheil am reinen Gewinn, welchen die Gesellschaft in dieser Cathegorie erzielt hat, bewilligt; die Quote dieses Antheils wird jedesmal im Versicherungs-Documente festgesetzt.

Die Vertheilung des den Versicherten bewilligten Gewinnantheils geschieht nach Verhältniß der versicherten Summe und der Dauer der Versicherung.

Die Versicherung muß zur Zeit der Gewinnvertheilung wenigstens zwei Jahre in Kraft gewesen sein, widrigenfalls sie kein Recht auf die Betheiligung am Gewinne hat.

§. 8.

Der dem Versicherten gutkommende Gewinnantheil kann nach seiner Wahl entweder zur Vermehrung des ursprünglich versicherten Capitals, oder zur Minderung der jährlich zu zahlenden Prämie verwendet werden.

Der Versicherte hat die Befugniß, auf seinen Gewinnantheil im Voraus zu verzichten, und in diesem Falle bewilligt ihm die Gesellschaft eine Ermäßigung an dem zu vereinbarenden Prämiensatze. Der Betrag einer solchen Ermäßigung wird von der Gesellschaft bestimmt.

§. 9.

Nach Ablauf der ersten fünf Jahre, die von der Wirksamkeit der Gesellschaft an verstrichen sein werden, wird jedes Jahr der Betrag des Gewinn-Antheils, welcher den am Gewinne betheiligten Versicherten gutkommt, nach §. 7 auf jede einzelne Versicherung ausgerechnet, und in Gemäßheit des §. 8 dem einzelnen Versicherten zu Gute gebracht.

Die Versicherten sind nicht berechtigt, eine Rechnungsablegung oder eine sonstige Nachweisung von der Gesellschaft zu fordern.

§. 10.

Die Versicherten, welche am Gewinne Theil zu nehmen berechtigt sind, können niemals, wie groß auch die Verluste der Gesellschaft sein mögen, zu irgend einem Zuschusse oder einer Nachzahlung verbindlich gemacht werden.

§. 11.

Die Wirksamkeit der Gesellschaft kann auf sämmtliche europäische Staaten ausgedehnt werden. Es steht übrigens der Gesellschaft in jedem Falle frei, eine Versicherung abzulehnen, ohne daß sie verpflichtet ist, demjenigen, welcher solche begehrt hat, die Gründe der Ablehnung anzugeben.

§. 12.

Die Gesellschaft hat ihr Domicil in Frankfurt, und ist lediglich den Gerichten der freien Stadt Frankfurt unterworfen. Wer

mit ihr contrahirt, verzichtet darauf, sie oder ihre Direction oder ihre Agenten wegen der gesellschaftlichen Verpflichtungen in einem anderen Gerichtsstande zu belangen. Einer besonderen Verständigung zwischen der Gesellschaft und ihren Contrahenten, oder einer speciellen Bestimmung der Police bleibt es vorbehalten, die Entscheidung durch Schiedsrichterspruch, anstatt der durch die öffentlichen Gerichte, zu stipuliren.

§. 13.

Alle öffentliche Bekanntmachungen, welche an die Actionäre im Interesse der Gesellschaft erlassen werden, sind in die durch die General-Versammlung zu bestimmenden öffentliche Blätter einzurücken. Die in der Zwischenzeit bis zur ersten General-Versammlung zu erlassenden Bekanntmachungen sollen durch das „Frankfurter deutsche Journal", die „Frankfurter Ober-Post-Amts-Zeitung", die „Preußische Allgemeine Zeitung" und die „Augsburger Allgemeine Zeitung" veröffentlicht werden.

II. Von dem Grund-Capital der Gesellschaft und den Rechtsverhältnissen der Actionäre.

§. 14.

Das Grund-Capital besteht aus Drei Millionen Gulden des hier gangbaren 24 Gulden-Fußes und ist in 6000 Actien auf bestimmte Namen, eine jede von Fünfhundert Gulden eingetheilt.

§. 15.

Die Actionäre haben die Verpflichtung, den vollen Betrag ihrer Actien einzuzahlen, sie sind aber auch nur bis zu diesem Betrage für die Verbindlichkeiten der Gesellschaft verhaftet.

§. 16.

Die Actionäre haben binnen vier Wochen nach erfolgter Aufforderung für jede Actie zehn Procent des Betrags der Actie, mithin Fünfzig Gulden baar, und einen von ihnen, nach Sicht zahlbaren, an die Ordre der Gesellschaft ausgestellten Sola-Wechsel über Vierhundert fünfzig Gulden an die Gesellschafts-Casse abzuliefern.

Auswärtige Actionäre haben ihren Sola-Wechsel hier zu domiciliren.

Jeder Inhaber von Actien hat auch die Befugniß, statt der Einlieferung des Sola-Wechsels von Neunzig Procent jeder Actie, diesen Betrag mittelst eines Depot von Obligationen deutscher Bundesstaaten, welches der Verwaltungs-Rath genehmigt, zu sichern.

§. 17.

Von dem baar eingeschossenen Capital werden den Actionären aus der Gesellschafts-Casse Zinsen zu drei vom Hundert jährlich vergütet, und darüber Coupons ausgestellt, welche überdieß die Bestimmung enthalten, daß die Inhaber derselben zugleich zur Erhebung der nach §. 46 festzusetzenden Jahres-Dividende berechtigt sein sollen.

§. 18.

Die Actionäre werden nach ihrem Namen oder ihrer Firma, ihrem Stand und Wohnort in die Register der Gesellschaft eingetragen.

Die Actien werden von dem Vorsitzenden oder dessen Stellvertreter und einem Mitgliede des Verwaltungs-Rathes unterzeichnet, und von dem Director contrasignirt.

§. 19.

Die Uebertragung einer Actie kann nur geschehen unter Zustimmung des Verwaltungs-Raths der Gesellschaft, welcher übrigens nicht verpflichtet ist, die Gründe seiner etwaigen Weigerung anzugeben.

Nach erfolgter Zustimmung und nachdem die Uebertragung vom Cedenten und Cessionar unterzeichnet ist, wird der Eintrag in die Register der Gesellschaft bewirkt und auf dem ursprünglichen Certificat vorgemerkt, auch hierbei die Unterzeichnung und Contrasignatur von den am Schlusse des §. 18 angegebenen Personen vollzogen.

§. 20.   S. 12

Ein einzelner Actionär darf nicht mehr als achtzig Actien besitzen. Es steht jedoch einem jeden der im §. 1 benannten Stifter der Gesellschaft frei, bis zum Betrage von Zweihundert Actien zu erwerben und zu besitzen.

Nachdem das Grund-Capital bis zur Hälfte, demnach bis zu ein und ein halb Million Gulden durch Einschreibung auf Actien gedeckt sein wird, ist die Gesellschaft als definitiv constituirt zu betrachten, und es tritt dieselbe alsdann sofort in Wirksamkeit.

§. 21.

Der Verwaltungs-Rath ist ermächtigt, bei sich ergebendem Bedarf und unter öffentlicher Bekanntmachung von den Actionären Zehn Procent des Betrags ihrer Actien gegen Abschreibung auf den Sola-Wechsel oder gegen Zurückgabe eines verhältnismäßigen Antheils des Depots (§. 16) erheben zu lassen.

Der mit der Berichtigung der ausgeschiedenen Rata säumige Actien-Besitzer ist mit der Ausklage des ganzen von ihm ausgestellten Sola-Wechsels zu bedrohen, und der deßfallsige schriftliche Erlaß für jeden auswärtigen Actionär in dem, seinem Wechsel beigefügten Domicil (§. 16) zu insinuiren. Mit Ablauf von acht Tagen nach Insinuation dieses Erlasses, ist der Actionär aller gesellschaftlichen Rechte verlustig, die betreffende Actie als erloschen zur öffentlichen Kenntniß zu bringen, und die Creirung einer mit einer andern Nummer versehenen Ersatz-Actie, so wie deren Begebung zum Vortheil der Gesellschafts-Casse von dem Verwaltungs-Rathe zu bewirken. Gleichzeitig ist der Sola-Wechsel des säumigen Actionärs gegen denselben auszuklagen, und es wird der in Folge dieser Ausklage eingehende Betrag zur Gesellschafts-Casse gezogen.

Wenn in einer spätern Zeit das Bedürfniß sich erneuern, und eine fernere Erhebung von Zehn Procent von dem Verwaltungs-Rath verfügt worden sein sollte, so treten gegen die alsdann säumigen Actionäre die vorstehenden Bestimmungen ebenfalls in Vollzug.

In jedem Falle, wo der Verwaltungs-Rath eine der in diesem §. gedachten Erhebungen verfügt und vollzogen haben wird, ist derselbe verbunden, eine außerordentliche General-Versammlung zu berufen, und derselben darüber Vortrag zu erstatten.   S. 13

Der Zusammentritt der General-Versammlung muß vor Ablauf von sechs Wochen, vom Tage der öffentlich bekannt gemachten Zahlungs-Aufforderung, von dem Verwaltungs-Rathe bestimmt werden.

§. 22.

Nach dem Ableben des Eigenthümers einer Actie steht seinen Erben oder Rechtsnachfolgern die Befugniß zu, aus ihrer Mitte, oder sonst, einen oder mehrere neue Actionäre an die Stelle des Verstorbenen vorzuschlagen. Wenn binnen sechs Monaten nach dem Todestag ein solcher Vorschlag nicht erfolgt, oder von dem Verwaltungs-Rathe nicht angenommen worden ist, so können sich die Erben nur durch Leistung eines demselben genügenden Depot, im Betrage des bis dahin noch nicht baar einbezahlten Antheils ihrer Actiensumme, in ihren gesellschaftlichen Rechten erhalten, bis sie einen oder mehrere zur Annahme geeignete Stellvertreter vorgeschlagen haben. Falls diese Caution nicht geleistet wird, hat der Verwaltungs-Rath die betreffenden Actien an der hiesigen Börse durch einen geschwornen Makler ohne alles weitere verkaufen zu lassen. An die Stelle der somit erloschenen Actien werden dem Käufer entsprechende neue von dem Verwaltungs-Rathe zugefertigt und der von demselben dagegen zu zahlende Kaufpreis, sowie der zur Garantie zu hinterlegende Wechsel, dienen zunächst zur Ausgleichung sämmtlicher Verpflichtungen des verstorbenen Actionärs gegen die Gesellschaft, und der abzüglich der Kosten des Verkaufs sich etwa ergebende Ueberschuß wird den Erben und Rechtsnachfolgern des verstorbenen früheren Actionärs überliefert.

Im Fall eines bei diesem Verkaufe sich zeigenden Ausfalls, dient der Sola-Wechsel des verstorbenen Actionärs, so weit nöthig, zur Ergänzung der Actiensumme.

S. 14

§. 23.

Wenn ein Actien-Besitzer in Concurs oder außergerichtlich in notorische Insolvenz geräth, so sollen die auf seinen Namen eingeschriebenen Actien ebenfalls durch einen geschwornen Wechselmakler verkauft, und an die Stelle der somit erloschenen Actien den Käufern entsprechende neue von dem Verwaltungs-Rathe eingehändigt werden. Mit dem Ertrage der verkauften Actien, so wie mit den zu realisirenden Beträgen der vorhandenen Sola-Wechsel, wird in diesem Falle zu Gunsten des insolventen Actionärs resp. dessen Debitmasse, wie am Schlusse des §. 22 hinsichtlich der Erben oder Rechtsnachfolger bemerkt, verfahren.

III. Von der Verwaltung der Angelegenheiten der Gesellschaft.

A. Von dem Verwaltungs-Rathe.

§. 24.

Die oberste Leitung der Angelegenheiten der Gesellschaft, sowie deren Vertretung in allen und jeden Verhältnissen und Beziehungen, ist einem aus neun Mitgliedern bestehenden Verwaltungs-Rathe übertragen.

§. 25.

Jedes Mitglied, welches in den Verwaltungs-Rath gewählt wird, muß wenigstens zwanzig Actien besitzen, und es sind solche, nach der auf ihn gefallenen Wahl, für die Dauer seiner Theilnahme an der Verwaltung bei der Gesellschafts-Casse zu deponiren.

§. 26.

Die Mitglieder des Verwaltungs-Rathes werden von der General-Versammlung auf drei Jahre gewählt, während welcher Zeit sie ihren Wohnsitz dahier haben müssen. Jedes Jahr treten drei Mitglieder nach dem Amtsalter aus. Bei gleichem Amtsalter entscheidet das Loos. Die austretenden Mitglieder sind sogleich wieder wählbar.

Die erste Wahl der neun Mitglieder des Verwaltungs-Rathes und jede bis zur ersten General-Versammlung erforderliche Wahl geschieht jedoch von und aus der Zahl der im §. 1. benannten Stifter der Gesellschaft.

§. 27.

Der Verwaltungs-Rath erwählt aus seiner Mitte einen Präsidenten und einen Vicepräsidenten, welcher Letztere den Ersteren bei Verhinderungsfällen ersetzt. Beide werden auf ein Jahr gewählt, können aber nach dessen Ablauf sofort wieder gewählt werden.

Wenn eine Stelle im Verwaltungs-Rathe in dem Zeitraum zwischen zwei General-Versammlungen erledigt wird, so hat der Verwaltungs-Rath für diese Zwischenzeit bis zur nächsten General-Versammlung einen provisorischen Stellvertreter aus der Zahl der Actionäre zu wählen.

§. 28.

Die Sitzungen des Verwaltungs-Rathes finden auf Einladung des Präsidenten und wenigstens Ein Mal in jedem Monate statt. Auf Ersuchen des mit dem Visa beauftragten Mitgliedes des Verwaltungs-Rathes (§. 32.) und des Directors ist der Präsident verbunden, alsbald eine Sitzung anzuberaumen.

§. 29.

In dem Verwaltungs-Rathe werden die Beschlüsse nach Stimmenmehrheit gefaßt; bei Gleichheit der Stimmen gibt die des Vorsitzenden den Ausschlag. Zur Fassung eines gültigen Beschlusses ist die Anwesenheit von wenigstens fünf Mitgliedern, einschließlich des Vorsitzenden, erforderlich. Ueber die Verhandlungen des Verwaltungs-Rathes wird durch den Director ein Protocoll aufgenommen, und von dem Vorsitzenden und ihm unterzeichnet.

§. 30.

Der Verwaltungs-Rath überwacht und läßt durch seine Mitglieder überwachen, alle Geschäfte und Angelegenheiten der Ge-

sellschaft. Derselbe ernennt den Director und auf Vorschlag desselben die Agenten und Angestellten der Gesellschaft und regulirt deren Gehalte und Vergütungen, indem ihm zugleich die Befugniß zusteht, eine jede dieser Ernennungen zu jeder Zeit zu widerrufen.

Die Instructionen des Directors, der übrigen Angestellten und Agenten, so wie die allgemeinen Bedingungen der Versicherungs-Contracte und die Prämien-Tarife werden von dem Verwaltungs-Rathe beschlossen und festgesetzt. Derselbe bestimmt die Anlegung der disponiblen Fonds und die allgemeinen und besonderen Verwaltungs-Ausgaben. So wie es dem Verwaltungs-Rath überlassen bleibt, die Ueberwachung einzelner Geschäftsbranchen durch seine Mitglieder zu bewirken, so hat er insbesondere für sichere Aufbewahrung der Gelder, Wechsel, Capitalbriefe und sonstiger werthvoller Gegenstände gehörige Sorge zu tragen.

B. Von dem Director.

§. 31.

Der Director wird von dem Verwaltungs-Rathe ernannt und hat eine Dienst-Caution zu leisten, worüber die näheren Bestimmungen diesem vorbehalten bleiben. Der Director wohnt den Berathungen des Verwaltungs-Rathes bei, und besorgt die Geschäfte der Gesellschaft nach den Beschlüssen, allgemeinen Instructionen und besonderen Anordnungen des Verwaltungs-Raths. Er leitet insbesondere die Büreau-Arbeiten, und legt dem Verwaltungs-Rathe die Regulirung der von der Gesellschaft zu leistenden Zahlungen vor, sowie er auch am Schlusse eines jeden Monats eine Uebersicht des Geschäfts-Standes zu liefern hat.

§. 32.

Der Director contrasignirt die von dem Präsidenten zu unterzeichnenden Erlasse und Ausfertigungen des Verwaltungs-Rathes, und unterzeichnet alle Schreiben, Versicherungs-Documente, Verträge, Vollmachten, Indossamente und sonstige Geschäfts-Urkunden; jedoch muß seiner Unterschrift überall das Visa eines oder des

S. 17 andern hierzu bestimmten Mitgliedes des Verwaltungs-Rathes beigefügt sein, ohne welches Visa keine der obengedachten Urkunden als gültig und vollziehbar zu betrachten ist.

§. 33.

Wenn die Stelle eines Directors nicht besetzt, oder der ernannte Director verhindert ist, zu fungiren, wird dessen Amt von einem oder mehreren Mitgliedern des Verwaltungs-Rathes, welche dieser dazu erwählt, oder durch einen der oberen Angestellten in Auftrag des Verwaltungs-Rathes versehen.

§. 34.

Durch einen mit einer Mehrheit von sechs Stimmen gefaßten Beschluß des Verwaltungs-Rathes kann jederzeit die Ernennung des Directors widerrufen werden, und es soll in dem mit ihm abzuschließenden Contract hierauf ausdrücklich Bezug genommen werden.

IV. Von den General-Versammlungen.

§. 35.

Die Gesammtheit der Actionäre wird durch deren General-Versammlung vertreten.

§. 36.

Im Monat März oder April eines jeden Jahres wird eine General-Versammlung zu Frankfurt gehalten, und es werden die stimmberechtigten Actionäre hierzu vierzehn Tage vorher von dem Verwaltungs-Rathe durch die öffentlichen Blätter (§. 13.) eingeladen.

Die erste General-Versammlung findet im März oder April 1847 statt.

Außerordentliche General-Versammlungen veranstaltet der Verwaltungs-Rath sowohl in den durch §§. 21, 49 vorgesehenen, als in allen anderen Fällen, wo er die Einberufung einer solchen Versammlung den Umständen angemessen erachtet.

§. 37.   S. 18

In der General-Versammlung kann jeder Actionair erscheinen und an deren Verhandlungen und Beschlüssen Theil nehmen, und zwar hat jeder Inhaber

von	1	bis	10 Actien	1 Stimme
	11	–	20	2 Stimmen
	21	–	30	3
	31	–	40	4
	41	–	50	5
	51	–	60	6
	61	–	70	7
	71	–	80	8

Die Actionäre können sich durch Bevollmächtigte, welche Actionäre der Gesellschaft sein müssen, vertreten lassen, doch darf kein Actionär mehr als *neun* Stimmen in seiner Person vereinigen.

§. 38.

Jeder Actionär, welcher in der General-Versammlung erscheinen will, muß sich spätestens am dritten Tage vor der Sitzung über seine statutenmäßige Qualification auf dem Büreau des Verwaltungs-Rathes legitimiren, welcher hiervon Vormerkung zu nehmen und dem Erschienenen ein Zeugniß hierüber und über die Anzahl der ihm zustehenden Stimmen auszustellen hat.

§. 39.

Der zeitige Vorsitzende des Verwaltungs-Rathes führt den Vorsitz in der General-Versammlung und veranlaßt zunächst die Wahl zweier Secretäre aus der Mitte der Versammlung.

§. 40.

Der Präsident bringt die vorliegenden Gegenstände zur Kenntniß der Versammlung, leitet die Discussion und veranlaßt die Abstimmung.

S. 19

§. 41.

Die General-Versammlung beschäftigt sich bei ihrem jährlichen Zusammentritte

1) mit der Anhörung und Prüfung des Berichts des Verwaltungs-Raths;
2) mit der Prüfung und Genehmigung der letzten Jahres-Rechnung, nach vorheriger Berichterstattung durch den hiezu gewählten Ausschuß;
3) mit der Wahl eines Ausschusses von drei Mitgliedern aus der Zahl der nicht zum Verwaltungs-Rathe gehörigen Actionäre, welcher die Bilanz und die Rechnungs-Abschlüsse des nächsten Jahres mit den, ihm von Seiten des Verwaltungs-Raths spätestens vierzehn Tage vor der nächsten General-Versammlung vorzulegenden, bezüglichen Büchern und Scripturen zu vergleichen, und in der vorgedachten nächsten General-Versammlung darüber Bericht zu erstatten hat.

In der ersten General-Versammlung (§. 36) wird die Wahl eines Ausschusses zur Prüfung der bis zum 31. December 1846 abgeschlossenen Rechnungen vorgenommen, und es hat dieser Ausschuß in der nächstfolgenden General-Versammlung zu berichten.

Sodann wird

4) nach §. 26 der Verwaltungs-Rath erneuert, und es werden endlich
5) die von dem Verwaltungs-Rathe für das laufende oder folgende Geschäfts-Jahr gemachten Vorschläge, sowie die von einzelnen Actionären ausgegangenen Vorschläge, letztere aber nur wenn die Versammlung solche für zulässig erklärt hat, zur Berathung und Beschlußnahme gebracht.

§. 42.

Die Beschlüsse der General-Versammlung werden durch Stimmenmehrheit der anwesenden Mitglieder in allen Fällen gefaßt, wo nicht ein anderes ausdrücklich durch die Statuten vorgeschrieben ist.

S. 20

§. 43.

Die Beschlüsse sind für alle Actionäre, also auch für diejenigen, welche nicht erschienen sind, verbindlich.

§. 44.

Alle Wahlen werden durch geheime Abstimmung vollzogen.

§. 45.

Zur Abfassung eines gültigen Beschlusses über Abänderung der Statuten ist eine Majorität von drei Viertheilen der legitimirten Stimmen erforderlich, und überdieß muß der betreffende Vorschlag, um überhaupt zur Sprache gebracht werden zu können, vierzehn Tage vor der General-Versammlung in dem Büreau des Verwaltungs-Raths zur Einsicht der Actionäre aufgelegen haben.

V. Von den Jahres-Rechnungen, den Gewinn-Vertheilungen und dem Reserve-Fond.

§. 46.

Der Abschluß der Bilanz ist auf den 31. December eines jeden Jahres festgesetzt, und nach Maßgabe derselben wird von dem Verwaltungs-Rath bestimmt, ob und in welchem Betrage eine Gewinn-Vertheilung (Dividende) stattfinden soll. Vor Ablauf der ersten fünf Jahre nach Eröffnung der Wirksamkeit der Gesellschaft darf jedoch eine solche Vertheilung nicht vorgenommen werden. Wenn eine Gewinn-Vertheilung stattfindet, so soll bei Ablauf des fünften Jahres die Dividende des ersten, bei Ablauf des sechsten die des zweiten, bei Ablauf des siebenten die des dritten Jahres ermittelt und vertheilt, und ebenso in den weiterfolgenden Jahren verfahren werden.

Vor der an die Actionäre zu vertheilenden Dividende, wird der den Versicherten laut §. 7–9 gutkommende Gewinn-Antheil immer in Abzug gebracht. Die Auszahlung der Dividende, so wie der Zinsen, geschieht nach abgehaltener General-Versammlung bei der Gesellschafts-Casse in Frankfurt, und es werden die

Actionäre hiervon durch die öffentlichen Blätter (§. 13) benachrichtigt. Die Dividenden und Zinsen, welche nicht innerhalb vier Jahren, vom Tage der öffentlichen Benachrichtigung an gerechnet, in Empfang genommen worden, sind der Gesellschafts-Casse verfallen und können von Niemanden in Anspruch genommen werden.

S. 21

§. 47.

Vom reinen Gewinn, abzüglich der Zinsen, werden drei Viertheil als Dividende den Actionären und daran vertragsmäßig betheiligten Versicherten abgeliefert und der bleibende vierte Theil wird zu einem Reserve-Fond so lange verwendet, bis dieser die Summe von Dreimal hundert tausend Gulden erreicht hat; eine fernere Vermehrung desselben bleibt der Bestimmung der General-Versammlung überlassen.

Sollte der Reserve-Fond (§. 48) jemals in Anspruch genommen worden sein, so ist solcher aus dem Viertheil des sich ergebenden reinen Jahres-Gewinnes wieder zu ergänzen.

§. 48.

Alle Entschädigungen und Verluste werden zunächst aus dem Prämien-Fond und, wenn sie ihn übersteigen, aus dem Reserve-Fond gedeckt. Erst nach Erschöpfung des Letzteren darf auf das Grund-Capital recurrirt werden.

VI. Von der Auflösung und der Liquidation der Gesellschaft.

§. 49.

Die Auflösung der Gesellschaft kann vor Ablauf der im §. 2 erwähnten Zeit nur stattfinden, und muß zugleich erfolgen, wenn

1) Verluste eingetreten sind, welche den dritten Theil des Grund-Capitals erschöpft haben, oder wenn

2) die Auflösung von einer Anzahl Actionäre gefordert wird, welche wenigstens drei Viertheile des gesammten Actien-Capitals besitzen.

S. 22   In jedem der vorgedachten beiden Fälle ist der Verwaltungs-Rath gehalten, sofort eine außerordentliche General-Versammlung zusammen zu berufen.

§. 50.

Diese General-Versammlung ernennt drei Liquidations-Commissarien.

§. 51.

Die Gesellschaft haftet, im Falle der Auflösung, für alle abgeschlossenen Versicherungen bis zu deren Ablauf, so wie überhaupt für die Erfüllung aller von ihr eingegangenen Verbindlichkeiten.

§. 52.

Spätestens nach Ablauf eines Jahres, vom Tage der Eröffnung der Liquidation an gerechnet, wird eine neue Bilanz der Gesellschaft angefertigt und der General-Versammlung vorgelegt, in welcher der Zeitpunkt des Schlusses der Liquidation zu bestimmen ist.

Vorstehende Abschrift des mit Eingabe de pr. 25. Juni 1844 Hohem Senat vorgelegten Entwurfs der Statuten der Frankfurter Lebens-Versicherungs-Gesellschaft wird mit der Bemerkung beglaubigt, daß durch Beschluß Hohen Senats vom 9. Juli 1844, diesen Statuten die obrigkeitliche Genehmigung ertheilt worden ist.

Frankfurt a/M., den 15. Juli 1844.

Stadt-Kanzlei
der freien Stadt Frankfurt.
(Unterz.) Dr. Müller.

Quellenverzeichnis

Erläuternde Bemerkungen zu den Statuten der Lebensversicherungs-Gesellschaft zu Leipzig, 1830. (Sächsische Landesbibliothek – Staats- und Universitätsbibliothek Dresden. Signatur: 31.8.5352) (zitiert: Erläuternde Bemerkungen/Leipzig)

Geschäfts-Plan der Berlinischen Lebens-Versicherungs-Gesellschaft, Berlin 1836. (Firmenarchiv der Berlinischen Lebensversicherung Aktiengesellschaft, Wiesbaden) (zitiert: Geschäftsplan/Berlin)

Plan der Deutschen Lebensversicherungs-Gesellschaft zu Lübeck, [Lübeck] 1828. (Archiv der Hansestadt Lübeck. Firmen- und Geschäftsarchiv. Lübeck-Schweriner Lebensversicherungs-A.G. Erwerb 6/34 1) (zitiert: Plan/Lübeck)

Plan der Lebens-Versicherungs-Societät: Hammonia in Hamburg, [Hamburg 1843]. (Staatsarchiv/Bibliothek der Hansestadt Hamburg. Signatur: A 902 233 Kapsel 1)

Plan der mit allergnädigster landesherrlicher Bestätigung in hiesiger Königlichen Residenzstadt errichteten Allgemeinen Lebens-Versicherungs-Anstalt für das Königreich Hannover, Hannover 1829. (Stadtbibliothek Hannover. Signatur: H 6195) (zitiert: Plan/Hannover)

Reglementäre Grundbestimmungen der bayerischen Hypotheken- und Wechselbank für die Lebensversicherungs-Anstalt, München 1836. (Staatliche Bibliothek Regensburg. Signatur: 999/Bav. 2013) (zitiert: Grundbestimmungen/München)

Statut der Lebens- und Renten-Versicherungs-Societät Hammonia in Hamburg, Hamburg 1851. (Staatsarchiv/Bibliothek der Hansestadt Hamburg. Signatur: A 902 233 Kapsel 1)

Statuten der bayerischen Hypotheken- und Wechselbank. Amtlicher Abdruck, München 1835, in: *Franziska Jungmann-Stadler (Hg.)*, Die Anfänge der Bayerischen Hypotheken- und Wechsel-Bank aus den Protokollen der Administration, München 1985, Beilage. (zitiert: Statuten/München)

Statuten der Frankfurter Lebens-Versicherungs-Gesellschaft, Frankfurt 1844. (Niedersächsische Staats- und Universitätsbibliothek Göttingen. Signatur: H. Hass. Nass. 5978) (zitiert: Statuten/Frankfurt)

Statuten der Frankfurter Versicherungs-Gesellschaft, bestätigt durch Beschluß Hohen Senats der freien Stadt Frankfurt vom 5. April 1842, Frankfurt am Main 1842.

Statuten der Frankfurter Versicherungs-Gesellschaft, bestätigt durch Beschlüsse Hohen Senats der freien Stadt Frankfurt vom 5. April 1842 und 13. April 1843, Frankfurt am Main 1843.

Statuten der unter Allerhöchster Genehmigung in Leipzig errichteten Lebensversicherungs-Gesellschaft, [Leipzig] 1830. (Stadtarchiv Leipzig. Sammelakte „Gesellschafts- und Vereinsstatuten. 1818–1838". Signatur: Tit. LX B (Kap.) Nr. 18 Bd. 1, Bl. 196–209) (zitiert: Statuten/Leipzig)

Verfassung der mit Genehmigung der Herzoglich Braunschweigischen Landesregierung errichteten Braunschweigischen Allgemeinen Versicherungs-Anstalt, Braunschweig 1842. (Stadtarchiv Braunschweig. Signatur: H VII: 42) (zitiert: Verfassung/Braunschweig)

Verfassung der unter dem Schutze Sr. Herzogl. Durchlaucht des regierenden Herzogs von S. Coburg und Gotha errichteten Lebensversicherungsbank für Deutschland, Gotha 1828, in: *A. Emminghaus (Hg.)*, Geschichte der Lebensversicherungsbank für Deutschland zu Gotha. Zur Feier der fünfzigsten Wiederkehr des Tages der Begründung der Bank, Weimar 1877, 212–237. (zitiert: Verfassung/Gotha)

Verfassungs-Artikel der Berlinischen Lebens-Versicherungs-Gesellschaft, Berlin 1836. (Firmenarchiv der Berlinischen Lebensversicherung Aktiengesellschaft, Wiesbaden) (zitiert: Verfassung/Berlin)

Literaturverzeichnis

150 Jahre Braunschweigische Lebensversicherung. 1806–1956, Braunschweig [1956].

1822–1922. Festschrift zum 100jährigen Bestehen der „Vaterländische" und „Rhenania" Vereinigte Versicherungs-Gesellschaften Akt.-Ges. in Elberfeld-Köln, Elberfeld 1922.

1828–1928. Hundert Jahre Lebensversicherung in Lübeck, Lübeck [1928].

Allgemeines deutsches Handelsgesetzbuch von 1861. Allgemeine deutsche Wechselordnung von 1848. In den Ausgaben für das Grossherzogtum Baden (zuerst 1862), Neudruck Aalen 1973. (Neudrucke privatrechtlicher Kodifikationen und Entwürfe des 19. Jahrhunderts. Bd. I. Allgemeines deutsches Handelsgesetzbuch. Allgemeine deutsche Wechselordnung)

Allgemeines Landrecht für die Preußischen Staaten von 1794. Mit einer Einführung von Hans Hattenhauer und einer Bibliographie von Günther Bernert, 2. Aufl. Neuwied/Kriftel/Berlin 1994.

Alte Leipziger. Lebensversicherungsgesellschaft auf Gegenseitigkeit. 125 Jahre, Frankfurt am Main 1955.

Angerer, August, Probleme der Versicherungsaufsicht – Die Institution auf dem Prüfstand –, ZfV 23 (1987), 590–600.

Angermann, Erich, Art. „Arnoldi", in: Historische Kommission bei der Bayerischen Akademie der Wissenschaften (Hg.), NDB, Bd. I, Berlin 1953, 389.

Arnoldi, Ernst Wilhelm, Autobiographie (unvollendet), in: Museen der Stadt Gotha (Hg.), Gothaer Persönlichkeiten. Ernst Wilhelm Arnoldi, Gotha 1991, 5–26.

– Muthmaßliche Gründe, warum die Lebensversicherungsbank für Deutschland in Gotha nicht, wie andere ähnliche Anstalten, auch Verträge auf Leibrenten abschließt, u.s.w., Allgemeiner Anzeiger der Deutschen 75 (1828), Sp. 625–629.

– Nützliche Anstalten und Vorschläge. Etwas über die Dringlichkeit für die deutschen Staaten, eine gemeinschaftliche Lebensversicherungsbank zu errichten, wie es von Gotha aus beabsichtigt wird, Allgemeiner Anzeiger der Deutschen 74 (1827), Sp. 4101–4103.

– Vorschlag zu einem Bunde unter den deutschen Fabriken, Allgemeiner Anzeiger der Deutschen 53 (1817), Sp. 869–881, 885–891.

Arps, Ludwig, Auf sicheren Pfeilern. Deutsche Versicherungswirtschaft vor 1914, Göttingen 1965.

– Bayerische Versicherungsbank AG. 1835–1960. Vom Preysing-Palais zur Ludwigstraße, München 1960.

- Deutsche Versicherungsunternehmer (I): Ernst Wilhelm Arnoldi, VW 22 (1967), 935–942.

- Deutsche Versicherungsunternehmer, Karlsruhe 1968.

Art. „Arnoldi", in: Manes, Alfred (Hg.), Versicherungslexikon, 2. Aufl. Berlin 1924, Sp. 204–206.

Art. „Benecke", in: Manes, Alfred (Hg.), Versicherungslexikon, 2. Aufl. Berlin 1924, Sp. 299.

Art. „Büsch", in: Manes, Alfred (Hg.), Versicherungslexikon, 2. Aufl. Berlin 1924, Sp. 415 f.

Art. „Tonti", in: Manes, Alfred (Hg.), Versicherungslexikon, 3. Aufl. Berlin 1930, Sp. 1571.

Atzpodien, Hans Christoph, Die Entwicklung der preußischen Staatsaufsicht über das private Versicherungswesen im 19. Jahrhundert unter besonderer Berücksichtigung ihres Verhältnisses zum Wirtschaftsliberalismus, Bonn 1982. (zgl.: Bonn, Univ., Diss., 1982)

August Ludwig Bruns, Senator in Hannover, geb. zu Neustadt am Rübenberge, den 3. März 1790, Rundschau der Versicherungen 2 (1852), 206–208; [Nachruf,] ebenda 8 (1858), 261.

Aus der Geschichte der Lebensversicherung in Deutschland, Neumanns Zeitschrift für Versicherungswesen 59 (1936), 694–696.

Aus der Gründungszeit der „Alten Berlinischen", Berlinische Nachrichten 11 (1936), 18.

Babbage, Charles, A comparative view of the various Institutions for the assurance of lives, London 1826. Dt: Charles Babbage's vergleichende Darstellung der verschiedenen Lebens-Assecuranz-Gesellschaften. Aus dem Englischen, Weimar 1827.

Baily, Francis E., An Account of the Several Life-Assurance Companies Established in London. Containing a view of their respective merits and advantages (London: Richard Taylor and Co., 1810), in: Jenkins, David/Yoneyama, Takau (Hg.), History of Insurance. Bd. IV. Life, London 2000, 37–99.

Ballenthin, Sven, Ein Gothaer Unternehmer zwischen privaten Geschäften, städtischem Engagement und nationalen Reformversuchen. Ernst Wilhelm Arnoldi, in: Hahn, Hans-Werner/Greiling, Werner/Ries, Klaus (Hg.), Bürgertum in Thüringen. Lebenswelt und Lebenswege im frühen 19. Jahrhundert, Rudolstadt/Jena 2001, 231–252.

Baums, Theodor (Hg.), Entwurf eines allgemeinen Handelsgesetzbuches für Deutschland (1848/49). Text und Materialien, Heidelberg 1982. (Steindorff/Ulmer (Hg.), Abhandlungen aus dem gesamten Bürgerlichen Recht. Handelsrecht und Wirtschaftsrecht. Beihefte der Zeitschrift für das gesamte Handelsrecht und Wirtschaftsrecht; H. 54)

- Gesetz über die Aktiengesellschaften für die Königlich Preussischen Staaten vom 9. November 1843. Text und Materialien, Aalen 1981. (Neudrucke privatrechtlicher Kodifikationen und Entwürfe des 19. Jahrhunderts. Bd. V. Gesetz über die Aktiengesellschaften für die Kgl. Preußischen Staaten)

Baums-Stammberger, Brigitte, Der Versuch einer Aktiengesetzgebung in Sachsen 1836/37, Hagen 1980. (zgl.: Hagen, Fernuniv., Diss., 1980)

Die Bayer. Hypotheken- und Wechsel-Bank. Fest-Schrift zur Feier ihres fünfzigjährigen Bestehens, München 1885.

Beck, A., Art. „Arnoldi", in: Historische Commission bei der Königl. Akademie der Wissenschaften (Hg.), ADB, Bd. I (zuerst 1875), Neudruck Berlin 1967, 589–591.

Benecke, Wilhelm, System des Assekuranz- und Bodmereiwesens, aus den Gesetzen und Gebräuchen Hamburgs und der vorzüglichsten handelnden Nationen Europens, so wie aus der Natur des Gegenstandes entwickelt. Für Versicherer, Kaufleute und Rechtsgelehrte, Bd. I–V, Hamburg 1805–1821.

– Wilhelm Benecke's Lebensskizze und Briefe, Teile I, II, Dresden 1850.

Berg, Günther Heinrich von, Handbuch des Teutschen Policeyrechts, Teil III, Hannover 1800.

Bergfeld, Christoph, Der Entwurf eines Handelsgesetzbuchs für das Königreich Württemberg von 1839, IUS COMMUNE 7 (1978), 226–249.

– Handelsrecht, in: Coing, Helmut (Hg.), Handbuch der Quellen und Literatur der neueren europäischen Privatrechtsgeschichte. Bd. III. Das 19. Jahrhundert. Teilbd. III. Gesetzgebung zu den privatrechtlichen Sondergebieten, München 1986, 2853–2968.

Berlinische Leben (Hg.), 150 Jahre Berlinische Leben, Wiesbaden [1986].

Bernreuther, Julia Friederike, „Die Suche nach Sicherheit" – Der Beginn der deutschen Lebensversicherung am Anfang des 19. Jahrhunderts, Erlangen/Nürnberg 2004. (zgl.: Erlangen/Nürnberg, Univ., Diss., 2004)

[Biographie Peter Willemsens,] Rundschau der Versicherungen 2 (1852), 96–99; [Nachruf,] ebenda 9 (1859), 58.

Blaschke, Karlheinz, § 7 Königreich Sachsen und thüringische Staaten, in: Jeserich, Kurt/Pohl, Hans/Unruh, Georg-Christoph von (Hg.), Deutsche Verwaltungsgeschichte. Bd. II. Vom Reichsdeputationshauptschluß bis zur Auflösung des Deutschen Bundes, Stuttgart 1983, 608–645.

Bleibtreu, L. K., Zweck und Einrichtung der Lebensversicherungsanstalten. Für Jedermann faßlich dargestellt, Karlsruhe 1832.

Borscheid, Peter, Die Entstehung der deutschen Lebensversicherungswirtschaft im 19. Jahrhundert. Zum Durchsetzungsprozeß einer Basisinnovation, VSWG 70 (1983), 305–330.

– Geschichte des Alters. 16.–18. Jahrhundert, Münster 1987. (Teuteberg, Hans J./ders. (Hg.), Studien zur Geschichte des Alltags; Bd. VII, Teilbd. I)

– Mit Sicherheit leben. Die Geschichte der deutschen Lebensversicherungswirtschaft und der Provinzial-Lebensversicherungsanstalt von Westfalen. Bd. I. Von den Anfängen bis zur Währungsreform von 1948, Greven 1989.

Bösselmann, Kurt, Die Entwicklung des deutschen Aktienwesens im 19. Jahrhundert. Ein Beitrag zur Frage der Finanzierung gemeinwirtschaftlicher Unternehmungen und zu den Reformen des Aktienrechts, Berlin 1939.

Brämer, Hermann/*Brämer,* Karl, Das Versicherungswesen, Leipzig 1894. (Frankenstein, Kuno (Hg.), Hand- und Lehrbuch der Staatswissenschaften in selbständigen Bänden. 1. Abteilung: Volkswirtschaftslehre; Bd. XVII)

Braun, Heinrich, Geschichte der Lebensversicherung und der Lebensversicherungstechnik (zuerst 1925), 2. Aufl. Berlin 1963. (Veröffentlichungen des Deutschen Vereins für Versicherungswissenschaft; H. 70)

Bruns, A. L., Fernere Aufschlüsse behuf richtiger Auffassung und Würdigung des Plans zur allgemeinen Lebensversicherungs-Anstalt für das Königreich Hannover, Hannoversches Magazin 1830, 577–596.

Buchholz, Stephan, Einzelgesetzgebung, in: Coing, Helmut (Hg.), Handbuch der Quellen und Literatur der neueren europäischen Privatrechtsgeschichte. Bd. III. Das 19. Jahrhundert. Teilbd. II. Gesetzgebung zum allgemeinen Privatrecht und zum Verfahrensrecht, München 1982, 1626–1773.

Büchner, Franz, Die Entwicklung der deutschen Gesetzgebung über die Versicherungsaufsicht bis zum Bundesgesetz vom 31. Juli 1951, in: Rohrbeck, Walter (Hg.), 50 Jahre materielle Versicherungsaufsicht nach dem Gesetz vom 12. Mai 1901. Bd. I. Allgemeine Fragen des Versicherungsrechts und der Versicherungswirtschaft, Berlin 1952, 1–48. (Rohrbeck, W. (Hg.), Schriftenreihe des Instituts für Versicherungswissenschaft an der Universität Köln; N.F. 9)

– Hamburgs Beitrag zur Fortentwicklung des Versicherungswesens, des Versicherungsrechts und der Versicherungswissenschaft, VW (21) 1966, 790–799.

– Hamburgs geschichtliche Bedeutung für das deutsche Versicherungswesen, VW 20 (1965), 220–224 = VW 36 (1981), 298–306.

Bundesaufsichtsamt für das Versicherungs- und Bausparwesen (Hg.), Motive zum Versicherungsaufsichtsgesetz (Nachdruck der Motive zum Gesetz über die privaten Versicherungsunternehmungen vom 12. Mai 1901 ...), Berlin 1963.

Burger, Dirk, Der Einfluss der wirtschaftlichen, sozialen und politischen Entwicklungen auf die Entfaltung der Versicherungsaufsicht im neunzehnten und zwanzigsten Jahrhundert. Eine Betrachtung für den Bereich der Individualversicherung, Köln 1988. (zgl.: Köln, Univ., Diss., 1987) (Wirtschafts- und Rechtsgeschichte; 8)

Bütow, Paul, Die Versicherung auf Gegenseitigkeit, Berlin 1883. (zgl.: Berlin, Univ., Diss., 1883)

Chronik. Berlinische Lebensversicherung. Aktiengesellschaft. Wiesbaden. 1836–1961, (unveröffentlichte Intern-Chronik) Wiesbaden 1960.

Chronik der Hamburgischen allgemeinen Versorgungsanstalt von 1778 bis zur HANSA Lebensversicherung auf Gegenseitigkeit 1953, Hamburg [1953].

Coing, Helmut, Europäisches Privatrecht. Bd. I. Älteres Gemeines Recht (1500 bis 1800), München 1985.

- Europäisches Privatrecht. Bd. II. 19. Jahrhundert. Überblick über die Entwicklung des Privatrechts in den ehemals gemeinrechtlichen Ländern, München 1989.

Denkschrift zur Feier der 75jährigen Thätigkeit der Vaterländischen Feuer-Versicherungs-Actien-Gesellschaft in Elberfeld, Elberfeld 1898.

Doehl, C., Das Versicherungs-Wesen des Preußischen Staates. Nach amtlichen Quellen systematisch bearbeitet und dargestellt, Berlin 1865.

Dölemeyer, Barbara, Kodifikationen und Projekte, in: Coing, Helmut (Hg.), Handbuch der Quellen und Literatur der neueren europäischen Privatrechtsgeschichte. Bd. III. Das 19. Jahrhundert. Teilbd. II. Gesetzgebung zum allgemeinen Privatrecht und zum Verfahrensrecht, München 1982, 1440–1625.

Duvinage, Angela, Die Vorgeschichte und die Entstehung des Gesetzes über den Versicherungsvertrag, Karlsruhe 1987. (Bernstein, Herbert u. a. (Hg.), Veröffentlichungen des Seminars für Versicherungswissenschaft der Universität Hamburg und des Vereins zur Förderung der Versicherungswissenschaft in Hamburg e.V.; Reihe A, Rechtswissenschaften, H. 67)

Ebel, Wilhelm, Glücksvertrag und Versicherung. Zur Geschichte der rechtstheoretischen Erfassung des Versicherungsverhältnisses, ZVersWiss 51 (1962), 53–76.

Ehlers, Dirk, Wirtschaftsaufsicht, in: Achterberg, Norbert/Püttner, Günter (Hg.), Besonderes Verwaltungsrecht. Ein Lehrbuch. Bd. I. Wirtschafts-, Bau-, Kultus-, Dienstrecht, Heidelberg 1990, 65–253.

Ehrenberg, Richard, Studien zur Entwickelungsgeschichte der Versicherung. IV. Entstehung der Lebensversicherung, ZVersWiss 2 (1902), 123–130.

Ehrenberg, Victor, Versicherungsrecht, Bd. I, Leipzig 1893. (Binding, Karl (Hg.), Systematisches Handbuch der Deutschen Rechtswissenschaft; 3. Abteilung, 4. Teil, Bd. I)

Eichler, Hermann, Vom Zivilrecht zum Versicherungsrecht, in: Schmidt, Reimer/Sieg, Karl (Hg.), Grundprobleme des Versicherungsrechts. Festgabe für Hans Möller zum 65. Geburtstag, Karlsruhe 1972, 177–200.

Emminghaus, A., Ernst Wilhelm Arnoldi. Leben und Schöpfungen eines deutschen Kaufmanns, Weimar 1878.

- (Hg.), Geschichte der Lebensversicherungsbank für Deutschland zu Gotha. Zur Feier der fünfzigsten Wiederkehr des Tages der Begründung der Bank, Weimar 1877.

- Zur fünfzigjährigen Jubelfeier der Lebensversicherungsbank für Deutschland zu Gotha. Ein Gedenkblatt, den Genossen und Freunden der Bank gewidmet, [1877].

Endemann, Wilhelm, Das Deutsche Handelsrecht. Systematisch dargestellt, 2. Aufl. Heidelberg 1868.

Entwurf eines bürgerlichen Gesetzbuchs für das Königreich Bayern. 1861–1864. Mit Motiven (zuerst 1861), Neudruck Aalen 1973. (Neudrucke privatrechtlicher Kodifikationen und Entwürfe des 19. Jahrhunderts. Bd. III. Entwurf eines bürgerlichen Gesetzbuchs für das Königreich Bayern)

Erdmann-Müller, Oswald, Deutscher Idealismus als Triebkraft, Deutscher Versicherungs-Dienst 52 (1941), 50 f.

- Die Hamburgische Lebensversicherungs-Societät und ihr Begründer. Ein Beitrag zur Geschichte der deutschen Lebensversicherung, Neumanns Zeitschrift für Versicherungswesen 61 (1938), 420 f., 443 f.
- Wilhelm Benecke und die Hamburgische Lebensversicherungs-Societät, Deutscher Versicherungs-Dienst 52 (1941), 19 f.

Erkenbrecher, Hans, Ernst Wilhelm Arnoldi. 1778–1841. Gründer der Gothaer Versicherungsbanken. Eine Biographie, Karlsruhe 1995.

- Ernst Wilhelm Arnoldi – ein hervorragender Vertreter des aufstrebenden Bürgertums, in: ders./Helmut Roob (Hg.), Die Residenzstadt Gotha in der Goethe-Zeit, Bucha bei Jena 1998, 109–126.

F., H., Nähere Prüfung des Plans der allgemeinen Lebensversicherungs-Anstalt für das Königreich Hannover. Dem Publikum zur Beherzigung empfohlen, Göttingen 1830.

Fahr, Ulrich/*Kaulbach,* Detlef/*Bähr,* Gunne W., Versicherungsaufsichtsgesetz – VAG – mit Gesetz über die Errichtung eines Bundesaufsichtsamtes für das Versicherungswesen (BAG) und Finanzdienstleistungsaufsichtsgesetz (FinDAG). Kommentar, 3. Aufl. München 2003.

Fechner, Gertrud-Hedwig, Vor hundert Jahre starb Wilhelm Benecke, Deutsche Versicherungs-Presse 1937, 579 f.

Feller, F. E., Einige Worte über Lebensversicherungen, Leipzig 1839.

Fenneberg, Jul. Frdr. Wilh. v. (Hg.), Allgemeiner Prospectus für das gesammte Sparkassen- u. Versicherungswesen, insbesondere Zweck, Einrichtung und Benutzung aller in Deutschland bestehenden Lebensversicherungs- und Versorgungs-Anstalten. Zugleich mit einer größeren Sammlung practischer Beispiele über die Nutzbarkeit der Lebensversicherung, mit den Statuten anderweiter, höchst gemeinnütziger Institute und einer vergleichenden Uebersicht der Prämien-Tarife für alle Versicherungs-Arten der verschiedenen Lebensversicherungs-Anstalten auf sechs Tabellen, Weimar 1848.

Die Feyer der funfzigjährigen Dauer der Hamburgischen allgemeinen Versorgungsanstalt am 2. August 1828, Hamburg 1828.

Fiedler, Walter, Die Geschichte des Versicherungswesens der Reichsstadt Nürnberg, Erlangen 1958. (zgl.: Erlangen, Univ., Diss., 1958)

Francke, Bernhard (Hg.), Dresdener Entwurf eines allgemeinen deutschen Gesetzes über Schuldverhältnisse von 1866 (zuerst 1866), Neudruck Aalen 1973. (Neudrucke privatrechtlicher Kodifikationen und Entwürfe des 19. Jahrhunderts. Bd. II. Dresdener Entwurf eines allgemeinen deutschen Gesetzes über Schuldverhältnisse)

Frankfurter Lebensversicherungs-Gesellschaft. Prospectus, Frankfurt am Main 1845.

Frey, E., Organisationsformen der Versicherungsunternehmen, in: Grosse, Walter/Müller-Lutz, Heinz Leo/Schmidt, Reimer (Hg.), Die Versicherung. Bd. I. Allgemeine Grundlagen, Wiesbaden 1962–1964, 629–654.

Fritz, E., Schutz der Versicherungsnehmer als Aufgabe der Versicherungsaufsichtsbehörde, VP 51 (1961), 191–200.

Gebauer, Max, Die sogenannte Lebensversicherung. Wirtschaftliche Studie, Jena 1895. (Elster, Ludwig (Hg.), Staatswissenschaftliche Studien; Bd. V, H. III)

Geyer, Ph., Die Lebensversicherung in Deutschland und ihre gesetzliche Regelung, Leipzig 1878.

Gierke, Otto, Das deutsche Genossenschaftsrecht. Bd. I. Rechtsgeschichte der deutschen Genossenschaft, Berlin 1868.

Gottschalk, Günther, Zum 225. Geburtstag von Ernst Wilhelm Arnoldi, in: Museum für Regionalgeschichte und Volkskunde (Hg.), Gothaisches Museums-Jahrbuch 2003, Rudolstadt/Jena 2002, 107–113.

Großmann-Doerth, Hans, Selbstgeschaffenes Recht der Wirtschaft und staatliches Recht. Antrittsvorlesung, Freiburg im Breisgau 1933. (Freiburger Universitätsreden; H. 10)

H.-ff., F., Die Lebensversicherungsbank für Deutschland in Gotha, und die Lebensversicherungs-Gesellschaft zu Leipzig, neben einander gestellt und nach Grundsätzen und ihren eigenen Satzungen verglichen und beurtheilt, Braunschweig 1830.

Häfen, Wiebke von, Zwischen Fürstendienst und bürgerlicher Selbständigkeit. Der Mediziner und Verleger Ludwig Friedrich von Froriep, in: Hahn, Hans-Werner/Greiling, Werner/Ries, Klaus (Hg.): Bürgertum in Thüringen. Lebenswelt und Lebenswege im frühen 19. Jahrhundert, Rudolstadt/Jena 2001, 53–80.

Hagena, Wilhelm, Die Ansichten der deutschen Kameralisten des 18. Jahrhunderts über das Versicherungswesen, Norden 1910. (zgl.: Erlangen, Univ., Diss., 1910)

Hager, Paul, Die öffentlich-rechtliche Regelung des Privatversicherungswesens in Deutschland unter Berücksichtigung des deutschen „Entwurfes eines Gesetzes über die privaten Versicherungs-Unternehmungen", Berlin 1900.

Hax, Karl, 150 Jahre Gothaer Feuer. 1820–1970, Frankfurt am Main 1970.

Heckel, Max von, Art. „Octroi", in: J. Conrad u. a. (Hg.), Handwörterbuch der Staatswissenschaften, Bd. V, Jena 1893, 50–54.

Heidemann, Jörg, Formen der Lebensversicherung, VP 1994, 57–61, 73–77.

Heinemann, August, Die Lebensversicherungsanstalten als die sichersten Sparkassen. Nebst mehreren Beispielen von der Nutzbarkeit der Lebensversicherungen, und einem Auszug aus dem Plan der Lebensversicherungsbank f. D. in Gotha, Gotha 1833.

Helmer, Georg, Entstehung und Entwicklung der öffentlich-rechtlichen Brandversicherungsanstalten in Deutschland, Jena 1936. (Passow, Richard (Hg.), Beiträge zur Lehre von den Unternehmungen; H. 16)

Heyn, Walther, Die Geschichte des hamburgischen Versicherungswesens, in: Hamburgische Versicherungswirtschaft (Hg.), Hamburg als Versicherungsstadt, Hamburg 1950, 10–21.

– Das schaffende Hamburg. Hamburg als Versicherungsstadt in Vergangenheit und Gegenwart, Hamburg 1939.

Hofrat Professor Johann Christian Ludwig Hellwig, VW 16 (1961), 521.

Honsell, Heinrich (Hg.), Berliner Kommentar zum Versicherungsvertragsgesetz. Kommentar zum deutschen und österreichischen VVG, Berlin u. a. 1999.

Hopf, G., Die Lebensversicherungsanstalten Deutschlands, ihre Einrichtung, ihr Zustand und ihre Hoffnungen, 1852.

Hopf, Julius (Hg.), Ernst Wilhelm Arnoldi und seine Schöpfung die Feuerversicherungsbank für Deutschland, Gotha 1878.

Höra, Knut/*Müller-Stein,* Ruth, § 24 Lebensversicherung, in: Terbille, Michael (Hg.) Münchener AnwaltsHandbuch Versicherungsrecht, München 2004, 1805–1925.

Horstmann, Friedrich-Edmund, Versicherungseinrichtungen in der Stadt Hannover in der Zeit von 1728 bis 1885. Eine rechtshistorische Studie, Göttingen 1965. (zgl.: Göttingen, Univ., Diss., 1965) (Sonderdruck aus den Hannoverschen Geschichtsblättern; N.F. Bd. 20 H. 1/3)

Hummel, Carl, Der moderne Versicherungs-Schwindel hier besonders die Lebensversicherung nicht wie sie von den Schönfärbern bis jetzt immer dargestellt wurde, sondern was sie ist und wie sie betrieben wird. Mittheilungen aus praktischen Erfahrungen, von höchster Wichtigkeit für Versicherte und solche, die es werden sollen, München 1883.

Hundert Jahre Bayerische Hypotheken- und Wechsel-Bank. 1835–1935. München [1935].

Hundert Jahre Bayerische Versicherungsbank. 1835–1935, München [1936].

Ideen über Lebens-Versicherungs-Anstalten und ihre Mängel. Worte des Trostes und der Beruhigung für die große Zahl derer, welche wegen zweifelhafter Gesundheit von der Theilnahme ausgeschlossen sind, so wie zur Beherzigungen für diejenigen, welche diesen Anstalten bereits beigetreten sind, oder beizutreten sich geneigt fühlen möchten, Braunschweig 1831.

Ipsen, Hans, Zur Entwicklung der Versicherungsaufsicht in Hamburg, Hanseatische Rechts- und Gerichts-Zeitschrift 22 (1939), Sp. 89–118.

Jacobi, L., Beiträge zur Gesetzgebung über das Versicherungswesen im Allgemeinen und über das Feuer-Versicherungswesen insbesondere, Berlin 1869. (Ergänzungsheft zur Zeitschrift des Königl. Preussischen Statistischen Bureaus, Jahrgang 1869)

Jeserich, Kurt G. A./*Pohl,* Hans/*Unruh,* Georg-Christoph von (Hg.), Deutsche Verwaltungsgeschichte. Bd. II. Vom Reichsdeputationshauptschluß bis zur Auflösung des Deutschen Bundes, Stuttgart 1983.

Johann Georg Büsch's, ehemaligen Professors zu Hamburg, sämmtliche Schriften. Bd. V. Zerrüttung des Seehandels, Beschluß. Vermischte Abhandlungen, Wien 1813.

Jungmann-Stadler, Franziska (Hg.), Die Anfänge der Bayerischen Hypotheken- und Wechsel-Bank aus den Protokollen der Administration. 1835–1850, München 1985.

Justi, Johann Heinrich Gottlob von (Hg.), Die Grundveste zu der Glückseeligkeit der Staaten oder ausführliche Vorstellung der gesamten Policeywißenschaft, Bd. I, Königsberg/Leipzig [1760].

Kehr, Carl Christian, Erläuterung über das Wesen und Wirken der Lebensversicherungsbank zu Gotha und Einladung zur Theilnahme an den Vortheilen derselben, 3. Aufl. Gotha 1829.

– Die Lebens-Versicherungs-Bank für Deutschland zu Gotha. Einladung zu den Vortheilen dieses vaterländischen National-Institutes, Koblenz/Kreuznach 1839.

Kisch, Wilhelm, Fünfzig Jahre Allianz. Ein Beitrag zur Geschichte der Deutschen Privatversicherung, Berlin [1940].

Klass, Gert von, 125 Jahre Berlinische Lebensversicherung. Aktiengesellschaft, Berlin/Wiesbaden [1961].

Klein, Thomas, § 9 Königreich Hannover, in: Jeserich, Kurt/Pohl, Hans/Unruh, Georg-Christoph von (Hg.), Deutsche Verwaltungsgeschichte. Bd. II. Vom Reichsdeputationshauptschluß bis zur Auflösung des Deutschen Bundes, Stuttgart 1983, 678–715.

– § 10 Mecklenburg und kleinere norddeutsche Staaten, in: Jeserich, Kurt/Pohl, Hans/Unruh, Georg-Christoph von (Hg.), Deutsche Verwaltungsgeschichte. Bd. II. Vom Reichsdeputationshauptschluß bis zur Auflösung des Deutschen Bundes, Stuttgart 1983, 715–762.

Koch, C. F. (Hg.), Allgemeines Landrecht für die Preußischen Staaten. Unter Andeutung der obsoleten oder aufgehobenen Vorschriften und Einschaltung der jüngeren noch geltenden Bestimmungen, herausgegeben mit Kommentar in Anmerkungen, Bd. III, 6. Ausgabe Berlin 1879.

Koch, M., Ernst Wilhelm Arnoldi und die deutsche Volkswirtschaft. Ein Beitrag zu seinem 175. Geburtstag am 21.5.1953, VW 8 (1953), 214.

Koch, Peter, 750 Jahre Berlin – Ein Stadtjubiläum im Spiegel der Assekuranz, VW 42 (1987), 1482–1492.

– Art. „Hellwig, Johann Christian Ludwig", in: Historische Kommission bei der Bayerischen Akademie der Wissenschaften (Hg.), NDB, Bd. VIII, Berlin 1969, 489 f.

– Aspekte der bayerischen Versicherungsgeschichte, VW 34 (1979), 481–490.

– Die Behandlung des Versicherungsvertrages im preußischen Allgemeinen Landrecht – Gedanken zum 200jährigen Jubiläum des Allgemeinen Landrechts –, VersR 45 (1994), 629–633.

– Berlin und die Versicherung, VW 16 (1961), 667–670, 700–704.

– Berlins Bedeutung für die Versicherungswirtschaft, VW 46 (1991), 236–250.

– Ernst Wilhelm Arnoldi. Zur Erinnerung an einen bedeutenden Versicherungsunternehmer, VW 58 (2003), 734–740.

– Friedrich der Große und Ludwig I. als Förderer des Versicherungswesens. Königliche Gedanken über die Assekuranz, VW 41 (1986), 1012–1018.

– Gedanken zu dem Thema „Versicherung und Französische Revolution", VW 44 (1989), 888–897.

– Geschichte der Versicherungswissenschaft in Deutschland, Karlsruhe 1998.

- Die Gründungsjahre der deutschen Versicherungsunternehmen, VW 24 (1969), 1029–1034.
- Der hamburgische Beitrag zur Entwicklung des Versicherungswesens in Deutschland, VW 49 (1994), 274–287.
- Die historische Entwicklung des Versicherungsvereins auf Gegenseitigkeit, in: Peiner, Wolfgang (Hg.), Grundlagen des Versicherungsvereins auf Gegenseitigkeit. Verfaßt und veröffentlicht aus Anlaß des 175jährigen Bestehens der Gothaer Versicherungsbank VVaG, Köln, am 2. Juli 1995, Karlsruhe 1995, 13–26.
- Leipzig und Halle als traditioneller Versicherungsstandort, VW 50 (1995), 174–183.
- München als Versicherungsstadt, VW 13 (1958), 289–292.
- München im Spiegel der Versicherung, VW 47 (1992), 280–290.
- Pioniere des Versicherungsgedankens. 300 Jahre Versicherungsgeschichte in Lebensbildern. 1550–1850, Wiesbaden 1968.
- Praxis und Lehre der Versicherung in Hannover, VW 39 (1984), 282–290.
- Preußische Elemente der deutschen Versicherungsgeschichte, VW 37 (1982), 12–21.
- Thüringens historische Bedeutung für die Versicherungswirtschaft, VW 49 (1994), 232–238.
- Versicherungsplätze in Deutschland. Geschichte als Gegenwart, Wiesbaden 1986.
- Der Weg zur einheitlichen Staatsaufsicht über Versicherungsunternehmen in Deutschland, in: Müller, Helmut u.a. (Hg.), 100 Jahre materielle Versicherungsaufsicht in Deutschland. 1901–2001, Bd. I, 2001, 5–24.
- Zur Geschichte der versicherungsvertragsrechtlichen Kodifikationen in Deutschland und Österreich, in: Reichert-Facilides, Fritz/Rittner, Fritz/Sasse, Jürgen (Hg.), Festschrift für Reimer Schmidt, Karlsruhe 1976, 299–323.
- Zur theoretischen Grundlegung der Versicherungsaufsicht im 18. und 19. Jahrhundert, in: Hopp, Franz Wilhelm/Mehl, Georg (Hg.), Versicherungen in Europa heute und morgen. Geburtstags-Schrift für Georg Büchner, Karlsruhe 1991, 387–394.

Ein königlicher Förderer der Versicherungsidee, Deutscher Versicherungs-Dienst 52 (1941), 33.

Körber, Karl-Otto, Signore Tonti oder wer? Historische Anmerkungen zur Rentenversicherung, VW 50 (1995), 1102–1105.

Krancke, Friedrich, Erläuternde Bemerkungen über den Plan der allgemeinen Lebensversicherungs-Anstalt für das Königreich Hannover, Hannoversches Magazin 1829, 745–768.

Krause, G. F., Ueber die Gemeinnützigkeit der Lebens-Versicherungs-Anstalten. Eine Beleuchtung aller ihrer Verhältnisse, worin zugleich arithmetisch bewiesen wird, daß sich solche ohne alle Actienfonds und ohne alle Theilnahme wucherischer Agenten durch eine Anzahl pünktlicher Mitglieder selbst bilden, mit Sicherheit fortbestehen und durch gute Verwaltung hinreichende Garantie gewähren können.

Nebst einfacher Darstellung der Hauptgesichtspunkte, welche bei Errichtung von Sparkassen zu beobachten sind, Ilmenau 1830.

Krünitz, Johann Georg, Art. „Assecuranz-Anstalten", in: *ders.,* Oeconomische Encyclopädie, oder allgemeines System der Land-Haus- und Staats-Wirthschaft, in alphabetischer Ordnung, Teil II, von An bis Auf, Berlin 1773, 571–599.

Kummer, J. J., Die Gesetzgebung der europäischen Staaten betreffend die Staatsaufsicht über die privaten Versicherungsanstalten, Bern 1883.

Lammel, Siegbert, Die Gesetzgebung des Handelsrechts, in: Coing, Helmut (Hg.), Handbuch der Quellen und Literatur der neueren europäischen Privatrechtsgeschichte. Bd. II. Neuere Zeit (1500–1800). Das Zeitalter des gemeinen Rechts. Teilbd. II. Gesetzgebung und Rechtsprechung, München 1976, 571–1083.

Landwehr, Götz, Johann Georg Büsch und die Entwicklung des Handelsrechts im 18. Jahrhundert, in: Loose, Hans-Dieter (Hg.), Gelehrte in Hamburg im 18. und 19. Jahrhundert, Hamburg 1976, 57–105. (Verein für Hamburgische Geschichte (Hg.), Beiträge zur Geschichte Hamburgs; 12)

– Die Verfassung der Aktiengesellschaften. Rechtsverhältnisse in Preußen vom Anfang des 19. Jahrhunderts bis zum Jahre 1870, Zeitschrift der Savigny-Stiftung für Rechtsgeschichte. Germanistische Abteilung 99 (1982), 1–112.

Die Lebensversicherungs-Gesellschaft zu Leipzig. 1830–1880. Die Begründung und fünfzigjährige Wirksamkeit der Lebensversicherungs-Gesellschaft zu Leipzig, Leipzig [1880].

Lehmann, Max, Hundert Jahre Berlinische Lebensversicherungs-Gesellschaft. Aktiengesellschaft. 1836–1936, Berlin 1836.

Leipziger Lebensversicherung. 1830–1930. Denkschrift zur Jahrhundertfeier, Leipzig [1930].

Lewis, William, Lehrbuch des Versicherungsrechts, Stuttgart 1889.

Littrow, J. J., Ueber Lebensversicherungen und andere Versorgungsanstalten, Wien 1832.

Loewy, Art. „Lebensversicherung", in: Manes, Alfred (Hg.), Versicherungslexikon, 2. Aufl. Berlin 1924, Sp. 842–854.

Lutz, Joseph Maria/*Stummer,* Heinrich, Hundertfünfundzwanzig Jahre Bayerische Hypotheken- und Wechsel-Bank, München 1960.

Magens, Nicolaus, Versuch über Assecuranzen, Havereyen und Bodmereyen insgemein; und über verschiedene hiebeygefügte wirckliche Vorfälle und deren Berechnungen insbesondere nebst einer Sammlung der vornehmsten alten und neuen Verordnungen [...] von einem Kaufmanne in London, Hamburg 1753.

Malß, Conrad, Studien über Versicherungsrecht insbesondere über Feuer- und Lebensversicherung, Zeitschrift für das gesammte Handelsrecht 6 (1863), 361–387.

Malß, Konrad, Betrachtungen über einige Fragen des Versicherungs-Rechtes insbesondere der Feuer- und Lebens-Versicherung, Frankfurt am Main 1862.

Manuscript des ersten Planes. Die Lebensversicherungsbank für Deutschland, auf Gegenseitigkeit und Oeffentlichkeit gegründet. Als Manuscript für Freunde in Thüringen zur weiteren Berathung abgedruckt, Gotha 1827, zitiert als Anlage I in: Emminghaus (Hg.), Geschichte der Lebensversicherungsbank für Deutschland zu Gotha. Zur Feier der fünfzigsten Wiederkehr des Tages der Begründung der Bank, Weimar 1877, 191–211.

Masius, E. A., Geschichte und Entwickelung der Versicherung in Deutschland. II. Die Lebensversicherung und damit verwandte Branchen (Fortsetzung), Rundschau der Versicherungen 8 (1858), 129–140.

– Lehre der Versicherung und statistische Nachweisung aller Versicherungs-Anstalten in Deutschland; nebst Hinweisung auf den hohen Einfluß dieser Institute auf den Nationalwohlstand, und die Gesetze darüber in den verschiedenen Staaten, Leipzig 1846.

– Systematische Darstellung des gesammten Versicherungswesens. Handbuch für höhere Unterrichtsanstalten, Handels- und Realschulen und angehende Versicherungsbeamte, Leipzig 1857.

Maurer, Georg Heinrich, Über die historische Entwicklung der Versicherungs-Aufsicht in Deutschland, Strassburg i.E. 1911. (zgl.: Strassburg, Univ., Diss., 1911)

Meyer, Moritz, Lebens-Versicherungs-Gesellschaften und deren Nutzen für alle Stände, New-York 1856.

Mohl, Robert von, Die Polizei-Wissenschaft nach den Grundsätzen des Rechtsstaates, Bd. II, 2. Aufl. Tübingen 1844.

Mohnhaupt, H., Art. „Privileg, neuzeitlich", in: Erler, Adalbert/Kaufmann, Ekkehard (Hg.), HRG, Bd. III, Berlin 1984, Sp. 2005–2011.

Müller, Albert, Ansätze zum Versicherungswesen in der römischen Kaiserzeit, ZVersWiss 6 (1906), 209–219.

Neugebauer, Ralph, Versicherungsrecht vor dem Versicherungsvertragsgesetz. Zur Entwicklung des modernen Binnenversicherungsrechts im 19. Jahrhundert, Frankfurt am Main 1990. (IUS COMMUNE. Veröffentlichungen des Max-Planck-Instituts für Europäische Rechtsgeschichte Frankfurt a.M. Sonderhefte. Studien zur Europäischen Rechtsgeschichte; 51)

Neumann, Carl, Die Sterbegeldversicherung im Schrifttum des 18. Jahrhunderts, Neumanns Zeitschrift für Versicherungswesen 60 (1937), 87–89.

Ogris, W., Art. „Leibrente", in: Erler, Adalbert/Kaufmann, Ekkehard (Hg.), HRG, Bd. II, Berlin 1978, Sp. 1800–1802.

– Art. „Tonti, Tontine", in: Erler, Adalbert/Kaufmann, Ekkehard (Hg.), HRG, Bd. V, Berlin 1998, Sp. 276 f.

Otto, Franz, Ernst Wilhelm Arnoldi der „Vater des deutschen Versicherungswesens". Lebensbild eines deutschen Kaufmanns und Patrioten aus der ersten Hälfte des neunzehnten Jahrhunderts. Festgabe zum fünfzigjährigen Jubiläum der Innungshalle und deren Handelsschule zu Gotha. Zugleich ein Beitrag zur Geschichte des deutschen Versicherungswesens, Leipzig 1868.

Pohl, Kurt, Die Anfänge des deutschen Lebensversicherungswesens, Leipzig 1913. (zgl.: Leipzig, Univ., Diss., 1913)

Postel, Rainer, § 12 Hansestädte, in: Jeserich, Kurt/Pohl, Hans/Unruh, Georg-Christoph von (Hg.), Deutsche Verwaltungsgeschichte. Bd. II. Vom Reichsdeputationshauptschluß bis zur Auflösung des Deutschen Bundes, Stuttgart 1983, 784–811.

Prölss, Erich R./*Martin,* Anton, Versicherungsvertragsgesetz. Kommentar zu VVG und EGVVG sowie Kommentierung wichtiger Versicherungsbedingungen – unter Berücksichtigung des ÖVVG und österreichischer Rechtsprechung –, 27. Aufl. München 2004.

Prospectus der Braunschweigischen Allgemeinen Versicherungs-Anstalt, o.O. o.J.

Rechenschafts-Bericht der Lebens- und Renten-Versicherungs-Societät HAMMONIA in Hamburg für das Geschäftsjahr 1856.

Riebesell, Art. „Tontine", in: Manes, Alfred (Hg.), Versicherungslexikon, 3. Aufl. Berlin 1930, Sp. 1571–1573.

Rosin, Albert, Lebensversicherung und ihre geistesgeschichtlichen Grundlagen. Eine kultursoziologische Studie zum englischen 18. Jahrhundert, Leipzig 1932. (Schöffler, Herbert (Hg.), Kölner anglistische Arbeiten; Bd. XVI)

Rowedder, Friedrich, Ernst Wilhelm Arnoldi. Seine Tätigkeit für die deutsche Wirtschaft, Dingelstädt 1939. (zgl.: Basel, Univ., Diss., 1939)

Rüdiger, Adolf, Die Rechtslehre vom Lebensversicherungsvertrag aus den wirtschaftlichen Grundlagen des Geschäftes entwickelt und unter besonderer Berücksichtigung der Ergebnisse der Rechtsprechung bearbeitet, Berlin 1885.

Samwer, Karl (Hg.), Hundert Jahre Gothaer Lebensversicherungsbank auf Gegenseitigkeit. 1827–1927. Eine Festschrift, Gotha 1927.

Schirrmacher, Frank, Das Methusalem-Komplott, München 2004.

Schmeidel, Wolfgang, Die Entwicklung der Stadtverfassung von Frankfurt am Main seit 1372, (unveröffentlicht) Erbach/Bergstraße 1967.

Schmitt-Lermann, Hans, Der Versicherungsgedanke im deutschen Geistesleben des Barock und der Aufklärung, München 1954.

Schneider, Helga, Die Verfassungsentwicklung der Versicherungsvereine auf Gegenseitigkeit im 19. Jahrhundert, Göttingen 1963. (zgl.: Göttingen, Univ., Diss., 1963)

Schubert, Werner (Hg.), Entwurf eines Handelsgesetzbuches für das Königreich Württemberg mit Motiven (1839/40). I. Teil: Entwurf (zuerst 1839), Nachdruck Frankfurt am Main 1986.

– Entwurf eines Handelsgesetzbuches für das Königreich Württemberg mit Motiven (1839/40). II. Teil: Motive (zuerst 1840), Nachdruck Frankfurt am Main 1986.

– Entwurf eines Handelsgesetzbuchs für die Preussischen Staaten. Nebst Motiven (1857) (zuerst 1857), Nachdruck Frankfurt am Main 1986.

– Protokolle der Commission zur Berathung eines allgemeinen deutschen Handelsgesetz-Buches, Bd. II (zuerst 1857), Nachdruck Frankfurt am Main 1984.

A Short Account of the rise and Present State of the Amicable Society for a Perpetual Assurance Office, together with the Manner, Terms, and advantages of their Insurance on Lives (1736), in: Jenkins, David/Yoneyama, Takau (Hg.), History of Insurance. Bd. III. Life, London 2000, 351–360.

Sieg, Harald, Die Versicherungsaufsicht in Hamburg, in: Hamburgische Versicherungswirtschaft (Hg.), Hamburg als Versicherungsstadt, Hamburg 1950, 69–71.

Society for Equitable Assurances. A Short Account of the Society for Equitable Assurances on Lives and Survivorships, established by Deed, Inrolled in his Majesty's Court of King's Bench (London, 1762), in: Jenkins, David/Yoneyama, Takau (Hg.), History of Insurance. Bd. III. Life, London 2000, 361–387.

Sonnenfels, Joseph von, Sätze aus der Polizey-Handlungs- und Finanzwissenschaft, Teil II, Wien 1769.

Stammler, Rudolf, Deutsches Rechtsleben in alter und neuer Zeit. Bd. II. Deutsches Rechtsleben während des 19. Jahrhunderts, München 1932.

Staudinger, Julius, Die Rechtslehre vom Lebensversicherungsvertrag, Erlangen 1858.

Stolleis, Michael, Art. „Mohl, Robert von", in: Erler, Adalbert/Kaufmann, Ekkehard (Hg.), HRG, Bd. III, Berlin 1984, Sp. 617–621.

– Geschichte des öffentlichen Rechts in Deutschland. Bd. II. Staatsrechtslehre und Verwaltungswissenschaft. 1800–1914, München 1992.

Teslau, Johannes, § 13 Lebensversicherung, in: Bühren, Hubert W. van (Hg.), Handbuch Versicherungsrecht, 2. Aufl. Bonn 2003.

Thieme, H., Art. „Allgemeines Landrecht", in: Erler, Adalbert/Kaufmann, Ekkehard (Hg.), HRG, Bd. I, Berlin 1971, Sp. 99–108.

– Art. „Svarez, Carl Gottlieb", in: Erler, Adalbert/Kaufmann, Ekkehard (Hg.), HRG, Bd. V, Berlin 1998, Sp. 97–100.

Tigges, Michael, Geschichte und Entwicklung der Versicherungsaufsicht, Karlsruhe 1985.

Ueber eine in Lübeck zu errichtende Deutsche Lebensversicherungsgesellschaft, Lübeck 1826.

Unruh, Georg-Christoph von/*Rüfner,* Wolfgang, § 3 Preußen, in: Jeserich, Kurt/Pohl, Hans/Unruh, Georg-Christoph von (Hg.), Deutsche Verwaltungsgeschichte. Bd. II. Vom Reichsdeputationshauptschluß bis zur Auflösung des Deutschen Bundes, Stuttgart 1983, 399–503.

Das Verhältniß der Lebensversicherungs-Anstalten zu Spar- und Versorgungskassen und die Grundsätze ihres Bestehens, Stuttgart 1830.

Vesper, Ernst, Aus der Frühzeit der Sterbegeldversicherung. Die alten Sterbekassen in Frankfurt a.M. und Umgegend, Neumanns Zeitschrift für Versicherungswesen 60 (1937), 306–308, 337 f., 357–359, 475–477.

Volkert, Wilhelm, § 4 Bayern, in: Jeserich, Kurt/Pohl, Hans/Unruh, Georg-Christoph von (Hg.), Deutsche Verwaltungsgeschichte. Bd. II. Vom Reichsdeputationshauptschluß bis zur Auflösung des Deutschen Bundes, Stuttgart 1983, 503–550.

Vorschläge zur Benutzung der Lebensversicherungen bei deutschen Leichencassen, gerichtet an die Mitglieder derselben und an Diejenigen, welche Anstalten dieser Art eine feste Grundlage verschaffen möchten, Gotha 1837.

Vorstand der Bayerischen Versicherungsbank (Hg.), Eine Chronik der Sicherheit. 150 Jahre BVB (1835–1985), München [1985].

Wagner, Wolfgang, Gesellschaftsrecht, in: Coing, Helmut (Hg.), Handbuch der Quellen und Literatur der neueren europäischen Privatrechtsgeschichte. Bd. III. Das 19. Jahrhundert. Teilbd. III. Gesetzgebung zu den privatrechtlichen Sondergebieten, München 1986, 2969–3041.

Weinreich, Eckart, Ernst Wilhelm Arnoldi. Die wirtschaftsgeschichtliche Bedeutung des Gründers der Gothaer Versicherungsanstalten. Eine Gedenkrede aus Anlaß seines 175. Geburtstages, Göttingen 1953.

Weiß, Volker, Leipziger Feuer-Versicherungs-Anstalt mit allergnädigster Concession Sr. Majestät des Königs von Sachsen. Ein historischer Bogen von 1819 bis 1994, in: Die Vergangenheit bewahren – die Zukunft gewinnen. 1819–1994. Festschrift der Alten Leipziger Versicherung Aktiengesellschaft zum 175jährigen Jubiläum, [1994], 11–104.

Weyers, Hans-Leo, Versicherungsvertragsrecht, 2. Aufl. Neuwied/Kriftel/Berlin 1995.

Weyers, Hans-Leo/*Wandt,* Manfred, Versicherungsvertragsrecht, 3. Aufl. München 2003.

Wie es zur Gründung der ersten deutschen Lebensversicherung kam, Deutscher Versicherungs-Dienst 52 (1941), 6–8.

Wie kann die Lebensversicherungsbank zu Gotha am Beßten benutzt werden? Beantwortet durch eine kurze Schilderung ihres Wesens und durch Beispiele ihrer Nutzbarkeit in verschiedenen Lebensverhältnissen, Gotha 1832.

Wiegand, August, Lebensversicherungs-Katechismus. Gespräche aus dem Leben (zuerst 1856), Neuauflage 1954.

Windscheid, Bernhard, Lehrbuch des Pandektenrechts, Bd. II, 2. Aufl. Düsseldorf 1869.

Winterberg, H., Art. „Carmer, Johann Heinrich Casimir von", in: Erler, Adalbert/Kaufmann, Ekkehard (Hg.), HRG, Bd. I, Berlin 1971, Sp. 590–592.

Personen- und Sachregister

Agenten 21, 67, 73, 81, 133, 141, 144, 147, 149, 151, 159, 184
Aktiengesellschaft, gemischte 121
– Berlin 133
– Frankfurt 136
– Lübeck 132
Aktiengesellschaft, reine 121
– München 132
Altersvorsorge 20, 30, 31, 37
Arnoldi, Ernst Wilhelm *Siehe* Gründer
Aufklärung 36
Aufklärungsschriften 26, 36, 49
Aufsichtsrecht 23, 25, 27, 101, 108, 121
Siehe auch Beaufsichtigung, Staatsaufsicht
Ausgangssituation, politische
– Berlin 76
– Braunschweig 84
– Frankfurt am Main 87
– Gotha 59
– Hannover 74
– Leipzig 71
– Lübeck 68
– München 81
Ausgangssituation, versicherungswirtschaftliche
– Berlin 76
– Braunschweig 84
– Elberfeld 52
– Frankfurt am Main 87
– Gotha 59
– Hamburg 43
– Hannover 74
– Lübeck 68
– München 81

Babbage, Charles 65, 66
Basisinnovation 29
Beaufsichtigung, laufende 139
Siehe auch Aufsichtsrecht, Staatsaufsicht
Bedingungsänderungen 189
Belange der Versicherten 20, 58, 193
Benecke, Levin Anton Wilhelm *Siehe* Gründer
Berg, Günther Heinrich von 112
Beschwerdestelle 193
Bestandsübertragung 191
Braun, Heinrich 26, 29
Bruns, August Ludwig *Siehe* Gründer
Büsch, Johann Georg 43, 61, 102

Code Civil 101
Code de Commerce 101, 123
Coing, Helmut 21
Corporate Governance 161

Daseinsvorsorge 20, 29
Deutscher Bund 37
Deutscher Zollverein 37

Endemann, Wilhelm 104
England 32, 34, 36, 39, 40, 46, 51, 52, 63, 69, 77, 95, 96, 123

Fenneberg, Jul. Frdr. Wilh. 27
Feuerversicherung 43, 52, 59, 68, 71, 72, 74, 75, 76, 77, 81, 82, 87, 96, 101, 109, 111, 112, 116
Firmierung 95
Frankreich 37, 50, 59, 68, 87, 95
Funktionsfähigkeit der Wirtschaft 21

Genehmigung 54, 66, 73, 75, 80, 83, 84, 86, 88, 107, 115, 120
Gerichtsstand 193
Geschäfte, versicherungsfremde 175
Geschäftsgebiet 191
Gesetzgebung 202
- BGB
  - bayerisches (1861 bis 1864) 207
  - Gesetz über Schuldverhältnisse Dresden (1866) 208
- HGB
  - deutsches (1848/49) 205
  - deutsches (1861) 206
  - preußisches (1857) 204
  - württembergisches (1839) 203
Gewerbefreiheit 37
Großmann-Doerth, Hans 19, 22
Gründer
- Arnoldi, Ernst Wilhelm 60
- Benecke, Levin Anton Wilhelm 45
- Bruns, August Ludwig 74
- Harder, H. C. 90
- Hellwig, Johann Christian Ludwig 85
- Lobeck, Heinrich Ludwig 77
- Löwengard, Julius 88
- Olearius, Johann Friedrich August 72
- Riezler, Josef 82
- Vermehren, Carl Wilhelm 68
- Willemsen, Peter 52
Gründungen, erfolgreiche 57
- Allgemeine Lebens-Versicherungs-Anstalt für das Königreich Hannover zu Hannover 74
- Berlinische Lebens-Versicherungs-Gesellschaft zu Berlin 76
- Braunschweigische Allgemeine Versicherungs-Anstalt zu Braunschweig 84
- Deutsche Lebensversicherungs-Gesellschaft zu Lübeck 68
- Frankfurter Lebens-Versicherungs-Gesellschaft zu Frankfurt am Main 87

- Lebensversicherungs-Anstalt der Bayerischen Hypotheken- und Wechselbank zu München 81
- Lebensversicherungsbank für Deutschland zu Gotha 59
- Lebensversicherungs-Gesellschaft zu Leipzig 71
Gründungsversuche, gescheiterte 90
- Lebens-Versicherungs-Societät zu Hamburg 42, 90
- Mitteldeutsche Lebensversicherungs-Anstalt zu Gießen 90
- Vaterländische Feuer- und Lebens-Versicherungs-Gesellschaft zu Elberfeld 42, 52

Harder, H. C. *Siehe* Gründer
Heiratskasse 31, 43
Hellwig, Johann Christian Ludwig *Siehe* Gründer
Hinterbliebenenvorsorge 20, 30, 37, 71
Hopf, G. 27
Humboldt, Wilhelm von 37

Idealismus der Pioniere 95
Insolvenz 192
Institutionalisierung 26, 36, 41, 42
Interessen der Versicherten 21, 22, 36, 45, 56, 107, 112, 120, 162, 172
Interessen der Wirtschaft 22, 36, 45, 56, 107, 112, 120

Justi, Johann Heinrich Gottlob von 33

Kameralistik 32, 33, 34, 36, 41, 95
Kapitalanlage 162
Kapitalausstattung 162
Konzession 110
Krünitz, Johann Georg 34

Landrecht, preußisches 100
Lebensfremdversicherung 105, 177
Lebensversicherung
- Kritik, zeitgenössische 93

– Vorgeschichte 29
– Zweck 20
Lebens-Versicherungs-Societät zu Hamburg 43
Leibrente 31
Liberalismus 37
Liquidation 192
List, Friedrich 62
Lobeck, Heinrich Ludwig *Siehe* Gründer
Löwengard, Julius *Siehe* Gründer

Magens, Nicolaus 32
Malß, Konrad 19, 57, 100, 103, 200
Masius, E. A. 27, 92, 123, 124, 137, 198
Merkantilismus 37
Mohl, Robert von 112

Napoleon 37, 59, 95
Nationalbewußtsein 37, 95

Octroi 110
Olearius, Johann Friedrich August *Siehe* Gründer
Organisationsform 121

Physiokratismus 37
Pohl, Kurt 26, 27
Privilegium 77, 80, 97, 110, 116, 154

Rechnungslegung 172
Rechnungsverständige 158
Rechtsänderungen 189
Rechtsanspruch, klagbarer 30
Rechtsprodukt 20
Reformen, Stein-Hardenbergsche 37
Regelwerke 19, 24, 120
Repräsentation der Versicherten 139
Rheinbund 37
Riezler, Josef *Siehe* Gründer
Rüdiger, Adolf 27

Säkularisierung 36
Seeversicherung 34, 43, 68, 102, 104

Selbstgeschaffenes Recht der Wirtschaft 19
Smith, Adam 37
Sonnenfels, Joseph von 33, 34
Sparkassen 37
Spartentrennung 175
Staatsaufsicht 20, 21, 22, 44, 57, 58, 84, 107, 153 *Siehe* auch Aufsichtsrecht, Beaufsichtigung
Staudinger, Julius 27, 104
Sterbekasse 31, 52, 59, 71, 74, 77, 85
Sterbekassen, römische 29

Tontine 31, 39

Unternehmensorgane 139
Untersuchungsgegenstand 22, 23, 24
Untersuchungszeitraum 22

Verbraucherschutz 20, 21, 22, 44, 121
Vermehren, Carl Wilhelm *Siehe* Gründer
Verordnungen, aufsichtsrechtliche
– Bremen 108
– Hamburg 109
– Nürnberg 108
– Preußen 108
Versicherung auf Gegenseitigkeit 59, 111, 121
– Braunschweig 130
– Gotha 125
– Hannover 128
– Leipzig 127
Versicherungsanstalten, öffentlich-rechtliche 109
Versicherungsbestand 113
Versicherungsformen 175
Versicherungsmathematik 39
Versicherungstechnik 39
Versorgungskassen 31, 87, 107
Versorgungslücke 37
Versorgungswesen, deutsches 37
Vertrag, aleatorischer 103

Wiener Kongreß 37
Willemsen, Peter *Siehe* Gründer
Windscheid, Bernhard 103
Wirtschaftsprüfer 158
Witwen- und Waisenkasse 31, 43, 87

Witwenkasse 59, 68, 71, 74, 77, 85, 87

Zollverein 62, 66, 95
Zünfte 30, 37, 43, 81

DUNCKER & HUMBLOT

Dieter Schewe

Geschichte der sozialen und privaten Versicherung im Mittelalter in den Gilden Europas

Sozialpolitische Schriften, Heft 80
Tab.; 344 S. 2000 (3-428-09934-6) € 52,–

Bereits am Ausgang des Mittelalters waren die Sozial- und Individualversicherung gut ausgebildet. In der Literatur sind sie jedoch weder zusammen noch einzeln und umfassend zu ihren Anfängen zurückverfolgt worden.

In der vorliegenden Veröffentlichung werden erstmals die Personen- und die Sachversicherung (u. a. für Krankheit und Schiffe) in zahlreichen Einzelbeschreibungen länderübergreifend historisch untersucht. Dieter Schewe stellt über sechs Jahrhunderte hinweg die Wanderungen der Versicherungsidee vor dem Hintergrund der Gildengeschichte vor. In urkundlich belegten Schritten zeichnet er eine kontinuierliche Entwicklung der Geschichte der Versicherung. Damit können erstmalig regionale und zeitliche Vergleiche angestellt werden und die Vorläufer der heutigen Erscheinungsformen der Versicherungen begründet werden. Die Einbettung in die Gildengeschichte verdeutlicht den Einfluß der Zeitumstände und erklärt die Entstehungen der Versicherung. Der Autor gelangt zu neuen Einsichten. Er zeigt die gemeinsame Wurzel von Sozial- und Individualversicherung, den Einfluß der Ostseegildeschiffsversicherung auf die italienische Seeversicherung, den Umfang der Versicherung in den spätmittelalterlichen Gesellenverbänden, aber auch die Unterschiede der Gildeversicherungen Dänemarks und Deutschlands infolge Königsherrschaft und Kircheneinfluß auf.

Internet: http://www.duncker-humblot.de

BERLIN